长沙文库

长沙市地方志编纂委员会

同治
浏阳县志
（上）

［清］王汝惺　等修　［清］邹焌杰　等纂

汤　锐　点校

岳麓書社·长沙

前言

三湘名邑，美丽浏阳。浏阳，在母亲河浏阳河的柔波中，走过千年岁月，渐臻富强；在《浏阳河》的歌声里，传唱大江南北，闻名世界。想要更深入地了解浏阳的历史文化，最便捷的方法，莫过于捧读《县志》，一书在手，纲举目张。作为浏阳古旧方志的第一部校点本，希望本书能让更多人了解这个千年古县，品读浏阳的历史人文之美。

一、浏阳历史脉络

浏阳，在长沙之东，处湘赣之交，实为湘东门户、省会大县。谭嗣同说过："往年湘中号为大县，必首浏阳。"[1] 前人这样描述浏阳的地理形势："浏居万山中，当吴楚之交，袤广数百里。枕平江而控宁、万，南跨潭、醴，西蔽郡城，实楚东一户。群山逶迤，环卫县治；溪流三派，呼吸湘江。西南稍平衍，东北半山谷，重峦叠壑，自为藩

---

① 谭嗣同：《黎少谷〈浏阳土产表〉序》，见蔡尚思、方行编：《谭嗣同全集（增订本）》，中华书局1981年版，第377页。

篱，其奥窟亦孔多。”①

浏阳，古为荆州属地，秦代隶长沙郡，汉代属临湘县管辖。“浏阳”，最先作“刘阳”。《三国志》卷五十四《吴书九 · 周瑜传》：东汉建安十四年（209），“（孙）权拜瑜偏将军，领南郡太守。以下隽、汉昌、刘阳、州陵为奉邑，屯据江陵”②。一般据此认为，至迟在建安十四年，浏阳已经建县。《水经 · 浏水》：“浏水，出临湘县东南浏阳县。”③ 清代学者赵一清加按语说：“浏阳县本汉临湘县地，孙吴析置，以县在浏水之阳，故名。据此，亦经文晚出之一证。”他认为，浏阳县是三国孙吴时析置（当时还使用东汉建安年号），《水经》作者桑钦是西汉末年人，因此这句经文应当非桑钦原文，而是后来窜入的。④ 对此，全祖望说：“《三国志 · 周瑜传》‘以下隽、汉昌、刘阳、州陵为奉邑’，则刘阳自汉末已有其名，虽未为县，而已为邑。若作‘邑’字，于经为合。”他认为，《三国志 · 周瑜传》的这句记载，说明当时已有“刘阳”这个地名，且作为周瑜的封地，不一定已经置县（按：邑，既是旧时县的别称，也是诸侯封地、大夫采地的通称）；如果此处“浏阳县”改为“浏阳邑”，则应当就是桑钦《水经》的原文，盖后人误将“邑”改成了“县”。

即便建安十四年浏阳尚未置县，但置县之年也不会太晚于此年。

---

① 本书卷二《舆地一 · 形胜》。

② 陈寿撰，裴松之注：《三国志》卷五十四《吴书九 · 周瑜传》，简体字本，中华书局 2000 年版，第 934 页。

③ 桑钦撰，郦道元注，赵一清撰：《水经注释》卷三十九《浏水》，清文渊阁《四库全书》本。“浏阳县”，清《汉魏丛书》本《水经》卷下《浏水》作“刘阳县”。

④ 本书卷二十四《杂志》对此亦持相似观点：“前志以桑钦《水经》有刘阳，疑汉时已有浏阳，置县不自吴始。然《水经》一书，若济水之寿张、临济，菏水之湖陆，汾水之永安，皆成帝以后更名。杜佑尝力辨之，以其书为诡诞。王应麟复举武侯垒，欧阳玄复举永安宫，并证其非汉人作。玄又言：‘其书言北县名多曹氏置，南县名多孙氏置。’《水经》盖久不足据矣。”

长沙走马楼吴简主要是三国吴嘉禾元年（232）至六年（237）长沙郡的部分档案。“刘阳”之名在走马楼吴简中已大量出现，如木牍《右郎中窦通举谢达为私学文书》中就出现了“私学长沙刘阳谢达”字样，而且还有“刘阳侯”“刘阳县”等字样，如编号1-6718“入刘阳县还价人李绥米卅四斛”，编号3-2507“粮都尉嘉禾元年十二月卅日辛酉书给大常刘阳侯兵曹王攀所□□”。这说明，刘阳不仅是封地，而且肯定是县级行政区了。[①] 浏阳建县，至少已有1700多年的历史。

可查考的第一个浏阳知县——谷朗，也是孙吴时人。三国吴凤凰元年（272）所刻《谷朗碑》（全称《吴九真太守谷朗碑》）载：“弱冠仕郡，……迁长沙刘阳令，播渥惠以育物，垂仁恩而布化。”该碑正文右起第六行倒数三字即“刘阳令”。

“刘阳”何时改为“浏阳”？同治《浏阳县志》认为是在南北朝宋。[②] 南北朝北魏人郦道元（约470—527）在《水经注》中说：“浏水……导源西北，流径其县南，县凭溪以即名也。”[③] 浏阳县城在浏水（浏阳河）北岸，山南水北谓之阳，故称浏阳。这是关于浏阳得名由

① 参唐学雷：《“浏阳”最先叫“刘阳”》，载《长沙晚报》2014年10月30日第A20版。

② 《宋书》卷六十四《何承天传》记载，东晋义熙（405—418）初，长沙公陶延寿遣何承天通敬于刘裕（南北朝宋开国之君），“因除浏阳令”。同治《浏阳县志》卷十六依据《宋书》为何承天立传，并注云：“‘浏’加水旁自此始。”又于卷二《舆地一·建置沿革》注云：“惟《晋书·地理志》作‘刘’，《宋书》以下皆作‘浏’。”按：浏阳，在《晋书》《宋书》各三见，《晋书》卷十五《地理下·荆州·长沙郡》作“刘阳”（中华书局2000年简体字本，第294页），卷八十二《孙盛传》（第1432页）、卷八十九《易雄传》（第1544页）作“浏阳”；《宋书》卷三十七《州郡三·湘州》（中华书局2000年简体字本，第745页）、卷六十四《何承天传》（第1124页）作“浏阳”，而卷九十四《阮佃夫传》“缪方盛刘阳县侯”（第1539页）又作“刘阳”。《晋书》为唐人房玄龄等撰，《宋书》为南北朝梁沈约（441—513）撰。盖“刘阳”改“浏阳”，当在晋、宋之际，初尚并用，后则一律为“浏阳”矣。

③ 桑钦撰，郦道元注，赵一清撰：《水经注释》卷三十九《浏水》，清文渊阁《四库全书》本。

来的最早记载。

隋朝大业（605—618）中，浏阳被废县。唐中宗景龙二年（708）复置，后来一直得以保留，元代升为中州，明初仍改为县，清代因之。

浏阳偏居湘东，开化较晚。唐宋以前，文化教育发展缓慢，亦罕有人物见诸史传。东晋时王敦之乱，浏阳人易雄忠烈不屈，《晋书》为之立传。直至北宋，浏阳才出现了第一位进士。

北宋绍圣元年（1094），著名理学家杨时（号龟山）到浏阳任知县，任职四年，救饥荒，行仁政，深受百姓爱戴。他还“与士传习于城南”①。“浏俗故淳朴，有怀葛风。逮宋杨龟山令邑后，更彬然称儒雅乡焉。”② 浏阳的文化教育，在杨时对士子的传道解惑中迈向新的高度。后来，浏阳人为纪念他，建有文靖书院（杨时死后谥号文靖）。文靖书院是可考的浏阳第一所书院。南宋淳熙十四年（1187），浏阳人汤璹高中省元（宋代礼部试进士第一名称省元，相当于明清的会元）。

元成宗元贞元年（1295），“以浏阳户口增万余”，浏阳由县升中州。③ 元朝规定，三万户以上才设中州，“浏于元贞元年升州，其户在三万户以上可知”④。经济与文化，辅车相依。就在此前不久，南宋遗民、国学生欧阳龙生出任文靖书院山长，将已经废弃多年的文靖书院改建在城南猿啼山，“礼殿讲堂、门庑斋舍及龟山先生祠事，内外具举，学者云集”。浏阳升中州，例设教授一员，欧阳龙生因兴学之功，被授为浏阳州儒学教授。他“会学廪，可赡二十人，月约一十五日，

---

① 嘉庆《浏阳县志》卷十七《学校 · 文靖书院》。

② 嘉庆《浏阳县志》卷十六《风俗 · 小序》。

③ 本书卷二《舆地一 · 建置沿革》。

④ 本书卷十五《职官一 · 官制》注。

选俊秀补员会食，躬亲教督，诸生皆勤勉自力。科场既辟，进士辈出，实公权舆之”①。

20年后，元仁宗延祐元年（1314），元朝施行科举制度，欧阳龙生的儿子欧阳玄以《天马赋》中湖广乡试第一。次年参加会试、廷试，中左榜第二名。欧阳玄“历官四十余年，在朝之日居四之三，三任成均，而两为祭酒，六入翰林，而三拜承旨”，“文章道德，卓然名世”②，是元代著名的文学家、史学家，被誉为“元四学士”之一。至顺元年（1330），欧阳玄奉诏纂修《经世大典》。“户部以天下版籍来上，因考南中州户口，惟浏居最。”③这说明，当时浏阳的户口在南方的各个中州里是最多的。户口繁衍，经济繁荣，必然伴随着文化教育的兴盛。从延祐二年（1315）到至正十一年（1351）的36年时间里，浏阳就涌现了欧阳玄、何元同、何贞立、彭宗复、李焘、周镔、周镗、王恕、汤荧、勲渊、韩复生、黎圭、陈颐孙、彭宗益等14位进士。科举之盛，空前绝后。他们中的很多人，都是欧阳龙生任儒学教授时培养的弟子。元代每届录取的进士人数较明清少很多，浏阳科举的兴盛景象，不仅明清两代无法比肩〔清雍正二年（1724）至同治十年（1871），近150年时间里，浏阳也只出了10位进士〕，即便在同时代，浏阳的进士人数在湖广乃至南方诸省，也当居于各州前茅。这一现象，尚少有学者论及，故特为发明。

元末之乱，浏阳人口流亡，经济萧条，明洪武二年（1369）复降为县。因“伪汉参政易华掠浏阳米四万输陈友谅”④，朱元璋大怒，

---

① 张起岩：《欧阳龙生神道碑铭》，见欧阳玄撰，汤锐校点整理：《欧阳玄全集》附录一，四川大学出版社2010年版。

② 危素：《欧阳玄行状》，见欧阳玄撰，汤锐校点整理：《欧阳玄全集》附录一，四川大学出版社2010年版。

③ 欧阳玄：《浏阳州州官题名记》，见本书卷二十二。

④ 本书卷六《食货二·豁粮纪略（附）》。

加重浏阳赋税。此后370多年，浏阳赋税只增不减，至清代雍正时，浏阳承担的赋税比宋、元时多了一倍多。浏阳人民苦于“堕粮”之害，负担沉重，民生凋敝，户口减少。受此影响，文教也一蹶不振，这几百年里，浏阳仅有6位进士。明初张武以武功封成阳侯，明季胡廷黼、胡应台祖孙二人相继中进士，胡应台历官两广总督、刑部尚书，然皆如昙花一现，乍盛即衰。

乾隆二年（1737），乾隆帝下旨减征湘乡、浏阳、湘阴三县钱粮，次年浏阳赋税得以豁减。此后，“民困苏，官不受催科之谪矣”①，浏阳经济复苏，户口增多，文教亦逐渐兴盛，人才辈出。及至清代晚期，浏阳的社会经济、文化教育均发展到了鼎盛时期。刘人熙总结这一时期浏阳的文教和人才说：

“浏阳文运，至清季而始昌。……嘉庆、道光之际，邱之芬以程朱遗书引后进，邱之稑以雅乐名家，修文庙二丁之乐舞，浏阳之乐，遂名海内。朱文炑以孤寒遗逸，契遗经于湘鄂逆旅之间，为名流所推服。咸丰之后，士乃学为桐城派古文。同治时，乃竞尚阮元考订之学。李汝勤不事科举，浏览古籍，好为古近体诗；陶甄少作，颇近吴伟业。自是以来，彬彬多文学矣。欧阳中鹄游京师，好骈俪之文，又仿蔡邕碑版，颇涂泽以经义，而书亦专仿李邕。其门下士谭嗣同，孝友肫挚，通都大邑多交闻人，所遇名山大川，往往助其文思之磅礴，《莽苍苍斋诗文集》，纵心孤往，盖不名一师。同时有涂舜臣明经名启先者，与中鹄同年称石交。明经为文，根据事理，尤长干济。”②

对此，谭嗣同也有所论及：

“浏阳山谷幽邃，士习简朴。宗姚江者为陶氏浔霍，有批点《王

① 本书卷六《食货二·豁粮纪略（附）》。

② 刘人熙：《大围山房文集叙》，载涂启先《大围山房文集》卷首，民国十三年同文书社校印本。

阳明集》行世。宗紫阳者，则朱氏文炑最著，著有《慎甫遗集》，大人（谭嗣同之父谭继洵——引者注。下同）为重刊于甘肃。乃巡抚湖北，访知其墓，为埤土树石。惟时浏阳之学者，盖济济然矣。先进如刘蔚庐师（刘人熙）之纯粹精，涂大围师（涂启先）之直方大，欧阳瓣姜师（欧阳中鹄）之刚健文明，王信余（王扬芳，榜名廷瑞）之笃实辉光。侪辈如涂质初（涂儒翯），如贝元徵（贝允昕），如唐绂丞（唐才常），如刘松芙（刘善涵），儒林硕彦，映照一时，嘻其盛矣！”①

谭嗣同说了浏阳三先生和自己的同辈学者，但没有说他自己，还有研究文字音韵学的黄祖勋，研究地理、土产的黎少谷，以及中进士后外放县官的陈长樞（字曼秋）等人。“当时确实是一大批人才群体涌现，是浏阳人才史上难得的鼎盛时期。”② 除了这些“儒林硕彦”，清末浏阳的达官显宦也多了，如署湖广总督、湖北巡抚谭继洵，署两江总督、江西巡抚李兴锐，湖南提督娄云庆，等等。

戊戌维新运动时期，谭嗣同、唐才常等人建立浏阳算学社，学习新学，开全省变革风气之先，被称为湖南维新运动的起点。至新中国建立，浏阳又以“将军之乡”而著称。在中国近现代的历史舞台上，浏阳人扮演着越来越重要的角色。近年以来，浏阳更是腾飞发展，从贫困县到撤县设市，再到跻身全国百强县二十强，屡创奇迹。

---

① 谭嗣同：《石菊影庐笔识·思篇》之四十，见蔡尚思、方行编：《谭嗣同全集（增订本）》，中华书局 1998 年版，第 145 页。

② 夏剑钦：《在纪念唐才常、刘善涵 150 周年诞辰座谈会上的发言》，2017 年 9 月 24 日。

二、修志源流

浏阳县志肇修于何时，今不可考。不过，至迟在宋元之时，浏阳就已有县志。明初杨士奇撰《文渊阁书目·旧志·暑字号第三厨书目》著录："《浏川志》一册。"此《浏川志》即《浏阳县志》，应该是宋元或明初成书的。《永乐大典》卷二二五六"提壶"条引《洌川志》云："长沙府土产。"方志学家张国淦先生认为，《洌川志》"似本是浏川，抄写时省作浏川，转误为洌川。此提壶条'长沙府土产'，知是长沙府属浏阳县"，应当就是《文渊阁书目》著录的《浏川志》。张国淦将其归为宋代方志。[①] 而今人周方高将其归为明志，"根据所记内容来看应是洪武年间（1368—1398）所修的志书"[②]。

另外，《永乐大典》卷七五一四"平粜仓"条引用了《浏阳县志》所载高斯得（"斯"讹作"期"）撰《浏阳县平粜仓记》一文，卷八五二六"黄精"条引用《浏阳志》一条。张国淦《永乐大典方志辑本》将这两条并录，归作明代方志。[③] 周方高认为，《浏阳县志》"或为明志"，《浏阳志》为明志。[④]

---

① 张国淦著，杜春和整理：《张国淦文集四编》，北京燕山出版社 2009 年版，第 209 页。张国淦编著：《中国古方志考》，中华书局 1962 年版，第 509 页。

② 周方高：《〈永乐大典〉本南宋至明初湖南佚志辑校》，上海古籍出版社 2015 年版，第 10—11 页。

③ 张国淦著，杜春和整理：《张国淦文集四编》，北京燕山出版社 2009 年版，第 1192 页。

④ 周方高：《〈永乐大典〉本南宋至明初湖南佚志辑校》，上海古籍出版社 2015 年版，第 11 页。按：高斯得，南宋末人，理宗绍定二年（1229）进士，官至端明殿学士、签书枢密院事兼参知政事。《宋史》卷四百九有传。著有《耻堂存稿》，未载此文。因此，《永乐大典》卷七五一四所引《浏阳县志》，当是宋末至明初所修。

嘉靖《浏阳县志》卷上《地理志·沿革》云："按洪武《志》，县治旧在本县东乡十三都居陵市镇，元时改迁今县治是也。"据此，当有洪武《浏阳县志》。明永乐、景泰两朝，浏阳应该都曾修县志，只是未能流传下来。龙昇康熙四年（1665）《旧序》说："我浏户口甲长郡，有《志》应尔，乃宋元以往，靡得而详。有明永乐十六年（1418），诏纂天下郡县志，景泰六年（1455），又诏修《寰宇通志》，载之史册，传为盛典。维时《浏志》正不知成自何手？湮没弗传，可胜浩叹！"①

现存最早的《浏阳县志》，是明嘉靖四十年（1561）《浏阳县志》。本志二卷，萧敷修，刘以身纂。萧敷，字须山，庐陵（今江西吉安）人，嘉靖三十九年（1560）至四十一年（1562）任浏阳知县。刘以身，字竹溪，安成（今江西安福）人，嘉靖四十年任浏阳县儒学教谕。本志始修于四十年春，秋八月成书付梓，纪事止于是年。正文分11门66目，约3万字，卷上：地理志（沿革、形胜、风俗、疆里、山川）；建置志〔城楼、县治、行署、司局（演武、养济附）、仓场、铺舍、门巷、桥梁、陂塘〕、学校志〔文庙、儒学（义学、社学、射圃亭附）〕；选举志〔进士、举人、荐举（武职附）、岁贡、例贡、貤封、应例、椽秩〕；职官志（知县历年、县丞历年、主簿历年、典史历年、教谕历年、训导历年、巡检、名宦、流寓）；祭祀志（坛壝、城隍、祠）。卷下：名胜志（台阁、宫室、古迹）；食货志（户口、物产、田赋、贡赋、课程、里甲、银差、力差、驿传）；人物志（忠烈、廉靖、毅勇、文章、孝行、贞节）；方外志〔寺、观、庙（义冢附）〕；附录（艺文、事应）。浏阳训导马岳《〈浏阳志〉书后》云："同寅刘竹溪召集诸生商之，访于岳，得写本三册，乃旧令郑君

① 见本书卷首龙昇康熙四年《旧序》。

奉委生员潘凤所修，间多取诸郡志及浏之旧录，纂辑成帙，而未刻者。刘君得有所据，修饰之，润色之，协之多士采录，推旧为新。”“旧令郑君”指的是郑汝清，于嘉靖三十一年（1552）至三十七年（1558）任浏阳知县。据此，此志之前，郑汝清曾让生员潘凤修过一部县志，但未刊刻。此次修志，即以潘凤本为基础。卷首“修志姓名·采录”下列有“庠生潘凤”，是潘凤又参加了此次修志。潘凤隆庆时为贡生，任南直隶休宁主簿。[①] 此志有嘉靖四十年刻本及其复印本存世。总的来说，本志成书仓促，颇为简略粗糙，但作为现存最早的《浏阳县志》，还是具有一定的史料价值。

清代，浏阳曾六次修县志，清末另有一部《浏阳乡土志》。

1. 康熙四年《浏阳县志》二卷。清康熙初，知县韩爆命浏阳廪生龙昇纂修县志，龙昇“穷极膏晷，征尽文献，丹铅屡易，手不停觚，凡十阅月而书始竣”，康熙四年刊刻，上距嘉靖《县志》已逾百年。此志二卷，分 12 门：封域、建置、职官、风俗、赋役、学校、选举、封荫、灾异、兵难、人物、艺文。[②] 韩爆，江南江都进士，顺治十八年（1661）至康熙六年（1667）任浏阳知县。龙昇，字日升，浏阳坊厢人。“笃学能文，以岁贡授本县教谕，升彝陵州学正。”[③] 此志已佚，不过康熙十九年（1680）版《浏阳县志》即是在此志基础上增补修订而成。

2. 康熙十九年《浏阳县志》十二卷，附《禅逸》一卷、《拾遗》一卷，知县韩煜、曹鼎新修，教谕龙昇纂。鼎新，字尔铉，汉军镶蓝旗笔帖式出身，康熙十八年（1679）至二十五年（1686）任浏阳知县。是志上承康熙四年龙昇所纂《浏阳县志》，下续康熙初年近事，

---

① 本书卷十七《选举·贡生·明·潘凤》。

② 本书卷首韩爆、龙昇康熙四年《旧序》，卷二十一《艺文一·史部》注。

③ 本书卷十八《文苑·国朝·龙昇》。

历十余载，几经修订增补，至十九年成书付梓，记事止于康熙十二年（1673）。正文分12门94目，约16万余字。首列舆地、幅员图4帧，详标浏邑全境名山大川、城镇关隘、街市乡村大小地名，既是较早的浏阳县图，也是研究本县疆域地理的简册。风土独成一志，节序目记“正月十五元宵，好事者大放花炮，起火，然皆昔事也”，此为记载浏阳花炮的较早文献。土产目杂品载苎麻、素纸，手工织品记绢、苎、葛、棉，是研究浏阳名产夏布、二贡纸的重要参考史料。灾异志，独具一格，分类记载明清两代自然灾害130余次。有康熙十九年刻本。学者评价：“是志体例纲目完备清晰，史事记述典型翔实，为清初湖南县志佳品。”①

龙昇两次编纂《浏阳县志》，“时邑经兵乱，继以逆藩叛扰，民力凋敝，又久困堕粮，昇备陈疾苦，情词剀切，邑令韩称其有贾傅痛哭流涕之风”②。

3. 康熙四十三年（1704）《浏阳县志》十七卷，王珽修，徐旭旦纂。珽，字搢斋，临桂（今广西桂林）举人，康熙三十六年（1697）至四十三年（1704）任浏阳知县。旭旦，号西泠，钱塘（今浙江杭州）副榜，康熙四十二年（1703）至四十五年（1706）任浏阳县丞。本志“十七卷，分门十四，附录九，小引十七”③。有康熙四十三年刻本，可惜残佚（湖南图书馆存卷8—10、14—15），其完整的序例目录不可考。现存之卷八为《学校志》，卷九《选举志》，卷十《封荫志》，卷十四、十五《艺文志》。各门前列小序，后有总论。《学校志》十八则，所录顺治、康熙上谕以及浏阳孔氏圣裔公案

① 金恩辉、胡述兆主编：《中国地方志总目提要》，台北：汉美图书有限公司1996年版，第18—17页。按：本节所述多参考此书相关条目。

② 本书卷十八《文苑·国朝·龙昇》。

③ 本书卷二十一《艺文一·史部》注。

等，较有时代特色。《选举志》有进士、举人、贡士诸表，列科名者300余人。《封荫志》仅记易雄、欧阳玄、张武等20余人。卷十四、十五均无头尾，录诏、疏、详、议、颂、记等80余篇。

4. 雍正《浏阳县志》四卷、卷首一卷，陈梦文修，方暨谟纂。梦文，江南江都（今江苏扬州）举人，雍正七年（1729）至十一年（1733）任浏阳知县。暨谟，字芑亭，寿昌（今浙江建德）人，雍正八年（1730）进士，候补知县。是志修于雍正十一年，阅二月书成，记事亦止于是年。正文分26门，以类附者7门，5万余字。除艺文外，各门均无细目，义例尚称简要。如志疆域兼记形势山川；志关隘兼记兵事及历代用兵之地；物产不录通产，仅录浏阳所特有者；学校志除记学宫及义学外，突出浏阳孔氏家庙；名宦、人物有杨时、易雄等50余人传，流寓记杜甫、裴休、朱熹、史大成诸人；艺文记载颇为宏富，篇幅居各门之冠，以文、记为主。其余山川、形势、风俗、古迹，率皆简略；职官、选举仅录姓氏，年代、仕里缺略漏误甚多。有雍正十一年刻本。另有民国二十二年（1933）国立北平图书馆抄本，藏国家图书馆。

5. 嘉庆《浏阳县志》四十卷、卷首一卷，谢希闵等修，王显文、彭浚等纂。附《志余备考》二卷，廪生李长春（后改名春煇）、监生邱之稑、廪生贺以南（后改名祥麟）、庠生欧阳德序辑。谢希闵，字介岩，会稽（今浙江绍兴）籍，直隶宛平（今北京）监生，嘉庆十六年（1811）起任浏阳知县。显文，号右亭，今山东临清人，嘉庆四年（1799）进士，湖南候补同知。彭浚，湖南衡山人，嘉庆十年（1805）状元，历任翰林院修撰、翰林院侍讲、顺天府府丞等职。嘉庆二十一年（1816），谢希闵请丁忧在籍的彭浚纂修《浏阳县志》。此年冬，彭浚服阙赴京，接着谢也因事离职。接任的署浏阳知县羊拱辰请王显文担任总纂，并选浏阳举人周雅、刘名锋、邱之芬，贡生吴祖光等人协助编辑。后张仲埙、邵大纬、方为霖相继署浏阳知县，都列名主修。其间，嘉庆二十三年（1818）秋，谢希闵曾回任，准备刊行，并作序。

此志一般著录为清嘉庆二十四年（1819）刻本，盖因卷首方为霖序所署日期为嘉庆二十四年，而同治《浏阳县志》又称其为嘉庆二十三年戊寅志，盖因书前扉页印着“嘉庆戊寅年重修”，且卷首谢希闵、夏元成、王显文三序所署日期皆为嘉庆二十三年。然而，此志卷二《星野》云：“今遵时宪七政经纬，推嘉庆二十五年（1820）鹑尾起星五度一十一分，寿星起翼八度四十二分，岁进之差，较前明又移数度。”是本志记事止于嘉庆二十五年，不可能刊刻完成于嘉庆二十三或二十四年。又所附《志余备考》之《后序》，所署日期为“岁在上章执徐毕相月既生霸，谨识”。“上章执徐”，指庚辰。故知此序撰于嘉庆庚辰，即嘉庆二十五年。因此，嘉庆《浏阳县志》应当脱稿、刊刻于嘉庆二十五年。

是志正文列纲39门（卷三十六、三十七皆为艺文，其他每卷一门），以类附者19门，约30万字。卷一录轸宿图、县境全图及城池、水道、龙脉、衙署、浏阳八景等图26幅，有助于考察地理、浏览古迹、探奇寻胜。对旧志职官、选举脱误处，能订讹补缺；记人物小传，能据事直书，无溢美之弊。尤其值得称许的是，明朝堕粮，为邑中惨舒变迁人事，雍正《志》田赋门不记“堕粮”二字，意在粉饰观赡，是志备裁本末；艺文门所录详、疏、示、禀等，对研究浏阳明清苛赋及人民生活，有重要参考价值。僭窃门记浏阳人民起义斗争及张献忠、李自成余部陷浏阳事，保存了重要史料。所附《志余备考》二卷，卷上杂志，卷下艺文，约1．5万字。另附《续修〈浏阳县志〉捐资姓氏》一册。

6．接下来的便是同治《浏阳县志》。（详见下节。）

7.《浏阳乡土志》十五卷，黄徵等纂。黄徵（1873—1931），字颖初，原名祖勋，邑人，廪贡生，光绪年间从谭嗣同游，擅长文章，时称“经世之才”，曾任职于中央财政部统计处、湖南建设厅及株萍、京汉、陇海诸路局，著有《词林韵准》等。本志按京师编书局统一则例纂修，体例及内容异于传统方志。始修于光绪三十二年（1906），次年成书。因时局动荡，未能刊印，直至1967年才由黄徵之子于台湾刊印。为最晚的浏阳旧方志。正文分3门15目，约15万字。首列历史，分沿革、政绩、兵事、耆旧、户口、氏族、宗教、实业；次为地理，列区域、山、水、道里；再次为格物，设物产、制造、商务三目。氏族目详记浏阳境内196个姓氏的迁徙传录脉络，人口繁衍状况，氏族历史源流，内容宏富，考证精详，居全国400余种乡土志之首。是志尤重经济，实业、物产、制造、商务四大篇，约占全书篇幅的五分之一。实业按士、农、工、商四类，将本邑104种职业一一条列；物产分动物、植物、矿产三类，表列生物矿产301种；制造亦表列浏邑土特产130多种，细载各种产品的原料、工艺、产量、产地；商务分本境自销、本境外销、本境销售外境货物三类，表列各种商品213种，详记浏阳棉布、夏布、菊花石、豆豉、鞭炮等土特产外销情况，均有裨于浏阳经济的振兴及传统产品之开发，也是研究中国近代经济史的珍贵文献资料。“是志体例完善，门类适当；史料宏富，观点新颖，颇能顺乎潮流，适应历史发展之需要。更为难能可贵者，氏族、宗教、实业、道里、物产、制造、商务诸目，旧志原阙，无可诠次，全由县志局拟就提纲，分东、西、南、北四区，实地调查，获取大量一手材料，按时汇纂成篇，翔实可信，为全国乡土志之佼佼者。”[①] 有黄徵稿本（此稿本已由其子黄彰健先生捐赠给浏阳市图书馆珍藏），1967 年台湾印本。

另外，国家图书馆藏有《长沙府浏阳县奉饬查询各项事宜清册》（以下简称《清册》）抄本一册[②]，共 49 页，末署“光绪十六年（1890）闰二月初七日，知县唐步瀛”，首尾钤有“浏阳县印”。这是光绪十六年浏阳知县唐步瀛对上级查询的各项事宜“逐条登复”，造具的清册，一共 53 条，约 1. 5 万字，涉及浏阳当时各方面的情况。曾被影印收入董光和、齐希编《中国稀见地方史料集成》第 41 册（学苑出版社 2010 年版）。因为《浏阳乡土志》不是按照传统方志体例编纂的，光绪一朝的很多内容都没有记载（如选举等），因此，这本《清册》在史料方面有一定的补充作用。

民国时期，浏阳曾四次筹划修志，未果。[③]

三、同治《浏阳县志》纂修过程及其特点

同治五年丙寅（1866），因议修《湖南通志》，湖南巡抚令所属府厅州县续修新志。次年，浏阳知县王汝惺组织纂修。经过七年时间，同治十二年（1873）秋，《浏阳县志》告成。其间，知县七易其人，依次为王汝惺〔山东诸城拔贡，同治元年（1862）任，二年（1863）去，五年（1866）回任〕、童恩〔鄞县（今浙江宁波鄞州区）

① 金恩辉、胡述兆主编：《中国地方志总目提要》，台北：汉美图书有限公司 1996 年版，第 18—18 页。

② 电子版可见“中国国家图书馆 · 中国国家数字图书馆”网站《数字方志》栏目，索取号：地 270. 17/939。

③ 《〈浏阳县志〉历次纂修简况》，《浏阳县修志通讯》1984 年第 3 期，第 2 页。

人，三品荫生，同治六年（1867）署〕、钱绍文〔江苏常州武进监生，同治七年（1868）署〕、万修廉〔湖北广水应山城区人，中顺天乡试举人，同治八年（1869）任〕、汪亮清〔江苏常州武进监生，同治九年（1870）署〕、盛赓〔江苏常州武进监生，同治十年（1871）署〕、罗庆芗〔直隶大兴（今属北京）监生，同治十一年（1872）署〕，皆列名主修。罗庆芗在同治十二年（1873）所撰《续修〈浏阳县志〉序》中说："计自开馆至今，令浏者接次瓜代，董事诸君或以物故，或以事牵，聚散不常，《志》经三易始脱稿。"浏阳县儒学教谕陈善墀在同年所撰序中说："斯编于丁卯（同治六年，1867——引者注。下同）采访事实，戊辰（同治七年，1868）开局，今春（十二年，1873）付梓，八年于兹，始克成帙。"本志刊刻于同治十二年，扉页印有"同治十二年刻"的字样。曾被影印收入《中国地方志集成·湖南府县志辑》（江苏古籍出版社 2002 年出版）。

据卷首"修辑姓氏"，参与此志纂修的，共有 50 人，除主修 7 人之外，有协修 3 人（教谕陈善墀，训导龚琴、胡运甲），纂修 11 人，参订 4 人，提调 2 人，采访 18 人，校对、缮书各 2 人，绘图 1 人。列名"纂修"的有邹焌杰、贺祥麟、邱庆籥、涂启先、谭显邦等人，列名"参订"的有熊钰、李芸、李习昇、刘人熙等人，都为一时之选。

邹焌杰（1803—1870），原名见龙，通籍后改名正杰、振杰，后改焌杰，字云阶。道光二十年（1840）进士，选庶吉士，次年授翰林院编修。后历任山东道监察御史、掌广东道监察御史、掌京畿道监察御史等职。咸丰八年（1858）十月，补授广西浔州府知府，未赴任，告养回籍。同治六年，知县王汝惺聘其主纂《浏阳县志》。同治九年七月，《县志》未成而卒。著有《听春雨轩文集》《试草》《诗赋草》

及奏疏若干篇。[1]

贺祥麟（1791—1878），原名以南，道光八年（1828）举人，官至直隶完县（今河北顺平）知县，以卓异升云南云龙州（今云龙县）知州，未赴任，致仕。同治十一年归里。[2] 著有《有真意斋诗稿》。嘉庆修志时，他与李长春、邱之稑、欧阳德序合编《志余备考》，时隔50多年后，以80多岁的高龄再次参与纂修《县志》。刘人熙说："先生官县令三十年，解组归田，年大耋矣，重与《县志》之役，余昕夕襄事，如见古人，盖巍然灵光殿也。"[3]

邱庆篇（1808—1885），字仲益，号廉泉，邱之稑次子。同治元年举人，历署东安县教谕、辰州府教授。"天资明敏，读书数行下，行文如宿构，兼精音律，得先人之遗。"同治初，曾国藩在安徽创兴礼乐，曾聘邱往教习，"礼数甚隆"，并赠匾额两方："精探正乐""雅淡和平"，"以扬前烈"。[4]

涂启先，优贡生。刘人熙为涂启先所著《大围山房文集》作序时说："曾同修县志，余分辑艺文，明经分田赋，钩稽详密，行文得马班体。"[5] 可见，刘人熙负责编辑艺文志，涂启先负责撰写赋税等内容。对此，涂儒翯所撰《先君舜臣府君年谱》记载更为详细：同治七年六月，涂启先"入邑志馆"；八年十一月，离开志馆；十年二月，

① 本书卷十八《人物·宦绩·国朝·邹焌杰》；邹夔堃等修：浏阳《托塘邹氏支谱》卷六《玑公房明派世纪·明晃》、卷十《邹云阶先生崇祀乡贤录》，清光绪三十年济美堂刻本。

② 贺运珩：《贺祥麟墓志》，浏阳市博物馆藏原件。

③ 刘人熙：《楚宝目录·有真意斋诗集六卷》，见湖南图书馆编：《湖南近现代藏书家题跋选》，岳麓书社2011年版，第2册，第469页。

④ 邱景嵒、邱方岳等修：浏阳《邱氏族谱》卷六《续世系录·庆篇公》，河南堂，民国乙丑续修。

⑤ 刘人熙：《大围山房文集叙》，载涂启先《大围山房文集》卷首，民国十三年同文书社校印本。

仍回志馆。“府君在志馆二年，发凡起例，各门皆有著述，而‘食货’一门尤为心力所萃。府君去后，主笔者意见不尽合，或反所为，今遗稿在箧笥，几盈尺，手泽存焉，潸然泪下。”[①] 涂启先在所撰《涂先声传》的“自记”中写道：“此庚申拟上褒忠局者，陶君翼云曾润色之。己巳仍采入邑志局，同事者更删削登志。今存其初稿，且不敢忘翼云之是正也。”[②] 己巳即同治八年。说明这篇《涂先声传》，同治八年被志馆同事删减后登志，即收入本书卷十八《人物·武略·国朝·涂先声》。涂启先还曾负责过《兵防志》的编纂，他在《张霆斋墓表》中说：“启（与往）［往与］修《浏志》，纪兵防，凡杀敌治匪有功而存者，例不书其人，篇中所谓张坊及乡守团绅者，皆纪先生绩也。”[③]

后勤保障对修志至关重要。“提调”之一为谭继昇，字海峤，他是谭继洵伯兄、谭嗣同伯父。谭继昇善于筹措经费，“节啬用之，又集所敛金权子母，得子钱几三千缗，志成而赢”[④]。本志末附《续修〈浏阳县志〉捐资姓氏》一册，即谭继昇等人组织劝募修志经费的清册。

同治《浏阳县志》凡二十四卷，卷首一卷。本志上承浏阳明清诸旧志，新增道光、咸丰、同治三朝史事，记事止于同治十二年。卷首为罗庆芗、陈善墀、胡运甲三序，次旧序，次凡例，次新旧修辑姓氏，次目录。正文分14门160目，约38万字。卷一：图考（含县境全图、城池图、公廨图、祠庙图、考棚图、书院图、公所图、岳郡屯

① 涂儒翯：《先君舜臣府君年谱》，载涂启先《大围山房文集》卷首，民国十三年同文书社校印本。

② 涂启先：《涂先声传》，《大围山房文集》卷六，民国十三年同文书社校印本。

③ 涂启先：《张霆斋墓表》，《大围山房文集》卷七，民国十三年同文书社校印本。

④ 涂启先：《谭海峤六十寿序》，《大围山房文集》卷五，民国十三年同文书社校印本。

漕仓基等8目）；卷二：舆地一（含星野、建置沿革、疆域等8目）；卷三：舆地二（含水、井泉等3目）；卷四：营建（含城池、街巷、公廨等17目）；卷五：食货一（含户口、赋税等2目）；卷六：食货二（含屯田、豁粮纪略等2目）；卷七：食货三（含蠲免、赈恤、优免等7目）；卷八：学校（含恭录匾额、恭录各赞、恭录诏谕、恭录颁藏书目、学宫规制、故学址、学额等14目）；卷九：祀典一（含社稷坛、先农坛、神祇坛等12目）；卷十：祀典二（含文庙、关帝庙、文昌庙等10目）；卷十一：祀典三（含昭忠祠、祔祀昭忠官弁士卒等2目）；卷十二：祀典四（含祠庙、寺观等2目）；卷十三：兵防（含兵制、唐季兵事、宋季兵事、元季兵事等10目）；卷十四：祥异（含人瑞、物异等3目）；卷十五：职官一（含官制、知县、教谕等10目）；卷十六：职官二（含政略、客使等4目）；卷十七：选举（含进士、武进士、举人等16目）；卷十八：人物（含忠烈、孝友、儒林、宦绩等10目）；卷十九：列女一（含节1目）；卷二十：列女二（含节、烈、贞等6目）；卷二十一：艺文一（含经部、史部、子部、集部等4目）；卷二十二：艺文二（含记、序、说等8目）；卷二十三：艺文三（含诗、词等2目）；卷二十四：杂志（无子目）。

同治《浏阳县志》作为浏阳最后一部传统方志，内容丰富，体例精良，历来受到学界的较高评价。1986年出版的《湖南方志论》评价说：在诸本《浏阳县志》中，“《（同治）浏阳县志》是最好的一种。……此志较以上自明嘉靖年间所修志书，以及清康熙、雍正、嘉庆等各志均详备精确得多。其原因是采撷之资料宏富，并进行了反复考证，反复修改，历时也较长，其序云‘经三易始脱稿’，先后逾八年才成书。在语言文字上可谓言简意赅。印刷清晰精美，至今百一十年整，中间虽无重刻，然此本仍十分便读。其体例十分详备，类目细致称善”①。

具体来说，同治《浏阳县志》有以下几个特点：

1. 资料宏富，内容全面。同治《浏阳县志》成书最晚，参与纂修人员最多，纂修历时最长，参考了康熙十九年、康熙四十三年、嘉庆、雍正各版县志及《湖南通志》，资料收集宏富，内容全面，是《浏阳县志》的集大成之作。单就正文字数而言，同治《县志》是嘉靖版的12.6倍多，康熙十九年版的2.37倍多，雍正版的7.6倍，嘉庆版的1.26倍多。后出的《浏阳乡土志》限于体例等因素，在内容的全面性、丰富性方面也无法与其比肩。

2. 体例恰当，类目细致。是书嫌嘉庆志分门过多，综为14个大类，门下列158个细目，“其不足资考核、佐治理者不录”②，“有事非本类、相因而见者，加‘附’字别之”。是志在体例上较旧志变通、改进之处尤多，如嘉庆志既设《僭窃》门，又附以《兵难》，且纪兵事用编年例，本志统归于《兵防》，改成“断事为篇”，并增《团练纪略》。嘉庆志在《艺文》外又设《典籍》，本志统归于《艺文》，“使归划一”，共收录浏阳历代诗文近300首（篇），且不收见在者之作。在为人物立传时，同样取舍严谨：“嘉庆以前人物，前志所遗，非有他书可证而仅凭家谱私传者，不录。”且能据事直书，既褒美也贬恶，不曲笔回避，如“风俗美恶并见，详之使问俗者有所采择，以施因革”。虽然有些类目被指安排不当（如星野、建置沿革属舆地），但总体来说，本志体例恰当、严谨，类目细致。

3. 繁简得宜，突出特色。本志对铺递、丘墓、水利、泉石滩井

---

① 朱建亮、李龙如编著：《湖南方志论》，吉林省地方志编纂委员会、吉林省图书馆学会1986年出版，第21—22页。

② 本书卷首《凡例》。本节引文，除注明外，皆出自此。

等，作简略处理，“均止仍旧志录载，兹不增加”。又如“星野、物产之类，不无稍泛，今则较简”，“《祠庙》不列淫祀，《寺观》仅纪所知，并不繁赘”。而“如桥梁、漏泽、义塾、义田、诸公所之类，详之可以风义”，本志记桥梁400余座、津渡120余处，且桥、渡若系独建，还写明建者姓名。重要史实，必详加记述，“事有关系，必据实发明”。如明清“堕粮”始末，是关系浏阳兴衰的重大事件，前志记载较简略，本志除在《户口》《赋税》《屯田》等目中详细记载，又附以《豁粮纪略》，专述其事，且在各目小注中大量引录明清两代知县、巡抚的详稿、批示、奏折等公文，以保存史料。本志注重突出浏阳特色。如自道光九年知县杜金鉴聘邱之稑“典文庙乐舞，为设局，乃案律制器，率众肄习且数十年”[①]，浏阳文庙乐舞天下闻名。该志在《学校志》记文庙的建设、规制，在《祀典志》中详细记载文庙祭祀礼仪、乐章、舞谱，在《人物志》为邱之稑立传，并多处征引邱之稑著作《律音汇考》《丁祭礼乐备考》，“详之以资考览”。繁简取舍之间，尽见史家用心。

4. 态度严谨，考订精细。该志参考旧志，检校群书，以严谨求实的态度，对史实进行精细的考辨订正。“诸所引书，必注书目”，有所更正或存疑都加按语说明。“旧志所载，如朱子诸贤曾否至浏，赵民彦是否浏人，梅子园是否渠城之类，无考证，姑存其疑。”对于旧志沿袭的错误之处，均予订正，“不敢稍涉附会”。欧阳龙生是南宋国学生，元代没有参加考试，“关昔贤出处大节，特正其失”；知县蒋擢“加赋病民，决非良吏，特削其传”。有所增益订补，“悉凭书传，不参臆说”。同时也根据口碑，以补文字资料之不足，如“近时军务，案牍可考，间有见闻所及，又足补案牍所不逮，详之以著一时之事”。

---

① 本书卷十八《人物·文苑·国朝·邱之稑》。

5. 版式疏朗，绘图精审。为了便于省览，本志在版式处理上也很注意。用正文、小注区分，“注中文断另起，或用衔接处，则间以空圈”，以清眉目。“赋役原额大书，似易迷目；诸小水杂载，似无原委，今皆分别附注”，“旧志纪风俗颇繁，今撮其要，而详于小注”。图考有县境全图、城池图、万岁亭、县署、县丞署等图24幅，均较为精审。

四、校点说明

同治《浏阳县志》是浏阳古旧方志中内容最丰富、资料性最强、考订最精细的一个版本，具有重要的史料价值，可以说是研究浏阳历史文化最基础、最重要的一部文献。

虽然同治《浏阳县志》是历版县志中最完善的，但受各种客观因素影响（如当时未见嘉靖《浏阳县志》），还是存在不少错讹缺漏，不尽如人意。如明代《浏阳八景诗》，同治《浏阳县志》署“失名”，现经考证，作者为夏瑄；《升冲观铭》作者应为陈文，此志误署王献芝；杨时《归鸿阁记》，全文仅600字左右，此志一处即脱漏了19个字；欧阳玄《浏阳州州官题名记》，是元代浏阳的一篇重要文献，此志错漏达10多处。且目前仅有刻本及其影印本流传，又因古籍的繁体竖排不断句，不便于阅读、研究。因此，将此书校订标点，整理出版，以广流传，对于促进浏阳历史文化研究，更好地挖掘、传播千年古县的人文历史之美，很有必要，也颇具意义。

本次校点，以同治十二年刻本为底本。需要说明的是，同治《浏阳县志》初次刻印后，曾经挖改增补两三处地方，如中国国家图书馆藏初刻本[①]，卷四《营建·义山·县南义山》“金刚市侧平山里”条作：“众置。咸丰间，复募修坟茔，筑墙围之。置施家坳义山一所，兼买业为清明挂扫、中元赈济之资。”而无下面的“文市三合庄”条。后印本为插补“文市三合庄”条，将前条后两句删减为：“置施家坳义山，买业为扫墓赈孤费。”又如初刻本卷二十《列女二·节》“曾张氏”条（页19下）：“县南翟家湾曾广汉妻。”后印本为更正错误，将“翟家湾”挖改为“蹑云桥”。本次所据为浏阳市档案馆所藏后印本，其内容更为完整准确。

具体的校点凡例为：

1. 全书采用现行简体字横排，标点分段。原文夹注，用小号字排印。原文中所有表示尊称的抬头、空格取消，表示谦称、卑称的小号字改用和正文相同的字号。底本卷十九、二十《列女》各条姓氏后内容原为夹注，今改为和正文相同的字号，以便阅读。

2. 新编详细目录（底本目录较为简略。新编目录，尽量详细，如卷二十二、二十三《艺文》，为方便省览，具体到诗文篇目），置于前言后，而将底本置于“原修辑姓氏”后的目录删去。

3. 除人名、地名等专名外，异体字、古体字均改用通行字。避讳字复原（如“欧阳元”复原为“欧阳玄”，“大夫人”复原为“太夫人”，“宏治”复原为“弘治”）。通假字一般不改。凡诬称字，为存历史原貌，不予改动。

4. 原文中的错讹、颠倒之处，加“（）”，并于后用“[ ]”标出正字。原文所缺应补之字句，在“[ ]”中补出。衍字则出脚注说明。

---

① 电子版可见“中国国家图书馆·中国国家数字图书馆”网站《数字方志》栏目，索取号：地270.17/38。

5. 凡订正底本错讹、颠倒、脱文、衍文者，均出校记说明；明显错讹径改者，不出校记。底本所录诗文等内容，与他书有异文，而底本无误者，酌情出校。有史实不确之处，出注加按语辨正。

我有感于乡邦文献凋零，缺乏重视，这几年来，利用业余时间，一直致力于浏阳文献的搜集整理，零篇断简、古碑族谱，皆视若珍宝，寻访校理，自得其乐。负笈川大时，编校吾乡欧阳圭斋之《全集》，当时已知家乡有《湖湘文库》之盛举，而吾浏有岳麓书社原社长、编审夏剑钦先生任副主编之责，心向往之。归湘后得以拜识先生，时时请益。蒙先生青眼有加，揄扬鼓励。此次校点同治《浏阳县志》，经先生热忱推荐，本书得以列入《长沙文库》。先生又不惮辛劳，两次审阅书稿，颇多斧正。《前言》之撰写，亦蒙先生指点、是正。文字之缘，教诲之恩，铭感五内。

在本书的校点出版过程中，著名学者梁小进先生、陈先枢先生，长沙市地方志办公室王习加主任、贺国成副主任、曾牧野处长，浏阳文史专家、市政协原副主席潘信之先生，浏阳市委原副书记、市人大常委会主任吴震先生，浏阳市市志档案局李兆佳局长、唐学雷副局长、汤裕新馆长，都给予了关心支持；本书责任编辑刘文兄学养深厚，认真负责；妻子梁露欣戚与共，默默鼓励，均不敢忘，谨一并致谢！

本人才疏学浅，校点容有不当之处，敬祈读者不吝赐教！

浏阳汤锐

丁酉年十月于星沙寓舍涵砚斋

目　录

续修《浏阳县志》序

自《周礼》大司徒“掌邦国之志”，为府州县志所自仿。诚以其为一方文献之征，而当代掌故亦取资于是，志顾不重乎哉！

《浏志》创自前明嘉靖，至国朝嘉庆戊寅，凡五修。同治丙寅，大府修《湖南通志》，下其式于各属，浏志于是乎续修。计自开馆至今，令浏者接次瓜代，董事诸君或以物故，或以事牵，聚散不常，《志》经三易始脱稿。壬申冬，予承乏来浏，适丁《志》之成，邑人士请予一言弁其端，自维谫劣，何敢妄赘？因请之固，不获辞。爰取其成本晰心浏览，见其纲举目张，事增文赡，允足为征信之书矣。

顾予为浏幸者，尤有进。当粤氛肆起，浏当其冲，邻境多被绎骚，浏独无恙；堂匪煽祸，盗兵东隅，燎火方扬，一扑旋灭，故履险如夷，安堵如故。今即其《志》验之，于方域则修以坦，可见地之利焉；于舆情则清以嘉，可见风之庞焉；于人才则炳以蔚，可见气之王焉；于物产则阜以成，可见生之畅焉。至于循良之保障，团练之精严，兴革有宜，凶灾有备，凡于国计民生相维系者，至周且详。仰见生逢郅治，累洽重熙，休养涵濡二百余年之久，海寓晏粲，景运中兴，浏处一隅，亦得食旧德而服先畴，享康乐平安之福焉。浏之幸也，即《志》之幸也。予得附名其间，则亦予之幸也夫！

时同治十有二年岁在昭阳作噩仲秋月縠旦，钦加同知衔、特授衡阳县知县、调署浏阳县事罗庆芗谨撰。

续修《浏阳县志》序[①]

同治十二年仲秋，《浏阳县志》告成，局中司事诸君问序于予，予谢不敏，且曰："志尚纪实，不在繁文，一书数序，已为非法。况勉励风俗，藻饰人文，新旧之作，珠玉已满前乎！予实不文，不足为斯志重。"诸君曰："空文无补，徒扰剞劂，此近代刻集之通例，而慎重作文之正论也。虽然，此册不可无君序也。当丙寅岁，大府议修《湖南通志》，饬所属府厅州县有司会同儒学续修新志。明年，绅耆集议，时莅浏邑者为王敬一明府，领其事。未几卸篆，而司训李君竹浯亦升任去。自是，邑侯瓜代者，至今凡七次矣。其士绅会商，遴选贤能，部署章程，提揭纲维，以及审定脱稿，君皆与有力焉。是斯志之始终，惟君知之最详，岂可无一言以载其颠末于简端乎？"予因而序之曰：

今郡邑之有志，即古外史掌四方之记之遗意，言必征信，事必研实，以备采择而明掌故者也。《浏志》自前明嘉靖创修，多简略，至我朝康熙、雍正，凡五修。嘉庆戊寅续修，始详且备，迄今六十年矣。运会推迁，时移势异。今文教振兴，武功崛起，科名鼎盛，义举

① 标题原无，系校点者所补。

迭作，况经粤氛外炽，土寇内讧，虽疆埸宴然，而民苦锋镝，其事之当搜辑者，正此时之要务也。斯编于丁卯采访事实，戊辰开局，今春付梓，八年于兹，始克成帙。其中山川形势、田赋学校、节孝忠义、风土人物，靡不正讹补阙，覈核综该，博而能洽，要而不繁，洵文献之征，足信今而传后者也。

所可愧者，善墀承乏斯席十有余年，未有一善可纪、一长足述，虽年来庠序相安无事，究之谫劣之材，未尽厥职。徒以朝夕勤事，与于斯文，附名不朽，固属厚幸，亦滋惭恧耳。

诰授奉政大夫、五品衔、即选知县、浏阳县儒学教谕、加五级、纪录五次郴州陈善墀并隶。

续修《浏阳县志》序

浏阳于长沙郡属为剧邑，予得传闻者旧矣。今年首夏，由省垣买舟赴浏司铎之任，甫涉其界，形势觉殊，已乃步步入胜：山则纵横叠出，苍翠之色，扑于客面；水则潆洄相抱，清曲之致，宕为奇波；夹岸村舍俨列，竹木荫翳，腴田沃壤，布满山谷水涘间。予既心异之，而垂髫捧书、扶杖高咏者，每每趾错于途，倚舟可望，不禁扣舷称善，以为野处而饶有雅趣。时操舟者为浏人，笑谓予曰："吾邑之佳胜，徐探始尽。公兹所见，只一班耳。"

及抵任，日与邑人士相晋接，遂因谈次得浏之梗概，十已二三焉。复值续修邑乘将成，阅其稿，所载山川人物、风俗土宜、学校农桑、礼乐祭祀、寿考节孝，与夫疆域之广狭、赋税之重轻，暨千百年建置变更、治乱盛衰之原委，犁然灿然，视旧志更详且精。乃叹浏果剧邑，向所传闻者非诬，而领取于中流顾盼之际者，真管见也。

夫孕秀钟灵，关乎地气；式浮振靡，系于人为。浏邑磅礴郁积，层峦峻峰，不一而足。予莅任日浅，未获陟大围之顶，跻道吾之巅，临石霜、隐相之寺与台，用以揽奇吊古，开眼界而拓胸襟。犹幸居迩昔贤，仰瞻祠宇。挹龟山大儒之遗韵，使人懔然生道学之心；缅欧阳文公之芳徽，使人旷乎动英隽之慕。是则斯邑所以尚廉耻、敦风节、重信义、崇文教，崛起万山之中，抗衡三湘之盛，屡经兵燹，流离播迁，而不坠所守，久而弥昌者，固由朝廷建官设学、教养培植之深，抑亦二公之精神有以维系贯注于世代之远也，岂徒名位赫奕、光昭志乘已哉！若夫邑居之壮，人文之美，物产之饶，事会之繁，修志者例得备及之。而斯邑之增重，究在彼，不在此。志既竣，邑诸君子属弁数语，不揣谫陋，爰为之序云。

同治十二年癸酉仲秋月縠旦，丁巳补行壬子、乙卯科举人、候选知县、实授浏阳县学训导胡运甲谨撰。

旧序明嘉靖四十年辛酉　萧敷须山

郡邑之有志，犹列国之有史，所以彰往昭来，阐幽扬休，厚风俗而寓劝惩也。故传之《禹贡》，列之《职方》，分之《周官》，著之图籍，而凡载在方舆者，先王重焉。迨西京刘向著郡国之事，东汉南阳撰《风俗》之篇，而后郡国分合，有志于今，犁然举矣。然典礼纲常，自古相因，制度文为，随时损益，非参稽互察、原始要终而推寻之，虽智者不能为臆说矣。

浏阳固《禹贡》荆州之域，而江汉之名区也。故虽有志，或刻而未备，或录而未刻，有志于经邦考古者，无所于稽也。嘉靖庚申夏，予知浏阳县事，同年竹溪刘君亦同时来司教。明年春，爰相与谋修志焉。刘君乃检之图帙，询之耆旧，考古酌今，提纲汇目，务协舆论，越数月而志成焉。其志地理也，而知守土焉；其志建置也，而知慎役焉；其志学校也，而知讲道焉；其志职官也，而知树德焉；其志祭祀也，而知理幽焉；其志名胜也，而知仰贤焉；其志食货也，而知重本焉；其志人物也，而知表俗焉；其志方外也，而知崇正焉；其志艺文也，而古今之文献备焉：要皆有关于世教者也。

昔江文通以修史之难，无出于志；陈（焘）［寿］称善叙述，李延寿称悉旧事，而志独略焉。盖繁则冗，简则疏，不辨不核，不断不法，溢美则虚，徇情则私也。斯志凡二卷，足以备遗忘而资治教，而兴废举旷，亦略可见矣。梓而行之，后之有志于经邦稽古者，其亦足征乎！

旧序康熙四年乙巳　韩爆

皇上御极之初年，爆衔命令浏阳，恩纶甫下，即知浏固赋繁而民困，然未审其积疲若此极也。入其境，叩邑乘于故老，咸不解为何物。旋思改革之后，浏最残苦，公私庐舍之弗存，志于何有？于以观乎山川疆域、邑居民数、经制度物，而无所于裁也；以观乎政治得失、民俗缓急、弛张先后，而无所于稽也；以观乎风气俗习、异同趋舍，而无所于征也。爆心焉念之矣。然文献无征，宣父致慨，敢凭臆起例哉？

未几，钦奉上谕："凡明朝仇怨地方，有粮经加科者，许有司官查明具题。"父老长跽泣请曰："邑以陈友谅故，科税独倍于他邑，三百年来，吞声饮泣，幸仁人父母宣言之。"余曰："斯何据云然哉？"因广搜博采，捐金购募，得古《志》一册，笔削在嘉靖辛酉岁，去今百余年矣。检阅至《食货志》云："浏粮每亩一斗零七合，古也。明祖即位，有诉浏助陈友谅饷者，帝恚之，加科二斗一升四合，视昔为倍矣。"爆不禁缅然长思，泫然泣下也。因洁忱抠思，伸纸陈情，赍《志》吁诉，台司道府诸大人亦悯念情殷，赍《志》入告。圣天子下其事于部议，柰不果苏息。

爆从此鞅掌簿书、钱谷、刑名，日不暇给，又惧束湿洊加，救过弗遑，荏苒居诸，忽忽三年，敢议文章缘饰之事哉？幸诸上台大人表章至治，润色鸿猷，纂次楚书，汇成全帙，不以残浏遂弗征取，檄下严切。熼既从事于鞅掌簿书、钱谷、刑名，而曷暇及邪？爰属其事于邑之先进长者，谢而弗受也；属其事于邑之鸿儒巨老，谢而弗受也；复属其事于同事之学博，又以典籍无存，风土未谙，谢而弗受也。熼复周爰询度，勤求良士，值有以龙子昇告者。思余莅任之始季试首拔士，非此龙子邪？知龙子髫龄食饩，八历科闱而数奇，艰于一第，固留心制举者也，特未审于掌故何如耳。进之坐而与语，龙子又似有志于风土民物者。随同商榷编辑，龙子苦退避，余鼓其进；龙子期分任，余责其专。乃杜门发牍，分例摛文，扬榷素闻，网罗佚事，纠剔舛讹，增损是非，不数月而书成，呈余鉴裁焉。

大都悯赋税之繁苛，怆流图之莫绘。标纲十二：首志封域而土广人稀，以赋重故；次志建置而有废无兴，以赋重故；志职官而催科之难，黜多陟少也；志风俗而茧丝之扰，昔盛今衰也。若赋役则志追呼纷杂，凄焉泣下也；学校则志文苑荒落，黯然神伤也。如选举之寥落，念民生不遂，士类何以克昌欤？封荫之阔绝，念众姓愁叹，一姓谁独蒙恩欤？至灾异叠警，兵难频仍也，则积怨积愁之所致也；人物鲜少，艺文寡乏也，则饥寒困苦之交迫也。披其帙，如日闻堂上哀吟之声，如日见民生蹙頞之状，龙子之心苦矣。昔贾生于立谈之顷，遽为痛哭流涕，论者病之。然其平日慨然当世，所以积为议论之本者，不知经几岁月，一朝倾吐喷礴，故不自觉其尽耳。龙子得毋类是？

惜余位卑职薄，不克为浏民请命，借诸大人征志下邑，持此为陈风贡俗遗意。诸大人倘轸念此方之艰苦，补牍披陈，则浏之户口今稀矣，有还定安集者在，不患不连衽帷而挥汗雨也；浏之土田今芜矣，有劝课补助者在，不患不垡九万而耦十千也；浏之赋税今杂矣，有请蠲乞罢者在，不患不酒浆省而佩璲减也。即浏之气运寖微，浏之人文积衰，然主持有人，转移有人，鼓舞作兴，奚患不节义并东汉，文章媲西京乎？将见川澄岳峙，高深犹昔，洪武初年之户口至七万一千九百五十余丁可聚，洪武初年之官民田、地、塘至三千九百七十四顷六十二亩四分之旧壤得复，徭税不困，民生克遂，则诸大人洵再造斯浏矣。《易》曰："无平不陂，无往不复。"浏殆际剥穷复反时乎？

独熼半生揣摩，思效圣朝一臂一指之用，而偃蹇疲邑，数年于兹，如芒刺负身，无一刻是神舒体适时。"天之生我，我辰安在？"然余一人苦而浏民从此渐享其乐，余一人苦而后之浏令克席其休，则又何惮我躬之况瘁也？志成，敬捐岁俸，寿诸梨枣。熼忝长也，例得有言，谨以是言弁之首。

旧序康熙四年乙巳　史大成

《浏阳县志》自故明嘉靖辛酉，迄今康熙乙巳，凡百有五年，而韩令超韩熮始修之。夫百有五年远矣，文献无征，传闻寖渺，嘉靖以后之事不可得详，又旧刻屡经兵火，藏板散失，印本亦罕有存者，遍询耆宿，仅获一编，残阙不次，韩令是举甚难哉！然而不可少缓矣。

余惟郡邑有志，在上则为政教，在下则为风俗。前人所行谓之法，后人所则谓之权。权者，因时而制其宜，随事而通其变。故君子一膺民社之寄，下车而知其地之宜因宜革、宜损宜益者，以有志也。

予观《浏志》所载，有宜革而未革、宜益而未益、宜损而未损者：

宜革者习俗。浏阳斗米不过三十钱，尺布不过六七钱，鸡彘之畜，盈于篱野，衣食不忧不足，而好斗讼，为守令者往往有积牍焉。《志》曰："劲悍而决烈，岂风气使然，久则难变欤？"吾闻移风易俗者，君子之任也。使民无讼，当必有道，此其责在守令。

宜益者科第。浏固山邑也，大围绕其东，巨湖耸其西，天马亘其南，石柱壮其北，其间巨川细流，分合盘曲，折而趋湘，揽胜者有地灵人杰之意焉。及观《志》之所书，故明几三百年，进士四人，登乡荐者四十四人耳。今朝廷自酉、戌开科以来，求贤若渴，而浏士无与盛典者，何也？日者谓猿啼儒学，文峰卑而不振，宜立浮图以高之。不可云无此理，而非其本也。敦本之道，在严学校之教，而兴礼让之风，此其责在广文，亦在守令。

宜损者田赋。按浏赋每亩一斗七合，古也。明太祖即位，有诉浏民助陈友谅饷者，故倍之。一时之怒，原不足为百世不易之经。况昭代鼎新，浏民效顺，自在圣心嘉悦之中。有能上达此情，必蒙恩减。此其责在令请之守，守请之藩司，藩司请之督抚，而督抚请之朝廷。

然则韩令之修此《志》也，岂以备稽考已哉！曰：“吾将于三者加意焉。嘉靖以后之事，咨诹所及，确则书之，不详可也。旧刻残阙，正其讹，间亦补其略也。”托诸空言，不如见诸实事，其斯之谓欤！

旧序康熙四年乙巳　龙昇

昔唐宣宗令韦澳撰次州县境土风物及诸利害为一书，号曰《处分语》。然则草莽臣各志述其梓里之事，亦正以备今天子处分之助也。

我浏户口甲长郡，有《志》应尔，乃宋元以往，靡得而详。有明永乐十六年，诏纂天下郡县志，景泰六年又诏修《寰宇通志》，载之史册，传为盛典。维时《浏志》正不知成自何手？湮没弗传，可胜浩叹！嘉靖庚申，楚抚按暨督学公修全楚志，因征及浏。时庐陵须山萧侯敷令兹邑，遂聘学博安成刘君以身载笔为书，今犹得从民间购求写本。盖其书绝笔于嘉靖之辛酉，迄今百有五年，阙然不续，岂曰无人？盖慎之也。

恭遇我韩侯夫子神明内抱，秉正翼时，昭文章，宏吏治，下车之初，即感邑乘之久远，叹荒落之莫振，几欲讨论故老，修饰遗文，而事缘时忤，基始维艰。适督抚暨诸上台羽檄棼驰，征各邑里志，汇收校订，冀缥缃成全楚帙。韩夫子遂进不肖昇，诠次浏事。昇自惟才疏应世，道拙匡时，困顿膳庠垂三十年，肱屡折而弗良，玉九献以频刖，日月云迈，鄙陋无闻，今兹之役，将无言以人废，尊信何堪，敢僭膺知罪之任乎？因逡巡谢不敏。韩侯曰："否否。子读圣贤书，夫非为是，嘉谋嘉猷，入告尔后乎？科名虽暂厄子，而公忠一念，缘分可尽。子为浏人，浏风俗之盛衰，政治之得失，人物之臧否，民生之利病，知焉不言，非忠也。且清浏诸先达辈，非汝父祖行中乎？若辈嘉言奇行，代不乏传。使先哲泯没，忠义销沉，非孝也。况承兵火之后，汝桑梓故实，概付秦灰，及今不图，来者何述？子生其间，得谓非子责乎？何多让焉？”昇于是敛容再拜曰：“至哉言乎！教我正矣。敢不敬应？虽然，犹愿窃有请也。凡事独为则滞，独思则困，愿夫子假二三良友，共事编辑，可乎？”韩侯曰：“否否。任事者，合则专，分则杂，专则责成有归，杂则退诿有借。子欲分任于人也，是任若职而反怠若事也。”

昇用是惧重违夫子意，乃掩关发箧，操翰吮毫，克期修举，稽传牒，捃子史，旁参老，更逸求遐事，禀夫子之宏指，去胸臆之固辞，矢公矢慎，凡三易稿而就编。初焉不怯风寒，继焉不顾炎夏，终焉并不避霜威，雨窗月夜，漏尽鸡鸣，一灯荧荧，唯蛙鼓蚊钟相响答尔。凡前志所阙而不收，或收而失实，或讹而相冒，或析而无当者，概从厘正；涉诬近谬者，悉以义裁之。非昇敢谓后人之智胜乎前人也，亦非敢谓创始者为其难，继轨者为其易也。盖江潭之士乍历峭渑，瓯越之人骤谈邛筰，其于谣俗风土，虽蹶精极意，穷悟冥思，什不得一，不习故也。不习则略，习则详。昇固生斯长斯者，安敢因循疏略耶？至旧志嘉靖辛酉以后，车书同劫，文物炖烬，稽考尤勤，搜罗更艰，穷极膏晷，征尽文献，丹铅屡易，手不停觚，凡十阅月而书始竣。

抑昇之用心于此者，盖硁硁矣。或信一心，不必逢曹众；或质千古，不必惬目前。或录长而短自该，或征实而名自附。奉以天道，秉以虚衷；参之舆情，酌以独见。盖昇思如是，乃可以报命于韩夫子。夫子亦谆谆训昇，以必如是，乃可授枣，以报命于各台宪。各台宪苟览兹风谣，慨然轸念浏民凋残之苦、浏赋冲瘁之形、浏吏鞅掌之状，委曲上闻，使圣天子恻焉动容，轻徭省敛，厚下安宅，浏其大有造乎！是则所谓处分之大者，昇又安敢不北面稽首百拜而陈斯编也！

旧序康熙十九年庚申　曹鼎新

郡县之有志，非徒备稽考也，盖有慨然世道人心之忧焉。使编次者徒因仍已事，亦步亦趋，碌碌无所短长表见于斯世，则亦载诸空言已耳，奚贵博采旧闻，搜罗故典，编帙缥缃，为一代观美哉！则今日浏之为志，正宜实心以讲求也。

然一为簪笔，不禁潸然，忧从中来，若戛戛乎难之者。说者谓：《浏志》修自嘉靖辛酉年，去今百有余岁矣，断简残编，荒烟蔓草，鱼鲁莫辨，亥豕遗讹，谁复有顾而问焉者？此固余之忧也，而不仅此也。且沧桑亦经几更矣，风景依稀，顿殊今昔，宜笔宜削，难据稗官，欲问其遗事，而父老未能为余言者。此固余之忧也，而不仅此也。

夫汉祖入关，首收图籍，太史历览，敬陈民风，国之所以为国，恃有此民耳。浏之丁口，明洪、永间七万一千九百五十有奇，后稍稍休息，日云盛矣。自兵燹蹂躏以来，驱于锋镝者什之三，俘为臧获者什之五，而且水旱灾之，疾疠殀之，半菽不充身、无倚依者散之。君子曰："浏无民矣。"浏而无民，是无浏也，将焉用志？迩者虽一二招徕，哀鸿稍集，然入其境，为问贸迁有无者几何？家鸠工庀材者几何？氏比户而可封者有乎？主伯亚旅，十千维耦，百室盈而妇子宁者，何代之遗也？盖已杳然不可复睹矣。则今日为浏计者，生聚宜先。

然而浏之风俗，如江河之日下矣，有心者更有隐忧焉。《志》曰："劲悍而决烈，岂赋禀使然与？抑习俗移人，贤者不免，故至此其间，有相习成风而不察，坦然由之而无疑，未易一二更仆数。大约人情物理，动与世遗。"余甚惑焉。彼愚者不足责矣，鼓钟泮璧，岂曰无人？何得亦囿之也？倘行乎人心之所安，出乎事理之所有，则风俗其庶几焉。而且邑有庠，党有塾，三物六行，家谕而户晓焉，民何自而不即于醇也？则今日为浏计者，教训宜亟。

余也承乏兹土，愧不能恩勤而抚绥，复不能正己而师帅，徒于续貂前人，聊寓恺恻已耳。使后之有志者，每为披卷，慨焉兴思，伤民生之不再，感风俗之日非，宁为保障，无为茧丝，既思厚生，复思正德。十年生聚，十年教训，二十年之外，浏其有赖乎！至若封疆城郭之有志，山川土田之有志，以及风土人物、礼乐文章莫不有志，虽编简或缺，可考而知也。余故曰：郡县之有志，非徒备稽考也，盖有慨然世道人心之忧焉。

是为序。

旧序康熙四十三年甲申　王珽搢斋

昔夏为《禹贡》，周有《职方》，上自山川，下逮男女，以迄厥贡厥篚、其浸其利之属，纤悉具备。自后马、班作史，创为八书十志，杂记天官、五行、地理、河渠、平准、食货，洎于艺文，皆原本《禹贡》《职方》而起者也。以是措之事业则为政教，发之词翰则为文章。士学古入官，苟以实学为实政，岂不体用兼该矣哉！

浏阳介万山之中，路通吴楚两省，界联邻封九属，诚一岩疆也。前宰是邑者，有杨龟山诸先生，流风逸韵，至今犹存。余不敏，来守是邦，饮冰茹蘗，朝夕乾惕，抚绥拊循，务与民休息，宁静纯一，不敢有丝毫肆志焉。盖浏阳当兵燹大创之后，宜培养元气为先。即余下车之初，城内并无瓦舍，郊外绝无人烟，四乡田多荒芜，六街亦鲜市廛，始罹堕粮之厄，继苦丈量之累，浏之为浏，亦可见矣。

今也，余噢咻于兹七载有奇，遭逢帝德广运，各上台廉明，蒸蒸向化：向之茅茨不翦者，今皆渠渠夏屋矣；向之巷无居人者，今则守望相助矣；向之田卒污莱者，今则土地尽辟矣；向之商贾裹足者，今则百货陈肆矣。虽堕粮之厄未除，而丈量之累少苏，每亩向系征税若干，而今则完课稍充矣。浏之为浏，又当何如哉？

余闻邑志乃政事文章之要，实关治道者也。浏虽有旧本，乱后粗辑，未称大备。况三十年来，不无残失，兼之三十年为一世，可志者不知凡几，皆失于纪载，若不图更修，恐后之日益湮没也。余莅官守土，率簿书期会、刑名钱谷之是务，不能旁及，远延宇内耆旧，又乏重聘，绅衿里老，俱以此为缺典。适同寅徐子西泠，以钱塘名宿三中副车，一应鸿博，两台会荐，九卿保举，佐兹浏邑。军务甫旋，即以邑志为请，徐子毅然任之。

恭逢圣驾南巡，各宪檄催如雨，俾需新志，汇呈御览，则今日之志，尤不可缓也。于是捐资开馆，选工急梓。余与徐子考献征文，发凡起例，虽不敢谓窃取《禹贡》《周礼》之义，而师其大略，于邑乘不无小补焉，可以续前人未竟之绪矣。借手以献天子，告史氏，于以当子夏所求百二十国之宝书，备一统志万分之一，或亦庶乎其可哉！

旧序 雍正十一年癸丑　陈梦文

康对山先生志武功，至今传其书。夫对山未尝以科名自诩，世岂以科名重《武功志》耶？惟其体裁得焉耳。近代郡邑之乘，既有成书，授人而读之，曾未终卷，厌倦思卧，庋置之，不一寓目，与覆瓿无以异。良由辗转沿袭而不知耻，否则欲夸己长而妄多附益，以愚人耳目。究之其书不足信世，罕传播，乌足以为志？

浏阳地广赋繁，频经兵燹，文献无征，志虽屡葺，疑窦孔多，抚军赵大中丞惜焉。时浙进士方君芑亭观政来楚，与修《通志》。甫竣，中丞属以《浏志》。余延之寓于飞鹦亭之西偏，浃月而书成，考兴废，订讹谬，去芜杂，俾观者展卷而知为为浏阳乎志也。

夫浏阳在楚省，弹丸黑子耳。譬庖丁解牛，于奏刀砉然后而烹小鲜，讵不易易？是未足为方君奇。然所谓体裁者，不具此乎！其书之足媲美《武功志》而可传也，余不敢知，在读书有眼者自辨之。维余借是以报中丞公命，或者其少有当乎？

旧序嘉庆二十三年戊寅　谢希闵介岩

邑志，纪实也。虚则为赝鼎之炫耀，实则为铜狄之摩挲。繁不失之芜，极房裔之骈四俪六，无当也；简不失之晦，如李延寿之订讹补缺，斯善也。志虽囿于邑，其体宜正，其义则要诸实而已。

国家饬制度，昭宪典，四海向风，图史明备。嘉庆丙子岁，值大宪续修《湖南通志》，所隶府厅州县各奉檄纂修，辟馆成轴。而余适承乏浏邑，丐衡山彭宝臣殿撰秉笔，董正厥事。旋以服阕辞赴长安，余亦以运铜之役挂席漓水，又俸满循例北上。时司马王右亭先生与修《通志》，署篆羊公亦星具书请司总纂，遴邑中孝廉周雅、刘名锋、邱之芬，明经吴祖光与弟子员伍宗宝、李维翰、欧阳大中，及布经历王才果诸人，网罗旧志，重加编辑，至邵公星岩与其盛。今年秋，余归自京，濯指披订，乃谋付之剞劂。其大旨以要诸实者，为陈风贡俗之书也。

浏在昔为用武地，吴逆之变，欃枪映天，戈稍横道，老壮妇孺之骈肩接趾者，半存亡于黄沙白草之间。赋役殷繁，苍黎疲敝，读前贤简编所载，抚膺追摹，如诵庾子山《哀江南赋》，为之感喟不辍也。赖当时制府、中丞，沥情入告，遂获邀圣朝汪涉之恩，拯斯民饥溺之苦，逮今百七十余年，境宇乂安，民气和豫，浏自是允为乐土矣。

余莅此有年，惴惴以实心为心，不敢稍自偈偓，其足以维民风而培文教者，敬遵宣父先劳之训，与邑绅之贤而有力者询谋佥同，次第修举。矧斯志为文献之征，自雍正癸丑重修以后，历岁久远，前岂无残缺，后岂无增加乎？昌黎当治具毕张之时，犹矻矻于补苴罅漏，张皇幽眇，义有取尔已。且夫浏，潭州属之胜地也，天马、大围之环拱，清渭、淮川之渍汇，龟山先哲以理学为名宦瓠槻，忠愍诸公以忠贞列乡贤俎豆，地无饮羊之俗，民鲜褒砖之情，康阜敦庞，至于今日。余更愿为士者进之以实学，毋饰尔虚车也；为农者勤之以实力，毋淫于沃土也；其为妇人女子者实守乎塞渊淑慎之德，毋艳乎珠珰翠钿也。清浏之壤，将历十百千年休养生息，共丽此郅治版图也，讵不盛欤！

程龙湖先生云："后世之人补《书》而《书》乱，续《诗》而《诗》失，作三《传》而《春秋》微。"讥失实也。志成，上之大府，期以无失实者，供一二采掇，庶无浮诞矫诬之咎。至于沿革损益，道在因时，瀸恶贞淫，权归化俗，将见有烂然经纬者。余才劣，且自惧负疚，何敢漫为词费哉？

旧序 彭浚衡山

洪惟我国家广轮懋豫，函夏乂安，幅员之长，从古罕有。皇上御极十六年，命馆臣补修《一统志》，所以稽版图，明轨物，昭文章也。兹春，大吏有续修《湖南通志》之举，下于郡邑，而浏阳之志以次续纂。

按：浏旧志作于康熙乙巳，为邑诸生龙公名昇所撰。康熙甲申，复辑之，多仍其旧。所载详明季兵燹赋役之苦，几于目不忍睹。逮雍正癸丑重修，又病简略。迄今已阅八十余年，是宜修。

浏地于省垣为近，而接壤江西，东界义宁，南界萍乡，东南界宜春、万载，居万山之中，为江西之通衢，实省垣之屏卫。入其境，则人烟辐辏，有素封也；商贾骈田，无滞鬻也；桑麻铺菜，庆四秋也。且叠嶂崇山，所在开垦，亦复人无遗力，货不弃地。则向之所谓“七苦八难”者，今皆安居乐业，户尽敦庞矣。况乎学校之教隆，则文风丕振；宾兴之典重，则士气日新。近且建考棚，创文塔，奎星之阁聿隆，巨工屡举，培风水而翊文运，以故甲科乙榜，照耀湖湘，茂矣烁矣。斯不独为浏阳幸，且为吾楚幸。亦不独为吾楚幸，仰见朝廷厚泽深仁，休养生息，涵濡于百七十余年之久，被润泽而大丰美，如此其广，如此其至也！独吾楚也欤哉！独浏阳也欤哉！

维时宰是邑者为谢介岩明府，素崇风教，振作有声。延余主其事，余以事匆匆，未遑秉笔，秉笔者为本邑孝廉周君名雅、刘君名名锋、邱君名之芬、明经吴君名祖光云。

旧序戊寅《志余备考》 邱之稑[1]

粤维经少全篇，蓬观重求遗之令；史多轶说，稗官留补阙之缘。以故《广雅》能增，《离骚》有续。书成范晔，联后集于刘昭；传纂班彪，缀余编于马续。子政用《丛谈》纪牒，温公将《琐语》题签。诚以石拓磨崖，不废零碑断碣；羹调骨董，毋嫌剩馥残膏。

兹维我邑志乘，修辞者司马良材，纪事者董狐直笔。情平玉称，鉴澈冰壶。文无朱氏酬金，传不丁家索米。固已口中月旦，各采乡评；皮里春秋，全衷史录矣。顾或恐盲左笺经，壬申舛误；晦翁撰《鉴》，甲子模糊。郎官伏猎须厘，御史春菟待订。于是，之稑等谬膺公举，恭赞史裁。镜详乾德之年，鼎辨黄初之号。温卿制曲，肯教地错湖阴？阮籍镌碑，奚许名讹叔夜？文雠帝虎，义剔妃豨。校书疑天禄阁中，正字比春明坊里。

而事猥有进于此者，今夫舆匠抡材，难保山无弃木；卝人采贝，

---

① 按：底本原无署名。嘉庆《浏阳县志》所附《志余备考》，为廪生李长春（后改名春烽）、监生邱之稑、廪生贺以南（后改名祥麟）、庠生欧阳德序四人合编。该序初刊于嘉庆刻《志余备考》卷末，题作《志余备考后序》，末署“岁在上章执徐毕相月既生霸，谨识”，未署名。今据文中有“之稑等谬膺公举，恭赞史裁”之句，知此文当出于邱之稑之手，故补署作者名。

须知海有遗珠。邑自建置以来，桑钦《水注》，派远流长；谷朗花封，星移物换。几见云飞苍狗，频看树劫红羊。甲鼎庚觚，磊积丛残之记；丁尊癸卣，骈罗博古之图。将寻箧里亡书，可少壶中赘录？乃复獭祭青箱，蟫钻缥帙。琳函玖篆，身游兜率陀天；璧蹬银䩞，梦入琅嬛福地。因见夫曹仓善贮，未尽包罗；杜库多藏，犹余脱漏。郑鸟与眴龙并逸，唐鸡偕晋马谁收？虽云武儆文开，义不编归。《大诰》或者齐谐，《越纽》辞堪采作。遗闻拟鸾胶，续以弥长；如鸡肋，弃之可惜。用是纂《志余备考》一册，劳劳捃摭，紬贯芸编；汲汲搜登，缉归瓠史。千金穴底，探来多祖敦孙鼾；百宝船中，拣到类师鬻伯盦。点缀雄风雌蜺，搜罗武水文山。供俎豆于遗贤，心香一瓣；惠缣缃于断稿，法物千年。幽兰出谷以弥香，古剑霾尘而复见。聊贻片羽，用助余波。

嗟夫！谷变陵迁，感慨岘山之泪；金寒石泐，苍凉汲冢之心。顾兹显庆车存，灵光殿古。江文通之残锦，剥落无多；谢安石之碎金，销磨殆尽。惟借心精保护，庶资掌故贻留。不揣雕虫，因为附骥。此日抱残守匮，敢同束皙补亡诗？他年考献征文，聊俟章渊登赘笔云尔。

凡例

一、前志分四十类，今综为十四，首列图，次舆地，次营建，次食货，次学校，次祀典，次兵防，次祥异，次职官，次选举，次人物，次列女，次艺文，终之以杂志。其不足资考核、佐治理者不录。

一、志有沿袭，因其旧也。如铺递诸制，前志已赅；丘墓年远，难于考实；水利兴废，易肇衅端；至泉石滩井，书不胜书，均止仍旧志录载，兹不增加。

一、志有更正，订其误也。旧志所载，如朱子诸贤曾否至浏，赵民彦是否浏人，梅子园是否渠城之类，无考证，姑存其疑。惟错误相沿，如三国吴置浏阳，梁徐普济、宋刘琦本非浏人，均不敢稍涉附会。欧阳龙生元试国学，关昔贤出处大节，特正其失。蒋擢加赋病民，决非良吏，特削其传。土寇书《僭窃》，又纪《兵难》；《艺文》收文字，又著《典籍》，事两载者悉加厘正，使归划一。其他因事注明，不复详辨。

一、志有增益，纪其事也。有昔无今增，如近代义谷及团练之类；有昔遗今增，如豁粮本末及学额之类。事有关系，必据实发明。其他如元代道吾龙神封号，并《职官》增马瓆、韩北城诸人之类，悉凭书传，不参臆说。

一、志有变通，酌其宜也。方志分条散纪，固易观览，但事不条贯，间费楮墨。今将事可联络者，逐目为篇；其不联属者，仍用散纪。如旧志所纪关隘、常平之类，不无稍略，今则较详；星野、物产之类，不无稍泛，今则较简。赋役原额大书，似易迷目；诸小水杂载，似无原委，今皆分别附注。又如旧志纪兵事从编年例，今断事为篇；旧志纪风俗颇繁，今撮其要，而详于小注。事则相沿，意各有属。

一、志有宜详，赅其全也。如桥梁、漏泽、义塾、义田、诸公所之类，详之可以风义。秩祀与诸典礼，皆有司与邑人士所当讲习，详之以资考览。学校及诸公署旧址，虽不具存，详之以著兴废。风俗美恶并见，详之使问俗者有所采择，以施因革。近时军务，案牍可考，间有见闻所及，又足补案牍所不逮，详之以著一时之事。《杂志》虽摭余闰积，亦资掌故。或梓工告竣，而宾雁初来，则补之各门之后，以待续编。

一、志有当略，括其要也。如《祀典》以天神人鬼为次，而名宦诸祠之于文庙，奎星之于文昌，则以类附；其牲品仪节从同者，更不复列。《祠庙》不列淫祀，《寺观》仅纪所知，并不繁赘。《艺文》一门，外来文字有关系者录之，其他耆旧述作，博采兼收；见在名贤，虽著述成帙，均不收录。义举关一乡一邑，例书倡募人名；乡村桥、渡之类，独建者亦著名风义，惟众建者仅纪其田产，不著倡募人名。嘉庆以前人物，前志所遗，非有他书可证而仅凭家谱私传者，不录。《兵防》御贼死事者书名，其他仅著团名。封赠非覃恩、文官非抵省需次、武官非到标需次，均不书。稍举数端，余堪推类。

一、志有例目，杜混淆也。类分十四，逐条标目，以便查检。有事非本类、相因而见者，加“附”字别之。诸所引书，必注书目。应注明前志者，则称“《庚申志》”“《癸丑志》”“《戊寅志》”，或统称

"旧志"；惟《湖南通志》仅称"《通志》"，从省也。间参引诸书，不尽录全文，则注"检某某书节录"，或称"节"，或称"见"。注中文断另起，或用衔接处，则间以空圈。所附文字，官师称某官某，外来文字称某县或某官，县人则称县人或邑人。诸如此类，检校不一，体例斯存。

一、志有书式，慎体裁也。诸卷正文悉从官书式，低二格。恭遇列圣、皇上诏谕及"朝廷""国家"字样，俱如式比正文抬格，三抬则出格。"祀典"门诸神应抬者，亦如式抬格。惟注中抬格易混，谨仿见行《礼部则例式》，如式跳格。

一、志书虽开局数年，校雠多疏，义例未当，其中舛漏，并不能免。起例发凡，聊贡其拙。续修君子，幸匡不逮。

修辑姓氏

主修

知府衔、即补同知直隶州、补授浏阳县知县王汝惺

运同衔、即补知州、署浏阳县事童恩

补用同知直隶州、坐补宜章县知县、代理浏阳县事钱绍文

同知衔、补授浏阳县知县万修廉

补用直隶州、候补通判、署浏阳县事汪亮清

同知衔、补用直隶州、即补知县、署浏阳县事盛赓

同知衔、补授衡阳县知县、署浏阳县事罗庆芗

协修

五品衔、即选知县、浏阳县教谕陈善墀

五品衔、浏阳县训导龚琴

拣选知县、浏阳县训导胡运甲

纂修

翰林院编修、京畿道监察御史、广西浔州府知府邹焌杰

升授云南云龙州知州、前任直隶完县知县贺祥麟

前署东安县教谕、举人邱庆籥

优贡生涂启先

廪生谭显邦
廪生刘大阅
廪贡生陶鹏汉
举人彭子铨
举人熊仲儒
候选训导、廪贡生李暹
举人任焌

参订

候选训导、岁贡生熊钰
补用同知直隶州、候选知县、前任常宁县教谕李芸
五品衔、即选知县李习昇
举人刘人熙

提调

四品封典、同知衔、候选盐运司经历谭继昇
五品封职刘青常

采访

生员龚汝霖
候选训导、廪生王应藻
廪生罗上德
生员贝夔珪
监生刘有为
生员陈长暄
生员刘廷渠
生员刘友吾
廪生张中瀶
候选训导邱庆骧

生员熊徵桂
监生黎淮芳
光禄寺署正衔、试用训导谭名奎
廪生彭华时
生员寻绎之
候选训导、廪生邹振烈
从九衔孙常锋
廪生晏兆生

校对

生员邹荣兰
盐提举衔、候选主簿宋世骐

缮书

生员邹正陞
童生邓兴德

绘图

县丞衔周廷芳

原修辑姓氏

明嘉靖四十年辛酉主修

知县萧敷

编纂

教谕刘以身

协纂

贡生徐翰　增生胡尚宾

校订

训导马岳　训导白宪

国朝康熙四年乙巳主修

知县韩爆

编纂

廪生龙昇

康熙十九年庚申主修

知县曹鼎新

编纂

教谕龙昇

校正

廪生高捷　廪生尹进　廪生汪天溥　廪生王问臣　廪生何言　廪生刘景向　廪生王英　廪生黎大乙　廪生张懿　廪生刘大抚　廪生黎铨　廪生汪天潢　廪生王臣　廪生黎士虬　廪生欧新铎　廪生邓显才　廪生周尚文　廪生潘芳誉　庠生黎启魁　庠生汤必贵　庠生胡其涛　庠生胡孺炎　庠生胡龙声　庠生吴刚　庠生苏懋化　庠生戴鼎魁　庠生饶大宾　庠生胡匡明　庠生黎守璋　庠生欧维藩　庠生刘景翚　庠生孔尚周　庠生李嘉德　庠生邹士魁

康熙四十三年甲申主修

知县王珽

编纂

县丞徐旭旦

协修

贡生黎大乙　贡生王瑛　贡生欧新铎　贡生吴鸣皋　贡生毛际云　贡生饶璿　拔贡饶玑　廪生李嘉德　廪生汤铭新　廪生彭大煌　廪生王日前　廪生汤宏维　廪生周年球　庠生黎启魁　庠生胡孺炎　庠生张之俊　庠生饶璐　庠生黎遵礼　庠生傅国达　庠生周臣　庠生邹士魁　庠生胡其澧　庠生江英珏　庠生萧忠遴　庠生舒魁　庠生黎景熹　庠生刘大伦　庠生戴仁声　庠生黎中元　庠生刘加爵　庠生徐斑　庠生王杰智　庠生王锡爵　庠生黄守铨

雍正十一年癸丑主修

知县陈梦文

编纂

候补知县方暨谟寿昌

嘉庆二十三年戊寅主修

知县谢希闵　知县羊拱辰　知县张仲埙　知县邵大纬　知县方为霖

同修

教谕夏元成　训导范孟珙　训导何辉煌　训导苏良枋

总纂

署长沙府同知王显文临清

协纂

翰林院侍讲彭浚衡山

汇纂

举人周雅　举人、分发山东知县刘名锋　举人邱之芬　贡生吴祖光

协修

庠生欧阳大中　庠生李维翰　庠生伍宗宝　布政司经历职、议叙加一级王才果

理局

州同职宋远宁　例贡生黎文望　庠生汤绶之　理问职刘文朝　监生邱之程　监生刘运宗　府经历周倬

采访

例贡生周世贤　增生周室辅　童生陈守介　廪生李益　庠生徐洪第　千总职宋远渚　州同职邱之琫　增生朱树侯　监生邹惠济

编辑《志余备考》

廪生李长春后改名春煇　监生邱之稑　廪生贺以南后改名祥麟　庠生欧阳德序

卷一　图考①

《周礼·大司徒》：“以天下土地之图，周知地域广轮之数。”则舆图尚已！我朝金瓯所奠，远拓新疆，幅员之广，于《舆图》一书览其全。浏，楚南一隅也，而所辖几数百里，模山范水，以《县境全图》赅之。而署为位之表，临莅恒于斯；庙为神所栖，肸蚃恒于斯。与夫劝学兴贤，恤孤慈幼，有关教养之区者，皆为图以纪，所以防轶失、杜侵渔也。若徒以供娱玩之用也，然乎哉？

① 底本卷首目录列有此卷8个子目：县境全图、城池图、公廨图、祠庙图、考棚图、书院图、公所图、岳郡屯漕仓基图，正文仅标图名，而无子目。

县境全图

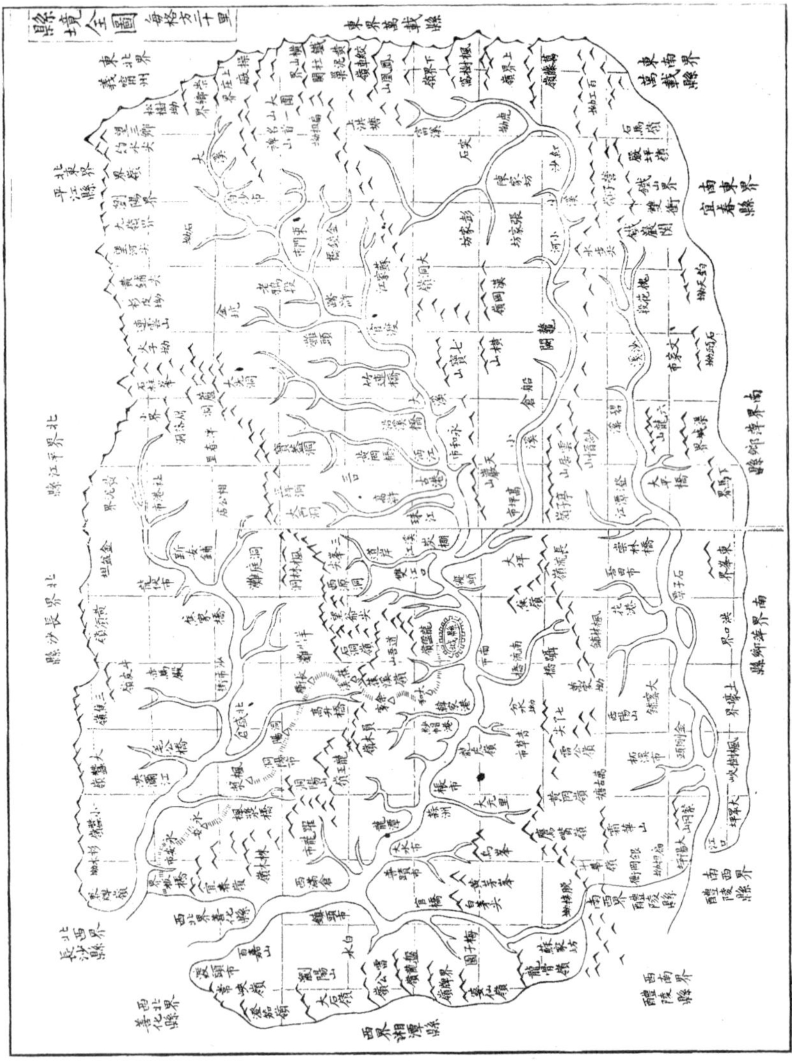

城池图

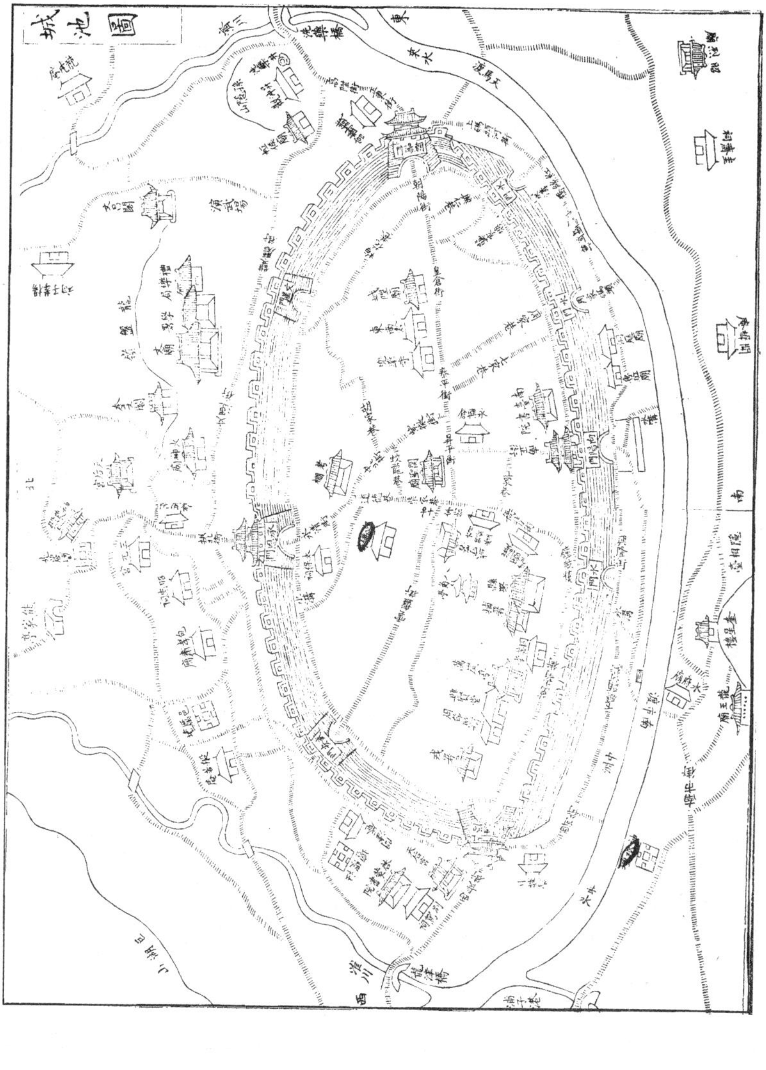

万岁亭图附兴贤祠、节愍公祠

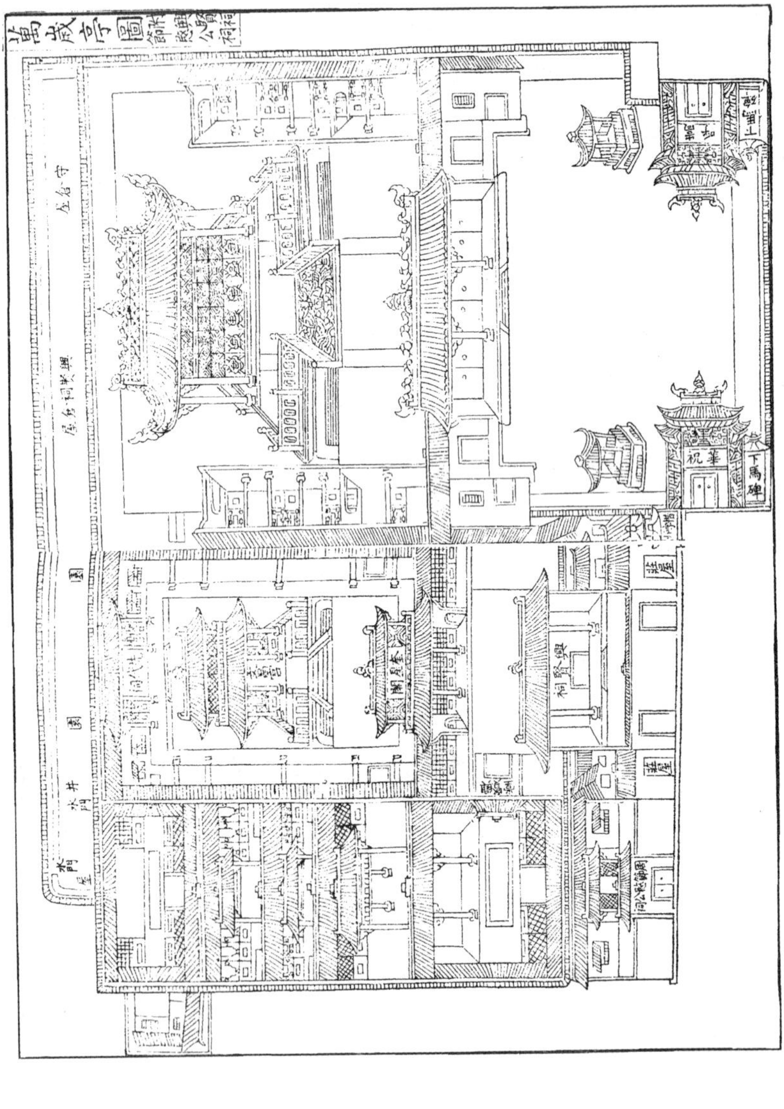

县署图附典史署

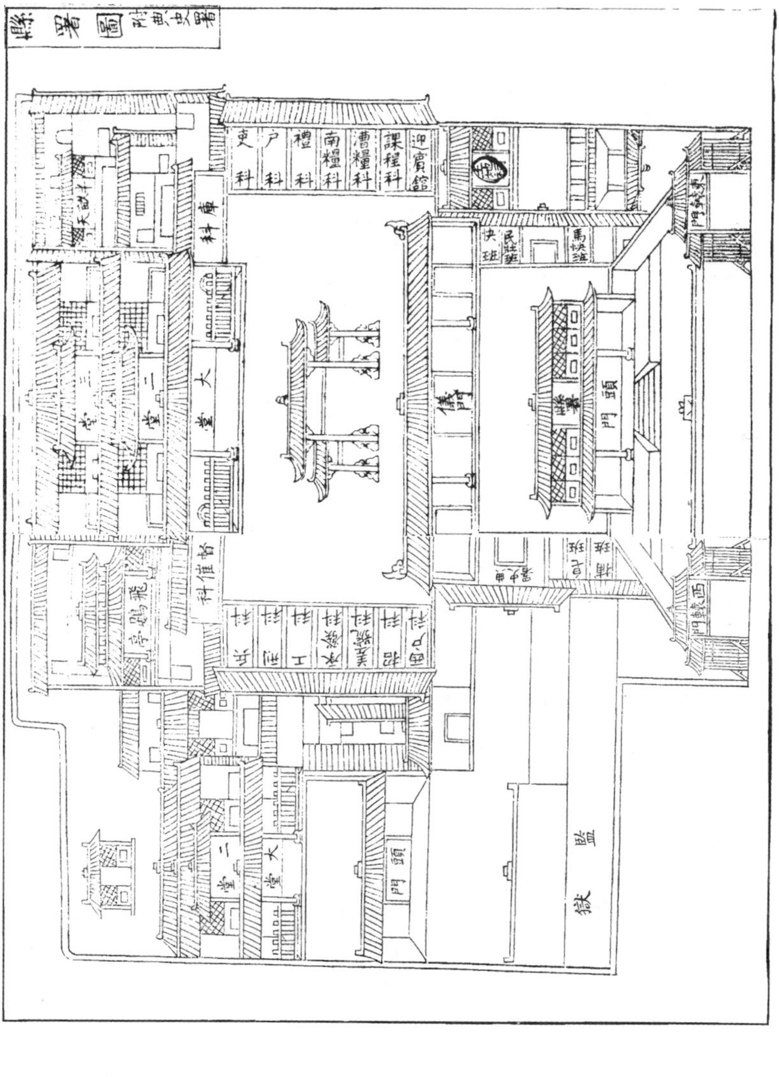

县丞署图

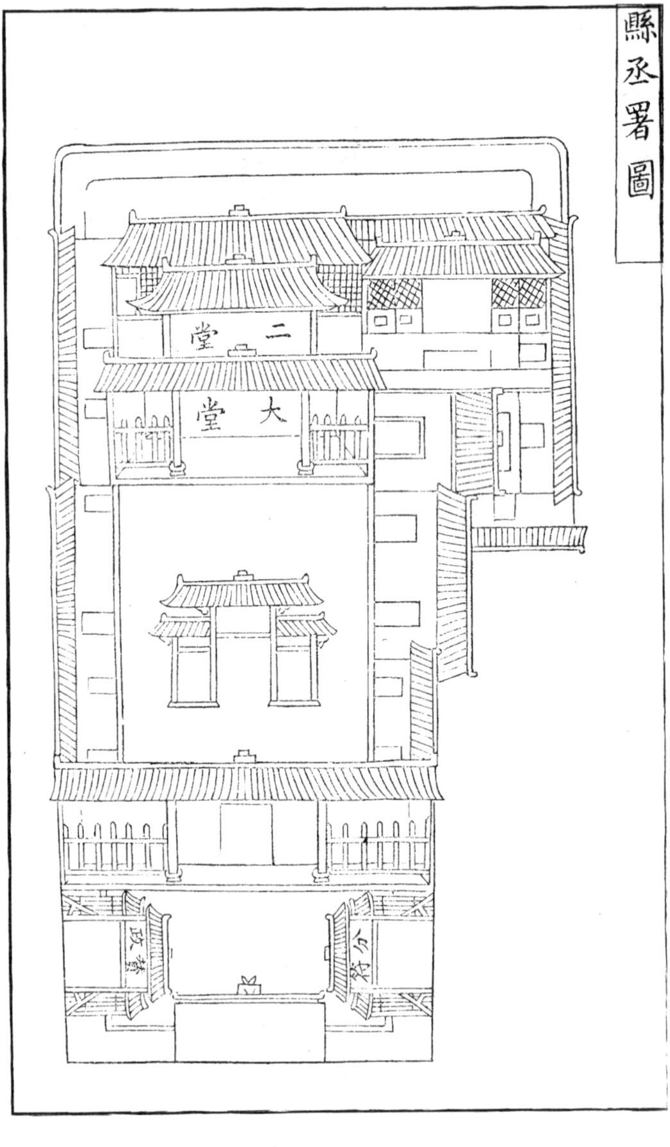

巡检署图

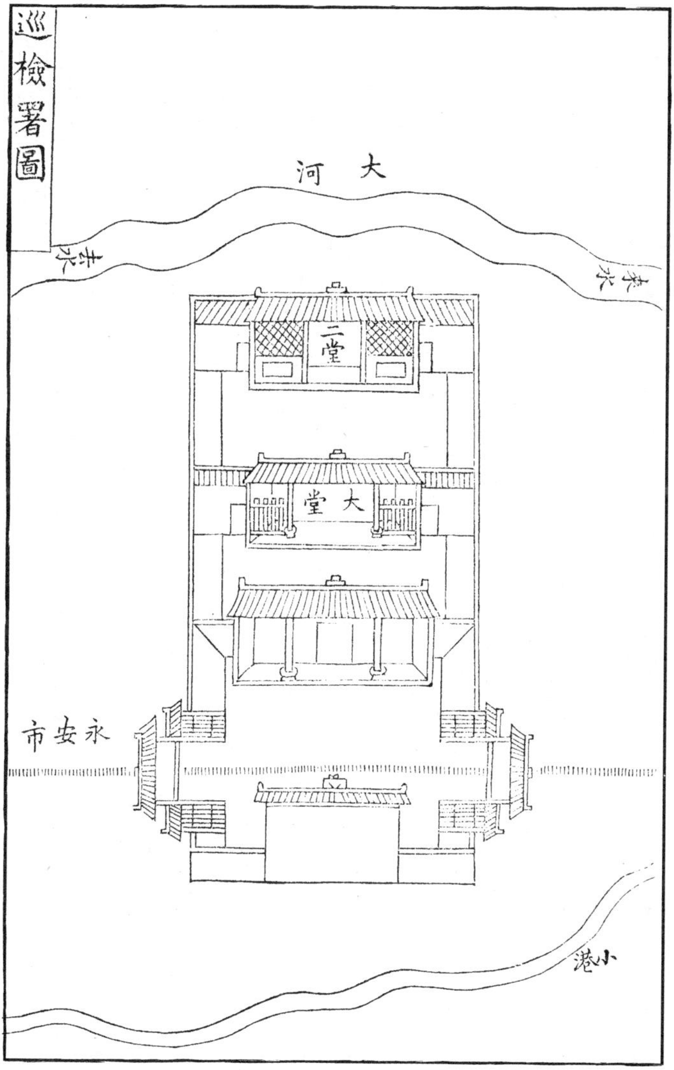

把总署图

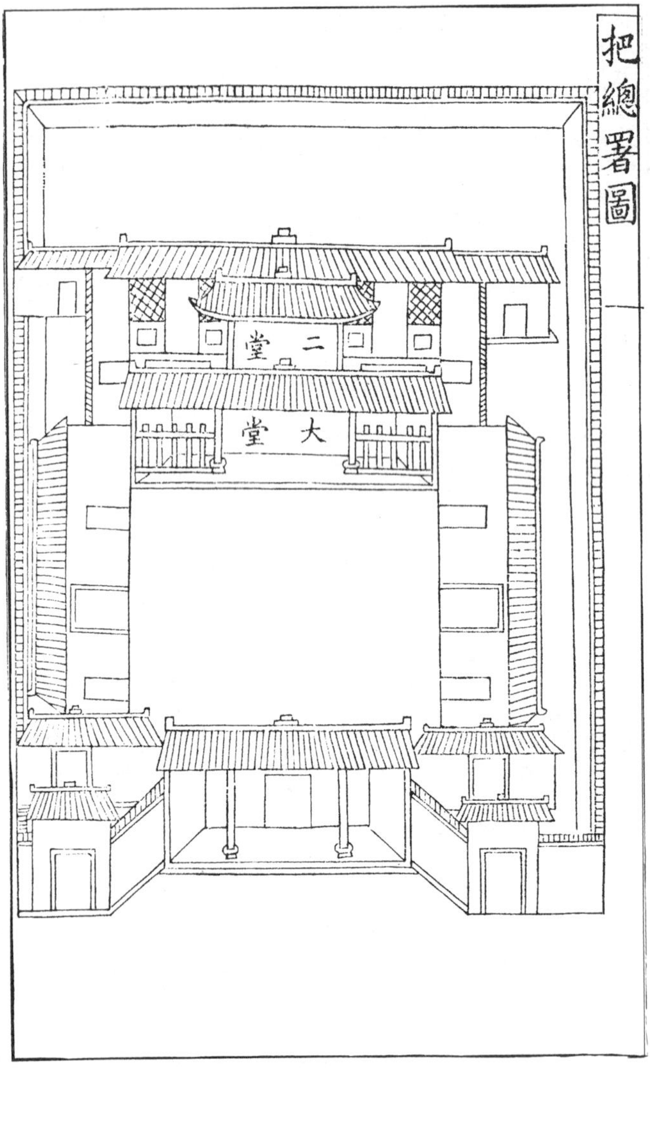

外委把总署图

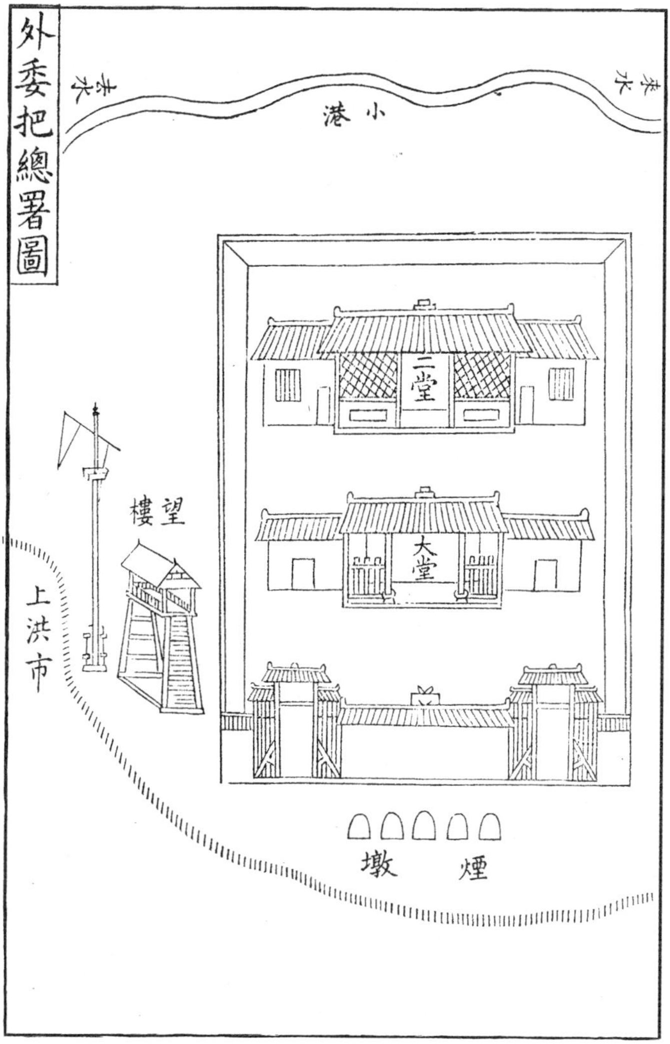

学宫图附学署

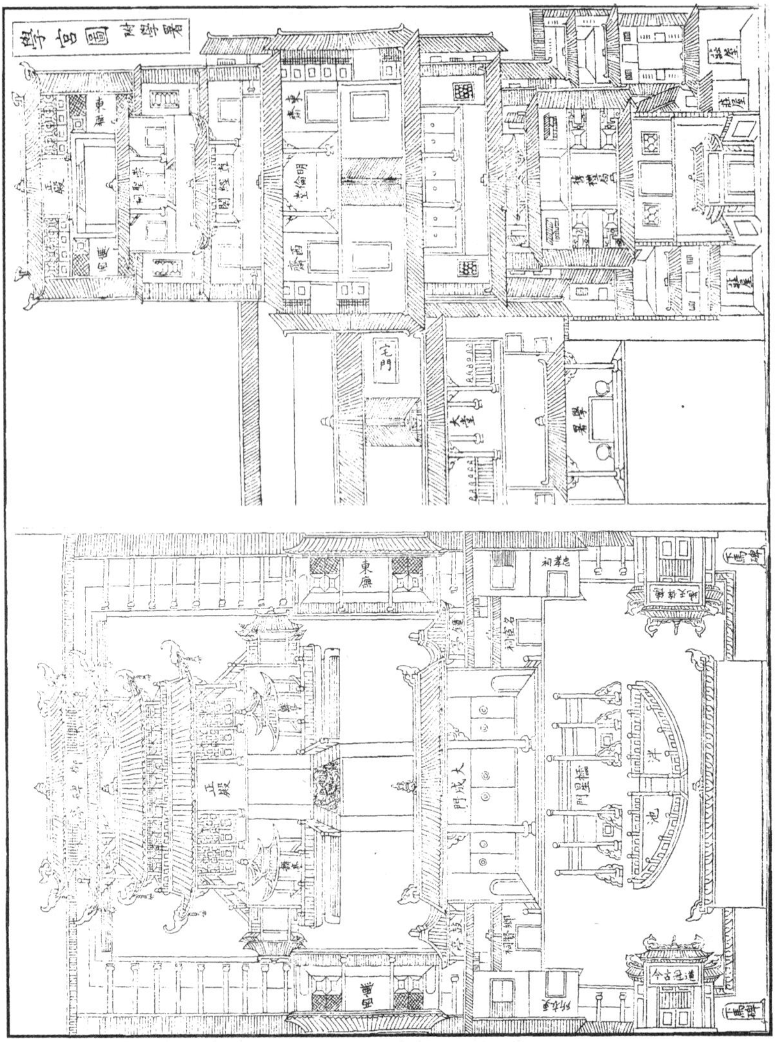

关圣庙图

文昌阁图

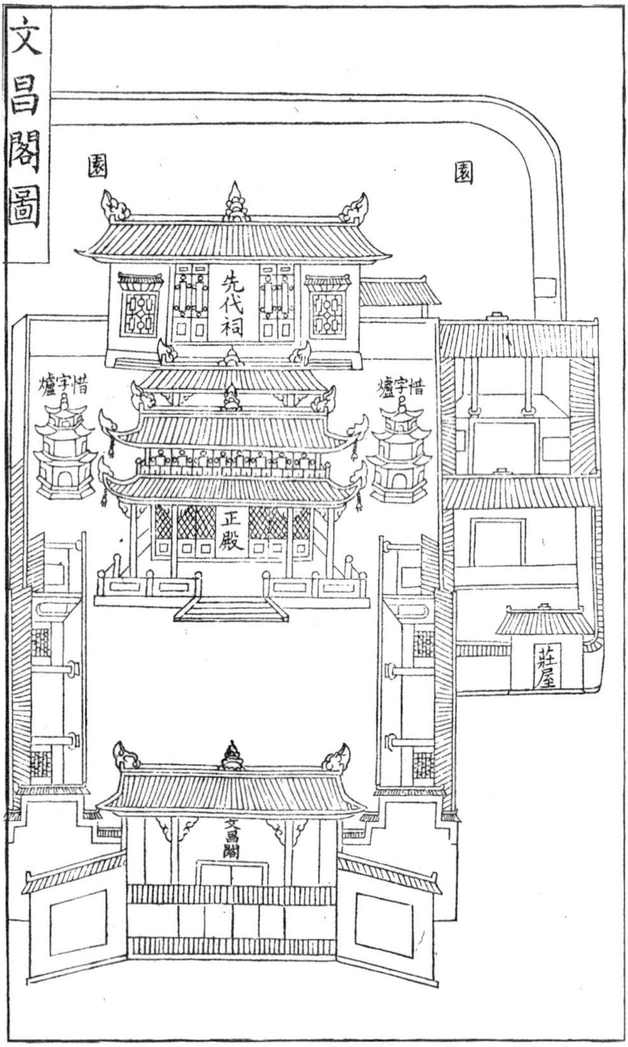

昭忠祠图

节孝祠图

文庙礼乐局图

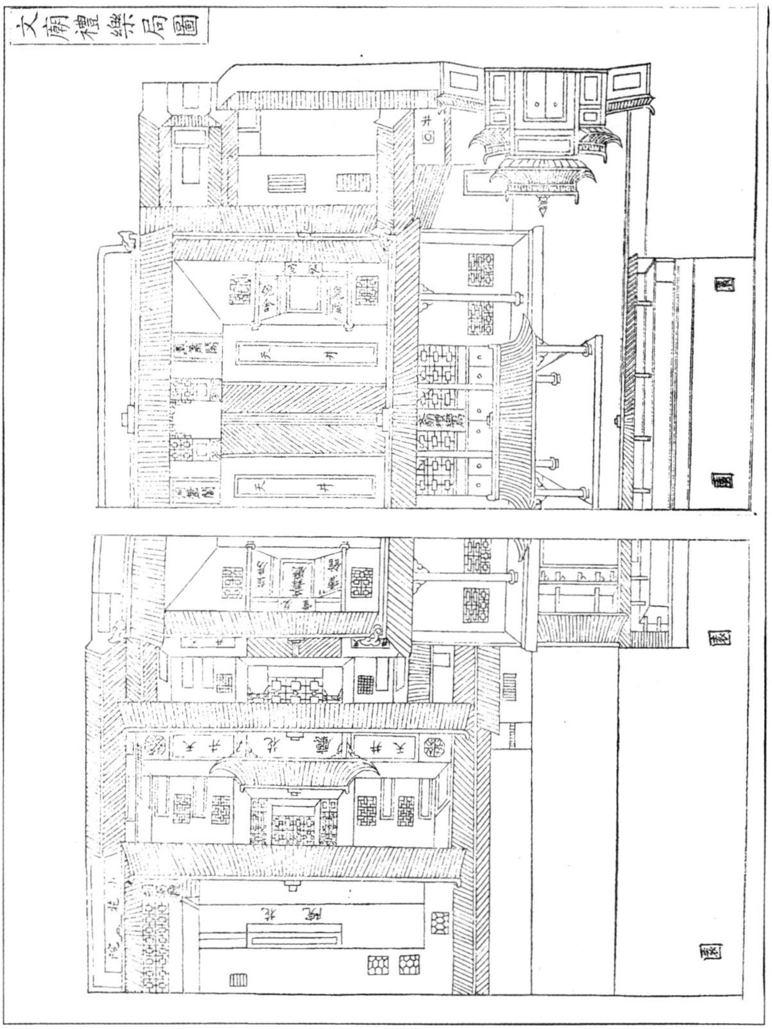

考棚图

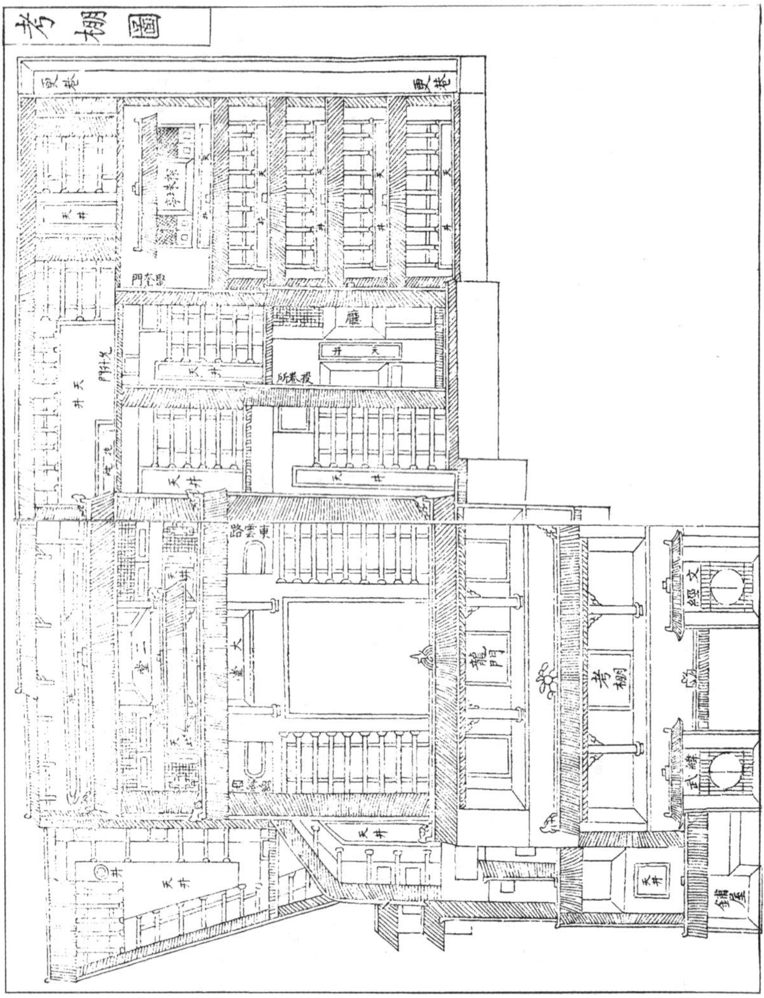

南台书院图

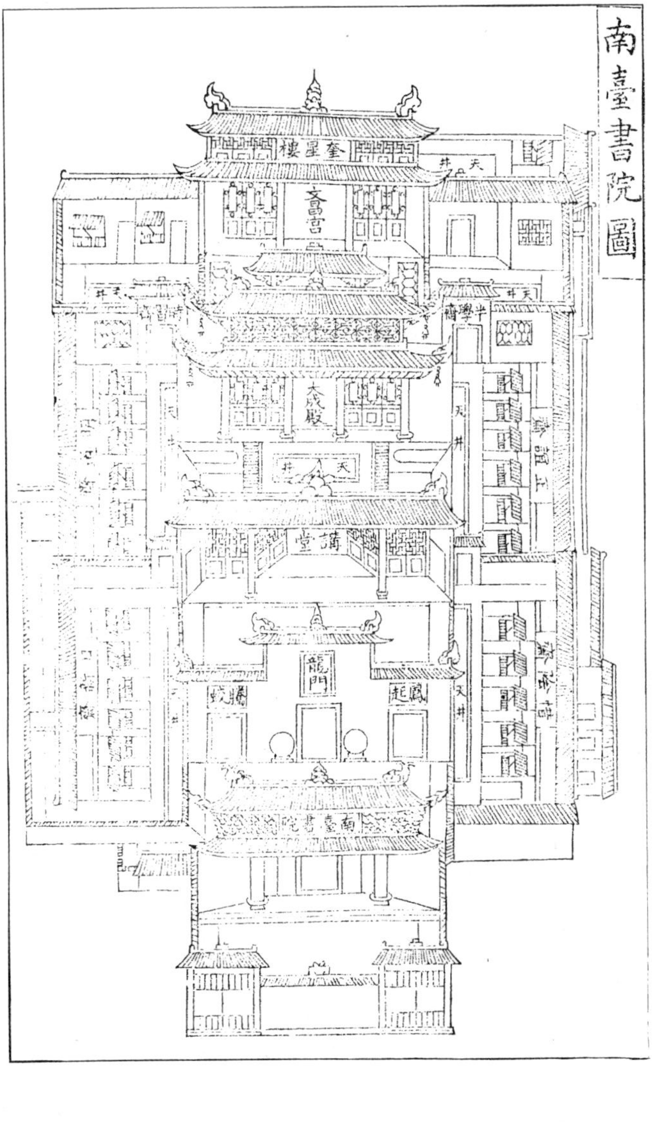

狮山书院图

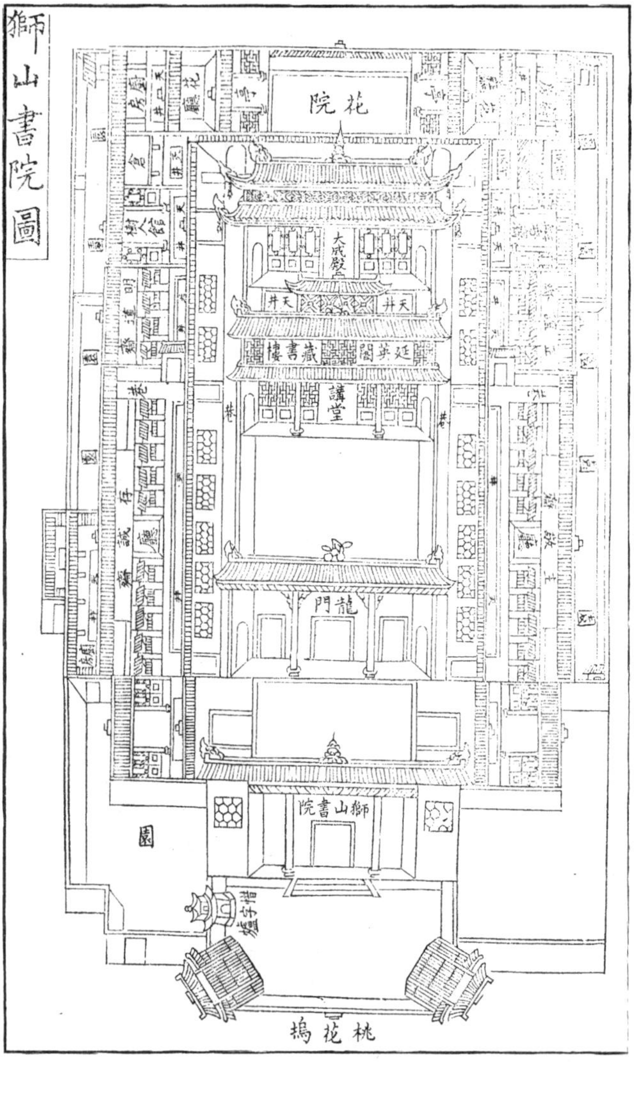

文华书院图

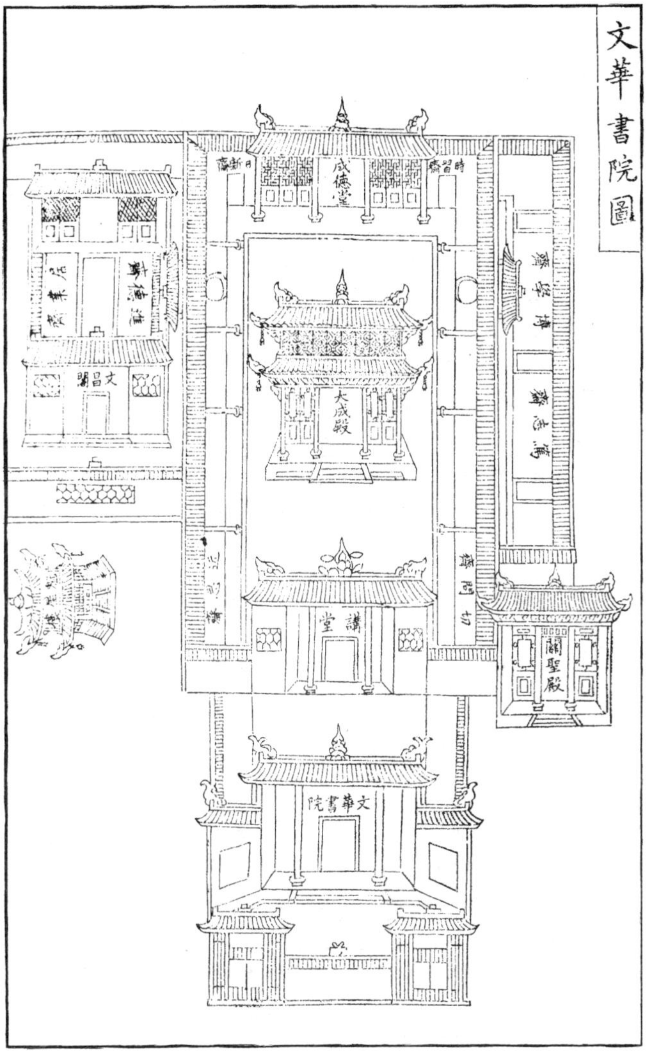

洞溪书院图

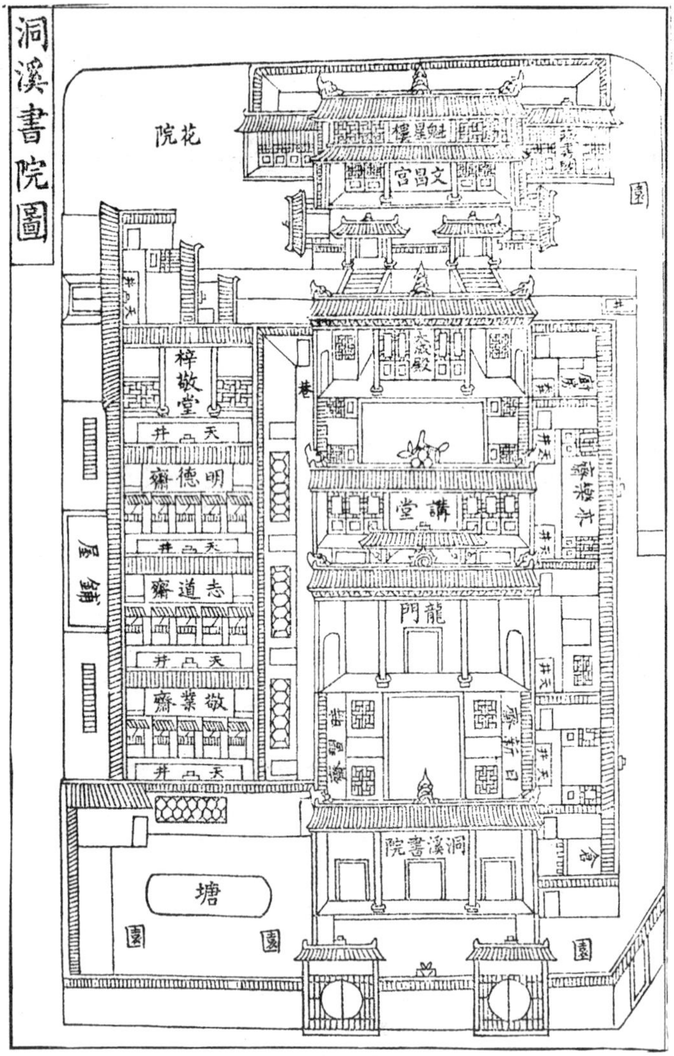

启蒙书院图

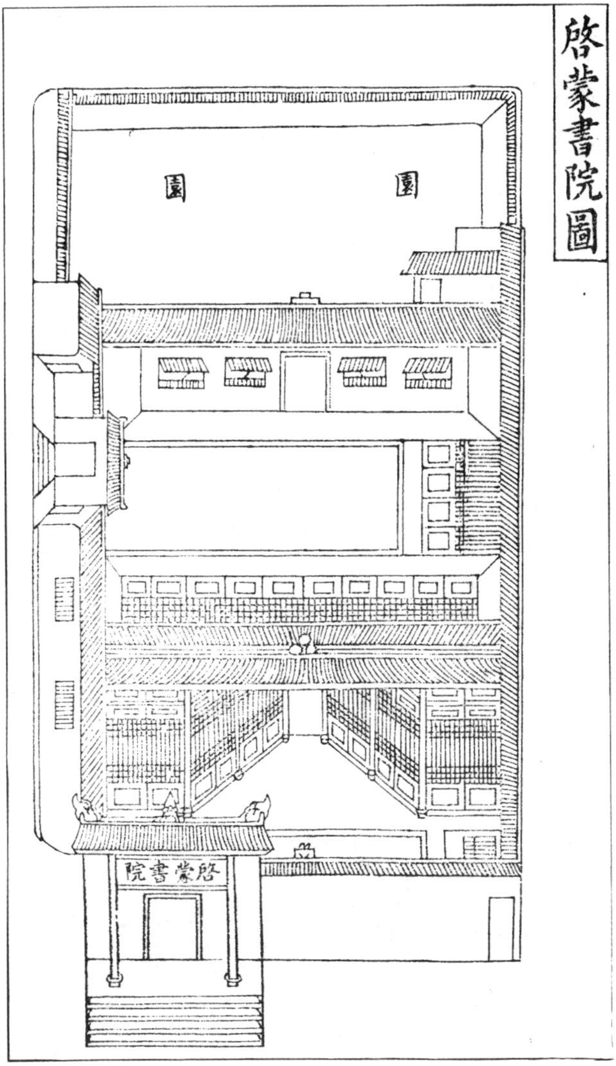

养济院图

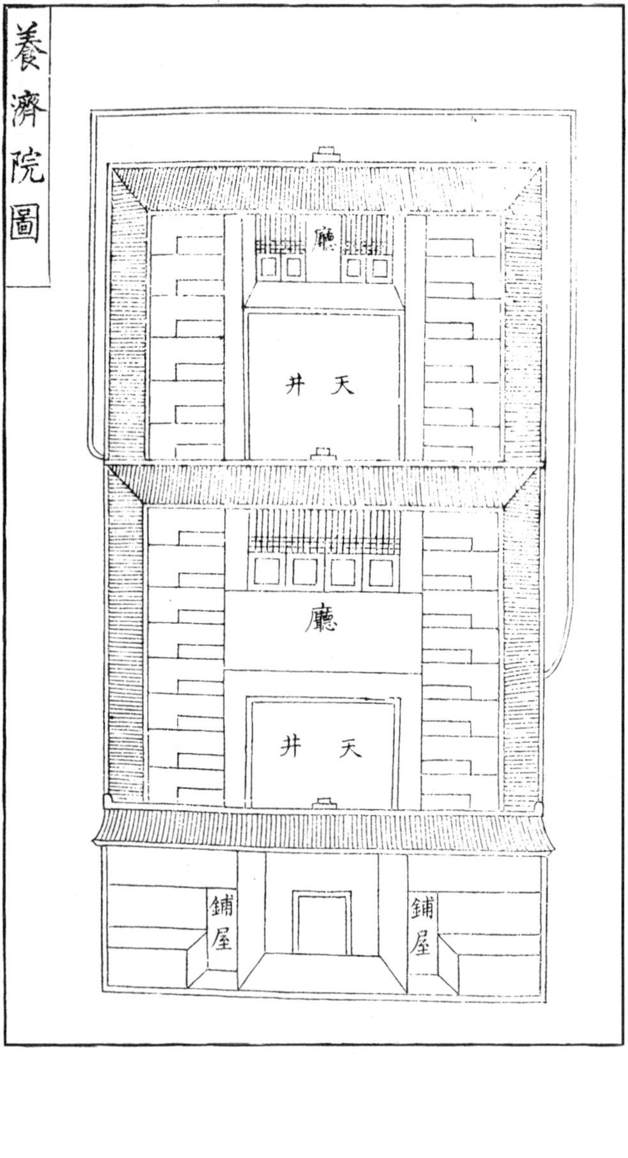

育婴堂图

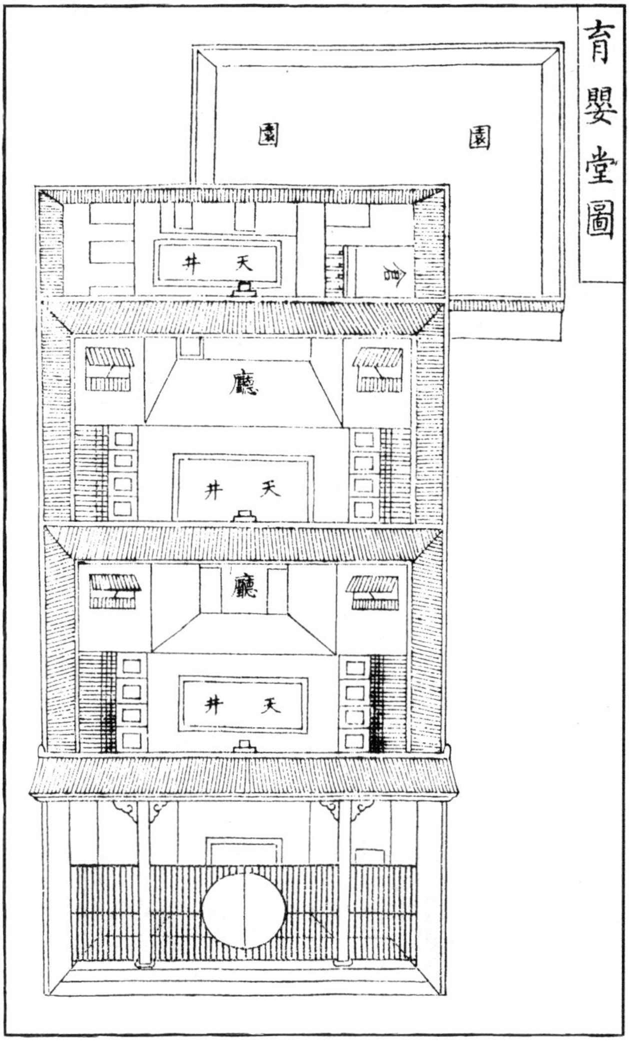

同善堂图

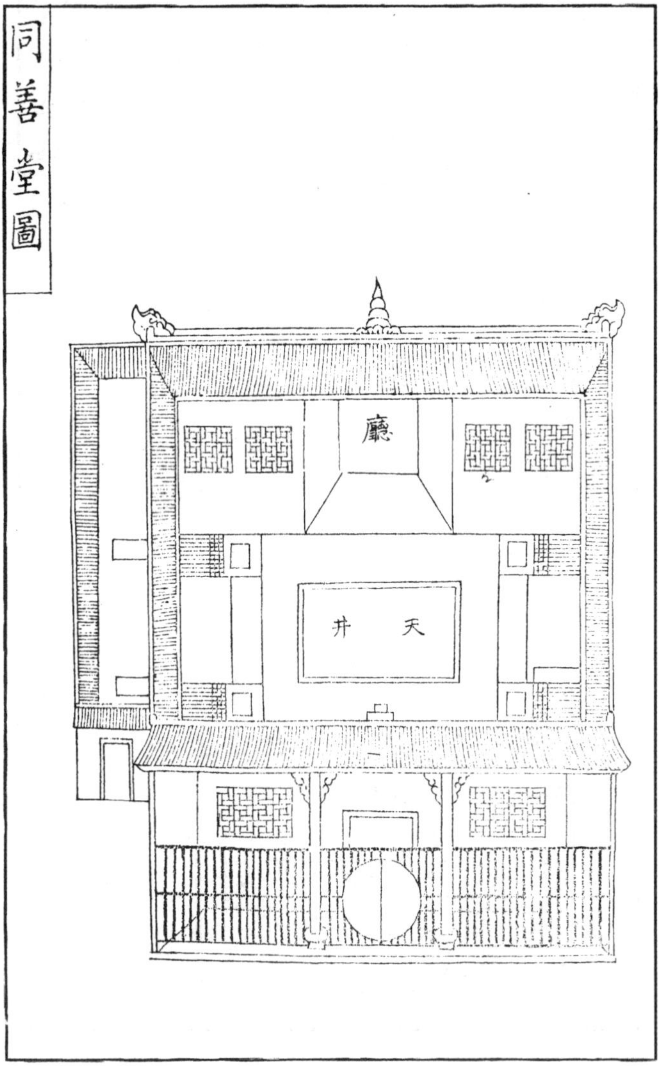

岳郡屯漕仓基图

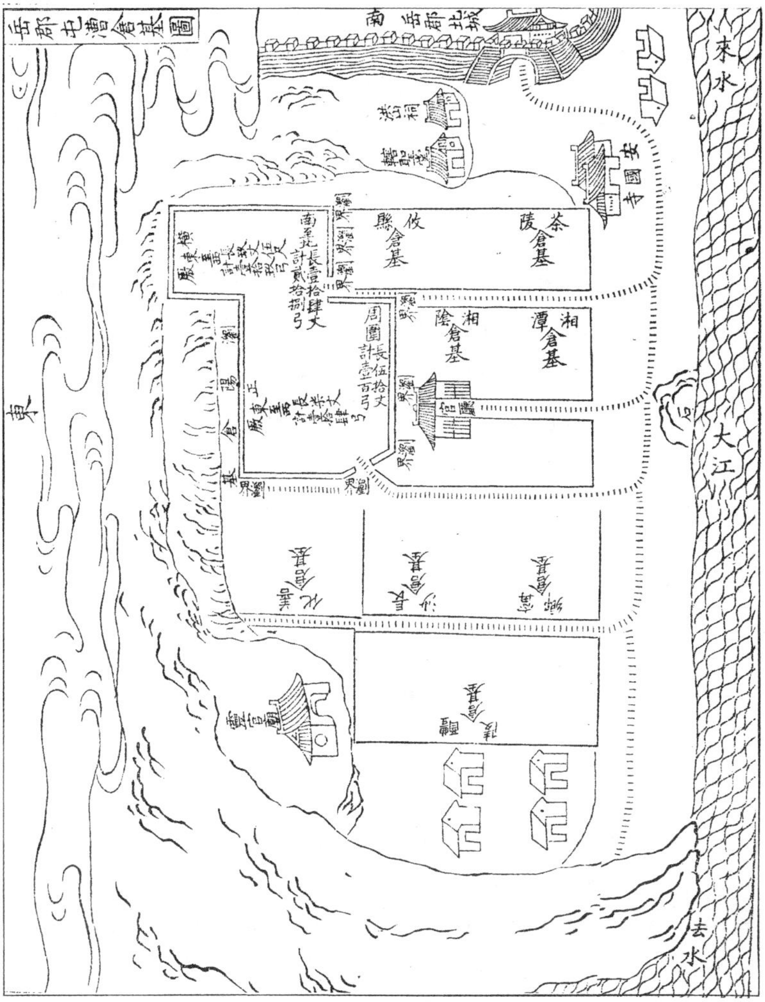

卷二　舆地一

自孙吴割临湘置县，中间仅一废于隋尔。疆宇广，民生遂，赋税可埒上邑，是以元曾升中州。其地扼江西，枕岳阳，踞长沙上游，俨然东方门户；深山大壑，错互其中，称奥区焉。夫察天地寒暖燥湿，别广谷大川之异，以修齐政教，守土者事也。天下承平，险厄自若。近察防戍之宜，远览闯、献、逆藩党与怙险之迹，图籍尤不可不备。用考古废置，并次疆隘、山川于篇。星野之纪，古迹之书，亦方志所不废云。

星野

浏阳隶长沙，距府治百五十里，在轸分。《晋书·天文志》：“长沙入轸十六度。”轸中长沙星，主长沙地。《史记·天官书》：“轸为车，主风。其傍一小星，曰长沙。”《明史·分野·长沙府》：“轸傍小星曰长沙，应其地。”皆言长沙在轸傍。张守节《正义》云：“长沙一星在轸中。”宋《天文志》亦云：“轸中一星名长沙，亦曰玉衡。”隋《丹元子轸宿步天歌》：“四星似张翼相近，中央一个长沙子。”则长沙固在轸中。其占独主长沙者，宋《中兴天文志》所谓“长沙一星不附轸，以属吏自为官故也”。又按

《星经》曰："玉衡者，斗九星也，第四星主荆州，常以五卯日候之，癸卯为长沙。"其星在寿星次。《正义》云："轸四星，长沙一星，左右辖二星，合轸七星，皆为鹑尾。"考明崇祯元年，翼十一度入寿星，星七度入鹑尾，时鹑尾已无轸宿。盖西法以中气过宫，恒星有岁进之差，故宫无定宿，而宿可以递居各宫也。至崇祯中，推长沙星在寿星次，黄道经度八度半强，纬度南十八度少，赤道经度百八十度少强，纬度南二十度强。是时黄道交宫宿度，翼十一度二十四分入寿星，以黄道经度分秒翼十六度五十九分十五秒、轸十三度五分二十三秒推之，轸初度在寿星六度，长沙星在八度，当值轸二度。今同治八年，翼八度四十五秒入寿星，长沙星固并差矣。浏阳共占之。浏阳在省城东，测北极出地二十八度九分三十秒，视省城测极低三分三十秒。西法分周天三百六十度，度六十分，分六十秒，地居天中，与天度相应，南行二百五十里则北极低一度，北行反是，盖在天一度，在地二百五十里。浏距省百数十里，测极仅低数分，实同度其星，占固当相同。

按：《周礼·保章氏》"以星土辨九州之地"，谓"所封之域皆有分星，以观妖祥"。春秋时，裨灶、梓慎之流，往往能言之。汉以来，班固、费直、蔡邕及魏陈卓、唐李淳风辈论分野者，其说不一。然躔度或渐差，州郡疆域并析不常，亦未可泥。浏无专星，诸言轸星者具在史，不复述。若长沙一星，固浏所属。张守节《正义》曰："主寿命。"《晋书·天文志》曰："主寿命。明则主寿长，子孙昌。"《步天歌测验》曰："长沙，为棺木，主寿命。"又曰："小而明，主寿昌。微暗，国有忧。"之数者，或验或否。子产曰："天道远，人道迩。"姑存其说可矣。

建置沿革

浏阳，古荆州所属地也。秦立长沙郡。《通典》："有万里沙祠，故名长沙。"汉高帝五年，王吴芮长沙，都临湘。临湘者，辖今长沙、善化、醴陵及县地。东汉改置长沙郡，割临湘南鄙置醴陵，而浏阳地仍统之临湘。莽曰抚睦。三国吴、蜀分荆州，长沙郡属吴，于是周瑜奉邑有刘阳，盖吴始析置。晋永嘉初，析荆州九郡为湘州，长沙、衡阳、湘东、零陵、邵陵、桂阳及广州之始安、始兴、临贺，凡九郡。旧志作“十郡”。刘阳仍隶长沙。宋因之，始改浏，《宋书·州郡志》：“浏阳侯相，吴立。”“刘”字作“浏”。属长沙内史。齐改郡，县隶郡。梁、陈不改。隋初废郡，置潭州总管府。《元和郡县志》：“取昭潭为名也。”大业中，复郡，改临湘为长沙，县废，浏阳并入之。唐景龙二年，复析置浏阳县于故城，《元和郡县志》：“浏阳，中下。”《唐书·地理志》：“浏阳，中。”隶潭州长沙郡，属江南西道。潭州长沙郡，中和初置钦化军节度使，光启初改武安军。按：《麓山寺碑阴文》有“刘阳令”字。《古泉山馆金石文编》谓“浏阳之‘浏’作‘刘’，唐时尚无水旁”。然今惟《晋书·地理志》作“刘”，《宋书》以下皆作“浏”，则《麓山碑》难据矣。五代，楚王马殷以武安军节度使据潭州，称楚国，改潭州为长沙府。后唐亦为长沙府。周广顺初，长沙入南唐，寻为周行逢所据，县不改。宋复潭州长沙郡，属荆湖南路安抚司，县隶郡。《宋史·地理志》：“浏阳，中。”元至（正）[元][①] 间，立行省，改郡为潭州路，县隶于路，属湖广行省至元十八年，迁行省于鄂州湖南道宣慰司治潭州。元贞元年，以浏阳户口增万余，升中州。天历二年，改潭州为天临路，州仍隶之。明改路为潭州府。洪武二年，改浏阳州为县。五年，更潭州为长沙府，属湖广布政使司，按《明史》：太祖甲辰年平陈理，置湖广等处行中书省。洪武九年六月，改行中书省为承宣布政使司。县仍隶于府。国朝因明制。康熙三年，分置湖南布政使司，县仍隶长沙府。

---

① 按《元史》卷六三《地理志六》，湖广等处行中书省立于元世祖至元十一年（1274）。（宋濂等撰：《元史》〔简体字本〕，中华书局1999年版，第1017页）据改。

疆域

浏疆域之内，广三百二十里，袤二百十里。《通志》作“东西广百五十里，南北袤二百里”。其东接江西之义宁州，距其治三百九十里，距大围山界百八十里。〇按：四正、四隅里数，庚申、戊寅《志》及《通志》多不符，今据见在里数载，不详辨。东南接万载，距其治二百二十里，距铁山界百十里。次接宜春，距其治二百九十里，距钧天坳界九十里。次接萍乡，距其治百六十里，距蒲塘八十里。蒲塘属萍乡地，一作湖塘。南接长沙之醴陵，距其治百五十里，距大阳坪界八十里。西南接湘潭，距其治百四十里，距婆仙岭界百十里。西接善化，距其治百五十里，距渡头市界百三十里。西北接长沙，距其治百五十里，距宜春岭界百里。次接湘阴，《戊寅志》：“距其治三百一十里，距皇恩冲界百三十里。”今按：《庚申志》云“西北距湘阴治四百里”，差异。而遍询西北，实不接湘阴。所谓皇恩冲者，在接长沙之杉木坳内八里。旧志云云，姑仍之，并识待参。北接岳之平江，距其治百九十里，距黄泥界百三十里。东北并接义宁，距长部崙界百七十里。凡错界九县一州。治长沙东地，自治至湖南长沙府城百五十里，水程二百余里。至湖北武昌府城一千有八十里，至京师三千九百六十五里。县境分四乡，旧编都四十有四，《庚申志》云：“洪武初旧志：县原七乡，编七十五里、三坊。粮堕民困，嘉靖间《志》已并为四十八里、二坊，辖四乡。”按此，则乡分已久。今都甲则康熙间编定云。东乡十一都五甲，自一都至十二都五甲。见《庚申志》，下同。南乡五都五甲，自十二都下五甲至十七都。西乡九都四甲，自十八都至二十七都四甲。北乡十七都六甲；自二十七都下六甲至四十四都。外坊厢都六。后增编者凡十三。康熙三十年增七都，雍正十一年增六都。地广衍有差，分地多不相联，广狭亦殊。土人率以乡分，只呼村市地名，多不知都甲，惟征收粮册例载之。其里甲均莫详也。

形胜

浏居万山中，当吴楚之交，袤广数百里。枕平江而控宁、万，南跨潭、醴，西蔽郡城，实楚东一户。群山逶迤，环卫县治；溪流三派，呼吸湘江。西南稍平衍，东北半山谷，重峦叠壑，自为藩篱，其奥窟亦孔多。《戊寅志》：“东障孙隐，西抱巨湖，南亘天马，北镇道吾，襟中洲而带浏水。”盖就附郭形胜言。又引史大成《序》：“大围绕其东，巨湖环其西，天马矗其南，石柱镇其北。巨川细流，潆洄百折，西注入湘。”盖略就一县大势言。

八景附

○浏阳八景，不知何自昉。注《杜集》者引“枫浦渔樵”为八景之一，前志录明无名氏诗，盖由来已久矣。八景皆环萃县城，足供眺览，故备录之。

中洲风月县治前状元洲，长约里许，平沙铺锦，绿草芊眠。月夜波光荡目，江风袭人，幽赏不厌。

巨湖烟雨县治西大湖山，葱青入郭，云烟绕峦，如披图画。

相台春色县南猿啼山裴休读书处，一带平原，菜畦茅舍，绣错其下，生意盎然。

吾山雪霁县北道吾山，屏张笏列，岩壑依稀，晴雪欲消，寒光远射。

药桥泉石县东洗药桥，涧水潺湲，岩石错愕，负郭村原，助此幽旷。

枫浦渔樵县南双枫浦，临水依山，藤萝交翠，夕阳歌唱互答，如入桃源。

鹦亭芳草在县廨西。

鸿阁斜阳在仪门外。

边隘

县东边隘

县东各隘接平江者，在北曰火子坳，为孔道，距县一百三十五里。其西迤为大光、荧火诸洞，皆有径达平江，交县北境。迤东曰杉皮坳，距县百二十里，距火子坳二十五里。曰黄铺尖，距杉皮坳可十里。曰望河尖，距黄铺尖二十里。并山径。又东曰九岭界，其脊曰分水坳，为要道，距县百三十五里，距望河尖可十里，达长寿街。曰浏阳界，距县百四十五里，距九岭可十五里。曰界岭，距县百四十五里，距浏阳界可十里。曰钓水尖，距界岭可十里。并山径。又东曰望三乡，距钓水尖可十里，其巅可瞰浏阳、平江、义宁地，如磨纽。当平江、义宁之交矣。又东接义宁者曰松树坳，为山径。县东百六十五里，距望三乡可六里。又东曰崇乡界。距县百六十五里，达义宁长坑。迤而南曰上庄界，亦曰上庄堡。距县百七十里，旧名长部崙，距崇乡界可二十里，达义宁铜鼓营可四十里，为要道。道出两山麓，如瓮底。前八里有紫草坪，可瞰铜鼓。其南径并达义宁排埠村。咸丰间防粤寇，筑堡当隘，为营房一。知县张景垣署联云："千岩峭立，万壑回环，地险本天成，况今番壁垒新开，袍泽戈矛同保障；四会交驰，重关叠锁，我心符众志，愿此后烽烟永扫，河山带砺共升平。"堡南有山曰操厂，又南曰横山界，距上庄四里许，筑堡相接，当隘为门一，前达排埠。又南连水坳、七星岭二界，小径达排埠。七星岭，俗名猴子额。皆要道，并大围山脊也。逾大围南可四十里，曰铁树关，外夷而内峻，亦要道。距县百六十里，一名血树坳。《寰宇记》："山多血木，故名。"达排埠。又南曰黄泥巢，距铁树关可二十里，与东柘坑相接，小径并达排埠及梅洞。曰绞车岭，距黄泥巢可十里，达梅洞。上有亭，为驻防所。并有径达义宁。又南曰凤凰岭，则达万载。达小源，颇僻险。上洪塘在铁树关西，实扼黄泥巢诸界之冲。在铁树关内十五里，距县百四十五里。雍正十五年立塘汛，复设外委把总一员。

迤凤凰岭而南，接万载者曰虎坳，为要道。距县百三十五里，在上洪西三十里。前扼四隘，曰下界岭，距虎坳二十五里，达株木桥，要道。曰枫树窝，距虎坳三十里，山径达小源。曰上界岭，距虎坳十五里，达花桥。曰葛藤岭，距虎坳十二里，达白水。又下界岭内有棉絮岭，其径达上洪，亦毗万载。皆倚虎坳。又南曰百工坳，距县百四十里，达白水、黄茅孔道。曰石马岭，达黄茅、潭埠。曰严坪岭，达黄茅。皆山径。又南曰营子岭，达万载孔道，交县南境。距县百十五里，在东南乡之交。前达万载，十里至柯树坳，右达改江，左至万羊桥。自万羊桥逾枫树坳，左达潭埠，右达株树潭。

县南边隘

县南各隘，迤营子岭而南接万载者曰铁山界，距县百二十里。前有三道，右曰南关，左曰北关，均六里许，又左曰筲箕冲，皆江西地界。前里许曰鸿胪地，扼三道之要。接宜春者曰双冲，达三坑、慈化。铁岩关并扼其冲，为要地。距县百十五里，在铁山界内。东距营子岭可二十五里。道出山麓，塔形岭屹立于右，一涧中流。咸丰初，跨其上筑关，为门二，曰“吴楚咽喉”“东南锁钥”。关左达铁山，右达双冲尾，均十里。迤而西曰钧天坳，距县九十里。亦接宜春。又西曰石头坳，则达萍乡径。距铁岩关三十五里，达萍乡蒲塘。又西接萍乡者曰渠城界，为孔道；距县七十里，达蒲塘。旧有石门二，咸丰初缮治完固。曰下马界，距县七十里，距渠城界可五里，径多歧。曰东峰界，距县六十五里，达上栗市。道出山峡中，咸丰初筑碉卡御贼。并要地；曰洪口冲，距县七十里。曰土壕冲，距县八十里。曰枫树峡，距县八十里。曰大众坪，距县八十里。皆山径。又西曰江口，则接醴陵要地。距县七十里，南水入醴陵处。又西接醴陵者曰大阳坪，为孔道，颇夷；一名石羊坪，距县八十里，达醴陵官楼。曰扁担坳，曰银冈冲，均距县八十里。曰斗华岭，距县九十里，上有“斗华界”三字碑，颇险。并达醴陵径。自是而西，交县西境。

县西边隘

县西各隘，迤斗华岭而西接醴陵者，为脱接坳，又名凿断坳。曰龙骨岭，距县百十里。并要道。迤而北接湘潭者，曰婆仙岭，距县百十里。《府志》："屹立潭、浏之界，奇峰耸秀，上有神祠。"曰界牌岭，距县百十里。亦要道。又北接善化者曰盘龙岭，距县百五里。曰雷公岭，一名雷封岭，距县百十里。曰大石岭，距县百十里，两壁耸矗，溪出其中，俗呼为"相迎漕"。山下怪石累累，或仆或竖，或立或跪，恍惚如人状。陟岭四望，两邑景象，如在指掌。曰澄笳岭，距县百二十里。曰常峡岭，距县百十里。皆山径。又北曰渡头市，当浏水南岸，孔道也。距县百二十里。逾浏水，又北曰宜春岭，则达长沙径，交县北境。距县百里。

县北边隘

县北各隘，迤宜春岭而北接长沙者曰界板桥，当潦浒河南，为孔道。距县九十里，地平衍，内为永安市。逾河而北，曰界牌岭，距县九十里，达长沙春华山。曰杉木坳，一名双木坳，距县百十里，达长沙石门扆，其内八里为皇恩冲。并要道。迤而东，曰小蚕岭，距县百十里。曰大蚕岭，在小蚕岭左。谷口峰峦皆石，瀑布数十丈。中平衍，有田数十亩。内多小阜，如蚕眠。曰三蕉岭，一名三尖岭，距县百十里，晴明可瞰省会。山旧有龙神庙，今移峡山口。并有径达长沙。达长沙高桥。又东曰牛皮岭，为要道。距县百里，达长沙狮公桥，其内为赤马殿。曰黄须岭，距县百十里。达长沙径，并达平江。又东接平江者曰金盆坦，为山径；距黄须岭可二十里，达平江藩洞。曰黄泥界，为孔道。距县百三十里，内有南普岭。又东曰小界，亦山径。东北乡境，距县九十里。又东交县东境，迤石柱、芦洞诸山，而东接于火子坳。

山

附郭之山

孙隐山东城外。小山亘伏城隅，传孙思邈栖隐处，有洗药泉、练丹岩诸迹。

冯家山东城外里许。江忠源驻师处。其西为鱼鳞岭。

龙盘岭城东北隅学宫后，迤接熊家亭。历禁开挖挑泥，勒有《培龙碑记》。

天马山浏河畔。由东迤南，张屏展翼，为治南锁钥。有元欧阳玄祠，《府志》："其子孙原住山麓，今徙蛇头。"

猿啼山天马山侧。唐裴休读书此山，夜闻猿啼，命曰猿啼山。有隐相台、哑蛙池诸迹。

巨湖山西城外。一名大湖，或作西湖。三峰鼎峙，为治西关纽。冢洼为湖，湖边泉甘冽，祀神尝汲取之。其下为易雄故居，旧建祠，今废。○按：《明一统志》作"大湖山"。《名胜志》："大湖在浏阳，三峰鼎峙，中有巨湖，其深莫测。湖旁有泉，甚甘冽。"

西山寨西城外。一峰高耸，二山夹峙，巇险绝伦，山顶有泉可汲。昔潘至主寨此保乡里。

羊角山北城外既济宫后。

映月岭北城外。上建天后宫。

县东之山

小尖山距县七里。

仙台山距县二十里。半麓有禅林曰集云。

白石岩距县三十余里。飞泉鸣玉，岁旱不涸，有神可祷雨。或传萧仙养真此山，一日岩头有云气起，遂飞升云。

三峰尖距县三十八里。三峰矗立，崱屴如削。祠龙神祷雨。

癞石山或曰磊石，一名乌龙。距县四十里。怪石错列，斑驳骇目。其麓一石洞，深数丈。其冢有泉，不涸。旧有寺曰乌龙。明万历间，寺僧元彻者示寂，且瞑，所善士人周济尧至，祝曰："老僧莫向空中去。"僧答曰："明年仍布法雨来。"自后，祷雨辄应，故镌"祈雨灵坛"字于石。年久寺废，道光间，都人士倡募众资建祠。

狮山一名狮子脑。距县四十里。自癞石山南下，逾石坳，跃起如怒狮，关大溪北流。旧为书院，今建文昌阁。阁西南为桃花坞，坞西一冈抱阁尽麓，石壁立数丈，氿泉滴泓间，涓涓可听。人笑语其下，石应响如答，曰响石。迤东有岩，传陈真人坐处，祠于岩。其山有石如燕、如龟、如蟹，或偶拾得之。踞其巅四眺，蹴仙洲而掬天崖，烟树云山，坐对不厌。

古风岩一名古风洞，一曰仙人洞。距县四十里。岩黝曲列，炬可入中，白石莹如，曰佛床，曰钟鼓，曰棋枰，曰桥梁，皆肖。洞侧有泉流出，溉田百余亩。洞深莫测，或传与毛公岩、白石岩通。

高浒尖距县四十五里。高浒之原，孤峰戴石，突起数十丈，土人命曰山笋。有沙如吹雾，不眯目。

松冈山一名空冈山。距县四十五里，有稻田，甚美。其上井数十，传异人插剑，表其地曰剑井。有龙神祠。

虎台山距县五十里。其巅有牛眠石，长二丈许，广半之，中洼若井，泉出不涸。

姬山距县五十里。《通志》作"一里"。传邑人汤姬山居此，故名。〇按旧志："南宋汤思退，号姬山，今汤氏有思退小引，曰姬山遗像云。考思退字进之，处州人。居此山者，当不名思退，否则同时或两思退也。"《戊寅志·志余备考》云汤荧号箕山，谓"箕山"为"姬"之讹，近是。

天岩山一名天岩寨。距县五十里。四壁峭峙，其隆六七里，三岩逶迤，错大小溪间。岩半田腴泉瀵，如平原。昔人寨其上避寇，迹今存。〇附：邑人贝世登《天岩山记》云："天岩山，介邑东两溪中，砥柱也。迤逦数十里，高插霄汉。石壁四周，峭立如削，堵如城垣。其石如剑戟，如虎豹，或偃或仆，或大如屋，或高如笋，怪奇万状。悬岩瀑布一条，烟雨溟濛，势拥江河而走。晴霁时，红日射耀，则金紫炫目，光怪陆离，水声夷和，与禽语樵歌相互答。岩之半有田，有鱼池。有磊石绵亘为废垣址，有平地宽广可屯军，故元至正时瞿文立筑堡遗迹也。岩之腹，孕一棋盘石，其形方广，可安四席。旁列钟鼓洞，以石击之，一则逢逢然，一则铿铿然，好事者谓昔有两仙奕罢，戏以手搏之者。其畔有石人立，山中人呼仙人石。山分上中下三岩，上岩有萧仙祠，甚灵，岁旱祷雨辄应。有两寺，无僧。中岩之东有随寄庵。下岩之顶有龙王庙。其麓有古风洞，洞中撑石柱，上有窍名天窗，高约四五丈，阔可容百人，洞深不可底。闻有九洞，以束处若咽，复入之则寥阔，至三四洞，必蛇行而入，故无人穷探也。洞前有古风寺。寺南里许，有泉如涌，亢旱不竭，灌田数百亩；泉上石罅中，寿藤古木，蟠拏若鳞爪，名神龙泉。予邻岩而居有年矣，历此山甚晰。惜此山隐于偏隅，不获与天台、虎邱诸名胜同传。惧山灵之我讥也，于是乎书。”

大洞尖在天岩寨十里许。

三坪洞距县六十里。北亘芦洞，南接高浒，草丰林茂，山秀水清，岩峦峭拔，人迹罕到。

大西洞距县六十里。茅舍参差，天然图画，人谓之“小西湖”。

宝盖洞距县六十里。群山壁立，状如张盖。○按：三坪、宝盖、大西三山错亘，北达平江，西出县北，山谷窈深，崇祯间多数盗贼。

七宝山一名小尖山。距县七十里。传山产铅、铁、硼砂、青矾、胆矾、土黄、针石，故名。明洪武初开冶赋，铁产不及例额，铁亦顽钝，邑人周幹建议罢之。○按：七宝山数里外有铁矢山，铁落狼藉，或传当日冶场。

凤凰岭距县七十里。平冈衍迤，一岩如室。

雷仙山距县七十五里。有庙祀雷神，曰天凤寺，可祷雨，传明洪武时建。

鳌岭一名鳌阙。距县八十余里。小溪蒋埠江口，山石夹流如门，广可丈许，舟过必曲折行。一潭深不竟底，传旧有鳌患，建观音庙于其上，患息。岭上有石门限翻、天马迹诸异。

佛岭一曰复岭。距县八十五里。孔道当山脊如门。

丙尖岭距县八十五里。绵亘二十里许，上拓村落，中有田数十顷。右殷家巢、蓝家巢，左雷尖山，皆幽奥。

聂家寨距县八十五里。或传昔人避寇所。

云雾山距县八十余里。云雾恒蔽其冢。

石马山一名石马峒。距县九十里，界接万载。巨石如马，洞广土肥，水田约百亩，流泉灌注，旱不涸。

黄昙洞距县九十余里。四山环匝，嶺峒而平衍。

明月山距县九十余里。山形如月。四周山列，左曰钟山，右曰鼓山，前曰香炉山，皆以其形名。后山如屏，云霞常护其上。下有岩，因岩为寺，曰灵岩寺，亦曰前岩。后一岩曰白云窝，二石肖狮、象，亦有寺。

汉冈岭距县百里。冈峦叠复，绵亘二十余里，俗号“长城”。

大光山距县百里许。山连北境，达平江，东引荧火诸山，巑岏万状。上有石床岩，床形酷肖。其西为祖师岩，旧传吕纯阳坐定处，今祀陈昭显真人。山麓为大光洞，有古刹，有昭显行宫。涧曲山回，可二十里许。〇旧志：“传有樵夫见一老僧饮于石渊，樵问何之，答往石床。从之转折数百武，过一桥，夹道皆橘树，殿宇岿然，壮丽雄伟，惊以为非常境也。直前数武，遂失所踪。”又《明一统志》：“北抵豫章，西接巴陵，峰峦叠秀，一邑奇观。”

连云山距县百十里。群峰巑岏，云起，雨随沛。

聚龙山距县百十里。壮耸一方。

三千山一作三层岭。距县百十里。其冢曰望湖尖，远眺无际。山腰孔道达小河，或构茶亭，以憩行旅。

大坪山一名雷源山。距县百三十里。一谷幽黝，四山环宫。

观音山一名观音坐莲。距县百三十里。穹隆耸秀，群冈环匝，恒出云其后。半麓一谷曰枧坑，袤二里许，涧水北注大溪，谷口山错列。自北原陟谷，可二里许。〇附：邑人曾作芹《九日登观音山》诗：“秋老天高木叶丹，携筇疑到白云端。惜无人送陶潜酒，手把黄花仔细看。”

金盆岭一曰金盆顶。距县百三十五里。极崇峻。半麓一石可二丈许，上覆一石，四出如檐，曰戴帽石。

仙姑岩在陈家坊。高数丈，绝顶岩空，如石室，祠女像七，曰七姑，不知何自昉；一石炉刻正德年月。岩下曰围子岩，四周甃石，传明季土人避寇所。

铜鼓尖距县百五十里。三峰鼎峙，高耸入云。

瞿家寨距县百五十里。

大围山距县百八十里。一名首禅山。耸拔出云表，冈峦迤衍，自成丘壑。缘麓陟嶂，恒三四十里许。明代土寇薮其中。万历间置把总，国朝顺治九年裁。康熙初，蓬寇附吴逆者踞之，数年始降，固奥区也。山北之阿曰玉泉寺，相传昔为奸僧窟穴，僧骈诛，寺毁。今埒间有石圆如大盘，土人指为寺中物。山东有狮子岩，有扁担坳，达江西径。〇按：大围山脉，南自江西来，逾凤凰岭，入铁树关，耸而西，高衍嵱嵷，睥睨群岫。东迤尽匡庐，北迤岳之平江，其西衍为连云、石柱山，屏立山北，与南来列峤左右相望，如城如宫，故名大围。其冢有天心湖，大数亩，《明一统志》曰“白沙湖”。湖东为打泉湖，少北为玉泉寺。寺西为船底埚，涧口有石如门立，中衍为原。其北为西岭，悬瀑，远望如银条，秋高，二十里外闻砰訇声，曰龙须漕。漕东石广数丈，如罫，曰棋盘石。又东有鸡峰尖，山麓曰鸳鸯圳。湖之南曰石鼓山，下有金钟漕，山泉泻峡，韵答山岩间，声噌吰，如乐作。其麓有岩二：一曰风岩，冬温夏寒，可容百人；一曰云岩，常吐云。又有云雨凸，云起辄雨。又有雷打石，大如屋而中划。又西一谷，矗起巨石，十余丈，如削圭，四山翼张环卫，土人祷雨，祠祀之，曰白面石。山中旧有长湖、㐲湖，及烂泥、黄梁、野潴诸湖，今多为沮洳。其巅有草而无木，常有云气出，咫尺不辨物。遇长夏极晴，山腰片白，下方雨如注。其胜不可悉状，要为浏第一山云。又旧志云：“顶有白沙湖，亦名玉泉，流分四派，一为浏水，一入岳州平江，一入江西义宁，一入袁州万载。其山袤广五十余里，冈峦围绕，盘踞四县，故名。”又《通志》云：“东接江西新昌界，北接江西宁州界。”又杜光庭《洞天福地记》云：“三十六洞天，第十三洞名好生玄上之天，在潭州大围山，周回三百里。”○附：万载进士李荣陛《游大围山记》云：南（幹）［龙］① 劈脉内转而势最雄者，首万羊，而武功、大围、黄龙以次（趋北）［北趋］，迄匡庐乃尽，皆穹窿秀绝，干云雨而挈巫、衡，称江以南巨镇焉。匡庐尚矣，大围次洞天之十三。唐杜光庭传《白玉经》云：“周回三百里，为好生玄上之天，在潭州醴陵县。”潭州，今长沙。而山在浏阳东界，非醴陵也。《水经注》：“浏水出浏阳县东，江州豫章县首禅山导源西北流。”今宁州乃豫章分地，山正在其西界。宋欧阳忞《舆地记》云：“首禅山顶有白沙湖，广五十余里，流分四派，一为浏水，其三入岳之平江、豫章之分宁、袁之万载。冈峦盘踞四县。”《明一统志》用其说。《湖南通志》云：“大围一名首禅，在浏阳县东北一百五十里，东接新昌。”《西江志》云：“大沩在宁州西南一百五十里，东通新昌，南通兴国。”今按：大沩山在益阳，唐释流取以配袁州仰山，曰沩仰，与大围音同迹异，而兴国亦［悬］② 在山北，《西江志》所云皆非也。大围西则浏阳，东则宁州。诸书并举来去（名）［各］山，故有分流袁、岳之别。南来天井栏水东入蜀江北去，连云山水西入平江。而天井东去者③为大阳，东接新昌，连云北引过黄龙，北通兴国，则益推广言之耳。大围既耸镇江湖，其支络远延，皆献秀状，第就本山计之，一

① 据李荣陛《厚冈文集》卷十四《大围山游纪略》（《清代诗文集汇编》第351册，上海古籍出版社2010年影印本，第278—282页）改。下同。

② 据《厚冈文集》补。下同。

③ “东去者”，《厚冈文集》作“东枝”。

脊横陈五六十里，绕麓三百里，并四拱之山，周回不啻千里，足以名岳矣。道书于大洞天多荒诞，如王屋山虚言周回万里，惟大围为得实欤！高村在山东南百余里，《记》所称水入万载者，惟此地足［以］当之。路穿穹岭，旷日无人，故游愿久不果。归自湖南之明岁，丁酉秋，山民毛氏来告［曰］："某比得［租］地于邓岭，因是以逾黄洞，三日可达西峰之巅，盍往游乎？"予喜从之①，以九月初七日发高村，十六日回，在山巅仅二日，游事极草草，然于山川方体，粗得其概，是不可无记②。盖此山绝胜约有数端：他名山多驱使岩石，神镂鬼琢，离合以成奇，而大围际天皆土，望如阵云，自然严整，一也；他山过于险阻③，末锐或不可措足，大围四周拔起三四十里，［至］其巅转迤平，村坞通达，经行（二）［累］日不厌，二也；他山攀陟未半，已忧枯渴，而大围愈高愈润，空水相涵，［反］动人江湖之兴，三也；他山聚奇山内，［而］夹辅难匀，大围各面所临，兄弟儿孙依之，连体数百里为一，叶大围之名，四也。此其荦荦尤大者，至于峰岩潭瀑，一方一曲之奇，世据其中者莫能悉。其涵孕若斯，宜其参错海内名山，为十二洞天之次矣。山北有月影，十年前古木阴冥④，白日中犹如夜行；山南有星影，绝嵭陷窦通光；西峰有雪影，秋时芦花掩映⑤，湖山间类铺雪，遇风起花飏，尤飘瞥乱真焉。半岭以上，气倍寒，冬夏云雪分据之。物产无稻而多药，药味大抵苦寒。莱菔⑥特肥，颗以数斤计。他花实与下方亦异。予游近霜降，红绿高下缤纷。然茅深虎迹多，不如中春燎后，可舒步也。宿西峰时，问东道，无知者。其逴远荒凉，山氓老死绝不往来，不知古之高流及志家，何由标而纪之博识哉？然亦有违实者：白沙，北麓村名也，山顶玉泉诸湖注此为大溪以趋浏。而诸湖惟天心形，圆底平，周约千步，积水澄澄，余率为采药者所决，仅存沮洳。而《记》称白沙湖广五十里，水流分四县。计山岭南北相去十余里⑦，何地以容之？此皆山经好奇，如所云长白山潭广八十里之类也。然予尝游匡庐，蹑汉阳以探瀑源，其凹迤平，滴沥数丈外，即聚为流泉，求分此山黄粱、夜珠半亩之水不可得，其他山顶类然。是知诸湖之美，亦仅大围擅有之，古

① "盍往游乎？予喜从之"，《厚冈文集》作"予甚喜，时方构馆于樟坑，辍业从之"。

② "粗得其概，是不可无记"，《厚冈文集》作"百一征焉，是不可以无记"。

③ "险阻"，《厚冈文集》作"标险"。

④ "古木阴冥"，《厚冈文集》作"木阴霾径"。

⑤ "掩映"，《厚冈文集》作"掩苒"。

⑥ "莱菔"，《厚冈文集》作"萝蔔"。

⑦ "山岭南北相去十余里"，《厚冈文集》作"山巅南北相去十里许"。

人所以奖借于斯欤？嗟乎！［以］此①山之雄也，［然］其四暨无有名都会，道路往来无托足之所，［仙佛之徒中衰］，是②名虽震于往牒，而寻探③者少，反不能比于武功、黄龙，则其深沉杳绝之趣，未知几时乃悉标著于人间尔。爰次数日目足所得，以为之记④。

县南之山

望夫山距县十余里。相传昔有从征者，其妇独与姑处，每登山凝望，以针刺树叶，至今树生叶有如刺孔云。〇按：山在县治之东，因隶南乡都，故属县南。前志载东乡，《戊寅志》谓误者，以此。

蕉岭距县二十里。上祠龙神，可祷雨。

黄洞岭距县二十里。

仙胜峰一曰仙胜坛。距县二十余里。有庙，为土人祷雨之所。山腰有泉，常不涸。

白云山距县二十五里。高百仞，四山环列，中有田，如小村落，建庵曰龙隐。其后一峰名望爷尖，相传或从征不归，其子恒登此望之。

牛石岭距县二十五里。衢道出其脊，旧苦淖，乾隆间里人熊回春甃以石，引二十余丈，众称便。

长流岭又名亭子岭。距县三十里。为孔道，纡回盘折凡二十余里。旧荒僻，行者有戒心，非数十人不敢过。县令时儆之，后渐启辟。里人刘如华盖亭山腰，设茶待暍者，且植树道左，人称便。

七丫尖一名七鸦尖。距县三十里。高峰插云。下有神祠，可祷雨。

金树山距县四十里。有寺曰集真，宋乾道时建。佛坐处有井，甚深，相传下有蛰龙，水曾泛溢，地且震，僧移佛其上，乃安。

石牛园距县五十里。亭子岭之脊，有石屹立如牛，故名。

---

① “此”，《厚冈文集》作“兹”。

② “是”，《厚冈文集》作“所以”。

③ “寻探”，《厚冈文集》作“探寻”。

④ “以为之记”，《厚冈文集》作“录其名，传诸好事者”。按：《厚冈文集》本文于此下尚有“南面来山”“北面去川”“西面围内山”“东面围内山”“修源”“浏源”“蜀源”“汨源”“日记”等9个子目，详细介绍游览所得。

瞿家尖距县五十里。介雷公岭、黄冈岭之间，最雄秀。上有池不涸，多赤鲤。○附：邑人张帜《雨后望瞿家尖》诗云："瞿家尖上雨初晴，浴罢螺鬟洗玉屏。四面白云围不住，中间露出一峰青。"

九龙山距县五十里。岩石峻峭，势若龙蟠。上有池，澄清彻底，游鳞可数。传池水穴底，流十余里，溉山麓田，大旱不涸，名天地池。

西阳山距县五十里。列峤干霄，上拓平原。左亘九柳村，一峰曰文笔，如屏如冠，形随望转，上有寺曰大下。右为香炉尖。

香炉尖距县五十五里。形若鼎峙，林峦匼匝。

纱帽山距县七十里。峰秀而圆，若冠。

六龙山距县七十里。山耸六峰，如龙蜿蜒。其巅有洞九，曰石炭洞，黝而深，不可竟。中石如床，有龙爪痕、仙人迹，相传云雾杨仙人栖隐处。麓有庵曰和云，半麓曰普陀，曰白云，其冢曰云岩。

云居山距县七十里。山径屈盘，约十余里。自谷口入，有稻田数顷，流泉咽涧，古木参云。一寺曰明月禅林，极幽旷。

成功山距县八十里。殊幽旷。麓东有洞仙观，旧曰元都，在山顶，后迁今地，相传吕纯阳修真成功此山。

霜华山一名石霜。距县八十里，南接醴陵。甚奥旷。有古刹，建自唐时。前有列翠峰，晴岚可掬。后曰凤翔峰，状若鸾空展翅。狮子峰峙其左，象王峰旋其右。谷中有盐井一，水味咸；醋井一，水味酸。岩泉独香且冽。《山志》云："昔开山时，苦远汲，一夕虎吼，晓迹之，得泉，有虎爪痕，曰虎爬泉。"又有飞来塔，云自道吾山迁此。一左甃柏，斜欹欲折，为数百年物。寺故有枯木堂，曰裴相遗笏处。有太子桥，云唐某太子过此。有潭曰霜华。有岩石鼎立，内容一人，曰祖师岩。其他定光岩、斑竹岭，皆秀拔。《山志》谓宋刘锜过此留诗，语具"流寓"。国朝康熙十八年，和硕安亲王征吴逆，道经此地，曾题"崇胜禅林"额于山门。○按《明一统志》："霜华山，南接醴陵，北抵洞阳，山峻水激，触石喷霜，故名。"

龙王排距县九十里，抵东乡境。峰峦峻极，冈脊蜿蜒，远望嶙峋如齿。上祠龙神，可祷雨。

磨斧尖距县九十五里。悬岩峭壁，突兀可怖。冢洼深尺许，泉不涸。有石而黝平如砥，俗称张果仙磨斧处。

上佛岭距县百里。极崇峻。一涧中通，涧口覆修藤古木。有桥曰接龙，达岐源寺。寺左右山曰钵盂山，曰锡杖峰，曰青狮岩，曰象嘴，曰虎皮岭，曰石牛潭，曰岩前洞，曰沙溪尖，或列为八景。○旧志："桥畔有桎树一，大数拱，柯分而上合，官为严禁樵采云。"

犁辕岭一名犁辕挂壁。距县百有五里。故险峻，里人蔺廷翰凿半麓为坦途。

岩下洞距县百十里。有洞三，其一高广可二丈，中冥暗，入四五里许，渐狭，不可穷，或传昔人避寇于此。

许阜峰一名水步尖。距县百二十里。自宜春诸山绵亘至此，一峰崛起壁立，为南方屏障，有船仓、老虎岩诸胜。山顶云气往来，开霁则晴，阴霾则雨，土人以此占候。○按：山自宜春逦迤来，入首为万载之大纲山，右为旗焰山，左为营子岭，至此一峰高起，迤为云居坳、旱塘缺，又矗起为云居山、龙王排、亭子岭、瞿家尖，入醴陵为章仙岭，再入浏阳，直趋省垣云。

县西之山

仙人岭距县七里。传某仙女修真此山，后祠祀之祷雨。

彬雅山一曰兵马山。距县七里。

将军山距县二十余里，青草市近村，相传明张武未遇时采樵处。

龙虎岭距县三十里。二山相连，一盘匝，一蹲伏，如龙虎。故要地，元季土人寨其上避寇，又名龙虎寨。

圆木岭距县三十里许，当西北乡之交。

老山寨距县四十里。四面陡峻，下临深潭。

龙王岭距县四十里。两峰峙云中，夹二小峰，嫣然森秀。上祠龙神祷雨，每见云气涌起蔽冢，辄雨至云。

南峰寨距县四十里许。相传昔人避寇寨此，瓦砾犹存。

将军洞距县四十五里。晋易雄葬处。

黄冈岭距县五十里。迤南乡境，高峻郁盘。上有龙湫，旧传昔人隐此种桃，居民祠祀之，称枫梓大仙，祷雨辄应。○按：县北八十里有古庙曰赤马殿，其山亦曰黄冈岭。

鹰嘴岭距县五十余里，当浏、醴之交。

夜鹤山距县六十里。白茅峰之麓有仙鹤夜唳，故名。

赖兹山距县六十里。山涧合流，一山横嶂回湍，旋折而下。

八字排距县六十里。

潜龙岭距县六十里。一名大岭。诸峰屏立，峰半有龙王庙，可祷雨。

龙王牌距县七十里。山上有田数十亩。流泉出峡为瀑布，秋冬不涸。

乌峰尖距县七十里。孤峰连云，凡三袭，远望如笔，无层叠状。七星岭峙其侧。与黄茅、白茅称三尖山。有紫云庵，可祷雨。

鸡子岭距县七十里。突耸孤峰，高数百仞，俯瞰浏水。下有洲曰鸡首洲，涨落率肖鸡首，故名。

胡卢庵距县七十里，西北之交。石径窈曲，中辟平林。

风洞在黄管冲，距县七十里。石壁小孔，探之，有风刁然。

株木岭距县八十里，当浏、善之交。山高径纡。

黄茅尖距县八十里，界醴陵。高峝天表。上有古刹，可祷雨。

白茅尖距县九十里，界醴陵。峰峦耸异，箐林茂密。其上一窝，有"第一峰"三字碑，中断。下数十丈有庵，庵前有孔道，绕峰凹而过，即醴陵北境。庵后泉甚甘冽，产茶亦异他山。其麓菜冲口有观音洞，甚窈曲，土人患病者或祷此。旧传有白茅真人居此，故名。

南阳山一名崖鹰山。距县九十里。形如鹰隼，高三百余丈，涧水绕其麓。

九龙山距县九十里。势峻极。山麓有寺曰慧通。

钟形山距县百里。形若覆钟。

浏阳山距县百十里。

县北之山

道吾山距县十五里。东达宝盖，西迤蕉溪，列峰七十一，为治北屏蔽。○按：沙门称道吾、石霜、宝盖、大光为四大祖庭，其盛尤推道吾。传唐代僧开山讲法，曰"道在吾矣"，遂以名其山。山麓为七星坡，循磴道上，可数十曲，曰祖师岩，曰冷泉井。两山锁其上，丛灌纷蕤，跨以桥。一瀑怒飞，砯崖震壑，曰瀑布泉。其上曰老龙潭。有湖曰明月，亦曰大湖。一谷幽坦，水田可数十亩，曰龙卷田。虎爬丘、莲花峰踞其上，倚峰建兴华寺。寺右一泓，清冷彻骨，曰白龙泉。有小虬，长可三四寸，旱迎以祷，不常见也。其峰高者曰五老，绝顶足眺洞庭。其下为罗汉洞，次玳瑁峰，可眺长沙。其旁曰卓锡峰，曰西来峰，曰万寿峰，皆寺右。寺之前曰象王峰，左曰狮子峰、望日峰、释伽峰，皆峻绝。怪石错列，可名者曰龙影，曰雷劈，曰定心，曰面壁，曰鱼子，曰棋盘，曰关门，皆酷肖。其他若金刚塔、裴相亭、回护亭诸迹具在，惟钦赐牌仅存故址。又按旧志云："瀑布泉高百余丈，经络四十四曲。"《明一统志》作"径路二十四曲"。今磴道盘纡，从《明一统志》为是。又旧志："龙湫即老龙潭。"今《山志》："龙湫在寺侧，龙子不常见，祠祀之，即所谓裟伽龙。"旧志云："唐、宋、元皆有封号。"今可考者，元至元五年五月丙戌，加封浏阳州道吾山龙神崇惠昭应灵显广济侯，在《顺帝纪》。

蕉溪岭距县二十里。峻削矗云，孔道出双峰间，由麓达顶，南北约七八里。常拥白云，咫尺莫辨。天朗气清，一眺千里。咸丰间，粤匪入县北，谋犯县治，近麓闻炮声，知有备，遂西去。山峡有风门洞，洞口有飞仙古井，泉芳洌不涸。〇旧志："明嘉靖间，邑人周文郁凿级便行人，建亭其上。崇祯初，黎九思甃以砖。国朝康熙五十七年，庠生徐班、胡其澧募资，铲低二尺许。雍正十二年，知县陈梦文建今遗爱亭。先是，知县王珽更岭名曰交济，道光间邑人募资甃石级，至今尚呼蕉溪云。"

石洞岭距县四十里。

炉烟洞距县四十里。

云峰台一名挂榜山。距县四十五里。高八里，上有寺。山半泉井，旱不涸。〇附：邑人瞿家鏊《登临》诗云："近得登高处，凌云策杖扶。路盘千折小，峰压万山孤。风力披襟豁，天光入望无。老僧喜相迓，还与饭秋菰。"

前台岭在沙堆桥。泉石清幽，上有前台书屋。长邑举人叶源澄游此，有"尘境绝人迹，天然开书堂"之句。

牛头岭一名龙潭岩。距县五十里。下临深潭，山形肖牛，故名。

九溪洞距县五十里。其山曰寒婆岭，岭之麓有龙洞，嵌空谽谺，南北通里许，流泉自南穿洞出。洞之北有石数丈，如鸡立；其中有钟鼓状者，有龟状者。少东一窦，可盘旋上，如浮图。数上有罗汉，有蹲狮，又有床、有枕，皆石。其巅天光射入，宛若有梁亘其上。窦之下少西，黝黑，泉瀌瀌然，数曲渐广。左右壁鳞鳞莹净，谓皆龙舐痕。有龙心石，上悬泉下滴成坎，应时而移，曰子午水。旁穴如巷，石燕、蝙蝠啾唧其间，冷气袭人。过数十武，稍明，石乳垂壁，间有石纹如画梅枝。又有溜可测阴阳，曰石鼠。出洞南，石如剜，怪石森列。左有炼丹台、一石臼，传孙思邈医病龙所遗。右有读书台，高数十丈，有朝斗石，有沐浴盘。一寺曰龙灵山，寺门有碑，字迹不可辨。山民旧有凿石煅灰者，官为禁绝云。〇按：《戊寅志》："洞阳山，一曰龙洞，俗讹九溪洞。"而所载石鸡、子午水皆在九溪洞，不在洞阳。《通志》载洞阳仙坛、石窦，亦并在九溪。考杜光庭《洞天福地记》云："洞阳山周回百十里。"今九溪距洞阳二十里许，尚在百里之内，旧志、《通志》云云，意九溪旧固名洞阳耶？今惟别实迹之在九溪者纪之。

七星岭距县五十里。

枫林岭一名枫林冲。距县六十里。土沃民稠，与大西洞毗连。上有额头尖，在枫林西，形肖人面，旧传有宋杨业祖墓。

北岩山距县六十里，近南坑洞。

南坑洞距县六十里。有庙，人称太子云。

洞阳山一名洞阳洞。距县六十里。盘亘嵂崒，最高峰曰仙羽，峰巅有庙。井泉极甘，天欲雨，辄喷溢，如白石粼然。〇按：旧志："洞阳，隋宁、刘二真人开山栖隐。大业中，敕赐'洞阳隐真观'，又赐'洞阳书潭之府'。"今额皆不存。又《通志》录刘长卿《洞阳山》诗，引刘自注云："洞阳，浮邱公旧隐处。"考杜光庭《洞天福地记》云："三十六洞天，第二十四洞在潭州洞阳山，名洞阳隐观之天，周回百十里。"然则洞阳诚浏胜地。但宁、刘不知何人，长卿至浏亦未考何年，并识待参。

金盆山距县六十里。有寺。

横塘山距县六十五里。陈昭显真人旧居处，咸丰间里人立庙祀之，额曰"仁寿山"。

龙岩岭距县七十里。前岩高阔六七丈，中有石状若蹲狮。岩后一洞，深莫测。

蒿山距县七十里。高如环翠，四望瞭如。泉芳不涸，多石，晶莹可爱。西有孔道达长沙、平江，东则溪水环之，有僧秀元募资甃石桥三：曰万人、曰百人、曰普渡。

芦洞岭一名芦前。距县七十里。西达崖山，南接宝盖，北抵岳之平江。径路十八曲，曰十八盘。峰插云雾中，日昃乃见楚天云雨，拟诸巫峡云。

石头岭距县七十里。有石曰石凉伞，小石累而上，高丈许，若柄，上覆一巨石，可十数围大，远望如菌。旁有三大石，其形如斗。土人庙祀之，可祷雨。

金台峰距县七十里。祀铜观音，上镌"景泰四年"字，传僧掘地所得者。

仰山岭距县八十里，长、浏之交。为一乡水口山。

石榴山距县八十里。上为涌翠寺，下有潭，可祷雨。

龟山距县八十里。有庙，俗呼太子庙。

响石岩距县八十里。高十丈许，无意击之，响声四应。

七娘山距县八十里。旧传有七女修行此山得道，后因立庙，土人有疾者祷之。

凤凰山距县八十里。

歧羊山距县八十里。

狮子岩距县八十里。巉岩峭立，下有溪，波涛起伏，触岩声铿然。

弄光岩距县八十里。峰峦皆石，浑然天成。

仙鹤峰距县九十里。峭壁嶙峋，曲磴逶迤而上。上有神祠。

百岩洞距县九十里。多岩壑，水田甚美。

石牛寨距县九十里。峭壁天悬，窄径一线，上有平野方塘，又有赤脚寨，高数百仞，皆传昔人避兵处。

石灰尖距县九十里。高百余丈，有古庙。

登龙山距县九十里。林壑清幽，怡人心目。

梁上山距县九十里。

镜山在大乐坪，距县百里。圆石如镜，故名。○附：邑人徐子珍《游镜山记》云："大乐坪之对岸，有山壁立十余仞，山有一圆石，形如镜，酷似妆台。每当日晚新霁，烟霞澄鲜，天光发新，万象澄澈，若有光彩射人，亦天地诡怪奇观也。然未得尽穷其状。岁庚戌正月之望，率诸客游象山，缘回溪，拂榛莽，求石镜而玩之。峭险道狭，止可容足。扪萝拊薜，迤逦而上。至则有丘，颇平广，可容二十余人。其镜甚圆，平如砥，围约二三丈余。其背入土中，不可尽得其状。然四围皆丰圆，如一无少缺。摩挲久之，相与披草而坐，则凡一境之土壤，皆在襟袖，或岈或洼，或凸或凹，皴蹙偃蹇，奇状争出。人家远近，砧杵时闻。烟云竹树，镠輵参差。而山下水声，如鸣佩环复，与龙角钟磬之声相应。皆镜山之助也。吾于是快然自得，不知日之暮。故为文以志之，且喜诸客之能从也。"

石柱峰距县百十里，近东乡境故童山。峭削如柱，壁立千仞，晴日可瞰洞庭。山泉分流，一入潦浒市，一入平江。冢有井，极清冷。明嘉靖二十七年，县丞李潜名其泉曰百汇。其下为金顺山。○按：山内旧有樱桃观，乾隆四年，以唐欧氏迷失故，奉大吏檄毁之，永禁修建。

峡山口距县百十里，近三蕉岭。三蕉旧祀龙神祷雨，今移此。

周落洞距县百十里。四山环匝，山巅涌泉作瀑。

橙橘洞距县百十里。

桃花洞距县百二十里。江中巨石如船，篙痕隐约，因名石船。旁一山，曰画眉。

慈菰尖距县百三十里。

大源山

瑞龙山泉石清幽。

迁龙山有观音岩、罗汉洞、腾蛟井、玉屏山、法涌泉、虎溪桥、清风谷、花雨坪诸胜。

城隍岩有石洞，纵横丈余，夏凉冬温。

神潭岩祀龙神，可祷雨。下有潭，甚深。○以上五山，旧志未详里数。

石附

仙人石县东天崖山下。屹如人立。

棋盘石县东天崖山畔。石如盘，方丈余，盘内棋子，位次井然。一人潜往推之，飐飐然动，人众则否。

蒜石俗呼大蒜红，在县东河中。有石磊落如蒜。

菊花石俗呼石菊花，在县东永和市侧。大溪水过永和市，中流石亘如洲，无甚草卉，一望如旋涡堆积，凸凹万状，如镂如刲，色苍然可爱，有纹而晶莹作菊花状，跗萼宛然，其中或含苞，或半吐，殊极天趣。每秋高水落，益玲珑可喜。

花崖石在县东百里肤田。山岩临涧，高可十数丈，石孔参差，巨细不一，远望如夏云舒卷，鸟兽人物，可随意改观。

棋子石县东首禅山鸡峰尖顶。相传仙人着棋处，上有棋子石四，撼之可动，稍说破则不能动，因名其山曰棋盘山。

狮象石县南竹埠冲。巨石肖狮、象，石穴出水，铿然有声。又有石如棋盘。

磨斧石县南见山。类磨斧尖。

雷劈石县北道吾山。唐大和间，僧宗智行脚至浏，随步入山，四无行径，忽雷劈石开，一老人出，曰："吾为此山龙神，候师久矣。"宗智曰："吾志惟道。法缘在此，吾道成矣。"因名其山曰道吾。今其石屹立山腰，劈迹宛然。

卷三　舆地二

水

浏水

浏水发源县东大小二溪。大溪水出大围山北横山、上庄诸洞壑，《郡国利病书》："浏水出大围山，溉田数万亩，泛则与罗水合并为害。"按：此当指大围山北水入罗者言。浏水自入湘，不与罗水合。至白沙合诸小水，自横山、上庄西，左合黄家洞、冷水坑、大黄坑水，右合马石窝、大坪山水。至白沙，玉泉寺、宋家洞水会三区，自左入，松树坳、望三乡、崇乡界诸水会双江口而趋荷花坪，自右入，始通舟。○附：李荣陛《大溪源记》云："大溪源出大围山中，东峰三湾坳上庄高泉迸洒，北经牵牛垠、千丘段①，山半之村也。下抵黄泥坳②而西，右合坳水为大溪，西流，月影水注之。水上承大黄坑③诸湖水，穿月影北下，注于溪。溪水又西，白湖水注之。水上承山顶玉泉。村有寺，踞泉上游，中有人形石、石盘、八棱石、蟠龙石。自麓抵寺四十里，连房幽阒，劚为温凉洞，煽妇人佞佛者奸之。后事发，僧以罪骈诛，寺遂废。前有芜池，其水出石关，左合玉泉泉，

---

① "段"，李荣陛《厚冈文集》卷十四《大围山游纪略》（《清代诗文集汇编》第351册，上海古籍出版社2010年影印本，第281页）作"塅"。

② "坳"，《厚冈文集》作"凹"。下句"坳水"之"坳"同。

③ "大黄坑"，《厚冈文集》作"大王坑"。

大如轮。侧有店址，寺所置以待朝山者，今亦废。泉下趋白湖，湖亦决，有稻数本，穗高于人，不能成谷。其水北下注于溪，名白沙水。溪水又西，龙须漕①水注之。水上承船艄窝②水，有圆石三叠，在窝顶。其水西合天心湖湖水，澄澹多金莲草，又名香草湖。山民多采药湖泥中③，故④又名烂泥湖，一曰百箩丘。合流经船底村北下，乱峡间过西林庵，为龙须漕⑤，穿泥坞，下注于溪。溪水又西，中塘水注之。水上承三台、石岭、五子石、白面石，皆大围西峰也。西北穿乱石坪，经中塘、瓦鳞坪，下注于溪。溪水又西，经东门、踏浒⑥、官渡，左右纳诸小水，水益大，可胜舟。又西至永和市，人烟盛。又西行百余里至双江口，左合小溪，为浏水。其下流过县以西，入于湘，汇于洞庭，长可八九百里也。”西至东门市、踏浒，自白沙西，钓水尖、界岭诸水经长鳌江而趋河口，自右入。至浆坑口，鹅颈诸水自右入。又西过铁炉峡，七树窝、九岭、望河尖诸水会灌源口，至龙头湾自右入。过都佳段口，桎柴坳坳头诸水会长田，自左入。至金钟桥，黄铺尖、老鸦段诸水自右入。又西南过踏浒，杉皮坳诸水自右入。○按：铁炉峡在东门市西，怪石磊磊，如眠牛伏狮，屹立中流。其下为连崖漕。又金钟桥下五里为大樟蓬，皆有石如峡。《庚申志》：“巉岩交织，喷薄回流，为一境关锁。”过苏家江至官渡。又西南至永和市，过沔江至古港。自踏浒西，过苏家江，船底窝、中塘诸水会桑冈口，经张家洞，复会欧家漕、栏干岭诸水，出包家段，自左入。又西至滩头，金坑水自右入。至官渡大洞岭，翻车坳诸水自左入。至竹连桥，栗田诸水自右入。至永和市，马家坳诸水及佛岭以北水径横山自左入。又西北至沿溪桥，大光洞诸水自右入。过沔江，宝盖洞、三口、黄江桥水自右入。至古港，三坪、大西洞水自右入，天岩寨北水自左入。又西南至炭棚。又西至双江口，与小溪水会。自古港西至珠江，青光洞、白洲郭、西湖水自右入。少南至炭棚，溪江、西源洞、罗家冲水自右入。○按：炭棚西数里有康滩，石激流疾，舟行最险。

小溪水出大围山南血树坳诸山涧，至上洪，少北至陈家坊，合诸小水。自血树坳西南，右合扁担坳以南水，左合凤凰岭、绞车岭、黄泥巢诸山北水。至上

---

① “龙须漕”，《厚冈文集》作“龙髭磲”。
② “窝”，《厚冈文集》作“埚”。下文“在窝顶”之“窝”同。
③ “多采药湖泥中”，《厚冈文集》作“方采前胡泥中”。
④ “故”，《厚冈文集》无。
⑤ “龙须漕”，《厚冈文集》作“龙碏”。
⑥ “踏浒”，《厚冈文集》作“达户”。

洪，右合田心、高魁洞诸水。至张家坊，聚龙山麓、彭家坊诸水自右入，石陂水自左入。又西南过陈家坊，枫树窝、下界岭、上界岭、葛藤岭诸山北水会虎坳、突石水，自左入。○附：李荣陛《小溪源记》云："浏水小溪东坑水，源出大围山中峰湖岭之南天泉，分贮为长湖、打泉湖，水深叵测。遇旱，乡人从巫，备仪以爴龙，龙则怒，波腾雨沛。又有云罩泉。诸水合为东坑，西南流。左合铁坳①西水以西，过杨梅坪，东源水自右注之。水上承山顶大黄障、扁担坳②诸水，经星影石而南，合于东坑水。又西至上洪，西源水自右注之。水出猴子额高峰南，合石鼓山村水，下注金钟漕，广渊丛泻，噌吰若钟，或传长沙某寺钟飞伏此潭，时有见者，亦分宜钟峡之比云。又下叠为悬泉、石山对抱，以南入于东坑水。坑水又西，黄洞水自左注之。水出南山铜淋尖百丈漕，其端有洞下垂如鼻，泉悬人中间，色如漆。其水下合众谷水，西北流经黄石洞。夏潦，泱漭成川，秋冬伏流地底，枯沙弥望十数里。峡尽，水复现，西北至上洪，合东坑水，是为小溪。溪水又西，西坑水自右注之。水上承山峡③夜珠湖。湖当昏晦，远望若有光。以山豕常④浴于此，故一名野猪。又有黄梁湖，中涌数小山，芳林秀美，人迹所绝。近湖有丫髻石、女冠石，山半二十里下即望见之。丛石岜峣可爱，一石骈举而中剜，名鼓架，一石高峙谷中，名将军，余不可悉数。其水南下，经桃坪庵址、枫树坪、黄泥界，注于溪。溪水又西，童泉坑水自右注之。上承石祖岭泉，沸发乱石间，大围之西峰也。下经童泉⑤坑注于溪。溪水西南，经石陂至陈家坊，乌湖水自左注之。北源出东山铜淋尖⑥三角塘，南源出东南蒙山阔口坳，会于古塘，西经兰江漕、包家冲、乌湖⑦，注于小溪。溪水又西，至红沙⑧，市岸平阔，板桥低横，挟潦可浮轻舟⑨。又西百余里，右合于大溪。"西北至红沙，过蒋埠江，自陈家坊西，百工坳、黄陂树下水自左入。又西，石马坳以东水自左入，小河水自左⑩入。又西，凰冈、田心水自

① "坳"，李荣陛《厚冈文集》卷十四《大围山游纪略》（《清代诗文集汇编》第351册，上海古籍出版社2010年影印本，第280—281页）作"凹"。

② "大黄障、扁担坳"，《厚冈文集》作"大王嶂、偏担凹"。

③ "峡"，《厚冈文集》作"岬"。

④ "常"，《厚冈文集》作"尝"。

⑤ "泉"，《厚冈文集》无。

⑥ "铜淋尖"，《厚冈文集》作"洞淋尖"。

⑦ 《厚冈文集》此下多"李氏之居名乌湖水西"9个字。

⑧ "红沙"，《厚冈文集》作"红纱"。

⑨ "舟"，《厚冈文集》作"载"。

⑩ "左"，疑当作"右"。

右入。又西，大沙洲水趋阴潭，自右入。过蒋埠江，孙家段、豆田水自左入。经鳌阙，又西北经平安洲，船仓水自右入。至高坪。有黄布潭，石屹立，漩水激之，铿然有声，俗呼“狮子摇铃”。经谭家滩，石浒港水自左入。至双江口，与大溪水会。

西过贺家湖，自双江口西，棉布桥诸村水合流至渡头，自左入。又西，杨西漕水自鸟立树下合白云山水，径罗江桥至邹婆桥，自右入。○杨西漕，一名绿杨溪。旧志：“杨西漕内有金钟潭，其深莫测。二水分流，曲折奔赴。又县东三里有贺家湖，旧时湖宽百亩，渔者集焉。沙积壤加，久成町畽。其地有邹婆桥。”又过济川，济川水自道吾山排衙石，历旗下冲至沙山段，会普安冲水，径县城东至洗药桥，自右入。○旧志：“济川源出道吾山老龙潭，向东南流。又绕而西，径洗药桥入浏。”按：出老龙潭者入淮川，不入济川。又《方舆纪要》：“金牌水在县东五里，出道吾东麓，流经北①，折而西，经县南一里入浏②。”按：道吾东麓入济川，县南一里入浏之说亦非。绕县治南，经状元洲，一曰中洲，在旧学前。谚曰：“中洲过学前，浏阳出状元。”即此。与中洲相望者曰余家洲，居民障水为碓，今犹名其地曰车碓。过淮川，自状元洲西，淮川水出道吾山老龙潭，西流径磊石桥，会蕉溪岭南水，至龙津港，自右入。○龙津港，一名淮川，县称淮川以此。相传道吾有龙，由此出入，故名龙津。《方舆纪要》云：“龙津水在县西三里，源出道吾山，经县西城③外入浏④。”是也。《郡国利病书》：“龙津水泛，则合浏水为害。”按：今浏水盛涨，龙津或不得泄溢，为城西北患云。西北过浦梓港，县南清渭水，出万家坳西北之黄冈岭，合牛石岭、樟漕各水，西北流，径蹑云桥至青枫浦，为浦梓港，自左入。○按：青枫浦，一名双枫浦，《府志》作“清风”。《方舆览胜》：“浏阳有双枫浦。县有八景，枫浦渔樵其一也。”旧志引杜甫诗“辍棹青枫浦”，谓即指此。至《方舆纪要》云：“浏水源出大围山，曰大溪、小⑤溪，合流而西南，过县西曰渭水，至县南曰浏水。又⑥经县南三十五里曰清风

---

① “北”，顾祖禹《读史方舆纪要》卷八十《湖广六·长沙府·浏阳县·浏水》（顾祖禹撰，贺次君、施和金点校：《读史方舆纪要》，中华书局 2005 年版，第 8 册，第 3757 页）作“此”。

② “入浏”，《读史方舆纪要》作“入于浏水”。

③ “城”，《读史方舆纪要》作“门”。

④ 《读史方舆纪要》“浏”下多一“水”字。

⑤ 《读史方舆纪要》“小”上多一“曰”字。

⑥ 《读史方舆纪要》“又”下多一“南”字。

浦，折而西入长沙①界曰浏阳水，入湘②。”又云：“清渭水，在县南③五十里，流入长沙县，从浦梓港口④入湘江。其水澄澈，故⑤名。”据此，则浏水、渭水，随地易名，而浦梓港不在浏境矣。今浦梓港实在县南里许，所受黄洞诸水径青枫浦者，土人即称清渭水，与所谓“县南五十里”者亦不合。为樟树潭。县西里许，旧有樟树中空，容数人，后萎，今复长盈抱矣。西过韩家港，韩家港水出县西山枣岭，自右入。经纱帽港，历青草港，青草港水出金鸡山，合尹家漕、南山段诸水，自左入。为龙虎潭。县西二十五里。过密湖港，经盐米洲，在曲尺滩下。土人名砂细者为盐，粗者为米，故老云：“视其高低大小，占一年盐、米价。”至枨冲。中流巨石荦确，名石头峡。又西半里许，有石矶名韩公矶。均禁凿石。过白洋港，水源山、斗华岭、鼓皮冲诸村水自左入。又西北为魁山潭。县西四十五里。旧名鬼山，康熙初知县王培生改今名。相传潭伏神鱼，不常见。其上山岩峻削，倒影澄波，极幽奇之胜。经蒜洲，县西四十五里。又西为龙潭。龙王岭以南侯家冲、袁家冲诸水自右入。○龙潭，县西五十五里，深莫测，旧传有龙蛰。至大水市，浒山段、大冲诸水径烂泥湖合流，至大水市港，自左入。过阳家港，蛇头水会高冲水，径坪上抵阳家桥，自左入。又西至普迹。白茅尖以北水自左入。其下有清平洲。过潆波港，县西北胡卢庵及小源冲水会枧头，流至跃龙市，受云溪寺、枯石水，经驷马桥、牛头坝至潆波港，自右入。至镇头市。县南香火田诸村水径醴陵瓦子坪至刘家湾，会鹅颈水，历官庄入县西脱接坳，至石回嘴，左会梅子园、道田水，出古济渡，东北趋易家江。又东至老鸦潭，右受马家冲、蜀家园水，历沃阳而至石子段。又北至林塘，与善冲水会，历石湾、连三湾、媄仙岭水，由江东出白水段，抵思塘桥，至镇头市为小河水，自左入。○旧志：“县西百里有林木港。”又：“醴水出纱帽尖。”至百嘉山。西北至渡头市，又西历长沙县境至榔梨市，经东屯渡、湖迹渡至浏口

---

① 《读史方舆纪要》“长沙”下多一“县”字。

② “入湘”，《读史方舆纪要》作“入于湘江”。

③ “南”，《读史方舆纪要》作“西”。

④ “浦梓港口”，《读史方舆纪要》作“浦子口”。

⑤ “故”，《读史方舆纪要》作“因”。

戍，《方舆纪要》云：“浏阳水出①长沙府北五里，源出浏阳大围山，西流至此入湘江。亦曰浏江。旧有浏口戍在府北五里②，江左所置。《水经注》：‘湘水过汉临湘县西，浏水从县西北流注之，有浏口戍。’是也。胡氏曰：‘浏江之口有骆驼嘴，因亦谓之驼口。马希萼攻长沙，希广分兵屯驼口以拒③湘阴路。’是也。”按：今浏水入湘处曰河口。入湘。是谓浏水。《水经》：“浏水出临湘县东南浏阳县，西北过其县，东北与涝溪水合，西入于湘。”注云：“浏水出县东江州豫章首禅山，导源西北流，径其县南，县凭水以得名④也。又西北注于临湘县⑤。”按：《舆图》：“浏水为浏川河，一名浏渭河。”《一统志》：“浏水，一名浏阳水。”今从《水经》。

自县东径县西，凡三百数十里，其原委略具此。前志载：“浏水所经，自县治南至浏口，凡四十八滩，县治南曰活泉，曰枫树。又一里曰鱼鳞，曰藤滩。又四里曰官公，曰韩家。又五里曰双竹，曰杨柳。又十里至龙虎岭，曰株木，曰大滩。又五里曰铁炉，曰金线。又二里曰老虎口，曰曲尺。又二里曰长虹，曰白馆。又十里至枨冲，曰木屐，曰方石，曰青石，曰茶盘。又五里至蒜洲，曰阳雀，曰樟木。又二里曰高良，曰石坡。又五里至大水市，曰七星。至普迹，曰阳家。又五里曰肚皮，曰奶子。又六里曰金沙，曰潆波。又五里至镇头市，曰百步，曰灵璧。又五里曰猪公，曰猴子。又五里曰山枣，曰桐车。又十里曰江西。又三里至百嘉山，曰狮子。又三里曰铃子。至渡头市，曰恩宽。又五里曰西施，曰倒鳞。又十里曰柴埠，在仙人市，入善化境矣。又十里曰磨盘，曰薛家，曰马惊。又十里至榔梨市，曰横溪。又二十里至湖迹渡，曰老官。又三十里至古浏口戍，俗呼河口，乃入湘。涸不能容刀，涨则石激浪奔，舟子经此，皆有戒心云。”

南川

南川，一曰澄潭江。《戊寅志》：“澄潭江源出铁山界，西南流，至沙溪会众水，径

---

① “出”，顾祖禹《读史方舆纪要》卷八十《湖广六·长沙府·善化县·浏阳水》（顾祖禹撰，贺次君、施和金点校：《读史方舆纪要》，中华书局2005年版，第8册，第3749—3750页）无。

② “五里”，《读史方舆纪要》作“十里”。

③ “拒”，《读史方舆纪要》作“扼”。

④ “凭水以得名”，郦道元《水经注》（清“武英殿聚珍版丛书”本）卷三九《浏水》作“凭溪以即名”。

⑤ 《水经注》“县”下多一“也”字。

花港过金刚头，入醴，注湘。”按：澄潭以江名，殆水至此，名以澄潭江，犹至沙溪、碧溪，名以溪类尔。统县南水，名以澄潭江似未确，今从《府志》称南川。出万载县金钟湖，至改江，《方舆纪要》：“万载金钟湖水分二派，东流为龙江，西流入浏阳县之浏水。”按：金钟湖入改江，径县南受诸水，入醴陵之渌口，与《纪要》异。合小涧水。历县境而西，受铁岩关水，岩下洞水、小冲水、铁岩外大小双冲水，及铁山界西面水、许阜尖水、井泉水，皆合流。至槐花段。白溪水出夏家源，自右入。又西为石牛潭，黄花冲水自左入，脚板冲、桑木坑水自右入。过清江口、吴公漕水径青蓝桥、清江市，历长拱桥至施家坝，为清江口，自右入。旧志所谓清江水也。清江，一名坑江，距县百里。沙溪，自清江口西，上下河田及白茅冲、小源冲、涧溪冲诸水，皆自右入。鱼须坝水出黄花岭至花园，径高春岭背文家市诸村西流，合钧天坳北水，历下市桥，又西至南极岭，自左入。又北过小江口，自沙溪西，成功山、牧马段、石头坳诸水自左入。又西，七级坳、云居山、三元洞、敏溪、琢木岭、丰段、梅园诸水合流至狮子桥，自右入。至六龙山，其北为山枣潭，碧溪水自右入。又西至泰平桥，可通舟。遂为澄潭江。自六龙山西，萍乡茅冈水经石牛坡、下马界至泰平桥，会渠城界水之径白虎段者，自左入。

又西为花港，自澄潭江西，亭子岭水径石牛园、荆坪，合大源庄、龙潭漕各水，至周田，受小源水，南径陶家段至崇林桥，自右入。又西，深田冲水合文家冲水，径路口至熊家码头，自右入。西南至大窑段。又南为练江潭，东峰界及坑背冲、廖源诸水自左入，西阳山、大窑段、九柳村诸水自右入。其东有王家滩、谢家洲、熊家洲，皆水所经。至金刚头。黄冈岭水径九龙山，合山口、万古塘、迎仙冲水，径塘口段合蔗吉冲水，又径关下段合黄栗山水，至桃树湾合霜华山、汤、萧二冲水，过灌江桥，至金刚头，自右入。又西为浒潭，过江口，自金刚头西，径紫冈岭，萍乡县境小水自左入。历醴陵县境西至渌口，入湘。醴陵称渌水，即《水经》漉水也。

北川

北川，一曰潦浒河。出县东北石柱峰下相坑，为钟鸣潭。在县北周落洞口，水急注，声如洪钟。距籰丝潭十五里，相传其水潜通。西北流经梁家滩，《戊寅志》云：“北河出钟鸣潭，逆折三十里至梁家滩。”按：自钟鸣潭西，社港水自右入。又西南经狮子滩，自梁家滩西，慈菰尖水经湾头港，自右入，石牛寨、芒脚寨水合流至南山桥下，自左入。至呼盐渡、自狮子滩西，大源洞水经龙伏市、傅家段，自右入。又西，白荆源、螺丝陂水经焦家桥，自右入。石柱峰南百岩洞、簋丝潭水、百丈漕、枫林洞、洞庭滩水合流，经双渟，自左入。青芬岭、桃花洞、赤马殿水出高陂段，径秧田，自右入。〇簋丝潭，周丈许。昔传有好事者坠丝一簋测之，故名。《府志》："石穴天成，岩流奔注，声如洪钟。"彭溪渡，自呼盐渡西，上坪洞、南坑洞、炉烟洞水经唇口段，自左入。金台峰水径南岸段、富善段，出社湾河，自左入。又西，金盆岭、三蕉岭诸水径白荆段，及沙石街、赞忠桥、颜家段水出东茅江，自右入。又西至北盛仓。可通舟。又西为邹家滩、蒋家河。自彭溪渡西，蕉溪岭诸麓水左径沙堆桥、响水潭，右径龙子桥、高升桥，会铜坑桥水，出梁陂段、双江口，会泸渚湾水，自左入。又西，九溪洞水合白烟洞水、小洞水，径洞阳段、珠溪、紫江口至霭桥，自左入。〇响水潭，一名响水漕，距县四十里。周围皆石，其圆如凿，水从石上落，望如瀑布。又西过泱弥江，苏木坳水径桂花桥、大堡塘、河夹边、毛公桥、邵家段，出泱弥江，自右入。至伍家渡。又西为乌鸦滩，为虎狮口。至永安市，遂为潦浒河。又西北历长沙县境，受春华山诸水。为涝刀河，至三叉矶，一作涝塘河。《一统志》："涝塘河，出浏阳县石柱峰名黄泥港，西流至县北十二里，西入湘江。"〇按：涝塘河在长沙境，一名水渡河，见《长沙志》。入湘。

井泉附

古井县南城十字街。

文泉井考棚西云路门内。

旧井北城内胡家巷。

大井北城外拱北街。

新井北城外拱北桥田畔。

卓锡泉县治十字街。俗传唐释修一以锡杖拄地得泉，谓人曰："饮此，风可醇厚。"

药井东城外孙隐山下。或传孙思邈炼丹此山，有泉出老树穴中，尝取以洗药云。《通志》："思邈洗药之所。"《一统志》作"洗药井"。

义井县治西。一名则泉。其水重于他井，铜壶刻漏，取以为则。

剑井县东松冈山。见"松冈山"注。

鸳鸯圳大围山麓。上下两水，六分六合，各溉稻田。

老泉井县南七十五里渠城界地。气味清芬，四时不竭。

泉塘井县南九十里泉塘湾。水味极清。

虎跑泉一名虎爬泉，在霜华山，见"霜华山"注。

圆明井《府志》云："彭祖师遗迹。"

八角井县北沙石街。或传宋将杨业先人寓浏时所凿。其上甃石，至今完固。

洞井在潜塘。中产鳅、鲫，其目突出，捕畜他处，目复平。○均旧志。

古迹附

隐相台在猿啼山。唐相裴休尝居此，因名。台侧有哑蛙池，一名墨池。旧传休读书处多蛙鸣，休以砚投之，至今池无鸣蛙，水如墨色。

遗笏堂俗名护法堂，在石霜寺。唐相裴休谒普会，会拈裴笏问曰："在天子手中为珪，在官人手中为笏，在老僧手中且道唤作甚?"裴无以对，乃留笏镇山门。寺僧世藏之，因作遗笏堂。康熙间，某僧失笏。同治七年，里人刘澍踪迹得之，购还寺僧，作《还笏记》，泐石堂中。

遗经阁宋李作乂建。原在县治南，朱子及张栻数十人赋诗纪之，施少才为之记。旋毁，作乂孙之传迁建大湖山旁，杨万里为之记。后圮。

飞鹗亭宋县令杨时建，在县署二堂右。时自题额，岁久失之。明知县苏志皋新其亭，后废。今署西尚悬"飞鹗亭"额。

归鸿阁一作归鸿楼，一作飞鸿阁，在县署仪门外。宋县令杨时建，自为图记之。后县令张才邵葺之，张栻作《记》。

三瑞堂欧阳玄建。延祐元年，玄舍东桃树生芝草，一茎七叶，其家猫、犬互相乳哺，绿泉复见。先是，霞阳山玄曾祖墓前有方池，水流清瀓。皇庆二年，池之西偏，有泉觱沸，其色正绿。初出如线，渐凝如层云叠翠，浮泛水面。日出生于西亭，午至池心，日入沉于东者三日。汲而书于纸，色经久不变。至是复见。玄作三瑞堂，以志其事。后圮。

兴让堂在县治前。元何广心子（真）［贞］立①登第，为南康县尹。广心以子贵，例受封，让不受，乞封其父恭甫。朝廷从其请，有司筑台以美之。今废。

雷迁塔一曰飞来塔，唐释宗智墓也，在石霜山内。寺僧庆诸为宗智法嗣，岁往道吾扫塔。一日，合掌塔前曰："弟子耄矣，将不能复来。"是夕，雷电大作，塔迁石霜。至今岿然不颓。

生铁冢在汪洋湖畔。或登山偶见之，有意往则不见。

仙人座在县北弄光岩。一石上悬，望若华盖，相传仙人憩此。旁一穴深邃，有罗汉龛及孙真人丹灶。

万年桩在县东佘家湾。木橛如林，大者连抱，绿萍翳之，水涸则枞枞然，疑昔人障水以捍城者。

古桥在黄冈麓之衢道。旧有桥三，称一、二、三古桥。苍藤盘结，一碑漫漶，字迹莫辨。今岸或圮，桥石永固。

平政桥墩状元洲旧有平政桥，共十三墩，相传明永乐时一僧募建。后圮，仅存一墩，人呼为老桥墩。嘉庆十八年，邑人欧阳方台捐建一墩，欲为好义者倡。今老墩已没，惟新墩仅存尔。

六字崖在县北石灰尖。高百余丈，上有古殿。崖间大书"三千年五百劫"六字，相传仙人指爪所划。

---

① 按：何贞立为元至治元年（1321）进士。黄溍《金华黄先生文集》（《四部丛刊》影印元刻本）卷七《兴让堂铭》："何官贞立，起进士，官七品，法当封父母及妻。父以让于其祖，妻以让于其祖母。有司如其请以闻。貤恩既行，乃扁所居之堂曰'兴让'。名人巨公乐道其事，纪载而诵咏焉。"本书卷四《营建·坊表》"双桂坊"条："在西街。元时为何贞立、何元同立。"据改。本书卷十七《选举·进士·举人》"何真立"条及《封赠》"何恭甫"条均误，并改。

苦炼冲在县南。相传吕仙修炼之所，有炼丹池。

古钟宋《五行志》："至和二年四月甲午，浏阳得古钟一。"○按：旧志谓法林寺绍熙二年钟，疑即至和所得。考至和先绍熙百三十余年，至和所得自别是一钟。

柴进士钟在迎佛寺。风雨暴露，色不改。上镌"宋绍定辛卯进士柴从龙募制"。

己未碑在县北石牛寨。相传宋理宗时，土人结寨避寇，墙基石灶，形迹尚存。石穴深处，一古碑镌《避乱记》，今皆剥落，惟"开庆己未"宋理宗纪年尚可辨识。又穴悬巨石如鼓，无意击之，有声。下有二石，一尖削矗立，一俯伏斜峙。

石霜断碑顺治十年三月初五日，或于石霜寺废殿侧得断石尺许于榛莽中，仅存七十余字，细按之，为宋国史侍讲、刑部侍郎丁应奎《上虎岩禅师书》中有"山林景象，一回霜雪，一回馨香"之语。○按：碑见《石霜志》。王纶《书后》云："应奎不知何时人。考德祐元年，元兵破大洪山，权吏部尚书丁应奎遁，疑即此应奎。"《通志》："应奎，醴陵人，宝祐进士，历官礼部尚书。石霜距醴近，应奎当常至此。但碑未著年月，其为刑部侍郎不知何时。"○以上旧志。

遗咏楼在县治门左，明弘治时为知县张淳建，后圮。

绍熙钟县东金钟桥市北法林寺故物，寺最古。嘉庆中，田者于山下掘得一钟，识宋绍熙年月。今在寺，声铿然彻远。○按：相传寺在金钟山顶，乾隆时改建今地，今寺中有里人《施百子灯资碑》，可证。其钟款载："大宋国潭州浏阳县流阳乡金溪北十二都金钟山法林寺铸大钟一。"末有"大宋辛亥绍熙二年九月初一日，僧行言谨题"诸字。

通甬钟道光九年，县西樵子掘地得之，携以归，雷雨踵至，惧而弃诸户外，雷虩虩不休。时文庙初备乐，邑人邱之稑购而致诸乐局。其钟为镈钟式，重三十九斤，厚纵黍尺约五分；两栾高九寸，中高八寸四分；两铣相距九寸五分，横距六寸六分；两舞相距七寸三分强，横距五寸；甬长四寸九分，中空下径二寸五分，上径一寸九分；声应倍应钟。

古镈钟同治六年，有樵者入县南黄峰尖山中，见地裂尺许，若有笋出土状，掘之得钟。适武庙议兴乐，购而藏之。其钟重十六斤，厚纵黍尺二分许；两栾高八寸九分，中高七寸九分；两铣相距七寸四分许，横距四寸四分；两舞相距五寸，横距三寸四分；上有两小孔；甬长四寸九分，上径一寸四分，下径一寸九分；其体为乳三十六，各高五分；声应黄钟。

牛乳钟道光二十一年，沙溪某于文华书院侧掘得之，重二十余斤，声中大吕，为一商购去。

特磬其玉乾隆时得自叶尔羌，今藏文庙。

寡妇桥在蒋埠江，一墩岿然。相传明时有寡妇毛氏，破家建桥，后圮，费巨莫能复云。

成化碑在县东踏浒市东之红花庙。石壁矗溪南，长半里，高百余仞，石折中一处画碑状，字多剥落，末有“寿年延永，后嗣蕃昌”“成化十八年”字可辨。

卷四　营建

古者均地任人，役必以时，民皆乐趋事赴功，自国中以至郊野，无一制不备。后世建置州县，凡城池、公廨、邮驿诸制，相沿修葺，皆董于官；其他津梁、水利之类，听民自为。此今昔之异也。浏在明时，恒苦赋重，民生凋瘵，百制俱堕。国朝减税则后，民乃得稍稍经营。嘉、道以来，规制益备。采而著之，足验今昔盈虚，且使后之览者，可踵而承焉。坊表、丘墓，风教所关，故并录之。

城池

浏旧筑土城，《通志·古城考》：“浏阳故城在今县东，吴析临湘县北境置，属长沙郡。隋大业初，省入长沙县，而故城废。唐景龙初复置，即今治。元初，迁居仁镇。明初，复唐旧治。”○附《癸丑志·居陵镇说》云：“按《嘉靖志》志沿革则云：‘县治初在居陵镇，元时改迁今治。’志廨署又云：‘洪武初改迁县治，在城西隅。’国朝康熙初，邑人龙昇修志，讥其牴牾。又云：‘县治或元时迁，或明时迁，姑无论已。独计龟山先生令于北宋，而飞鸿阁、飞鹏亭今治悉有遗址。且明初汤荧撰《儒学记》云：“城南，文靖故迹在焉。”意者宋时县治在今地，元时迁居陵镇，明初又复还耳。’其言颇合，但所云迁居陵镇，究无确考。”周数里许，高不逾丈，不置池。城西北枕山，东南带水，北城下濠水西注，略似池形，或疑旧为城濠云。久圮。明嘉靖四十六年，复筑土墙，濒水则甃石。知县周宗武董修。万历初，啮于水，再修之。万历十三年，知县李朝佐修。越三年，水决，知县杭廷对踵修。十九年，知县杨一桂谋易以砖，请蠲其年饷若干两资工役，按甲分堵，于是有砖石城矣。既亦多圮。万历十九年，一桂建议请修之。址仍土城，周六百五十二丈，高一丈。时役集五百甲，每甲分修一丈一尺有奇。砖镌里甲姓名，圮则令补葺之。岁久，民苦流亡，一甲残则一垛不修，又基脆，故卒圮。国朝顺治十四年，大吏檄修城，巡抚林公、巡按赵公檄郡邑修城隍，戒不虞。浏城补葺，增五尺。知县宋时亨集里民财，葺旧补新，增高五尺。雍正七年，知县陈梦文令民岁完缮谯堞。《戊寅志》：“梦文莅任，岁有捐修，城楼雉堞，悉加整饰。”乾隆二十一年，巡抚陈宏谋令县增筑城。知县张宏燧增建。《通志》云：“署知县徐荀龙因城门卑隘，城楼复圮，与张宏燧相继增建。”周四里，凡七百有二十丈，堞一千二百三十有五，外高二丈，内八尺，基广三尺，为门四。五十七年，增葺之，治谯门而更其称，知县鲁习之补葺，修治门楼，易旧额。东曰朝阳，旧名朝东，又名东善，又名朝宗。南曰解愠，旧名正阳，又名向阳。西曰迎爽，旧名水西，又名望月。北曰承恩。旧名朝天，又名迎恩，又名拱辰。汲门三，东当红丝桥，东南当周家巷，西南当钟鼓楼口，上皆列谯，悉仍其旧。自是至今，城不修者七十余年，坍无完堵。道光五年，邑人谭富振、谭贵宾捐建南城楼。咸丰间，议修复，不果。知县赵光裕议修之，未成。同治六年，知县王汝惺累土补缺，增二门，在东当磨石街，为文星门，在西当营盘，为武安门。时稍有城内外之别，未久亦圮。

街巷

东城街巷

东城外过洗药桥曰上街口。抵马栏下。桥以西，径升冲观、桓侯庙，曰新街口。左有水巷二，右有巷达蜈公岭。次高升街，左有水巷二。一曰解家码头。又次曰正东街，左有城墙巷，亦曰水巷，达天马渡及红丝桥，右有城墙巷，曰德里巷。由巷至文星门，有街曰磨石街，西北行达拱北桥，东行达蜈公岭。演武场在其左，学宫居其右。过学宫，属北城境。城内曰大街，左右有城墙巷。左曰南来巷，达南城。右曰北达巷，达北城。右次曰梅花巷。达文星门，西折达胡家巷。左次曰兴仁巷，有水门，曰迎旭门。水门外曰红丝桥。又左次曰龚家巷。有塘曰龚家塘，濒城西下有巷曰东升巷。自龚家巷口至城隍庙前，合皇仓街，属南城境。其沟水一注城门，一注水门，皆入于浏，一注龚家塘，出城下，由红丝桥并入于浏。《戊寅志》："龚家塘，在龚家巷旧学前，今渐填塞。咸丰八年，李氏白县，浚塘去淤。"

南城街巷

南城外濒浏河。城外地低下，同治十一年甃石为堤，见议于堤上筑垣为月城形。沿河东上，负城曰鲁班庙，前曰洞庭庙，前曰周家码头。达红丝桥。西下，濒城有巷曰兴隆巷。接西门河街。逾河西下，曰南市街。濒山曰龙王庙。前曰奎星楼，下有巷曰浦子巷。入城曰南台岭，街左右有城墙巷。右径南台书院，曰南薰巷，达东城。左有巷达钟鼓楼街。左次为王家巷。达衙背街。由街至永兴仓前，折而西行，曰关庙前街，亦曰古十字街。左有土地祠，卓锡泉在内。折而东，径紫微街口，曰昇平街，亦曰牌楼下街，次太平街。旧称四牌楼。右有七家巷。“七”亦作“漆”。达南薰巷。次右周家巷，巷有水门，曰引薰门。其外即周家码头。次皇仓街，亦曰大寺前。即兜率寺。其沟水注城门，并注水门入于浏。

西城街巷

西城外，自龙津桥至城门曰西街。旧有牛路巷。左有城墙巷。达北门下濠。偏西曰社坛。达龙津港。右径古灵官庙南下曰状元洲，达南市街渡。迤东行曰河街，达兴隆巷。亦有巷达南市街渡。旧称平政巷，在平政桥首，当即此。又旧志有关王巷，在西城外。入城，左有城墙巷，径营盘口达北城。巷有武安门。达社坛下濠。街曰正西街，次曰万寿街。过县署前，曰水门口。水门外即河街。折而稍北，曰钟鼓楼街。右当南城巷。过护国庵，曰正大街，亦曰衙背街。旧称衙后街。○旧志云：“官地除护国庵基四间外，房基三十二间，系居民赁起店屋或作园地。”径王家巷口至古十字街口，达迎佛寺前街。左有通衢巷，巷内曰营盘，西北当武安门，西南过把总署，曰太保坟，有巷达西城巷。旧有东学巷、西学巷。其沟水注城门，并注水门入于浏。

北城街巷

北城外曰拱北街，有田家井巷。在映月岭下。出街曰北门岭。北之东曰拱北桥。过大井至火神庙，折而东，达磨石街。北之西曰濠兴街，旧称下濠街。出街为下濠。达西门。入城曰永清街，旧志：“城内曰北街，直进曰旧牌楼，今名永清街。”左右有城墙巷。左巷达东城，右巷达西城。右次有太保巷。内有板龙巷，达道德巷。再次有道德巷，亦称曰柴家巷。接迎佛寺前街。次曰中北街，即旧牌楼。左有胡家巷，中为落段，达梅花巷。右有蛟龙巷。达柴家巷。又次曰紫微街，达昇平街。其沟水一注城门，出下濠，一注太保巷，出城下至下濠，入龙津港。下濠久成塘田，其水皆注圳。

公廨

万岁亭在县西城，南向，东西阶列厢，前门外墙。知县羊拱辰将文庙旧址禀建。道光二年，余开周捐钱五百缗承修，布政使高给“忠悃堪嘉”额奖之。

县署在西城，正南向，屏墙，东西门入。外曰头门，其地即归鸿阁旧址，旁列快班、民壮、马快、皂班、捕班诸厅及羁候所。左有土地祠，右有监狱。内为仪门。入仪门，当甬道树坊，恭录上谕，大书《戒石铭》“尔俸尔禄，民膏民脂。下民易虐，上天难欺”十六字。左右分十五科房，左为库科、吏科、户科、礼科、漕粮科、南粮科、课程科，下有迎宾馆；右为督催科、兵科、刑科、工科、承发科、差号科、招科、西户科。上为大堂。入宅门内曰二堂，左曰半亩天，右有厅曰飞鷵亭。由二堂入，为后堂，旁为书室。再入为内宅。内外大小共计百间有奇。旧在居仁镇。明洪武二年，知州史希贤迁今地。三年，知县赵贯复营之。成化中知县王一言、万历中知县杨一桂重修。崇祯癸未，毁于兵。国朝顺治四年，知县徐宣谕僦居民舍。五年，知县郝肖仁奉檄兴建，各署次第修举。康熙十三年，吴逆陷城，复毁。十八年，知县曹鼎新复建。三十五年，知县王培生修。五十九年，内堂灾，知县赵世禄修。乾隆二年，知县胡志仁奉文建上谕牌坊。十二年，知县顾维钫改建大堂、二堂。道光间，知县赵光裕改建头门，视旧减低数尺。同治八年，知县万修廉重修飞鷵亭及二堂、后堂。〇按：飞鷵亭西旧有顺移堂，知县陈梦文建，浙人方暨谟作《记》，见《艺文》。

教谕训导署在东城外学宫之左。详《学校志》。

县丞署在县西城。当街为东西辕门，署内厅事房舍稍隘。乾隆二十四年，知县张宏燧即旧教谕署遗址建。

巡检署在县北永安市。旧志：“明正统二年，建县东瞿家寨。万历四年，移驻县南梅子园。国朝乾隆二十四年，知县张宏燧详请改驻今地。今圮，僦民舍居焉。”

典史署在县署仪门外西偏，有厅事房舍可达县署。署前有内外监各三间、女监一间。〇案：署旧在南台岭，康熙初即明按察分司署址建。乾隆二十四年，知县张宏燧迁建今地。三十八年，典史杨龙猷修。嘉庆十四年，典史李天喜重修。《通志》：“禁卒八名。”

把总署在县署后。雍正十年建。嘉庆十二年，把总陈万年捐修。《通志》：“康熙时建。”

外委把总署在县东上洪塘。雍正五年建。嘉庆十三年，水圮。十九年，知县谢希闵捐建。今复圮，僦民舍居焉。

废署附

布政分司署原在县署横街。明嘉靖十九年，奉巡抚札改建社学。崇祯八年，知县冯祖望详请易儒学前民地，以广学宫。

按察分司署原在县南台岭。明季兵毁，仅存正厅。国朝顺治十四年，知县宋时亨令屯总修为仓储，地湿米坏。典史成继铎借驻，康熙初改建典史署。今改为书院。

主簿署原在县署后。明弘治时建。

县东巡检署旧志：“在县东百五十里瞿家寨。万历四年，因大围堡设把总，遂裁。”

县南巡检署旧志：“在县南七十里梅子园。万历四年设。”○案：《明史·地理志》瞿家寨、梅子园外，尚有渠城巡检司。而旧志注渠城界云“旧有梅子园巡司署”，似梅子即渠城。诸说互异，附辨《职官志》注中。

僧会司在县治北。明洪武十五年，县丞冯完立。今址并没，随所住寺为之。

道会司原在县治东。明洪武十五年，道士王坦然立。天顺七年，道士彭思伟重修。今址并没，随所住观为之。

阴阳学在县治北。明洪武十七年，县丞冯完建。

医学在县治东。明洪武十七年，县丞冯完建。

公所

考棚为试士所，在北城永清街。东西门入，前门一题额曰“考棚”，中曰“龙门”。内入，甬道两旁列坐号，分三楹。甬道直上，为大堂。内为二堂，置廨舍。大堂近阶，有东、西云路门，由东云路门入。又东曰聚奎门，又东北曰允升门，皆列坐号。西云路只一楹地。嘉庆二年，知县裘豫率绅捐建，未就。三年，知县赵嘉程谕收捐，始置基。二十一年，知县谢希闵率邑绅竟其事，广三十七丈有奇，袤四十五丈，有记，见《艺文》。道光四年，王良湘捐修理钱二百缗。咸丰十年，宋骧、宋鲲兄弟捐入县西石马塘田四十亩，作岁修资。

养济院为栖孤贫所，在北城外。明洪武十七年，县丞冯完建。嘉靖、万历、崇祯间，知县许一元、杨一桂、万建元、冯祖望历有修葺。后毁。国朝顺治十三年，知县徐维岑捐建。复毁。乾隆二年，署县事胡志仁重建，知县赵贤续修，邑人刘家陞、刘家培捐谢家洲田四十二亩入院助养。

兴贤堂主给诸试费者，在西城万寿街。屏墙，东西门入，中阶门一。前楹祀奎星，下题乡、会科目名，左右两阶。中祀文昌，后为文昌先代祠。西厅五楹，为兴贤堂。前为周节愍公祠。故学署地，道光五年邑绅捐建，广十八弓四分，东后园十六弓五分，西后厨舍八弓七分，袤六十八弓五分。先后捐置田并培元局田共一千九百二十亩零四分，置铺屋、山土各所，岁入租谷三千一百余石。每届文童县试，岁案发给礼科卷费钱三百五十千文，科案卷费钱三百三十千文；武童县试，发给兵科卷费钱一百二十千文。文武乡试，每名发给科举费钱五千文。文武举人会试，助资一百千文。余详《兴贤汇纪》一书。培元局者，咸丰四年募立。旧议岁取其入，以支应文武童试入学各杂费。同治七年，并入兴贤堂经理。○附：南乡卷费局，在三星坪。

育婴堂主给乳婴费，在西城正大街。旧在北城内燕宁馆遗址，雍正十三年知县周之相建。乾隆六年，知县罗如伦捐修。二十六年，知县汪涛改建西城内柴家巷。四十年，署县事王用锷改建今地。嘉庆二十一年，知县谢希闵率邑绅重修。共计房屋二十四间，屋后晒晾园土一块，内祀观音佛一座。原田二百五十余亩，存典生息银六百三十两零。道光间，陆续增田二百余亩。嗣因经费不敷，二十七年暨咸丰元年，两次援议叙例劝捐，添置田五百余亩。张中彝捐东乡古塘冲田一百六十五亩，并屋宇山土。现在共田一千二百六十九亩四分七厘，共额入租谷一千九百九十六石二斗二升四合，外岁收铺租、土租钱一百五十余缗，县南煤井地租钱二三百缗不等。其存典生息银两，因咸丰间征义堂匪起，典肆空，经首事禀追，只缴本银六百三十两。其乳妇工食，每名日给米一升、油盐各项钱十文。其女婴药资、衣布等项，另有费。每月初二、十二、二十二日发给。届期，乳妇携婴来堂，首事赴堂验看。至收送婴孩，亦定于是日，便择乳妇抱养。近生息颇繁，收养十倍于前，寖至三百人矣。其堂内田亩正供漕米，咸丰间经知县袁青绶捐廉批解，申详在案。以后令斯土者，岁以为常。〇附：各乡育婴公费：·上东育婴局，在县东东门市。同治初，里人冯凤南倡捐钱八百缗，涂先程续捐钱千缗，复募众捐资，权子母供用。·同善堂，在县东观音塘。募置田若干亩，屋一所。·同善堂，在县西，距城三十里。邑人陶浔霍推广救婴新法倡建，有田二十亩。·活婴堂、救婴堂，均在县西镇头市。·幼幼堂，黎志生之继室舒氏命将殇子定其遗产田百四十亩，捐为合族育婴费，后定球复捐田六十亩。

同善堂主施棺及拯溺诸费，在县署西。道光二十一年，黎定骧、唐宗周、黎定连公请捐建，募置田土铺屋。岁入租谷二百余石、钱百余缗，除堂内用费及襄各义举外，以其余发领生息。〇附：县城掩骼诸公费：·体仁费。嘉庆三年至十一年，吴震纲等募置县城东街口大河边土五亩、县西花桥田十亩，岁入其租，以修理邑四郭义冢。邑人陶浔霍作记，见《艺文》。·培远堂。同治六年，知县王汝惺购邹婆桥上学堂园土，为修理义冢费，畀邑绅经理之。·同悯堂。咸丰元年，众募置铺屋，收租钱四十缗，每岁中元化楮，修培附郭义冢。后因费亏，同善堂捐补钱二百缗。·不忍堂。众置程家湾、泰庄段、黄土冲田山屋宇，收租三十六石，为买置义山之费。〇一水龙费，主救火之事。〇附：各乡施棺掩骼诸公费：·乐善堂，在县西刘公岭。道光四年，募置田二十亩、公屋一所。·兼善堂，在县西白玗。·乐善堂，在县西大元里。·同仁局，在县西蒜洲。咸丰十一年，众置田亩在鲤子塘，额租三十六石。同治十一年，又置田在后背冲，额租三十石。册名“体仁局”。·育德堂，在县西金刚段。众置田亩在平步桥、刘郭老等处，额租一百石。册名“育德堂”。·同善堂，在县西普迹。众置坪上田七十亩。册名“同善堂”。·崇善堂，在县西镇头市。·乐善堂，在县西百嘉山。道光二十一年，募置田四十五亩，黄辉远捐田十亩。董事白知府吕，饬浏阳、善化详议立案。·体元局，在县东东门市，同治初募置。·登善堂，县东王良泮捐田二十亩，在六碓段。·蓄德堂，在县南万古塘，道光间众建，置花麦田三十亩，及大屋场屋宇山土。·厚培堂，在县东，贝华景、华垣、华棣、华模捐置田五十亩，为每年修双江口至船仓各处路费。·东路费，众姓捐，为每岁修整羊子埠中段、真君殿、踏浒市各处路费。·南路费，众姓捐置蹑云桥田四十余亩，为修整南路之费。·利济公所，在县北龙伏市。道光间，北乡上八都捐置长沙东屯义渡。同治以来，购田七十余亩。除每年修舵船只、给舟子工食外，以其余为应试获隽奖资及各义举之用。·三善堂，在县西渡头市。众置田六亩，为救生、埋胔、赈孤等费。

屯漕仓在岳州。见《食货志》“仓储”门。

浏阳会馆在京都宣武门外北半截胡同内，库堆胡同路西。同治七年，邑兴贤局购置。

坐棚为士子避风雨所，在省城学使署前东辕门首，共三栋，其侧铺屋一区。道光二十二年，邑东王才林捐建。同治八年，其后裔重修。

废所附

府馆一在城隍庙左，一在城隍庙右。顺治十五年，知县宋时亨即其址建常平仓。

税课局旧在南台岭左。明洪武初，移设县治西，滨浏。久之，商货不通，遂裁。嘉靖中，官货其址。

桑枣园地未详。

燕宁馆在北街内。因布、按二分司废，知县韩爔捐建，有记，见《艺文》。雍正间，即其址改建育婴堂，后迁。

际留仓原在县署内。明洪武十九年，县丞王姒方建。后改迁仪门外左，即飞鸿阁旧址。

预备仓原在典史署左。明洪武二十七年，知县蔡常德改建仪门外右。

白米仓在县治北东正街。

枫林仓在南乡二十八都吾田市。明洪武二十七年，知县蔡常德建。嘉靖十二年，知县苏志皋修。万历四十二年，知县万建元重修。

东丰仓详《食货志》“仓储”门。

南盈仓详《食货志》“仓储”门。

捐监仓乾隆十一年建。

铺递明初置急递铺驰报军警，有铺司、铺兵、夹板、铃攀、缨枪之设。国朝略因之。○按《通志》："铺凡十四，铺兵有徭编，有永充。"

急递铺在县署左，为总铺。徭编四名，永充六名。见《戊寅志》，下同。其工食具《食货志》注中。

泰和铺在县北，距城十里。徭编四名，永充二名。

余家铺在县北余家湾。徭编五名，永充二名。

蕉溪铺在县北蕉溪岭背。徭编四名，永充六名。

长冲铺在县北长冲。徭编三名半，永充六名。《通志》："八名。"

洞阳铺在县北洞阳山麓。徭编三名，永充五名。

枫浆铺在县北枫浆桥。徭编三名，永充六名。

潦浒铺在县北永安市。徭编二名半，永充六名。《通志》："八名。"○以上八铺，自县至长沙界。《通志》："每铺十里，凡八十里。"旧志："百里。明洪武元年，知州史希贤立。"

唇口铺在县北唇口段。徭编二名。

石牛铺在县北石牛寨。徭编二名。○按：唇口、石牛二铺，《戊寅志》据《赋役全书》补入。

新安铺在县北内石田。徭编二名。○以上三铺，自蕉溪岭分路至平江界，凡九十里。《通志》："自总铺起，每铺二十七里。"

蹑桥铺在县南蹑云桥。徭编二名。

枫林铺在县南路口。徭编二名。

灌江铺在县南灌江桥。旧志："徭编二名。"《通志》："三名。"○《戊寅志》："县南自南市街至澄潭江大路，年久圮毁。嘉庆丁丑，知县羊拱辰谕绅士募修砥石，坦途相望，行李便之。江绍泮捐置息亭于争溪桥。"按：争溪今名净溪，息亭今改由义亭。○以上三铺，自县治至醴陵界，凡八十里。《通志》："每铺二十六里。又六十里抵醴陵县。"

驿传《戊寅志》："原无驿。康熙十二年，吴逆扰湖南，湘阴驿路梗，自通城至平江，改驿道由浏阳上北乡，遂为京城、黔、粤上下通衢，羽檄军马，旁午于道，一日索夫马数百名或数十名不等，民苦之。十八年，长沙恢复驿路，仍归湘阴，浏阳驿裁。"

市集

县东市

渡头市距县五里。 双江口市距县十五里。 左家湾市距县二十五里。 炭篷市距县三十里。 古港市距县四十里。 范家岭市距县四十里。 高坪市距县四十里。 永丰市一名石湾市。距县四十五里。 黄江桥市一作"黄冈"。距县五十里。 桥头市距县五十里。 塘田市距县六十里。 永和市旧名般步市，一作"奔埠"。距县六十里。 沿溪桥市距县六十七里。 竹连桥市距县七十里。 官渡市距县七十五里。相传旧县治在此，为居陵镇。或云官渡河北镇为居陵镇。 滩头市距县八十里。 横山市距县八十里。 兵马桥市距县八十里。 蒋埠江市距县八十五里。 观音塘市距县八十五里。 踏浒市一作"达浒"。距县九十里。 金钟桥市距县百里。 东门市距县百十里。《庚申志》："旧第七都地。"按：今市在上四都。 彭家坊市距县百二十里。 田心市距县百二十里。岁十月十一日至二十日为墟期。 上洪市距县百二十里。 张家坊市距县百二十里。岁七月十八日至二十七日为墟期。 白沙市距县百二十五里。 陈家坊市距县百三十里。岁十月初一日至初十日为墟期。

县南市

南流桥市距县十里。 蹑云桥市距县二十里。 牛石岭市距县二十五里。

路口市一作“鹭桥”。距县四十里。　枫林铺市距县四十里。　吾田市距县四十五里。　澄潭江市距县五十里。　大窑铺市距县五十里。　大平桥市距县五十五里。　鹧溪市一作“柘溪”。距县六十里。　金刚头市距县七十里。　杨家湾市距县七十五里。　石羊坪市距县八十里。　文家市距县九十里。岁十月有墟期。《戊寅志》：“八月。”

县西市

韩家港市距县十五里。岁七月二十五日至三十日为墟期。　青草市距县二十五里。岁八月初一日至初五日为墟期。　枨冲市距县四十里。岁八月初五日至初十日为墟期。　蒜洲市距县四十八里。　跃龙市旧名药弩。距县六十里。　大水市距县六十里。　普迹市距县七十里。岁八月初十日至二十日、十一月初一日至初五日为墟期。　霞山市距县九十里。　镇头市距县九十里。北岸亦列肆，为西满仓市。岁六月十一日至二十日、十月二十五日至三十日为墟期。　百嘉山市距县百十五里。岁六月初五日至初十日为墟期。　渡头市距县百二十里。

县北市

蕉溪市距县二十八里。　高陛街市距县四十里。岁八月有墟期。　羊牯滩市距县五十里。　洞阳市距县六十里。岁八月二十五日至三十日为墟期。　洞庭滩市距县六十五里。　沙石街市距县七十里。　毛公桥市距县七十四里。　横山头市距县七十五里。　相公店市距县七十五里。　大桥市距县七十五里。　毛田市距县八十里。　赤马殿市距县八十里。　龙伏市旧志作“龙骨”。距县八十里。　永安市旧名潦浒。距县八十里。　焦家桥市距县九十里。　社港市距县百十里。　花溪桥市距县百十里。　黄泥界市距县百二十里。

水利

近城水利

公陂附郭。 官塘西坛侧。 张家塘附郭。

县东水利

罗家陂 李家塘 西坑堰 神坛陂 张家塘 大江陂 高坪岑方塘 石陂莲塘 将军陂 小陂 萧家塘 大陂 芳草塘 白鹭陂 泉塘 龙潭陂 乾坑旱塘 老山堰 龙公陂 杨树下塘 小竹江陂 栗树下塘 易江陂 向冲塘 易田土陂 藕塘 何坑堰 古江陂 麻家塘 大阳陂 旱塘 罗家陂 小将堰 西岩陂 早林塘 欧平陂 和尚塘 冷水陂 泉水塘 小东陂 将军塘 罗宅陂 小岭大塘 小溪堰 松陂坝 石王古坝 古江坝

县南水利

槐花陂 乌猪塘 西岩堰 官陂 周家塘 蔡家陂 严塘 邓陀陂 柞树塘 黄竹堰 栗树陂 荫堰 枯陂 黄泥塘 花塘陂 兵马山塘 瞿家堰 桥下石坝

县西水利

胡丝陂 冷水塘 铁造岭下堰 枯田陂 牛皮陂 罗家堰 荷叶塘 范家堰 百丈陂 杨柳塘 金刚坝 百家托塘陂 黄牯塘 石公坝

县北水利

朱陵塘　上市小塘　产陂　洞阳塘　赤子塘　中陂　石榴塘　李家坝　梁陂　托塘　罗家坝　傅家塘　杨家堰　大堰陂　烟竹塘　蒋家堰　闸头陂　茅岭下大塘　熊家陂　苦竹塘　斛陂　金坑塘　大家陂　陈家源塘　板陂　罗汉塘　新江陂　三角塘　赤土堰　黄头陂　荷叶塘　南岳坝按《一统志》："县境以塘名者四十七，以陂名者四十二。"今所录陂四十四、塘四十四、坝九、堰十五，皆乡里私陂也。傍溪缘涧，御旱潴水，或甃石，或树闸，或填积土石，其制不一，名随所命，因时修葺，并听民间自为。迩来地利尽辟，水利多兴，间有增更，或起争竞，则废兴不可不纪。前志所录，里地未详，且仅十之一二，今仍之。

桥

近城桥

拱北桥在北城外，为北城水入下濠处。

红丝桥在东城外，为龚家塘出水处。

隐相桥在县南隐相台下。

浦梓桥在县南浦梓港，渭水所经。典史成继铎率里民袁宗义、刘加鼎募修。雍正七年圮，周宋臣重修。

龙津桥在城西龙津港。黎文庵修。

洗药桥一在东城外浏岸港口，即济川桥。嘉庆元年，众姓重修。同治六年，水圮，王祠重修。一在孙隐山下。乾隆六十年，王赐书修。咸丰九年，水圮，废。旧志："药桥泉石，为清浏八景之一。"

古稀桥在东城外龙虎庵前。李隆棠建。

同善桥在东城外。原名邹婆。康熙四十二年，知县王珽倡捐重建，有记，见《艺文》。

龚家桥在小水段。

谢婆桥在巨湖山下。

县东桥

三园桥在石浒港，距县二十里。

趾坪桥距县二十五里。桥二座，上座乾隆三十一年修，五十八年重修，下座四十六年修。

仙台山桥距县三十里。嘉庆十五年建。

铜坚桥在大岸，距县三十里。

道岸桥距县三十里。四墩，长六丈二尺，高一丈，阔五尺。嘉庆二十一年建。

溪江桥距县三十里。康熙三十二年，杨耀宇建。乾隆五十四年，众姓重修。

寒婆坳桥距县三十里。嘉庆八年，王赐书、李东亮后裔重修。

渣田桥距县三十五里。

珠江桥距县三十五里。

丰寿桥距县三十五里。嘉庆十九年建。

唐家冲桥距县三十五里。嘉庆十九年建。

上高车桥距县三十五里。乾隆二十六年，胡景玉重修。今废，改作舟渡。

增福桥在小溪沿甸，距县三十五里。道光二十六年，胡德润建。

全福桥在小溪沿甸。同治六年，胡德润建。

崇福桥在小溪沿甸。同治七年，胡德润建。

湾头桥在高坪下段。道光四年，胡东元建。

高坪桥在高坪市。

伴壶桥在倒地壶，距县四十里。乾隆己亥年，胡有忠建。

沙湾桥距县四十里。嘉庆八年建。

文汇桥即古港桥。距县四十里。乾隆十三年，周宷臣建。嘉庆十八年，后裔重修。

后圮。同治五年，众建，石墩凡五，长十四丈，阔丈有奇，上甃以石。

十景桥在高浒，距县四十里。

长寿桥距县四十里。周开生修。乾隆五十年，其后裔重修。

久远桥在高浒段，距县四十五里。乾隆二十七年建，长六丈六尺，高一丈八尺，阔五尺。

文星桥距县四十五里。乾隆二十七年，周文星建。

月山桥在高浒段。嘉庆十年，梁学府建。

珠光桥在溪旁尖，距县四十五里。计二瓮。

潘山桥在石湾，距县四十五里。嘉庆二年建。

永丰桥在石湾。乾隆二十七年建。二瓮，高二丈，长六丈，阔丈二尺。同治六年圮。七年，贝世恂、世省重修。

鹤龄桥在石门冲口，距县四十五里。童光材、光杨兄弟建，置田五亩。

磊石桥一名石蘢桥。在石门冲，距县四十八里。众建。

沔江桥距县五十里。二瓮，高二丈，长十丈有奇，阔一丈有奇。周宷臣修。今圮，众于旧址上流架木梁以济。

仁寿桥在杨家林，距县五十五里。嘉庆十七年建。

黄江桥旧作“黄冈”。距县五十里。三瓮，高一丈五尺，长五丈，阔一丈四尺。康熙五十三年建，乾隆三十三年重修。

化龙桥距县五十里。明季，桥头罗姓修。

锡龄桥在大坝上，距县五十五里。贝耀瑜修。

官殿桥在澄潭上铺，距县六十里。置田四十亩、桥头铺屋一所。

永福桥在澄潭下铺，距县六十里。

遵义桥在看马滩，距县六十里。咸丰间建。

丰李桥距县六十里。众建。

福寿桥在小溪源，距县六十里。众建，置田四亩。

江梓桥在潦浒山，距县六十里。道光十三年，众建。

永新桥在三口段，距县六十里。众建，置田二十亩。

颜家桥在三口段，距县六十里。王赐书修。

双江桥在三口段，距县六十里。众建，置田二十亩。咸丰八年，罗文安改修石墩二座。

永远桥在三口段，距县六十里。

八仙桥在三口段，距县六十里。

高升桥在三口段，距县六十里。

苦积桥在三口段，距县六十里。乾隆十一年，佣工李忠信积资修造，经费不敷，周常禧助成之。

福田桥在三口段，距县六十里。嘉庆二十二年修，置田七十亩，粮册名“桥福田”。

乐善桥嘉庆二十年修。

父心桥在大溪源，距县六十里。毛体良、体宁建。先是，良父欲建绌资，后良兄弟继成之。道光二十八年、同治六年水灾，上下各桥均圮，此桥独存，人以为孝感云。

沿溪桥距县六十七里。七瓮，皆垒石。高二丈，长二十二丈，阔丈四尺五寸。当吴楚之冲。自宋迄明，历有修葺。国朝康熙五十五年，水圮，民病涉二十余年。有僧德慧，以铁索贯其项下骨，苦行倡募。越乾隆三十六年，桥成，九瓮。四十五年，众姓捐置田租经理。五十四年，水又圮。众姓重修，改作七瓮。前后共置田一百八十亩、庄屋四所、铺屋四所，有碑。

竹连桥距县七十里。道光三年重修。

古道德桥旧名道士。距县七十里。康熙十五年圮，士民重修。乾隆十三年复圮，因架以木，改名成梁。嘉庆十一年，李东亮易以石，改今名。众置田六亩、铺屋一所。

西门桥距县七十三里。

高门桥距县七十五里。乾隆五十一年，汤继昌建。嘉庆二十二年，其孙重修。

镇南桥在官渡市，距县七十五里，地为吴楚通衢。乾隆丁亥，众捐资架木。嘉庆十四年，改石墩承梁，高二丈，长二十一丈，阔一丈四尺。

永龄桥在上洪龙背市。六墩，五搭石梁，高一丈，长一十二丈。寿妇罗林氏建。同治八年，水圮一墩。

驷安桥在乌石。嘉庆八年，节妇陈贵珖妻王氏建。

福龄桥在乌石，通万载白水。嘉庆十二年，陈王氏建。

德星桥在合石口。道光九年，陈祖贵、祖寿建。

中心桥在小河洲上。四墩，三搭石梁，高一丈，长六丈有奇。道光二十二年，陈楚贵建。

东丰桥在石碑。阔三尺，长一百八十步，高一丈二尺。嘉庆十三年建，募置莲塘田二十亩、西坑田十亩，有碑。同治八年水圮，九年复修。

长龄桥在文中溪。道光十年，罗文现妻黄氏建。

万兴桥在鸭婆村口。乾隆五十八年，众建。嘉庆中，水圮，王显亮同侄焕纶重修。

兵马桥距县八十里。

沙塘桥在大光园，距县八十里。

盘山桥在大光园，距县八十里。

化桥在滩头，距县八十里。三瓮，高二丈，长八丈四尺，阔丈二尺。乾隆三年，黎伟度修。三十六年，其子思远复修。嘉庆二十二年，其孙道涵等重修。

花桥距县八十二里。乾隆四十八年，汤继昌建。

罗江桥距县八十五里。

下包嘴桥距县八十七里。

沙江桥距县九十里。

砥柱桥在踏浒市。募置田产，后复募修石墩，成梁砥柱。合福兴渡费，历年修葺。同治七年，圮于水。

镇南桥在南边施家冲口，距县九十里。

永远桥在金坑汤祠前。

复兴桥在长益段泥湾。

永丰桥在中洲。

朝阳桥在陈家坊。

永兴桥在添紫港。

同德桥在金钟桥里，距县百里。众建。

邹家桥《戊寅志》："在县东。"

虹拱桥在小洞，吴楚通衢。乾隆间，胡孔上、李隆涛建。

绿水桥在小洞。明万历间，叶辅銮建。后水圮，胡姓重修，易梁以石。

双寿桥在小洞，吴楚通衢。乾隆间，高世朝修。

永兴桥在珠琳村口。罗名达建。

水口桥在凰冈。同治八年，水圮。

延龄桥在江口梅湾里，吴楚通衢。同治八年，胡训袍建。长八丈，高四丈，阔丈六尺。

建寿桥在冷水坑。乾隆五十一年，吴朝玉建。嘉庆二十一年重修。

永福桥在前岩寺侧。嘉庆二十一年修。

获麟桥乾隆三十八年，廖上国建。

金钟桥在大溪南，距县百里。

东门永福桥在东门市。旧名东门桥。距县百十里。众建。五墩，高丈六尺，阔八尺。置有田租，作岁修经费，粮册名“九邻”。咸丰五年，水塌二墩，众修复。同治七年，又塌二墩。甫修葺，八年大水，又圮。九年，旋募资复修。旧有东市、钟氏二渡，桥成渡废。

古道桥在东门市西。众建。

青蓝桥即清澜桥。同治十二年，居民捐资修复，巩桥一座，长四丈八尺，广一丈八尺，高二丈四尺。

三眼桥距县百十二里。袁耀台建。同治中，耀台裔修葺之。

狮形桥嘉庆间建。

南岳段桥距县百十五里。涂清华建。

继善桥距县百十八里。刘正田建。同治八年圮，正田复修。

阳和桥距县百二十里。鲁隆蕴建。

九老桥距县百二十里。

三坪桥在小河。陈方中建。六墩，高一丈，石梁五搭，费二千余缗。

清溪桥在夥厂，距县百二十里。周姓捐建，置田庐。春夏用舟，秋冬成梁，行人便之。

安福桥在石碑。道光二十九年，募捐重建。后首事等各自备钱一千，积费生息，置田心地田十二亩。同治八年，桥圮。十年，修复。

官荣桥今名陞荣。在黄泥坳。嘉庆二十一年，张大荣修。复于土中得明嘉靖中袁西山《重建碑》文云："此桥原名官荣，因欧阳圭斋荣归而建，故名。"道光八年，水圮，张大荣重修。五墩，高一丈，长十丈有奇，费千余金。

光裕桥在黄泥坳。李明兴鬻产成之，费钱千余缗。

永济桥在黄泥坳，距县百二十里。道光七年，张光南建。

万福桥即白沙桥。距县百二十五里。四墩，高二丈五尺，长十丈，阔六尺。众建。同治六年圮，现筹费修复。

挂榜桥张乾英建。

才公桥距县百三十里。五墩，高丈二尺，长六丈六尺，阔四尺。乾隆四十一年，张士才建。

虎坳桥距县百三十里。众建。

突石桥距县百三十五里。三瓮，高丈三尺，长七丈，阔丈一尺。乾隆三十一年，吴大嵛妻袁氏、曾翼堂、黄福远捐建。嘉庆十年，水圮，吴袁氏后裔修复。咸丰二年，又圮，吴盛光、盛沧重修。

达道桥在突石。三瓮，高丈三尺，长八丈，阔一丈。道光三十年建。

双江口桥距县百四十里。众建。同治七年圮。

继武桥距县百四十里。明知县周宗武建砖桥，后圮。道光九年，里人李文洛、文泗、文治易以石，额今名。

永济桥在黄家塘。

善江桥在黄家洞，距县百四十五里。众建。同治八年圮。

金鸡桥距县百四十五里。李大猷建。同治七年，水圮，修复。八年，又圮。

三眼桥距县百五十里，达万载孔道。众建。水圮。嘉庆二十一年，陈月怀重修。

县南桥

福星桥原名罗江。距县五里。三瓮，高一丈九尺，长六丈余，阔一丈二尺。乾隆辛未建，道光间谭仁寿修。同治六年，水圮。七年，谭光栋重修。

大宾桥在水口段，距县五里。谭贵宾建。

仁寿桥在板冲口，距县五里。同治六年圮，冷祖绶重修。

南流桥距县十里。吴楚通衢。

金刚桥在茅坪，距县十四里。达溪江孔道。

跃马桥旧志作“落马”。距县十五里。同治六年水圮，十一年重修。

棉布桥距县十五里。

大坪桥在石堋下，距县二十里。乾隆二十七年建。

横山桥在中大坪，距县二十里。康熙五十七年建。

梯楂桥在中大坪，距县二十里。明时谭姓建。

晏家桥在昇腾段，距县二十里。晏坊表建。

高算桥在树山垅，距县二十里。道光癸卯年，晏文标建。

天柱桥在杨西漕，距县二十里。

彰瑞桥旧志名樟树桥。距县三十里。乾隆十七年建。嘉庆二十一年，水圮，晏坊表重建。屡圮。同治八年，其后裔重修。

蹑云桥距县二十五里。

公善桥在下大坪，距县二十五里。乾隆三年建。

福临桥在泰嘉冲口，距县二十五里。道光二十二年建。

石虎桥在石虎岭，距县二十五里。嘉庆十二年，熊氏公建。

净溪桥《戊寅志》名“争溪”。距县三十里。

南山桥在谢家冲，距县三十里。乾隆三十七年，熊李氏建。

永固桥旧志名永固千秋桥，亦名钩藤。距县三十里。嘉庆十五年建，二十一年水圮，晏坊表重修。复圮。同治七年，其后裔重修。

大原桥在大原庄。嘉庆三年修。

柏舟桥在三汊冲口。雍正间，张周氏建。

笃庆桥在谢家冲老屋段。熊姓合建。嘉庆十三年修。○以上三桥，均距县三十里。

古小山桥距县三十五里，达江西孔道。刘士玺妻李氏建。

横江桥在鹭桥里，距县三十七里。乾隆间，众建。

普通桥在鹭桥里，距县四十里。乾隆六年，众建。

硖石桥在硖石，距县四十里。嘉庆二十四年，彭应龙妻陈氏建。

水明桥在荆坪，距县四十五里。张皋俦建。嘉庆十六年，张四併重建。

学士桥距县四十里。同治八年，刘赞臣、源淏、树霖、若霖奉父运矩遗命修。

月石桥在西阳山。

印石桥在荆坪南北冲口，距县四十五里。同治六年水圮，张次玑后裔重修。

永济桥在荆坪，距县四十五里。康熙四十四年，张皋俦建。

阿弥桥在龙潭漕，距县四十五里。同治六年，水圮。十一年，张次玑后裔张辅恂重修。

檠涧桥在代盛市，距县四十五里。同治八年，张中化建。

四达桥距县四十五里。乾隆四十五年，邹志凰建。

福龄桥距县四十五里。乾隆五十九年，张连茹建。

南北桥距县四十六里。相连三座。嘉庆十七年，张式百、参伊建。

洲田桥距县四十八里。嘉庆十一年，众建。

枧下桥在洲田，距县四十八里。嘉庆二十二年建。

丁家洲桥距县五十里。刘士玺建。

同仁桥在陶家段，距县五十里。高丈五尺，长九丈，阔丈二尺。同治六年重修。

由路桥在观音阁，距县五十里。咸丰五年，彭明宇后裔重修。

普渡桥在观音阁二圣祠前，距县五十里。道光三年，众建。二十四年，水损，复修。

乐善桥在熊家码头渡口，距县五十里。道光二十八年募建，编木为梁，凡二十余搭。每年三月初一撤梁用舟，八月初一撤舟架梁。

恒萃桥在荆坪，距县五十里。张中详建。

人盛桥在黄家滩渡口，距县五十五里。道光二十六年募建，梁成二十余搭。架撤日期如乐善桥。

通顺桥距县六十里。吴楚通衢。康熙二十八年，何伯埙修。

大平桥距县六十里。吴楚通衢。乾隆间修。

栋冈桥在青山湾，距县六十里。乾隆中建。水圮，黄德昭后裔重修。桥路均坏，黄经南后裔捐钱数百缗，于老桥外增修一桥，名曰又新桥。

坤贞桥在碧溪，距县六十里。嘉庆五年，杨志伊妻陈氏建。

平安桥在搏虎段，距县六十里。咸丰二年，彭万从建。

清平桥在白茅庐前，距县七十里。同治九年募修。

岸山桥距县七十里。乾隆三十六年建。○以上四桥，均达吴楚孔道。

五福桥在西岭下，距县七十里。道光十五年，胡志禄建。

安定桥在西岭下，距县七十里。四墩二瓮。咸丰六年，胡中泮及胡姓分建。

三元桥在青山湾，距县七十里。嘉庆十九年，唐用和、唐联伍、黄砥中合建。

普惠桥在墨庄，距县七十里。

福寿桥在普惠桥右里许。众建，有碑。

禄阁桥在髦田鉴山。刘显朝建。

地佑桥在小江口。原名思亲。距县七十五里。明建，国朝康熙间水圮，尤子禄重修。同治六年，水又圮，众姓复修。

天保桥在小江口，距县七十五里。康熙间建，四墩，三搭石梁。后被水圮，六龙山僧寿峰重修。复圮。嘉庆二十一年，众姓捐修，因墩作瓮，高二丈四尺，长八丈，阔八尺。

永镇桥距县七十五里。康熙五十六年，萧姓捐建。

世兴桥距县七十五里。雍正五年，萧姓建。

永兴桥距县七十五里。乾隆五年，萧姓建。咸丰六年，水圮，萧姓重修。

银锭桥在牧马段，距县七十五里。乾隆四十年建。

虎口桥在钩形嘴，距县七十五里。明嘉靖七年，甘绍金建，有碑。

汤家冲桥距县七十五里。汤姓建。

灌江桥路达醴陵。六墩，长十丈。雍正元年，李渭建。乾隆、嘉庆、咸丰间，叠被倾圮，均渭后裔修复。有碑，知县陈梦文作记，见《艺文》。

永定桥在柘溪。宋元丰时建，碑残，不辨姓字。屡经水冲，未尝倾圮。

一姑桥在黄冈冲。

二姑桥在黄冈冲。

三姑桥在黄冈冲。相传昔有里人，仅生三女，捐建此桥，因名。道光十一年，一姑桥圮，募资修复。另醵金置田，为修路计，册名“一姑路费”。

修来桥在高金祠。乾隆六十年，江西南昌府袁海文建。又修高金祠前大路至秋南坝口，共费银一百三十九两九钱。

八仙桥在塘口段东岸。

文奎桥在塘口段。

太子桥在石霜。相传唐僖宗太子出家于此，即普闻禅师，见《石霜志》。

肇先桥在冷水井，当浏、醴孔道。道光八年，胡蔡氏建。

杨柳桥在都庄路。

老女桥在小江甘家湾，距县八十里。前明甘姓女，守贞奉母至老，以纺绩余资建桥，砖镌“正德十五年，甘氏金贞立”字样。女墓即在桥侧。道光十一年，水圮，女示梦嘱修。十七年，其族人募合姓女媛资修复，易以石，旧砖仍瘗桥侧。邑人刘名锋作记，见《艺文》。

柏舟桥在下沙溪，距县八十里。六墩，五搭石梁，高二丈，长十丈六尺，阔四尺。乾隆间，节妇陈辉山妻甘氏建。后圮，陈族因旧址改木梁。

保寿桥在泥湾，距县八十里。嘉庆十六年，李名禧建。

狮子桥在小江，距县八十里。康熙间，甘鸣洲建。乾隆间，其子廷诵重修。同治六年圮，甘族祀先堂续修。

南极桥距县八十里。嘉庆十一年，李士侯妻刘氏建。

保宁桥在严家滩，距县八十五里。五墩四瓮，高三丈，长十五丈，阔一丈四尺。嘉庆二十三年建。

柏树桥在百柱厦，距县八十五里。六墩，五搭石梁，高二丈，长九丈八尺，阔四尺。康熙中，刘添申建。后圮于水，其子超万重修。乾隆四十六年，复圮，百柱厦陈姓续修。

三祝桥在鱼须冲口罗浮山前，距县八十五里。两河，三座，共十搭木梁。咸丰元年修，置田作岁修费，粮册名“三祝桥”。有碑。

下市桥在沙溪，距县八十五里。吴楚通衢。十墩，九搭石梁，高八尺，长二十七丈，阔四尺。上七墩、七搭，刘如华建；下三墩、二搭，众建。嘉庆十六年，水圮，下二搭众修，上七搭刘裔洪范、名熹倡族重修。道光二十四年，下岸水圮，众复添建一搭。

福荫桥在西林庙，距县八十七里。石梁，高丈二尺，长十一丈。嘉庆十一年建。同治二年，每搭添架一梁。

长拱桥在清江，一名杨公桥，距县九十里。杨姓建。嘉庆十二年，水圮，刘如华后裔重修。

飞龙桥在沙溪，距县九十里。五墩，四搭石梁，高丈四尺，长九丈，阔三尺。康熙四十一年，彭名世建。后水圮，其子声亮、声纯重修。同治元年，其后裔每墩添架一梁。

伴月桥距县九十五里。嘉庆十五年建。

新头桥在黑石嘴，距县九十五里。吴楚通衢。六墩，五搭石梁，高二丈四尺，长九丈三尺，阔四尺五寸。康熙三十五年，刘如华建。嘉庆十二年，水圮，其后裔重修。

积善桥距县九十五里。明崇祯二年，彭汝学妻何氏建。旧误“如学”。国朝顺治七年，其子士骃重修。

木通桥在清江口，距县九十六里。四墩，三搭石梁，高丈八尺，长六丈五尺，阔四尺五寸。康熙二十五年，刘如华建。

永福桥在孙家段。四墩三瓮，高丈七尺，长十一丈二尺，阔丈二尺。道光二十二年建。

崇善桥在花园，原名双板，距县百里。乾隆三十九年，彭声亮建。后圮。嘉庆十六年，其后裔改修石瓮。

河洛桥在南坪，距县百里。同治六年，杨姓建。

接龙桥在上佛岭，距县百里。嘉庆七年，岐源寺僧道恒建。

青蓝桥距县百里。雍正六年，汤执中建。后圮。嘉庆八年，众姓重修。

彭家桥在黄冈冲口。雍正十二年，彭玉建。

金瑞桥在荆树下，距县百里。同治八年，刘名震后裔建。

果实桥在荆树下，距县百里。同治六年，刘显韶建。

万福桥在石牛潭，距县百里。五墩，四搭石梁，高丈四尺，长八丈，阔三尺。乾隆中建。道光间，余开诚妻杨氏每搭添架一梁。

仰山桥距县百里，通江西万载孔道。乾隆四十七年，刘轶千建。

百龄桥在黄花冲，距县百里。道光二十年，彭先畴妻包氏建。

探塘桥在鱼尾上，距县百里。四墩，三搭石梁，高丈四尺，长八丈五尺，阔三尺。

乾隆中建，后水圮。道光间，刘轶千后裔修复。同治六年重修。

龙潭桥在黄花冲，距县百里，通江西宜春孔道。嘉庆元年，刘轶千修。

永新桥在槐花段，距县百七里。四墩，三搭石梁，高丈三尺，长七丈，阔四尺。道光二十九年建。

基福桥在苏家坊，距县百八里。嘉庆十五年建。

福寿桥在岩前，距县百十里。五墩，四搭石梁，高丈八尺，长九丈，阔三尺。乾隆五十八年，刘姓建。

联兴桥一名王嘉，距县百十里，吴楚孔道。乾隆七年建，三十年水圮，三十二年重修。今筑关于其上。

榜山桥在岩前，距县百十里。四墩，三搭石梁，高丈四尺，长七丈五尺，阔四尺。同治五年建。

泉江桥在泉江里，距县百十里。蔺姓建。

山枣桥在井泉，距县百十七里，吴楚孔道。嘉庆五年，黄姓建。

浏醴桥路达醴陵，并通江西萍乡。康熙初，李文汉建。

永兴桥距县百二十里，通江西宜春、万载。康熙四十九年，蔺华清建。

县西桥

大桥距县八里。雍正十三年建，后水圮。乾隆十年，胡本禄修。

石幹桥在石岸下，距县八里。晏国才建。

流星桥在高峰嘴，距县十里。

裕后桥距县十二里。孙景山修。

韩家桥在韩家港，距县十五里。周宋臣建。

同人桥在纱帽港，距县二十里。邱、黎二姓修。

上荷叶桥在青草市荷叶段上，一名合同桥。石墩木梁，计二搭。

下市桥在青草市荷叶段下。嘉庆四年，七十老人刘昭明建，计二搭。一名下荷叶桥。

太平桥距县二十五里。道光二十二年，邓朝海重修。

永安桥在青草市下石嘴头，距县二十五里。石桥，三搭，嘉庆五年修。一名石嘴头桥。

同人桥在青草港。咸丰八年水圮，众姓复修。

成志桥在田心，距县三十里。原架木梁，李国春成父志，易以石。

游仙桥在小水，一名由兹，距县三十里。

铜鹤桥距县三十五里。

皇巩桥在卜家亭，一名横板桥，距县三十五里。

洗心桥在张家店。康熙五十七建。

板桥在张家店。嘉庆二年建。

荷叶桥在荷叶段。

新南桥在新溪段，距县三十五里。

湘水桥在新溪段。

玉浒桥在密湖港。

三元桥在枨冲市，距县四十里。乾隆二年，邱生华母李氏建。

白洋港桥距县四十里。

编竹桥在枨冲东湾，旧名欧家桥。乾隆中，宋洪镇建。嘉庆十二年圮，其妻彭氏重修。

双冲桥距县四十里。康熙五十三年建。

沿溪桥在廖家洲。

裕庆桥在夹山口。宋罼山建。

咸亨桥在老山寨，距县四十里。嘉庆元年，宋远泽妻黄氏建。

进贤桥在唐家园，距县四十里。道光三十年，邹楚瑛建。

横桥在唐家园，距县四十里。

益庆桥在唐家园。邱贵道建。

砥石桥邱民本重修。

巨步桥旧名古稀，距县四十五里。乾隆四十年，刘鼎梅、永清、清廉建。后水圮。道光九年，众姓重修。

福星桥在江家山。邹维山建。

蒜洲桥距县四十五里。道光十六年，熊迺芹建。

福寿桥在蒜洲市河背。乾隆五十一年，张廷荣、李廷献建。

保安桥在树福园，距县四十八里，路达醴陵。咸丰三年建。

道平桥距县五十里。嘉庆十九年建。

师古桥在仙芝台，距县五十里。道光初，宋道真建。

讲诗桥距县五十五里。

康宁桥距县六十里，路达醴陵。高丈五尺，长五丈七尺，阔四尺。邱崇礼修。

龙潭桥在龙潭铺对门，旧名福寿桥，距县五十五里。众建。乾隆中圮，宋士琦、士琳、士璋、士璟、士璨复建，计三墩，二搭石梁。

枧头桥在枧头，距县六十里。

赵公桥在赵公坳。

大板桥在浒山，距县六十里。

大祝桥在浒山段，距县六十里。黎姓建。

青云桥在浒山段，距县六十里。郑姓建。

耄龄桥在金刚段，距县六十里。嘉庆十七年，张娄氏建。

天保桥在金刚段，距县六十里。宋廷焕兄弟建。

白露桥在白鹭坪，距县六十里，路达醴陵。嘉庆七年建。

平步桥在大水市，距县六十里。乾隆三十六年建。高二丈，长五丈八尺，阔一丈。同治间水圮，募资重修。

阳家桥距县六十里。康熙中，欧阳胜谦建。

谈佳桥在清田湾，距县六十里。众姓募建。

节寿桥距县六十里。黎张氏修。

二老桥在三官冲口。易姓修。

驷马桥距县六十五里，石梁，达省垣孔道。

平康桥距县六十五里。嘉庆二十一年，张刘氏建。

延寿桥在胡家湾，距县六十五里。娄正任修。

杨柳桥在跃龙市，距县六十五里。

卢家桥在塘堤。

大师桥在跃龙市，距县七十里。罗玉佩建。

福寿桥在普迹下市，距县七十里。罗何氏率女胡罗氏修。

潆波桥距县七十里。高二丈二尺，长九丈，阔一丈二尺。乾隆五十二年，宋调元建。咸丰九年，水圮，众姓修复。

硖口桥距县七十里。罗经韩修。

渡江桥旧志误“浪江”。距县七十五里。两瓮，长五丈，阔一丈。康熙中，陈伯润建。

官桥距县八十里。张淑修建。乾隆中水圮，其子谛先重修。

真武桥在镇头市水犀港，距县九十里。

思塘桥近镇头市，距县九十里

星秀桥距县九十里，路达湘潭、善化、醴陵。

春江桥旧志误称“甘”。距县九十里。石梁。同治八年水圮，旋修复。

连陞桥距县九十里。欧阳玉映修。

方来桥在株木港，距县九十里，通醴北大路。潘方来修。

扬眉桥距县九十里。

壶头桥距县九十里。陈姓建。

朝天桥旧志误“涝田”。距县九十里。

兴家桥距县九十里。明弘治四年，唐用和建，砖上字迹犹存。

易家桥在石江。

达庄桥在老鸦潭。

大觉寺桥在梅村，距县九十里。

回春桥在石回嘴，距县九十里。

广福桥在牌楼。〇以上五桥，均秋冬成梁，春夏用舟。互见“津渡”。

泉基桥在江东，距县九十五里。

宝泉桥在江东，距县九十五里。

永兴桥在白水段，距县九十五里。节妇刘朝樑妻彭氏修。

尹家桥在顾村，距县九十五里。尹姓建。石墩木梁，长十五丈，阔六尺。达醴陵孔道。同治八年水圮，旋修复。

广渡桥在坝湾。嘉庆二十一年，周象仪建。

风动桥在四方冲。张俊先修。

刘家桥在苏家坊。《戊寅志》载“苏家坊桥”。距县九十五里，达湘潭、醴陵孔道。高二丈，长十二丈，阔一丈。乾隆五十七年，刘彤彩建。同治六年，其后裔又增一墩，共五搭。八年，水圮。

潘公桥距县九十五里，近醴邑界，通衢。潘方来修。

金鸡桥距县九十五里。

金谷桥距县九十八里。

铁心桥在新田。

百仙桥距县百里。唐珌瑀建。

源远桥近梅子园，距县百里，路达醴陵。

头一桥距县百二十里。乾隆五十七年建。

县北桥

集礼桥距县五里，旧名七里桥。众建，接连矮石桥①。欧阳光修。

磊石桥距县八里。同治六年水圮，八年同善堂修复。

百子桥在大和铺，距县十里。同治六年水圮，七年刘德谦修复。

八仙桥距县十三里。周宷臣重修。同治六年水圮，于高胜复修。

永安桥距县十四里。周宷臣修。

谢布桥同治六年水圮，七年晏国才重修。

邹家桥在蕉溪岭侧，距县二十里。

---

① 按：“矮石桥”，疑为“磊石桥”之讹。下条即为磊石桥。本书无所谓“矮石桥”的记载。

龙子桥距县三十三里。

河东桥距县三十三里。同治六年水圮，八年复修。

乌龟桥距县三十五里。吴姓建。

樟树桥距县三十五里。

沙堆桥距县三十五里，通平江孔道。明嘉靖间建。三瓮，高二丈，长七丈，阔丈一尺。国朝咸丰九年水圮，知县蔡式钰倡绅募修。

福寿桥距县四十里。康熙四十六年建。通平江孔道。

关山桥距县四十里。嘉庆二年众修，后水损，复修，置田三亩。

庙在桥距县四十里。嘉庆十九年，彭姓建。同治五年，水圮，其后裔重修。石墩木梁，高二丈，长六丈，阔丈五尺。六年，又圮，其后裔复修。

彭家桥距县四十里。石墩木梁，高二丈，长十丈，阔一丈五尺。彭万仁后裔重修。

长安桥距县四十里。康熙四十三年建。

高陞桥距县四十里。同治四年水圮，五年重修。

九马嘴桥在棉花园。

清安桥距县五十里。

铜坑桥距县五十里。石墩木梁，高三丈有奇，长六丈，阔二丈。乾隆三十二年，赵李氏倡捐田四亩，里中乐助者九十余人，得广置田亩，为岁修费。道光十六年，增募众资，改作石梁。

永安桥在砰山段，距县五十里，通省会孔道。明崇祯八年建。

西湖桥在小水段，距县五十五里。吴尧典妻唐氏，归甫七日，夫没，终身不嫁，捐纺绩资重修此桥。同治六年，水圮，唐德昭后裔复修。

金汤桥在洞阳檀山段，距县五十五里。汤姓建。

押桥即夹桥，距县五十五里。熊姓公建。

沙湾江桥距县六十里。

大经桥距县六十五里。

南阳桥距县六十五里。

江下桥距县六十五里。

乐济桥距县六十五里。咸丰二年，汪、罗、许三姓建。

永济桥距县六十五里。

谒仙桥距县六十五里。

永义桥距县六十五里。

霭桥距县七十里。乾隆四十二年，杨兴富妻邹氏重修。

朱陵桥在朱陵塘口，距县七十里。胡姓建。

神佑桥距县七十里，达平江孔道。高二丈，长十丈，阔丈六尺。乾隆二十二年建。

万家桥距县七十里。

永兴桥在永安铺下，距县七十里。咸丰十年，彭怀德修。

珠溪大桥距县七十里。明正德十五年，孙大冕修。

善修桥距县七十里，通岳州平江孔道。高二丈，长五丈，阔丈六尺。乾隆四十三年建。

枫浆桥在枫浆铺，距县七十里。周宷臣重修。

河溪桥在枫浆铺，距县七十里。周宷臣重修。

万人桥距县七十里。

百人桥距县七十里。

普渡桥距县七十里。

毛公桥在鳌鱼岭，距县七十四里。道光二十四年重修。

千秋桥距县七十五里。

福寿桥在山田段，距县七十五里，达平江孔道。石墩木梁。后圮。道光二年，改建石桥，五瓮，高丈三尺，长十四丈四尺，阔丈三尺五寸。复水圮。咸丰十一年，募资重修，余资置田六亩七分，为补修费。

大桥在大桥市，距县七十五里。乾隆八年，龙应秀建。

永兴桥在大桥市东。乾隆八年，龙上超建。

珠山桥旧有古桥，距县七十五里。同治七年水圮，八年蒋姓复修。

江下桥距县七十八里。

德基桥在梁家段，距县八十里。嘉庆十四年，众建。

浒浙大桥距县八十里。明成化间，孙友礼、友祯建。国朝康熙十四年，募资补修。乾隆三十六年，复修。

万泉坝桥在笏圭塘，距县八十里。众建。

汝南桥建造无考。

保寿桥周常缝建。

赞中桥在沙石街后。康熙四十八年，颜赞中建。

江边桥在泮春里，距县八十里，通平江。道光五年募建，三瓮，高丈二尺，长六丈四尺五寸，阔一丈二尺五寸。

福德桥在浅船岭。徐以璥建。

泱弥桥距县八十里，通岳州平江孔道。咸丰九年水圮，募资修复，置田九亩二分。

伍家渡桥距县八十里，通岳州平江孔道。嘉庆十三年，水圮。十五年，众买基移建上流，改作石瓮。

龙转桥距县八十里，通岳州平江孔道。刘敦本建。同治四年，募众补修，添置阑干。

天津桥距县八十里。嘉庆二十一年重修。

水口桥在水口段，距县八十里。

黄冈桥在刘陆段，距县八十里。

界牌桥一名双板，距县八十里，毗長沙界。

寺首桥在督统寺前，距县八十里。康熙十五年，伍世鼎建。乾隆三十四年，其族众重修。

康吉桥距县八十里。

万缘桥一名万人，距县八十里。

坪上里桥距县八十里。李姓建。

春田里桥距县八十里。沈文秀建。

神湾桥距县八十里。周朝耀后裔修。

北桥在白荆段，距县八十五里。

南山桥距县九十五里，通平江大路。众姓捐建。

新安桥距县百里，通岳州平江孔道。明成化十年，寻京南建。嘉靖八年，寻梦科、大贵重修。

集贤桥在新安桥北。乾隆二十九年建。

永固桥在狮子滩，距县九十里，通长沙、平江孔道。石墩木梁，十墩，高一丈，长二十二丈，阔一丈八尺。同治五年，唐班馥建，费千余缗。

焦家桥距县九十里。

黄冈桥距县九十里，通岳州平江孔道。相传建自宋代。国朝同治二年重修。

响石桥通岳州平江孔道。高二丈二尺，长十七丈，阔二丈。乾隆二十年建，嘉庆二十一年重修。

龙伏市桥距县九十里。陈逢运修。旧志作“龙骨桥”。后圮，众募修。

西冲桥陈逢运修。

双江口桥陈逢运修。

黄江桥陈逢运修。

花桥距县百里。

戴家桥距县百里。

桂花桥距县百里。

绍溪桥在东茅江。明崇祯十六年，张绍溪建。高一丈八尺，长五丈，阔一丈。

长安桥在大乐坪，距县百十里。徐姓公修。

广济桥在社港市，距县百十里。乾隆五十五年建。桥上有亭，暑月施茶。

关山桥今名南段桥，距县百二十里。杨元亨后裔建。

渡

近城渡

天马渡在东城外佘家限唐家洲。众置土十亩，收其租息，以给舟子。后费绌，舟子仍取给于过客。道光癸卯，募资加置花桥田三十余亩，为工食费，名新复义渡。而修造船只，则出自前之土租焉。

南市街渡在县治前旧平政桥处。吴楚要津，河流湍急，大水阻渡，必移舟上游。曩日，舟子需索。经众募置和岭田一十七亩、樟树下熟土四亩、南流桥田百六亩，县西刘一清捐入陂头坝田四亩，轮派经理，岁入其息，按给舟子，泐碑“往来行人，概不取钱”八字。道光二十八年，埠石水圮，募资修复。咸丰八年，复募置渡岸上王姓屋基，建亭树碑。亭侧数椽，舟子居焉。咸丰季年，众议由同善堂筹钱一千缗，别设小船四只，曰义驳，水涨则以代渡。每船舟子二名，给以雇直，不许乘急勒钱。人便之。同治六年，刘运沅偕任孝韶添置义渡二只，其工食经费均自发给。

县东渡

渡头渡距县五里。

石嘴头渡距县十里。

双江口渡距县十五里。置田十五亩。

左家湾渡距县二十五里。

谭家滩渡距县二十三里。置田十五亩。

杨潭渡距县二十五里。置田十亩。

炭棚渡距县三十里。

珠江渡距县三十里。

下高车渡距县三十里。置田八亩。

上高车渡距县三十五里。置田十亩。

心田渡在下仙洲，距县三十五里。

牛婆滩渡一作“流波滩”，一名阴山渡，距县三十八里。置田十二亩。

福星渡在高坪市，即高坪渡，距县四十里。置田五亩。

广江渡在高坪市，距县四十二里。置田五亩。

马王滩渡在上仙洲，距县四十五里。置田三十亩。

永兴渡在佘家湾，距县四十五里。置田七十五亩。

三滩渡距县四十五里。

涧水渡在涧山，旧志误“石湾”，距县四十八里。置田十一亩。

南坪渡距县五十里。

平安洲渡距县五十里，旧误“百五十里”。置田十四亩。

长滩渡距县五十里。置田十亩。

塘田市渡距县六十里。

看马滩渡在永和市，一名万永，距县六十里，通江西要津。冬架木梁。置田五十亩、屋一所，有碑。

大溪源渡一名福寿，距县六十里。置田十亩。

矿湾渡在永和市，距县六十里，道通江西。冬架木梁。置田三十亩、渡口铺屋一所。

汤兴渡在河东段，距县六十里。汤姓捐置田三十亩。

复兴渡在河东段，旧载“河东”，距县六十里。王赐书妻汤氏捐田四亩，复接置田二十四亩、渡口铺屋一所。

永公渡在澄潭下铺，距县六十里。冬架木梁。

三尺涧渡一名康宁，距县六十五里。置田三十亩。

竹连渡距县七十里。

长康渡距县七十里。置田二十四亩四分。

松江渡距县七十三里。

冯家庄渡一名永兴，距县七十五里。置田十亩。

石灰港渡距县七十五里。李埙篪捐修渡费田八亩。

滩头渡距县八十里。

大江陂渡距县八十里。

沙江渡距县八十三里。

蒋兴渡在蒋埠江，距县八十五里。渡头有石，曰将军石。通吴楚要津。置田二十亩。

白茅潭渡一名复兴，距县九十里。置田三亩。

踏浒渡一名福兴渡，距县百里。置有田产。

心德渡在金钟桥，原名金溪，距县百里。嘉庆十六年置有田产。

东门渡一名钟氏，距县百十里。钟姓立。

协济渡在鹁葭滩，距县百五十里。居民四十户立有田租。

义济渡在罗家坊，距县百六十里。同治五年立。

清溪渡在夥厂，距县百二十里。周姓建，置有田庐。春夏舟渡，秋冬架梁。

红沙渡距县百二十四里。

七溪渡距县百三十里。陈姓立。

黄陂渡

田心渡距县百七十里。

县南渡

澄潭江渡距县五十里。乾隆三十三年建，置田五十亩。

义济渡在花港，距县五十里。道光二十九年募修，置田三十亩。每年三月起用舟，至八月架梁。

大车渡在大车湾，距县五十五里。每年二月起用舟，至八月架梁。

熊家码头渡道光十年立，置有田租。

黄家滩渡嘉庆元年，江西南昌府袁海文捐田二十亩，泐碑渡口。

谢家洲渡距县六十里。

金刚义渡距县六十里，吴楚孔道。春夏用舟，秋冬架梁。置有田租。

碧溪渡在碧溪段，距县六十里。每年额入田租二十石、山租钱四缗。

练江潭渡距县七十里。

沙罗义渡距县七十里。置有田租。

山枣渡在山枣潭，距县七十五里。置田三十亩。

石子潭渡嘉庆十五年，募置田数亩，泐碑渡口。

县西渡

堕栗坪渡距县五里。

韩家港渡距县十五里。

纱帽港渡在纱帽港，距县二十里，旧称杉木渡。置有田庄。

龙虎岭渡距县二十五里。道光初，费绌舟敝，邱之秠等置田数十亩、铺屋一所，为工食及舱船等费。

长虹滩渡距县三十五里。

义济渡在枨冲市，即枨冲渡，距县四十里。众置田土，邱鼎和妻刘氏捐入田五亩。○附：邑人陶浔霍《义济渡重化小引》云："枨冲旧有义济渡会，嘉庆壬戌募诸善士，捐资成也。越今十有六年，岁取其息，足以食篙工，而整舟之费不赡，资日耗。将再募之，或有以姑缓之说难者。某应之曰：'子独不见夫《易》乎？"既济"之《象》曰："君子以思患而豫防之。"患者，事之未然者也。思者，思其将然者也。豫防者，知其将然而豫防其未然者也。圣人于既济之后，系以未济，其旨微矣。渡之由捐资而成也，既济之时也。而其资耗而必竭也，则终有未济之时也。与其猝办于临时，孰若绸缪于平日？与其既竭而难与图始，孰若未竭而易以成终？豫则从容而不嫌于猝，豫则速成而不病其难，此今之所以再募也。吾知善士必有同此豫防之意，而更乐为捐资者。'是为引。"

蒜洲渡一名永远，距县四十余里。置田二十亩有奇。

龙洲渡即龙潭渡，距县五十里。宋士璟、远谟重建，置有田租。

何家湾渡距县五十五里。

木莲渡在大水市，旧名大水，距县六十里。

西兴渡见旧志。

黄泥港渡距县六十五里。

大平渡在普迹，旧名普迹，距县七十里。

江家渡距县七十五里。岁入田租四十余石。

万家坊渡距县八十里。

鸡首洲渡距县八十五里。康熙五十二年建。后因费不敷，乾隆九年复邀众筹费，陆续置田八十二亩，陈光世捐船屋地基一块。

万缘渡在镇头市，距县九十里。众置有田租。

浏西渡在镇头市北岸，距县九十里。众置有田租。

小河渡在镇头市，距县九十里。冬架木梁。

连山渡在连山湾，距县九十里。冬架木梁。

霞山渡在霞山，距县九十里。置田十亩。

林塘渡距县九十里。冬架木梁。

清潭湾渡一名利攸。置田二十亩。冬架木梁，桥名永远，置田十二亩、公屋一所。

老鸦潭渡距县九十里。置田二十五亩。冬架木梁，桥名达庄，置田三十亩、公屋一所。

易江渡距县九十里。置田二十五亩。

大觉普渡在花园小河，距县九十里。冬架木梁。

回水渡在回水湾，距县九十三里。

广福渡距县九十五里。冬架木梁。置田十二亩。

永崇渡在彭家段。冬架木梁。

沃阳渡在冯家段。

古济渡在石回嘴渡口。建铺屋一所，置田三十亩。冬架木梁，名回春桥，置田十五亩。以上均在醴来支水。

武功渡见旧志。

湘阴港渡距县百里。

徐家洲渡距县百余里。置有田租。

桃树湾渡距县百零三里。

金塘渡距县百十里。

百嘉山渡距县百十五里。陈甫田捐田四亩。

渡头渡在渡头市，距县百二十里。

县北渡

杨永渡距县六十里。杨兴富妻邹氏捐田十亩。

永济渡在苗田里，距县六十五里。

谒仙渡距县六十五里。

元善渡距县六十五里。

罗汉滩渡距县六十五里。

对江渡距县六十五里。

龙潭渡距县六十七里。

彭溪渡距县六十八里。

许家河汪许万善渡距县七十里。

李邓河渡在沙石街古邓家桥，距县七十里。

敷延渡一作“呼盐”，在秧田里，距县七十里。

潘汤渡距县七十里。

北盛仓渡距县七十里。置田三十亩、岸上船屋三间、船亭一所。

双江渡距县七十二里。

泸渚渡距县七十三里。

邹家滩渡距县七十三里。

众捐渡距县七十四里。

蒋家河渡距县七十五里。

霭桥渡距县七十七里。

白茅滩渡距县八十里。

伍家渡距县八十里。

于氏义渡即永安市渡，距县八十里。乾隆间立。嘉庆二十二年，以往来人众，复增一舟。

雷家舟渡距县八十里。雷姓四支公立，置田二十二亩。

附：《通志》论曰：“楚南溪河间多建石桥，大江东西，率以舟渡。其隶于官者，且给舟子一岁之资。有司以吏议不及，往往怠于从事，不能随时修举，良可慨也。昔张咏守金陵，范延贵奉使过之，咏问：‘涂间曾见好官否？’答曰：‘昨过萍乡，邑宰张希颜虽未识其人，然入境，桥道皆修，田畴皆辟，至城，廛肆无赌博，夜闻更鼓分明，以是知必有善政也。’咏因并荐于朝。事见《宋史》。”○旧志龙昇曰：“冬官之役，济涉为大。君子勿作，无益害有益。与其庄梵刹、建浮屠，何若修理桥梁之显有令德乎？旧志志其桥，不传修桥之人，有善不扬，昇滋惧矣。”

义山

近城义山

邹家坪在西城外。黎志九捐。　茶亭岭在北城外。周家臣捐。

指臂冲在北城外。刘观南捐。　操场岭迤至孙隐山畔，在东城外。

北门岭迤至万人坑，在北城外。　彭家坡在北城外熊家亭左。

大佛岭在北城外。　五里墩在北城外。

王家冲在东城外。　冷水坑在西城外。

神岭在西城外。　大塘冲在北城外易田段。

黄泥岭在北城外集礼桥上首。　甘冲在东城外。刘德谦捐。

深坑冲在东城外。黎宗秬、宗稑捐。　指臂冲在北城外。宋惠吾捐。

鹿角冲在北城外。黎锦銮、锦骧、运梅捐。　牛栏冲在东城外。

矿坡在北城外。　程家湾在集礼桥左岸。

黄土冲在圳口。〇四所俱不忍堂置。

县东义山

永和市　大茅冈王才果捐。

观音塘鹅公坳同治七年，李训智后裔捐。　上火烧岭在高浒。王应灼捐。

下火烧岭在高浒。王显沣捐。　王家湾在高浒。王扬渠捐。

高塘冲在高坪市。胡见恒捐。　大岭上

大坳上在东门市西四里。吴闳猷、伍朝松捐。　陈谷礲在东门市东一里。

严家坪在白沙市西二里。　野鸡坑在上洪。王九皋捐。

石角头在田心。罗名达捐。　乌石嘴公置。

茶亭下在张家坊。张光南捐。　鸭婆冲罗林氏捐。

布里上在陈家坊。　大来坳在陈家坊。

易灌冲及月弓湾在二都鸡公湾。曾同仁捐。

水口岭在红沙。李儒密、李世霖捐。　寿山坪在江口。

盘车坳万永年等捐。　小洞水口外众捐。

奶狗窝张大荣捐。　栗树坪距县四十五里。

马岭后燕窝山距县六十里。李世缙捐。　添子冈胡三近堂捐。

三区距县百二十八里。谢姓捐。　柞树坳距县百三十五里。刘祖荫捐。

黄泥岭一名牛粪段，距县百三十里。刘、谢二姓捐。

县南义山

关下众置田亩，为祭扫之费。　老马道岭西阳山。刘氏捐。

新马道岭西阳山。刘氏捐。　都庄月形岭刘运庄妾杨氏捐。

枫林铺邓土坪刘光第捐。咸丰八年，众募修坟茔，筑墙护之。

金刚市侧平山里众置。咸丰间，复募修坟茔，筑墙围之。置施家坳义山，买业为扫墓赈孤费。

文市三合庄并购产为中元赈孤费。　贯冲民安团置。

黄泥坪大平桥阿氏坳侧。徐镇伍捐。　木耒冲众姓捐置。

县西义山

楠木桥众姓捐。　新安坪邱巍捐。

白洋岭旧志作“白牛”。邱民乐捐。　板桥在张家店。

黄土坳《戊寅志》载青草市。按：青草市北冲有崇善会义山一。

马嘴冲在韩家港。　黑沙塘在曲尺。唐永钦捐。

栗山坡在炉前。众置。　朱家坳在枨冲。邱岵瞻捐。

双冲距县四十里。　黄冈岭距县五十里。

木鱼岭在龙潭。皮位三、皮选四捐。　油铺湾在蒜州。众置。

炭坡在水巃。宋世鹄捐。　傅家山在许家冲。张国储捐。
尹家山在大水市。　陶家冲在桃源林。
桐子坡在普迹水府庙右冲内。汤赐三捐。　沙里在普迹市后。公置。
留星冲在浒山段。公置。　官坡岭在镇头市。顾云龙、刘文昇捐。
坳口岭在二十都。道光十二年，鸡首洲渡费置。
罗家岭在镇头市街口。
石鼓岭在镇头市后。　老虎坳在白水。
北星桥侧　官塘坳在二十五都。
会同潘金台捐。　百嘉山道光季年，杜茂松捐。
老杭冲咸丰元年，宋承梧妾吴氏捐。　百仙桥
烟竹园李采泮捐。　文家冲同治九年，宋远泽捐。
茶槐园同治十二年，宋世骐继室黄氏捐。

县北义山

小阳山刘敦本捐。　焦家桥

亭

县前旌善亭一明正德四年，知县陈纲奉巡抚旌奖西乡善人胡大常。
塘田市旌善亭一　园溪市旌善亭一
吴田市旌善亭一　枨冲市旌善亭一
青草市旌善亭一　长冲市旌善亭一
潦浒市旌善亭一　县前申明亭一
塘田市申明亭一　园溪市申明亭一

吴田市申明亭一　枨冲市申明亭一

青草市申明亭一　长冲市申明亭一

潦浒市申明亭一以上亭十六所，出旧志，今俱废。

八角亭在县署后。咸丰七年，知县袁青绶建。

接官亭在北城外，今呼熊家亭。嘉庆十四年，知县怀豫率邑绅建以接官者。

义渡碑亭在南市街河岸上。亭侧为舟子住宅。

由义亭在县南三十里净溪桥，为修大路碑亭。江绍泮捐地，众建。

县东大洞岭茶亭一张昌邵建。

畬车坳茶亭一张乾英建。　梅子坪茶亭一张教英建。

船篷岭茶亭一同治四年，众姓重建。　葛藤岭茶亭一在万载界。

黄河岭茶亭一　三层岭茶亭一

县南长流岭茶亭三一彭克谐等建，有田租经费。一乾隆间建。一道光间建。

琿塘域茶亭一原名旱塘缺。　老富岭茶亭一

纱帽山茶亭一同治九年，众建。

员树、佛岭各茶亭一同治十二年建。

塔

楚文塔在县治西南浦梓港山顶。嘉庆二十年，知县谢希闵率邑绅王良汲、良泮建。宁乡袁名曜有记，见《艺文》。

培英塔在县东东门市西。凡五级，级高一丈。尽级，望上庄诸山如画。咸丰九年，涂氏公建。

向文塔在县南天马山顶。嘉庆十八年，知县谢希闵率邑绅建。道光三十年圮。

傅家坝塔在县南十五里傅家坝段。

聚奎塔在县南大笔山。同治十一年，胡姓建。

芦雁塔在县南沙溪芦洲上。同治十一年，众建。

启秀塔在县北泮春里同峰尖。高七丈有奇，下广二丈四尺。同治六年，周姓建。

凌云塔在县北四十里常丰里。彭姓建。

培文塔在县北八十里武家岩。

文秀塔在县北八十里春田里。

石柱峰塔在县北百里，为农民祈晴祷雨之处。

扶风塔在县北百二十里。杨崇康建。

坊表

县城坊表

明教坊在县治前正街。

崇宁坊在县治关王庙后街。

济川坊在县西，滨浏。

拱辰坊在县治北街。○以上四坊年代无考。

表忠坊在西街牛路巷口。晋时为易雄立。

省元坊在西街。宋时为汤璹立。

状元坊在南台岭下。前志："宋时为李焘立。"庚申《选举志》："为李涛立。"案：李焘元时进士，宋时坊当属李涛。

乌龙坊在龙津桥畔。宋时为欧颐中立。

文魁坊在十字街土地祠前。宋时为陈宽中立。

功臣坊在县治兜率寺前。为南宋刘（琦）［锜］[①] 立。

青云坊在南台岭旧局前。元时为欧阳玄立。

双桂坊在西街。元时为何贞立、何元同立。

丹桂坊在梅花巷口。元时为彭宗复立。

遵义坊在县治南街水南庙前。元时为周镗立。

儒林坊在红丝桥上。元时为汤荧立。

绿衣坊在绿衣巷口。元时为王恕立。

云梯坊在县治西街。元时为韩复生立。

攀桂坊在李家巷口。元时为黎圭立。

恩荣坊在县治北街。元时为陈颐立。

敷政坊题“道吾古治”。明万历中复建，在县治前正街。

敷教坊题“湘楚文峰”。明万历中建，在西街儒学前。

攀龙坊在城西隅下街口。元时为潘成立。

三元坊在城隍庙东。明时为刘谦、简傅、刘璞立。

青云坊在旧儒学后。明时为张谟立。

擢秀坊在南台岭畔。明时为周溥立。

桂林坊在横街古井傍。明时为余浃立。

振科坊在县治东。明时为胡昺立。

挺秀坊在县治北。明时为高福立。

昼锦坊在县治东南。明时为彭哲立。

四牌楼坊明弘治二年，知县张淳建。题四匾：一“龟山遗爱”，为宋杨时题；一“黄阁调元”，为元李焘题；一“乌府联登”，为赵炯、王一言题；一“青云接武”，为众举人题。

进士坊在县治北街。明时为胡廷黼立。

---

① 据本书卷十六《职官二·流寓·刘锜》改。

登俊坊在县治北街。明时为胡大韶立。

拔英坊在县治梅花巷。明时为李济时立。

荣膺特荐坊在教场坪畔。明时为刘铁立。

荐冠春庭坊在东门外。明时为胡麒立。

俊士坊在西门外。明时为潘龙立。

文魁坊在县治南街。明时为陈化立。

京魁坊在县治北街。明时为胡廷瓛立。

绣衣使者坊在儒学前。明时为邓巍立。

节镇吴粤坊在四牌楼旧址。明时为胡应台立。

胡刘氏节妇坊明洪武十七年，为胡腾远妻立。

陈段氏节妇坊在城西。明天顺二年，为陈恭妻立。

彭陈氏节妇坊明嘉靖十六年，为彭汝器妻立。〇以上俱古坊。

汪鲁氏烈妇坊在北门内。康熙十九年，为贡生汪天溥妻立。

寻首氏烈迹流芳坊在北门外。康熙四十九年，为寻诸妻立。

刘黄氏节妇坊在东城大街。乾隆四年，为廪生刘佑祚①妻立。

周欧氏节妇坊在北城内。嘉庆二十三年，为周世弼妻立。同治六年，移建北城外。

贞孝节烈总坊在东城外文星街学署前。浏邑节、烈、贞、孝妇女，旧志多以例书者。道光二十三年，邑人士采访见存、已故并志所载，凡七百六名，汇报请旌，奉给银三十两，准建总坊。二十四年，黎华琛董其事，捐千余缗成之。

黎郭氏节妇坊在东城外磨石街。道光二十九年，为黎光俊妻立。

宋周氏节妇坊在北门内。嘉庆二十四年，为宋洪鉴妻立。

黎际时乐善好施坊在周家码头。嘉庆二十四年立。

王良泮乐善好施坊在衙背街。嘉庆二十五年立。

---

① “刘佑祚”，本书卷十《祀典二·节孝祠》、卷十九《列女一·节·国朝·刘黄氏》均作“刘祐祚”。

周年华乐善好施坊在北城内中北街。道光四年立。

刘文朝乐善好施坊在北城内大街。同治六年立。

县东坊表

曾欧氏烈妇坊在珠江。乾隆四十四年，为曾常清妻立。

罗周氏节妇坊在化龙桥。嘉庆二十四年，为罗显焕妻立。

邱陈氏节妇坊在杨梅岭。嘉庆二十四年，为邱业章妻立。

李江氏节妇坊在禄德里。嘉庆二十五年，为李宗仍妻立。

何李氏节妇坊在东门市鳌鱼排西。嘉庆二十五年，为何先达妻立。《旧志》：“在毛田。”

李张氏节妇坊在红沙。道光二年，为李儒彬妻立。

王周氏节妇坊在上孔里。嘉庆二十五年，为王良治妻立。

张廖氏节妇坊在张家坊。道光二十八年，为张仁清妻立。

王张氏节妇坊在冷水冈。咸丰元年，为王盛美妻立。

罗林氏寿妇坊在禹门段兔子岭。咸丰七年，为罗振耀妻立。

张廖氏节妇坊在护家庄。同治二年，为张昌鄗妻立。

罗周氏节妇坊在大垅。同治六年，为罗英汉妻立。

欧邓氏节妇坊在永和市。为欧化醇妻立。

刘何氏节妇坊在白沙市。同治七年，为刘佐静妻立。

陈萧氏节妇坊在官渡。同治十一年，为陈顺僎妻立。

县南坊表

杨戴氏节妇坊在沙溪横头。乾隆二十六年，为县学生杨嘉植妻立。

陶刘氏节妇坊在澄潭江。乾隆四十一年，为陶辉洛妻立。

曾梁氏节妇坊在西岸。乾隆五十八年，为曾国杰妻立。

余陶氏节妇坊在槐花段。嘉庆十二年，为余开第妻立。

彭吴氏节妇坊在枫佈段。嘉庆二十四年，为监生彭振国妻立。

刘欧阳氏节妇坊在金刚头。嘉庆二十五年，为监生刘家琦妻立。

唐黄氏节妇坊在青山湾。嘉庆二十五年，为唐宏道妻立。

刘陈、周氏节妇坊在沙溪新桥头。道光十三年，为刘洪巩妻陈氏与洪琋妻周氏合建。

甘王氏寿妇坊在沙溪蓝盘园。道光二十七年，为甘志道妻立。

刘李氏节妇坊在县治对河唐家洲。嘉庆二十三年，为刘光嵩妻立。

刘邱氏节妇坊在金刚头。咸丰十一年，为刘运右妻立。

晏王氏节妇坊在彰瑞桥文星台山下。同治五年，为晏章庠妻立。《学册》作“章祥”。

县西坊表

欧阳易氏寿妇坊在蛇头。乾隆五十六年，为欧阳正炯母立。

罗彭氏节寿坊在待贤里。嘉庆十三年，为罗羲文妻立。前志作“罗缨”。

孙周氏节妇坊在枨冲市口。嘉庆二十五年，为孙淑栋妻立。

刘唐氏寿妇坊在西源冲。道光九年，为刘商衡妻立。

熊李氏节妇坊在善化界小埠港。道光二十六年，为熊宾民妻立。

宋黎氏乐善好施坊在龙潭。道光三十年，为举人宋远漪妻立。

杨彭氏节妇坊在张家店洗心桥。咸丰三年，为杨维熠妻立。

县北坊表

聂仕陞寿民坊在接龙市。乾隆五十年立。

许李氏节妇坊在沙市。乾隆五十八年，为许明仕妻立。

周黎氏节妇坊在彭溪渡。嘉庆十二年，为周平奠妻立。

吴唐氏节妇坊在狮子滩。道光二十三年，为吴尧典妻立。

周欧阳氏节妇坊在仓前岭。同治八年，为周明楷妻立。

丘墓附

晋宜阳别驾易雄墓，在县西将军洞。咸丰十年，雄裔加立神道碑。

宋徽猷阁学士汤璹墓，在县东大围山白面石。

元冀国公欧阳龙生墓，在罗田木瓜埭。旧志：“罗田，即鲍家湖。”张起岩撰《神道碑铭》，见《艺文》。

楚国文公欧阳玄墓，在县城南对河天马山麓。旧志：“原葬直隶宛平县香山乡，后改归葬今地。”

元太保潘成墓，在县治驻防署左巷内。

明成阳侯张武墓，在县西龙虎岭。

参政张钺墓，在县东上洪冷水冈。

户部尚书胡应台墓，在东城外詹家岭。《戊寅志》云：“《胡氏谱》载应台墓在唐钊长埠岭，詹家岭系胡大韶墓，与前志异，姑存俟考云。”

国朝襄阳镇总兵彭之年墓，在县南崇林桥。

明甘贞女墓，在县南小江老女桥侧。女名金贞，守贞不字，养父母至老，因于小江建桥，名老女桥。墓即在桥侧。

国朝唐烈妇饶氏墓，在县西万家冲。

卷五　食货一

前明赋重，大为浏患。国朝叠恩蠲复，乾隆初诏减则科征，自是赋税不烦，三农乐业，二百年来，户口增，地利辟矣。偶逢灾沴，备豫有方。军兴，供亿无虑数十万，小民不吝财力，以固东屏，非阜成之效欤！夫天下者，州县之积也。览一邑赋役之数，可以知国家宽大之恩、休养之政，在留心民瘼者善体之而已。用著其事，并次豁粮本末，以志勿谖。

户口

明洪武初，相传浏阳凡七万一千九百五十余丁。时天下编赋役黄册，以百有十户为一里，浏阳编户凡七十一里。① 其后赋重民逃，嘉靖中仅五十坊里矣。国朝康熙中，增至六十里。《戊寅志》："康熙三十五年，

① 按：《本书》卷二《舆地一·疆域》注引《庚申志》云："洪武初旧志：县原七乡，编七十五里、三坊。"与此处所云"七十一里"有异。

增七里。六十年，增三里。”休养既久，生齿日繁，视明初不啻数倍。而赋役科征丁额凡四千九百八十有一，原额九千一百九十五丁，除开除人丁四千二百十四丁，得如今额。实征丁银千有十八两一钱五分九厘七毫三丝四忽七微。原额征丁银千七百九十八两零，加增颜料银八十一两零二，共银一千八百七十九两五钱零，除无征丁银八百六十一两三钱零，得如今额。长沙卫科征丁额内外凡一丁三厘有奇，原额人丁三厘二毫七丝有奇，每丁征银二钱，加额外康熙三十年编审新增屯丁一丁。实征丁银二钱六厘五毫四丝八忽九微四尘九纤一渺八漠。每丁征银二钱。原额征丁银六厘五毫零，加新增丁银二钱，得如今额。康熙五十二年，并诏以五十年丁册为常额，今后编审滋生，永不加赋。谨按《会典》：“各省诸色人户，有司察其数而岁报于部，曰烟户。男年十六曰丁，女曰口，未成丁亦曰口。丁口系于户，腹民计以丁口，边民计以户。凡丁输赋者，以康熙五十年为额，岁编审有羡余，曰‘盛世滋生人丁，永不加赋’。直省各府州县编户役册，以一百一十户为里，推丁多者十人为长，余百户为十甲，甲凡十人。岁役里长一人，管摄一里之事。城中曰坊，近城曰厢，乡里曰里。凡十年一周，先后则以丁数之多寡为次。每里编为一册，册首总为一图。其鳏寡孤独不任役者，则带管于百一十户之外，而列于图后，名曰‘畸零’。”雍正六年，巡抚王国栋请丁银随粮带征。并自雍正七年始，别有长沙卫闲丁，原额二丁，实征丁银四钱。每丁征银二钱。康熙间，亦奉诏以五十三年丁册为常额。乾隆二年，并许随粮带征，别解道库。自乾隆三年始，统民屯及闲丁丁额，凡四千九百八十四丁有奇，征银千有十八两七钱六分六厘有奇。

国初犹编审户口。乾隆三十一年以前，凡编审十一次，增益滋生人丁凡三百五十有五。康熙五十五年编审，增益滋生人丁四十丁；六十年，五十丁。雍正四年，五十七丁；九年，三十五丁。乾隆元年，三十四丁；六年，二十五丁；十一年，二十九丁；十六年，二十一丁；二十一年，三十四丁；二十六年，十二丁；三十一年，十八丁。其长沙卫闲丁增益丁凡六。雍正二年及十二年编审，滋生三丁。乾隆二十九年，三丁。及三十七年，诏编审之例永行停止，民益便。于是稽户口者，仅以保甲册为据。保甲者，为防奸设也。谨按《会典》：“保甲之法，户给以门牌，书其家长之名与其丁男之数，而岁更之。出注所往，入注所来。户有迁移，随时换给。十家为牌，牌有头；十牌为甲，甲有长；十甲为保，保有正，皆以诚实、识字、有身家者充，限年更换。稽其犯令作慝者，如盗窃、邪教、赌博、制造赌具、窝逃、奸拐、私铸、私销私盐、贩卖硝磺，并私立名色敛钱聚会，及面生可疑、形迹诡秘之徒，皆令查报。”○“各府州厅县所属城厢、市镇、村屯，土著军民自搢绅以至商贾农工、吏役兵丁，皆挨户编审。客民在地方开张贸易，即与土著一律挨编。其往来无定之商贾，令客长稽察。至客商投寓店、埠，皆令店主、埠头询明来历，并骑驮伙伴、去来日月，循环册报。山居棚民，按户编册，令地主、保正结报。寺观僧道，令僧纲、道纪按季册报。”○“地方编排保、甲，保正、甲长、牌头须选勤慎练达之人点充。如果访查盗贼，据实举报，按名给赏。傥有瞻徇隐匿，即予惩警。甲长照牌头减一等，保正减二等。若牌头于保正、甲长处举报，而不行转报者，牌头免坐，甲长、保正照例治罪。赌博为盗贼渊薮，令保、甲一并查举。再，地方有堡子、村庄聚族百人以上，保、甲不能编查，选族中有品望者，立为族正。如有匪类容隐，照保、甲一体治罪。”

嘉庆十九年，诏有司秋成历村庄查保甲，具户口册，以岁终上其数。浏阳亦岁有册。前志称，嘉庆二十二年册载浏阳土著、寄籍烟民凡六万二千三百三十有四户，大小男妇凡二十六万七千七百九十有五丁口，僧道凡七百三十有六众，而保正、甲长、牌长凡六千八百六十六名，不在此数。《戊寅志》：“通计城乡保正百二十一名，甲长六百十一名，牌长六千一百三十四名；土著烟民四万六千三百七十四户，男妇二十万有十九丁口；寄籍烟民万五千九百六十户，男妇六万七千七百七十六丁口。”《通志》：“据司册所载，嘉庆二十一年，户五万九千二百十九，口二十五万七千九十六。以二十二年县册较之，一年中增丁口近万矣。”自是而后，岁有加。

道光十二年，诏有司编查保甲，有名无实，令今后毋得玩视，庶匪徒无从托足。有司如前岁上其数。同治四年，上谕群臣整顿保甲，以清治源，敢蹈从前积弊，其严处之。时团练者或讲求保甲，稽户口，诘奸宄，然亦未尽行也。以保甲册所载，当咸丰季年，户视嘉庆册加二万余，丁口加三万余矣。及同治七年册，户凡九万一千四百三十六，丁口凡三十一万二千六百五十一，县册载：“同治七年，牌长九千二百三十五名，甲长二千九百四十一名，保正一百二十一名；土著民人六万七千八百二十户，大小男妇二十三万三千五百九十丁口；寄籍民人二万三千六百十六户，大小男妇七万九千零六十一丁口，通共牌头、甲长、保正一万二千二百九十七名，土著、寄籍民人九万一千四百三十六户，大小男妇三十一万二千六百五十一丁口，寺庙二百四十九所，僧道九百四十五众，水次二十一埠，艑船三百八十只云。”视咸丰季年，又有加焉。军兴，丧亡以万计，然林总如故，其数实不易稽云。

赋税

宋、元时，浏阳田一则科，岁征米四万。明初，堕粮至八万余，民重困。国朝顺治、康熙中，豁减不一。吴逆乱，田、丁多荒绝。既履亩报垦，复增至七万七千余。乾隆初，乃援长沙则减科一万余石，视明减四之一矣。其后稍有开垦，其数可合稽也。田之属曰田、曰地、曰塘。赋之属以秋粮为宗科征米，有漕运，有南粮。外有夏税丝、夏税农桑丝，所谓布缕之征。明折征米，今均入秋粮科征。银有条编银，明初编里应役，凡给官薪役食曰征徭，祭祀杂支曰均平，民壮则按里佥名，驿传则计粮点马，共四差，皆于秋粮外另派，所谓力役之征。今均摊于粮，俗曰条饷，百姓便之。有地亩九厘饷银，明万历时，辽饷亟，户部尚书李汝华援征倭播例，请亩加三厘五毫。明年，复加倍。又明年，工、兵二部请复加二厘。是谓九厘饷，亦曰辽饷。康熙中，滇、黔用兵，经略洪承畴奏复之。有人丁银，雍正六年，巡抚王国栋具题，准随粮带征。自雍正七年始。旧有新加绢价，明两税有折绢、小绢、本色绢诸色。有颜料，明改折征银。有班价银，明初派各工应江南役，后每名征价二钱。有湖洲杂课，麂皮、熟铁等项。明初设河泊所，定额征收。今裁所官，其项犹半存。有门摊，商税等项。上三项，旧由行户纳。康熙间奉文，并辽饷按亩摊征，分部起解。今悉并饷征，统名条饷丁匠银。夏征半，曰上忙地丁；秋征半，曰下忙地丁。漕运有兑军本色正米，有代编监利县正米，有加四耗米，正米一石，加耗米四斗。有赠贴米，正米一石，加耗米二斗，又名加二耗米，为旗丁、舵工、水手月粮。今统名正四二耗漕米。外有里纳米。正米一石，纳盘脚米二升，船脚米七升。南粮有本色正米，有代编监利县米，有加耗米，正米一石，加耗米二斗五升。有里纳米，正米一石，另纳船驴脚米一斗五升。今折银，统名南粮驴脚折价银。皆田赋也。外有屯田、卫丁二赋，详《屯田》《户口志》。其杂税，有牙税，有田房契税，有牛驴税，有城脚地租，有茶税，不列于田赋。

旧志载：浏阳田、地、塘，额内、额外凡八千九百四十三顷八十一亩四分一厘九毫六丝一忽二微六尘，《戊寅志》："原额田八千二百五十九顷五十九亩九分六厘九毫九丝八忽，地七百八十四顷七十亩六分八厘三毫六丝四忽，塘二百六十八顷九十七亩六分五厘五毫四丝二忽，合计凡九千三百十三顷二十八亩三分九毫四忽。除水铲成河、荆棘成林失额田、地、塘四百三十一顷二十六亩六分，加额外康熙三十年、雍正六年丈出成熟地并雍正九年首垦田地共六十顷四十六亩五分三厘三毫一丝三忽五微七尘，又加乾隆二十五年开垦水田一顷三十三亩一分七厘七毫四丝三忽六微九尘，得如今额。内计成熟一则田七千八百二十九顷七十八亩二分二厘二毫九丝八忽七微六尘，成熟地八百四十五顷五亩五分四厘一毫二丝五微，成熟塘二百六十八顷九十七亩六分五厘五毫四丝二忽。"额内外实成熟秋粮六万有二百十三石八斗五升一合六勺三秒八撮三圭三粒六粟，《戊寅志》："原额田一亩科粮九升二合七勺，地一亩科粮四升，塘一亩科粮五升三合，共额科秋粮八万一千一百三十石八斗九升二合二勺九秒九撮八圭六粒。除水铲、荆林失额粮三千七百六十一石九斗五升，雍正九年永照地则减粮二百三十六石二斗九升五合八勺三秒八撮四圭，乾隆三年比照长沙县则减免粮一万七千七十一石六斗五升八合八勺四秒一撮四圭一粒四粟，加额外康熙、雍正间丈出并首垦粮二百四十二石八斗零，比照长沙则减免外，实科粮一百四十三石六升七合四勺八秒六撮二圭九粒八粟，又加乾隆中开垦水田照长沙则科粮九石七斗九升六合五勺三秒一撮九圭九粒二粟，得如今额。计乾隆三年减则，田每亩减粮一升九合一勺四秒二粟，实存粮七升三合五勺五秒九圭九粒八粟；地每亩减粮一升六合五勺，实存粮二升三合五勺；塘每亩减粮二升九合五勺，实存粮二升三合五勺。"额征夏税丝、农桑丝凡一千四百六十八斤七两三分五厘。《戊寅志》："夏税丝一千二百五十五斤十三两一钱三分二厘，农桑丝二百十二斤九两九钱三厘，均于秋粮内带派。"其岁征于民之数，条编银统额内外科征二万六千八百八十四两四钱四分九厘六毫八丝四忽三微二尘四纤七漠四茫一沙二漂，《戊寅志》："粮一石额征条银并新加绢价、颜料派征银四钱三分二毫六丝一忽六微九尘五纤八渺，又康熙三十年按亩科算收零尾银三微三尘三纤一漠一茫，并原额凡三万四千九百七两五钱一分五厘三毫三忽三尘七纤八渺一漠一茫，除水铲、荆林失额银一千六百十八两六钱二分二厘九毫八丝六忽五微二尘八纤八漠四茫，又除雍正九年照地则减银一百一两六钱六分九厘四丝八忽一微四尘一纤九渺九漠一茫二沙五漂，又除乾隆三年照长沙则减银六千三百七十一两二分四厘七毫四丝四微七尘八纤六渺七漠三茫一沙五漂，加额外康熙、雍正间丈出首垦田地照长沙则减免外实征银六十三两八钱七分七厘一毫七丝三忽三微二纤二渺四漠九茫八沙一漂，又加乾隆中开垦水田征条银四两三钱七分三厘九毫八丝三忽一微三尘二纤七渺六漠一茫七沙一漂，得如今额。”九厘饷银统额内外科征九千三百七十二两一钱七分七厘六毫二丝七忽三微四纤八渺三漠一茫一沙三漂，《戊寅志》：“原额九厘饷，除康熙三十年按亩科算减零尾银一忽二微有奇外，实额银一万二千六百十五两六钱一分七厘九毫九丝八忽七微一尘九纤四渺四漠三茫，除失额及雍、乾间照则减免外，实征银九千三百四十八两三钱八分四厘六毫一丝八忽一尘二纤二渺一茫九漂，加额外康熙、雍正间丈出并首垦饷复照长沙则减免外，实征银二十二两二钱六分八厘一毫九丝六忽七微二尘九渺九漠二茫八沙七漂，又加乾隆中开垦水田实征饷银一两五钱二分四厘八毫一丝二忽五微七尘一纤六渺三漠七茫一沙七漂，得如今额。”人丁银岁征一千有十八两一钱五分九厘七毫三丝四忽七微。详见《户口》。其丁粮外派者，班匠银旧征二十八两八钱；杂课有麂皮京扛银，旧征六钱六分一厘三毫七忽五微一尘七纤八渺九漠三茫七沙二漂；《戊寅志》：“原额银八钱一分五厘四毫，除开除并失额无征外，得如今额。”门摊有酒纸本折钞银，旧征六十一两六钱六分四厘八毫七丝八忽五微七尘，《戊寅志》：“遇闰加征银四两六钱三分七厘，商税经纪出办。”今悉并饷摊征。计丁粮外派三款，凡银九十一两一钱二分六厘一毫八丝六忽八尘七纤八渺九漠三茫七沙二漂。其屯田粮十二两八钱七分八厘九毫八微四尘三纤六渺七漠三茫，加征津贴银八两一钱一厘一毫七丝八忽五微九尘七纤六渺六漠三茫，屯丁银二钱六厘五毫四丝八忽九微四尘九纤一渺八漠，闲丁银四钱，亦分征并解。计屯粮、津贴、卫丁、闲丁四款，凡银二十一两五钱八分六厘六毫二丝八忽三微九尘五渺一漠六茫。合民屯、条饷、丁匠银，凡三万七千三百八十七两四钱九分九厘八毫六丝八微七纤三渺一漠四茫九沙七漂。

岁征漕粮，兑军正耗米统额内外实征一万二千六百十九石有九升一合，《戊寅志》：“岁征一万二千六百十九石二斗九升七合六勺八秒五撮一圭五粒二粟一颗二糠二粃。盖原额本色正米九千三百四十七石二斗，奉文代编监利县正米一百二石八斗六升六合五勺四秒，每石加耗米四斗，凡耗米三千七百八十石有二升六合六勺一秒六撮，并正耗凡米一万三千二百三十石九升三合一勺五秒六撮，加康熙三十年丈量案内按亩科算收零尾米二勺四秒六撮七圭九粒三粟，加额外丈出自首正耗米六升二合零，雍正六、九等年丈出正耗米三十九石五斗四升四合零，乾隆二十五年开垦正耗米一石六斗五升九合零，以上额内外正耗米共一万三千二百七十一石三斗六升三勺三撮三圭八粒八粟一颗二糠二粃，除失额无征米六百十三石五斗二升九合六勺二秒七撮一圭九粒四粟，又除照地则减正耗米三十八石五斗三升二合九勺九秒一撮四粒二粟，如数。”今照县牍解额，计正米九千零十三石六斗三升六合，四米三千六百零五石四斗五升五合。赠贴米统额内外实征一千八百有二石七斗二升七合，《戊寅志》：“实征一千八百二石七斗五升六合八勺一秒二撮一圭四粒四粟七颗三糠二粃。盖康熙十一年奉文照旧征给该米一千八百九十石一升三合三勺八撮，除康熙三十年丈量案内科减零尾米四勺五秒五撮六圭一粒六粟，加额外康熙中丈出米八合九勺零，雍正六、九等年丈出自首米五石六斗四升九合二勺零，乾隆中开垦米二斗三升七合一秒零，以上额内外共米一千八百九十五石九斗八合一勺二秒三撮八圭七粒六粟七颗三糠二粃，除失额无征米八十七石六斗四升六合五勺九秒八撮七圭二粒六粟，又除照地则减米五石五斗四合七勺一秒三撮六粟，如数。”今照县牍解额。合正四二耗米凡一万四千四百二十一石八斗一升八合。《戊寅志》所载，凡一万四千四百二十二石五升四合四勺九秒七撮二圭九粒六粟八颗五糠四粃，视今解额差二斗三升六合零。其里纳米，统额内外实征八百十一石二斗四升六合八勺六秒七撮八圭二粒二粟三颗五糠，《戊寅志》：“原额八百五十石五斗五合九勺九秒，又加康熙三十年丈量案内科收零尾米三勺八秒九撮五圭一粟，加额外康熙三十年丈出米四合四秒八撮三圭二粟，又加雍正六、九等年丈出自首米二石五斗四升二合一勺六秒二撮七圭九粒九粟三颗五糠，又加乾隆二十五年开垦米一斗六合六勺五秒八撮八圭七粒九粟，以上额内外，又除失额无征米三十九石四斗三升五合二勺五秒六撮九圭六粒三粟，又除永照地则减米二石四斗七升七合一勺二秒四撮六圭九粒六粟，得如今额。”不在漕运之数。《戊寅志》：“里纳米，每正米一石，另纳盘脚米二升、船脚米七升。”今查县牍载：“为州县运兑船户食米、盘剥、三尖、各仓鼠耗、量折抛散之用，除征正四二耗米外，例准带征六升云。”

岁征南粮，正耗米统额内外实征九千七百四十三石八斗三升七合九勺四秒八撮四圭七粒四粟，《戊寅志》："原额本色正米一万一百九十石有四斗，又奉文代编监利县正米一百七十八石五斗四升六合七勺二秒。每正米一石，耗米二斗五升，凡耗米二千五百九十二石二斗三升六合六勺八秒。又加丈粮案内按亩科则合算归正比《全书》原额增出收零积余米一秒四撮八圭二粒二粟，又加额外康熙中丈出米六升一合六勺九秒三撮六圭五粒七粟，雍正六、九等年丈出首垦米三十八石七斗四升一合一秒四撮七圭二粒六粟，乾隆二十五年开垦米一石五斗八升五合二勺九撮四圭五粟。以上额内外，并除失额无征米六百一石五斗九合一勺三秒一撮七粒八粟，又除永照地则减米三十七石七斗四升九合七勺八秒四撮六圭七粒四粟，又除比照长沙则减米二千六百十八石九斗二升四合五勺四秒七撮九圭八粒四粟，得如今额。"改折征银，米一石科银六钱五分八厘八毫，岁凡征银六千四百十九两二钱四分。其里纳米，统额内外实征米折银一千一百六十九两二钱四分九厘四丝二尘九纤一漠九茫五沙一漂。《戊寅志》："原额该纳船驴脚米一千五百五十五石三斗四升有二合，奉文每石折银一两，该折银一千五百五十五两三钱四分二厘，又加康熙三十年按科归正增收零积余银八微六尘六纤九渺四漠七茫，加额外康熙中丈出银七厘四毫三忽二微三尘八纤九渺一漠二茫，雍正六、九等年丈出首垦银四两六钱四分八厘九毫二丝一忽七微六尘六纤九渺二漠四茫六沙三漂，乾隆中开垦银一钱九分二毫三丝二忽九微七尘六纤八渺一漠一茫八沙九漂，又并除失额无征银七十二两一钱二分七厘一毫九忽七微四尘一纤七渺二漠六茫七沙，又除永照地则减银四两五钱二分九厘九毫七丝四忽一微一尘六纤三茫六沙八漂，又除比照长沙则减银三百十四两二钱八分二厘四毫三丝四忽九微六尘二纤八渺四漠五茫六沙三漂，得如今额。"合南粮、里纳，旧征米一万有九百十三石有八升六合九勺八秒八撮五圭三粟有奇，今共征南粮驴脚折价银七千五百八十八两四钱八分九厘四丝二尘九纤一漠九茫五沙一漂。《戊寅志》及今县牍略同。又县牍载："南粮项下征收津贴银八两一钱一厘。"此殆乾隆四十一年加征卫所屯田帮运军银八两一钱一厘有奇，见《屯田志》。

诸田赋，岁征银四万四千九百七十五两九钱八分八厘九毫八微三尘六纤三渺三漠四茫四沙四漂，此民屯、条饷、丁匠及南折数也。岁征米一万五千二百三十三石有六升四合八勺六秒七撮八圭二粒二粟三颗五糠。此漕运及里纳数也。

杂税，惟田房契税无定额，旧志："尽征尽解。"其牙税岁征银四十一两八钱，见《戊寅志》。按县牍，浏阳向称十帖十行，曰屠、曰药、曰纸、曰染、曰面、曰油、曰烟、曰帽、曰酒、曰皮。雍正四年，定额派领，实无行，其税岁由各铺户摊纳。嘉庆九年，民王甲请易帽行帖为夏布行，其后兴讼，因改刘豫南名承帖。十九年，清查牙帖，县以烟行、皮行歇业失帖白大吏，上于部，覆准悬缺召募其税，至今摊纳。其药、酒、纸、屠、染各帖，并人亡歇业。咸丰六年，部颁《牙帖章程》，劝商捐输助饷，领帖开充，事下县试办，民不愿。知县袁及委员俞劝在城各布、烟、屠、酒、染、药店合捐银六百两，旋以伍某捐银一百五十两请换面行新帖，又商民熊某等报捐门摊商帖五张，捐银二百五十两，凡得银一千两助饷。事罢。十一年，大吏议就已捐之帖截数定额，永不增添。同治五年，仍檄各属察地方情形，准其添补。六年后，县民添设茶行，其税岁由行户纳，不在岁征之数。牛税岁征银一两二钱五分，茶税岁征银五两，并征茶引纸价银一分六厘五毫，《戊寅志》引《赋役全书》："茶引五道，征银五两。"今县牍多茶引纸价一款，其银皆由县北黄、戴、喻三姓纳。○以上四项，悉解藩库。旧有当税银十五两，今废。大率门摊商税，废兴随时，无定额云。城脚地租岁征银十三两七钱五分。县牍："岁征银十六两五钱，以十三两七钱五分解藩库，为抚辕执事人等薪水，余银二两七钱五分，作倾泻补平解费用。"杂课别有熟铁正扛银一两八分五厘四毫三丝一忽七微五尘，今岁由渔户纳之。县牍："乾隆二十九年，奉则例馆传付，行查各省渔课。知县黄白府云：'浏阳僻处山陬，一线溪河，历无征额渔课。查《全书》内载工部项下有熟铁正扛银一两八分五厘四毫三丝一忽七微五尘，历系渔户、铁厂办纳，所以每年本邑鸬鸟户完纳饷银，附八大饷批解，历任各员俱遵照办理，此外并无征收渔课。原案续后，亦无增裁各例云。'"按：今岁由潘姓鸬鸟渔船纳银如例，并饷解藩，莫知其所始矣。诸税课，岁征银凡六十二两九钱一厘九毫三丝一忽七微五尘。

《赋役全书》："浏阳额销盐一千一百三十引，每引税银二分，由商纳。"今岁销淮引，不可定。《戊寅志》："《赋役全书》：'额销盐一千一百三十引，每引改子盐四十一包六分九厘六毫。乾隆戊辰、辛未年奉上谕，每引加盐二十斤，议每引改子盐四十四包一分二厘一毫，每引纳税银二分，系商人交纳，解司转解。'"又《通志》载："浏阳派销淮引额一千八百二十二引。"与旧志异。诸赋税悉具此矣。

漕粮旧由官运抵岳州仓，兑归军运。军兴，悉折银。咸丰二年，征义堂匪乱，县东南民多逃徙。又西北仓近省城，知县赵光裕虑其守护维艰而逃徙不可追也，请缓征。明年，部议咸丰三年分江西、湖南北、江苏、安徽等省漕粮河道梗，请照例载京仓折给之数，稜米每石一两三钱，粳米每石一两四钱，由官易米折银，起解到部，为招商采买及京仓搭放之需。于是大吏议湖南稜米每石折银一两三钱，但计正耗米一石四斗，不计贴运耗米及津贴运丁帮费，其解费则照地丁例，于漕项银内作正开销。浏阳自是漕米一石折解银一两三钱，完纳颇便。于是岁解正耗米折银一万六千四百有四两八钱二分，计正耗米一万二千六百十九石九升一合，每石折银一两三钱，凡银一万六千四百四两八钱一分八厘三毫。岁解赠贴米折银二千三百四十三两五钱五分，计正米一千八百二石七斗二升七合，每石折银一两三钱，凡银二千三百四十三两五钱四分五厘一毫。合正四二米折银凡一万八千七百四十八两三钱七分。并诸赋税，今凡征银六万三千七百八十七两二钱七分八毫三丝二忽五微八尘六纤三渺三漠四茫四沙四漂矣。此民屯、条饷、丁匠、漕运南折及杂税课数也。

今别征漕费银一千三百八十四两四钱九分四厘五毫。故事，每漕米一石征银九分六厘，为州县修仓、垫席、运兑、水脚、挑脚样米、京淮京脚公费、押运盘费及祭江杂费之用，事竣，以数闻。咸丰三年，湖广改解折色，大吏檄漕费、里纳折价并解，不应，又檄催解。九年，知县袁以欠解八年以前里纳、漕费，实由民力不纾，请免征解。大吏许之，令九年以后须征完。卒以民无力辞，又屡催解。十年，州县乃会白里纳、漕费难于征收状。按：浏阳今岁筹解京淮京脚诸费云。○附岁解随漕漕费目：·一、京淮公费银一百三十五两六钱九分五厘。·一、京脚银五百九十三两六钱六分五厘。·一道厅经书饭食银三十三两九钱二分四厘。·一、吏柬房辛工膏火银五两八钱。·一、松板脚价银一百二十九两八钱三分二厘。·一、添设库书银二两。·一、粮书辛工银十二两。·一、塘丁工食并遇闰增添银七两二钱二分一厘。·上八款凡银九百二十两一钱三分七厘，悉解粮库。凡漕及税银悉解。南粮之里纳折银，则每两以二钱给解役，《戊寅志》："该银二百三十三两八钱四分九厘八毫八忽五纤八渺三茫九沙二灰。"以八钱充饷。《戊寅志》："该银九百三十五两三钱九分九厘二毫三丝二忽二尘三纤二渺一漠五茫六沙八灰。"其条饷、丁匠银，则有起运，有存留。前志载：起运项下户、礼、工、光四部寺冗款，并顺治九年起至康熙六年止奉裁各款，逐款于存留项下注明。及九厘饷、额外丈出首垦条饷，凡征银二万九千五百十四两四钱五分九厘五丝五忽一微二尘六纤一渺三漠一茫八沙六漂，《戊寅志》："原额征银四万一千二百十八两六钱九分一厘二毫八忽三微六尘九纤二渺一茫五沙三漂，除开除失額无征并减则外，如额。”解费凡征银二百八十八两一钱四分七厘三毫七丝三忽六微一尘一纤三渺四漠九茫一沙四漂。存留项下拨运三款，时宪书银十五两三钱四分四厘六毫，解费每两二分五厘，该银三钱八分三厘六毫一丝五忽。·科举银八十二两三钱，解费每两二分五厘，该银二两五分七厘五毫。康熙十七年，全裁。二十三年，奉复正费一半，银四十二两一钱七分八厘七毫五丝。·布政司表夫银六两二钱。顺治十四年，裁半，存银三两一钱。乾隆二十年，奉文停止，存银解司充饷。存留坐支三十一款，知府俸银每年六十二两四分四厘。·府禁子分派二名，每名岁支工食银七两二钱，共十四两四钱。顺治九年，每名裁银一两二钱，存银十二两。·府库子四名，每名岁支工食银七两二钱，共二十八两八钱。顺治九年，每名裁银一两二钱，存银二十四两。·府斗级分派五名，每名岁支工食银七两二钱，共银三十六两。顺治九年，每名裁银一两二钱，存银三十两。·通判俸银三十五两四钱六分。·府学斋夫分派二名，每名岁支工食银十二两，共银二十四两。·府学膳夫分派一名，银二十两，廪生支领。顺治十四年，裁三分之二、银十三两三钱三分三厘三毫三丝三忽，存银六两六钱六分六厘六毫六丝七忽。·知县俸薪银每年六十三两四钱九分。顺治十四年，裁银十八两四钱九分，存银四十五两。·县门子二名，每名岁支工食银七两二钱，共十四两四钱。顺治九年，每名裁银一两二钱，存银十二两。·县皂隶十六名，每名岁支工食银七两二钱，共银一百十五两二钱。顺治九年，每名裁银一两二钱，存银九十六两。雍正六年，奉文拨给三名工食银十八两作仵作工食及学习仵作工食之用，存银七十八两。·县民壮五十名，每名岁支工食银七两二钱，共银三百六十两。顺治九年，每名裁银一两二钱，共裁银六十两。顺治十六年，裁三十名、银一百八十两。雍正十二年，裁四名、工食银二十四两。乾隆七年，裁一名、工食银六两，存银九十两。·马快八名，每名岁支工食草料银十八两，共银一百四十四两。顺治九年，会议除草料不扣外，每名裁银一两二钱，共九两六钱。顺治十六年，裁草料银八十六两四钱，存银四十八两。·看监禁子八名，每名岁支工食银七两二钱，共银五十七两六钱。顺治九年，每名裁银一两二钱，存银四十八两。乾隆四十九年，酌添司府二监房屋禁卒等事案内抽减一名、银六两，分拨省禁充役，存银四十二两。·轿、伞、扇夫七名，每名岁支工食银七两二钱，共银五十两四钱。顺治九年，每名裁银一两二钱，存银四十二两。·库子四名，每名岁支工食银七两二钱，共银二十八两八钱。顺治九年，每名裁银一两二钱，存银二十四两。·斗级四名，每名岁支工食银七两二钱，共银二十八两八钱。顺治九年，每名裁银一两二钱，存银二十四两。·教谕俸银，每年十五两七钱六分。乾隆元年，奉文加品俸银十二两一钱二分，于司库地丁银内支给。·训导，与教谕同。·

门斗五名，每名岁支工食银七两二钱，共银三十六两。康熙四年，裁三名、银二十一两六钱，存银十四两四钱。·斋夫六名，每名岁支银十二两，共银七十二两。康熙四年，裁三名、银三十六两，存银三十六两。其银两，两学各半分支。·膳夫二名，每名岁支银二十两，共银四十两，廪生支领。顺治十四年，裁三分之二、银二十六两六钱六分六厘六毫六丝六忽七微，存银十三两三钱三分三厘三毫三丝三忽三微。·县丞俸薪银，每年四十八两二钱二厘。顺治十四年，裁银八两二钱二厘，存银四十两。·县丞门子一名，岁支工食银七两二钱。顺治九年，裁银一两二钱，存银六两。·丞皂隶四名，每名岁支工食银七两二钱，共银二十八两八钱。顺治九年，每名裁银一两二钱，存银二十四两。·丞马夫一名，岁支工食银七两二钱。顺治九年，裁一两二钱，存银六两。·典史俸银，每年三十一两五钱二分。·典门子一名，岁支工食银七两二钱。顺治九年，裁银一两二钱，存银六两。·典皂隶四名，每名岁支工食银七两二钱，共银二十八两八钱。顺治九年，每名裁银一两二钱，存银二十四两。·典马夫一名，岁支工食银七两二钱。顺治九年，裁银一两二钱，存银六两。·白关渠城司巡检、即今永安司俸银三十一两五钱二分。·巡检皂隶二名，每名岁支工食银七两二钱，共银十四两四钱。顺治九年，每名裁银一两二钱，存银十二两。**驿站九款**，红船一只，水夫十名，每名正闰银六两一钱，修船银十二两，共七十三两。原系守道座用，今统归驿站项下造报。·本府递运所座船水夫二名，每名并带闰银七两三钱二分，共十四两六钱四分。原听新学道座用，今统归驿站项下造报。·编协岳州府属兰江驿站船水夫八名，每名该银六两、带闰银一钱，共四十八两八钱。解费每两三厘，该银一钱四分六厘四毫。·临湘驿站船水夫五名，每名正闰银六两一钱，共三十两五钱。·编协安陆府属丰乐驿马二匹，每匹银三十两、带闰银五钱，又零银九两、闰银一钱五分，共七十两一钱五分。解费每两五厘，该银三钱五分八毫。·编协湘阴县马四匹，每匹银二十四两、带闰银四钱，共九十七两六钱。·荷塘驿马一匹，该银三十两、带闰银五钱。·荷塘驿扛夫三十名，每名银七两二钱、带闰银一钱二分，共二百十九两六钱。·临湘驿支应银二百九十两。·以上各银，今统入驿站，余剩银两提贮藩库。**均徭三款**，白关巡司弓兵徭编八名，每名银四两、带闰银六分六厘六毫；永充六名，每名银五钱四分、带闰银九厘，共三十五两八钱二分七厘三毫。顺治十四年，裁半，存银十七两九钱一分三厘六毫五丝。·各铺司兵工食徭编四十名，自县治至长沙界八铺，徭编每名银五两、带闰银八分三厘三毫，自县治至醴陵界、蕉溪岭至平江界六铺，徭编每名银四两、带闰银六分六厘六毫，共银一百八十八两、带闰银三两一钱三分一厘八毫；永充三十八名，每名银一两八分、带闰银一分八厘，共正闰银四十一两七钱二分四厘，通共银二百三十二两八钱五分五厘九毫。

·县前渡夫一名，银二两、带闰银三分三厘三毫。顺治十四年，裁半，存银一两一分六厘六毫五丝。**走递夫马二款**，排夫二十八名，每名银四两、带闰银六分六厘六毫，共百十三两八钱六分四厘八毫。内除本县六名抵经制外，走差二十二名，该银八十九两四钱六分五厘二毫。·脚马八匹，每匹银十五两、带闰银二钱五分，共银一百二十二两。〇上二款银两，奉文坐支，余剩银两提贮藩库。**均平祭祀十三款**，文庙二丁祭银四十两，实征银三十五两二钱八分六毫四丝有奇，荒缺银四两七钱一分九厘三毫五丝有奇。自雍正十二年秋祭，奉文赴司库领公项拨补。·关帝庙三祭银三十五两七钱四分二厘，于应解本年起运地丁银内动支。·崇圣祠二祭银共七两，乾隆十三年均摊补给一两。·名宦乡贤祠二祭银共七两，乾隆十三年均摊补给银一两。·山川坛二祭共银十二两，乾隆十三年均摊派出银二两，存银十两。·社稷坛二祭银十两。·邑厉坛三祭共银十二两，乾隆十三年均摊补给银一两，凡十三两。·先农坛春祭银二两六钱一分，原动支地丁。雍正十二年，奉文将藉田存贮余谷粜售，以作祭费。·厉祭米三石，每石折银三钱五分，乾隆十三年均摊补给银二钱一分，共一两二钱六分。·乡饮二次共银十二两，顺治十四年裁半，存银六两。·香烛米三石六斗，每石折银三钱五分，共一两二钱六分。·雩祭银五两，乾隆十二年奉文添设，于司库公项银内动支。·以上不敷银一两二钱一分，于各属均摊派出银内补给。·文昌庙春秋二祭银二十三两八钱三分，嘉庆六年奉文添设，以六年秋季为始，于司库地丁银内动支。**存留杂支六款**，廪生二十名，每名米十二石，石折银六钱，共百四十四两。顺治十四年，裁三分之二。康熙二年，全裁。二十四年，奉复银四十八两，支给廪生之用。·岁贡生员，正贡盘缠，除徭编外，花红、旗匾、酒席银十二两，临期于备用银内支给；正陪二名，赴考脚力银各二两五钱，共十七两。二年一贡，每年该银八两五钱。新例，县学十年通选，每生给银一两，临期于剩银内支用，不必另派。现将银两解司，均匀派给。·新旧会试举人，以一名为率，给长夫银二十四两。三年一次，每年该银八两。如新中数多，本年暂于备用银内支扣，次年照名加编。如有甲第出仕者，即照名减编，以免冒破。现将银两解司，均匀派给。·科举生员，以十名为率，每名盘缠银三两、花红银九钱、酒席银一钱，共四十两。三年一次，每年该银十三两三钱三分四厘。·额孤贫十六名口，每名口岁给布花银三钱，共银四两八钱。乾隆四年奉文，布花银两下江俱未另行设给。现今留补孤贫不敷口粮之用，惟每名给米三石六斗，每石折银五钱，共二十八两八钱。乾隆四年奉文，每名日给一升，遇闰加增，小建扣除。如无本色米，石照湖南兵米之例，每石折银六钱。若有不敷，于司库地丁银内支给。·额外孤贫十九名。乾隆二年奉文，浮于额数者，收养院内。四年，奉部议覆，照额内孤贫例，每名日给米一升，折银六厘，遇闰加增，小建扣除，于司库公项银内支给。凡征银二千二百四十七两七分五厘二毫四丝七忽九微九尘八纤五渺四茫二沙。《戊寅志》：“原额银二千五百十二两七钱五分三厘五毫六丝五忽三微，除开除失额无征外，如额。”

又，康熙十七年会裁心红纸张、修理仓监、喂马草料、修理龙亭仪仗、岁科试卷、府县应期、岁贡盘缠、霜降祭操、修船备用、科举正费，并雍正间奉裁本府同知、本县灯夫、府县民壮工食等项，凡征银二百七十九两七钱六分五厘四毫九丝三忽四微八尘八渺二漠九茫二沙七漂。《戊寅志》：“会裁心红纸张以下等项共额银二百二十五两五钱五分七毫五丝，雍正五年奉裁本府同知、本县灯夫工食额银六十两，十二年奉裁府县民壮工食额银二十四两，乾隆七年奉裁本县民壮工食额银六两，除开除失额无征外，实征如额。”兵部江济水夫正扛，凡征银二千一百七十一两八分六厘二毫七丝八忽九微四尘二纤七渺六漠九茫九沙四漂。《戊寅志》：“原额二千二百七十六两六钱五分二厘一毫五忽，除失额无征外，如额。其所征银，顺治十七年协济驿道冲驿开销，今奉文坐支，余银提贮藩库。随漕轻赍席木、浅船等项钱粮，凡征银二千七百七十一两六钱三分六厘四毫五丝二忽八微七尘九渺八漠五茫九沙二漂，《戊寅志》：“原额二千九百十六两一钱四分七厘一毫三丝四忽六尘，除开除失额无征外，如额。”按：内有楞木松板案，旧奉部文，松板全解本色，不用楞木，亦改办松板，一并给弁丁搭解。又有随漕席片，奉文于本色内酌减八厘，以一分七厘征收本色，解交通库。及乾隆六年，奉部行将全解十分本色松板，并楞木改征松板，俱止解运一半本色，余半折收银两，解通库。乾隆十四年，又奉文，湖广、江西等省现在应征板片暂行停征，全交折色解通，以乾隆庚午年为始。及三十六年，又奉文将原办松板及楞木改征松板，俱征本色，并交弁丁随粮解通。五十六年，又奉文，应征本色松板暂行停征，全征折色解通。及嘉庆五年，又奉文，额征松板仍照数全征本色，以供铺垫。均见旧志。今则岁解松板银云。解费实征银二两六钱一分七厘一毫四丝四忽三微九尘八纤三渺三漠四茫九沙二漂。统起运、存留银，凡三万七千二百七十四两七钱八分七厘四丝六忽四微二尘八纤九渺五茫二沙五漂，计条饷二万六千八百余，九厘饷九千三百余，人丁银一千十八两余，凡三款，其数与起运、存留数合。盖杂税不在此数。今县牍所载钱粮项下额征起运地丁、民屯、存留驿站、随漕浅船、闲丁商税等款，凡银三万七千三百八十两四钱八分四厘，遇闰加征银四两六钱三分七厘，此即《戊寅志》酒纸本折抄项下遇闰加征商税，经纪出办者。又额征随正加一耗羡，除闲丁银四钱无耗。凡银三千七百三十八两八厘，遇闰加征银四钱六分三厘七毫，盖共征四万一千一百十八两有奇，遇闰又加五两有奇。

其解、支各款，解藩库者三：一、起运地丁正银二万九千八百三十七两三钱一分九厘，遇闰所加并解；一、江济驿站银三千一百六十两四钱六厘；一、不应坐支存留银七百十九两七分。县牍应解不应坐支存留各款：·乡饮五两二钱九分二厘。·岁贡花红银七两四钱九分七厘。·长夫银七两五分六厘。·科举盘缠银十一两七钱六分一厘。·宪书银十三两八钱七分三厘。·表夫银二两七钱三分四厘。·科举正费银三十七两二钱二厘。·裁汰民壮工食银二十六两四钱六分。·补荒银七两九钱四分七厘。·府荒俸银十两九钱五分七厘。·知府俸银四十三两七钱六分七厘。·通判俸银三十一两二钱七分二厘。·府学斋夫、膳夫银二十七两四分八厘。·县正佐杂俸斋银一百八十二两一钱八分一厘。·部寺解费银二百八十八两一钱四分七厘。·改拨民壮工食银五两二钱九分二厘。·改拨皂隶工食银十两五钱八分四厘。〇上十七款，凡七百十九两七分。解粮库者三：一、随漕银二千六百五十六两二钱八分九厘；一、浅船银九十八两三钱六分一厘；一、闲丁银四钱。存留支解者四：一、坐支关帝三祭银三十五两七钱四分二厘；此系地丁项下动支，计额征地丁起运等银凡二万九千八百七十三两六分一厘，除支此款，得存二万九千八百三十七两零，如今起运解藩库数。一、坐支祭祀、役食、孤贫等款并解府役食等款银八百五十三两二钱九分三厘，县牍存留支解支给各款：〇岁解本府禁卒工食银十两五钱八分四厘。·岁解本府库子工食银二十一两一钱六分八厘。·本府斗级银内抽解督辕吏役银四两二钱三分二厘。·分归长沙县斗级三名，银十三两三钱三分六厘。·分归善化县斗级二名，银八两八钱九分二厘。〇上五款，凡银五十八两二钱一分二厘，均九月内分别解。〇县门子二名，工食银十两五钱八分四厘，内抽银九钱四分四厘。·县皂隶七名，工食银三十八两一钱二分三厘，内抽银十七两一钱二分八厘。·仵作三名，工食银十五两九钱八分八厘，内抽银二两六钱四分八厘。·捕快八名，工食银四十一两一钱四分八厘，内抽银十五两四钱一分四厘。·民壮十名，工食银五十二两九钱二分二厘。·马快八名，工食银四十二两三钱三分八厘，内抽银十四两三钱一分六厘。·库子四名，工食银二十一两一钱六分八厘，内抽银七两二钱三分三厘。·禁卒八名，工食银四十二两三钱三分八厘，内抽银二两，又领抽帮银十五两八钱七分六厘。·轿、扇七名，工食银三十七两四分六厘。·斗级四名，工食银二十一两一钱六分八厘，内抽银七两二钱四分。·八铺铺司，共工食银二百五两三钱八分三厘，内抽银五钱。·县前渡夫工食银八钱九分七厘。○县丞门子一名，工食银五两二钱九分二厘，内抽银四钱七分二厘。·丞皂隶四名，工食银二十一两一钱六分八厘，内抽银一两八钱九分五厘。·丞马夫一名，工食银五两二钱九分二厘。○典史门子一名，工食银五两二钱九分二厘，内抽银四钱七分二厘。·典皂隶四名，工食银二十一两一钱六分八厘，内抽银一两八钱九分五厘。○典马夫一名，工食银五两二钱九分二厘。·巡检皂隶二名，工食银十两五钱八分四厘，内抽银一两二分。·巡弓兵六名，工食银十五两八钱，内抽银一两四钱。○儒学门斗工食银十二两七钱一厘，内抽银七钱一分六厘。·廪生二十名，饩粮银四十二两三钱三分八厘。·廪生膳夫银十一两七钱六分。○文庙春秋祭银三十五两二钱八分二厘，又香烛米折银一两一钱一分一厘。·崇圣祠祭银七两一钱七分四厘。○名宦乡贤祠祭银七两一钱七分四厘。·神祇坛祭银八两五钱八分四厘。·社稷坛祭银八两八钱二分。·邑厉坛祭银十两五钱八分四厘，又米折银九钱二分六厘。○孤贫口粮银二十九两六钱三分六厘。○上三十款，凡银七百九十五两零八分一厘，并解府库。役食五款银，凡八百五十三两二钱九分三厘。其内有抽解、抽帮二款，凡抽银七十五两二钱九分三厘，分别支解，县牍抽解、抽帮款：○抽解抚辕、藩辕吏役、廪工银二十七两七钱五分八厘，又后（拥）［摊］① 银十七两七钱五厘。·抽解盐宪衙门武执事工食银十一两四钱五分四厘。·抽解臬宪衙门刑具银二两。·抽移善化县南门总铺司银五钱。·抽帮加给本县禁卒工食银一十五两八钱七分六厘。○上五款，系各役工食银内抽出，凡银七十五两二银九分三厘，合抽解、抽移、抽帮如数。○按：今存留、抽捐二项解稿，每年又捐驿站房四季纸张、饭食银八两三钱五分四厘，捐户书饭食银二两二钱九分三厘，捐刑书饭食银二两六钱八分，皆解盐道。又捐更夫银一两三钱，茶号房四季工食银十二两，解府。其外有知县养廉等款，凡银一千四百一十五两二钱七分五厘，须请领，不坐支；县牍请领各款：○知县养廉银一千两。·文昌庙祭银三十五两七钱四分二厘。·雩祭银五两。文庙、崇圣、名宦、乡贤诸祭补荒银六两五钱二分。·神祇、社稷坛补荒银二两五钱九分六厘。·邑厉坛补荒银二两七钱五分。·县丞俸银三十五两二钱八分一厘，补荒银四两七钱一分九厘。·巡检俸银二十

① 据文义改。

七两八钱一厘，补荒银三两七钱一分九厘。·典史俸银二十七两八钱一厘，补荒银三两七钱一分九厘。·两学官俸银二十七两八钱一厘，补荒银三两七钱一分九厘，加品俸银四十八两四钱八分。·两学斋夫银三十一两七钱五分三厘，补荒银四两二钱四分七厘。·门斗补荒银一两六钱九分九厘。·铺司补荒银二十七两四钱七分三厘。·渡夫补荒银一钱。·廪生补荒银五两六钱六分三厘。·膳夫补荒银一两五钱七分三厘。·孤贫不敷口粮银四十四两九钱一分四厘。·民壮补荒器械银十六两九钱一分。○又各役补荒银共四十五两二钱九分五厘，计县茶房一两四钱一分六厘。·皂隶四两零二分。·马快五两六钱六分二厘。·禁卒五两六钱六分二厘。·丞署四两二钱四分八厘。·典署四两二钱四分八厘。·皂捕三两八钱七分九厘。·巡检皂隶一两四钱一分六厘。·巡弓兵二两一钱一分四厘。·仵作二两一分二厘。·斗级二两八钱三分二厘。·库子二两八钱三分二厘。·轿、伞四两九钱五分四厘。一、坐支办买松板价银十一两九钱四分三厘；一、坐支办买芦席价银七两六钱六分一厘。上二项今并随漕银解粮库。诸由地丁各正款钱粮支解其耗羡项下银：一、解藩库凡银三千四百六十两五钱八分三厘，遇闰加解四钱六分四厘，其内坐支佐杂三员养廉银一百八十两；一、解粮库凡银二百七十七两四钱二分五厘。内计随漕耗羡银二百六十七两五钱八分九厘，浅船耗羡银九两八钱三分六厘。其杂税若牙、茶、牛、地诸款，并别解藩库。

其征之于民也，饷夏、秋分半，漕、南则以秋有赴邑纳饷者，大户多自纳。有赴仓兑漕者，东南大小户赴县仓纳，西北大小户各赴西北仓纳，由官运至岳州仓兑军。有由都差催纳、代纳者。减则以来，罕逋欠矣。诸赋税之数，今或有与前志小异者，谨并志之，不能悉究其由焉。附：巡抚赵申乔《禁火耗杂费示》略云："湖南地瘠民贫，苦累不一，其最朘虐而可痛恨者，莫如横行私派与重收火耗二端。大约正供之外，巧设软抬公费、脚价诸名目，有案粮加派三钱至五钱不等者，有借称公务逐事私派，一年之内难以数计者，地丁销算有派，驿站销算有派，刑名费用有派，漕粮、南粮费用有派。甚至州县到府与府厅到省，无一不派；上司生辰令节与新官到任铺设、过客下程代仪，无一不派。且地方官之食用物件，有发价之名，无发价之实，亦无一不派。况衙门之蠹役恣其需索，经手之里胥任其操纵，是官之所得者一，而下之所出者不至于二三不止。又花户完纳条编，重戥称收，每两加耗二三钱不等。嗟此茕黎，敲脂吸髓，无怪颠连困苦，日即于流移死亡，而莫知究极也。我皇上仁覆遐壤，虑切民艰。本部院陛辞之际，亲承天语，特颁谕旨：‘严饬大小属员痛改前非，洗心奉职，力减加耗，尽革私征，务使流移者复返乡闾，守业者获安陇亩，以副朕轸念远省民生至意。’跪捧丝纶，湖南数百万生灵感沐再造。本部院莅任之日，即恭设香案，宣读圣谕，仍誊黄刊布，通晓官民一体钦遵。诚恐不肖官役，利欲熏心，罔知洗涤，甘蹈法网，有负圣天子浩荡洪慈，为此示，仰抚属官吏军民人等知悉。湖南百姓困于横征，已非一日。今我皇上洞烛情弊，严行警饬，且姑宽既往，许以自新，诚尔等官吏悔罪为福之时。本部院忝任抚绥，躬膺表率，若仍听积习相沿，不为小民寻一生路，上辜主德，下拂民情，本部院虽死葬江湖，不足塞责。昔人有言：‘一路哭，何如一家哭？’嗣后，如该地方官不遵谕旨，怙恶不悛，擅于额征条编外私派分毫，及仍前重收火耗，剥削小民，逢迎上司，而司道府厅亦利其赃私，通同徇纵，是诚不畏刑法也，是诚不顾子孙也。本部院心清面冷，立刻参拿，追赃治罪，断不稍避嫌怨，姑为宽假，使髓枯赤子终无求活之门，胆大贪官仍享悖入之利。亟宜省改，无陨身名。”〇又《革上行下效积弊示》略云：“湖南僻处遐徼，叠遭兵燹，虽圣恩浩荡，蠲恤有加，而民气凋残，疮痍未起。所赖身任地方者，涤除苛政，悉意抚绥。我皇上圣明远照，洞察民艰，特以重耗私征，天语丁宁，务期厘剔。本部院钦承谕旨，已经给示分发，饬禁在案。但州县亦邀一命，岂真瞀不畏死？所以横行而无忌，总由上下之通同。郡守者，州县之表率也。今湖南知府以及直隶知州，于所属起解钱粮，不论地丁、南漕、驿站，每百索银三两，或名验批，或名朱资，或名公堂，或名过平，名目虽殊，婪赃则一。又加奏销一项，该管府州亦惟逐项追求，每县每项勒索规仪四十八两、六十两以至一百二十两不等，檄催差取，公然勒索。再如盘察仓库，原杜有司亏空，而承察府州每小县索取常规一百二十两，大县索取常规二百四十两，惟较馈送多寡，不问仓库盈虚。此外种种苛求，更难悉数。知府、直隶知州取之州县，则州县不得不取之百姓，借剑而杀，其非自杀之也，一间耳。知府、直隶知州如此，更进而上之，谅有同心，无待言矣。伏读钦赐御书亲制《督抚箴》有云：‘曾是源浊，而流则清？曾是表正，而影则倾？’大哉皇言！其戒勖督抚之意切矣。然则，处兹地而言澄源端表之道，当自巡抚始。巡抚贪，则属员安得不贪？属员贪，则穷民安得不逃且死也？本部院身受隆恩，殚心报效，先以一己为属员倡。为此示，仰抚属官吏军民人等知悉。如巡抚稍有不肖之念，或有非法之事，尔等官民即当共声其罪，以为负心殉欲之戒。傥本部院正己率属，自问无愧，尔等属员仍然需索下属，克剥小民，使天恩不被遐壤，残黎独抱向隅，本部院嫉恶如仇，断不能姑留败类，日朘民膏。霜简一登，身名俱丧，亟宜猛省，毋贻后悔。”〇按：二《示》皆征赋役之弊，前志录之，附识于此，以告为民父母者。

卷六　食货二

屯田

明洪武初，长沙设潭州卫，后改长沙卫。国初仍之。康熙二十六年，裁卫所，屯田归各县辖之。浏于是有屯田之赋。凡额内外实成熟田、地、塘、坝六顷五十六亩五分七厘，《戊寅志》：“原额中则田四顷九十九亩五分四厘一毫一丝九忽八微，中则地三十九亩二分八厘九毫六丝六微，中则塘、坝四十三亩一分二厘二毫九丝七忽一微，共计五顷八十一亩九分五厘三毫七丝七忽五微，除远年坍卸田十亩五分三厘七毫七丝，实成熟田、地、塘、坝五顷七十一亩四分一厘六毫七忽五微，加额外康熙三十年丈量案内丈出地十亩四分八厘四丝七忽五微，雍正六年于题明事案内丈出田七十四亩六分七厘三毫四丝五忽，得如今额。”实科屯粮二十九石一斗八升八勺八秒九撮二圭五粒三粟，原额田每亩科粮四升四合四勺四秒四撮四圭四粒五粟，该粮二十二石二斗一合八勺三秒一撮二圭九粒九粟，地每亩科粮照田则例，该粮一石七斗四升六合二勺四撮七圭三粒三粟，塘、坝每亩科粮照田则例，该粮一石九斗一升六合五勺七秒六撮五圭一粒三粟，共额粮二十五石八斗六升四合六勺一秒二撮五圭四粒五粟，除失额粮四斗六升八合三勺四秒二撮二圭二粒八粟，实该粮二十五石三斗九升六合二勺七秒三圭一粒七粟，加额外康熙中丈出地粮四斗六升五合七勺九秒八撮八圭九粒五粟，雍正初丈出田粮三石三斗一升八合八勺二秒四粒一粟，得如今额。岁征屯饷银十二两八钱七分八厘九毫八微四尘三纤六渺七漠三茫。原额田、地、塘每亩科银一分九厘六毫一丝五忽四微二尘六纤九渺六茫，该田银九两七钱九分八厘零，该地银七钱七分六毫零，该塘、坝银八钱四分五厘零，共征屯饷银十一两四钱一分五厘二毫七丝一忽七微三尘六纤一渺八漠三茫，除失额无征银二钱六厘七毫一忽四微八尘四纤一渺七茫，实征银十一两二钱八厘五毫七丝二微五尘二纤七漠六茫，加额外康熙中丈出地银二钱五厘五毫七丝八忽九微九尘一纤三渺三茫，雍正初丈出田银一两四钱六分四厘七毫五丝一忽六微二渺九漠四茫，得如今额。按县牍，今征十三两八分五厘四毫，解藩库。乾隆四十一年，覆准归并长沙卫屯田，加征银两津帮岳州卫运军，每亩加征银一分二厘三毫三丝八忽六微三尘六纤五渺四漠七茫，凡加征津贴银八两一钱一厘一毫七丝八忽五微九尘七纤六渺六漠三茫，不加耗羡。按：此项今解粮库。盖屯饷悉归征解，天下承平久矣。

豁粮纪略附

浏田赋，往不可考，旧志传宋元田、地、塘三千九百七十余顷，亩以一斗七合科，凡秋米四万一千石有奇。一作“四万二千零”。康熙中知县韩爆《申大宪详》云：“原额田三千九百余顷，粮止四万余石。在元时未有科则，亦无条饷，每亩止输粮米一斗零七合。故四万余石系逐年所纳秋米之数，非额载科粮之数。后因明统将纳粮米数倍加，载秋粮八万一千有零输赋。”据此，则四万之数实粮米，非科粮之秋粮也。明初，伪汉参政易华掠浏阳米四万输陈友谅，明祖怒，既定天下，倍科浏赋至八万余石。每亩以二斗一升四合科。永乐、嘉靖间，丈增顷亩至四千余顷。详下王培生《四苦禀》。万历十年，且骤增为九千二一作“七”百余顷，定以九升二合七勺起科。当时莫敢言赋重。世传行一条鞭法时，浏阳粮一石征银三钱六分，康熙中，邑人徐一贞等呈云：“嘉靖以前，每石征银二钱八分。万历以后，每石征银三钱二分。”今从龙昇《试策》及刘士玺等公呈。或称便。一条鞭者，总计括一州县赋役，量地计丁，丁粮毕输于官。一岁之役，官为佥募。力差，则计其工食之费，量为增减；银差，则计其交纳之费，加以（赠）［增］[1]耗。凡额办、（流）［派］办、京库岁需与存留、供亿诸费，以及土贡方物，悉并为一条，皆计亩征银，折办于官。颇简便。嘉靖间，数行数止，万历九年乃尽行之。然嘉靖十一年，知县苏志皋行倒甲法，浏阳旧八十坊里，时仅存五十矣。未几，加京边王粮及辽饷、按：明天启、崇祯间，浏阳岁派征京边王粮军饷共银三万五千九百九十两三钱有奇，每岁或欠一万数千或二万二三千不一，经征知县马璿、张椿、陈运及署县萧思伦、梁可柱等先后被参劾云。〇附：康熙中知县王珽《请豁辽饷详》略云："卑职查浏邑，《全书》编载原额秋粮八万一千一百三十石八斗九升二合零，除每石应征起存条银四钱三分二毫六丝零外，于万历四十六、七、八三年内加增九厘辽饷银一万二千六百一十五两六钱一分八厘，计每秋粮一石，加征银一钱五分五厘四毫九丝七忽零。除豁荒芜外，节年开垦及三十年丈增，尚应征成熟辽饷银九千五百八十八两七钱二分六厘一丝零，从未奉文除豁，现在逐年征解实征，奏销可据。合邑士民呼吁前来，相应备悉申覆。倘沐宪恩，获于督宪咨询地方兴革事宜案内邀恩请豁，则事出一时，泽施万世矣。"剿饷、崇祯五年，总督卢象昇请加官户田赋十之一，民粮十两以上同之。既而概征每两一分，名曰剿饷[2]。练饷，崇祯初，杨嗣昌督师，亩加练饷银一分。每石征银六钱，其间又代编监利、沔阳、湘潭诸州县银有差，时正供外，代编监利县、沔阳州银一千八百二十二两九钱六分，又代编湘潭惠、桂二王膳租银五十两二钱六分八厘。逋负累累，官吏受谪罚，而民益困。

崇祯初，知县冯祖望白浏民"八难七苦"及十年完欠状，冯祖望《八难七苦详》略云："浏阳深居万山，界连江省。陈友谅之乱，往来鄱阳、洞庭间，一时遭兵者，争避于此，山巅崖畔，无地不耕。及时平世易，民兴乐土之思，渐返外境，则浏阳之逋亡，盖非一日。又以山势险峻，四境之中，曾无百亩之原、十家之聚，逶迤山隙之间，迢递而耕。故一家绝则一境荒，一户逃则数山废。近因加派数多，民不聊生，挈家携族，逃亡过半。每年逋欠，必以一万六千为率。卑职近勘荒公出，穷乡僻壤，无地不到，

---

① 据《明史》卷七八《食货志二·赋役》（张廷玉等撰：《明史》〔简体字本〕，中华书局2000年版，第1269页）改。下同。

② "每两一分，名曰剿饷"，《明史》卷七八《食货志二·赋役》（张廷玉等撰：《明史》〔简体字本〕，中华书局2000年版，第1270页）作"每两一钱，名曰助饷"。

颓垣败壁，所在皆然，白苇黄茅，一望即是。当此不为浏民请旦夕之命，讵不上负国恩而下负所学？故受命以来，夙夜饮冰，拮据半载，始有头绪。今按通邑荒芜绝户、实难垦辟者，共计粮五千九百八十七石，恭具文册申详，伏惟宪台俯采末议，概赐题请，即予蠲恤。万不获请，或于本省通融酌量，略从宽宥，庶几国课得以稍完，民生不至尽窜。谨将合县情形，胪为十五条，名曰‘八难七苦’。伏冀公余之下，俯赐电烛。不然，循此以往，不加抚恤，则逃者愈逃，荒者愈荒，欠者愈欠，日增月甚。卑职一身之去就不足惜，而困极变生，当有不忍言者矣。·一曰田无科则之难。查全楚赋役，长沙较他郡独重。而长沙诸邑，亦复均为三等，上者七升，中者五升，下者不过四升，惟浏之粮，概以九升二合七勺起派。故虽山巅崖畔，极瘠之地，输课亦同于沃壤。加派重而岁入不足偿赋，斯逃亡接踵。合无得援各邑之例，稍为酌量，以苏民困。·二曰丁无增减之难。粮之厚薄视其田，丁之多寡视其粮，斯征输均易为力。浏邑廒经所载，有粮百石而止数丁者，有粮无升合而多至十余丁者。每轮大差，则计丁而课之，南、兑二役，每丁约费银三两有奇，丁多之家，无不望风远遁。甚至人既逃亡，丁犹在籍，则有房绝归户、户绝归甲之说，里递因之而并困，故一丁逃则通户累，一户绝则通甲累。合无照令典事例，五年一审，二十上丁，五十退丁，丁皆占实，庶役犹可支。·三曰绝户追溯之难。凡粮存而人亡者，谓之绝户，如张其义、李广师之类是也。绝户之粮，动以百计，或十甲之内绝一二甲甚至六七甲者，或一甲之中绝三四户甚至六七户者，按籍则有，征粮则无。合无将前项钱粮，姑从缓征，召募开垦，俟渐次成熟后起科输纳，庶几绝者可冀复续。·四曰浮粮稽核之难。人存而田无者，谓之浮粮，如龚吉、胡求之类是也。此由先年奉丈，宽窄未均，且田居山顶，层级而下，如鱼鳞、瓠子，丘小形奇，未能悉合丈法。而楚俗之田，又不论亩而论石，或一石多二三斗，或一石少二三斗。民间交易田产，只以谷种计，照种收粮，堕遗为累，甚者贫民窘迫，将产典卖，豪强者因之择肥弃瘠，丢粮匿税。所以无粮之租饱乎豪橐，而无征之粮悬于公家，弊成积渐，匪朝伊夕。合无通邑丈量，以清夙害。·五曰逃丁招抚之难。人所以恋恋故土者，以有有生之乐也。浏荒粮既多，丁差累重，故每当大差，逃亡相继，又终无变计，户以及户，甲以及甲，甚至本不欲逃，及预计某人之累必至，遂携妻子弃田里而去，无从踪迹者，比比皆是。合无将役法稍变，以招流亡。·六曰荒芜开垦之难。浏邑举目荒芜，然除绝户久荒之田，不过四千余石。若不论土著、客民，有能具牛种者，即给帖，许令永远得业。三年之外，必有可观。合无晓谕远近，不必心怀疑畏，并于开垦未熟之候，仍缓追呼，庶石田丰草，不难渐辟。·七曰异省勾摄之难。浏邑毗连江右，流窜之民，朝发而夕出境。凡有逋欠，即携家挈族，潜往萍乡、万载、宜春、袁州、宁州等处。迨至关拘，动淹岁月，而南、兑各项不能缓待，因差逼亲族垫补，虽稍有身家者，亦累不能支。·八曰追呼不应之难。浏民僻处万山，里长星散，每至比较，延匿不前。前任各官不得已而比及花户，迨花户又逐名取保，而浏民始无复有都里约束。故一丝一勺，必人人而问之，官之琐屑既甚，民之供应愈难。·一苦于州县之代编。浏之正供，因荒芜逃窜，每年逋欠几及二万两。查《全书》开载有代编监利县、沔阳州银一千八百二十二两九钱六分，近又代编湘潭惠、桂二王膳租银五十两二钱六分八厘。夫监利、沔阳当日必有万不得已，而后为此通融之策，但分疆画界，各有额征，可暂为代，而不可常为额也。况湘潭较浏，湘肥浏瘠，浏代湘编，毋乃倒置？且今日之浏，方望代于他州县之不遑，讵堪为他州县代耶？合无将代编一项，各还正额，庶得以无名之输，先完正供之赋。·二苦于重差之叠至。浏田既瘠，布种之外，全不加粪，每田一石，丰收不过得谷十石有奇。近自加派，溢额之半，粮银每石六钱八分零，南、兑两仓又加海米，每石共粮四斗有零。有田之家，卖谷十二石始得银一两，仅仅完粮，尚恐不足。及至十年，计田起差，富者尽营轻仓，官与为市，贫者悉得漕兑，每石费银二两，势不得不负省债而归，徐图剜肉。奈漕米甫完，南粮复届征收，解运仍止。漕兑之人纵使略有身家，十年无不彻骨。·三苦于舟楫之不通。浏水发源大围，仅止一线，而四十八滩湍急陡峻。南兑又在秋冬水涸之际，河狭石怒，计程五日，方抵大江。一船所运，不过十余石。其穷谷深崖，离水次稍远者，攀援而至，一人之力负米五斗，三日始达城市，比输米入仓，往返食用盘费，此五斗者已十耗其半。是浏邑之粮，无论自县到省，自省到岳，官有各项垫赔，即由乡达县，民已为费不赀。·四苦于秋成之半入。农家一岁之计，惟仰借于秋成。浏田依山垦种，高下不一，其在山巅者希雨泽，其处洼下者冀晴霁。故五六月间，十日不雨则高者荒，十日连雨则低者汩，即岁歌大有，通计止有半获。夫以半入而完全粮，此亦不可几之数矣。·五苦于商贩之勒卡。浏邑舍谷米而外，一无所出。当开征之始，谷未登场，皆预向客借，谓之揭谷。谷二十石，始得银一两，期满不偿，则又控累不休。而浏民之弃产业、鬻妻子者，殆无虚日。·六苦于催科之无术。浏邑荒绝几半，万难追比。然国课不能虚悬，须有法以调剂之，令民晓然明白，踊跃输纳。而近来县无正官，且叠经罢黜，官浏者视此席为畏途，其猛鸷者任鞭挞，宽缓者耽诗酒。浏民无天日之望，含怨积忿，轻去其乡，非一日矣。·七苦于频年之堕累。查照浏邑南粮自天启六年起至崇祯四年止，全未征解；北绢自崇祯二年起至五年止，全未征解。南粮既六年并征，而北绢又缘前官苟且，致经驳换二千零八匹，署印梁训变价，每匹缺少五钱，共缺银一千零四两，又绢脚等费一百八十六两。浏民之脂膏已竭，万难重派。此外尚有折布江、济、楚郡王禄银、将军禄银等项一万八千有奇，自神庙以来，并未分毫起解。点金煮石既乏奇方，亦惟心枯髯秃而已。”巡按余应桂前志作“一桂”为奏免绝粮五千九百余石。

及国朝定鼎，且减一万八千石。每田十亩，时征银六钱三厘、漕米一斗七升三合、南米一斗五升九合各有奇。兵燹后，荒绝多。顺治十年，偏沅巡抚金廷献疏陈湖南民命凋残，请豁荒蠲欠，上许之，又豁浏阳粮万余石。时存额粮五万三千有奇，知县徐维岑均为五百甲，甲输百有六石余，岁幸无逋者。十五年，知县宋时亨先后报垦粮近万，遂增为六万二千余矣。十八年，世祖章皇帝以前明所怨，或钱粮甚重，或不令以牛耕，皆不可踵行，诏有司奏报，巡抚杨茂勋以浏阳、湘乡堕粮告。康熙初，巡抚刘兆麒及总督张长庚、偏抚周召南复相继请减，附：巡抚刘兆麒《查覆浏阳、湘乡二县堕粮题》略云："臣先奉顺治十八年三月上谕：'明洪武以后，因有仇怨，或一处钱粮征收甚重，或一处不许牛耕，叫人自耕，或并妇人女子为娼，或已故之人不许葬埋在地，抛弃于河。我朝岂忍踵行此等？敕各督抚查明具题在案。'经楚抚臣杨茂勋题报有长沙府属浏阳、湘乡二县堕粮情由。嗣臣谨疏堕粮一案，事关钱粮，必期始末详悉，势难依限完结，题请展限两个月等因。今据湘乡县知县陈拱照、浏阳县知县韩爆详称，二邑堕粮，原因助粮陈友谅，明太祖仇怒加科。浏原粮四万余石，加至八万一千一百三十石，至今为额。今遵上谕，行令详察具题。是以浏阳详报照依原额田、地、塘三千九百七十四顷零、每亩原额米一斗零七合起科完粮，吁除倍加照粮增亩之虚数为请，并赍明时所刊志书前来。臣等查得，浏阳县额载田、地、塘九千三百一十三顷零，据云洪武倍加，则元之顷亩应有四千六百五十六亩，今开原额田地止三千九百七十顷，是又与倍加之数不符。县详称至嘉靖时以八万一千有零输粮之数，改作田、地、塘顷亩之数，何又不合《全书》所载？且湘乡求减荒粮，照熟粮均输，而浏阳事同议异，及粮石、顷亩不符所开之数，有何确据，合行驳查。又据湘乡县申称云云。浏阳县知县韩爆申称：'阖邑士民公称，志书所云原额田三千九百七十顷零，粮止四万余石，在元时未有科，则亦无条饷，每亩止输纳粮米一斗零七合，共计四万余石，系逐年所纳秋米之数，非额载科粮之数。后因明统将纳粮米倍加，载秋粮八万一千有零输赋。又因嘉靖、万历年间奉丈浮粮甚多，田亩实少，故将田、地、塘分为三则，作成弓口，以盈粮数，故田少粮多。浏阳负三百年之重累，今幸皇仁下颁，恩豁前明仇恨之民，浏民无一不仰望云霓。'等因。长沙府知府钱奇嗣：'看得两县粮数不符之故，盖因宋元粮轻，止从田地科派，后以前明堕派粮重。其湘乡止请以现在熟粮为定额者，恐不允从之故耳。窃思皇恩浩荡，惩前明之锲刻，怜小民之重困，出百姓于三百年水火之中而登衽席，此亘古所希而于今为烈者也。况江西南昌、袁州、瑞州三府浮粮，一旦尽蠲。今湖广十有五府，而浮粮止两县求复宋元旧额，有不一视同仁者乎？’等因。臣查看得浏阳、湘乡二县堕粮，湘乡县求照熟粮四万一千之数定额完解，浏阳县则求复宋元旧额四万二千四百七十九石零，又经臣驳查详覆。事关钱粮，国课攸系，既奉上谕清查，应否豁减，统候部覆定夺，非臣所敢擅议。除将志书送部查考外，臣谨会同督臣张长庚、偏沅抚臣周召南合词具题，伏乞敕部议覆施行。”○又总督张长庚《疏》略云：“伏念普天王土，咸沾盛化，一夫不获，引为己辜。我皇上因星象示异，勤加修省，特谕内外诸臣各抒所见，明白陈奏。仰见皇上体念天心之仁慈，悯生民之疾苦，臣备职督员，敢不仰奉纶音，择其有关于国计民生者，敬为皇上陈之。案照顺治十八年三月二十三日恭传上谕：‘明洪武以后，因有仇怨，或一处钱粮征收甚重。我朝岂仍踵行此等？着部察议具奏在案。’后经前抚臣杨茂勋题报有长沙府属湘乡、浏阳二县堕粮情由。随于康熙二年六月内，前抚臣刘兆麒题覆前事，因奉部驳云：‘查核送到志书，止传陈友谅旧籍征粮等语，并无洪武仇怨加增字样。且系嘉靖、万历时刊造，不便作为凭据。’遂尔未蒙允行。今钦奉上谕有‘勿以为已经奉旨之事，瞻顾因循，不行陈奏’。此臣所以备悉二县之苦情，敢冀浩荡之恩。窃照湘、浏二县凋敝残邑，实非沃土，而硗确之区科粮偏重者，盖缘明初土逆易华助粮陈友谅，致明祖索粮倍征，一时仇怨加增，乃遂为二县定额。考湘乡在宋元实粮三万三千三百五十九石一斗零，明初堕至十万八千七十三石九斗零；浏阳在宋元实粮四万二千四百七十九石零，明初堕至八万一千一百三十石零，此则旧明志书之数也。究其流害，沿至嘉靖、万历年间，奉例丈量，湘乡在宋元粮止从稻地派则，后明堕派粮重，悉以荒山涸池，一概载入册中；浏阳粮浮田少，后清丈时将田、地、塘分为三则，而又不合浮数，不得不照粮计亩，因而加添弓口。在前之志书，既不敢载明初仇怨之实事；后之清丈，只循嘉、万奉行之空文，此则明季永无求减之故也。故自元至明，田粮额增一倍有余，人民苦累三百余载。近来每当兵燹，逃散丧亡，抛荒不知凡几。今皇上痛切民艰，敷求直言。臣念此两邑之残黎莫拯，三百年之积累难申，嘉靖、万历之志书可凭，司道府县之查确有据，且湖广十七郡州，止湘、浏二县独苦堕粮，则他郡无加增之例，乐输正供，则二县有吁减之情，敢再恳将湘乡、浏阳二县豁减明季加增之浮数，仍复宋元以前之原额，则前代倍征之惨，得出水火，而后来生聚之众，仰赖洪慈如天之仁，真福被万祀矣。”○又巡抚周召南《疏》略云：“康熙四年，准吏部咨：‘内而部院科道，外而督抚，各陈地方利弊。’臣查不便于民者，莫如堕粮一事之为累也，而湖南浏阳、湘乡二县，实受堕粮之苦。案照顺治十八年恭奉上谕，时抚臣杨茂勋、抚臣刘兆麒俱先后上陈二县堕粮之苦，后部覆以所引志书系万历、嘉靖年间之刊本，致未蒙准。臣窃思二县堕粮之累，父老咸知，家户共晓，业已彰著于三百年之远矣，岂有谬哉！且志书虽刊自嘉、万，而传闻亦必有因。如欲今日寻明初之旧本，经数百年兵火之后，世远人亡，又安望其能搜获哉？皇上以尧舜之仁，救民水火而登之衽席，复痛民隐而革弊政，大哉王言，纶音已布，草野莫不欢呼而望恩。伏乞敕部仍遵前谕，豁免施行。因抚臣杨茂勋、刘兆麒原疏俱在户部，未敢烦赘，相应题明。”〇附周召南《六县民穷疏》略云：“为六县民穷可虑，曲设万不得已之法，以救民生，以固地方事。据布政司于朋举呈详到臣，臣查湖南计赋六十余万，止可供本地兵饷，而户、礼、兵、光及金花等项，俱不及解。是皇上养楚南之兵，而未尝取楚南之财也。但养兵原以卫民，今民力竭矣。至竭者，如安仁、耒阳、平江、浏阳、宁远、长沙六县，难通舟楫，谷贱如泥沙，变粮不及，妇子老幼日有不能支持之势，且有司畏其考成，敲扑酸心，逃荒叠见，收拾愈难。臣午夜焦思，深慨挽救无术。今佥司道会议，不敢动兵饷外，于官役俸食中摘出，每季一月，可得存留银四万四千余两，将银代六县中穷里之民完赋，以穷民取得之银，每两取力田之谷二石贮仓，再以官俸役食之缺项，支不能起运之漕米，即以输谷抵漕米，赈济急作赈济，漕米急作漕米，米谷各还其得，则米免腐朽，公私两得其便，则民受利益。一转移间，而数善备焉。变通数年，而谷价少足，再足还其得，俱属可行。臣谨题明，伏乞我皇上敕下该部，俯允施行。”上明《邑志》，陈堕粮之害，并格部议。方是时，岁征饷三万六千两。会西山之役，《通志》：“康熙二年，‘一只虎’余党李来亨、马腾云诸贼踞西山岩谷间，发湖南、陕西、四川兵各三万讨之云。”派运夫、草，视所堕粮额为率，月需银万五千余两。先后派夫五千名，每名月雇价三两。岁且旱，民重困，以大吏请，先后得蠲饷万有四千余两、米四千余石。见“蠲免”。而道员张瓒下县清丈，又强报垦米千有七十余石，故积逋犹多。附：知县韩爆《俯察逃亡详》云：“窃照浏阳县僻处山陬，因堕粮一案，赋税倍于他邑，幸我朝定鼎，除荒征熟，原报熟粮四万起税，复奉宪檄报垦，节年以来，前令又报加垦二万余石。卑职于顺治十八年十二月莅任，查阅交盘，除十五年以前俱蒙皇恩豁免外，其十六、十七、十八年约共积逋八千有余。卑职多方设法，抚集逃亡，昼夜焦劳，心血几枯，于前令每岁所不能取盈者，除原饷粮俱全完，已蒙宪台题叙纪录在案外，其节年逋欠，又渐次追征完解五千有余，卑职亦不可谓不极尽勤劳矣。至二年各饷，除春、夏二季业经全完，只缘征剿西山逆贼，日奉宪檄，提取背夫、草束、槽刀、锅桶、棕袋等件，屡行征办无已。大约计之，浏邑熟粮不过四万石，又增以节年虚垦二万有余，每岁征饷共三万六千两，民苦凋残。加以旱灾频仍，正供方竭蹶难输，数月以来，夫差叠至，总计前后派取人夫约近五千名，每月每名雇价三两，每月约用一万五千有奇。是即百姓两月之夫价，即可当一岁之正供，况草束、槽桶等件又繁然其多费！

夫以全楚州县计之，其堕粮一案，赋重难支者，仅浏阳、湘乡二邑，但湘乡节年全未报垦，浏阳又多浮加。嗟哉！浏邑不独不可与全楚较，并不可与湘乡较。今夫从粮起，浮粮既重，夫役愈增。夫以一年之正供，积日累月，方苦力有难支，而夫役所及，辄欲外增一岁正供之数于两月之间，且取盈旦夕，矧复月以继月，更自亹亹不已也。统而汇之，不将积七岁之正供，始足以供一岁之征求乎？譬之仅能行百里者，一旦欲其行千里，仅能举百钧者，一旦强之举千钧，虽极力尽心，此必不可得之数也。浏民之所以抛庐墓，弃田土，甘心长往而不顾者，此也。伤哉！斯民何不幸而生于浏邑，卑职何不幸而莅兹浏邑，更何不幸适当此夫役繁兴之浏邑。值兹天威震动之时，卑职曷敢告蠲告减，冒干军令？但含而不言，则必多迟玩之愆；言而不尽，是自蹈暴弃之咎。日疾首蹙頞，不得不恸哭流涕，呕心泣血，敬陈其略。仰求察浏邑之情形，鉴末吏之苦衷，于万无可宽假之内，稍加一片宽恤之仁，使卑职得设法招抚，渐次措办，以效力于犬马，则此生不尽之日月，皆宪台充布之仁慈矣。”〇又熼《派解军需详》略云：“奉各宪台派解前后军前草六十四万二千束，夫四千五百七十名，及槽桶锅铡等项。百姓见军需紧急，相率而逃。卑职奉调八帘旋县，备将惊窜情形详报各宪台，蒙批在案。又经单骑沿乡招抚，委曲开导，渐次复业归来，设法劝输，将前锅铡等项已经竭力措办全解外，其夫、草虽未能全完，亦节次解获，批收在卷。但蚩蚩愚民，见夫、草征而又征，解而又解，叠次不已，疲力难支，其所谓设法招徕者，又渐复纷纷逃往江西界矣。其中有全逃者，如汤再兴等；有半逃者，如袁周陈等；有逃二三十名不等者，如陈胜福等；有贫极负固者，如唐胡周等。诚恐军需重务，关系非轻，几欲为申报，不敢也。即其中之刁抗不纳者，几欲为申报，不敢也。且民无兼力，因见夫费繁多，反致正供不前，几欲为申报，不敢也。况此中逃者既多，必致累及存户，愁惨悲凄之状，几欲为申报，不敢也。卑职所以不敢擅自轻报者，满拟逐渐招徕，源源征解，孰敢冒万死不赦之条，为一时无益之请？讵意六月十八日，正在追比间，据五十坊里民何珠玉等以军需重叠，遂相率众赴城，告为军需繁杂等事，周兴保告为颁恩豁免等事，王汤冯告为民遭时艰等事，杨春告为民困已极等事，携男挈女，成千盈百，投递前来，俱皆罗列盈庭，咸共泣辞而去。大约辞称浏邑地瘠民贫，久遭堕粮苦累，国税浮于田亩，兼值兵燹频仍，凶荒叠见，历年办纳，久已剜肉医疮，今值会剿西山，敢不急公报效？奈夫、草源源不绝，髓尽膏枯，皆仰体德意旰食宵衣、神疲舌敝苦情，只得卖儿女、卖妻子、揭新谷、借营债，苟且权宜，今则水穷山尽，剉骨难填，惟有流离他乡，丐食逃命等情。据此，卑职韩爆看得夫、草二项，系关会剿紧急之需。察浏邑地无他产，僻处山陬，平昔久苦堕粮贻累，前蒙恩题豁减，部覆未允，含冤莫诉。盖浮粮倍加，夫、草因之倍重。今值夫、草、粮、饷一时并征，前此逃而就抚，鬻变之计已穷，今且逃而又逃，追呼之檄不已，茕茕孑遗，仅存一息。军令森严，在卑职韩爈敢不遵依尽法征比？奈兹群聚号呼，欲立拿申解，诚恐山城荒僻，反滋意外之虞，欲壅蔽上闻，则睹流亡在道，必致有土无人之叹，追催莫应，何济军需？向奉督台面谕，犹恐蹈沽名钓誉之愆，今见如此情形，不独夫、草难以上应，兼且抛弃禾苗，耕作无人，正供何出？卑职仰屋踌躇，求死无路，不得不冒死直陈，伏请宪台迅发招安告示下县，使卑职韩爈得仰借威灵，再行安抚，免误见在之禾苗，留供将来之赋税。仍祈俯念凋疲残邑，于全楚州县中特怜堕粮一案，恩加宽恤，俾得将正供粮饷，蚤为解济，则军需攸赖，而穷喘稍苏矣。”七年，偏抚周召南奉命来视浏灾，民遮诉堕粮赔荒，累者以千百计。召南亟疏陈残浏疲困状，以事去，疏留中。附：巡抚周召南《请豁堕粮疏》略云：“为残浏疲困已极，遗黎呼吁无路，恳乞终始题豁，以苏民困事。臣奉上谕踏看浏阳灾伤，容臣另疏题报。所有浏民痛心疾苦，绘图难尽，有不可须臾缓者，臣先上陈。旧志：浏邑民赋止四万余石，以堕粮之故，加至八万余石。彼时赋不得完，民之追敲逃亡，已不堪言。至康熙二、三年，以西山之故，派运夫、草，初次人夫每名雇至十两、十二两，次至十六七两，再至二十两，每次派夫千百，积之逋逃，不啻万数。耗此一邑民财，何止数十余万？虽大例在全楚，而浏民照堕粮派夫，较之大县，出夫尚在两倍之外，元气尽丧，至卖儿鬻女，以至逃散四方，不可收拾。加以康熙六年逋赋追敲，愈不堪命。臣至境内，环臣之马，牵臣之衣而哭曰：‘民将儿女卖矣，侄儿卖矣，今妻不可保，将与人矣。此后敲打不知多少，身又不保矣。’哭声不已，臣亦不觉痛心泪下。向堕粮之苦，臣已再三题请，犹未得目睹真切。今既目睹真切，民不堪命，敢不备细实陈，仰体皇上加惠元元之至意。即系沿习陋例，但浏民急公，于大兵进剿之日供应背夫，一岁而耗数岁之财，力已竭矣。今民命死生所系，则堕粮之累所当邀恩亟豁者也。我皇上敕臣问民疾苦，莫有疾苦于浏民堕粮之累者。臣遵上谕，事有不便，具题更改，用冒恳皇上敕部，悯浏民之急公，革浏民之堕粮，则孑遗余生，荷圣恩于世世矣。”既知县侯朴以宽逋赋请，不得命。十年，以忧卒。附：朴《请宽逋欠详》云：“为任疲困已极之地，陈郑图难绘之情，冒罪呈详，恳赐拯援，以全版图，以安残黎事。卑职自七年二月内抵任，田土荆榛，篱舍丘墟，茕茕孑遗，鹄面鸠形。卑职目击心伤，临风挥泪。若匿不上闻，民牧之谓何？为此冒昧直陈其略：一则粮累独重也。夫九赋九式之法，田必应分科则，即以长属十二城较之，上者七升，中者五升，又下则四升。浏邑旧志，自元以来独云每亩一斗零七合，古也。夫以一亩之田不分三则之例，而第云一斗零七合，在古已可诧异。又云明祖即位，有诉浏助陈友谅饷者，上恚之，加科二斗一升四合。夫以一亩之田，堕至二斗一升四合以纳粮，民力几何能堪此乎？此元气大伤之一端也。一则田硗莫比也。浏阳田土，不在高岸，则入泥圻，三日雨则低者没，三日不雨则高者又绝，每年通计不过半收。以半入而完全粮，已不可得，况半入而完倍科之粮。且国准之衡，必取盈焉。竭田之所入，不足供赋四之一，又元气大伤之一端也。一则揑垦堪怜也。明初盛时，官之考成不责催科。明季征输渐急，知县冯祖望即有‘七苦八难’之请。国朝定鼎，蠲荒征熟，八万有零之额赋，除豁荒外，实征五万有奇，民困幸纾。殊蠲荒未几，报垦随至，檄下州县，垦多注上考，垦少注下考。前县宋时亨贪图考成，按荒派垦，民间未挥一锄，未扶一犁，纸上今岁二千，明年一千。至知县韩爃，康熙元、二年间并未报垦。三年，前道张某下县清丈，勒报垦米一千七十五石零。逐年赔无田之粮，供无租之饷，则元气不益伤乎！更有惨者，西山军需，凡糗粮刍茭，照粮派纳，浏以堕粮之邑，同他邑计亩供输。而浏僻处万山，山行则层冈复岭，河运则勺水陡滩，挽输之苦，莫可控诉，他邑供一钟之粟，浏民不啻数钟，他邑供一束之刍，浏民不啻十束。大约以一岁费六七年之正供，诚可哀痛。尤足念者，土满人稀，浏民从无数十丁男之家，有粮二三百石承粮不过一二人者，次以一二人承粮至百计者，少亦一夫动有一二十石之粮。而有田之家，尽无担石之储，租不足以供税，田遂重以累人，故祖宗之遗田竟若遗孽，子孙之承业直若承殃也。又大难变通者，则商路梗塞之为患也。浏固产谷之地，而水陆两路，苦皆艰险，舟运不及二十石，肩挑不过五六斗，通商大贾，谁向此中往来？所以谷米贱如泥沙。民之漕、南二粮，纳本色忧脚费之难，纳折色忧变价之苦，真穷于无告者矣。且民愁于下，天因不顺承于上，连年旱魃，受灾至九分、十分，虽蒙蠲恤，然蠲数限于定例，灾黎之赔纳尚多，悉鬻男卖女以充饷，有心堪痛，无泪可挥。至逃亡莫可追捕，更令守土计穷者。浏东界江西宁州，东南界江西萍乡，南界江西宜春、万载，挈家出亡，朝发夕至。及至关拘，彼地守令方以招抚流离希夸最绩，安肯驱其回籍？所以粮累一重，引类呼朋，连袂而去，或通甲全徙，否或半逃。虽多方设法，责其戚属招抚，然招之或来，难保来之不去。浏民诚若不定之飞鸾，无依之陨叶矣。夫累重而民逃，民逃而田荒，故一甲之中半逃，荒田遍原隰矣，一甲之中全逃，荒田连阡陌矣。田荒赋逋，不得不责令同户之人招佃以安耕，耕者所获不足以充一岁之粮饷，又不得不责令同户之人设法以足赋，则逃田之累存民可知矣。近奉新例，钱粮定限四月完半，九月全完。彼招耕之佃，四月方布种，十月始刈获，又不得不宽至秋成卖租以办纳。总计浏阳逃粮万有余石，以实征六万石有零计之，四分而逃一分矣。故七年、八年兵饷四月未完二分半，卑职已两受参罚，则逃粮之累印官又可知矣。盖民困至于无可苏困之日，故官为于莫可有为之时。所以除顺治十八年以前未完蒙赦外，自元年至八年逋欠粮饷，盈千累万，追呼维艰。目今卑职逐日所征比者，追六年饷、七年饷、八年饷，而又追五年米、六年米、七年米、八年米，舌敝颖秃，无一是可缓之项。而百姓每日所应比者，办六年饷、七年饷、八年饷，而又办五年米、六年米、七年米、八年米，手忙脚乱，无一非逋欠之人。故同此一人也，昨日比新旧之饷，诉苦告穷，哀泣淋淋，而过比去矣；今日比新旧之米，攒眉蹙频，愁容惨惨，以应比来矣。嗟哉！浏民何困苦至于此。今历年应征粮饷，叠奉上檄严催，下吏曷敢忽视？第此皮骨俱尽之残黎，追呼稍迫，非死即徙耳。然稍缓其征求，揭参即随其后，卑职一人之功名性命诚不足惜，而此方之为粮为饷终作何结局？为此冒罪备陈积苦，并备述积逋，伏乞宪台以调元赞化之弘才，施旋乾转坤之大德，大赐题恤，曲加拯援，庶驽骀之县令得效驰驱，而孑遗之浏民不致殆尽矣。”十一年，偏抚卢震来视灾，复以诸州县虚垦赔荒累民入告，请豁免，报可，浏得免万有一千余石。附：巡抚卢《牌示》云：“今将浏阳县题允蠲豁捏垦、逃荒田丁钱粮数目开后：捏垦田五百九十五顷五十五亩四分九厘八毫六丝二忽九微六尘八渺，包荒粮五千一百八十二石九斗一升二合八勺九秒二撮三圭一粒，包荒条辽银三千三十五两九钱三分五厘八毫一丝八忽九微五尘九纤一渺，包荒南漕正耗脚米一千七百三十石三斗四升九合三勺五秒九撮七圭四粒，包荒驴脚银九十九两三钱六分四厘五丝一忽七微三尘八纤四渺。逃过人丁一千一百二丁，包丁银二百二十五两二钱五分八厘三毫八丝七忽四微。逃荒田七百四十八顷四十四亩三分三厘九毫五丝二忽四微九纤，包荒粮六千五百二十石七斗八升六合八勺七秒，包荒条辽银三千八百三十两六钱八厘八丝六忽五微五尘五纤九渺，包荒南漕正耗脚米二千一百八十二石五斗九升三合一勺六秒七撮八圭二粒，包荒驴脚银一百二十五两八厘五毫三丝一忽三微七尘九纤九渺。”未几，吴逆乱，其党及他寇出没于浏，民存者鲜。十七年，大吏给牛种，方垦得粮五千有一百余石。明年，布政使马斯良乃遣官劝垦五千二一作“一”百石。秋，署知县刘秉智又派垦四千八一作“七”百余石。两岁三垦，凡粮一万五千余。时额征南漕万有五千、饷银二万七千各有奇。而军兴，背夫、炮夫诸费征于民也，又悉以粮为率，民力几尽。附：知县周鸿韬《饬查赋役详》云：“为饬查赋役事。奉抚宪韩牌驳前事等因，卑职曾搜购册籍，缘官吏缺守一载有零，全书清册，俱经遗失，无凭查造申请。今奉驳查，复虚心访诸老成耆旧中之谙事者，叩丁粮原委。遂皆痛哭陈词，称浏阳地瘠土硗，田土不在高岸，则入泥坊，三日不雨则高者荒，三日连雨则低者又绝，每年通计止可半收。夫以半收而完全粮，必不可几之数，故《楚志》称浏、湘为逋赋之薮。旧志云：浏赋起科每亩一斗零七合，古也。原额官民田、地、塘三千九百七十四顷六十二亩四分，科粮四万有零。夫《禹贡》则壤分田赋九等之法，以长沙较之他郡，不无独重。然长属十二邑，别邑赋分三等，上者七升，中者五升，下者不过四升，而浏粮独云每亩一斗零七合为古，此方之田，独无科则乎？又志云：明太祖即位，有诉浏民助陈友谅粮者，上怒之，加科二斗一升四合，遂倍科秋粮八万一千一百三十石八斗九升二合。夫以半入而完全粮，已自为难，况以半入而完倍科之粮，民何以聊生哉？所以明初疮痍未起，尚编坊里七十有八，迨正、嘉之初，承平已百余年，反逃绝过半。嘉靖年间，知县苏志皋行倒甲法，撮合为五十里，是浏民之死徙无算，前明盛时已然。延及明季，兵兴赋重，逃绝不可穷诘。我朝鼎定，豁荒征熟，民喜更生。知县徐维岑奉院司府檄均图，每图十甲，每甲秋粮一百六石有零，共科熟粮五万三千石有零。乃蠲征未几，召垦随至。时县令宋时亨等希图考最，按荒派垦，遂增至秋粮六万二千有奇。卒之田多荒废，粮多积逋，官民两病。顺治十八年，钦奉上谕，前署县事通判袁良陛及知县韩爆具文详报，特邀督抚题请，而部覆留难，竟成画饼。康熙四年，总督张、偏抚周疏题，仍格部议。后偏抚周单骑勘灾，稔悉浏逃亡流离之状，专委同知鹿兆甲下县招抚，随补牍特题堕粮，又缘事去，疏竟留中。及至偏抚卢震莅任，闻浏民户甲凋残，逋欠累万，土旷田荒，亲巡勘踏，由堕粮而致荒芜，甫蠲荒而困捏垦，缘捏垦而累包赔，由包赔而滋逃荒，缮疏题豁浏阳逃荒粮一万有零，随蒙恩允，应纳熟粮五万有零。所以十一年、十二年，浏邑粮饷尚得奏销免议。不料逆贼作难，徭役繁兴，元气剥丧之浏民，哀鸿又复遍告。十三年，洪水奇灾。至十四年，一应军需，全从钱粮支派全完。十五年，征过十分之七，而土寇虎踞浏城，蚕食殆尽，一切官民田、地、塘，虽费民力播种，竟未收获颗粒。十六年正月，值王师霆剿浏邑贼营。其年，一切官民田、地、塘既无牛耕，又乏籽粒，一望荒郊蔓草，荆棘成林，耕耘无人，收藏何有？将此情形，历历言之。卑职不禁痛心疾首，进问丁口。复云浏阳万历年间编审人丁，实在计九千一百九十五丁。国初鼎定，人丁不满七千丁。顺治十三年、十四年及康熙元年，奉文编审，复册报实在人丁共九千九十三丁。康熙十一年，题豁逃丁一千一百零二丁，实在人丁八千零九十三丁。今遭此番杀掳，又值本年疾疫，虽奉宪恩多方招徕，除年六十以上、十五以下，约计承差壮丁，岂能有千人触目乎？至问原额科征粮饷，又泣诉自张居正一条鞭之法行，饷则征银，粮则征米。天朝仍之，每田一石征银六钱零三厘零，征漕米一斗七升三合零，征南米一斗五升九合零。缘浏阳频年荒旱，岁岁征七免三。自康熙元年至康熙十二年，大部奏销，册籍具在，今藩司安现驻岳郡，敢饰一语以欺上听乎？此职费尽心血，访之里耆，确论如此，理合具文，并约略造册申赍。乞宪台俯念浏阳受此万苦千艰，百姓幸留万分之一，恳将堕粮积苦，披沥陈情，又将荒疲近状，大加蠲豁，休息数年，均造图册，招募人民，辟草开荒，庶浏地虽小，皆沐洪慈于无既矣。”〇又知县曹鼎新《请宽额征详》云：“为请宽额征之数，以纾民困事。本年三月初八日，奉抚宪牌催解军需粮米，遵即出示晓谕，照额催征。据阖邑士民生员黎启魁、尹进、饶大宾、汤铭新、江应宗，里民邱启凤、黎开元、邓成英、黎加贵、刘世魁等呈称《额征十八、九年粮饷，刿骨难填，乞赐急救残黎事》：‘窃照湖南均罹汤火，从未有苦于浏阳者。溯自明祖堕粮三百年来，官累民贫，志载可稽。欣际国朝，除荒蠲旱，元气稍培。自甲寅吴逆倡乱，横征暴敛，元气铲削已尽。加遭篷寇数万，盘踞四年，掳掠子女，牛尽种绝，深山穷谷，搜括无遗。以致王师赫怒，整兵剿洗，玉石难分，老幼死于锋镝，妇子悉为俘囚，白骨遍野，民无噍类。赖前县周极力招徕，始有孑遗。加以凶荒异疫，蒙各上宪赈饥施药，生等一息未尽之民，得以起死回生。迨至十七年四月内，贼始受招下寨，无牛无种，挥锄开挖，不过计斗计升之田耳。岂料惊魂未定，辄议开征浏邑十七年、十八年业已据实开报垦粮一万三百七十四石，续又署事刘某派垦四千七百有奇。犁锄尚未挥动，树艺听之毫端。时值兵兴旁午，粮饷一切，敢不剜肉医疮？加背夫、炮夫、御马各项，照熟起费，动则计千计百，刻下家家愁窘。方今十九年正饷南漕犹且难应追呼，叠奉上宪羽檄交驰，差承接踵，蒙示额征十八年南漕一万五千六百七十四石零，饷银二万七千四百五两七钱一分。是以现存认垦之余生，包死亡逃绝之荒粮，即令有子可卖，有妻可鬻，万难代偿荒绝之粮饷。此凋残里甲，甘心尽作他乡之鬼。即今数日内，如东乡十都里长冯宋潘、李兴才、南乡十三都里长杨再发、杨再兴、西乡十八都九甲高训贤、坊厢四十六都里长黎发用等，俱闻风远遁，粮饷无从征比。又有散甲原遭杀掳而全绝者，有半绝者，有久逃未归者，版籍虽云五百甲，实存不及二百户。催科固所当急，民隐亦祈上诉。乞绘图详请，哀吁上宪施恩，矜怜救全，庶极苦残黎，可留为眼下输纳之粮。递若必欲照额征解，生等求死不速，求免不能，止有告逃，流弃坟墓，甘作他乡之鬼。事急倒悬，冒死痛陈等情。’到职。卑职实查看得，康熙十六年春，大兵临浏，剿洗篷寇，贼望风远遁，以致居民或死锋镝，白骨如山，或经俘执，妻儿满营，难逃宪鉴者。至全浏田地，十五、十六年全经蓁芜，荆棘草莱，寸土皆然。时副都统阿入浏荡寇，四望荒郊，触目寒心。至十七年，蒙上宪给以牛、种，间亦时凭民力，以锄代耕，以人代牛，仅开挖田粮五千余石。至十八年，渐次挖垦，又新开田粮五千二百石。共计两年垦田一万三百有余石。遵照《全书》额例，应纳粮饷，俱经设法劝输，如数催征起运。至如南、漕二米，则起运武冈与岳州，迨岳州不收，又转武冈，每米一石，费过四五石，尚难获批。嗟此一夫所耕不过数亩，所获不过数钟，加以御马有费，背夫有费，炮夫有费，值此军需旁午，上宪万不得已征派州县，州县万不得已转派民间，以致孤独穷民，财尽力殚，反怨垦田为祸。今奉宪檄，将十八、九年南漕照额追征，士民入则盈庭泣诉，出则遍野号咷，均有汹汹欲逃之势，如东乡十都里长冯宋潘、李兴才于三月初十日逃入江西之宁州，南乡十三都里长杨再发、杨再兴于三月初二日逃往江西之宜春，西乡十八都里长高训贤于三月十三日逃往江西之萍乡，坊厢四十六都里长黎发用于三月十七日逃往江西之万载，北乡里长袁易谭等于三月十四日接踵往岳州之平江与湘阴。更有散甲之内，或全甲俱逃者，或一甲逃十之六七、十之二三者，皆以垦田无几，额征无自出办，甘于流离转徙。卑职若竭力催征，恐新集之哀鸿渐次逃徙，日甚一日，即十八年现在之额征无从征比。傥匿不上闻，将来贻误国误民之罪，职更百喙莫辨。为此，不避斧钺之诛，流血痛陈。乞念民为邦本，迅赐题达，豁荒征熟，仍照各年所报之垦，征各年应纳之粮，赦其未垦之土地，无苛求往日之输将，并赦其本年之新垦，无刻责为往岁之欺隐，留此未尽孑遗，为日后垦荒征饷之根本，民命幸甚，下吏幸甚！”二十年，大吏遣知府任绍爌来稽荒熟，乃以昔年五万余石成册分三则劝垦，凡粮三万石，题请六年后起科，于二十六年纳赋，民便之。已而三十年清丈，偏抚王良令州县无拘成数。明年，知县蒋擢辄括原隰涂畛，丈为熟田、地、塘六千九百四十余顷，骤加粮倍，凡额六万一千六一作“七”百有奇，即于其年起科，田无科则，遂复苦重赋矣。附：邑人龙昇《对知县试策》略云：“执事发策，谆谆念浏民财力告竭，措置万难，委曲周询，此真仁人父母之用心。愚生生长斯土，熟悉情弊，欲言则泪随笔下，不言则下情壅于上闻，虚负上心之仁爱，敢不约略以对？策曰：‘浏邑丈量以来，粮增一倍。有田有赋，宜百姓之乐输。然一都、四都之民逃流过半，何欤？’夫赋借租供，粮从田出，若果田租足以供赋，则任土作贡，固所应然，自非大顽悖之民，谁敢抗逆？且安土重迁，民之本性，忍捐亲戚，去坟墓，过都越国，仰他人之鼻息，以托父母妻子于其地，固出于万不得已也。抑此甘心逃流之民，当日岂仅一、四都为然？特一、四都之地去县百数十里，越境不二三里而即属异省，易于轻去其乡耳。而去后之株连，亲识淹系囹圄，得逢执事下车，始宏开汤网。由是清丈重者惧累亲知，悉欲去而不得，非能去而不欲也。然身在此都者，心尚多怀异域，田不敷粮，一身之外，别无长物，此诚措置之难者也。策曰：‘说者谓山道险阻，舟楫不通，米谷价贱，田租所入，不足供赋，然与否与？’嗟乎！此其说仅为有力家言之也。浏虽疲苦已极，岂无什之一二尚有担石之储？然陆运则崇冈复岭，肩挑不四五斗，河运则勺水陡滩，舟载不十数石，通商大贾，谁向此中往来？所以谷米价低，不足供赋。呜呼！如此有谷求售者，能几人乎？古人叹二月丝而五月谷，民何以堪？夫五月卖新谷，犹俟之青苗。如此类者，尚不过什之二三。浏民则二月开征，即向庄佃揭新，抵银一两，批谷即十数石，甚至卯租寅支，抵银一两，批谷即二十石。禾稼将登，银主向佃坐守，间有措减二三石者。今岁不全给，明年则求分文莫应。田主安有升合登之仓廪，问价贵贱乎？此措置之难者也。策曰：‘下车以来，屡示招抚，今虽渐次归鸿，而田地抛荒，正供终悬。欲使国赋无亏，而下不致病民，何施而可？'夫仁声入人，不疾而速，不胫而走。执事下车，清饮浏河一勺水耳，而痛念民艰，刻不置怀。苟有用民力、费民财之处，事无巨细，百计宽恤。父母孔迩，哀鸿宁不引类来依？然弛赋宽征，难于上请，而雨金雨粟，莫邀天恩，何以宏济苍生？执事虽春风风人，夏雨雨人，归鸿田园荒芜，正供悬而莫补，守土责将安归？此际浏邑赋重民穷，人人疾首蹙頞，粒米如珠，分文关命，何处割肉以医疮？此又措置之难者也。策曰：'东乡逃户纷纷具控，愿弃己业，拨给广省安插之民。夫土田一也，民力一也，何土著之民，弃之唯恐不速，而广省之民，独有力能承耕耶？'此盖有由然也。土著之民，多不躬亲稼穑，佣佃耕作，佃户秋登，除去牛租，除去谷种，方与田主平分。是每亩所入，田主不能得三之一。况《一统志》载，浏阳田土不在高岸，则入泥垆，三日雨则低者绝，三日不雨则高者又槁，每年通计只可半收。于半入中，而田主犹仅得三之一，无问仰事俯畜无资，即专以输将，能足正供三之一否？广省之民，则身秉耒以耕，力皆出诸己也。且一家之中，主伯亚旅，多者承田不过百亩，少不过五七十亩，我稼既同，丰歉皆属己有，是与土著大不相侔。且土著揭新完粮，苦已陈于前条矣。广民身稍赢余，开征新饷，出橐金以供赋，不事称贷，秋成，黍稻储仓，待价出粜，视土著获银不啻倍蓰。此土著以田为害，而安插即可因之以为利者也。且夫愿弃业以与异籍者，岂仅东乡逃民云尔哉？迩日世家大族，或百石，或数十石，愿弃价割与安插矣，甚且不顾墓田，并不顾前人占立版籍，为子孙计长久，皆愿倒甲以授安插，更改姓氏。此其户口非不族姓众多也，而忍心为此者，特思苟全身命，以避征徭。此生每为若辈念昔先人而不禁叹息痛悼也。此更措置之大难者也。策又曰：'查浏阳额粮八万，今虽丈增六万有余，而额数未足，每奉上檄劝谕招徕，勒限开垦。然三令五申，报垦十无一二，岂民贫开垦无力欤？抑山林污泽，土皆不毛，无可垦之田欤？宪檄频颁，严如斧钺，职官之考成已置度外，但此案不结，将何以为善后计？'伏读至此，哽咽难言。嗟乎！浏岂有八万粮哉？古志备载，洪武初年浏阳官民田、地、塘三千九百七十四顷六十二亩四分，每亩一斗七合起科，科粮四万一千石有零。明初有诉浏民助陈友谅饷者，明祖怒之，加科二斗一升四合，遂至八万一千有零，视昔为倍。此其吞声饮泣，已在明初。其时官之考成，不责催科，民之输纳，不在银两，夏税丝，秋税米麦谷豆以及山鸡、野鹿、药味之类，民已不堪命矣。所以浏阳八十坊里，嘉靖十一年，知县苏志皋行倒甲法，倒其逃绝者归于存户，仅得五十坊里。万历间，一条鞭之法行，每粮一石，仅征银三钱六分，民颇称便。且征收已完六七分，即不碍官司升转，民有更生之乐。天启初，辽饷加，京边王粮加，剿饷、练饷又加。崇祯初，逋赋至十数万。浏民疲困，官司视为畏涂，至以衰庸贡监充补。崇祯四年，部议改选甲科，辛未进士冯公祖望以部属改浏令。甫下车，即力恳巡按御史余公奏豁绝粮五千九百七十八石，又有《浏民八难七苦》一详，又有《清查十年完欠，以征民困，以别吏艰》一详，而竟得抚按汇题，豁旧征新。是明祖虽蒙倍加征收之名，从未尝一日征八万足额之饷。国朝定鼎，大沛仁恩，蠲荒征熟。浏阳甫入版图，遂减一万八千石，民困犹未苏也。顺治十年，偏沅巡抚金公廷献特题湖南受祸日深，民命凋残已极之疏，请豁六、七、八、九年用兵之新荒，并蠲数年之逋欠，浏阳又豁一万余石。所以顺治十二年前，县令徐公维埒奉文均编，将熟粮五万余石均为五百甲，民方按图输将，岁无逋欠。忽顺治十五年，奉文劝垦，有垦多注上考、垦少注下考之檄，知县宋时亨贪图升任，民间尚未挥锄犁，而飞纸今岁报三千，明年报二千，斯民愁怨，日深一日。十八年，钦奉世祖章皇帝上谕，随据前全楚巡抚杨公茂勋具报浏阳、湘乡堕粮一案，部咨频催。康熙二年，前巡抚刘公兆麒会同前总督张公长庚、前偏抚周公召南，三驳五看，审的实系倍科，遂疏请豁浮粮，搜查古志，咨部入告，奈格部议。康熙四年，星变求言，前督部张公、偏抚周公悉特疏请汰堕粮，部又中阻。康熙七年九月，前偏抚周公勘灾来浏，洞悉浏艰，遂缮《残浏疲困》一疏，请豁浮粮，字字血泪，不料周偏抚以别案援事去，疏竟留中。康熙十一年二月，前偏抚卢公震有《通察捏报垦荒之积弊，并逃亡荒粮之包赔，亟为入告等事》一疏，幸邀俞旨，浏邀豁捏垦粮五千一百八十二石九斗零，豁包荒粮六千五百二十石七斗八升零，共一万一千七百石零，民始有起色。吴逆变起，浏阳有篷寇盘踞，和硕亲王发兵剿洗，贼负嵎莫撄，而惨杀者浏之丁壮，掳填八旗者尽浏之子女，全浏一望平芜，四郊榛莽。至康熙十七年，腹里都图纳粮仅五千一百七十四石零。康熙十八年春，前署藩宪马公斯良委前长戎厅熊公中鹤劝垦粮五千一百石。十八年秋，前署县刘秉智派垦粮四千八百六十五石四斗九升零。三案共垦粮一万五千二百三十九石零。二十年，清查荒熟，前长沙知府任公绍爌虚公确查，将浏邑均图五万有零之成册，上者七分，中者五六分，下者三四分，通计垦粮三万石，按六年后起科，悉于二十六年后纳粮，民咸乐输。殊三十年清丈，三十一年开报熟粮六万一千零，即于本年升科。十年之休养生聚，未完两载之征输，皮骨罄尽。夫不知未来，请观已往。往者韩侯爆系六万征收，至康熙五、六年间，逋饷至十二三万，逋粮至五万有零。韩侯修志，载笔者有‘谁无父子，如干如枝。浏独不然，催科离析。谁无兄弟，如手如足。浏独不然，催科分翅。谁无夫妇，如宾如友。浏独不然，催科遑顾？谁无主仆，如亚如旅。浏独不然，催科侧目’，又曰‘穷人路狭，天远命轻。官法如炉，日煅月炼’，韩侯曰：‘此字字实录也。听其直书。’又前侯公系六万征收，康熙八年《除夕咏怀五十韵》末云‘我愿骑箕尾，埋骨山根旁。化作黄金窟，为浏供输将’，载在志本，每一检阅，泪下如雨。又中丞卢公康熙十年莅任，侯公有《任疲困已极之地，陈郑图难绘之情等事》一详，言言血流，字字泪落，此非犹是人牧乎？何刳肝洒泪，为民含痛至此！况自康熙元年起至十一年止，周、卢二中丞为浏民连报十一年旱灾，每年豁饷银六七千两，且并不俟浏民请命，盖灼见情势，出于万无可如何也。此可见六万之催科，在未经丧乱时，已费当事心力如许。况大抢大杀后，按此征输，民已无此都必怀之想，若尚欲取盈于八万，是自明洪武及今所空有虚名而无实征者，岂能得之于此日耶？伏维执事权衡在心，轸恤为念，但按现报之册，酌量调剂，抚已存之遗黎，招出亡之宾雁。省一力，民邀一力之休恤；宽一分，民拜一分之恩膏。或者（个）［涸］① 冱无不返之阳春，穷变有必通之气运，天心回顾，则此方自尚有户口。不然，执事一身之去就，即浏民万户之存亡，唯有死生付不定之飞鸢，躯命托无依之陨叶而已。于此而言措置，此诚措置万难，所堪痛哭流泪者也。恭承亲问，愚生固陋，莫展一筹，谨直抒所闻见，以为执事献。”

知县王培生以“四苦”状白大吏，冀稍减则科，不得。附：知县王培生《四苦禀》略云：“为遵谕禀复事。卑职自三十二年七月内莅任，地方残疲，粮饷浩繁，受事一载，补救无术。日昨晋谒，宪谕谆谆，还归下县，复检旧籍，细察民情，谨陈其莫大重累，约略四端，具禀上闻。·一苦堕粮重累莫苏也。古志载，浏阳原额官民田、地、塘三千九百七十四顷六十二亩四分，每亩一斗七合起科，科粮四万一千余石。明洪武初年，有诉浏民助陈友谅饷者，明祖怒，加科二斗一升四合，遂加粮至八万一千一百三十石零。吞声饮泣，历三百年，无敢为民诉理者。顺治十八年，谕督抚查明具题。随蒙前巡抚杨公茂勋奏报，全楚惟浏阳、湘乡堕粮贻害，部咨频催。康熙二年，前巡抚刘公兆麒会同前总督张公长庚、前偏抚周公召南，查明的系倍科，会疏入告，请汰堕粮，并搜查古志一本，赍入大部，奈格于部议。康熙四年，星变求言，上谕勿以已经奉旨之事瞻顾因循，前督部张公、偏抚周公方遵谕陈言，特疏请豁浮粮，以部议阻，遂不果行，迄今未蒙苏豁也。·一苦捏加顷亩之陷害也。古志原额顷亩列于前矣。永乐间清丈，志载官民田、地、塘四千二十六顷六亩九分六厘，仅加二三十顷耳。嘉靖间清丈，志载官民田、地、塘、池、坝、山通计四千九十八顷九十八亩七分，加池、坝科粮，亦止增五六十顷耳。万历十年，奉文清丈，上下相蒙，遂将浏田捏加顷亩，计九千二百一十三顷二十八亩零。其时去嘉靖丈田，相越仅四十余年，顷亩竟增数千。按籍一览，捏加之弊洞若观火矣。顷亩既加，照亩科粮，遂定为每亩九升二合七勺起科，而二斗一升四合重赋之迹泯焉无传。后来台宪，遂无有览册以见浏民之重困者。其陷害相沿，以及今兹也。·一苦三十年清丈，骤加粮三万一千七百有零也。查浏邑额粮虽堕加八万，自国朝定鼎，前抚先后题请，共豁免荒粮三

① 据文义改。涸冱，冰冻之意。

万余石。顺治十二年，前知县徐维岑奉文均图，编浏阳为五百甲，每甲一百零六石，按图输将，差无逋负。顺治十二年，奉文劝垦，知县宋时亨每岁报新垦，三四年间竟近万石，民怨民愁，逋负至二万余。康熙元年，前知县韩爔照六万征粮，累至康熙五、六年间，逋欠不啻七八万，官休民逃，城无居人。康熙七年，前知县侯朴缘六万征收，追比不前，殷忧成疾。康熙九年，荷前偏抚卢震稔悉湖南民隐，缮《通察捏报垦荒之积弊，逃粮荒芜之包赔，急为入告等事》一疏，幸邀恩旨，浏阳邀豁捏垦、逃荒粮共一万一千七百石有零。又荷周、卢两中丞自康熙元年至十一年，为浏邑连报旱灾，不俟浏人请命，每岁邀豁银近万两或六七千两，民困稍苏。此可见浏阳虽有堕加八万之额，但至于六万，已艰难逋负如此。若非前宪委曲矜全，今日久已无浏矣。自康熙十三年吴逆变起，土寇盘踞，浏阳独遭蹂躏，四郊蓁莽。十六年秋，知县周鸿韬莅任，查近郊都里不过数十石，前署藩宪马公斯良委前戎府熊中鹤清查新垦，又署前县刘秉智到任派垦，三案共粮仅一万五十二百三十九石零。至二十年，奉院司委前长守任绍爌清查浏田荒熟，驻县两月，洞悉民情，按偏抚卢五万成熟之底册，上者劝垦七分，中者五六分，下者二四分，合前后垦粮三万，经前偏抚韩世琦题定，六年后起科，于二十六年纳粮，咸竭蹶奉公。殊二十八年，题请清丈之命下矣。请命之疏云'清欺隐，豁包赔'，意甚美矣。不料兴永朝中丞升任，前偏抚郑端镇楚，按丈未及终事，又别调，前偏抚于养志莅任，未几又以丁艰去。偏抚王良接任，题请限定三十年内清丈结案，手谕州县云：'此番丈田，不必拘定成额，唯见田量田，不分荒熟，不遗尺寸，以丈出实熟者定为征收，荒者渐次招垦'，并无'取盈明时原额'之语。捐升知县蒋擢承文，报新旧垦六万一千七百有零，即于本年升科。今虽据百姓纷纷呈诉云'法严刑重，压丈包赔，多端酷虐'之语，固无凭尽信，但以题定三万征收之后方三四年，遽尔倍加至六万一千七百石零，在湖南各州县，想指不多屈，难逃洞鉴，卑职又何敢赘禀也。·

一最苦莫伸者，粮无科则下下概纳上上赋也。夫九赋九式之法，《禹贡》《周官》久有定典。湖南他府属概不具论，但以长沙一属比较，浏阳一则田每亩科粮九升二合七勺，实征银五分六厘八丝，较之长沙县上则田每亩征银四分五厘、宁乡县上则田每亩征银四分一厘、益阳县上则田每亩征银三分三厘，不啻重三分之一。况此三县各有中、下科则，而浏阳独无。若较之醴陵县一则田每亩征银四分一厘、湘潭县一则田每亩征银三分六厘、攸县一则田每亩征银四分五厘，则其重亦不啻三分之一矣。至善化县一则田每亩征银五分九厘、湘乡县上则田每亩征银五分四厘，虽较他县稍重，然皆有上、中、下三则，而浏阳县独无则，其苦较他邑为独甚矣。况浏田素称下下，古志载，浏阳田土不在高岸，则入泥坊，三日雨则低者淹绝，三日不雨则高者又枯槁，每年通计大约不过半收。又变乱后人丁稀少，民多佣佃耕作，秋成分租，每亩所入，田主不及三之一，何以供赋？且山路险峻，舟楫不通，即有担石之储，陆运则崇冈复岭，肩挑不四五斗，河运则勺水陡滩，舟载不十数石，通商大贾，从来绝迹，故丰熟之岁，谷贱而输将莫措，荒歉之岁，谷贵而饥莩载道也。如此穷乡下邑、极硗极瘠之地，输课更逾于他邑之沃壤，所以民多轻去其乡，鲜安土重迁之思。往日令兹土者，亦尝筹画及此，只以成例遵行，积久难变，相沿至今，莫有为民请命者。有此四大重累，此浏民之所以十室九空，输纳维艰，而有司之所以束手坐困，万难久延者也。卑职每一念此，有膺堪拊，无泪可挥。幸逢宪台保民如子，蒿目时艰，为此备陈民困，伏乞裁夺批示。或者丈量之成案万难纷更，而田亩科则一项稍可转移，宽一分，民拜一分之赐，如天之仁，浏民生当衔环，没共结草矣。”

五十三年，查荒命下，知县赵世禄又以辟土已尽告，而令佐贰括硗确荆榛地丈之，亩视地则四升起科，百姓相率控诉。知县江日容覆丈，且有加。附：雍正八年知县陈梦文《覆买减一案请照下则科粮详》略云：“雍正八年正月二十八日，奉本府转奉布政司转奉抚部院准户部咨开：前抚宪题覆卑县前任赵令（卖）［买］减田粮一案，请将李长兴等三百七户买减田亩入官变价，追解其田，查明委系荒土，且系现今田赋额外之数，请照下则科征，永为定例，并请将五十九年至雍正二年各户未完饷米，于庚戌、辛亥分年带征，将三、四、五年复则钱粮，除照下则科征外，余作带征银数等语内，部以事关减覆科则，未便遽议，咨查斟酌妥协另题，到日再议等因，转饬下县。卑职以李长兴等田亩业蒙前抚宪查明是荒非熟，毋庸再议。至未完下则饷米分银带征之处，查各户于雍正三、四、五、六、七等年将各项饷米，俱已照全则输纳，其康熙五十九、六十、六十一年、雍正元、二年各项饷米，亦应照下则减征，以后五年多完下则以外之则数，抵补前五年未完之下则，尚属有余，似无庸又行带征，并请将各项银米，于征解额内减除，永定章程等情具详。奉驳：前准部咨，原饬查酌妥协再议，并未允照下则科征，自应造具科则银数清册详题，听候部覆等因。卑职复查浏阳额粮七万七千三百六十石零，前任江令报垦一千三百一十九亩，及李长兴等买减荒粮，自雍正三年俱复全则，每亩科米九升二合七勺，故通县粮数足额外，溢粮二百四十石七斗。今李长兴等买减之田系荒非熟，应照下则，每亩科粮四升之外，减去五二七则，共扣除二百三十六石二斗五升六合，仰邀永照下则题达等情，造册详请。奉驳：浏邑田粮原无上中下则之分，雍正三年已经丈复原则，今复请按照下则科征，是否不致内部驳诘等因。卑职复查浏邑田粮，系每亩九二七则，塘粮每亩五三则，地粮每亩四则。李长兴等未垦荒田，粮难赔累，是以前令将地则作为下则科征，前抚宪亦照下则题请，且照减扣算，止粮二百三十六石二斗五升六合，实已在额征原数之外，而非于额内有所减除也。圣天子洞悉民艰，念江南赋重，虽数千万之多，悉从蠲减。卑县额外之荒粮，内部谅不致驳诘，相应再行详覆，恳将李长兴等买减田亩永照下则科征，斯皇仁广被，而宪德亦永垂不朽矣。”于是雍正以来，浏阳粮凡七万七千三百余石，科征饷银四万六千有三百余两，南米万有二千三百余石，漕米万有四千四百余石，视宋、元赋不啻倍。盖堕粮之害，自明至是三百七十余年矣。十三年十月，高宗纯皇帝下谕群臣曰：“诸督抚报开垦，不过将升科钱粮，飞洒于现在地亩之中，实为加赋累百姓，其速议奏。”旋纳大学士朱奏，停止丈量首垦，其已报垦有不实者，得请开除。于是乾隆元年六月，浏民刘士玺等以请豁堕粮浮荒，白诸巡抚高其倬。时士玺及胡其澧、李渭、朱彩章、朱彩辉、余文汉、欧秀章等呈巡抚高曰：“为恳恩题豁堕粮浮荒，一视同仁，以广皇仁，以苏民困事。雍正十三年十月十六日，奉旨依议速行庄亲王等议覆大学士朱条奏内开：‘各省督抚将丈粮一事，永行停止，抑勒首报者，严行饬禁。其现在报垦之田，逐一详确查明，如果系虚捏不实者，即行题请开除，通行在案。’窃抑勒首报、虚捏不实者，即今浏阳是也。浏旧志载官民田、地、塘三千九百七十四顷六十二亩四分，每亩征米一斗零七合，止纳秋米四万一千石零，宋、元以来，未之有易。只因明祖与陈友谅争战江湖，伪参政易华踞洞庭，掠浏米四万接济。明祖不察，仇恨浏邑，查所纳之米，改为粮数，倍加征科，此八万病根所由起也。但其时官之考成不责催科，民之输纳不在银两，夏税丝，秋税米以及山鸡、野鹿、药、茶、油、蜡之类，民已不堪命矣。万历年间，张居正当国，创为一条鞭之法，每粮一石征银三钱六分。至天启元年，加京边王粮、剿、练等饷，每石征银六钱。以故崇祯年间，浏之逋赋至十数万，幸巡按御史余公奏豁蠲免。是明朝虽有倍加之恶名，而浏民究未完八万足额之实饷。我朝定鼎，大沛仁恩，蠲荒征熟。顺治十年，偏抚金公廷献特题《湖南受害日深等事》一疏入告，浏阳仅征五万石零，卖男鬻女，不可伸诉。顺治十八年，钦奉世祖章皇帝上谕：‘查明朝有与一方仇恨，钱粮征收甚重者，我朝岂忍踵行？着部臣行令督抚具题豁减。’当蒙全楚巡抚杨公茂勋查浏阳、湘乡《县志》，粮因仇恨倍加，适符上谕，具文报部。奈三江道阻，奏疏迟延，适逢国恤，部文寝息。康熙二年，巡抚刘兆麒《为咨催事》一疏，奉部驳云：‘志书止传陈友谅征收等语，并无洪武仇恨加增字样，况系嘉、万年间之书，何足凭信乎？’终格之。夫同时有江西袁州、瑞州之堕粮，赖巡抚蔡毓荣具题豁减，独浏阳之堕粮，后虽有督抚张公长庚、周公召南先后题明，未获蠲除。至康熙十一年，巡抚卢公震以《通察垦荒捏报之积弊并逃亡荒粮之包赔》一疏，幸邀准减浏阳粮一万一千石零。十二、三年起至三十年止，未尝有三万石之征输。康熙三十年，奉文丈量，前令蒋擢符同倍数，压包田塍圳墈，俱丈作熟田、地、塘六千九百四十一顷零，科粮六万一千六百六十余石，外捏荒一千九百四十一顷，以敷原倍加之数。此八万之浮额，始一定而不可易矣。迨康熙四十五年，抚宪赵公申乔误听藩宪董昭祚辟土裕赋之请，限民报垦。至五十三年，奉旨查荒，前县赵世禄恐钦差临县，竟报全垦，陷民水火之中。尔时只得颁丈。五十七、八两年，令佐贰沿乡压丈，石坡棘林，悉丈入册，又不能足额，纸上捏作丘亩，每亩作地则四升起科。又只得纷纷具控。雍正五年，县令江日容转丈，比禄更加，不怜浏民堕粮困苦，又行纸上摊加。故至今有粮七万七千三百七十五石一斗二升七合零四撮一圭九粒，饷银四万六千三百七十两零九钱一分五厘六毫，南米一万二千三百六十一石一斗七升七合二勺，漕米一万四千四百二十石零一斗五升七合九勺，较之宋、元、明之赋，不啻三倍矣。所以民难输将，向以此情报明。前督宪杨公宗仁、抚宪魏公廷珍、王公朝恩俱批，仰藩司确查妥议，前令赵晟亦两次通详在案。伏考《一统志》载：'浏田不在高岸，即入泥垆，三日雨则低者没，三日不雨则高者又槁，每年通计止可半收。'是浏之田土最下于他邑也。况湖南各属，犹有上、中、下三则科粮，他属之田十亩，合算科粮不上五斗，独浏无上、中、下三则，无论山乡、水乡，概以每田十亩科粮九斗二升七合，每塘十亩科粮五斗三升，每地十亩科粮四斗，是浏之科又独重于他邑也。夫以最下之田，又纳倍加之饷，民力几何，民财有限，欲冀其不死且亡也，庸可得乎？窃查我浏之堕粮，亦犹当日同仇恨浙江之嘉兴、湖州、江南之苏州、松江、江西之袁州、瑞州、南昌各府，与同郡之湘乡县，均受堕害者，异地同辙。然嘉、湖、苏、松四府堕粮，一减于明洪武十三年，再减于建文二年，三减于英宗正统元年。逮国朝，苏、松二府且于雍正二年征减饷银四十五万两。其袁、瑞二府堕粮，有巡抚蔡毓荣请全豁于康熙二年。其南昌府堕粮，有巡抚裴倖度亦于雍正二年请每年减征饷银七万五千五百四十九两。其湘乡县堕粮，先有邑人贺宗奏减四千石于明宣德年间，及康熙五十九年，再有前抚宪王公之枢题请每年减征饷银八千余两。此皆昔与浏同增者，今浏独不得与之同减。浏地薄田瘠，丰年之收，每亩不上一石七八斗，纳租不过五六斗，不比他省沃壤上田，每亩五六石，下田亦有三四石。小民既经堕粮，又经倍赋重科，穷苦难堪，赋税无措，欣逢盛世，尚且卖男鬻女，生等不禁目击心伤。恭奉圣谕，山东、河南现已减免。浏阳同此王土王民，岂独不沐薄赋之泽？况堕粮之事，已蒙世祖章皇帝亲问于前，蒙各督抚题达有据。今沐皇仁有例，敢引领陈情，哀恳大人上体皇仁，下恤百姓，核准题豁，出浏民于汤火，复宋、元之旧额，是则广皇仁于不朽，颂宪德于无涯矣。"二年九月，又白诸总督史贻直。十二月，高宗纯皇帝谕曰："朕闻湖南长沙府之湘乡、浏阳二县，较附近之长沙、醴陵、湘潭、宁乡等县，每田一亩所完钱粮，俱重二三分不等，小民输纳，未免拮据。查长沙为省城之首邑，与湘、浏毗连，其粮额旧为适中，似应将湘、浏二县钱粮比照长沙则例，则小民力量宽纾。又闻湘阴钱粮较之湘、浏二县尤重，亦当酌量变通者。着该督抚将此三县钱粮作何确查减免之处，悉心妥议请旨。”事下，护抚张渠檄所属核议豁减。明年六月，会总督德沛疏请于朝，报可，浏阳得减民赋田、地、塘八千九百四十余顷，额粮一万七千一百余石，科减条饷银六千四百余两，九厘饷银二千六百余两，南粮正耗米二千六百余石，驴脚银三百十余两，惟漕粮及盘船脚米、赠贴米以正供如旧，以己未年为始。三年，护抚张汇题，九月准部议，以钱粮较重长沙则例，自应减免，令以己未年为始，按减过实数征收。时护抚张并题请减漕粮正耗米二千四百二十一石五斗五升八合零、盘船脚米一百五十五石六斗七升二合零、赠贴米三百四十五石九斗三升六合零，部议以漕粮不便亏缺，仍照旧额征收。○附：张抚《科减则例》云：“浏阳县一则成熟田七千八百二十八顷四十五亩四厘零，每亩科粮九升二合七勺，共科粮七万二千五百六十九石七斗三升五合零，照长沙县上田则例，每亩科粮七升三合五勺五秒零，共科粮五万七千五百八十六石七升九合九勺零，每亩科条银三分二厘八毫四丝零、九厘饷银一分一厘四毫四丝零、南粮正耗米一升一合九勺零、驴脚银一厘四毫二丝零，共应减粮一万四千九百八十三石六斗五升五合零，共应减条银五千五百一十二两七钱八分二厘零，共应减九厘饷银二千三百二十一两二钱一分三厘零，共应减南粮正耗米二千二百七十四石八斗一升二合零，共应减驴脚银二百七十二两九钱八分八厘四毫零。秋熟地八百四十五顷五亩五分四厘零，每亩科粮四升，秋熟塘二百六十八顷九十七亩六分五厘零，每亩科粮五升三合二，共地、塘一千一百一十四顷三亩一分九厘零，共粮四千八百五石七斗九升七合零，照长沙县秋地、塘则例，每亩科粮二升三合五勺，共科粮二千六百一十七石九斗七升五合一勺零，每亩科条银一分四毫九丝二忽零、九厘饷银三厘六毫五丝七忽零、南粮正耗米三合八勺二撮零、驴脚银四毫五丝六忽零，共应减粮二千一百八十七石八斗二升二合二勺零，共应减条银八百九十八两八钱六分九厘零，共应减九厘饷银三百三十九两八钱四厘零，共应减南粮正耗米三百四十四石一斗一升二合二勺零，共应减驴脚银四十一两二钱九分三厘九毫零。以上共应减民赋田、地、塘八千九百四十二顷四十八亩二分四厘零，共减粮一万七千一百七十一石四斗七升八合零，共减条银六千四百一十一两六钱五分二厘零，共减九厘饷银二千六百六十一两一分七厘零，共减南粮正耗米二千六百一十八石九斗二升四合零，共减驴脚银三百一十四两二钱八分二厘零。请以己未年为始，按数减征。”○附：布政使张灿乾隆三年十一月《示》云：“为钦奉上谕事。照得浏阳钱粮因科则较重，陈请题明比减长沙县则例，减免征收。钦奉俞旨，转饬遵照外，所有减免过银米数目，合就分晰，出示晓谕。为此示，仰浏阳民人知悉，即便照依。后开减免数目，以己未年为始，按数输纳。如有不肖官吏，私行照旧征收，许即赴辕喊禀，以凭官参役处。尔等亦务仰体皇恩，急公完纳，慎毋仍前拖欠。·计开：浏阳县一则田每亩减免粮一升九合一勺四秒二粟，每亩减条饷银一分七忽八尘三纤九渺二漠六茫；秋地每亩减免粮一升六合五勺，每亩减条饷银九厘二毫八丝二微七尘二纤八渺六漠三茫，塘每亩减免粮二升九合五勺，每亩减条饷银一分六厘八毫九丝五忽一微三尘七纤一渺三漠三茫。民赋一则田每亩减免南粮正耗米二合九勺五撮八圭二粒七粟，每亩减免驴脚银三毫四丝八忽七微一尘三纤二渺八漠五茫；秋地每亩减免南粮正耗米二合五勺八秒七撮四圭五粒一粟，每亩减免驴脚银三毫一丝四微九尘八纤五渺六漠，塘每亩减免南粮正耗米四合六勺六秒四撮二圭八粒五粟，每亩减免驴脚银五毫五丝九忽七微一尘八纤六渺二漠二茫。”○附：知县罗如伦乾隆四年正月《详》云：“为钦奉上谕事，今将卑县原额民赋成熟田地塘亩、科征粮银，及奉减免并实存粮石、应征条饷、南米、驴脚各款数目分晰，开造清册呈核。·计开：浏阳县原额民赋田、地、塘共九千三百七十三顷七十四亩八分四厘二毫一丝七忽五微七尘，内除水铲成河、荆棘成林失额田地四百三十一顷二十六亩六分，实在成熟田、地、塘八千八百八十二顷一亩七分九毫四忽。① 一、额外康熙三十年丈量案内丈出成熟地九亩六分五厘四毫三丝二忽九微七尘，雍正六年分于题明事案内丈出成熟地六十顷一十亩一分九厘八毫，雍正九年分于请旨事案内首垦田地二十六亩六分八厘八丝六微，合邑共存原额及额外丈出、首垦

① 按：据“浏阳县原额民赋田、地、塘共九千三百七十三顷七十四亩八分四厘二毫一丝七忽五微七尘，内除水铲成河、荆棘成林失额田地四百三十一顷二十六亩六分”，计算可得“实在成熟田、地、塘”为八千九百四十二顷四十八亩二分四厘二毫一丝七忽五微七尘。与“八千八百八十二顷一亩七分九毫四忽”不符。本书卷五《食货一·赋税》注引《戊寅志》：“原额田八千二百五十九顷五十九亩九分六厘九毫九丝八忽，地七百八十四顷七十亩六分八厘三毫六丝四忽，塘二百六十八顷九十七亩六分五厘五毫四丝二忽，合计凡九千三百十三顷二十八亩三分九毫四忽。除水铲成河、荆棘成林失额田、地、塘四百三十一顷二十六亩六分……”以九千三百十三顷二十八亩三分九毫四忽减去四百三十一顷二十六亩六分，恰为八千八百八十二顷一亩七分九毫四忽。故知此处之“九千三百七十三顷七十四亩八分四厘二毫一丝七忽五微七尘”当作“九千三百十三顷二十八亩三分九毫四忽”。

民赋田地塘八千九百（四十八顷）［四十二顷四十八亩］二分四厘二毫一丝七忽五微七尘①，共额粮七万七千三百七十五石五斗三升三合一勺八撮一粒。原额每田一亩科粮九升二合七勺，今每亩减免粮一升九合一勺四秒二粟，实存粮七升三合五勺五秒九撮九圭九粒八粟；原额每地一亩科粮四升，今每亩减免粮一升六合五勺，实存粮二升三合五勺；原额每塘一亩科粮五升三合，今每亩减免粮二升九合五勺，实存粮二升三合五勺。合邑原额共成熟一则田七千八百二十八顷四十五亩四厘五毫五丝五忽七尘，共额派粮七万二千五百六十九石七斗三升五合七勺二秒二撮五圭五粒，今共减粮一万四千九百八十三石六斗五升五合七勺三秒七撮五圭三粒一粟，实共存田粮五万七千五百八十六石七升九合九勺八秒五撮一粒九粟。合邑共成熟地八百四十五顷五亩五分四厘一毫二丝五微，共额派粮三千三百八十石二斗二升一合六勺四秒八撮二圭，今共减粮一千三百九十四石三斗四升一合四勺二秒九撮八圭八粒三粟，实共存地粮一千九百八十五石八斗八升二勺一秒八撮三圭一粒七粟。合邑共成熟塘二百六十八顷九十七亩六分五厘五毫四丝二忽，共额派粮一千四百二十五石五斗七升五合七勺三秒七撮二圭六粒，今共减粮七百九十三石四斗八升八勺三秒四撮八圭九粒，实共存塘粮六百三十二石九升四合九勺二撮三圭七粒。合邑田地塘通共八千九百四十二顷四十八亩二分四厘二毫一丝七忽五微七尘，计共额粮七万七千三百七十五石五斗三升三合一勺八撮一粒，今共减免一万七千一百七十一石四斗七升八合二撮三圭四粟，实存田地塘三项粮六万二百四石五升五合一勺五撮七圭六粟。计共征条饷银三万三千二百九十一两七钱二分八厘八丝八忽七微三尘六纤七渺八漠八茫九漂，内奉减免条饷银六千四百一十一两六钱五分二厘三毫八丝七忽五微四尘五纤四渺七漠四茫九沙一漂，实存条饷银二万六千八百八十两七分五厘七毫一忽一微九尘一纤三渺一漠三茫一沙八漂。计共征九厘饷银一万二千三十一两六钱七分五毫五丝六忽八微六尘一纤八渺三漠七茫八沙一漂，内奉减免九厘银二千六百六十一两一分七厘七毫四丝二忽二尘八纤六渺四漠三茫四沙一漂，实存九厘银九千三百七十两六钱五分二厘八毫一丝四忽八微三尘三纤一渺九漠四茫四沙。一、实在人丁四千九百八十一丁，实征银一千一十八两一钱五分九厘七毫三丝四忽七微，于雍正六年内为详请题明丁随粮派等事案内奉准部文随粮带派。一、实征匠班银二十八两八钱，于康熙五十二年内奉文均于田赋内按亩摊征。合邑原额条饷、丁匠四项，共合征银四万六千三百七十两三钱五分八厘三毫八丝二微九尘八纤六渺二漠五茫九沙，今奉减免条饷二项银

① 按：据上文，“实在成熟田、地、塘八千八百八十二顷一亩七分九毫四忽”，加额外数，实为八千九百四十二顷四十八亩二分四厘二毫一丝七忽五微七尘。下文云“合邑田地塘通共八千九百四十二顷四十八亩二分四厘二毫一丝七忽五微七尘”，与此相符。据改。

九千七十二两六钱七分一毫二丝九忽五微七尘四纤一渺一漠八茫三沙二漂，除丁匠不减外，通邑实存条饷、丁匠共该征银三万七千二百九十七两六钱八分八厘二毫五丝七微二尘四纤五渺七茫五沙八漂。共征正耗南米一万二千三百六十一石二斗四升五合五秒八撮七圭六粒九粟，今奉减免正耗南米二千六百一十八石九斗二升四合五勺四秒七撮九圭八料四粟，实存南米九千七百四十二石三斗一升六合八撮七圭八粒五粟。共征驴脚银一千四百八十三两三钱四分八厘八毫五丝八忽四微九尘九纤七渺四漠四茫二沙，今奉减免驴脚银三百一十四两二钱八分二厘四毫三丝四忽九微六尘二纤八渺四漠五茫六沙三漂，实存驴脚银一千一百六十九两六分六厘四毫二丝三忽五微三尘六纤八渺九漠八茫五沙七漂。实征漕米一万四千四百二十石一斗五升八合三勺三秒九撮一圭九粒一粟八颗五糠四粃。”浏阳存额粮六万有二百余石。明以来明祖之仇加，宋、蒋、赵、江诸令之虚垦为民累者，赖高宗纯皇帝深仁厚泽，一旦出诸水火。迄今百数十年间，民困苏，官不受催科之谪矣。

豁粮本末，世传《豁粮逸案》一书记之详，今撮其略，志圣朝宽大之恩、浏民再生之幸云。

卷七　食货三

蠲免

浏阳旧苦赋重。国朝康熙四年，民困西山之役，总督张长庚请于朝，得蠲免今年粮饷十之一，凡银三千九百有一两、米二千四十三石皆有奇。既而旱，总督张长庚及巡抚周召南再请减征，上许之，于是京花、北绢、药味、牲口、果品随漕不免，凡蠲银万有一百余两；漕粮不免，凡蠲南粮米二千九百四十余石。十一年，又以偏抚卢震请，免虚垦暨逃荒粮万余石。其后屡清丈，额粮几八万，民不便。乾隆元年，上谕："湘乡、浏阳钱粮重，长沙额适中，可比减。"先是，有禁勒垦之旨，浏民即以豁堕粮浮荒请。至是，督抚乃议比长沙例，减粮万有七千余石，科减正耗南米及条饷、驴脚银有差。疏上，报可。以乾隆四年为始，按数减征，浏至今差无逋赋。

其奉诏随直省蠲免者，略可稽也。乾隆以前，顺治时奉诏免两年直省地丁本折钱粮拖欠在民者二：一、十一年免六、七两年民欠；一、十二年免八、九两年民欠。

康熙时奉诏免直省民欠者八：一、元年免顺治十五年以前民欠银米、药材、绸绢布匹诸项钱粮；一、四年免顺治十六、十七、十八等年诸项民欠；一、十年免康熙四、五、六年旧欠地丁诸钱粮，其年并令查捏垦包赔钱粮，悉予蠲免；一、二十年免十七年以前民欠；一、二十五年免今年未完钱粮，并免二十六年下半年、二十七年上半年地丁诸项钱粮；一、二十七年免十七年以前民欠漕粮、银两、米麦；一、四十五年免四十三年以前未完地丁钱粮，其旧已完在官而今年钱粮未完足者，亦准扣抵；一、六十年令查民欠年久者，候豁免。又奉诏免漕粮若地丁者六：一、二十三年免二十四年所运漕粮三之一，且令十三年以前民欠勿并征，着每年带征一年；一、三十年免明年应输漕米；一、三十八年免明年地丁杂税等项钱粮；一、四十四年免明年地丁银米，其旧欠并停输纳；一、五十年免明年地亩人丁银，并免征历年旧欠；一、五十六年免带征地丁、屯卫银。

雍正时奉诏免额征钱粮者一：八年免辛亥年湖南、湖北、江西额征各四十万两。奉诏免民欠者一：十三年免十二年以前民欠，令业户十捐五惠佃户。其年，又奉诏革乡村镇落地税，惟在城者征如旧。

乾隆以来，赋额减，而诏免直省钱粮，浏亦宜与焉。其在乾隆时，七年免长沙被水诸属钱粮，并分别借赈，缓征十年，免明年地丁钱粮，停征旧欠，并令有田者酌减佃户租；三十一年免湖南等省漕粮；三十五年恭遇皇太后万寿，恩免地丁钱粮，分三年办理；四十二年皇太后升遐，推广仁慈，免直省地丁钱粮，湖南轮于己亥年全行蠲免；五十五年恭遇纯皇帝八旬万寿，恩普免直省应征钱粮，长沙府属于五十八年轮免；六十年诏明年嘉庆元年免各省应征地丁钱粮，长沙府属于嘉庆三年轮免，旋诏免天下积欠，向无积欠之湖南等省，着于明年正赋免十之二：通蠲免钱漕若民欠者凡八。嘉庆四年正月，太上皇《遗诏》有“普免天下钱粮者五、漕粮者三、积欠者再”之文，今据旧志所载如此云。

嘉庆时，元年免湖南、北明年应征钱粮，六年免本年地丁钱粮，二十四年免节年正耗民欠及因灾缓征带征诸钱粮：通蠲免钱粮若民欠者三。道光以来，吏牍无存。同治四年，以巡抚请，免长、衡、永、辰、郴、桂诸属未完咸丰九年以前地丁正耗银八万九千一百三十三两有奇，其各州县以灾缓征正耗银及牙茶各课税未完银，悉准豁有差。军兴饷亟，犹恤民如此。浏小邑，凡诸蠲免，或以已输纳，或以不符事例，间有不与，然列圣惠泽不可忘，谨并撮其略焉。

赈恤

历代赈恤，书缺有间矣。国朝，浏阳以偏灾得邀蠲免者，具《蠲免志》中。其有司能恤其民者，亦可稽也。康熙九年，县西南城火，爇民居五十七家，知县侯朴户赈银米。明年，火作于东城外，燔城楼及城北，延西城，古迎佛寺且烬，所爇民居视九年加二百家，民死者七人，巡抚某旧志脱名。按《通志》，是年巡抚当为杨锡绂云。遣官赍银三百两，偕代理县事韩北城，召民赈之。十九年，城中又火民居五十三家，知县曹鼎新出银以赈有差。燔东、北城之岁旱，明年籴贵，县多剽掠，代理县事韩北城亟平粜。既巡抚某令发邑常平仓谷三千六百九十六石有奇，召里保籍民赈之，旋具题，且遣官沿乡散给，民始定。十六年，籴又贵，民多不举火，知县周鸿韬请大吏捐银百六十两为粥以济，知府任绍爌采军米于醴陵，招浏民辇负而酬以米，全活甚众。乾隆四十三年，大旱，署县潘从龙不以闻，县北民以白布政使，得赈。嘉庆六年夏秋之交，城中乏米，知县赵嘉程出金倡募诸富室，得数千金，转籴平粜。数事均见前志。道光十一年，久雨，城北下壕民居皆水，父老敛谷赈穷者，时众募谷凡八百石。知县赵光裕旌其义。同治六年，县东、南、北大水，大吏遣官来视。县城募米三百五十石赈饥者。明年五月，县东又水，民漂溺入湘者多，巡抚刘崐令加抚恤，代理县事钱绍文至，为募千余金赈之。又明年四月，蛟水相继发，损田庐民畜尤夥，绍文白大吏，颁缗钱三千赈饥者，偕委官曹贻荣遍视灾轻重，量给之；劝富室为助，捐谷自百石以下有差；城中且为粥食饿者，凡四旬有五日而止。时西、北城被淹，东城外及下壕诸村民庐荡损，急不能炊，县城中立团诸绅豫谋诸商贾及富室，为粥分四城，并以舟运至乡村赈之，凡六日。旋募米五百八十余石，按口日给之，凡四十五日而止。其年颇不登，知县万修廉豫檄诸富室斥资出籴。九年春，粜果贵，米斗或钱四五百，城中暨诸村团悉转籴减粜之，所费不赀。有司能以偏灾恤民者如此。

优免

嘉庆十八年，知县谢希闵以曾兴纮等故山东嘉祥籍、为宗圣裔白大吏，复其家，为植碑县治。其后，孔氏、颜氏皆得优免。

孔氏，故孔子三十七代孙巢父之后，明初有靖安者，徙浏之滩头。据《孔氏谱》：巢父在唐为潭州刺史，阵亡。子焕，以唐末兵阻，侨居平江。又十八世有靖安者，为孔子五十五代孙，当明洪武初徙浏。万历中，衍圣公札赐其后孔再容等冠带、奉祀生员孔之鉴衣巾，令春秋展祭。后又援武昌、通城孔承派优免例，免孔景道十二户田粮，止纳本等正银二钱八分，余杂差悉免。国初，未及请优免，弗及。道光六年，孔继曙等始陈于大吏。事闻，衍圣公遣守卫司百户刘永振持札来观谱，其人旋以谱至曲阜核之，遂许如例免杂派差徭。道光十年，知县赵为立碑，凡孔氏田产，别立圣裔都，惟正供及采买不免，余保甲、牌头、团总、区首、斗级、社长、运丁、夫役、行铺、船户、粮差、百工手艺差徭悉免。

颜氏在浏者，复圣六十三世孙受甫后也。道光十九年，颜宗腾、泽远等亦请援优免例于有司，许之。道光二十年，知县胡为立碑，略如孔氏。盖三氏在浏皆聚族，并得优免矣。

仓储

仓储凡四：曰漕仓，曰常平，曰社仓，曰义仓。漕仓旧凡七所：县治永兴仓在南城南台岭，门一，厅事三，廒六。见《戊寅志》。《癸丑志》云："在城西县署后，门楼一，板仓四间，贮漕。"县东东丰仓旧在城外升冲观门内，左右厢。《庚申志》："仓十二间，贮漕。"《戊寅志》云："旧在县东十五都塘田市，废。康熙二十九年，知县蒋擢即旧址建义仓，亦废，人呼仓前坪。"县南南盈仓旧亦在南台岭。《癸丑志》："板仓八间，贮漕。"《戊寅志》云："原在县南浦子港，废。康熙间，知县蒋擢即旧址建义仓，亦废。"今二仓并附常平仓。常平仓在县治东城兜率寺前，有仓神庙，有官吏栖止地。《戊寅志》："门楼二，仓神庙一，官厅三。"顺治十五年，知县宋时亨建。旧志："康熙二十九年，知县蒋擢增修。"雍正九年，知县陈梦文拓其制，以东丰仓屋八楹移筑其北。乾隆二十三年，知县张宏燧增葺之。旧志："张增建廒八间。"后以南盈仓所贮并入，更名东南仓，为廒四十有五。东南民纳漕其间待运，余廒悉以储常平谷。自漕改折，而仓渐坏损矣。《庚申志》："常平仓在城隍祠右，顺治十五年知县宋时亨建。"《癸丑志》："在兜率寺前，砖仓四，板仓十，贮积谷。官厅后板仓八，名东丰仓，贮漕。仓神庙西板仓三，贮东、南二乡社谷。知县陈梦文捐建。"其在县西、县北之屯漕仓，亦并储常平谷。县西为西满仓，在镇头市河北，康熙中仓凡九，屯县西漕。《庚申志》："西满仓，康熙八年重建，凡九间。"《癸丑志》："东板仓六间，贮积谷；西板仓六间，贮漕；又板仓三间，贮社谷，皆知县陈梦文捐建。"按，同治初，奉捐积谷。又按，仓侧有斗级公所。先是，征漕贮仓，胥役苛收，乃建公所，岁轮派粮户司之云。雍正十一年，知县陈建廒十有五。《戊寅志》："门楼一座，官厅三间。”乾隆二十三年，知县张增廒六。今凡二十有一廒。县北为北盛仓，康熙中凡二所，皆屯漕。《庚申志》：“北赡仓，在北乡旧五十八都黄泥江。”又云：“北盛仓，一在潦浒市，凡三廒，收就便三都漕米；一在黄泥江，凡十五廒，收其余十五都漕米。”“北赡”者，殆旧时仓名与？《癸丑志》：“北盛仓，在鲁家岭，一名黄泥冈。板仓东西共十间，贮积谷，知县陈梦文建。又板仓八间，贮漕，陈梦文重修。又板仓三间，贮社谷，陈梦文捐建。”一在鲁家岭，旧廒二十有一，知县陈修之。《戊寅志》：“门楼一座，官厅三间，厅东瓦屋三间。”乾隆中，知县张亦增廒六。今凡二十有五廒。一在永安市下市庙，前志所谓永安市收粮所也。《戊寅志》：“在县北下市庙内，收附近两都半之漕，随收随运。”按：此即《庚申志》潦浒市仓。七仓者，故皆漕仓，自附储常平谷，东南及西满、北盛遂为常平仓，常平、漕仓不复别。其永兴仓亦不复屯漕，漕米由官运岳兑军，则有屯漕仓贮之，待军运。仓在岳州府城外演武厅西。康熙八年六月，知县侯朴购巴陵民王、许二姓地，为廒十有四。乾隆四十五年，知县张拱极修之。咸丰间，毁于兵。今漕方改折，未及复，其基尚在，四周凡五十丈。按《庚申志》：“康熙间，奉粮道胡檄，凡州县有北运者，须于岳州水次建仓，于是知县侯朴差里长刘公达等买岳城外废地十间，每间地一丈三尺，通计十三丈，为廒十，廒贮米可一千二百石云。”其后岁加完缮。咸丰间，毁于兵。同治八年六月，知县钱绍文遴邑绅刘贤友，便道出巴陵清丈废址，于是署巴陵县严令吏偕刘召邻仓斗级阅视浏仓垣址犹存，为丈而植碑，具牍绘图覆县。计界四周长五十丈，凡一百弓。界内正廒址东至西长七丈，凡十四弓，廒南横廒址东至西长九丈五尺，凡十九弓，通正廒、横廒址南至北长十四丈，凡二十八弓。其址当演武厅后，西向大江。正廒前有官厅，即旧志所谓皇华亭也。迤南，横廒之前为攸、茶二县仓基，其北为善化仓基，盖浏仓最东云。

其漕仓附储之常平谷，东南仓额储一万二千六百九十三石二斗二升七合，西满额储九千九百九十六石四斗三升三合，北盛额储一万一千一百六十二石九斗六升九合六勺，通储谷三万三千八百五十二石六斗二升九合六勺，东南仓附储买存停运闽米易谷二百十二石，通凡三万四千六十四石有奇。道光以来，渐亏绌矣。据县奏销册稿，西满仓贮谷二千四百十九石，北盛仓贮谷二千一百七十六石，通存谷四千五百九十五石，较原额亏谷二万九千四百六十九石六斗二升九合六勺。内有道光六年奉文动碾醴陵水灾抚恤口粮谷一千石，奉文动碾二限通米谷三千石，九年奉文动碾沉失漕米谷一千石，十二年奉文动碾平徭军需案内里夫口粮谷一石一斗七升，二十九年奉文拨运益阳平粜谷一千石，又知县赵光裕详请平粜去谷八千石，照价易银解藩库，以上六款均未领价买补。又清查案内知县汪傅霖短交盘折谷一百九十七石八斗六升九合六勺，又知县袁青绶办防挪用谷四千五百石，奉准于袁令未领军需报销项下提抵，均未买补。又咸丰九年知县蔡式钰奉文变卖谷一万石，照价易银解军需局，又蔡短交谷七百七十石零五斗九升，请准于应领十年（硝）〔销〕价并袁令军需报销项下扣银四百五十六两六钱八分四厘，抵谷七百零二石五斗九升，尚有盘折谷六十八石未买补还仓云。

社仓附

社仓，旧在县西城，康熙二十九年知县蒋擢建，后废。雍正十年，知县陈以县民先后所输谷八百余石散储社长私屋，请按乡并入常平。附：陈梦文《社谷归仓详》云："为详明社谷归仓，以杜侵蚀，以广出息事。查雍正二年，前令劝捐社谷并节年出息共八百八十三石有零，历届报明奏销在案。缘自捐贮以来，四乡皆有谷而无仓，惟据各该社长私屋存贮。殷实老成者，尚能出纳惟谨，而狡猾奸顽者，每每侵蚀无存。虽逐年盘查，不难邻里丐贷挪抵，一时纵加封识，亦复转眼弊生，甚至此乡追完，彼乡又已亏缺，凡皆无仓之弊也。卑职今于各乡常平仓地方捐建社仓，囊存各社长零星石斗，俱归于内。每乡择老成殷实二人充为社长，秋成后经手事竣，准其更替，俾无长久看守之责，庶人人乐充。且社谷出借，奉文只许加一出息，而不肖社长往往重息勒取，且假官谷名色，凡其私债，皆托于内。又查核有无息谷，胥指谷石俱在，并未出仓，支吾掩饰。是以青黄不接之际，民间多不得社谷之益，而历年以来出息亦复无几。卑职请自今归仓以后，每当仲春，即出示四乡晓谕，凡愿借者，赴县禀明，社长加具保结，凭领出借，秋成限以的期，凭社长赴仓，加息交纳。息谷既轻，愿借必众，每年加一之息，定所应有，则不及十年，而谷数可充一倍矣。理合将捐建仓图造册呈赍，并将归仓缘由详明，恳赐批示立案。"乾隆十六年，乃分建社仓十所。前志载：后增至六十二所。今据道光间县清查册，凡八十所。县东一、二、三都曰下马塘，原额六百六十四石余，道光间案存五百三十余石。三、四、五都曰达浒市，原额四百七十八石余，道光间案存四百九十石余。九都曰高浒市，原额五百三十余石，道光间案存三百余。凡三所。前志有范家岭一仓，册未载。《戊寅志》："原无仓，嘉庆十年，众置基地，周传道捐银百一十两，建板仓二间。"县南十三都曰文家市，原额百六十余石。十五都曰上仓，原额九十八石余。十六都曰中仓，原额一百七石，道光间得一百六十余石。十七都曰下仓，原额二百八十石，道光间并加捐凡三百四十石。曰柘溪上团，原额九十石，道光间得一百十二石余。曰柘溪中团，原谷八十七石余。曰柘溪下团，原额八十二石。凡七所。前志有澄潭江仓一，兹据道光间县册录。县西十八都曰韩家港，原谷五百十二石。十九都曰青草市，原谷九百八十石余，道光间案存四百九十余石，同治六年得谷六百六十五石余。○按邑人饶仁嗣《社仓记》载："其都社仓谷，自西满仓分若干石为本谷，其后曾购仓屋园土。至嘉庆初，有谷九百余石。旋以董事兴讼，经理无人。道光九年，白官盘量，仅存谷三百余石。于是择社长，力任其事。至咸丰初，积谷至八百余石。九年，改建仓廒，售谷二百四十余石云。"二十都曰枨冲市，原谷五百六十石余，道光间案存三百余石，同治七年得九百五十余石。二十一都曰莲花坪，原谷六十三石余，道光间存三十余石。曰上莲花坪，原谷五十一石。曰蛇头市，原谷八十石余。曰冯家段，原谷二十七石余。二十二都曰上朝天桥四所，一所原谷八十五石余，一所六十九石余，一所十二石，一所八十四石余。曰下朝天桥五所，一所原谷百四十六石余，一所一百二十石，一所三十二石余，一所九石余，一所四石。曰镇头市二所，一所原谷一百十四石余，二十三都①；一所原谷一百三十石余。二十三都曰普迹市，原谷八十五石余。二十四都曰石回嘴，原谷八十二石。曰会同寺，原谷一百九十三石余。曰牌楼仓，原谷八十八石余。曰迎龙仓二所，一所三十六石余，一所三十八石余。二十五都曰花园段，原谷一百十五石。曰彭家段二所，一所原谷四十四石，一所七石三斗。二十六都曰浏阳山，原谷四百五十七石余。曰观塘段，原谷二百五十余石。曰涧口段，

① "二十三都"，疑涉下文而衍。

原谷二百石。凡三十所。县北二十七、八都曰永安市四所，二十七都二所，一所原谷七十七石余，一所二百八十余石。二十八都二所，一所二百有四石，一所一百一十六石余。二十九都曰洞阳市二所，一所原谷二百七十石，一所二百二十八石。三十都曰将军庙，原谷二百四十余石。曰枫浆桥，原谷六百二十一石余。三十一都曰祖宗庙，原谷一百八十余石。曰三星园，原谷二十二石。曰瓦窑山，原谷二十五石。曰罗家礲，原谷三十石。三十二都曰金盆山二所，一所原谷四百五十九石余，一所四百七十八石余。曰唇口段，原谷一百八十七石。曰路口段，原谷二百五十五石四斗。三十四都曰新庵寺，原谷二百石。曰押桥，原谷一百四十石。三十五都曰石榴山，原谷四百四十五石余。三十六都曰高田段三所，一所原谷一百三十四石余，一所一百零一石，一所七十八石。三十六、七、八都曰毛公桥三所，一所原谷四百八十九石余，一所三百七十四石，一所二百三十四石。三十三及三十八、九都曰沙石街四所，三十三都一所，原谷三百六十石。三十八都一所，原谷一百八十七石余。三十九都二所，一所一百零二石余，一所三十三石余。三十九都曰白荆段，原谷一百四十一石余。四十都、四十四都、五十六都曰社港市三所，四十都一所，原谷三百七十六石余。四十四都一所，原谷二百十七石余。五十六都一所，原谷一百四十一石余。又四十都、四十一都曰焦家桥二所，四十都一所，原谷一百六十三石余。四十一都一所，原谷三百四十六石余。又四十一都曰南普寺，原谷九百七十余石，道光间案存谷五百四十余石。四十二都、五十一都曰相公殿二所，四十二都一所，原谷二百四十二石。五十一都一所，原谷一百九十五石余。四十三都曰洞庭滩，原谷三百五十石余。五十九都曰来桥铺，原谷一百二十一石。○按：《戊寅志》有押口铺仓，而县册载押桥及夹桥铺二仓，查旧皆在押口铺，今从县册载。凡四十所。前志有醇口段、萧家冲、陈家山、炭冲庵、郑家坊数所，道光间册亦未载，盖嘉庆以来分并不一。前志载，各社仓额储谷凡二万一百四十九石六斗九合二勺，道光间册载原谷之数，既不符其旧，然今犹岁以其数闻于大吏，与常平同也。又，县西有新社仓，十八都一所，在山枣岭，咸丰十年案存谷百六十石。十九都六所，一上三甲白石境，凡谷八十五石；一上三甲横岭冲境，凡谷五十石；一上四甲南山段，凡谷百四十石；一下三甲境，凡谷百七十石，皆同治初捐建。一下二甲张家店，同治十一年案存谷百石。一下一甲枧下段，同治十二年案存谷百石。不在此数。

义仓附

同治二年，巡抚恽世临檄各属劝捐积谷，代理县事胡崧、陈延泽先后劝民纳谷，按团置仓，以所纳十之二为经费。明年秋竣事，县境凡存谷四万四百四十石六斗，悉以其数闻。按县牍，同治二、三年凡捐谷四万六千六百六十四石一斗九升五合，除东、南、西三乡经费谷六千二百二十三石五斗九升五合，如数。乃画条规，不假吏胥手，令择士之贤者主出纳，三年一代，或贷或粜，视其时。迩岁邑多水患，饥馑相仍，皆赖义仓谷以济。十年秋，复奉巡抚刘崐檄劝续捐，以广储备，缘荒歉后，未齐输。姑即成数可稽者并原额汇纪之。凡各团储谷之仓及前后呈明捐数已见县牍者，悉汇之。其已续捐者，注原存若干，续储若干；未续则仅注额谷若干。

今其谷在附城中立大团者，附储常平仓，凡四千三百三十石。原捐谷三千零七十四石四斗五升五合，除经费谷四百七十四石四斗五升五合，实储谷二千六百石；又续捐谷二千零九十一石九斗七升，除经费谷三百六十一石九斗七升，复储谷一千七百三十石，合计如额。

在县东者：上东仓、在东门市下街，为廒六，其右为办公所。储上东大团原存谷二千一百八十五石五斗二升，又续捐谷一千零三十一石五斗，除经费及弥补清查等项公费售谷五百七十七石六斗四升，复存谷四百五十三石八斗六升，分储各小团，合计额谷二千六百三十九石三斗八升。陈坊仓、在陈家坊。储陈坊大团原存谷二千四百零九石六斗五升，又续捐谷一千八百零四石，除经费及弥补防堵、接济两案悬款售谷四百二十四石，复存谷一千三百八十石，分储各小团，合计额谷三千七百八十九石六斗五升。达浒仓、在长嘉段，曰恒丰仓。储达浒大团额谷一千三百一十三石九斗二升。永和仓、在永和市下街。储永和大团额谷一千六百五十八石七斗六升。古港仓、在古港市。储古港大团额谷三千五百五十三石六斗。**高坪仓**，在高坪市。储高坪大团额谷一千四百二十八石零五升。**凡仓六，计额谷一万四千三百八十三石三斗六升**。案：六仓原捐谷一万四千一百五十六石二斗四升，除经费谷二千八百三十一石二斗四升，加补捐谷一千二百二十四石五斗，实储谷一万二千五百四十九石五斗，又上东、陈坊续捐谷二千八百三十五石五斗，除经费及弥补各项谷一千零零一石六斗四升，复储谷一千八百三十三石八斗六升，合计如额。

在县南者：同仁仓、在大盛市。储额谷七百八十六石三斗八升。**绥丰仓**、在枫林市。储原存谷四百九十六石三斗二升，又续捐谷二百七十石零二斗七升，除经费谷二十七石零二升七合，复储谷二百四十三石二斗四升三合，合计额谷七百三十九石五斗六升三合。**储平仓**、储额谷七百四十三石六斗六升。**五福团仓**、储原存谷三百九十六石三斗六升，又续捐谷二百七十八石零二升，除经费谷四十八石零六升，复储谷二百二十九石九斗六升，合计额谷六百二十六石三斗二升。**庆福团仓**、储原存谷五百三十七石二斗九升，又续捐谷五百三十九石零四升，除经费及弥补建仓费售谷一百零三石九斗一升，复储谷四百三十五石一斗三升，合计额谷九百七十二石四斗二升。**沙溪仓**、在文家市。储沙溪大团额谷二千零八十石。**志胜团仓**、储原存谷三百五十五石，又续捐谷一百六十九石八斗，除经费谷十五石，复储谷一百五十四石八斗，合计额谷五百零九石八斗。**保泰团仓**、与社仓合建，在大遥市下街。储额谷六百八十五石五斗。**吉临团仓**，在金刚市。储原存谷三百五十六石，续储谷一百四十四石，合计额谷五百石。**永定团仓**、在金刚市。储原存谷三百五十八石，续储谷一百四十二石，合计额谷五百石。**民安团仓**，在金刚市。储原存谷三百二十六石，续储谷一百七十四石，合计额谷五百石。〇案：志胜以下五团，原存额谷旧皆储金刚市均安仓。据邑人何名津《均安仓记》载，仓屋三楹，前楹佃人设肆守仓，后二楹为廒五，同治三年建。凡志胜、保泰、吉临、永定、民安五团谷，均储之。六年保泰士绅白知县王，七年志胜士绅白知县童，以便民故，各分额谷，储于其团。惟吉临、永定、民安额谷仍储均安仓，三团士绅轮年经理，岁以一分息抵耗费云。**凡仓十一，计额谷八千六百四十三石六斗四升三合**。案：十一仓原捐谷八千九百一十二石七斗六升，除经费及短耗谷一千七百九十二石二斗五升，实储谷七千一百二十石零五斗一升，又绥丰、五福、庆福、志胜、吉临、永定、民安七仓续储谷一千五百二十三石一斗三升三合，合计如额。

在县西者：冲和团仓、在枨冲市。储冲和大团额谷二千五百四十一石四斗。

普安团仓、在普迹市。储普安大团额谷二千三百六十七石六斗一升。旧存谷二千六百三十石零六斗八升，以建仓经费不敷补扣谷二百六十三石零七升，存如今额。镇西团仓、在镇头市。储镇西大团额谷一千九百五十三石七斗二升。○案：普、镇原捐谷五千一百七十四石四斗，除经费谷五百石，存谷四千六百七十四石四斗，同治六年奉准除耗谷九十石，实存谷四千五百八十四石四斗，后普安分谷二千六百三十石零六斗八升，镇西分存如今额。凡仓三，计额谷六千八百六十二石七斗三升。案：三仓原捐谷八千三百五十石零七斗四升，除经费谷一千一百三十四石九斗四升，又除普、镇原耗谷九十石，普安补扣谷二百六十三石零七升，存如今额。

在县北者：永安市仓、在永安市。储原存谷一千一百石，续储谷三百石，合计额谷一千四百石。蕉溪仓、在蕉溪团。储额谷二千一百零五石。沙市仓、在沙市街。储额谷一千八百五十石。北盛团仓、在北盛仓地。储额谷二千二百七十八石。莲溪团仓、在社港市。储额谷八百四十七石五斗六升。绥和团仓、在新开市。储额谷五百九十二石八斗。全福团仓、在洞庭滩。储原存谷五百一十九石七斗七升，续储谷二百一十石，合计额谷七百二十九石七斗七升。全仁团仓、在相公殿。储额谷二百五十六石九斗三升。大吉团仓，在泮春里。储原存谷三百三十九石零七升，续储谷一百一十七石零六升，合计额谷四百五十六石一斗三升。凡仓九，计额谷一万五百一十六石一斗九升。案：九仓原捐谷一万二千一百七十石，除经费谷二千二百八十石零八斗七升，实储谷九千八百八十九石一斗三升，又永安、全福、大吉三团续储谷六百二十七石零六升，合计如额。

合城乡诸仓储，原捐积谷三万九千二十一石八斗七升，案：今存原捐谷额，视同治三年上闻之数短一千四百一十八石七斗三升，计南乡短谷九石六斗九升，西乡普安、镇西原耗并补扣经费谷三百五十二石六斗七升，北乡补扣经费谷二千二百八十石零八斗七升，共除谷二千六百四十三石二斗三升，外加东乡补捐谷一千二百二十四石五斗，得如今额。续储谷五千七百一十四石五升三合，案：今四乡续捐未竣，后有成数存案，俟续志缀补。通计额谷四万四千七百三十五石九斗二升三合。皆案县牍汇纪。○附：同治八年知县钱绍文《详准积谷章程十四条》："·一、经管首事，务择殷实老成之人，每年更替一人，以均劳逸。每届年终，赴县请换谕帖，具墨领存案。如有亏短，照数分赔。·一、东南西北四乡以及城团，各举监察绅士二人，责成总理稽查，如经管首事内有假公济私、办理乖方之人，随时禀请更换，毋稍徇隐，致误大公。·一、每年出陈易新，发谷以芒种前后为期，收谷以秋分为期，定以时日，以示限制而杜争端。·一、谷价昂贵，办理平粜，或粜七存三，或粜三存七，或碾米兼粜，临时察看情形，酌量办理。·一、粜谷钱文，仍由首事收存，即将粜谷若干、收钱若干一面出贴晓单，一面报县查核，秋后照数买补。如有赢余钱文，一并买谷上仓，分别出单，报县存案。倘敢侵蚀赢余，定即究追不贷。·一、收存积谷，不无盘折、鼠耗、虫伤，经管首事势难赔累。自同治八年起，凡出仓谷石，每一石准销耗谷三升，以作盘量失耗之用，按谷折算，于息谷内照数开销，造册报县。·一、有仓之处，准雇仓夫一名。自同治八年起，每年准给口粮谷八石，于息谷内照数开销，造册报县。·一、领谷，每石取息一斗二升。所有息谷，除开销外，余概存仓，由该首事造册报县，不得稍有侵挪，致干查究。·一、领谷人除近仓十里内者不论外，其有居住穹远，每十里帮脚谷一升，即于息谷内扣除，以免远者借口。·一、领谷，或团长，或富户，总以有业能赔之人具结承领，交首事收执，听其散发。倘有短欠，领手垫赔。贫寒绅士不得冒领，如违禀究。·一、遇水旱兵灾大荒之年，首事即禀请批示，通融办理，不拘成例，事后仍由本团富户照数筹还。·一、积谷专为地方备荒而设，凡遇修建桥梁、庙宇以及迎神、赛会地方一切大小公事，概不准动用积谷，致干查究。·一、选举首事，概系本团殷实老成之人，经理积谷即以保卫身家，毋庸议及薪水，以节（縻）［糜］费。·一、每届冬令，由县会同戎、巡、典分赴各团盘查一次，通禀存案。所有夫马火食，概系由县捐廉备办，各该经理首事不得借端开销，以杜流弊。”至县东七都别有义谷田，道光二十二年，三口段王才林捐谷六千四百石，王才桢捐谷八百石，王才本捐谷二百五十石，王才果、才椝、才棆共捐谷三百石，王应灼捐谷二百五十石。后因经理维艰，将谷售价购田，计存义田一百二十九亩八分，岁可入租二百余石。其仓旧在蜈蚣塘，今移建谢家山地，凡十二廒，谷无定额，兹不纪。县西十八都别有义谷仓，在龙虎渡。道光二十二年，知县赵光裕谕士绅捐建，凡谷二百六十七石。不在此数。

物产

浏阳山高而气寒，土产不异他州邑。宋、元史称永兴场产矾，置场征税，《宋史·食货志》："产矾之所，浏阳之永兴，置场给引，岁有常输。"《元史·食货志》："至元十八年，李日新自具工本，于浏阳永兴矾场煎烹，每十斤官抽其二。"今莫能详其处。前志言明初开冶场，周幹建言罢之。今县东七宝山多黝石，其下有铁矢山，石积如铁屑，或疑即场所，然屑仅微肖，虽铁亦恶矣。国朝休养日久，民勤力作，货殖繁昌，凡植之类则有谷、蔬、蓏、果、木、竹、草、花、药，动之类则有毛、羽、鳞、介、虫，其他利用之类，若金、石，若货，前志录之详，今略述所恒见而系民利害者，仍以方言纪之。

谷之属：曰穲秥，俗名䅳秥。曰早禾秥，曰麻秥，曰须秥，宜山田，多须，名"鹿见愁"。曰等齐黄秥，曰红米秥，曰撑禾秥，一名丫禾，或呼二禾，插早稻中，颇耐旱。曰晚禾秥，有红、白二种，六月种，九月获。皆为稉；"稉"，同"秔"。《尔雅翼》："秔，晚稻。"又云："不黏为秔。"曰江西早，曰飞天早，曰百日早，曰思南早，曰铁脚早，诸种春种夏获，呼早稻，农民借以接新。曰黄泥早，一名中禾，七月获。皆为秈；《尔雅翼》："秈为早稻。"曰桐子糯，曰石子糯，一名金包银粟。曰团壳糯，曰黑节糯，茂而寡实，秸可织屦。其节黑，故名。皆为稬。麦非土宜，亦间有种者。此外诸谷曰荞麦，曰苦麦，一名苦荞，可作饵。曰黄粟，最黏。旧志有糯粟。曰包粟，山中人屑作饭。曰黏粟，一名鸭脚粟。曰高粱，有赤、白二种，实可作酒，穗可作帚。曰黄豆，可作腐。曰黑豆，曰绿豆，曰饭豆，山中人以代饭。曰蚕豆，曰豌豆，曰茶花豆，曰懒人豆，秋散田中，不粪自生。曰黑芝麻，即胡麻。曰白芝麻，皆可相土宜植之。其不择高下而可种者，曰红薯，尤可代饭。苗似葛，一名番薯，疑即左思《吴都赋》所云"食葛"。春夏皆可种。

蔬之属不悉纪，常种者曰苋菜，有红、白二种，易生，可疗饥。曰苦菜，可疗饥。曰青菜，芥菜属，可蓄。曰苦荬，易生，可饲豕、饲鱼。曰芋，曰葱，曰韭，曰蒜，曰藠，曰火薯，山药之属，可疗饥，有红、白二种。又有一种雪薯，较火薯更脆，可佐餐。曰白菜，味美，其种须京师来。曰萝葡，即莱菔，四时有之，冬始大。曰木耳苋。一名紫菜。山中有磨芋。似芋，磨作腐，味美，有小毒。县西南刘麻后，间生麻菌，沤苎生蕈，味美。不常有也。蓏之属不纪。

果之属诸邑所同，无特产，悉不纪。木之属亦然，然惟松、杉较多。滇逆之乱，浏遭惨杀，田地荒芜，深箐密林，在在皆有，近垦辟且尽，虽高山峻岭，穷民种植其间，不遗寸土，材木不足，薪价且日昂矣。竹之属曰水竹，可为竿。曰箭竹，最坚而小。曰苦竹，曰紫竹，曰观音竹，曰丛竹，而南竹独多，其笋可作纸。

草之属：曰黄藤，最苦；一名水莽草，生涧谷，花黄，服之杀人。○附：知县韩爔《禁服黄藤示》略云："浏阳地产黄藤，乃杀人毒草。本县莅任以来，（稳）[稔]①知乡野痴愚，或因负债难偿，或因鸡豚构衅，或因酒醉酗狂，语言相激，忍为捐生，欲图反噬，甚而家庭妇女，以口角小嫌，亦蹈此害。不知律例中凡自缢、投河、服毒而死者，只令本家竟行掩埋，所在官司不许究拟。夫死者不可复生，死而或足以破人之家，报己之怨，轻生者犹可甘心，而今竟为徒死无益，岂非至痴至愚！合行严禁。嗣后倘有男妇无知，仍前服食黄藤身死者，本县不论曲直，断断概不受理。至于真冤大枉，或被豪势欺逼，不妨赴县直陈，本县不畏强御虐，公确断决，不令良懦蒙害也。其产黄藤地方，即着附近该管人户尽行芟除，以去祸本。尔百姓各宜爱惜身命，洗去恶俗，以副本县惓惓之意。"曰葛，可作布；根可屑粉。曰蔗，可作糖；曰席草，曰茅，皆日用所需；曰肥田草，可作粪；名荷花草，见善化唐陶山方伯《诗集》，以其花似也。曰蕨；曰黄花菜，可作羹，一名禾藁菜，生田中，黄花，荒年恒掘以充饥。余不纪。花之属不纪。药之属皆贱品，无特产，亦不纪。大率树艺之利在物土所宜，仍恃勤力以迓天时耳。知县王珽《劝谕栽植示》略云："浏邑山深土满，遍地沃壤，如山原平冈、处所民居、墙垣内外，在在皆可种植。若松、杉、楠、竹，可收久远之利。至若梅、若桃、若茶、若桑、若槐、若桐、若椿、若棕、若李、若梨、若橘、若枣等类，以及乌臼之可以取油，冬青之可以取蜡，栽植数年，不用灌溉工夫，岁获四时大利，且花香鸟语，可以娱心志、悦耳目，果实成熟，可以货银钱、资日用，何故而不为此？古云：'大富由天，小富由勤。'尔民止能勤于田禾，此外并无别货可以资生，故遇凶岁则饥馑荐臻，苦无米谷，值丰年则谷贱钱荒，无计完粮，凶丰交困，总由闲时不务本于久远，

---

① 据文义改。

勤心于栽种，以致如此。本县叨莅兹土，为尔父母，不忍见尔民之贫乏无措，急为唤醒。目今早禾既登，宜将已刈之田即种荞麦，初冬收获，庶可少济菽水之供。频年勤作，亦或有耕九余三之积。更宜有土即种姜、薯，有沟即植莲、芡，以至诸色豆麦、穇粟、高粱、油菜、芝麻暨苎麻、棉花，件件可种。况际秋收之后，时日空闲，必使境无游民，野无旷土。凡有山有土之家，各当量地制宜，多种竹木，不过一时举手之劳，实为子孙世守之业。况各乡河流汇郡，运售易而致商无难。行之五年十年，将见民饶余利，家臻素封，根本既立，又何患水旱灾荒之乏食乎？本县立一种树赏罚之法，与尔民相约：自今西成后，限尔民勤力劳心，开垦山地，家家户户，广栽竹木杂粮，每于一家牌上烟民册内，各填某处种树若干。本县留心访察，各保甲长逐一稽查，其不种树者重惩，种多者记赏。倘遇户婚田土、口角微嫌之讼，审实应责者，免其责罚，近为尔民全一体面，远为尔民成此产业。尔民各遵行毋忽。"

毛之属，牛、羊、豕、猫、犬、马、骡、驴为恒畜。县西普迹市墟期，四方百货毕集，马为多，然浏产什一耳。在野有兔、狸、獾、獭诸兽，不悉纪。近亦间有虎、豹、豺、麂、野豕，为民物害。羽之属不悉纪，鹅、鸭、鸡为恒畜，或喜畜画眉、鸲、鸽，最耗谷资。鳞之属、介之属亦无特产，涧中有蓑衣鱼，较异，然最小，不可食。虫之属不纪，间有畜蚕者，蜜蜂或喜聚之，利其蜜也。

货之属：茶、蓝、棕、苎麻、烟草、或作"菸"，一名淡巴菰。近年晚稻多螟，取其叶或干茎插禾根中，可已。然浏产不及江西佳，郴州尤佳。茶油、桐油、菜油、草纸、一名折表纸，春以石灰沤笋，秋出为纸，山人恒赖之，然亦极劳费。○《通志》："草纸产衡山、浏阳等县。"竹纸、皮纸、《通志》："浏阳出皮纸，肌理甚细，与贵州产相似。"绢、《通志》："浏阳出绢。"今惟北乡有之。苎布、一名夏布。按《通志》："浏阳、湘乡、攸县、茶陵皆出苎布，世称浏产最佳，其实浏土所出货高而少，今多采自江西，托为浏阳夏布云。"白炭、香粉，屑木作粉，为炷香。皆利民。金之属无可纪，惟煤炭、石灰、凿石煅成，白色，可粪田治虫、（侵）［浸］纸笋。麻石、砥石沙溪产者佳。间为利。然浏岁以羡鬻诸外者，纸、茶及茶油、苎布略多，余产或仅给用，或否，若谷则岁小歉恒不足云。

卷八　学校

三代之学，皆所以明人伦。人伦明于上，小民亲于下。故夫学校之设，人才之所由盛衰，风气之所由厚薄也。国家奖励师儒，设官半因明旧。自康、乾以来，贤有司与士夫益加意斯文，讲求典礼，往往崇饰学宫，增建书院及义塾，育贤才以厚民俗，惟冀真儒辈出，幼学壮行，佐天子孳惠元元，整肃纲纪。往时学额苦少，咸丰后递有增加，士气烝烝日上，非鼓舞之效欤！爰著学校废兴与先后学额，并次典礼、风俗，明所关甚巨焉。

恭录匾额

康熙二十三年，钦奉御书“万世师表”匾额。

雍正三年，钦奉御书“生民未有”匾额。

乾隆三年，钦奉御书“与天地参”匾额。

嘉庆五年，钦奉御书“圣集大成”匾额。

道光元年，钦奉御书“圣协时中”匾额。

咸丰元年，钦奉御书“德齐帱载”匾额。

同治元年，钦奉御书“圣神天纵”匾额。

恭录各赞

康熙二十五年御制《至圣先师孔子赞并序》

盖自三才建而天地不居其功，一中传而圣人代宣其蕴，有行道之圣得位以绥猷，有明道之圣立言以垂宪，此正学所以常明，人心所以不泯也。粤稽往绪，仰溯前徽，尧、舜、禹、汤、文、武达而在上，兼君师之寄，行道之圣人也；孔子不得位穷而在下，秉删述之（传）[权][①]，明道之圣人也。行道者勋业（烂）[炳]于一朝，明道者教思周于百世。尧、舜、禹、汤[②]、文、武之后，不有孔子，则学术纷淆，仁义湮没[③]，斯道之失传也久矣。后之人而欲探二帝三王之心法，以为治国平天下之准，其奚所取衷焉？然则孔子之为万古一人也，审矣。朕巡省东国，谒祀阙里，景企滋深，敬摛笔而为之赞曰：

清浊有气，刚柔有质。圣人参之，人极以立。行著习察，舍道莫由。惟皇建极，惟后绥猷。作君作师，垂统万古。曰惟尧舜，禹汤文武。五百余岁，至圣挺生。声金振玉，集厥大成。序《书》删《诗》，定礼正乐。既穷象系，亦严笔削。上绍往绪，下示来型。道不

---

① 据张廷玉编：《皇清文颖》（清文渊阁《四库全书》本）卷首四《至圣先师孔子赞（有序）》改。下同。

② “禹、汤”，《皇清文颖》无。

③ “湮没”，《皇清文颖》作“湮塞”。

终晦，秩然大经。百家纷纭，殊途异趣。日月无逾，羹墙可晤。孔子之道，惟中与庸。此心此理，千圣所同。孔子之德，仁义中正。秉彝之好，根本天性。庶几夙夜，勖哉令图。溯源洙泗，景躅唐虞。载历庭除，式观礼器。摛毫仰赞，心焉遐企。百世而上，以圣为归。百世而下，以圣为师。非师夫子，惟师于道。统天御世，惟道为宝。泰山岩岩，东海泱泱。墙高万仞，夫子之堂。孰窥其藩？孰窥其径？道不远人，克念作圣。

康熙二十八年御制《四大贤赞》

颜子赞

圣道早闻，天资独粹。约礼博文，不迁不贰。一善服膺，万德来萃。能化而齐，其乐一致。礼乐四代，治法兼备。用行舍藏，王佐之器。

曾子赞

洙、泗之传，鲁以得之。一贯曰唯，圣学在兹。明德新民，止善为期。格致诚正，均平以推。至德要道，百行所基。纂承统绪，修明训辞。

子思子赞

于穆天命，道之大原。静养动察，庸德庸言。以育万物，以赞乾坤。九经三重，大法是存。笃恭慎独，成德之门。卷之藏密，扩之无垠。

孟子赞

哲人既萎，杨、墨昌炽。子舆辟之，曰仁曰义。性善独阐，知言养气。道称尧、舜，学屏功利。煌煌七篇，并垂六艺。孔学攸传，禹功作配。

恭录诏谕

顺治九年钦颁《学校卧碑》

朝廷建立学校，选取生员，免其丁粮，厚以廪膳，设学院、学道、学官以教之，各衙门官以礼相待，全要养成贤才，以供朝廷之用。诸生皆当上报国恩，下立人品。所有教条，开列于后：

一、生员之家，父母贤智者，子当受教；父母愚鲁，或有非为者，子既读书明理，当再三恳告，使父母不陷于危亡。

一、生员立志，当学为忠臣清官，书史所载忠清事迹，务须互相讲究；凡利国爱民之事，更宜留心。

一、生员居心忠厚正直，读书方有实用，出仕必作良吏；若心术邪刻，读书必无成就，为官必取祸患。行害人之事者，往往自杀其身，常宜思省。

一、生员不可干求官长，交结势要，希图进身。若果心善德全，上天知之，必加以福。

一、生员当爱身忍性，凡有司官衙门，不可轻入，即有切己之事，止许家人代告，不许干与他人词讼，他人亦不许牵连生员作证。

一、为学当尊敬先生，若讲说皆须诚心听受，如有未明，从容再问，毋妄行辩难；为师者亦当尽心教训，勿致怠惰。

一、军民一切利病，不许生员上书陈言；如有一言建白，以违制论，黜革治罪。

一、生员不许纠党多人，立盟结社，把持官府，武断乡曲；所作文字，不许妄行刊刻，违者听提调［官］[①] 治罪。

康熙四十一年御制《训饬士子文》

国家建立学校，原以兴行教化，作育人才，典至渥也。朕临御以来，隆重师儒，加意庠序，近复慎简学使，厘剔弊端，务期风教修明，贤才蔚起，庶几棫朴作人之意。乃比年士习未端，儒效罕著。虽因内外臣工奉行未能尽善，亦由尔诸生积锢已久，猝难改易之故也。兹特亲制训言，再加警饬，尔诸生其敬听之。

从来学者先立品行，次及文学，学术、事功，原委有叙。尔诸生幼闻庭训，长列宫墙，朝夕诵读，宁无究心？必也躬修实践，砥砺廉隅，敦孝顺以事亲，秉忠贞以立志。穷经考业，勿杂荒诞之谈；取友亲师，悉化骄盈之气。文章归于醇雅，毋事浮华；轨度式于规绳，最防荡佚。子衿佻达，自昔所讥。苟行止有亏，虽读书何益？

若夫宅心弗淑，行已多愆，或蜚语流言，胁制官长，或隐粮包讼，出入公门，或唆拨奸猾，欺孤凌弱，或招呼朋类，结社要盟，乃如之人，名教不容，乡党勿齿，纵幸脱褫扑，滥窃章缝，返之于衷，宁无愧乎？

况夫乡、会科名，乃抡才大典，关系尤巨，士子果有真才实学，

① 据清官修：《皇朝文献通考》（清文渊阁《四库全书》本）卷六九《学校考七·直省乡党之学一》补。

何患困不逢年？顾乃标榜虚名，暗通声气，夤缘诡遇，罔顾身家，又或改窜乡贯，希图进取，嚣陵腾沸，网利营私，种种弊端，深可痛恨。且夫士子出身之始，尤贵以正，若兹厥初拜献，便已作奸犯科，则异时败检逾闲，何所不至，又安望其秉公持正，为国家宣猷树绩，膺先后疏附之选哉？

朕用加惠尔等，故不禁反复惓惓，颁兹训言。尔等务共体朕心，恪遵明训，一切痛加改省，争自濯磨，积行勤学，以图上进。国家三年登造，束帛弓旌，不特尔身有荣，即尔祖父亦增光宠矣。逢时得志，宁俟他求哉！若仍视为具文，玩愒勿儆，毁方跃冶，暴弃自甘，则是尔等冥顽无知，终不能率教也。既负栽培，复干咎戾，王章具在，朕亦不能为尔等宽矣。

自兹以往，内而国学，外而直省乡校，凡学臣师长，皆有司铎之责者，并宜传集诸生，多方董劝，以副朕怀，否则职业勿修，咎亦难逭，勿谓朕言之不（早）[预][①] 也。尔多士尚敬听之。

雍正三年御制《朋党论》

朕惟天尊地卑，而君臣之分定。为人臣者，义当惟知有君；惟知有君，则其情固结不可解，而能与君同好恶，夫是之谓一德一心而上下交。乃有心怀二三，不能与君同好恶，以致于上下之情暌，而尊卑之分逆，则皆朋党之习为之害也。

夫人君之好恶，惟求其至公而已矣。凡用舍进退，孰不以其为贤而进之，以其为不贤而退之？惟或恐其所见之未尽当也，故虚其心，

---

① 据清官修：《皇朝文献通考》（清文渊阁《四库全书》本）卷六五《学校考三・太学一》改。

以博稽众论，然必众论尽归于至正，而人君从之，方合于大公。若朋党之徒，挟偏私以惑主听，而人君或误用之，则是以至公之心，反成其为至私之事矣。

孟子论国君之进贤退不肖，既合左右诸大夫国人之论，而必加察焉，以亲见其贤否之实。《洪范》稽疑，以谋及乃心者，求卿士庶民之从，而皇极敷言，必戒其好恶偏党，以归于王道之荡平正直。若是乎人君之不自用，而必欲尽化天下之偏私，以成大同也。人臣乃敢溺私心，树朋党，各徇其好恶以为是非，至使人君惩偏听之生奸，谓反不如独见之公也。朋党之罪，可胜诛乎？

我圣祖仁皇帝御极六十年，用人行政，迈越千古帝王，而大小臣僚未能尽矢公忠，往往要朋结党，圣祖戒饬再三，未能尽改。朕即位以来，屡加申饬，而此风尚存。彼不顾好恶之公，而徇其私昵，牢不可破。上用一人，则相与议之曰：是某所汲引者也。于是乎远之若浼，曰：吾避嫌也，不附势也。争怀妒心，交腾谤口，以媒蘖之，必欲去之而后快。上去一人，则相与议之曰：是某所中伤者也。亲昵者为之惋惜，疏远者亦慰藉称屈，即素有嫌隙者，至此反致其殷勤，欲借以释憾而修好。求一人责其改过自新者，无有也。于是乎其人亦不复自知其过恶，而愈以滋其怨上之心。是朝廷之赏罚黜陟不足为重轻，而转以党人之咨嗟叹息为荣，以党人之指摘诋訾为辱，乱天下之公是公非，作好恶以阴挠人主予夺之柄，朋党之为害，一至是哉！且使人主之好恶而果有未公，则何不面折廷争，而为是阳奉阴违，以遂其植党营私之计也。《书》曰："予违汝弼，汝无面从，退有后言。"当时君臣告语，望其匡弼，而以面从后言为戒。夫是故一堂之上，都俞吁咈，用能赓歌拜飏，以成太和之运。朕无日不延见群臣，造膝陈词，何事不可尽达，顾乃默无献替，而狡猾叵测，蓄私见以肆为后言，事君之义，当如是乎？古纯臣之事君也，必期致吾君于尧、舜，而人君亦当以尧、舜自待其身，岂惟当以尧、舜待其身，亦当以皋、夔、稷、契待其臣。《孟子》曰："责难于君谓之恭，陈善闭邪谓之敬，吾君不能谓之贼。"夫以吾君不能而谓之贼，则为君者以吾臣不能亦当谓之忍。《语》云："取法乎上，仅得乎中。"苟不以唐、虞君臣相期待，而区区效法仅在汉、唐以下，是乌能廓然尽去其私心，而悉合乎大公至正之则哉？

宋欧阳修《朋党论》创为异说，曰："君子以同道为朋。"夫罔上行私，安得为道？修之所谓道，亦小人之道耳！自有此论，而小人之为朋者，皆得假同道之名，以济其同利之实。朕以为君子无朋，惟小人则有之。且如修之论，将使终其党者，则为君子，解散而不终于党者，反为小人乎？设修在今日而为此论，朕必饬之以正其惑。大抵文人掉弄笔舌，但求骋其才辩，每至害理伤道而不恤。惟六经、《语》《孟》及宋五子传注，可奉为典要。《论语》谓君子不党，在《易·涣之六四》曰："涣其群，元吉"，朱子谓："上承九五，下无应与，为能散其朋党之象，大善而吉"。然则君子之必无朋党，而朋党之必贵解散以求元吉，圣人之垂训，亦既明且切矣。夫朋友亦五伦之一，朋党不可有，而朋友之道不可无。然惟草茅伏处之时，恒资其讲习以相佽助，今既登朝莅官，则君臣为公义，而朋友为私情，人臣当以公灭私，岂得稍顾私情而违公义？且即以君亲之并重，而出身事主，则以其身致之于君，而尚不能为父母有，况朋友乎！况可借口于朋以怙其党乎！

朕自四十五年来，一切情伪，无不洞瞩。今临御之后，思移风易俗，跻斯世于熙皞之盛，故兼听并观，周诹博采，以详悉世务，且熟察风俗之变易与否。而无知小人，辄议朕为烦苛琐细，有云人君不当亲庶务者。信若斯言，则皋陶之陈谟，何以云一日二日万几？孔子之赞舜，何以云好问好察？此皆朋党之锢习未去，畏人君之英察，而欲蒙蔽耳目，以自便其好恶之私焉耳。朕在藩邸时，坦易光明，不树私恩小惠，与满汉臣工素无交与，有欲往来门下者，严加拒绝。圣祖见朕居心行事，公正无私，故令缵承大统。今之好为朋党者，不过冀其攀援扶植，缓急可恃，而不知其无益也，徒自逆天悖义，以陷于诛绝之罪，亦甚可悯矣。朕愿满汉文武大小诸臣，合为一心，共竭忠悃，与君同其好恶之公，恪遵《大易》《论语》之明训，而尽去其朋比党援之积习，庶肃然有以凛尊卑之分，欢然有以洽上下之情，虞廷赓歌飏拜、明良喜起之休风，岂不再见于今日哉！

乾隆五年钦颁《太学训饬士子文》

士为四民之首，而太学者教化所先，四方于是观型焉。比者聚生徒而教育之，董以师儒，举古人之成法规条，亦既详备矣。独是科名声利之习，深入人心，积重难返，士子所为汲汲皇皇者，惟是之求，而未尝有志于圣贤之道。不知国家以经义取士，使多士由圣贤之言，体圣贤之心，正欲使之为圣贤之徒，而岂沾沾焉文艺之末哉？

朱子《同安县谕学者》云："学以为己。今之世，父所以诏其子，兄所以勉其弟，师所以教其弟子，弟子之所以学，舍科举之业，则无为也。使古人之学止于如此，则凡可以得志于科举斯已尔。所以孜孜焉爱日不倦，以至于死而后已者，果何为而然哉？今之士（子）［惟］[①] 不知此，以为苟足以应有司之求矣，则无事乎汲汲为也。是以至于惰游而不知返，终身不能有志于学，而君子以为非士之罪也。使教素明于上，而学素讲于下，则士子固将有以用其力，而岂有不勉

① 据清官修：《皇朝文献通考》（清文渊阁《四库全书》本）卷六七《学校考五·太学三》改。朱熹《晦庵集》（《四部丛刊》景明嘉靖本）卷七四《同安县谕学者》作"唯"。

之患哉？诸君苟能致思于科举之外，而知古人之所以为学，则将有欲罢不能者矣。”观朱子此言，洵古今通患。夫“为己”二字，乃入圣之门；知为己，则所读之书，一一有益于身心，而日用事物之间，存养省察，阇然自修，世俗之纷华靡丽，无足动念，何患词章声誉之能夺志哉？况即为科举，亦无碍于圣贤之学。朱子云：“非是科举累人，人累科举。若高见远识之士，读圣贤之书，据吾所见，为文以应之，得失置之度外，虽日日应举，亦不累也。居今之世，虽孔子复生，也不免应举，然岂能累孔子也？”朱子此言，即是科举中为己之学。诚能为己，则四书五经，皆圣贤之精蕴，体而行之，为圣贤而有余。不能为己，则虽举经义、治事而督课之，亦糟粕陈言，无裨实用，浮伪与时文等耳！故学者莫先于辨志：志于为己者，圣贤之徒也；志于科名者，世俗之陋也。国家养育人才，将用以致君、泽民、治国、平天下，而囿于积习，不能奋然求至于圣贤，岂不谬哉！朕膺君师之任，有厚望于诸生，适读朱子书，见其言切中士习流弊，故亲切为诸生言之，俾司教者知所以教，[而][①] 为学者知所以学。

恭录颁藏书目

《圣谕广训》《训钱名世诗》雍正二年颁。《驳吕留良四书讲义》《学政全书》雍正十二年颁。《十三经注疏》乾隆三年颁。《廿一史》乾隆三年颁。《钦定四书文》乾隆六年颁。《明史》乾隆六年颁。《学政全书》乾隆七年颁。

---

① 据清官修：《皇朝文献通考》（清文渊阁《四库全书》本）卷六七《学校考五·太学三》补。

《御纂周易折中》《书经传说汇纂》《诗经传说汇纂》《春秋传说汇纂》《四书文》《孝经》《近思录》《大学衍义》《日讲四书解义》《性理精义》《古文渊鉴》《朱子全书》《学政全书》以上俱乾隆十年颁。

《御批资治通鉴纲目》乾隆十三年颁。《上谕》乾隆十五年颁。《钦定清语书》乾隆十九年颁。《学政全书》乾隆二十一年颁。《三礼义疏》乾隆二十二年颁。《御选唐宋诗醇》乾隆二十八年颁。《唐宋文醇》乾隆三十年颁。《御纂春秋直解》《周易述义》《诗义折中》乾隆三十一年颁。《御制文初集》《诗初集》《诗二集》乾隆三十七年颁。《学政全书》乾隆四十九年颁。《御论》嘉庆三年颁。《御制诗韵》嘉庆五年颁。《湖南祀典》嘉庆七年颁。《律例注解》嘉庆九年颁。《圣谕广训直解》嘉庆十年颁。《钦定礼部则例》嘉庆十三年颁。康熙四十三年，钦奉《御制平定朔漠告成太学碑》。雍正三年，钦奉《御制平定（清）［青］[①] 海告成太学碑》。乾隆二十年，钦奉《御制平定准噶尔告成太学碑》。乾隆二十六年，钦奉《御制平定回部告成太学碑》。乾隆四十一年，钦奉《御制平定两金川告成太学碑》。

学宫规制

学宫在东城外东北隅，嘉庆二十三年迁建。旧在西城，详“故学址”。址隘，邱氏捐地展成之。其址为万家园，货诸王、杨二姓，尚隘，栎冲邱氏乃捐祠左地，广二十四弓，轮六十九弓。知县羊拱辰实董其役。拱辰精堪舆家言，相东城外地，倡绅捐资购置，迁建文庙，凡费二万五六千缗。时明伦堂、节孝祠未修，然自迁建学宫，士风已愈振云。道光二十三年，改建大成殿近北三丈地，时蚁啮殿柱。

---

① 据梁国治等纂：《钦定国子监志》（清文渊阁《四库全书》本）卷四《御制平定青海告成太学碑文》改。

二十二年，邑士绅议改建近北地，以避坳风，白知县沈履正，请于大吏，援议叙例劝捐为经费，始兴役。而迁崇圣祠于左。以旧祠基改殿故。○按县牍：庙背子癸，面午丁。二十三年二月二十三日兴工，二十五年正月十二日奉先师主入庙。是役计用捐银四万一千四百两有奇，其倡捐董事邱之稑、邱庆善、黎定攀及捐银一千两之李洪襄均愿不邀议叙，余劝捐董事、出力人等，请准给予纪录二次。知县沈履正、赵光裕捐银一千两，请准给予加一级、纪录二次。捐银一千两之宋黎氏，请准旌表建坊。捐银一千两之谭文泗，请准给予加一级、纪录二次。捐银三百两以上二十八名，请准给予八品顶戴；二百两以上二十八名，请准给予九品顶戴；百两以上九名，请抚宪给"崇敬输忱"额奖之。其量力捐资者，悉泐石庙门。知县赵有《重修学宫记》，见《艺文》。

北曰大成殿，正位南向。殿高五丈五尺，广七丈二尺八寸，轮六丈二尺四寸，覆黄瓷瓦七万二千一百有奇。殿外四周为台，高五尺。内外共石柱三十二，周以石栏，长一十九丈七尺三寸，高二尺二寸，厚四寸。殿前阶左右各有级，覆瓦其上，接东西回廊。廊各高一丈八尺，广八尺。中阶下曰露台，长四丈，广七丈二尺八寸，高四尺。东西石栏长四丈九尺，高尺有六寸。台东西置舞亭一。亭各高二丈四尺四寸，广一丈四尺，轮一丈六尺。石台高一尺五寸。石柱四，周以石栏。上檐绿瓷瓦，下檐黄瓷瓦。台南正中道十四丈，甃以石，曰甬道。广丈八尺，中盘龙石方一丈。道左之东庑，右之西庑。庑前两小道贯中道，如十字。庑各六间，高二丈四尺，广丈二尺，袤二丈。东西石柱共十六。庑北当两廊，各为门，上达于殿。由廊过至阶。庑南各置厅事，厅之前各为亭，东曰钟亭，西曰鼓亭。设镛钟、蕡鼓。亭各高二丈三尺，广丈六尺，轮二丈。又南为大成门，屋覆黄瓷瓦。高三丈，广四丈二尺，轮二丈八尺。石柱二。左右门一。又南为棂星门，石柱六。高二丈一尺，广四丈八尺四寸。其下泮池。池半圭形，轮三丈，广七丈。上为月桥，轮三丈，广八尺，高丈五尺；夹以石栏，池四周亦然。外屏以墙，高丈九①，长三丈，厚二尺。自大成门外至墙，凡十五丈二尺。列东西辕门，东额"德侔天地"，西额"道冠古今"。高二丈二尺，宽二丈，深一丈，覆以瓦。接以廊。东西各长十一丈，高丈五尺，广八尺。嵌碑于墙，刻捐资姓名。循廊入，东曰忠孝节义祠，旧祠兴废见《祀典》注。其

① "丈九"后原衍一"丈"字，删。

上曰名宦祠；西置官厅，其上曰乡贤祠，皆在大成门外。祠首皆题额。御碑亭在殿北，高二丈五尺，广三丈，轮二丈。亭上为御书楼。高及广、轮如亭制。

其东庑之北，当廊东为门一，循巷而北，达崇圣祠。正中为殿，高三丈五尺，广三丈二尺，轮三丈六尺。甬道长四丈，广一丈二尺。东西两庑。庑各二间，高二丈，袤一丈八尺，广一丈二尺。前为门。屋三，门高二丈三尺，广三丈二尺，轮一丈八尺。又前为阶，叠级。南为尊经阁，藏各颁书。阁下为藏祭器、储祭品所。阁南为明伦堂，堂东为教谕内宅，堂西为训导内宅。又迤而西，为学署大堂。在训导内宅之南。为门一，南出当学宫东辕门。又南，当街为节孝祠，面学署。前志载学署有学田四所，《戊寅志》："学田、地、塘共四处：一在东乡山口段，田七十六亩五分零，地三亩三分零；一在西乡山枣岭，田一百二十二亩二分零，地六亩零，塘三分，旧志在南乡；一在西乡花桥，田八十二亩二分零，地三亩六分零，塘三亩二分零；一在北乡黄豆园，荒熟共田一百六十四亩一分零，地三亩四分零，塘一十三亩一分零。"今少不及旧。春秋祀事，旧有礼局在明伦堂南，有乐局当崇圣殿东，今统名礼乐局。门巷四达，斋宿有所，以习礼乐、供祭祀，称便。乐局，县东王才桢建，费千余金。西偏罩亭、后栋，众建。按：二局昔各募资置田，岁入其利，礼以供诞祭之需，乐以备二丁之用，出入各具籍。同治六年，合为一，具牍存县署。其修葺学宫，有岁修局，在蛟龙巷。捐资置产，具有籍。案：岁修局，县东李东亮捐田四十亩，县西沈位陛捐田七亩，沈位忠捐田十五亩，并募众捐资，置田四十亩，悉白于部。

故学址附

元季在县治东，毁于兵。《戊寅志》："宋、元儒学俱在县治东南，俯中洲，仰南山，元末兵毁云。"明知州史希贤、知县陈宗铭复修之。《庚申志》："洪武元年，史希贤即旧址始营之；二年，陈宗铭复营之，皆未集。府通判斯干继成之。汤荧作《记》。”云云。与成化中陈方所记略同。而方《记》直云史仍其旧制，宗铭始修之。今考荧《记》，则又实为史作，词旨茂美，固非赝作，不识方《记》何以参差。又《庚申志》史经营之，与方《记》史仍其故之说，亦不相应，姑识俟考。邑人汤荧有《儒学记》，见《艺文》。成化中，知县袁相补修。佥事庐陵陈方有《浏阳县儒学记》，见《艺文》。弘治十八年，知县李淳卜迁县治右。《戊寅志》："在西门内，即今文庙旧址。"《庚申志》云："中为圣殿，旁为两庑，前戟门，为泮池，为棂星门，为屏墙。殿后为明伦堂，凡三楹。两旁为东西斋，曰进德、修业。右为祭器库，库之右为分教衙。殿西为龟山祠，殿右为儒学门。"《癸丑志》云："广二百丈有七尺，轮四百三十丈有五尺。"○又案《戊寅志》云："《府志》载浏阳儒学明正德丁卯移建县治西，《通志》因之，与旧志弘治十八年迁不合，未知孰是云。"嘉靖中知县苏志皋、郑汝清、萧敷，隆庆中蒋科，万历中赵献章、李朝佐、杨一桂、万建元，历有修葺。推官太仓徐爌有《浏阳县儒学记》，见《艺文》。崇祯八年，知县冯祖望改建，背癸面丁，旋芜废。国朝顺治十一年，知县徐维岑率属改复其旧。旧志："维岑倡，训导杨熙缉等捐修。"康熙中，知县蒋擢修之，擢有《记》，见《艺文》。改建训导署于文昌祠。《戊寅志》："原署没，向僦民居，康熙三十一年擢乃建署。"雍正二年，知县赵晟改学宫就北五尺。十年，知县陈梦文增建斋宿、庖廲所于东西庑侧。乾隆九年，教谕聂日乾捐建教谕署于学宫左。知县顾维钫旋改为训导署，蒋擢所建训导署既废，借二贤祠为之，维钫因改建。而迁教谕署于学宫右，旧志云："即旧文昌阁遗址。"学宫亦加修葺。《戊寅志》："十二年修。"十七年，知县赵贤重葺之。二十四年，知县张宏燧复迁训导署于明伦堂右。《戊寅志》："即近圣书院遗址。"三十三年知县李舟、嘉庆三年知县裘豫屡葺学宫，至二十三年，知县羊拱辰迁今地。

学额

浏阳学饩廪生额二十名，二岁贡一名，增生额亦二十名。其附学生额，旧岁科试取十二名，武学岁试额如之。雍正二年，增各直省州县学额，浏以应试人少，未增。乾隆五十四年，学使钱沣奏浏阳文教及应试人数，视额二十名之茶陵州尤胜，未及增。嘉庆七年，知县怀豫以增学额白于学使何，何札俟咨抚上闻，未果行。道光四年，知县林凤仪再以请，卒格吏议，仅准拨府学三名。故事：州县十科乡试中式不间，得增学额。浏自道光间南、北闱获隽者多，凡十科不间，且童试不下二千人。咸丰初，知县赵光裕遂以增额八名请，布政使陈援增额须此增彼减例，白巡抚骆秉章及学使车顺轨，学使称浏士文艺优，例宜增，遂以澧州安乡县学额十五名，特裁拨三名畀浏，具题如议。咸丰二年正月巡抚骆《疏》略云："浏阳请增额一案，据学臣车议，澧州属安乡学额十五名，应试者仅二百余人，实为额多人少、文风较逊之学。今浏阳请增，应将安乡裁减三名增入，而安乡学额仍优。且安乡连年荒歉，应试人少，此后果增及千名，仍可于文风较逊之别学裁补。惟两学廪、增出贡，宜仍旧。查所议与例符，应请如学臣言。谨会督臣程、学臣刘具疏。"题下部议，浏阳得增额三名。咸丰八年，澧州复以捐厘助饷，请还原额。巡抚以闻，部议或于通省各州县量察议拨，抑由浏阳拨还，有无窒碍，宜再酌核。于是澧州议请由浏阳拨还。时浏阳捐资助饷且二十万，应试者又多于前，议卒寝。于是浏阳得学额十五名，时咸丰二年也。明年，部臣议各直省府州县捐资助饷，许通计银数，分别广文、武中额及学额；其广学额之例，县捐银至二千两，广一次一名，至万两，永增一名，以增至十名为限。六年，事下县，计民间助饷数且十二万矣。大吏以中有就地所支军糈未及核，难遽据以请。时浏阳剿征义堂匪及三、四年间防贼堵隘军糈，皆士民捐助。东南各团自筹经费未关白县者不计，其由县收抵，申请议叙者，为银四万七千三百五十一两九钱二分二厘。四年，大吏委官来县劝民纳资助饷，为银又二万六千三百二十两；其援例入监者，为银又七千四百八十两。五年，屡防粤贼，县请空名实收，就地劝捐支销勇粮，为银又四万一千六百一十三两四钱。于是浏阳捐银凡十二万二千七百六十五两三钱二分二厘。夏，巡抚骆以浏捐银四万一千七百四十七两有奇，汇奏请增，得增文、武定额四名。部议准以本届科试为始；科试已行，以下届岁试为始。八年，又以湖南二次捐输，援例请续广汇奏。初部议计银加额，其畸零准续请时并计。浏既以银四万两广四名，畸者尚一千七百余两。七年三月后，助饷银凡六万二千三百余两，其在京及援城工例捐银二千一百余不计，仍捐银六万一千九百两有奇，得增定额六名。至是，通旧额及先后所增额，定为二十五名。十年，又捐饷凡六千两。十二月，护理巡抚翟诰复汇奏三次加额。浏时得援加额已足十名，按银以次数加广例，广一次文、武学三名。同治改元，巡抚毛鸿宾复以湖南四次加额，请计所助饷，浏阳与醴陵均至五万两，请准皆续广一次文、武学额二十五名，分二次广之，一次广二十四名，一次广一名。二年，邑人黎献以前率勇同字营驻江西时，出资给勇粮暨恤赏银凡二万一千五百五十七两，并劝令士卒将积欠饷银作为捐输凡一万五百两，通三万二千两有奇，请援例增广原籍长沙府学文、武定额各三名，并广一次文、武学一名。江西巡抚沈以其事闻，部议长沙府学定额，咸丰间以长、善、湘阴捐输已广至十名，黎献所请应改广一次学额十六名，遂广府学额一次如议。自是，仍岁捐输，而学使按试，视定额皆有加，四年加十五名，五年加三名，七年加十二名，八年加七名，十年加二名。盖浏自增定额十名后，文、武各广六十七名。谨按：同治七年，准部臣议，各省请加学额银数，应照旧章加倍，凡捐银四千两者，加一次学额一名，二万两者，加永远定额一名，其捐银已请奖叙或已广中额者，均不准再加学额。九年，复准部臣议，外省捐输准请加一次文、武学额，概不准请加永远学额；其加一次学额，仍照七年奏准定章，太学每届不得过七名，中学不过五名，小学不过三名；其有取进剩额，由学臣分次按数递广云。其每试拨府学者，旧无定额。县廪、增额，今亦皆如初。

书院义学、义塾附

书院凡四：曰南台，曰狮山，曰洞溪，曰文华。南台在县南城内南台岭。在元为义学，近县治，后废。国朝康熙中，迁建西城内。乾隆中，乃迁建今地。屏墙，东西门入，置院门一，再入曰龙门。内讲堂，中楹祀先师孔子，后楹祀文昌，建魁星楼。其上偏左置厅曰半学斋，右为书舍，曰时习斋。当讲堂后。左右门二，其内并列书舍，左二斋曰正谊、曰惜阴，右二斋曰明道、曰日新。缭以垣，岁饩生徒其中。置产，别具籍。旧称义学在县治横街，元耆儒梁子贞建，废。康熙三十一年，知县蒋擢迁建西城内。乾隆十年，知县顾维钫改名近圣书院。二十四年，知县张宏燧迁建今地，为故典史署旧址，改名清浏，后改今名。四十一年，知县王用锷倡捐修葺。嘉庆二十年，知县谢希闵谕重修之，其资产皆众捐。《戊寅志》载，周家臣妻李氏捐银八百两，合众捐银，置田三百亩零八分、山土二十三亩九分，又黎际时、黎廷元捐田二十亩。后咸丰年间，知县袁青绶劝续捐入田一百六十余亩。同治初，知县王汝惺劝捐千余缗。通计有田四百余亩，岁入租谷约八百余石，店屋租钱约八十余缗。董事别立籍记，供师生修饩。旧岁取生监正、副课各十名，童生正、附课各二十名，同治六年加增生童正附课额各二名，月给膏火有差。知县蒋擢有《新建义学碑记》《义学置田记》，知县王用锷有《重建南台书院序》，知县谢希闵有《南台书院碑记》，具见《艺文》。

狮山在县东古港北。旧在癞石山麓。咸丰间，以匪毁迁今地，规制略拓于南台。在县东四十一里高塘山中。屏墙，东西门叠级入，为院门，为龙门，为讲堂。当阶皆叠级，右曰藏书楼，左曰延英阁。后楹祀先师。东西为夹巷，达东西精舍。东舍之北为瓣香斋，西舍之北为公所。又北皆有厅，厅前为花圃，当后楹北。其精舍之南，东西为崇义祠，当龙门外。岁取正附课生童，如南台旧额。有田六百余亩，董事者三年一代。先是，书院在狮山脑，前志所谓癞石山尾，县东之镇者，或凿其山石煅灰。嘉庆二十一年，护理巡抚翁元圻、按察使徐炘檄禁之，以全地脉。经知县谢希闵、杜金鉴、赵瑜先后设禁。道光六年，瑜令士绅捐资，购作官山。十年，乃得为文昌阁于其上。二十一年，经李芸、王应选、汤诰、王应蘋等以建立书院白知县胡泰阶，遂与县南募建文华事合详巡抚吴其濬，得援例题准议叙捐资者，乃建狮山。既修饩不支。三十年，知县汪傅霖令续募资，知县赵光裕详巡抚骆秉章，复请准议叙，先后置田入息。征义堂之难，遭匪毁。咸丰十年，李芬等议募资迁建今地，白知县蔡式钰，凡二年而成。李芸等旋白知县陈延泽、王汝惺、刘凤仪，募资复文昌阁于旧址，并建魁星楼、二贤祠、去思堂，以存遗迹。其地有仙洲风月、灵坛烟雨、江村渔火、山寺钟声、天岩霁雪、花坞斜阳、古港归帆、响石流泉八景，今书院并得览。

洞溪在县东张家坊。同治六年夏毁于匪，今始复。旧制略同狮山，毁后未修，今始复。先是，道光二十年，张良赞独建良塾，右立文昌阁。后因抚嗣不立，其妻陈氏遵嘱将家塾屋并田一百余亩约钱八千缗，捐作书院，董事张祖恩、李元善等呈知县萧品三，改今名。三十年，邑绅呈请知县赵光裕，谕续捐，广置楼阁斋舍。工竣，详请题咨，张陈氏得旌表建坊，各捐生议叙有差。咸丰间，邑绅以经费支绌呈知县袁青绶、蔡式钰，续谕乐输，详请题咨议叙，前后捐入共置田四百七十余亩，外店屋二所，在文昌宫侧。岁甄别正、附课生监各五名，正、附课童生各十名，月给膏火食米有差。有官桥古碣、佛寺晨钟、云崃斜阳、仙岩夜月、龙山霁雪、龟岛烟云、石涧渔歌、桃林牧笛八景。○附：长沙举人周湘黼《洞溪书院记》云："盈天下郡县皆有书院，萃所隶之秀良而陶冶之，所以补学校之未备也。吾郡之浏邑，设书院凡四，其在城曰南台，邑之南曰文华，邑之东曰狮山、曰洞溪。惟洞溪远距城百二十里，缘县属，地势辽阔，弟子之居游，恒苦不相及，故多其地以广其教，一时著籍者烝烝然皆向于文学，甚盛事也。咸丰十一年，余因主讲洞溪，观其规模整肃，条理精详，心窃重之。而张君奎楼昆弟等董其事，奎楼言于余曰：'此间乡未有书院也，居人士悼人文之郁湮，尝有志而未之逮。道光末，有张君良赞，度是地为屋若干区，鸠工庀材，不赀群力，逾年而讲堂学舍，轮奂聿新。邑之人高张君之义，相与捐资，以集其事。咸丰初，始遴师而训士焉。由是揽山川之胜景，区而为八：官桥古碣，动幽情也；佛寺晨钟，发深省也。驻云崃之斜阳，待仙岩之夜月，左望龙山，右眺龟岛，烟消雪霁，气象万千。他如游石涧，步桃林，则牧笛渔歌，其音互答，皆洞溪之助也。'余以为扶舆之灵，郁而必宣，此地林谷窈深，川流沆瀁，居其间者，知必有魁梧奇伟之材，蝉联鹊起，相与砥砺切劘，通经而致用。士之肄业于兹者，惟其实，不惟其名，是在勉之而已。张君未有子，既独建书院，易箦时，复语其妻陈氏，出租二百石增其膏火，余谓其贤过人远也。"

文华在县南文家市，规制均略如南台。道光二十一年，刘大馥、甘崇勋、陈蕃庶、刘大镛、李南雅等呈请募建，知县胡泰阶与县东狮山书院合详巡抚吴其濬，题咨议叙。每岁甄别生监正课六名、附课六名，童生正课十名、附课十名。咸丰元年，因斋舍逼窄，膏火不敷，彭万成、甘崇勋、李南雅、刘大镛、刘大馥、陈蕃庶等呈知县赵光裕，谕令续捐，详请议叙。加取生、童正、附课各六名，正课给膏火外，附课亦给月米有差。计前后捐入田山、铺屋，额租七百余石。嗣陈蕃庶等复募置田产，为释奠费。同治二年，刘大礼、甘崇勋等倡捐县南乡、会二试卷费，置产具籍。余详知县赵光裕、院长彭梦彰《记》。其地距县九十里，有龙山霁雪、雁塔斜阳、天台风月、许阜云烟、柳潭春涨、槐市秋香、江洲芳草、沙渚文漪、仙乘牧笛、磨斧樵歌诸胜。○附：知县赵光裕《文华书院落成碑记》云："浏南文华书院，建自道光二十一年。前任山阴胡芝房明府，于己亥春因公诣乡，便勘文市文昌宫，见其地山水幽秀，慨然兴思曰：'《国语》称处士于闲燕，所以专其业也。县向有文靖、南山、南台三书院，今止存南台，余皆废圮，不若以文昌宫改为义学，实有裨于作人之化。'时董事刘大馥、陈蕃庶，监修刘大镛、甘崇勋、李南雅等闻之，不胜踊跃。且闻江西郡县添建书院，邀请议叙，即往抄录成案，禀前县胡君。胡君亟嘉赏，为发印册，捐募集费数千缗、田数顷。东乡狮山书院亦同时共举。逾年而工竣，均通详，得议叙如例。然斋舍犹未广，经费犹未敷也。次年壬寅，余又奉檄来代，胡君以此事相托，志之不敢忘。迨咸丰元年，监生彭万成同前诸君子复多方劝募，增田二顷、钱又二千余缗，购民房隙地，添建斋舍数十楹。院中堂殿楼阁，次第重加修葺，规制始获大备。合计先后捐输二万有奇矣，除营造工程外，岁收租息七百余石，供支师生薪俸膏火、赋税、岁修应用。于院右斋舍外中堂祀奉文昌帝君，榜其前楹大门曰阁。阁迤西之东南隅筑台，建层楼于其上，曰魁星楼。于是院东西斋曰博学、曰笃志，讲堂东西斋曰切问、曰近思。正中大成殿，即当初文昌殿也。殿后院五楹，中厅颜曰成德堂。前有石桥花卉，为山长游息之所。营构不亚于南台。是役也，余与胡君非敢以倡建书院为美谈，盖我朝右文敷教，嘉惠士林，僻壤荒陬，莫不鼓舞思奋。愿肄业斯院者，经明行修，体立用备，文章功业，蔚为国华，则诚厚幸也。复如前详请题奏，甄叙出力士绅，均蒙恩奖。事竣，例得并各捐生银数、姓名另刊于石。"〇江西举人彭梦彰《文华书院碑记》云："同治庚午，余应浏南文华书院讲席之聘，至则诧其规制之壮且备也。盖大成殿左为关帝庙，右为文昌阁，阁右为魁星楼，以及斋舍庖厨，莫不毕具。余甚伟之，询其名，曰取'文章华国'之义焉尔。释奠毕，董事诸君子谂余曰：'子伟书院规制，未知其致此，非一朝一夕之故、一手一足之烈也。道光己亥，都人士因文运稍靡，谋建文昌宫于此地。次年，胡芝房先生来署浏，拟改为书院，以宏作育。适大部捐建义学之奖例亦至，合乡绅耆遂相与助捐，得金万有奇，鸠工庀材，经营构造，匝岁而落成焉。时则头门内建讲堂，堂楼曰魁星，中曰大成殿，后曰成德堂。左右缭以高墙，墙内列斋舍二十余区。以所余金置田产，得谷五百余石，厘租六十余缗，师生束脩膏火取给。咸丰辛亥，赵笛人先生三至浏，谓斋舍宜广，膏火宜丰，谕令续捐，遂援前奖叙例，复得金八千有奇。乃添建左右斋舍数十区，颜曰博学、笃志。右则购民舍而修葺之，为文昌宫，上下二宇，如院向，东西相向，为厅为堂，上宇祀文昌。辛酉而工始竣，且增田租二百余石。岁壬戌，再集费，建楼于文昌宫之右，改祀魁星。同治甲子，复集费建庙于院左斋之前，祀关帝。越五年，修大成殿，加以丹漆，增四配、十哲位于其旁，则己巳岁也。盖自庚子迄今，捐建改造，费金不下九千有奇，计时已阅三十余载，文华之规制始粗就焉。'余闻之，益叹南乡人士之好义乐输，而诸君子相与有成，三十余年如一日也。余尤愿肄业之士敦崇经术，束身名教，于以黼黻郅治，翊赞庙谟，俾文为有用之文，华为道德之华，庶于诸君子创造之心、命名之意有合耳。诸君子然余言，遂并记之。董事及捐输条款别有册，兹不赘。”

三书院皆道光季年建，先后闻于朝。

县旧有文靖、南山二书院及社学一，悉废。《戊寅志》：“文靖在向阳门内西街。宋杨龟山先生宰邑时，与士传习于城南，元进士汤荧以其地为书院，请额于朝，因以其谥名之。成化间改为龟山祠，今废。”“南山在县南山下，元欧阳圭斋读书地，后为圭斋祠。”“社学旧在县横街，系旧布政分司署。嘉靖中，巡抚顾璘命推官郑雍建，今废。”○案《欧阳龙生传》：“浏有文靖书院祀龟山，久废，部使者至，谋复其旧，授龙生山长。”据此，则书院当建于宋，荧或修葺之未可知，若云荧始为之，则是未久而废，然后部使者复之耳。然考龙生卒后七年，子玄成进士，又后二十八年，荧乃成进士。荧明初尚存，玄先荧卒，年已八十五，荧年小于玄可知。以龙生丙子还浏，山居十七年之说推之，其为山长当在至元末，荧即长，不过逾冠。荧既能请于朝为之，何待部使者复之？《传》又何以云久废？其说可疑，姑识待参。今县西城外有启蒙书院，为训蒙所，亦曰义塾。道光三年，知县鲁起元判建，岁入租息可三十余缗。同治十二年，邑人欧阳道庄捐钱一百串，勷助俸薪。县东有义塾八：咸丰三年，奉大宪札，饬清查堂匪逆产，经知县赵光裕、袁青绶、陈延泽饬绅清厘，前后择地分置。一古港，拨田四十一亩四分，额租谷八十二石八斗。一三口段，拨田四十一亩，额租谷八十二石。一沿溪桥，拨田四十二亩，额租谷八十三石七斗五升。咸丰间，续置大光园田八亩，额租可十五石五升。同治三年，续置沿溪桥田三亩五分，额租可十石，又置店屋一所。一陈家坊，拨田四十一亩五分，额租八十三石。同治三年，续置田六亩三分、山一处。一东门市，拨田四十一亩五分，额租谷八十三石。同治八年，续置田二十亩，额租可四十石。一泉塘，拨田四十二亩，额租谷八十四石。一永和市，拨田四十一亩，额租谷八十二石。后续置田四十八亩。一范家岭，拨田四十一亩，额租谷八十二石。并称义学。若诸族置塾以训其人者，尚多，不悉纪。附录：县东义塾：·滩头孔氏一。咸丰三年奉拨田十五亩，续置五亩。·三口段王氏一。王澍捐建，其子锡彤承父志，复捐田三百亩为束脩膏火，并赡其族之无告者。·小板桥李氏一。李宏远建，捐田一百五十亩。·踏浒黎氏一。黎文望捐田二百三十余亩，并称义田，岁赡其族之无告者。·黄泥坳张氏义学一。张球泰建，有田四十亩、屋一区。·东门市涂氏一。亦名义产。○县南义塾：·金刚头陈氏一。陈守登捐建。·金刚头李氏一。在沙螺湾，李族公建。·西阳山刘氏一。刘运佾捐田一百亩。〇县西义塾：·枨冲邱氏一。在椵田段。〇县北义塾：·唇口段朱氏一。朱克成捐田百亩。·三十四都柳氏一。柳惇五捐田三十亩八分并屋一所，为五典义学。·沙堆桥彭氏一。在前台岭。·泮春里周氏义学二，一周耀朝后裔捐田三十亩，一周大恺后裔捐田三十亩。·江弦里喻氏一。亦名义田。·社港市寻氏一。寻族捐田五十亩。·砖陵塘李氏一。李上珍捐田二十亩。·杨丁村萧氏一。萧居正捐田十亩，今接置至百亩。〇又县南昇腾晏氏一。

宣讲礼附

宣讲礼，择讲约地，选约正一人、值月数人。有司朔、望公服莅之，集民宣讲世祖章皇帝《钦定六谕》曰："孝顺父母，恭敬长上，和睦乡里，教训子孙，各安生理，无作非为。"恭宣圣祖仁皇帝《圣谕十六条》曰："敦孝弟以重人伦，笃宗族以昭雍睦，和乡党以息争讼，重农桑以足衣食，尚节俭以惜财用，隆学校以端士习，黜异端以崇正学，讲法律以儆愚顽，明礼让以厚风俗，务本业以定民志，训子弟以禁非为，息诬告以全善良，诫窝逃以免株连，完钱粮以省催科，联保甲以弭盗贼，解仇忿以重身命。"并恭宣世宗宪皇帝《圣谕广训》。凡律内民易犯者，咸宣示之，并随时与教官巡行倡导。本《通礼》。〇旧志《圣谕讲规十则》："一、讲坛。学校为教化之地，明伦乃正俗之源。圜桥式听，与民更始。府州县各有学宫，今设坛宣讲，当即于明伦堂上。一、讲期。从前举行乡约，朔、望宣谕，因官视为具文，乡约忽为故事，父老子弟，弗能毕集，遂一岁不数举，即举行间或中止，何尝如期？敬慎兹则，仍遵朔、望之期，责成各乡约预期传知在城在乡居民，俱于朔、望清晨，前赴学宫听讲。一、讲位。明伦堂堂之北布台，恭置香案，上设圣谕牌。堂以西偏为主讲位，稍次为官师位，再次为乡绅位，退一步为衿士坐具。堂以西设讲案棹围，司讲居中，翼讲左右侍，司仪又左右侍，约正、约副以次而立，学胥在旁司鼓。堂以外轩之下，为听人所立，父老在前，子弟在后。一、讲仪。讲期，司仪往迎主讲者诣学宫，官师、司讲、翼讲各执事迎入，约正、约副跪迎如礼。升堂，肃衣冠，鼓人擂鼓者三，司仪唱排班，主讲率官师先后次列，班齐，唱鞠躬拜牌，行三跪九叩头礼。听讲绅士暨听人亦如前行礼。礼毕，官师、乡绅揖主讲者，听人叩首。主讲者更衣就坐，茶毕，鼓人再擂鼓者三，司仪唱司讲，升位开讲。翼讲趋锵香案前，手捧谕书付司讲，司讲者捧书加额，翼讲随后，陟讲席，展《直解》开讲。讲毕，鼓人又擂鼓者三，司讲及翼讲者出席三揖，报主讲者曰：'讲谕礼毕。'绅士揖主讲，司仪率约正、约副暨听人叩首。主讲者谢讲礼。官师以次揖主讲，主讲者出送礼，亦如前行礼。一、主讲。主讲者，主持此日讲坛之政，如本道莅学，即本道主讲，守令莅学，即守令主讲。倘正印牧民之官或有公务公出等项，如府即令同知、州即令州同、县即令县丞以及教官摄行主讲。一、司讲。司讲一名，宣飏谕书，宏唱《直解》，提聋震聩，端风俗而正人心，其任不为不重。教官预择合学中有言语出众、声音响亮者，简其人牒于邑令，令报于守，书诸讲册。约选六人，轮番为司为翼，以便按月分值。暇时温习讲条，心口流畅，不致临期龃龉。一、翼讲。翼讲二名，分列左右，以助主讲所不逮，或彼宣谕偶误，则从而改正，或彼讲力稍倦，则从而接续。诸如授书、摊书、展叶，皆代司讲之劳，庶司讲正襟矢口，以整以暇，望之有仪。一、司仪。司仪四名，仍用照旧礼生，先唱'行拜牌礼'，次唱'行讲礼'，终唱'行撤讲礼，听人退'等语，其余迎送，照常仪行。堂以上，诸听士倘于是日以他事闻于主讲者，司仪即纠之使下。一、约正、约副。乡有约，约有正有副。所谓正者，约束一乡之人，使其为善而不为恶；副者，赞助引翼其约束之法。凡选乡约，应遵照公举六十以上、经告衣顶行履无过、德望素著生员统摄，其一应土豪仆隶、奸胥蠹役充数者，悉行清汰。至若耆老中有德为一乡之望者，仍照旧统摄。考古八正八副，兹并照数备列。讲期之前，各里传知届讲之期，招呼毕集。既讲之后，各乡自为化导，皆约正、约副职任。一、学胥司鼓。堂设巨鼓，古人即以学胥司之。学博督令学胥预期洒扫明伦堂，安置坐位，《直解》讲书贮于学中，临期恭置谕案之上，讲毕仍令收贮。其主讲者诣学，三伐鼓则拜牌，三伐鼓则开讲，三伐鼓则撤讲。"○《戊寅志·宣讲仪注》："恭设圣谕牌于关帝庙，朔、望文武各官齐集，赞礼生赞排班，行三跪九叩礼。礼毕，分班敬听。宣毕，退班。"○雍正七年奉文："凡州县城内及各大乡村，择一宽闲洁清处为讲约所，设约正一人，于举贡生员内择老成有学行者为之，值月三四人，选朴实谨守者为之。置二籍，德业可劝者为一籍，过失可规者为一籍。值月掌之月终则告约正，而授于其次。每月朔，值月先期约同里之人夙兴集讲所，俟约正及耆老里长皆至，相对三揖，众以齿分左右立。设案庭中，值月向案北面立，朗声宣读《圣谕广训》，使人肃听。约正复推说其义，剀切丁宁，务使通晓；未达者，许其质问。讲毕，乡内有善者，令众推之；有过，值月纠之。约正询其实，众无异辞，乃命值月分别书之。值月逐读记善籍一遍，其记过籍呈约正及耆老里长默视一遍，皆付值月收之。事毕，众揖而退。岁终，考校其善过，汇册报于州县；官设法劝惩之，有能改过者，一体奖励。”○嘉庆四年十二月奉上谕：“各省地方有司每逢朔、望有传集人民宣讲《圣谕广训》之事，如果膺民牧者能教以大义，于国家设立科条，摘其大端，剀切宣示，俾圜听之，民知所领悟，则不但循谨善良闻而忻慕，即桀骜不驯之徒亦当知所敛戢。况地方大小官员有教育斯民之责，岂可视为迂阔，置之不讲？嗣后，不但朔、望宣读《圣谕广训》当明切讲论，即公堂听狱、赴乡劝农时，皆可随时诲导，启发颛蒙，庶默化潜消，可渐收易俗移风之效，毋得视为具文，虚应故事。特此通谕各督抚督率所属，实意奉行。于化民成俗之道，朕实有厚望焉。”

乡饮酒礼附

乡饮酒礼，岁孟春望日、孟冬朔日举于学宫，以知县为主人，以乡之年高六十以上有德行者一人为宾，其次一人为介，又其次为众宾。谨按《礼部则例》：“各宾由儒学、州县详报直省，责成布政使及督抚秉公查察，核定举行，仍将所举宾、介姓名籍贯造册报部。如不得其人，宁缺毋滥，于咨内声明停止。地方官徇情滥举者，即行题参。若曾与乡饮之人遇有过犯，报部除名外，按罪轻重，并将原保举之官议处。”以教官一人为司正，学弟子习礼者二人司爵，二人赞礼，二人引礼，一人读律令。僚佐皆与。前期戒宾，宾礼辞，许。戒介，亦如之。右戒宾、介第一节。

先一日，司正率执事者诣讲堂肄仪。布宾席于堂西北南向，主人席于东南西向，介席于西南东向，众宾之长三人席于宾西南向，东上，皆专席，不属；众宾席于西序东向，僚佐席于东序西向，皆北上；司正席于主人之东北向。谨案《礼部则例》：“如有乡大夫来观礼者，三品以上席南向，四五品席西向，无则阙之，不入举报之数。”设律令案一于主、介间正中，东西肆；又设尊案一于东序端，南北肆；设乐县于西阶下。右陈设布席第二节。按《会典》：“凡乡国之乐，府州县乡饮酒，设云璈一、方响一、琴二、瑟一、箫四、笛四、笙四、手鼓一、拍板一；正月以太簇为宫，十月以应钟为宫。”

届日，质明。执事者入，具馔，设尊于案，实酒于尊，加幂勺、觯、爵，在尊北。读律者奉律令，陈于中案。既办，主人率司正及僚属咸朝服入，乃使人速宾、介。主人立东阶下，西面。僚佐序立于主人之后，西面北上。司正、读律令者立僚佐之南，北面西上。赞礼者一人立东阶下，又一人立庠门之外，均西面。届时，宾、介盛服至，序立于庠门外之右。介居宾南，众宾居介南，皆东面北上。执事者以宾至告于主人，主人出迎宾，西面揖宾，介以下东面答揖。主人入门左；宾揖介，介揖众宾，以次入门右。当阶，主人揖及阶揖，宾皆答揖。主人与宾让升，三让，宾三辞。主人升，宾乃升，主人东阶上，宾西阶上。赞者赞拜，主人西面再拜。宾东面答拜。兴，即席。主人降阶延介，一让升，介升。拜如宾礼。就位。主人乃延众宾，众宾以次皆升。主人揖宾长，皆答揖。众宾即席，主人率僚佐以下咸即席。右迎宾、介第三节。

赞礼者赞："扬觯。"执事者引司正由东阶升，诣堂中，北面立。宾、介皆起立。赞："揖。"司正揖，宾、介以下答揖。司爵诣酒尊所，举幂，酌酒于觯，进授司正。司正扬觯而语曰："恭惟朝廷，率由旧章，敦崇礼教，举行乡饮，非为饮食，凡我长幼，各相劝勉，为臣尽忠，为子尽孝，长幼有序，兄友弟恭，内睦宗族，外和乡党，无或废坠，以忝所生。"读毕，赞者赞："司正饮酒。"司正立饮毕，以觯授执事者，反于案。赞："揖。"司正揖，宾、介以下皆揖。司正复位，宾、介以下皆坐。右扬觯第四节。

赞："读律令。"执事者举律令案于堂中，引礼引读律令者就案前，北面立，宾、介、主人以下听赞，咸起立旅揖，如司正扬觯礼。乃读律令曰："律令：凡乡饮酒，序长幼，论贤良，高年有德者居上，其次序齿列坐，有过犯者不得干与，违者罪以违制，失仪则扬觯者以礼责之。"读毕，复位，宾、主以下皆坐。右读律令第五节。

赞者赞："供馔。"执事者举馔案于宾前，次介，次主人。众宾以下遍举讫，赞："献宾。"主人起，离席，北面立，司爵诣酒尊所，酌酒实爵，授主人，主人受爵，诣宾席，奠于案，稍退。宾避席，立于主人之左。赞："拜。"主人再拜，宾答拜。皆复位，立。赞："宾酢主人。"宾离席，司爵酌酒授宾，宾受爵，介从，诣主人席前，拜，送爵，主人答拜如前仪。复位。主人起献介，介酢主人如前仪，皆坐。执事者遍献三宾、众宾爵讫。右献宾、宾酢主人第六节。

酒数行，工升，歌《周诗·鹿鸣》三章。卒歌，笙奏御制补《南陔》诗，辞曰："我逝南陔，言陟其岵。昔我行役，瞻望有父。欲养无由，风木何补！我逝南陔，言陟其屺。今我行役，瞻望有母。母也倚闾，归则宁止。南陔有笋，箨实包之。孱孱孩提，孰噢咻之。慎尔温清，洁尔旨肴。今尔不养，日月其慆！"御制补《白华》诗，辞曰："有白者华，不污纤尘。咨尔士兮，宜修其身。不修其身，乃贻羞于二人。有白者华，婉兹静好。咨尔女兮，宜修妇道。不修妇道，乃贻羞于二老。白华匪玉，涅而不缁。白华匪兰，芬乃胜之。我撷白华，载咏载思。白华匪玉，质玉之令。白华匪兰，臭兰之净。我撷白华，载思载咏。"御制补《华黍》诗，辞曰："瞻彼阪田，厥黍始华。胝足胼手，嗟嗟我农夫！瞻彼阪田，黍华以秀。胼手胝足，惟勤斯殖。茂华有不秀矣，秀有不实矣。其雨其雨矣，杲杲日出矣，怒予愁之恤矣！"间歌《周诗》《鱼丽》《南有嘉鱼》《南山有台》三章，笙奏御制补《由庚》诗，辞曰："王庚便便，东西朔南。六符调燮，八风节宣。王庚容容，朔南西东。维敬与勤，百王道同。王庚廓廓，东西南朔。先忧而忧，后乐而乐。王庚恢恢，南朔东西。皇极孰建，惟德之依。"御制补《崇丘》诗，辞曰："涧松童童，蛙黾邻兮。丘草萋萋，荡青云兮。凡百君子，慎乃托身兮。涧松童童，涧则卑兮。丘草萋萋，丘则崎兮。凡百君子，审乃所依兮。有崇者丘，物无不遂。有卓者道，愚无不智。资生育德，永植无替。”御制补《由仪》诗，辞曰：“在上曰天，在下曰地。君君臣臣，父父子子。在下曰地，在上曰天。父父子子，君君臣臣。由其仪矣，物则熙矣。仪其由矣，物则休矣。”乃合乐歌《周诗·关雎》三章、《召南·鹊巢》三章。卒歌，工告备出。执事者行酒，主、宾以下饮无算爵。右乐宾第七节。

赞礼赞：“彻馔。”众起离席，主人率僚属在东西上，宾、介在西东上，皆北面。赞：“拜。”主人再拜，宾、介以下皆再拜。宾降西阶出，介及众宾从，立庠门外之右，东面北上。主人降东阶出，僚属从，送宾于庠门外之左，西面旅揖。宾、介退，礼卒无愆，乃皆退。右彻馔宾出第八节。○以上俱本《通礼》。○附：吴荣光《吾学录》云：“按，乡饮酒礼，所以申明朝廷之法，敦序长幼之节，重在宾、介得人，方可以示观感而兴教化。地方官徇情滥举，自有应得处分。然十室之邑，必有忠信，乃以声明文物之邦，而举行此礼者甚少，岂其地绝无可举之人，而州县绝无行礼之暇，遂使大典久旷耶？推求其故，盖以齿德兼优之人，深恐既举之后，盛名难副，为人所持，因而受累，而地方官亦乐得以宁阙无滥为辞。然彼都人士果能德望素著，乡里共知，亦何患不肖之徒借端阻挠？地方官果能秉公持正，亦何必以滥举避嫌？然全人为难，耄修不易，是又在四方耆彦有以爱崦嵫之景，而为桑梓之光也。”

乡射礼附

乡射礼，《戊寅志》载：“国朝以每月朔、望，有司官行香讲书毕，诣射圃，行习射礼。凡习射，先击鼓六，以齐宾及门弟子。当射，设鹄如制，设司正掌验射，设司射以强弓射鹄诱射，设掌爵以授饮，设侍获以掌矢，设司旗以举应其射位。自三十步至九十步，射四矢，以二人为耦。按：射圃旧在县治北岭，礼久不举，父老罕能言其名者，详《兵防志》。○附：《戊寅志》：“明洪武三年，定学校射仪。前期戒射、定耦，选职事充司正、副司正、司射、司［射］[1] 器、请射、举爵、收矢、执旗、树鹄，陈设讫。至日，执事者入就位，请射者引主射正官及各官员子弟、士民俊秀者各就品位。司射器者以弓矢置于各正官及司射前。请射者诣正官前［圆］揖毕，引诣司射器前，受弓矢讫，复位。司正执算入，立于中后。请射者诣司射前曰：'请诱射。'引司射二人耦进，各以三矢搢于腰带之右，以一矢挟于二指间，推年齿相让，年长者为上射，年幼者为下射。上射先诣射位，向鹄正立，发矢。司正书中，投算置于中，举旗者如所射应之。射毕，退立于旁，让下射者诣位射。讫，请射者俱引复位。收矢者收矢，复于射者。司正取所中算。请射者次请士民俊秀射，次请官员子弟射，次请品卑至品高者射，（俱）［其］[2] 就射位、发矢、（投）［取］算、书中、举旗、收矢、复位，皆如前仪。既毕，司正、副司正各持算白中于主射正官。举爵者酌酒，授中者饮之。中的者三爵，中采者二爵。饮讫，请射者请属官以下，（均）［仍］捧弓矢纳于司射器，（退）［还］诣主射正官前，相揖而退。"

宾兴礼附

宾兴礼，旧志：凡三年乡试，知县于七月延集与试生员，行宾兴礼。先期，儒学官将督学取准与试生员姓名白县，知县择日柬召诸生。至日，结彩大堂或明伦堂，鼓乐张筵，拜揖如仪。县官与诸生簪挂花红，毕就坐。县官与儒学官东西坐，诸生以次两旁坐。酒五行，或十行。告退，县官送于中门外。例给科举银，由县支给。详《食货志》。其捷者，官为树旗送扁，礼其庐。举人会试，例给长夫银。详《食货志》。其祖饯报捷，视乡试加隆。贡略如乡试。

---

① 据申时行等纂：《大明会典》（明万历内府刻本）卷七八《礼部三十六·学校·儒学·学规》补。下同。

② 据《大明会典》改。下同。

入学仪附

弟子员入学仪，县官示期，新取入学文、武生毕集县署，设席堂之东西。县官坐，诸生三揖，县官起答揖，已，各就席坐。酒三行，兴，县官赐以花红、簪戴毕，仍三揖。县官亲送至学宫，谒至圣先师，鼓乐前导。遂至明伦堂，学官东立，县官西立，再拜，学官答拜。县官少退，诸生以次向学官四拜，旋拜县官如仪。宴于堂。毕，县官退，学官送于大门外。

风俗纪略附

浏多山少泽，民质朴，俭而近啬，性劲直，多尚气，轻斗很，官不辩曲直，则险健而讼滋。《戊寅志》引旧志云：“邑居山中，人性劲悍而决烈，颇知礼义。”按：浏民劲直成风，悍而狡者险健亦异常。至礼义生于富足，则当视上之教之者何如矣。县统四乡，旧志引“东富西贫，南清北浊”之谚，曰：“能勤俭，贫亦富。有君子，浊亦清。”诚哉是言！彼谚安足凭耶？○按：甲乙忿争为酒食，速姻党及保甲居间，争多释。不肖者或令曲者出钱而染指，不餍则挑之讼，阳助之而阴渔其利，否亦借泄其忿也。官不速审断，断或失实，黠者益肆，有闻于官而后解者，非钱终不可，愚民讼破产，不讼亦损费矣。地无鱼、盐之饶，士女勤树艺，务蓄聚，而急赋税。《戊寅志》云：“处村落者务农桑，居市廛者业盐米，盖无游民久矣。其耕殖因时相地，不劳教督，妇孺且各勤其力。山中田少，往往以豆粟杂谷代饭，或旬月不食盐，其人有终身一缊袍者。邻里庆吊，往来不以多物为仪，盖犹有古风。士夫耻之，或呰窳而奢靡矣。”○按：县自乾隆以来罕逋赋，官岁书诸户应纳粮饷数为串票期，民领票而输如数，否则令差役按都甲领票分征，曰都差，有催收而无追比。军兴，改征折色，大户间后期，都差先代输之，继取盈于本户，其于乡僻间亦额外加取，然民无运米停候之劳，尚以为便焉。〇又按：俗以田授人耕者曰东，受田耕者曰佃，为之先容者曰引。批人田若干亩，佃纳银钱若干，曰大批，约岁纳租谷若干，否则退佃，以大批折抵。人稠田少，批租较重。雍、乾间，《戊寅志》云"士夫家有祖父百余年授耕之田而批租不加者"，今渐罕矣。〇又按：《戊寅志》："妇女夏绩冬纺，间习蚕织，其风则守贞洁，耻淫乱，街衢鲜有涉足。"云云。今妇女节序出游及入庙烧香者，间有之。然采兰赠芍，族党则不齿，无郑、卫风也。县之遭寇难，赴水投崖者众，与夫以节孝见者甚夥，亦可贵矣。迩来地利已尽，逐末者稍多。壤接江西，客民贾鬻其间。然地非通衢，百货仰给旁郡，水陆辇运，闲民亦借以生活。按：县鲜巨商贾，村市墟集数处，岁有恒期。平时坐廛列肆者，通有无、逐锥刀而已，往往耻为欺伪。然巧利垄断者，亦间有之。道光间，城市私约用票，展转相抵，求实钱则缗折数十文，曰补水，民苦之。此资薄渔利者所为，尚未尽革也。至权，以十六两成斤者为正秤，又有油秤、茶秤、麻秤，大小不一。量则合升斗皆同，而或以二斗五升为斛，斛四为石，或以若干升为桶，桶六为石，亦不一。即斛若桶，亦大小不齐。物值因权、量定，民习久，亦安之。〇又按：浏阳河狭易涸，运货舟曰鳅船、曰夹鳅。水涸，为小舟迭运，曰驳船。最小曰渔船。在县南北河者曰倒划子。养鸬鸟者曰鸬鹚船。船主曰老贩，音近"板"。所雇水手曰腰篙。凡船区别村市曰埠，岁有差徭。诸埠择一人均其役，且稽诸争盗，曰船总。其以圣裔免差徭者，不入埠，曰优免船，余埠曰苦差船。

士夫好行其德，赴义颇力，亦有喜事神而佞佛信巫者。民俭啬嗜利，然知急公，虽村僻，而祠庙、桥梁、道路诸义举，积羡余以供岁用者，往往有之。近竞掩骼救婴，恤寡矜孤，悉具有条，尤属好行其德云。〇按：闾阎各奉祖先神主于寝。族众者必别建祠，清明、冬至合祭缀食，尚近雍肃。诗礼之家，或节用充祀产，为设义庄、义塾，以教养族人，此俗之厚者也。〇又按：民宅祀土地及灶神，又望空祀诸神祇。其祈祷信奉者，则陈昭显、温惠孚、杨孝子，几家尸而户祝。旧时县南七丫山、县北七娘山多祭赛，今则县东将军庙、县西南三元宫，皆相率崇奉，至舁木像或旗与剑，以鼓乐迎供，曰接案。而城市祀天符、城隍、火神诸神，岁以诞日饰百剧斗奇巧，舁神游街巷，日费数百金。乡僻又有称名诡异之神，如某公、某王爷、某仙姑，奉之者称弟子。有祷者，率以告神，顷之，弟子坐而瞑，旋号呼掀舞，曰："神降矣。"示方医疾，指失物所在，或验或否，间启衅端。物妖木怪，凭人作祟，奸民或倚邪术行之，愚民竞诧为神值矣。其乡村市集神祠，岁必醵金演剧，费金或至数百。甚有无祠之所，架棚为优场者，无赖之徒借此赌博、宰割以渔利，甚或男女骈集，尤为陋习。○又案：俗生子虑夭折，送僧寺寄拜为干儿，成童始蓄发，谓之寄名。○又按：乡村祀土谷神祈雨旸、禳疾疠，为社。凡若干户共祀一社，塑神夫妇像屋之，曰大王。岁以农隙或春秋社日祀神醵饮，曰社酒。条禁约曰社规，犹蓝田吕氏乡约遗意。○又案：民俗多信鬼，有病者，取生年及受病日推之，妄言有犯，或指金，或指木，则必索其物之近似者移弃之。或指宅若兆不吉，则必治其井灶门阶与墓，否则厌以符。曰有某鬼神，或男或女，则必夜具香楮，向某方焚之。不愈，则召道士禳之，曰摄鬼。又不愈，则为坛悬神像，道士鸣鼓角，时禹步兽舞，曰整病，亦曰跳神。族党相率敛钱，为购金银钏，授道士作法，环病者臂，曰上锁。中夜，道士就野作法，数十人钲鼓从之，得虫或蛙，谬云"得魂"，喧呼而归，曰追魂。尝有道士哗于堂，病人绝于床者。有病不服药，妄言祈禳，一夕甘费数缗，且治酒宴宾，如吉庆者。○又，俗信风水，死者既葬数年，虑不吉，必启冢易棺，拾遗骸，以瓦器或瓦棺盛之，曰检金，曰改洗，然后覆葬。甚有既覆葬而数易其处者，有贪吉而盗葬他山，构讼不休者，有亲死，惑分房之说，各持异论，停柩数年者。近虽略变，亦间有之。其拘忌时日，则犹旧俗也。近知崇尚儒术，编氓子弟，非极贫窭，必令就塾。士子殚力攻诗文，或究心经史，无汉学、宋学之分。且知敦内行，矜廉节，慎交游，不蹈标榜习。或薄名急利，虚憍多意气，众共耻之。《戊寅志》云："士不干谒，通治五经，《毛诗》为多。近日旁及子史，兼通诗、古文词，力学敦行，蒸蒸日上。"案：浏承历代先贤遗泽，往时故多究心经术，先德行而后文艺者。今乡校闾塾，几于比户弦歌。士子以制举业为进取之阶，精其业以成名者比比。古者学以为己，而不朽有三，由立言以期道德、功名，宜有兴焉者矣。○又案：乡村子弟，或至十岁外，始令就傅，望以举业，不忍骤令改迁。延近弱冠，虽无成，辄以胼胝为羞，多成惰民。古者人生八岁入小学，十五入大学，否则十六授田，盖有以也。近相率讲礼乐。

民间婚祭丧葬，陋俗未遽革，或渐即侈靡。案：昏礼，纳聘、请期、迎娶，殆古人六礼之三。其始以红绿笺书男女名氏及生年月日，媒氏互致而各存之，曰聘。将昏，倩媒氏致期，曰报昏期。既以礼致媒氏，曰启媒。及期，婿不亲迎，以彩舆鼓吹迎新妇，女家选亲属送之成礼，曰收亲。合卺之夕，宗党集房中欢饮，曰闹新房。其通昏，旧有女家索金帛服饰、婿家索奁赠成隙者。其迎娶，有女家要美丽彩舆者。向又有孪生男女，以女他养，长则迎配其男者。有兄亡而弟娶其嫂，弟死而兄妻其妇，谓之转房。案律论绞，乡愚不知，间有蹈此者，近固罕矣。○丧礼，既殡，戚友具香楮吊而唁之，丧主款以酒肉，裂帛数尺或素布套褂，曰开吊。将葬，致客设奠，曰开堂。有信僧家转轮之说，治佛事，作道场三、五、七日，应期化楮币，召僧忏度，祥、禫、忌日亦然。有将葬，邻里夜聚，击鼓坐歌达旦，谓之唱夜歌。甚至男女昏嫁有期，遭丧，而悄行昏娶既毕，而后治丧事者。又间有停亲柩不葬，或数年、十数年卜吉兆者。陋习相沿，恬不为怪，今虽未尽革，然亦罕矣。○祭先之礼，每岁春以春分或清明，冬以立冬或冬至，拜跪奠献，略如礼制。○往时民俗朴，城市罕酒家，宴会不设珍肴，衣服亦罕罗绮。今渐不然，以服饰骄人，及以酒食游戏征逐者，稍稍染颓风矣。○鸦片烟，来自西洋，一名阿芙蓉，近中土亦种之。往时游宦远商，间有吸食者，今则负贩食力之徒，亦多效之，破家亡身，为祸最烈。

而岁时娱乐有节，俗尚近古。元日，男女夙兴，肃衣冠，拜先祖家神毕，然爆竹，向外，曰出行。其卑幼拜尊长，致吉祥语，曰拜年。姻党往来错拜，亦然。至上元乃已。○立春，先一日，知县出东郭，迎春具、土牛、芒神。至日，各官执彩鞭，环土牛鞭之，三乡民入城竞观，以牛色占岁，曰黄主谷、黑主风、红主日、白主水。然其色不过取立春日支干纳音为之，不足征也。乡僻则饬童子为芒神，扮农夫扶犁驱犊，入人庭中，曰春牛。不以犊则制牛首缀布，令童子被以舞。○上元内，乡村以布数丈绘龙鳞，织竹被之，剪纸制龙首尾形，缀而合舞，曰龙灯。为鱼虾形，曰鱼灯。或制狮首缀布，令童子被之，曰狮子灯。或剪盆花形，曰花灯。晴日，缘村喧舞，杂以金鼓，主人然爆竹、剪红帛迎之为乐。又有服优场男女衣饰，暮夜沿门歌舞者，曰花鼓灯。○上元内，妇女置筲箕地上，旁两人以指承之，覆帕其上，具茶酒咒之，箕自啄地，曰："箕姑至矣。"或以瓢，曰瓢姑。有所问，辄啄，令测物若干，数不爽，过上元则不至矣。又妇女于除夕盛升米灶神前，上元日屑为饼十二枚，以指印为坎，夕次列甑中蒸之，视坎中水有无多寡，测何月水旱，或验云。○二月十五日，穿幼女耳，或取花朝饰容如花之意。考花朝无定期，《洛阳记》以为二月二日，《事文玉屑》以为十二日，《提要录》则云唐以二月十五日，《御制花朝诗赐裴尚书》则花朝当以十五日为正。○春社日，农家禁动土，赛土谷神，醵饮。晴暖则浸早谷种，曰社种。○清明前，家具酒肴，率子弟上先人墓，陈之，斩荆棘，加土垄，上标纸钱，曰挂山。清明后，有具香楮于丛葬所，修无祀茔者。间有冒无祀茔为先冢修之，而侵其山者。○暮春，农民择日播种，曰撒秧。将分秧，具香楮肃揖，曰开秧。田插秧，曰莳田。莳田日，为酒食招邻里，曰栽禾酒。莳毕，仍具酒肴肃揖，曰封秧田。秧不足，乞于羡者，曰敲扁担。○四月八日，谓佛生日，僧俗作龙华之宴，各寺院以青饭相遗，杜诗所谓"岂无青精饭，使我颜色好"者是，盖言食之资阳气，亦古俗也。○端午节，悬菖蒲、蕲艾、葛藤于门，置朱砂雄黄酒中，饮之，或涂小儿额，以厌疾。且佩蒜，云辟毒。戚友则以蒲扇、角黍、香囊相馈。其沿河居民，刻木为龙首，缚船头，鸣金鼓竞渡，竟有争胜负聚殴者。○六月六日，天贶节，农家剪纸，涂鸭血，用长竿标之田垄间，以祈丰稔，曰敬鄱官，或曰"破旱"之讹。

○七月七日，曝书乞巧，犹古俗。乡俗屑米和柑叶作饼，云食之无疾。○中元日，设酒肴祀祖先，封纸钱，书孙某献某祖考妣，夕焚之，曰烧包。谚云“挂扫寻坟，烧包留名”，盖指清明及中元言。○八月阴，谓之弄天，或言天弄桂花也。时多祷南岳及昭显神者，谓之朝拜天。其祷也，有拈香且行且拜且祝，以三、五、七步为节者，谓之烧拜香。○中秋之夕，设酒果于庭飨月，里党竞以月饼相遗。妇女祈嗣者探瓜园圃，或亲串以鼓吹，送瓜房中，为宜男之庆。儿童或糊灯，灌油纸上，然之，高入云中，曰孔明灯。○重阳登高，犹古俗。妇女亦间有出游者。○十二月二十四日，俗呼过小年，是夕祀灶神，然灯釜中，至除夕乃已。○除夕，贴春联，更门神，镂彩钱黏门上，既乃合家聚食，曰团年。夕整衣冠，拜天地祖宗，卑幼向尊长列拜，曰辞年。欢聚围炉达旦，曰守岁。以钱赐小儿，曰压祟钱。

旧志龙昇曰：“编志而侈陈乡邑之美，护短饰非，以此上陈曰欺长，以此自文曰自欺，欺之不泯，何以征实录乎？十五《国风》诗贞淫并著，示无欺也，于此见古人忠厚之意。故美恶并列，以俟化民成俗者用心焉。”其言甚正，因申论之。《春秋》讳国恶，史固有曲笔乎？志犹史，邑犹国也，而顾有不为浏讳者，非为浏存其恶，欲为浏去其恶也。夫人生而静，天之性也。感于物而动，性之欲也。民生虽厚，不能无因物之迁，故瘠土之民向义，沃土之民不材，同是民而有不同者，非天为之，人为之也。浏向苦赋重，民事局促，则减以后，惩于生计之艰，犹知力勤守约，矜慎自持。比来生殖日繁，浮伪日启，日用一切，踵事增华，居室日益翚革，服饰日益丽都，供养益以舒畅，应酬益以纠纷，争斗起而讼牍烦，征逐多而宴饮盛，丧夸赙赠之丰，婚侈妆奁之富，旗帜炫于迎神，鼓吹喧于赛社，乃至情移花柳，癖嗜烟霞，乡驰马而逞豪，市迷龙而纵博，凡诸弊习，日即慆淫，风会所趋，人伪滋，天真汩矣。所赖有维风之责者，以化民成俗为己任，敦崇古处，力挽时趋，以琴瑟易筝琶，以诗书靖簧鼓，乡守唐、魏之俗，户遵邹、鲁之风，移枳为橘，化茅而荃，旧染之污，湔而洗之可也。改恶而善，直无恶矣，何讳为哉！有其载之，庶几戒之，有其书之，尚或除之，则其警于浏者，其即望于浏者乎！

卷九　祀典一

礼乐之不坠，祀典其灿然者矣。古邑宰自社稷以下，分得专祀，祈报由弭，凡以为民祈福也。浏邑坛庙在祀典者，皆得以时致祭。自文庙迁建以来，考订乐章，诸生以时习吹习舞，论者谓礼乐之兴有渐矣。他如野庙丛祠，著其兴废，人心风俗见焉。因录今所通祀并诸祠庙寺观于篇，俾览者有所究云。

社稷坛

坛在西城外，昔沧播间。《戊寅志》："坛广四丈五尺，轮六丈五尺，缭以垣，中壝丈有奇，高三尺，陛三级，其面为门。明洪武元年，知州史希贤建。国朝雍正十年，知县陈梦文重建。岁久，基址仅存，届期设厂致祭云。"咸丰八年，知县袁青绶度旧坛西地，为今坛如制。高二尺一寸，上成方二丈五尺，下成方三丈五尺，壝方五丈五尺，门四，立碑一。坛址南北七丈五尺，东西八丈五尺。袁自作《碑记》。○袁《记》云："古者建国神位，社稷为先。盖国以民为本，民非土不立，非谷不生，此土神、谷神之祀所由达上下古今，莫之或斁也。社有坛无屋，详《戴记》及《春秋穀梁传》。社、稷共坛，州县坛制方二丈五尺，见《戴记》及《周礼疏》，与历代礼志大略相同。我朝《会典》

《通礼》监前代而折衷之，所以为斯民祈福，祥资捍御。州县吏奉行惟谨，固其常职。咸丰甲寅春，青绶量移兹邑，下车初，详考《邑志》，社稷坛在西城外，规制略具。会春祭莅事，始见其褊陋太甚，且在丛葬之区，蓬颗累累，塘坳棋布，欲就加修治，屡废而叹，岂先坛而后沦为义地耶，抑于义地之中位置坛所也？维神有知，其不安于此，明矣。其不称国家崇奉之意，为地方福荫，又可知矣。自维才薄位卑，抚此土，治此民，苟一端之杌隉不安，如疾疢在其躬，有可以去之之术，虽繁费勿敢惜，况典礼攸关，本所当亟者乎！爰与邑人士咨诹，相度于旧坛稍西，隔巷数武，求得爽垲之地，整洁宽平，为坛垣如制，具公牍闻诸上游，并同时建修神祇坛、邑厉坛，一切始末详述之，以垂永久。而今而后，吉蠲将事，斋宿告虔，年谷顺成，灾祲消弭，吏与民当益念神鉴匪遥，灵承有自，求所以为安人民、安地方之本，于坛壝诸祭，以时葺治而修明之，即以斯举为嚆矢可也。是为记。"同治十二年，知县罗庆芗重加修葺。罗《记》云："盖闻社稷坛者，上迓天庥，下慰民望，其位与山川并重，自古至今，典至巨也。浏邑西城外旧有坛基数丈，自袁西台先生重加修葺，迄今又十有余年，雷雨消磨，风霜剥蚀，规模顿失，墙宇无存，荒烟蔓草之中，何以荐心香而答神贶？庆芗鹤俸特捐，鸠工重建，基址仍旧，气象维新。俎豆莘莘，灵爽有式凭之位；冠裳济济，馨香昭诚敬之心。兹际落成，用志颠末。是为记。"其位社右稷左，均北向。

岁春、秋仲月上戊日，地方官祭，或佐贰摄。在城员弁咸与。在城文官丞、史、武官把总皆与，视割牲、省齍盛以丞或史各一人，纠仪以教谕、训导二人，执事则掾史，赞礼则学弟子员。致斋二日。皆在公廨。除坛壝。先夕视牲。置案于神厨，设香烛，官公服上香，行三叩礼。宰夫牵牲告腯，遂割，以豆取毛血，瘗于坎。祭日，鸡初鸣，设案一坛上，北向，鸡初鸣，先陈设。案设正中。陈铏二、实和羹。簠二、稻、粱。簋二、黍、稷。笾四、形盐、枣、栗、鹿脯。豆四。菁菹、鹿醢、芹菹、兔醢。如缺物，以类充。前俎，羊一，豕一。又前设香案一，陈祝版、香盘一、炉一、镫二。又左设案一，东向，陈篚一，实帛二，黑色。尊一，爵六。备醴酌、豚豆。洗设东阶下。备盘水、盥巾。漏未尽，在事以班次，当阶主祭官拜位，后陪祭官位，文东武西。赞二人，位阶下；左右纠仪官二人，分位陪祭官左右，均东西面。其司祝一人、司香帛二人、司爵二人，位尊爵案西，东面。官朝服毕集于坛外。赞二人，左右引二人，均立俟。既省齍，引赞引省齍官入坛，遍视牲器酒齍，馔者告洁，退。入盥，引赞引主祭官入阶下，盥手。通赞赞：执事者各司其事，就位，引赞引主祭官至阶前拜位立，引班分引陪祭官分文东武西各就拜位序立。迎神，上香。引赞接赞：上香，引主祭官升诣香案前。跪，司香跪奉香，主祭官受香。上香三，兴，复位。通赞赞：三跪九叩礼，各官皆随行礼。奠帛，初献。引赞接赞：初献，引主祭官诣神位前。跪，献帛，司帛跪奉篚，主祭官恭献，仍授司帛，兴，奠于案。献爵，初献爵，司爵跪奉爵，主祭官受爵，恭献，仍授司爵，兴，分诣社、稷位，各奠中，皆退。兴。通赞赞：诣读祝所，引赞引主祭官诣祝案前。跪。司祝三叩，兴，奉祝文跪于右。通赞赞：各官皆跪，读祝生读祝。司祝读毕，叩、兴如初，以祝文安于案。通、引赞赞：叩首三，各官同叩。兴，复位。亚献奠爵于左，终献奠爵于右，仪如初献。通赞赞：彻馔，彻馔毕。送神，三跪九叩礼，兴，各官皆随行礼。瘗祝、帛，司祝奉祝，司帛奉帛，恭送瘗所。主祭官转立拜位西旁，东面，候祝、帛过，复位，引望瘗所，望瘗。礼成，退。赞引告礼成毕，退。〇按：行礼仪节，《会典》《通礼》及《通志》、旧志互有详略，今所录多遵《通礼》。

祝辞

惟神奠安九土，粒食万邦。分五色以表封圻，育三农而蕃稼穑。某恭承守土，肃展明禋，时届仲春、秋，敬修祀典。庶丸丸松柏，巩磐石于无疆；翼翼黍苗，佐神仓于不匮。尚飨。

先农坛八蜡神、[刘猛将军]① 附

坛在北城外，旧址圮。《戊寅志》载："广三丈五尺，轮五丈八尺，陛级、壝如制。坛后门楼一；室三楹，中楹设先农之位；东西厢各一。缭以垣，门一。旁为耤田，

① 据底本卷首目录及正文补。

四亩九分。雍正四年，知县江日容建。至嘉庆时，仅存圮址，岁为次以祭。”道光六年，即其地建庙二楹，知县赵瑜率邑绅王良汲、王才林捐建。称神农殿。正殿三室，中奉先农之神，南向。前为门，有优场。门东农器所，西更衣所。庙内广三丈九尺，直长七丈三尺，外阶四尺。阶下余基，左照墙角直下四丈四尺，右自墙角挨大路斜过左边长六丈一尺。庙下手左边屋基一所，上阔一丈三尺，下阔二丈有奇。庙右田一丘，上面横阔四丈七尺，右边挨路转出至庙前墙角长五丈三尺有奇。雍正四年，奉定择洁净丰腴之地为耤田，田在庙南易田段，计四亩九分。咸丰七年，知县袁青绶以东西二室尚整洁，乃就其地为位，奉安八蜡神于东室，曰东配房，西祀敕封保康刘猛将军，曰西配房。袁《奉安八蜡暨刘猛将军神位记》云：“《周礼·春官·籥章》详祭蜡之文，《戴礼·郊特牲》明八蜡之义。郑氏康成言：‘蜡有八者，先啬一、司啬二、农三、邮表畷四、猫虎五、坊六、水庸七、昆虫八是也。’又言：‘先啬，若神农者。’《毛诗传》谓即田祖，盖上世始造田功、神于农业之人，非谓炎帝神农也。伊耆氏始为蜡，贾氏公彦谓伊耆即神农，伊耆氏为蜡所祀，盖先于神农之人，且不必专其所属也。农，田畯也，谓上世老农为田畯者。邮表畷，谓田畯所以督约百姓于井间之处，邮有亭堠，表有封树，畷有阡陌，联属为田，功所自起也。坊则始为堤障者，水庸则始为沟洫者，皆利物以前民用者也。迎猫、迎虎，其神也。物所以功加于民者，神使为之也。昆虫螟螽之属，害稼者也。祭其神，虑其为害也。《地官·祭·族师》‘祭酺’注征引当世螽螟之酺、人鬼之酺，此昆虫列于八蜡所由来。郑氏以汉法说经，后儒时有异议，而蜡祭八神，卒莫之或易者，以其切于民事，有合于御灾捍患之义，非徒墨守郑说也。近代举废不一。前明以来，自畿甸、两河以及荆、扬间府州县，率皆有八蜡之祭。秦氏蕙田所谓八蜡之行相沿民间者，原未尝绝也。我朝雍正二年，俞臣工之请，诏建刘猛将军庙，官为致祭。谨按：将军名承忠，元时官指挥，能驱蝗。元亡，自沉于河。后以禳蝗有应，遂列祀典。雍正十二年，又奏准八蜡庙所在郡县，以腊月上戊日致祭。于是各属祭刘猛将军者，多就八蜡庙为位以祭。谨按《五礼通考》载方氏观承说：‘昆虫之祀，盖其御昆虫者。’则刘猛将军之祭，宜也。蜡祭合聚索飨，郑氏谓祭皆同处，则刘猛将军之从祀八蜡，又宜也。咸丰丁巳，青绶备位浏阳，夏秋之交，飞蝗自北来，地方素所未经，咸愕眙莫措。青绶所辑《除蝗备考》一帙适成，以商邑人士，并亲历四乡，依法督办，蝗患少息。于是大中丞骆公取其书闻于朝，并通行各州县，旁及邻省。其弁言简端，尤以频年兵灾，征求无艺，恻然于沴厉之所自生，思所以为感召天和之本。时则迤北诸省患此且连岁矣，幸皆随时殄灭，未大害。我皇上敬天勤民，廑恫瘝于在抱，念呵护之可凭，以部臣请，敕加刘猛将军封号，详议祭仪，下其事于郡县。青绥以浏阳旧无专祠，敬谨奉安神位于先农坛之侧，并奉八蜡神位于其左，涓吉将诚，虔修祀事，馨香祇荐，肸蚃潜通。自今伊始，我吏民人等，其体圣天子轸念民依之至意，大中丞恐惧修省之深心，相与顾乃德，远乃猷，永保平成，共懔对越，亿万斯年拜神赐于无疆也。是为记。”

岁仲春亥日，祭先农之神，或以季春致祭。陈帛一、羊一、豕一、铏一、簠二、簋二、笾四、豆四、尊一、爵三，其仪节悉与社稷坛同。

祝辞

惟神肇兴稼穑，粒我烝民。颂思文之德，克配彼天；念率育之功，陈常时夏。兹当东作，咸服先畴。洪惟九五之尊，岁举三推之典。恭膺守土，敢忘劳民？谨奉彝章，聿修祀事。惟愿五风十雨，嘉祥恒沐神庥；庶几九穗双歧，上瑞频书大有。尚飨。

祭毕，并祭东西两配房，乃耕耤。

至腊月上戊，祭八蜡神，并迎先农暨刘猛将军祭之。陈设、仪注与祭社稷同。

祝辞

于惟尊神，实司岁功。驱蝥敛螣，五谷乃丰。兹当岁禴，虔具牺牲。神其保佑，惠此生灵。按：祝辞“岁禴”句与袁《记》中所云雍正十二年奏准腊月上戊致祭之说不合，并录俟考。

神（祗）［祇］[1]坛

坛在县治浏水南，旧称风云雷雨山川城隍坛，嘉庆十七年奉礼部咨改今称。俗

---

① 据底本卷首目录改。

旧称南坛。《戊寅志》："其规制与社稷坛同。明洪武元年，知州史希贤建。国朝雍正十年，知县陈梦文重修。今基址仅存，届期设厂致祭云。"咸丰八年，知县袁青绶修复，如社稷坛制。袁《记》云："天地之性，人为贵。人受天地之中以生，两大为之钧陶，群灵为之呵护，长之育之，亭之毒之，养之覆之，既润泽之，又泛布濩之。百神受职，各有司存，而后庶类于以蕃昌，民生于以不敝。圣天子在上，对时育物，举神祇之祀，遍及方州下邑，以祈以报，以赫厥灵，所以为吾民生生之计，至深远也！谨按：风师雨师，肇称《周礼》。汉元始始祀雷公。晋代，风师改称风伯。《汉书·郊祀志》：'高祖六年，祀云中君。'颜注：'云中君，云神也。'朱子注《楚辞》因之。或谓云中泽薮之名，见于《春秋左氏传》，云中君、湘君以类相从，颜注非也。洪武二年，始以风云雷雨神从祀郊坛。后以风云雷雨神及城隍神并祀山川坛，下其制于所在有司，此州县风云雷雨、山川、城隍并祀一坛所自始。嘉靖中，改云雨风雷为序，又分建天地神祇坛，又别祀城隍神，惟州县云雨风雷神与城隍神仍并祀山川坛如故也。考山川坛即诸侯祭封内山川之义，唐、宋以来偶或致祭，而坛制祭仪，洪武元年始定。城隍神，先儒以为即八蜡水庸之神，其来最古，唐时庙祀民间，明初尝加封号，后但称某处城隍，祀之于山川坛。明太祖锐意复古，此其一端。久之，庙祀既废，而坛祀如故，盖礼从其朔之义。此天神地祇合祀一坛先后原委，亦从事于斯者所当知。又明制，州县初建山川坛，后合祀诸神，而坛号未改。我朝嘉庆十七年，以部臣言，各州县山川坛改称神祇坛，然后名实相副云。浏邑坛在县河南，今基址仅存，岁时望祭他所。咸丰戊午秋，按籍以求，因其旧而修之，因纪其颠末如此。青绶承乏兹邑，今五年矣，寇氛莫能为患，而风雨和甘，流峙静谧，文人亦蔚然以兴，神之为浏民福佑者，正未有艾也。是为记。"同治十一年，知县盛赓重加修葺，清丈。南首从东至西横长十六丈有奇，北首从东至西横长二十五丈有奇，东首靠北至南直长十五丈有奇，西首靠北至南直长十六丈有奇。东南缭以垣，西北界以壕，均立南坛界碑。其中除古冢百七十一余，皆为圃。西南隅屋十间，守坛户岁输租，为岁修之用。〇盛《记》云："神祇坛在县南三里，为前邑令袁西台先生所修。自咸丰戊午迄今，十有四年矣。无如日久废弛，坛基乃为居民所侵占。赓下车之始，遂即清理界址，因其地而重建之。今幸入秋以来，风雨和甘，年谷顺成，四境肃清，此皆仰赖神明之福佑斯民也。爰叙其始末，以垂不朽云。"坛设云雨风雷神正中位，境内山川神左，城隍神右，皆南向。

岁春、秋仲月，诹吉致祭。致斋三日。又按《通志》云："春、秋仲月上戊日祭。"《戊寅志》同。陈设、仪节与社稷坛同，惟减铏一，增帛、爵。中位帛四、爵十二，左位帛二、爵六，右位帛一、爵三。

祝辞

惟神赞襄天泽，福佑苍黎。佐灵化以流形，生成永赖；乘气机而鼓荡，温肃攸宜。磅礴高深，长保安贞之吉；凭依巩固，实资捍御之功。幸民俗之殷盈，仰神明之庇护。恭修岁祀，正值良辰。敬洁豆笾，祗敬牲币。尚飨。

至孟夏诹日，官诣坛行礼，是谓常雩。陈设、仪节与社稷坛同。《戊寅志》：“岁孟夏，奉部颁日期，于先农坛致祭。届日，迎各神牌安设，风云雷雨神正中位，陈设帛四，爵十二，少牢、笾豆各四；社神左，稷神右，陈设均帛一、爵三，余同；山川神次左，陈设帛二、爵六，余同；先农神次右，陈设帛一、爵三，余同。其仪节同先农坛戊祭礼。”

祝辞

恭膺诏命，抚育群黎。仰体彤廷保赤之诚，勤农劝稼；俯维蔀屋资生之本，力穑服田。令甲爰颁，肃举祈年之典；惟寅将事，用申守土之忱。黍稷维馨，尚冀明昭之受赐；来牟率育，庶俾丰裕于盖藏。尚飨。

其因旱潦致祷，诹祀日，斋戒修省，素服行礼，曰祈祀。既祷而应，朝服行礼，曰报祀。祝随撰，牲品、仪节均同上冬祈雪，礼亦如之。

火神庙

庙在北城外，《戊寅志》：“旧在巨湖山下。乾隆三十五年，迁建今地。四十八年，知县赵嘉程重修后殿为玉皇阁，中为正殿，前优台，又前荷花池，上构亭，额曰‘火中莲’。嘉庆六年、十六年，历有修葺，并建两廊、楼台。二十二年，知县羊拱辰迁龙神于荷花池亭内，额庙曰‘既济宫’。”咸丰五年，重修。祀司火之神。岁以春、秋仲月，诹吉致祭。《戊寅志》云："每岁行香一次，春、秋并未致祭。"按：乾隆二十一年，巡抚陈宏谋檄下两司会议，遵照《会典》，春、秋致祭，各属一体遵行。牲用少牢，仪节与社稷坛同。

祝辞

恭惟尊神，正位离明。体阴用阳，配坎福民。有功民社，祀典崇新。兹届仲春、秋，用荐豆馨。惟望神灵默佑，心曜含精。上报怀柔之圣世，下锡康吉于苍生。刲牲酹酒，神其鉴此一诚。尚飨。

城隍庙

庙在东城内大街，《庚申志》："在东城外洗药桥半里许老虎山下。以远不便行香，乃改城中兜率寺左白马祠为之，即今庙前门。内广三丈七尺，二门内一百一十丈，庙后一百二十丈，袤从前门起至庙后空地一百九十丈六尺。"癸丑、戊寅《志》同。《戊寅志》又云："乾隆二十四年，添后楹。五十九年，知县鲁习之重修后楹；圮。嘉庆十年，知县怀豫率士民重修。"二十四年，邑人改建头门，迁十二司神于后楹。庙前置市店，赁租供用。祀城隍之神。

每月朔、望，守土官诣庙行香，行二跪六叩礼。岁春、秋仲月，合祀于神祇坛。至厉坛之祭，又迎其神主之。每旸雨愆期，地方官仍诹吉致祭于庙。先期省牲。祭日，陈设帛一，爵三，铏二，簠、簋各二，笾、豆各十，羊、豕各一，果实五，炉一，镫二，香盘一，质明。主祭、陪祭官入，就位，盥洗，迎神，上香，二跪六叩首。献帛、爵，读祝，按《湖南祀典》，读祝后有分献，官就东西殿神位前，连上三爵，一跪三叩首。三献爵。彻馔，送神，二跪六叩首。望燎，礼成，退。谨按《礼部则例》京师遣祭都城隍礼，三跪九叩。考《湖南祀典》，其仪为二跪六叩，视都城隍礼有差，今从之。

祝辞

惟神德懋聪明，功隆捍御。壮金汤于千载，崇墉表畿甸之规；节风雨于四时，和会佐岁功之叙。祸淫福善，显呈有赫之灵威；阜物康民，默相无私之化育。神庥丕应，祀典宜昭。敬拣日期，肃陈牲币。馨香惟德，鉴格在兹。尚飨。

龙王庙

庙《戊寅志》称“龙神殿”，《通志》称庙，今从之。在北城外既济宫荷花池亭内，《戊寅志》：“嘉庆元年，知县裘豫设位，捐廉十五两存典肆，取息以供香火。后知县怀豫迁神主于升冲观。二十二年，知县羊拱辰迁复原殿，重加修葺，颜其庙曰‘既济宫’。”祀敕封福湘安农龙王之神。岁以春、秋仲月辰日致祭，牲品、仪节与城隍同。

祝辞

惟神德洋寰海，泽润苍生。允襄水土之平，经流顺轨；广济泉源之用，膏雨及时。绩奏安澜，占大川之利涉；功资育物，欣庶类之蕃昌。仰借神庥，宜隆报飨。谨遵祀典，式协良辰。敬布几筵，肃陈牲币。尚飨。

厉坛

坛在北城外，明初洪武时知县傅理立，地寖失。国朝咸丰八年，知县袁青绶规复之，因地形缭以垣，广袤三十余丈，北垣外址且五丈有奇。咸丰中，知县袁青绶规复诸坛，以其状白知府葆，且各撰记。其《厉坛记》云："考《浏阳县志》，厉坛在北门外，注载《庚申志》：'洪武十七年，知县傅理肇立，址广一百五十丈，袤自前门内起至后墙止计二百三十丈六尺。'又注《癸丑志》：'广八丈六尺，轮二十六丈二尺。'谨按《周礼》贾注：'东西曰广，南北曰轮。'《许氏说文》：'东西曰广，南北曰袤。'袤、轮一也。庚申为康熙四十三年，癸丑为雍正十一年，相距才三十年耳，地势何以如此顿蹙？甲寅春，不佞初莅兹土，早知各坛宇多须葺治，顾以兵燹频闻，官与民均有日不暇给之势，且念兴废举坠，正华离而复旧观，或非可以仓卒图，非敢竟置之也。上年议修厉坛，乃有欲并此仅存之地而争之阻之者，上不念国家所为治明治幽之意，下并自忘其盗买盗卖之愆，薄俗相沿，蔑视典礼，守土者安所得而辞其责？本年秋祭后，相度鸠工，为坛二成，上成方二丈五尺，下成方三丈五尺，坛堧方五丈五尺。门四出。外垣就地势赢缩，东西宽十一丈有奇，南起曾家塝，至北垣二十丈有奇，北垣外至柳家塝，五丈有奇。陈姓屋连小园在焉，谕令立限移让。而后《雍正志》丈尺稍复，其《康熙志》所载，尚俟徐为清理，未可骤也。外垣建门宇，立丰碑，为官厅、执事厅及设祭篷厂，规制初就，稍堪成礼。内垣禁止作践。外园橘圃、菜畦，守坛户岁输租若干，即为岁修之费。爰具公牍，闻诸上游，期永厥事。《春秋左氏传》曰：'鬼有所归，乃不为厉。'《晋书·温峤传》曰：'幽明道隔，毋太相逼。'明鬼神之情状，冀沴戾之消除，观斯坛者，尚不致河汉斯言。是为记。"同治十一年，知县盛赓重加修葺。盛《记》云："邑有厉坛，使鬼有所归，不致为厉。治幽治明，其理一也。咸丰戊午岁，前邑令袁西台先生建修是坛，考正疆界，设立垣屋，所谓泽及枯骨而福庇民生者，至周且备。厥后年远失修，墙宇倾圮。赓莅任斯土，亟将各坛渐次重建之，惟因瓜代将去，而社稷坛未克从事，亦将有所待焉尔。是为记。"

岁以寒食节、《戊寅志》："清明节。"今从《通礼》。七月望、十月朔日致祭。先期，地方官公服诣神祇坛，饬所司具香烛诣告。○《戊寅志》："诣城隍庙。"今从《通礼》。以祭厉告本境城隍神，上香，跪，三叩，兴，退。《戊寅志》："焚告牒，行四拜礼。"祭日，礼生奉城隍神位入坛，位正中，遂设无祀鬼神位于东西，陈羊三、豕三、米饭三石、尊酒、楮帛，具燎炉，设坛南。《戊寅志》："祭厉北郊，迎城隍神主其祭，设祝版帛一，白色，爵三，羹五器，羊、豕各一，镫二，炉一，香盘一，纸马一。分祀无祀鬼神于东西案，东案设爵三，菜三器，羊、豕各一，饭一盂，镫二，炉一，纸楮十两，金银锞十束，西案同。”官公服诣神位前，跪，上香，凡三。三叩首，兴，退。焚楮帛，官诣燎所，祭洒三爵，退。礼生奉城隍神位还神祇坛。○附：各乡祀群厉处：彭家坊八斗段一，张家坊浑冲一，陈家坊八叠岭一，东门市一，文家市一。

祝辞

普天之下，后土之上，无不有人，无不有鬼神。人鬼之道，幽明虽殊，其理则一。故制有治人之法，即制有事神之道。念厥冥冥之中，无祀鬼神，昔为生民，未知何故而没。其间有遭兵刃而伤损者，有死于水火盗贼者，有被人取财而逼死者，有被人强夺妻妾而死者，有遭刑祸而负屈死者，有天灾流行而疫死者，有为猛兽毒虫所害者，有为饥饿冻死者，有因战斗而殒身者，有因危急而自尽者，有因墙屋倾颓而压死者，有死后无子孙者。此等孤魂，死无所依，最堪怜悯。或依草附木，或作妖为怪。徘徊于星月之下，悲号于风雨之中。例设坛于城北，恭迎尊神，以主此祭。兹当寒食、中元、下元佳节，用备牲醴羹饭，专祭本县阖境无祀鬼神等众，灵其不昧，来飨此祭。尚飨。

土地祠

祠在县署头门内东偏，祀土地之神。岁以春、秋致祭，印官将事，陈香帛、牲醴如式，行二跪六叩礼。《戊寅志》。

迎春礼附

迎春，先立春日于东郊造芒神、土牛如式。立春在十二月望后，芒神执策当牛肩；在正月朔后，当牛腹；在正月望后，当牛膝，示民农事缓急。届日，设案于其前，在芒神、土牛前。陈香烛果酒之属。前展拜位，执事左右立，地方官率在城文官朝服诣东郊。立春时，赞："行迎春礼。"各官以次就拜位。赞："行一跪三叩礼。"赞："酹酒三。"执事举壶、爵跪官左，官受爵，酌酒酹之，仍授爵于执事。复三叩，兴。乃舁芒神、春牛，鼓乐前导，各官后从，迎入城，置于公所。各官执彩仗环立，乐工击鼓，击土牛三，毕，皆退。按旧志："先一日，各官吉服彩仗，鼓乐迎春东郊，出土牛、芒神，行三叩礼。舁至署大门内，设次于土地祠安奉，土牛南向，芒神位东西向。至日，设香烛、酒果、三牲，官吉服咸集就位，跪，上香，奠爵三，读祝。读毕，行三叩首礼，兴。击鼓，各官执彩仗环立土牛两旁，鞭春，各官绕击土牛三匝。礼毕，退。"《通礼》及《通志》无读祝、上香仪，今从之。○附：土牛芒神式。《会典》："岁六月，钦天监豫定春牛、芒神之制。冬至后辰日，于岁德方取水土制造，以桑柘木为骨。牛身高四尺，象四时；长八尺，象八节；尾长一尺二寸，象十二月。头色视年干，身色视年支，腹色视年纳音，角、（色）［耳］①、尾色视立春日干，胫色视立春日支，蹄色视立春日纳音。口开合、尾左右麾视年阴阳，口阳开阴合，尾阳左阴右。芒神长三尺六寸五分，象三百六十五日；鞭长二尺四寸，象二十四气。老少视年支、孟仲季；衣色、带色，视立春日支，衣色用克支，带色用（生支）［支生］。置髻，视立春日纳音，金，耳前；木，耳后；水，左前右后；火，左后右前；土，在顶直上。罨耳，视立春时昼夜，子丑，全戴；寅，揭左；亥，揭右；卯至戌，则手提，阳时左提，阴时右提。行缠、鞋袴，视立春日纳音，水，俱有；火，俱无；土，有袴，余无；金、木，俱有，金，左行缠悬于腰，木，右行缠悬于腰。土牛鼻用拘，芒神手执鞭，

---

① 据张照等修：《钦定协纪辨方书》（清文渊阁《四库全书》本）卷十二《公规一·春牛经》，吴荣光：《吾学录初编》（清道光十二年吴氏筠清馆刻本）卷一《典制门·迎春（附土牛芒神式）》引《会典》改。下同。

拘以桑（拓）［柘］木，鞭以柳枝。拘系绳，鞭着丝，视立春日支，寅、巳、申、亥用麻，子、午、卯、酉用（芒）［苎］，辰、戌、丑、未用丝。芒神立牛左右，视年阴阳，阳年立牛左，阴年立牛右。芒神立牛前后，视立春距岁前后，岁前五日外立春者，立牛前；岁后五日外立春者，立牛后；岁前后五日内立春者，立与牛并。”

祝辞

惟神派衍金天，官隆木德。奕祀仰仁和之泽，体物乃神；山城守典礼之章，为民祈福。兹以立春节届，土牛已出于东郊；同焉望岁情殷，彩燕遍题于南郡。三阳运转，万象新生。帝载长熙，俾僚属得襄郅治；皇恩广被，使苍黎共乐升平。豫气呈祥，丰年纪瑞。尚飨。

耕耤礼附

耕耤，仲春吉亥，既有事于先农坛，各官彩服诣坛侧之耤田耕耤。正官率佐贰，丞、史咸在。先事视土宜，备种及耕器。青箱、朱鞭、黛耒、服耜、黝牛及他耕器、农器，豫陈耕所。在事以班次，耆老率农夫蓑笠立田间，通赞、学弟子员分立田首。又向阙张画屏，设香案一，南向。通赞引班以次立香案前。赞：“行耕耤礼。”官率属就耕所，执事授器，乃皆右秉耒、左执鞭以耕。农夫牵牛扶犁，耆老一人执种箱，一人播种，按《通志》：“耕耤礼，八人司青旗，八人司田鼓，均东西负墙立。八人司铜钲，立旗鼓前。乐工八人，立东西二区南。唱赞二人，立二区北。官秉耒初推，司钲鸣钲二，司旗扬旗，司鼓振鼓，乐工歌诗。农官牧人引牛行播种，官执箱随后播种。凡一进一反为一推，司钲鸣钲，一推竟。凡九推，皆如之。”皆九推九反。毕，释鞭、耒，以次立田首，西面北上。农夫遂终亩，告毕事。各官补服，望阙以次立，重行北面耆老、农夫后。稍远列行，北面随立。赞：“行三跪九叩首礼，兴。”皆退。

救护日月礼附

护日、月食，按钦天监推定时刻分秒测验。于县署中霤祇行救护，官皆素服毕集，地方官领班行礼，二教职纠仪，以学弟子员二人通赞，二人引班。阴阳生报时。日、月初亏，再报，官皆就拜位。赞："行三跪九叩首礼，兴。"赞："上香。"官诣香案前，上香三，复拜位。赞："跪。皆跪。伐鼓。"阴阳生奉鼓进桴，跪，官执桴声鼓三，堂下金鼓齐鸣。有顷，赞："兴，少退。"食甚，阴阳生报。行礼如初。既报复圆，金鼓止，礼亦如初。毕，皆退。

祈晴雨礼附

祈雨，先一日斋戒，止屠宰。至日，地方官朝服祭山川坛，分遣佐属雨冠素服诣城隍、龙王二庙，宣祝，行香。次日，祭社稷坛，亦如之。仪节、牲品与春秋祭同，别撰祝。祭社稷之明日，第三日。各官雨冠素服，同诣二庙，行香，行二跪六叩礼。其旧例，祈祷之庙，俱赴行香，以第七日止。七日内得雨，开屠，诹吉行报祭礼，用补服。同日，祭山川、社稷，礼如初。次祭城隍、龙王，亦如春秋祭仪。

又，雨潦甚，祈晴。亦先日斋戒，止屠杀。惟祭门用牲。祭日，地方官补服行禜祭礼，视水湍涌之门设位，以黄纸书某州县城之门神，行二跪六叩礼，伐鼓，用牲，读祝，随时拟撰。仪品视春秋祭火神礼。晴霁，开屠，择日报祭，取纸位爇之。节《通志》。

卷十　祀典二

文庙

庙在东城外学署右，详《学校志》。中曰大成殿，祀至圣先师，正位南向。顺治二年，定谥大成至圣文宣王先师孔子。十四年，改谥至圣先师孔子，通行直省各学。其木主之制，高二尺三寸七分，阔四寸，厚七分；座高四寸，长七寸，厚三寸四分；朱地金书。雍正二年定。下同。

四配：木主高一尺五寸，阔三寸二分；赤地金书。

复圣颜子，东位西向。

宗圣曾子，西位东向。

述圣子思子，东位西向。

亚圣孟子，西位东向。

十二哲：木主高一尺四寸，阔二寸六分，厚五分；座高二寸六分，长四寸，厚二寸；赤地墨书。两庑同。

先贤闵子损　冉子雍　端木子赐　仲子由　卜子商　有子若乾隆三年升祀。

以上东位西向。

先贤冉子耕　宰子予　冉子求　言子偃　颛孙子师　朱子熹康熙五

十一年升祀。

以上西位东向。

东庑：

先贤公孙侨咸丰七年增祀。　林放雍正二年复祀。　原宪　南宫适　商瞿　漆雕开　司马耕　梁鳣　冉孺　伯虔　冉季　漆雕徒父　漆雕哆　公西赤　任不齐　公良孺　公肩定　鄡单　罕父黑　荣旂　左人郢　郑国　原亢　廉洁　叔仲会　公西舆如　邽巽　陈亢　琴张　步叔乘　秦非　颜哙　颜何雍正二年复祀。　县亶雍正二年增祀。　牧皮雍正二年增祀。　乐正克雍正二年增祀。　万章雍正二年增祀。　周敦颐康熙三十五年改称先贤。　程颢康熙三十五年改称先贤。　邵雍康熙三十五年改称先贤。

以上四十位，东庑西向。

西庑：

先贤蘧瑗雍正三年增祀。　澹台灭明　宓不齐　公冶长　公皙哀　高柴　樊须　商泽　巫马施　颜辛　曹恤　公孙龙　秦商　颜高　壤驷赤　石作蜀　公夏首　后处　奚容蒧　颜祖　句井疆　秦祖　县成　公祖句兹　燕伋　乐欬　狄黑　孔忠字子蔑，孟皮子。　公西蒧　颜之仆　施之常　申枨　左丘明　秦冉雍正二年复祀。　公明仪咸丰三年从祀。　公都子雍正二年增祀。　公孙丑雍正二年增祀。　张载康熙三十五年改称先贤。　程颐康熙三十五年改称先贤。

以上三十九位，西庑东向。

东庑：

先儒公羊高　伏胜　毛亨同治二年增祀。　孔安国　后苍　郑康成雍正二年复祀。　范宁雍正二年复祀。　陆贽道光六年增祀。　范仲淹康熙五十四年增祀。　欧阳修　司马光　谢良佐道光二十九年增祀。　罗从彦　李纲咸丰元年增祀。　张栻　陆九渊　陈淳雍正二年增祀。　真德秀　何基　文天祥道光二十三年增祀。　赵复雍正二年增祀。　金履祥雍正二年增祀。　陈澔雍正二年增祀。　方孝孺同治二年增祀。　薛瑄　胡居仁　罗钦顺雍正二年增祀。

吕楠同治二年增祀。　刘宗周道光二年增祀。　孙奇逢道光八年增祀。　张履祥同治十年增祀。　陆陇其雍正二年增祀。

以上三十二位，东庑西向。

西庑：

先儒穀梁赤　高堂生　董仲舒　毛苌　杜子春　诸葛亮雍正二年增祀。　王通　韩愈　胡瑗　韩琦咸丰二年增祀。　杨时　尹焞雍正二年增祀。　胡安国　李侗　吕祖谦　袁燮同治七年增祀。　黄幹雍正二年增祀。　蔡沈　魏了翁雍正二年增祀。　王柏雍正二年增祀。　陆秀夫咸丰元年增祀。　许衡　吴澄乾隆二年复祀。　许谦雍正二年增祀。　曹端咸丰十年增祀。　陈献章　蔡清雍正二年增祀。　王守仁　吕坤道光六年增祀。　黄道周道光五年增祀。　汤斌道光三年增祀。

以上三十一位，西庑东向。谨按：同治二年，准礼部臣议，以位次随时拟定，限于东西多寡之数，于时代不无参差，因合原定从祀与陆续增祀之儒，各就时代，按其生年，一东一西，以次排列，并缮单缮图，声明定例，以示限制。时所颁祀位图，仅百四十位。同治七年复增祀袁氏燮，十年增祀张履祥，如今数云。

岁以春、秋仲月上丁，行释奠礼。《学政全书》云："顺治元年，定每春、秋仲月上丁日，直省府州县各行释奠礼，以地方正印官主祭，陈设、礼仪与国子监丁祭同。"以县官为正献，其贰及所属分献。《学政全书》："康熙四十九年，定直省府州县城大小文武官，均准照例入庙行礼。"监礼以师儒，赞引执事以生员。《学政全书》云："乾隆十六年，议准直省丁祭设礼生四名，以生员充。"谨按《通礼》云："凡司祝、司帛、司香、司爵、司馔、引赞、通赞、引班，以学弟子员娴礼仪者执事。在城文武咸与祭。"又按：太学遣官释奠仪，正殿司香、司帛各四人，司爵九人，立东案之东，西面；司香、司帛各三人，司爵八人，立西案之西，东面。两庑司香、司帛、司爵东西各二人，序立南案之南，均北面；奉福胙二人，立东案之东，西面；接福胙二人，立西案之西，东面。致斋二日。先日，饬庙户洁扫殿庑内外。视割牲，官公服诣神厨，视割牲，以豆取毛血，瘗于坎，退。《通礼》："先一日，宰夫预凿坎宰牲亭之西。"正献，官率执事生入学，习仪；教官率乐舞诸生入学，习乐舞。旧志："前一日辰刻，教官出祭器，陈列明伦堂，设香案于牲房外。日午，地方官偕陈设官，恭奉主祭官祝版及各承祭官、执事生姓名榜至学宫，奉安祝版于祝案前正中。毕，上香三，行一跪三叩礼，退，挂榜亭内。日晡，乃省牲，演礼乐如仪。”

祭日，陈设先师位前牛一、羊一、豕一、雍正四年，州县增用太牢。登一、《会典·丁祭器品》：“登，用铜。口为回纹，中为雷纹，柱为饕餮形，足为垂云纹。盖上为星纹，中为垂云纹，盖口为回纹。通高六寸，深二寸，口径四寸九分，校围六寸九分，足径四寸七分。盖高一寸六分，径四寸六分，顶高三分。”邱之稑《丁祭礼乐备考·图说》云：“登，盛大羹。《礼乐记》：‘大羹不和。’注云：‘大羹，肉湆，不调以盐菜。’今用犊牛，全体刷洗洁净，大汤锅煮熟，不加盐料，别其脂腻，存清汁，勺之登内。”铏二、《会典》：“用铜，两耳，为牺形。口为藻纹，次回纹，腹为贝纹。盖为藻纹、回纹、雷纹。上有三峰，为云纹。三足亦为云纹。高四寸一分，深四寸，口径五寸一分，底径三寸三分。三足高一寸三分，盖高二寸二分，三峰高一寸。《礼乐备考·说》云：“所以和菜羹。《书》：‘若作和羹。’注云：‘羹须盐、醋以和之。’今用豚脊膂肉切片，牛汤焯过，漉起，加盐、酱、油、醋、芹、韭丝调匀。又切猪腰如荔形，覆面。用时以淡牛热汁浇满，勺之铏内。”簠二、《会典》：“簠，用铜，面为夔龙纹，束为回纹，足为云纹。两耳附以夔龙。盖上有棱，四周旁亦附夔龙。耳通高四寸六分，深二寸一分。口纵六寸四分，横八寸。底纵五寸一分，横六寸四分。盖高一寸四分，上棱四周纵四寸一分，横六寸四分。”《礼乐备考·说》云：“外方内员，受一斗二升，盛黍、稷。”簋二、《会典》：“簋，用铜制，圆而椭。口为回纹，腹为云纹，束为黼纹，足为星云纹。两耳附以夔龙。盖面为云纹，口为回纹，上有棱四出。通高四寸二分，深二寸一分，口径七寸二分，底径六寸。盖高一寸八分，上棱四出高一寸一分。”《礼乐备考·说》云：“内方外员，受一斗二升，盛稻、粱。”笾十、康熙二十六年，议准春、秋二祭笾十、豆十，乐用六佾。《会典》：“笾，编竹为之，以绢饰里，顶及缘皆髹以漆，红色。通高五寸四分，深八分。口径四寸六分，足径四寸。盖高一寸九分，顶高四分。”《礼乐备考·说》云：“受四升，盛干物。正位十笾：一形盐，以白盐作虎形；一鱎鱼，《尔雅》：‘鱎，大虾’；一枣；一栗；一榛；一菱；一芡；一鹿脯；一白饼；一黑饼。”豆十、《会典》：“豆，用铜，腹为垂云纹、回纹，校为波纹、金钣纹，足为黻纹，盖为波纹、回纹，顶用绹纽。通高五寸五分，深二寸，口径四寸九分，校围二寸，足径四寸七分。盖高二寸二分，顶高五分。”《礼乐备考·说》云：“受四升，盛濡物。正位十豆：一韭菹。细切曰齑，全物曰菹。郑氏康成曰：‘切之四寸为菹。’《贾疏》：‘四寸以一握为限’；一醓醢。郑氏众曰：‘醓，肉酱也。’郑氏康成曰：‘作醓，必先膊干其肉，乃后莝之，杂以粱曲及盐，渍以美酒，涂置瓶中，百日则成’；一菁菹，蔓菁也；一鹿醢。郑氏众曰：‘有骨为臡，无骨为醢，皆肉酱’；一芹菹；一兔醢；一笋菹。一鱼醢；一脾析。郑氏众曰：‘牛百叶也。’今用牛、羊百叶刷去黑皮，切细丝，沸汤焯过，加油、盐、醋、酱、葱、姜、酒拌匀炒香；一豚拍。郑氏、杜氏以拍为膊，谓胁也；或曰肩也。今用猪膊肉取方大块洗净，抹以油、酱、盐、蜜、醋、酒，蒸熟。炉一、《会典》：“用铜，设靠以倚炷香；靠亦用铜。”镫二。

四配位前各羊一、豕一、铏二、簠二、簋二、笾八、《会典》：“一形盐，一鳙鱼，一枣，一栗，一榛，一菱，一芡，一鹿脯。”豆八、《会典》：“一韭菹，一醓醢，一菁菹，一鹿醢，一芹菹，一兔醢，一笋菹，一鱼醢。”炉一、镫二。十二哲位前铏一、簠一、实黍。簋一、实稷。笾四、《会典》：“一形盐，一枣，一栗，一鹿脯。”豆四，《会典》：“一菁菹，一鹿醢，一芹菹，一兔醢。”东西各羊一、豕一、炉一、镫二。

殿中设一案，少西北向，供祝版。《会典》：“祝版，高九寸，广一尺二寸，有架，白纸、黄缘、黑书。”其南东设一案，西向，陈礼神制帛九、色白。香盘四、尊三、《会典》：“尊，用铜，纯素，两耳，为牺首形。通高八寸六分，口径五寸一分，腹围二尺四寸，底径四寸六分。”按：尊有有虞氏泰尊，有夏后氏山尊，有殷之著尊，有壶尊，又有云雷尊，有象尊，有牺尊。《圣门礼乐统》云：“云雷尊贮初献酒，象尊贮亚献酒，牺尊贮终献酒。”爵二十有七；《会典》：“爵，用铜，腹为雷纹、饕餮形。通高四寸六分，深二寸三分，两柱高七分，三足相距各一寸五分，高二寸。奠爵以垫，用木，容奠三爵。”按：朱子图爵，两柱三足，有流有鋬；通高八寸二分，深三寸三分，阔二寸九分；有坫。西设一案，东向，陈礼神制帛八、香盘三、尊二、爵二十有四。凡牲，陈于俎。《会典》：“俎，用木，锡里，外髹以漆。正位红色，中区为三。纵六尺有奇，横三尺二寸。四周各铜环二，八足，有跗。通高二尺六寸有奇。配位、哲位、两庑、崇圣祠正、配位、两庑俱红色，中区为二，加盖。纵三尺九寸，横二尺八寸。左右各铜环二，六足，有跗。通高二尺七寸有奇。”按：俎，有虞氏以梡，斫而为四足；夏后氏以嶡，足加横距；商以椇，有横距而曲其足若椇然；周以房俎，设下跗于两端若房然。大抵为盛牲醴鱼肉而设。凡牲醴在鼎曰胥，在俎曰胾。”凡帛，正位、四配异篚，《会典》：“篚，编竹为之，四周髹以漆，红色。高五寸，纵五寸，横二尺二寸五分。足高一寸，盖高一寸七分。”《礼乐备考·说》云：“有盖。实于中者，若爵、若膳、若币、若食之不一，而其制则一。今以承币帛。”十二哲东西共篚。凡尊，实酒，承以舟。疏布幂《周礼》：“幂人掌共巾。”幂，《圣门礼乐统》云：“锦缯为之，四隅缀以金（钱）[线]。”《会典》：“幂，以幂尊，用疏布。”勺具。《会典》：“勺，以挹酒，用锡。”按：勺有龙勺、疏勺、蒲勺。东庑二位同案，每位爵一，实酒；每案簠一、簋一、笾四、豆四。实均同四配。先贤案前羊二、豕二、香案一、炉一、镫二。先儒案前羊一、豕一、香案一、炉一、镫二。设一案于南北向，陈礼神制帛二、香盘二、尊三、虚爵六、俎、篚、幂勺具。西庑陈设同。

陈乐于殿外两阶，《戊寅志》：“康熙八年，订改乐章，名和为平，称中和韶乐。五十二年，改造乐器，审定黄钟之度。五十五年，奏准平字乐章，通行赞唱。雍正二年，令阙里司乐选工数人，赴太常演习订正，转相传授，以达于直省。乾隆二十年，奉颁图册。”《学政全书》载：“雍正三年，奏准将祭器、乐器式样刊刻行各省制造。十二年，议准直省器有未全备者，该地方官详明督抚，照额设原数备齐；如有损坏，亦即详明修补。府州县官并教官离任时，俱各查明交代，如有损坏遗失，教官已经详报，地方官不行修整，责令赔修；教官未经详报，即着教官赔修。又，乾隆八年，订定乐章，令乐舞生肄习。”浏阳旧无乐舞。道光九年，知县杜聘邑人邱之稑等教习，至今称盛。特钟一，《礼乐备考》云：“即镈钟。图编所载，形制不一，须大于编钟。孟子曰：‘金声也者，始条理也。’凡乐每奏一句，必先击特钟以声之，是特钟乃一句之始条理。按《会典》载直省陈设乐器，惟无金镈钟、玉特磬，余与太学制同。”编钟十有六，在东；《会典》：“范铜，十六枚，同虡。其制椭圆，高皆七寸四分四厘九毫。”《礼乐备考》云：“《唐会要》曰：‘编钟，四架、十六枚。’近代用二十四枚，正声十二，倍声十二，各有律吕，凡二十四声。今制，陈设仍止十六。但按时转调，须选择听用，盖春祭夹钟主宫，倍应钟是其下羽，必须用以起调；若秋祭南吕主宫，倍应钟还而为角，角为民，声大于宫则凌犯宫位，惟半大吕声细于宫，方不至凌犯，宜陈半大吕，而彻倍应钟。钟夷则，主宫宜陈半黄钟，而彻倍无射钟。此纲常大经，不可不辨。至乐每奏一字，必击编钟以声之，是编钟乃一字之始条理。”○按：今编钟二十四枚，邱之稑手制，外高九寸一分九厘八毫，外阔八寸六分二厘五毫一丝七忽七微，上下径六寸零二厘三毫九丝四忽五微，凡十六枚，外形同制，内高、中径、上下径循序递减其度。邱之稑《律音（乐）［汇］① 考》图说甚详云。**特磬一，**《礼乐备考》云：“与特钟配，制宜大于编磬。孟子曰：‘玉振之也者，终条理也。’乐每奏一句，必击特磬以振之，是特磬乃一句之终条理。”**编磬十有六，在西，**《会典》：“用灵璧石，十六枚，同虡。皆股长七寸二分九厘，鼓长一尺九分三厘五毫。”《礼乐备考》云：“与编钟配，陈设皆同。秋祭倍应钟，磬与倍夷则，磬宜更半黄钟。半大吕亦同。每奏一字，终必击编磬以振之，是编磬乃一字之终条理。”○按：今编磬二十四架，其石来自乾州厅，邱之稑手制。左矩上长九寸，下长五寸一分三厘，末博四寸四分九厘七毫四丝，盖即磬氏博一股二鼓三之制。其各枚厚薄，则循序递减。**皆县以虡业。**植木县钟、磬为虡，横者为簨，业则簨上大版刻齿者也。《周礼·小胥》注：“凡编钟、编磬各十六枚，半县之在一虡，谓之堵；全陈之在一虡，谓之肆。”**东升龙麾一，**《会典》：“黄帛为之，上镶蓝帛，采绣，县于朱杆，举以作乐，偃以止乐。”《礼乐备考》云：“引乐之器曰麾，所以指麾也。长七尺，阔一尺一寸。两面绘云龙，上下缀粉版，上版绘云，下版绘山水。木杆长八尺五寸，髹以朱，钩以龙首。”《圣门礼乐统》云：“旧制，前面向外，绘升龙；后面向内，绘降龙。后增为二，一绘升龙，见则起乐；一绘降龙，见则止乐。植殿之左右。”**应鼓一，**《礼乐备考》云：“面径以黄钟、大吕和合成声，得一尺七寸四分有奇。通长加黄钟对冲之蕤宾、大吕对冲之林钟合并，得二尺九寸七分有奇。腰径微大。乐始作，听楹鼓三椎，后每句楹鼓三击，当击应鼓以应之”○谨按《会典》有建鼓，即应鼓。木匡，冒革，面径二尺三寸四厘。**柷一；**《会典》：“柷，用木，形如方斗，上广下狭，三面中各隆，以受击，一面中开员孔，击具曰止。长四尺八分六厘，柄一尺二寸一分三厘六毫。按《戊寅志》：“以桑木为之。上方二尺四寸，下半之，深一尺八寸。”《礼乐备考》云：“中虚有底，上开员口，纳止。止如概形，以梓木为之。凡奏乐，以止鼓柷底，复击左右，共三声，以起乐。盖取木音最质，始之以质兆文明之义也。”**西降龙麾一，敔一。**《会典》：“敔，雕木为伏虎形，通长二尺一寸八分七厘，背上为鉏铻二十七。以竹为籈，长二尺四寸三分。析其半为二十四茎，于鉏铻上横栎之。”《礼乐备考》：“乐终，以籈三戛敔首，又逆栎敔背者三，以止乐。以木音最质，终之以质，恐文胜则流也。”**东西分列琴六，**《会典》：“琴，面用桐，底用梓，髹以漆，七弦，皆朱，通长三尺一寸五分九厘。”**瑟四，**《会典》：“瑟，斫桐为之，髹以漆。二十五弦，中一弦黄，余皆朱。通长六尺五寸六分一厘。”**箫六，**《会

① 按：邱之稑所著为《律音汇考》，其书卷三有《编钟》，卷四有《编钟图》。

典》："箫，用竹，上开吹口，径五分，五孔前出，一孔后出；出音孔二，旁出相对。"按邱之稑《箫说》云："洞箫之制，一本凤箫为标准。其以六律六吕相并，折中取声，法至微密，人不易晓。且竹径之分寸，殊难符合。制必择径，径一不合体，即端正亦不中用。莫若随其径之大小，量其材之长短，先开吹口以试其声，或应夷则，或应南吕，或应无射、应钟，或应半黄钟、半大吕，即为其箫。其管苟中用，应夷则者，低声必应倍蕤宾管；应南吕者，低声必应倍林钟管；余或应无射、应钟、半黄钟、半大吕者，必高低声合，然后量其管体长短、围径大小，按定开孔部位，稍为变通，无一不协。有自长至短，屡试而高低不相配者，直为弃材也。"笛六，《会典》："笛，用竹，通长一尺八寸二分八厘六毫。"按《戊寅志》云："长一尺四寸，七孔。"邱之稑《笛说》云："时笛非古制，然相沿已久，但须审的音韵，与凤箫律吕二均各协者，方可收用。其制，律、吕笛各一，皆横吹。为吹孔一，末为音孔二，中皆六孔，一孔工字角音，律笛中姑洗，吕笛中仲吕；二孔尺字商音，律中太簇，吕中夹钟；三孔上字宫音，律中黄钟，吕中大吕；四孔一字变宫，律中半黄钟，吕中半大吕；五孔五字羽音，律中无射，吕中应钟；六孔六字徵音，律中夷则，吕中南吕；末孔凡字变徵，律中蕤宾，吕中林钟。"篪四，《会典》："用竹，通长一尺四寸。"按《戊寅志》："篪二，长一尺四寸，围三寸三分，凡八孔。"邱之稑《篪考》云："篪制类箫，体较短，管或易取。然亦须先开吹口，而审其高低，音韵两合，方能协律。其第一孔至六孔之寸分，法皆自吹口量起，姑洗篪，通长音中姑洗律，开下第一孔，中蕤宾律，余夷则、无射、半黄钟、黄钟、太簇，皆可依次取声；仲吕篪，通长音中仲吕律，开下第一孔，中林钟律，余南吕、应钟、半大吕、大吕、夹钟，皆可依次取声。倘径大小不一，体之长短、孔之高下，宜稍变通。"排箫二，《会典》："比竹为管十六，通髹以朱。"邱之稑《凤箫说》略曰："凤箫一名排箫，由来最古，其制不定，则律吕不明，诸器失度，而古乐莫复，故凤箫为诸乐纲领。《史记》：'黄帝命伶伦制十二筒，以听凤凰之鸣，雄鸣为六律，曰黄钟、太簇、姑洗、蕤宾、夷则、无射；雌鸣为六吕，曰大吕、夹钟、仲吕、林钟、南吕、应钟。'《周礼》申之曰：'太师掌六律六吕，以合阴阳之声，判雌雄，分阴阳。'律不当出吕，吕不当出律，明矣。汉、晋以后，不明三分损益、隔八相生之故，误会弦度生声之说，谬以黄钟九寸，三分去一，下生林钟六寸之管，谓为宫生徵。夫管律之体，宫声之用，制律之道，必体立而用始行。即以声言，黄钟固为正宫，十一律皆可还相为宫，是黄钟生十一律，乃制其体之事；以黄钟立宫正五音，方是及其用之事。如此，何得指黄钟生林钟为宫生徵？且黄钟正宫，夷则其徵，林钟吕管，音低夷则一律，以其生由黄钟，即目为宫生徵，音必不协，焉可混收？不明体用，审声音，以律吕相生之法，妄曰宫生徵、徵生商、商生羽、羽生角。职此之故，第一正宫，便三收吕管以乱律，他何论焉！是则律、吕之不明，皆此数语乱其聪也。唐、宋排箫之制，均十六管。六律、六吕，外加半律、半吕各二，共十六，自是古制。然按其图籍，皆未察雄鸣、雌鸣之别，阳声、阴声之殊。自黄钟至半夹钟止，十六管不分左右，每一律间一吕，由长及短，一顺安插，又指半黄钟、半太簇、半大吕、半夹钟为四清声，此因不识变宫之声，原出倍半之管，即误以四半管之声，谓应其本体之管，审音全不凭耳，不应强以为应，亦与指林钟为黄钟之徵、南吕为黄钟之羽、应钟为黄钟之变宫无异。上古十二筒，别雄鸣为律，雌鸣为吕，自是言凤箫之祖。分律、吕而二之，犹男女有别，不可紊也。《尔雅》：'小箫谓之筊，大箫谓之言。'自是定凤箫之数，合律、吕而一之，犹乾坤定位，不可移也。《博雅》：'小箫十六管，大箫二十四管。'唐、宋以来，凤箫皆十六管，殆即所谓筊。盖于十二律吕外，加倍律三、倍吕三、半律三、半吕三，合为二十四管，殆即所谓言。其制分为两翼，排列左右，左自倍蕤宾至半姑洗为一翼，右自倍林钟至半仲吕为一翼。务本探源，制法始定。凤箫定，诸乐悉受范围，有不与律吕二均全协者，必径之大小、孔之高低有未当处。钟、磬之厚薄亦然，当竭耳力，求归至当。但其形参差，异其体，必同其径云。"埙二，《会典》："埙，用土，椭圆如鹅子，上锐下平，顶为吹口，前面四孔，后面二孔。"邱之稑《律音汇考》云："埙，土音之一，锐上平底，形似秤锤。六孔。《周礼·小师》注：'小者谓之颂埙，大者谓之雅埙。'窃谓[颂埙]①、雅埙，[名]不可以大小别，义当以律吕分。盖《大雅》《颂》天子之乐歌，天子之乐，主宫惟黄钟；《小雅》诸侯正乐，主宫不得用黄钟，惟大吕清宫为其分。故当谓协律者为颂埙，协吕者为雅埙，名分乃与之俱正。制，孔六：上一、前三、后二。颂埙惟黄钟埙为合用，以黄钟全数十之四乘之，内高得三寸六分，与《风俗通》所载之三寸半相近。中径空积，三分损一，得二寸四分。底径减中径三之一，得一寸六分。雅埙惟大吕埙为合用，以大吕全数十之四乘之，内高得三寸三分七厘一毫强。中径空积，三分损一，得二寸二分四厘七毫强。底径减中径三之一，得一寸四分九厘八毫强。其上一孔，径约四分，前后五孔同径，约二三分。前最下孔为第一位，右中指按。颂埙启半指，应太簇；全启，应姑洗。雅埙启半指，应夹钟；全启，应仲吕。前右稍下孔为第二位，左食指按。启指，颂埙应蕤宾，雅埙应林钟。前左稍高孔为第三位，右食指按。启指，颂埙应夷则，雅埙应南吕。后左稍下孔为第四位，左大指按。启指，颂埙应无射，雅埙应应钟。后右稍高孔为第五位，右大指按。启指，颂埙应半黄钟，雅埙应半大吕。五指齐按，自上孔吹之，颂应黄

① 据邱之稑《律音汇考》（清道光十八年椵田家塾刻本）卷三《埙》补。下同。

钟，雅应大吕。制法：作木衬①，视二埙内高、中径、底径寸分，析为五，中一方心，四面镶成，外约之。取极熟碗泥捻成，厚约二分，通体宜匀。泥稍干，出衬，照寸分部位开孔，内涂漆，以便气水，然后上底。开孔之法，须内体稍凹。”笙六，《会典》：“以木代匏，攒管十七，皆有簧。”邱之稑《笙说》云：“《尔雅》：‘大者谓之巢，小者谓之和。’《国语》：‘匏竹利制。’盖取匏竹相合以成声。《文献通考》：‘今之笙竽，以木代匏。’是笙之易匏以木，不自今始。然《虞书》：‘八音克谐。’匏为八音之一，易以木，音归竹类，八缺其一，岂古圣制作之精意？时用之笙，皆十三簧，即《尔雅》所谓和。然音韵清越，易以匏母，愈见温润。分别律吕，全在簧之厚薄。即不易其体，点以蜡珠，高下其声，律吕原可通用，与诸管乐孔径一定不移者自别。”搏拊二，《会典》：“如鼓而小，面径七寸二分九厘。作乐时，以紃悬于项，击以左右手，鼓一拊二，以为节。”《礼乐备考》云：“以韦为之，实以糠。拍法：每应鼓一击，三拍搏拊以节之，始用左手，继用右手，终则两手齐拍，所以限挝法之徐疾也。”旌二，《会典》曰：“节，结旄九重，各六寸四分八厘；杠长七尺二寸九分。东西各一，用以节舞。”《礼乐备考》云：“引舞之器曰节。盖乐之声节以鼓，舞之容节以节。舞师执之，为缀兆行列、进退疾徐之则。簇，红缨为之，凡九就，加涂金铜云宝盖于其上，贯以红绒绦。下缀以韬竿，朱髹，上安涂金铜龙首口衔宝盖，下垂红缨。”羽、籥三十有六。《会典》：“羽，木插雉羽。籥，以竹为之，六孔。”《礼乐备考》云：“羽者，翟也，以木为之。柄长一尺四寸，其巨细以籥孔足容为度，朱髹之。柄端刻龙首，长五寸，饰以七彩。每翟用雉尾三根，插龙口中。籥，以竹为之，长一尺二寸，三窍，朱饰。达中声，而上下之律、吕于是乎生。以黍籥之法在是，故名。以声音之本在是，故羽舞皆执之。古制，籥六孔，用以吹《籥章》，所歈之豳籥是；三孔，用以舞蹈，舞人所执之籥是。”○谨按《会典》：“舞有二，一武功之舞，一文德之舞，其佾皆八。凡祭祀用舞，武舞先进，奏《干戚》，武舞退，文舞进。惟先师庙始终皆用文舞，其佾六，每佾六人，凡三十六人，皆右执羽，左执籥，以节领之，引导进退。”又按《学政全书》：“乾隆五年，奏准各省府州县学乐舞生，每学遵例，舞用六佾，即照乐舞之数，额设三十六名，外加四名，以备疾病、事故更替之用。务令各该州县会同教官考选本籍俊秀通晓音律、娴习礼仪者，方准充补。遇有缺出，另行考选足数，此外不许浮充。仍造册申报学臣查核。每遇学臣按临，免其府县两试，由教官册送府县，申送院考。”又《学册》：“乾隆八年，定乐舞生丁祭准用蓝衫雀顶，平时用起花金顶。”设福胙于殿内东案尊、爵之旁，加爵一。

① “衬”，《律音汇考》卷三《埙》作“榇”。下文“出衬”之“衬”同。

设洗于阶下之东。按：罍、洗，皆水器，见《仪礼》。罍盛水，洗受盥洗者之弃水。

五鼓，引省齋官诣大成殿、两庑，视齋，盛笾、豆、登、铏之实。昧爽，各官齐集，俟于大成门外之官厅，均朝服。通赞赞：行春、秋丁祭礼。鼓初严，钟鼓齐鸣。鼓再严，麾生转幡，节生转旌。鼓三严，乐生序立，舞生序立，执事者各司其事。启户，各官盥手。赞引引主祭官、分献官、陪祭官入至东阶，盥毕。主祭官就位，分献官就位，陪祭官就位。

迎神。麾赞：举迎神乐，奏《昭平之章》。通赞赞：上香。引赞接赞：上香。引主祭官升阶。诣先师香案前，跪，叩首，兴，上香三。司香跪奉香，主祭官上炷香三，上瓣香。跪，叩首，兴。以次引诣四配位前，上香仪同。复位初迎神时。通赞赞：分献官上香。东西序分引引分献官各一人升东、西阶，入殿左、右门，诣十二哲位前，上香如仪。退，降阶，复位。两庑分引引分献官各二人分诣先贤、先儒位前，上香如仪。退，复位。通赞赞：三跪九叩，兴。主祭官、分献官、陪祭官行三跪九叩礼。

奠帛爵，行初献礼。麾赞：举初献乐，奏《宣平之章》。节赞：舞《羽籥之舞》。引赞接赞：行初献礼。引主祭官升阶。诣先师位前，跪，叩首，兴，奠帛。司帛跪奉篚，主祭官受篚，拱举奠于案。献爵。初献爵，司爵跪奉爵，主祭官受爵，拱举奠于垫中。跪，叩首，兴。诣读祝位，引主祭官至殿中拜位立。跪。通赞赞：各官皆跪。麾赞：乐止。"玉振金声"句止。节赞：舞止。通赞赞：读祝。司祝至祝案前，三叩，兴，奉祝版跪案左。读毕，兴，奉祝版安于篚内，三叩，兴，退。麾赞：起乐。节赞：起舞。通、引同赞：叩首三，兴。分献、陪祭官同行三叩礼。引赞以次引主祭官诣四配位前，奠、献仪同。通赞赞：分献官行分献礼。东西序分引引分献官诣十二哲位前，奠、献如仪，退，降阶，复位。两庑分引引分献官分诣先贤、先儒位前，奠、献如仪，退，复位。主祭官毕献时，引赞赞：复位，通赞赞：行亚献礼。亚献奠爵于左，余如初献仪。麾赞：举亚献乐，奏《秩平之章》。节赞：舞《羽籥之舞》。亚献毕，通赞赞：行终献礼。终献奠爵于右，余均如初献仪。麾赞：举终献乐，奏《叙平之章》。节赞：舞《羽籥之舞》。终献毕。

通赞赞：《羽籥之舞》退，饮福受胙。引赞接赞：饮福受胙。诣受福胙位。奉福胙二人自东案奉福胙至先师位前，拱举，退立于主祭官之右。接福胙二人自西案进，立于左。不赞。引赞赞：主祭官跪，饮福酒。右一人跪递福酒，主祭官受爵，拱举，以授于左，一人跪接，兴。不赞。引赞赞：受福胙，如饮福酒仪。叩首，兴，复位。引主祭官退，降阶，复位。通赞赞：谢胙，三跪九叩，兴。主祭官、分献官、陪祭官同行三跪九叩礼。彻馔。麾赞：举彻馔乐，奏《懿平之章》。执事彻毕。通赞赞：送神。麾赞：举送神乐，奏《德平之章》。通赞赞：三跪九叩，兴。主祭官、分献官、陪祭官同行三跪九叩礼。麾赞：乐止。"流泽无疆"句止。通赞赞：奉祝帛香馔，送燎。司祝、司帛至案前，三叩，奉祝、帛，兴；司香跪奉香，司爵跪奉馔，兴，依次由中道出。四配、十二哲及两庑帛、香、馔各由东西阶。均恭送燎所。主祭官避立拜位西旁，俟过，复位。麾赞：乐作。通赞赞：焚祝帛香馔。各官诣燎所，视燎。礼成，退。

祝辞

维先师德隆千圣，道冠百王。揭日月以常行，自生民所未有。属文教昌明之会，正礼和乐节之时。辟雍钟鼓，咸恪荐以馨香；泮水胶庠，益致严于笾豆。兹当春、秋仲，祗率彝章。肃展微忱，聿彰祀典。以复圣颜子、宗圣曾子、述圣子思子、亚圣孟子配。尚飨。

乐章春丁夹钟主宫，倍应钟起调；秋丁南吕主宫，仲吕起调。

大春伬、秋伬哉仉、亿孔伬、仩子伍、伬，先伬、伬觉仩、仉先伍、伬知伬、仩。与仉、亿天伬、仩地仩、仉参伍、伬，万伬、伬世仩、仉之伍、伬师伍、伬。祥伍、伬征仩、仉麟仉、亿绂伬、仩，韵仉、亿答仩、仉金伬、伬丝仩、仉。日仉、亿月伬、仩既伬、伬揭伍、伬，乾仉、亿坤伬、仩清仉、亿夷伬、伬。

右《昭平之章》无舞。

予春伬、秋伬怀仉、亿明伬、仩德伍、伬，玉仩、仉振仉、亿金伬、伬声仩、仍。生伬、仩民仍、亿未仩、仍有伍、伬，展仍、亿也伬、仩大伍、伬成伬、仩。俎伍、伬豆仩、仍千伬、伬古伍、伬，春伬、仩秋伬、仩上伍、伬丁伬、仩。清伬、伬酒仩、仍既仍、亿载伬、伬，其仍、亿香伬、仩始仍、亿升伬、伬。

右《宣平之章》有舞。

式春伬、秋伬礼仍、亿莫伬、仩愆伍、伬，升仩、仍堂伍、伬再仍、亿献伬、伬。响仩、仍协伍、伬蕣仍、亿镛伬、仩，诚伍、伬孚仩、仍罍伍、伬甗伬、伬。肃伍、伬肃伍、伬雍伬、仩雍伬、仩，誉仍、亿髦伬、伬斯仩、仍彦伬、伬。礼仩、仍陶伍、伬乐仍、亿淑伬、仩，相伍、伬观伬、仩而仍、亿善伬、伬。

右《秩平之章》有舞。

自春伬、秋伬古仍、亿在伍、伬昔伬、仩，先仩、仍民伍、伬有仍、亿作伬、仩。皮伬、仩弁仩、仍祭仍、亿菜伬、伬，于仩、仍论伍、伬思伬、仩乐仍、亿。惟伍、伬天仩、仍牖伬、伬民伍、伬，惟仍、亿圣仩、仍时仍、亿若伬、仩。彝伍、伬伦伍、伬攸仩、仍叙伬、伬，至仩、仍今伍、伬木仍、亿铎伬、伬。

右《叙平之章》有舞。

先春伬、秋伬师仍、亿有伬、仩言伍、伬，祭伬、伬则仩、仍受伬、伬福伍、伬。四仍、亿海伬、伬黉伍、伬宫仩、仍，畴仍、亿敢伬、仩不仍、亿肃伬、伬？礼伍、伬成仩、仍告伬、伬彻仩、伬，毋仍、亿疏伬、仩毋仍、亿渎伬、伬。乐伍、伬所仩、仍自仍、亿生伬、伬，中伍、伬原伬、仩有仍、亿菽伬、伬。

右《懿平之章》无舞。

凫春伬、秋伬绎仍、亿峨伬、仩峨伍、伬，洙仩、仍泗伬、伬洋仍、亿洋伬、仩。景仩、仍行伍、伬行伍、伬止仩、仍，流仍、亿泽伬、仩无伍、伬疆伬、仩。聿伍、伬昭仩、仍祀伬、伬事仩、仍，祀伬、伬事仩、仍孔仍、亿明伬、仩。化伬、伬我伍、伬烝伬、伬民仩、仍，育仍、亿我伬、仩胶仍、亿庠伬、伬。

右《德平之章》无舞。

舞谱详《丁祭礼乐备考》。同治七年，得山左《孔门礼乐志》，谨遵原本校正。○附：《容节八条》：一、立容：两阶相对为向内立，两阶相背为向外立，俱面正北为朝上立，两两相对为相对立，两两相背为相背立。一、舞容：两阶相顾作势为向内舞，两阶相负作势为向外舞。一首容：举面朝上为仰首，俯面向下为低首，左右顾为侧首。一、身容：起身正立为平身，曲其背为躬身，正立左右转为侧身，转过为回身，开左右膝直身下坐为蹲身。一、手容：一手高举为起手，顺下为垂手，前伸为出手，两手合举向前为拱手，相持为挽手；向下执之为落籥，向耳偏举为呈籥，纵合如一为相籥，两执相接为交籥，纵横相加为合籥。凡合籥，右手在外，左手在内。一、步容：前迈为进步，后缩为退步。一、足容：起足前尖，以足跟着地为跷足；起足后跟，以足尖着地为点足；进足稍前为出足；膝前足后为曲足；履位迁移为移足；左足加右，右足加左为交足；反履底向上为蹈足。一、礼容：屈身出手下赐为授，更屈身出手上承为受；拱手退后为辞，拱手向左右为让；低首屈身拱手为谦，平出两肘拱手为揖；低首屈身至地为拜，屈膝至地为跪；点头为叩首，跷一足、屈一足，拱手左右让为舞蹈。

予朝上，左足上前跷，右足随蹈。身微躬，起右手于肩，垂左手于下，旋向外舞。怀朝上，右足上前跷，左足随蹈。身微躬，起左手于肩，垂右手于下，旋向内舞。明朝上，左足着地，右足加于左足，合籥到三眼上，蹲。德，开右足向东蹲，起左手于肩，垂右手于下，随将右足转身加于左足，身向东面侧，朝上，起左手于肩，垂右手于下。玉开左足向西，合籥，拱手，出左足向西蹲。振合籥，转身向东，拱手，出右足正揖，稍舞。金合籥，躬身向上揖，手微摆。声。转身，向东躬身，拱手，出右足。生开籥向上，起右手于肩，垂左手于下，出左足面向西。民开籥向上，出右足，起左手于肩，垂右手于后，稍前舞。未合籥左转，向东蹈右足，惟中班俟二眼起腔转身，东西相对。有，开籥，左手平肩，右手平胸，侧身向上偏，面西点左足，足尖着地，籥平胸，照鼓三眼，以翟三点籥应之。展合籥向上，加右足于左足立，面向东，两手俱垂，舞。也合籥，将左足加于右足，面向西，随蹈左足，开籥，起左手于肩，垂右手于下。大合籥朝上，躬身揖，向前进步，微拱手，二谦。成。合籥拱手，向东转身朝上，拱手，退一步，偏身面朝上，高举籥、翟。俎开籥向上，起右手于肩，垂左手于下，左足向前跷，随蹲。豆开籥向上，起左手于肩，左手向前，垂右手于下，右手在后，跷右足躬身，挽手，两手相持平胸，侧身向外，呈籥耳边，面朝上。千合籥向上，揖于右，揖于上，揖于左。古，合籥，拱手辞，略三拱，退一步，挽手正立。春合籥向上，蹈右足向东，转身面向西，平势执籥。秋合籥，蹈右足，随转身向东，朝上，蹲。上低头向东揖，略退，举籥面侧朝上。丁。合籥，转身朝上，拱手正立。清合籥，交右足于左足，手微摆。酒过左足于右足，朝上，蹲。既合籥，低首，向上揖，转身向西，双手垂。载，开籥，起右手于肩，垂左手于后，向上，蹲。随加左足于右足，左足虚其跟，合籥，向西立。其合籥，低头揖于右，开籥，起右手于肩，垂左手于下，蹈左足，稍舞。香合籥，揖于左，开籥，起左手于肩，垂右手于下，蹈右足，稍舞。始合籥朝上向东，转身对上，跷右足，拱手立。升。合籥向东，转身向上，跷右足，躬身，开籥，右手齐肩，左手在下，合籥，立。〇按：《谱图》仅载左佾，如垂举左、右手，左班用左，则右班用右，左班用右，则右班用左。其跷足、点足、加足、蹈足，皆仿此。

右《宣平之章》

式开籥，起右手于肩，垂左手于下，向上，跷右足，进左足，止进一步，向外垂手，舞。礼开籥，起左手于肩，垂右手于下，面朝上，跷左足向西，双手垂，舞。莫合籥向上，加左足于右足，向东落籥，面侧朝上。愆，开籥向上，起右手于肩，垂左手于下，正蹲。随加左足于右足，左足点地，合籥起，回身立。升合籥朝上，躬身向西揖，跷右足，旋朝上蹲。堂合籥，躬身向东揖，跷左足，稍舞。再合籥，躬身向西揖，跷右足，稍舞。献。开籥，起右手于肩，垂左手于下，朝上蹲。加左足于右足，左足点地，合籥起，进步，谦。响合籥拱手，半回身向西，出右足，东西相对，举籥立。协合籥，自下半回身，拱手向东，垂手舞，惟中班垂手向西蹲。萲合籥向东，过右足于左足，转身，中班与众合转，向西立。镛，合籥向东，左足点地，右足平立，侧身，拱手向上，籥、翟纵合如一。诚开籥，起右手于肩，垂左手于下，向上，跷右足于前，屈左足于后，垂手，舞。孚开籥，起右手于肩，垂左手于后，向上，跷左足，侧身向西，双手垂，舞。罍合籥，蹈右足，向东转身，朝上，进步，谦。甗。合籥，向东拱手，跷右足，转身，拱手向上，再谦，旋东西相向，合籥立。肃合籥躬身，向上开籥，起右手于肩，垂左手于下，跷右足向内，稍舞，随向外舞。肃开籥，起右手于肩，垂左手于下，躬身，向上跷左足，向外稍舞，随向内舞。雍合籥，向上躬身，揖。手旋平执，微作三拱势，收籥、翟于胸，旋开籥。雍，开籥，起右手于肩，垂左手于下，向上蹲。加左足于右足，左足尖着地，旋合籥朝上立。誉合籥向东拱手，出左足，开籥，东西两班俱垂手向外舞。髦合籥向西揖，出右足，旋朝上正揖，立。斯开籥，起右手于肩，垂左手于下，向西蹲，合籥，加左足于右足，躬身。彦。开籥，起左手于肩，垂右手于下，半转身向东蹲，加右足于左足，躬身，合籥，齐目。礼合籥躬身向上，旋侧身揖于右，举翟齐额、籥齐胸，叩首三。陶合籥躬身向上，旋侧身揖于左，举籥垂翟，叩首三。乐合籥躬身向上，旋侧身揖于右，举翟齐额、籥齐胸，叩首三。淑，合籥，拱手拜，鼓毕起身。相开籥，躬身，右手舞于额，左手舞于后，曲左足于前，屈右足于后，合籥，向左躬身，舞。观开籥，躬身，左手舞于额，右手舞于后，曲右足于前，屈左足于后，合籥，向右躬身，舞。而开籥，躬身，右手舞于额，左手舞于后，曲左足于前，屈右足于后，合籥，向左躬身，舞。善。合籥向上，拱手拜，旋起，举籥，躬身而受之。

右《秩平之章》

自开籥，向外舞。古开籥，向内舞。在侧身，向外落籥，面朝上。昔，朝上躬身。先东西两班相对交籥。民合籥，朝上正蹲。有侧身向内，落籥。作。合籥，朝上躬身。皮向外开籥，舞。弁向内开籥，舞。祭开籥，朝上躬身。菜，合籥，躬身。于向外开籥，舞。论向内开籥，舞。思进步向前，双手合籥，谦。乐。回身，东西相向，谦。惟向外开籥，舞。天向内开籥，舞。牖开籥，朝上躬身。民，合籥，朝上躬身。惟向外垂手，舞。圣向内垂手，舞。时朝上正揖。若。躬身而受之。彝躬身向左，合籥，舞。伦躬身向右，合籥，舞。攸躬身复向左，合籥，舞。叙，合籥朝上拜，鼓毕起身。至侧身向外，垂手舞。今侧身向内，垂手舞。木正揖朝上。铎。躬身朝上受之。

右《叙平之章》

雍正五年，奉定每年八月二十七日至圣先师诞辰，各官致斋，不理刑名，禁止屠宰，永著为令。《鲁史》用周正襄公二十二年庚戌十月庚子日，孔子生，十月即今夏正八月，庚子乃月之二十七日，故今以是日为诞祭。浏阳自道光以后，每遇诞辰，邑人士请官致祭，陈设、仪节均遵照春、秋二丁，惟不举行乐舞。又太学有月朔释菜、望日上香仪，详《通礼》。今浏阳知县、教官，朔、望均循上香仪。

崇圣祠

祠在大成殿左，祀肇圣王木金父，正中，南向；裕圣王祈父，中左；诒圣王防叔，中右；昌圣王伯夏，次左；启圣王叔梁纥，次右。皆南向。木主同正殿四配式。

配飨：先贤孔氏，孟皮。咸丰七年配飨。东位西向；先贤颜氏，无繇。颜子之父。东位西向；先贤曾氏，点。曾子之父。西位东向；先贤孔氏，鲤。子思子之父。东位西向；先贤孟孙氏，激。孟子之父。西位东向。

两庑从祀：先儒周辅臣，惇颐之父。程珦，颢、颐之父。蔡元定，沈之父。东位西向；先儒张迪，载之父。雍正二年增祀。朱松，熹之父。西位东向。

岁以春、秋丁祭日，教官先至崇圣祠行礼。《通礼》："以教谕为正献，配位、从位皆食饩学弟子员各一人分献。"又："崇圣祠分献四人，司香、司帛、司爵皆九人。两庑司香、司帛、司爵，每案各一人。"先夕陈设，正位前各羊一，豕一，铏二，簠、簋各二，笾、豆各八，炉一，镫二；配位前东西羊、豕各一，簠一，簋一，笾、豆各四，炉一，镫二。正中设一案，少西供祝版。东设一案，陈礼神制帛五，色白。香盘五，尊四，爵十有五。西设一案，陈礼神制帛四，香盘四，尊三，爵十有二。两庑东二案，西一案，每位爵一，实酒，每案陈设簠、簋、笾、豆、羊、豕、炉、镫如配位之数。各南设一案，陈礼神制帛一，香盘一，尊一，虚爵三，俎、篚、幂勺皆具。

祭日，官入盥。引主祭官至阶下，盥手。通赞赞：执事者各司其事，就位。引主祭官及分献就位。通赞赞：迎神，上香。司香奉香盘，就各香案前立。引赞赞：上香。引主祭官升东阶，入殿左门。诣肇圣王位前，跪，叩首，兴，上香三。司香跪奉香，主祭官上炷香三，上瓣香。跪，叩首，兴。以次引诣左右正位前，上香如仪。引分献升东西阶，入殿左右门，诣配位前，上香如仪。引两庑分献诣两庑从位前，上香如仪。复位。通赞赞：三跪九叩，兴。主祭官偕分献行三跪九叩礼。

奠帛爵，行初献礼。引赞接赞：行初献礼。引主祭官升阶。诣肇圣王位前，跪，叩首，兴，奠帛。司帛跪奉篚，主祭官受篚，拱举奠于案。初献爵。

司爵跪奉爵，主祭官受爵，拱举奠于垫中。跪，叩首，兴。以次诣左右正位前，仪同。通赞赞：就读祝位。司祝至案前跪，三叩，兴，奉祝版跪案左。主祭官跪，皆跪。读祝。司祝读祝辞毕，奉祝版安于篚内，三叩，兴，退。通赞赞：叩首三，兴。主祭官及各分献行三叩礼。复位。主祭官初献时。通赞赞：行分献礼。分引引分献升诣配位前，引两庑分献分诣从位前，均如正献仪。亚献。各奠爵于左，余如初献仪。终献。各奠爵于右，余如初献仪。彻馔。执事彻毕。送神。跪。三跪九叩，兴。主祭官偕分献行三跪九叩礼。奉祝帛香馔，送燎。司祝、司帛、司香、司爵各奉祝、帛、香、馔，以次恭诣燎位如仪。主祭官避立西旁，俟过，复位。视燎。礼毕，退。

祝辞

惟王奕叶钟祥，光开圣绪。盛德之后，积久弥昌。凡声教所覃敷，率循源而溯本。宜肃明禋之典，用申守土之忱。兹届仲春、秋，聿修祀事。配以先贤孔氏、先贤颜氏、先贤曾氏、先贤孔氏、先贤孟孙氏。尚飨。

名宦祠

祠在大成门外东偏，旧在龟山祠侧，久废。康熙三十一年，知县蒋擢建于西关内。嘉庆八年，于祠东添修更衣厅一所。道光二十三年，建今祠。祀宋县令杨时、主簿徐经孙，明知州史希贤，知县赵炯、王一言、张淳、苏志皋、赵应期，教谕胡一正，又通祀晋湖州刺史、都督荆雍交广诸军事、封长沙郡公陶侃，唐潭州都督褚遂良，宋荆湖南北路制置使、谥忠武岳飞，湖南路安抚、升制置副使兼知潭州向士璧，湖南路安抚使、知潭州刘珙、辛弃疾，湖南路安抚使、知潭州、谥文忠真德秀，知潭州朱洞、李允则、寇准，知潭州兼湖南安抚使、谥忠节李芾，潭州通判周必大，明湖南巡按御史、赠太常少卿、谥忠毅刘熙祚，湖广提学副使徐人龙，湖广提学佥事高世泰，佥事、分巡下湖南道荀延庚，长沙巡道杨祐，长沙府知府樊景麟、何节、吴道行、堵允锡，长沙府通判、擢知府、赠太仆寺卿周二南，长沙府同知杨茂元，长沙府通判陈钢、赵璧、李聪，长沙府推官牟正大、沈元，长沙府推官、赠太仆寺卿、谥忠烈蔡道宪，国朝五省经略洪承畴，湖广总督李荫祖、丁思孔、吴琠、李辉祖、郭世隆、额伦忒、杨宗仁，偏沅巡抚、擢左都御史赵申乔，提督湖广学政、擢偏沅巡抚潘宗洛，偏沅巡抚陈瑸、李发甲，湖南巡按御史李敬，湖南提学道彭而述，湖广提学道蒋永修、姚醇焘，提督湖南学政、通政使司副使钱沣，提督湖南学政、官至体仁阁大学士、谥文端祁寯藻，湖南布政使郎永清、施世纶，湖南按察使郎廷栋，湖南按察使、加巡抚衔傅鼐，驿盐粮储道赵廷标，长沙府知府高天爵、孔延禧，长沙府同知苏弘谟、蒋应泰、鹿兆甲。

岁春、秋释奠礼毕，教官一人公服诣祠致祭。陈羊一，豕一，笾、豆各四，炉一，镫二。陈祝文于案左，壶一、爵三、帛一、香盘一于案右。主祭官入。赞礼生引主祭官诣案前立。赞礼生赞：就位。上香三。主祭官三上瓣香。叩首三，兴。献帛爵。奠帛、献爵，皆礼生自右授，主祭官受而拱举，仍授礼生，奠案中。读祝，跪。读祝者跪案左，读毕，兴，退。俯伏，兴。执事者酌酒献于左，又酌酒献于右，退。跪，叩首三，兴。送燎。执事者以祝、帛送燎。礼成，退。

祝辞

卓哉群公，懋修厥职。泽被生灵，功垂社稷。今值仲春、秋，谨以牲帛醴齐，用伸明荐。尚飨。

忠义孝弟祠

祠在大成门外东偏名宦祠南，旧在西关内文庙右，雍正三年知县赵晟建。后知县陈梦文重建。嘉庆十九年，训导范孟珙率邑绅修。道光二十三年，建今祠。〇谨按：雍正二年奉部文，分别男女，建立二祠，一为忠义孝弟祠，门外立石碑，刊刻姓名已故者，设位祠中；一为节孝祠，门外建大坊，标题姓氏已故者，设位祠中。祀宋赠成忠郎谢淳、孝子刘琦，元儒学提举周镗、乡贡进士谢一鲁、太保潘成《潘氏谱》作“晟”，明御史邓巍、孝子黎维，国朝旌忠庠生李廷埙，孝子马世龙、萧寿、吴淑茂，义士庠生唐克泰、欧阳震先。并见《人物》。震先，《欧阳氏谱》称旧脱“欧”字。祭日陈设、仪节，均同名宦。

祝辞

惟灵秉赋贞纯，躬行笃实。忠诚奋发，贯金石而不渝；义问昭宣，表乡闾而共式。祇事懋彝伦之大，性挚莪蒿；克恭念天显之亲，情殷棣萼。模楷咸推夫懿德，恩纶特阐其幽光。祠宇维隆，岁时式祀。用陈尊簋，来格几筵。尚飨。

节孝祠

祠在学宫南，北向，外立坊。旧在西关内文庙右，雍正三年知县赵晟建。后知县陈梦文重建。嘉庆十九年，训导范孟珙率邑绅修。道光二十三年，建今祠。祀元胡刘氏胡腾远妻，明刘谭氏刘爵荣妻、陈段氏陈恭妻、胡李氏胡大华妻、彭陈氏彭汝器妻，国朝寻首氏寻诸妻、汪鲁氏汪天溥妻、萧李氏萧朝贡妻、罗彭氏罗大恭妻、刘黄氏刘祐祚妻、周王氏周天逊妻、鲁李氏鲁元禄妻、陶刘氏陶辉洛妻、余陶氏余开第妻、许李氏许明仕妻、曾梁氏曾国杰妻。以上十六人，均前志所录，后奉旌者陆续有加。祭日陈设、仪节，均同名宦。

祝辞

惟灵纯心皎洁，令德柔嘉。矢志完贞，全闺中之亮节；竭诚致敬，彰阃内之芳型。茹冰檗而弥坚，清操自励；奉盘匜而匪懈，笃孝传徽。丝纶特沛乎殊恩，祠宇昭垂于令典。祗循岁祀，式荐尊醪。尚飨。

乡贤祠

祠在大成门外西偏，旧在龟山祠侧，久废。康熙三十一年，知县蒋擢建于西关内。嘉庆八年，于祠西添修更衣厅一所。道光二十三年，建今祠。祀晋宜阳别驾易雄，宋龙图阁直学士李受、直徽猷阁汤璹，元楚国公欧阳玄，明浙江、广西布政（司）［使］[1] 周幹，潞国公张武，赠资政大夫、原任工部都水司郎中胡廷鏞，国朝翰林院编修、监察御史、广西浔州府知府邹焌杰。祭日陈设、仪节，均同名宦。

祝辞

于惟群公，孕秀兹邦。懿德卓行，奕世流芳。今值仲春、秋，谨以牲帛醴齐，用伸明荐。尚飨。

关帝庙后殿附

庙在县治大街。《癸丑志》："正殿、享殿、后殿、门楼各三楹。中为演场。正殿

① 据本书卷十八《人物·宦绩·明·周幹》改。

后旧无屋，每祀先代，于小室内行礼。雍正十一年，知县陈梦文以殿左官地易民蔬圃，纵五弓，横九弓，捐建后殿并东西廊庑。其官地除抵易外，仍余地纵十二弓，横五弓，畀住僧守之。乾隆三十九年，众姓捐修，以余地建观音堂、僧房、客院，置易田段田一十二亩五分、土五亩，以供香火。凡遇庆贺及朔、望宣讲圣谕，胥于是行礼。同治七年，邑士绅筹办祭器，兴乐舞。九年，由昭忠祠拨归县东茶园里、边岸潭二处田四十三亩五分，县南河岭田十一亩。十一年，募捐深坑冲田三亩，又募购庙左铺屋一所。正殿祀忠义神武灵佑仁勇威显护国保民精诚绥靖翊赞关圣帝君。顺治九年，敕封忠义神武。乾隆三十二年，加封灵佑。嘉庆十九年，加封仁勇。道光八年，加封威显。咸丰二年，加封护国；三年，加封保民；六年，加封精诚；七年，加封绥靖。同治九年，加封翊赞。○谨按《礼部则例》："乾隆四十一年，奉上谕，改史书所谥壮缪为忠义。六十年，奉旨，所有关圣神位及匾额内有'敕封'字样，非敬神之义，着将此二字节去。咸丰三年，奉上谕，允部臣请，加崇封号，并升入中祀。咸丰七年，御书'万世人极'额，悬京师地安门外关帝庙，并颁各直省府州县关帝庙一体悬挂。是年，奉谕旨，'关圣大帝'神牌改写'关圣帝君'，清书'关'字、'帝君'字均还音，'圣'字翻清，奉颁字样，敬谨缮写。"咸丰三年，升入中祀，岁以春、秋仲月诹吉及五月十三日致祭。以正官一人主祭，同城文武咸与，执事以弟子员。致斋二日，省牲视割。祭日，陈设神位前笾豆案一，陈爵垫一，登一，铏二，簠二，簋二，笾十，豆十，牛一，羊一，豕一；设香案一，铜炉一，镫二。咸丰三年奉颁仪注：铜蜡台二，六两重黄蜡二枝。殿中设一案，少西北向，供祝版。东设一案，陈礼神制帛一，色白。香盘一，尊一，爵三。牲陈于俎，帛实于篚，篚、笾色黑。篚高三寸一分，纵四寸三分，横二尺二寸三分，足高八分，盖高一寸三分。笾通高五寸八分，深九分，口径五寸，足径四寸五分，盖高二寸一分，顶正员高五分。余制均与文庙同。尊实酒，幂勺具。设乐舞。咸丰三年，奉准礼部等议奏，关帝升祀，礼节悉照中祀举行，乐用六成，舞用八佾。设洗。省齋如常仪，质明，主祭官朝服俟于二门外。行礼仪节与文庙同，惟无分献。

迎神，乐奏《格平之章》。初献，乐奏《翊平之章》，舞《干戚之舞》。初献毕，武舞退，文舞执羽、籥进。亚献，乐奏《恢平之章》，舞《羽籥之舞》。终献，乐奏《靖平之章》，舞《羽籥之舞》。

终献毕，《羽籥之舞》退。彻馔，乐奏《彝平之章》。送神，望燎，乐奏《康平之章》。

祝辞

惟神星日英灵，乾坤正气。允文允武，绍圣学于千秋；至大至刚，显神威于六合。仰声灵之赫濯，崇典礼于馨香。兹当仲春、秋，用昭时享。惟祈昭格，克鉴精虔。尚飨。

乐章按：咸丰四年，部颁乐章，旋颁乐谱。春祭夹钟清均，倍应钟起调，萧伬除仜亿，笛𠈁除伍仜。秋祭南吕清均，仲吕起调，箫𠈁除伍仩，笛仩除伬伍。

懿春伬变宫、秋𠈁角铄仉商、亿徵兮𠈁角、仩羽焜伍徵、伬宫煌𠈁角、仩羽，神伍徵、伬宫威仩羽、仉商灵伬宫、𠈁角兮伍徵、伬宫赫仩羽、仉商八伬宫、𠈁角方仩羽、仉商。伟𠈁、仩烈仉、亿昭伍、伬兮𠈁、仩累仉、亿祀𠈁、仩，祀伬、𠈁事仩、仉明伍、伬兮伬、𠈁永伍、伬光仩、仉。达仩、仉精伍、伬诚仉、亿兮𠈁、仩黍仉、亿稷𠈁、仩馨伬、𠈁香仩、仉，俨仉、亿如𠈁、仩在仩、仉兮𠈁、仩洋仉、亿洋伬、𠈁。

右《格平之章》无舞。

英春伬、秋𠈁风仉、亿飒𠈁、仩兮伍、伬神伍、伬格伍、伬思仩、仉，纷仉、亿绮伬、𠈁盖仩、仉兮伍、伬龙仉、亿旗𠈁、仩。斞仉、亿桂伬、𠈁醑仩、仉兮伍、伬盈伍、伬卮仩、仉，香𠈁、仩始仉、亿升伍、伬兮𠈁、仩明仉、亿粢𠈁、仩。惟伍、伬降仩、仉鉴伬、𠈁兮伍、伬在伬、𠈁兹仩、仉，流仉、亿景伬、𠈁祚仩、仉兮伍、伬翊𠈁、仩昌仉、亿时伬、𠈁。

右《翊平之章》有舞。

觞春伬、秋𠈁再仉、亿酌𠈁、仩兮伍、伬告伬、𠈁虔伍、伬，舞仉、亿干𠈁、仩戚伍、伬兮仩、仉合仉、亿宫伍、伬悬𠈁、仩。歆仩、仉苾伍、伬芬伬、𠈁兮仩、仉洁伍、伬蠲仩、仉扇仉、亿，巍伬、𠈁显仩、仉翼伍、伬兮仩、仉神𠈁、仩功仉、亿宣伬、𠈁。

右《恢平之章》有舞。

郁春伬、秋仧邕伬、亿兮仧、仕三伍、伬申伍、伬，罗伬、仧笾伬、仧簋仕、伬兮伍、伬毕伬、亿陈仧、仕。仪伬、仧卒伍、伬度伍、伬兮仧、仕肃伬、亿明仧、仕禋伍、伬，神伍、伬降伬、仧福仕、伬兮伍、伬宜伬、亿民仧、仕宜伬、亿人伬、仧。

右《靖平之章》有舞。

物春伬、秋仧惟伬、亿备伍、伬兮仧、仕咸伬、亿有仧、仕明伍、伬，德仕、伬维伍、伬馨伬、仧兮仕、伬神伬、亿其伍、伬受仧、仕。告伬、仧彻仕、伬兮伍、伬礼伍、伬终仕、伬罔伬、仧咎伬、亿，佑伬、仧我仕、伬家伍、伬邦伍、伬兮仧、仕孔伬、亿厚伬、仧。

右《彝平之章》无舞。

幢春伬、秋仧葆伬、亿葳仧、仕蕤伍、伬兮仕、伬神伍、伬聿伍、伬归仕、伬，驭伬、仧风伍、伬轸伬、亿兮仧、仕骖伍、伬虬伬、亿骓仧、仕。降伬、仧烟仕、伬煴伍、伬兮仕、伬余伍、伬馚伬、仧馡仕、伬，愿伬、亿回伬、仧灵仕、伬盼伍、伬兮仕、伬德伬、亿洽仧、仕明伬、亿威伬、仧。

右《康平之一章》无舞。

焄春伬、秋仧蒿伬、亿烈仧、仕兮伍、伬燎伬、亿有仧、仕辉伍、伬，神伍、伬光仕、伬遥伍、伬烛伬、仧兮仕、伬祥伬、亿云伍、伬霏仧、仕。祭伬、仧受伍、伬福伬、亿兮仧、仕茂伬、亿典仧、仕无伍、伬违仕、伬，庶伬、亿扬伬、仧骏仕、伬烈伬、仧兮伍、伬永伬、亿奠仧、仕疆伬、亿畿伬、仧。

右《康平之二章》无舞。

舞谱

英正立，干居中，戚下垂。风正面，身微俯，干正举，戚衡左手上。飒向东，身微蹲，干平举，戚衡左手上。兮西向，面微仰，右足少前，干戚偏左。神正立，干正举，戚衡左手上。格东向，干、戚分举。思，蹲身，偏左侧身，干植地，戚衡左手上。纷东向，干侧举，戚平指东。绮正面，两足并，干正举，戚衡左手上。盖正面，起左足，干高举，戚斜衡。兮正面，身微俯，两足并，干正举，戚衡左手上。龙东向，两足并，干平举，戚衡左手上。旗。正面，两足并，手微拱，干平举，戚衡左手上。䩠俯首，左足虚立，干居左，戚居右，少垂。桂正面，左足少前，两手微拱，向右作俯视势，干平举，戚衡左手上。醑正面，右足少前，两手微拱，向左作俯视势，干平举，戚衡左手上。兮身俯向西，右足进前，干、戚偏举作肩负势。盈正立，干居左，戚居右。卮，身俯，面微仰，两足并，干正举，戚衡左手上。香正面，右足虚立，干、戚偏右。始正面，身微俯，右足交于左，干平举，戚衡左手上。升西向，两足并，两手推出，干平举，戚衡左手上。兮俯首，身蹲，左足少前，干、戚偏右。明正立，干居中，戚居右。粢。东向，身微俯，右足少前，干侧举，戚衡左手上。惟东向，右足少前，身微俯作下视势，干平举，戚衡左手上。降正面，两足并，干正举，戚衡左手上。鉴俯首，偏左，左足少前，右足虚立，干、戚偏右。兮东向，头微俯，起右足，干平举，戚斜衡左手上。在正立，干居左，戚居右，下垂。兹，向西，身微俯，左足交于右，干、戚偏右。流身俯，右足少前，干居左，戚居右，下垂及地。景正面，左足少前，身微倚东，干、戚偏右。祚正面，右足少前，身微倚东，干、戚偏左。兮正立，两手高拱，干正举，戚平衡。翊首微俯，手微拱，两足并，干正举，戚衡左手上。昌正面，屈双足，干正举，戚衡左手上。时。屈双足，俯首，干正举，戚衡左手上。〇按：谱图仅载左佾，如左班东向，则右班西向，左班西向，则右班东向，其用左、右足处，东西亦相对，余仿此。

右《翊平之章》

觞正立，羽、籥植。再东向，右足进前，趾向上，羽、籥如十字。酌东向，右足进前，两手微拱，羽、籥如十字。兮东向，两足并，籥东指，羽植，如十字。告正立，籥斜举，羽植。虔，正立，羽、籥如十字。舞正立，俯首，羽、籥如十字。干向东，身俯，右足进前，籥斜指下，羽植。戚正面，两足并，羽、籥并植。兮身微向西，羽、籥偏左，如十字。合向西，左足进前，籥斜衡，羽植籥上。宫正立，籥平衡，羽植。悬。正立，两手上拱，羽、籥如十字。歆正立，俯首作拱揖势，羽、籥如十字。苾正面，身微蹲，籥植过肩，羽平额，交如十字。芬西向，起左足，两手相并推向东，羽、籥植。兮身微向东，两手微拱向右，羽、籥如十字。洁身微向西，两手微拱向左，羽、籥如十字。蠲东向微俯，籥平指东，羽植。扇，向东，身俯，起右足，籥斜衡，羽植。巍正立，首微俯，羽、籥植。显正面，身微向东，两手推向东，羽、籥并植。翼正面，身向西，起左足，羽、籥植。兮正面，身蹲，籥衡膝上，羽植。神俯首，身蹲，右足少前，羽、籥偏左，如十字。功正面，屈双足，羽、籥如十字。宣。俯首至地，羽、籥如十字。

右《恢平之章》

郁正立，籥下垂，右手推出，羽植。皀正面，身微向西，少蹲，两手推向西，羽、籥植。兮东向，籥下垂，右足伸出，羽植。三东向，右足进前，身微俯，籥斜指，羽植。申，东向，右足少前，手微拱，面微仰，羽、籥如十字。罗西向，左足少前，手微拱，面微仰，羽、籥如十字。笾正立，身俯，羽、籥如十字。簋正立，籥植过肩，羽平衡，如十字。兮正面，身向东，右足进前，左趾虚立，羽、籥并植。毕正面，右足交于左，羽、籥如十字。陈。正立，籥下垂，羽植。仪首微俯，手微拱，两足并，羽、籥如十字。卒正立，羽、籥斜交。度正立，羽、籥偏右斜倚肩。兮正立，籥植过肩，羽平额，交如十字。肃正面，右足交于左，籥植居左，羽平指西。明东向，籥东指，羽植。禋，正立，籥平举过肩，羽植。神东向，起右足，羽、籥植。降东向，身微俯，两手推出，羽、籥植。福正立，两手相交，羽、籥并植。兮正立，身偏左，两手微拱，羽、籥如十字。宜正立，身偏右，两手微拱，羽、籥如十字。民正面，身微蹲，两手并，羽、籥植。宜正面，屈双足，羽、籥如十字。人。俯首至地，羽、籥如十字。

右《靖平之章》

五月旬有三日，前期致斋一日。咸丰三年，部议五月十三日圣诞，禁止屠宰，奉旨："毋庸禁止。"钦此。及祭，不作乐，不彻馔。供品：鹿、兔、果、酒。余仪节与春、秋祭同。《通礼》："五月旬有三日，致祭关帝庙前殿神位前，陈牛一，羊一，豕一，果实五盘，炉、镫具。"

祝辞

惟神九宇承庥，两仪合撰。崧生岳降，溯诞圣之良辰；日午天中，届恢台之令序。聪明正直壹者也，千秋征肸蚃之隆；盛德大业至矣哉，六幕肃馨香之荐。爰循懋典，式展明禋。苾芬时陈，精诚鉴格。尚飨。

后殿为三位，祀关帝先代曾祖光昭王位正中、祖裕昌王位左、父成忠王位右，○谨按：雍正三年，封公。咸丰五年，加封王。浏邑后殿正中，旧祀观音神。

咸丰六年，知县袁青绶安奉三王神牌，迁观音于东偏。皆南向。岁春、秋同日致祭。《通礼》：“后殿，主祭以丞、史，执事以礼生。”位各异案，每案羊一，豕一，铏二，簠、簋各二，笾、豆各八，炉一，镫二。殿中设案，少西北向，供祝版。东西各设一案，分陈礼神制帛三，色白。香盘三，爵九，尊三，俎、篚，幂勺具。《通礼》：“设洗于后垣门内甬道东。”礼三献，先后九叩首，如祭崇圣祠仪。谨按：咸丰五年，加封，太常寺奏准，春、秋二祭及五月十三日告祭后殿，应行更换各祝文，均交翰林院撰拟。其牲宰酒醴、笾豆簠簋、一切祭品，均与文庙崇圣祠同。

祝辞

惟王世泽覃庥，令仪裕后。灵钟河岳，笃生神武之英；诚溯渊源，宜切尊崇之报。班爵超桓躬而上，升香肃俎豆之陈。兹际仲春、秋，爰修祀事。尚祈昭鉴，式此苾芬。尚飨。

五月旬有三日，并行告祭礼。谨按：咸丰三年，部臣议准，后殿事宜照旧例，惟五月十三日告祭礼节、供品与前殿同。

祝辞

惟王迪德承宗，累仁昌后。崧生岳降，识毓圣之有基；木本水源，宜推恩之及远。封爵特超于五等，馨香永荐于千秋。际仲夏之届期，命礼官而将事。惟祈昭格，鉴此精虔。尚飨。

文昌庙后殿附

庙在城外东北隅。乾隆五十七年，知县鲁习之改建。《戊寅志》：“旧在学宫外，顺治间知县宋时亨建。康熙三十一年，知县蒋擢改建明伦堂右。后废。乾隆五十一年，知县赵嘉程即今地修庙奉祀。有田种二十五亩，归书院，岁由书院拨谷十石，以供香火资。五十七年，知县鲁习之率绅士募捐改建。”又载：“贡生刘开宁捐老竹湾田二十六亩四分，又各士民买近庙基址唐家洲熟土一十四亩五分、杨家园熟土四亩、白沙洲熟土二亩五分，入其利，为庆祝修理经费；又募购唐家洲熟土四亩，入庙纳租，为雇收字纸之资。”○又按：西城内兴贤局，亦有文昌阁，众建。即学宫旧址后为后殿，前为魁星阁。正殿祀文昌帝君。嘉庆六年，奉文加用太牢，行九叩礼，增制先代牌座，红饰金书。二十五年七月，奉准文昌庙应改双抬书写，与关帝同。咸丰七年，奉谕旨，“文昌帝君”神牌清书，“文昌”字翻清，“帝君”字还音，奉颁字样，敬谨缮写。咸丰六年，升入中祀，岁以春、秋仲月诹吉致祭。旧以二月三日春祭。陈设、仪节与关帝庙同。

迎神，乐奏《丕平之章》。初献，乐奏《俶平之章》。亚献，乐奏《焕平之章》。终献，乐奏《煜平之章》。彻馔，乐奏《懿平之章》。送神、望燎，乐奏《蔚平之章》。

祝辞

惟神道阐苞符，性敦孝友。并行并育，德侔天地以同流；乃圣乃神，教炳日星而大显。仰鉴观之有赫，示明德之维馨。兹当仲春、秋，用昭时享。惟祈歆格，克鉴精虔。尚飨。

乐章咸丰六年，奏准文昌庙乐章六奏，用“平”字，凡六成。春祭夹钟清均，倍应钟起调；秋祭南吕清均，仲吕起调，悉如关帝庙。

秉伬气⿰亻凡兮⿰亻六灵伍躔仩，翊⿰亻凡文⿰亻六运伍兮仩赫伍中伬天仩。蜺⿰亻六旌⿰亻凡兮⿰亻六戾⿰亻凡止⿰亻六，雕伬俎仩兮伍告伍虔仩。迓⿰亻凡神⿰亻六庥仩兮伍，于⿰亻凡万⿰亻六斯⿰亻凡年伬。

右《丕平之章》

神伬之⿰亻凡来伍兮⿰亻六笾伍簋伍式⿰亻凡陈⿰亻六，神伍之仩格伬兮伍几⿰亻凡筵⿰亻六式仩亲伍。极⿰亻凡昭伬彰仩兮伍灵⿰亻凡贶⿰亻六，致⿰亻凡蠲⿰亻六洁伍兮仩明⿰亻凡禋⿰亻六。升伬香仩兮伍伊⿰亻凡始⿰亻六，居伬歆仩兮伍佑伍我⿰亻六人⿰亻凡民伬。

右《俶平之章》

再伬酌⿰亻凡兮⿰亻六瑶伍觞仩，灿⿰亻六烂⿰亻凡兮⿰亻六庭⿰亻凡燎⿰亻六之伍光仩。申⿰亻凡虔⿰亻六祷仩兮伍神仉座仦，俨伍陟仩降伬兮伍帝仉旁仦。粢仦醴仉洁仦兮伍齐仩遨仉将仦，绥伬景仩运伍兮仦灵仉长伬。

右《焕平之章》

礼伬成仉三仦献伍兮仩乐仉奏仦三伍终仩，覃仉敷仦元伬化仩兮伍繄仉神仦功伍。馨伬香仉达伍兮仩肸仉蚃仦通伍，歆仩明伍德伬兮仩昭仉察仦寅仉衷伬。

右《煜平之章》

备伬物仉兮仦惟伍时仦，告伬彻仩兮伍终仦礼仉仪仦。神仉悦仦怿伍兮仩鉴仉在伬兹仩，垂仩鸿伍佑仉兮仦累仉洽仦重仉熙伬。

右《懿平之章》

云伬軿仉驾仦兮伍风仩旗仉招仦，神伍之仩归伬兮伍天仦路仉遥仦。瞻仩翠伬葆伍兮仩企伍丹伬霄仩，愿仉回伬灵仩眷伍兮仩福仦我仉朝伬。

右《蔚平之一章》

烟伬煴仉降伍兮仦元伍气仉和仦，神仉光仦烛伍兮仩梓仉潼仦之伍阿仦。化仉成仦耆伬定仩兮伍櫜仉弓仦戢伍戈仩，文仩治伍光伬兮仩受仉福仦则仉那伬。

右《蔚平之二章》

二月三日诞祭礼节，与关帝圣诞同。

祝辞

惟神功参橐籥，撰合乾坤。溯诞降之灵辰，三台纪瑞；度中和之令节，九宇承晖。若日月之有光明，阐大文于孝友；如天地无不覆载，感至治于馨香。爰举上仪，敬陈芳荐。精禋（冈）[罔][1] 斁，

① 据李瀚章等修，曾国荃等纂：光绪《湖南通志》（清光绪十一年刻本）卷七二《典礼志二·文昌庙·二月初三日告祭祝文》改。

神鉴式临。尚飨。

后殿祀文昌先代。嘉庆六年，太常寺奏准，文昌帝君三代姓名无确据，未便请加封号，谨拟增制红牌一分，牌面书“文昌帝君先代神位”字样。浏邑旧无后殿。道光九年，邑绅王祖湘、祖浏、彭秉彝、周平恕、平情捐建。以春、秋同日致祭，牲品、仪节与关帝后殿同。

祝辞

祭引先河之义，礼崇反本之思。矧夫世德弥光，延赏斯及。祥钟累代，炯列宿之精灵；化被千秋，（为）［纬］[①] 人文之主宰。是尊后殿，用答前庥。兹值仲春、秋，肃将时事。用伸告洁，神其格歆。尚飨。

二月三日告祭，亦如之。

祝辞

惟文昌帝君道备中和，神超亭毒。禀诒谋而允绍，钦毓圣之有基。云汉昭回，际岳降崧生之会；馨香感格，兴水源木本之思。式肇明禋，用光彝典。尚祈神鉴，享此清芬。尚飨。

魁星阁

阁在县治浏水南猿啼山，祀魁星之神。乾隆十七年，知县吕正音倡建，未竣，去任。二十一年，知县张宏燧成之。后圮。嘉庆十八年，知县谢希闵率邑绅黎文辅捐建，并捐利家冲田一十三亩、麻土三十亩，以供香火。岁春、秋，《通志》：“春、秋上

① 据李瀚章等修，曾国荃等纂：光绪《湖南通志》（清光绪十一年刻本）卷七二《典礼志二·文昌庙·后殿春秋祝文》改。

戊日。”教官致祭。陈设帛一，爵三，《戊寅志》：“酒爵一、茶杯一。”果品五盘，《戊寅志》：“核桃、荔枝、龙眼、枣、栗”，镫二，炉一，香盘一。行礼仪节与名宦同。

祝辞

惟神魁杓应宿西垣，临阁道之躔；武库分司东壁，近图书之府。属云梯之得路，须斗极以持衡。兹当祀事之期，用妥明禋之荐。从此灵晖朗映，泰运宏开。玉虎垣中，照耀蟾宫之桂；金鳌殿上，辉煌凤管之花。策天马以腾骧，翼帝车而转运。式崇燕享，丕振鸿图。尚飨。

天后祠后殿附

祠在北城外映月岭，《戊寅志》：“旧在岭麓，明胡应台创建。雍正十一年，知县陈梦文移建于巅。正殿三楹，左右回廊，前为优场、山门。外叠石为级，旋折而登。乾隆二十四年，重修。”祀敕封护国庇民妙灵昭应弘仁普济福佑群生诚感咸孚显神赞顺垂慈笃祜安澜利运泽覃海宇天后。《癸丑志》：“雍正十一年，奉旨，各省旧有天后祠者，地方官修葺，春、秋祭祀。从闽督之请也。”谨按：神，宋福建林氏女，始封灵惠夫人，历元、明累封天妃。《明史·礼志》：“永乐七年，封护国庇民妙灵昭应弘仁普济天妃，以正月十五日、三月二十三日，南京太常寺官祭，用少牢。”国朝康熙十九年，封号同明代；二十三年，加封天后。乾隆二年，加封“福佑群生”；二十二年，加封“诚感咸孚”；五十三年，加封“显神赞顺”。嘉庆五年，加封“垂慈笃祜”。《礼部则例》“垂慈笃祜”下有“安澜利运泽覃海宇”八字，未详加封年代，俟考。岁春、秋仲月，诹吉致祭。陈设香帛，羊一，豕一，尊一，爵三。先日，省牲。祭日，正官一人朝服行礼。仪节与关帝庙同。

祝辞

惟神菩萨化身，至圣至诚。主宰四渎，统御百灵。海不扬波，浪静风平。舟航稳载，悉仗慈仁。奉旨崇祀，永享尝蒸。兹届仲春、秋，敬荐豆馨。希神默佑，海宴河清。尚飨。

后殿祀天后父母敕封积庆衍泽公林原、敕封积庆衍泽夫人王氏。谨按：神父姓林，讳原，一讳惟悫，神母王氏。国朝嘉庆六年，追封神父积庆公，母积庆夫人。道光二十三年，浙江杭州绅士以天后与观音大士默阻夷船，保全境土，呈请追封天后先世，奉旨加封“衍泽”。

二贤祠附

祠在东关外，旧在西关内文庙右。康熙三十四年，知县王培生以龟山祠废，而圭斋祠远隔水南，故合祀之。雍正中，诏查各直省先代圣贤、忠烈祠墓，于是有司岁以修葺祠宇、防护无误例闻于朝。嘉庆间，迁建东关外，以西关内旧址建周节愍祠。道光二十二年，修文庙，遂新筑今祠，凡二楹。因上奉魁星，一名奎文阁。祀宋县令杨时、元翰林学士承旨欧阳玄。岁春、秋仲月致祭，陈设、仪节同名宦祠。

周节愍祠附

祠在西城内，祀明赠太仆寺卿、长沙府知府周二南，国朝谥节愍。事详《职官志》。旧无祠。道光六年，知县赵瑜因故学址西偏龟山祠为之，即王培生所修二贤祠旧址，以其事白巡抚康，且请锡联、匾。祠成，捐廉俸一百缗，畀邑绅黎定吾、黎华琛权子母，为祭祀用，又画规，使可守。二十年，定吾、华琛以本息钱三百余缗购饶家园土七亩五分，岁计租息钱二十缗。咸丰十年，又购北乡三十七都某处田产，岁额租十六石。〇附：巡抚康匾云“凛然生气”，联云“峻节重河山，独木难支，后死一言知誓命；熙朝开日月，容光必照，易名两字慰遗忠”。瑜题额云“青碧同光”，联云“抗节继江门，看庙食千秋，莫嗟后死；敦忠崇太仆，展心香一瓣，同拜先生”。岁春、秋致祭，陈设、仪节同名宦祠。

祝辞赵瑜撰

圣王之制祭祀也，以死勤事则祀之，典至巨也。公当闯贼寇浏之时，血战官渡，以死卫民，上视睢阳，风斯烈矣！兹当仲春、秋，祀事斯举。呜呼！危急存亡之秋，公犹挺身捍御，况际太平阜安之盛，守土者宜如何爱护黎元耶！诣祠一奠，曷胜肃然！尚飨。

惠孚祠

祠在县西枨冲市，祀敕封惠孚之神温康孟。神，宋乾德时人，官指挥使，以武力保卫乡里，后以王事卒于岳州。熙宁六年，县民运漕江中，风涛大作，众危急，忽空中有神曰：“毋恐，温康孟在此！”俄而浪已，粮艘果无恙，遂立庙祀之。岁常以八月十三日诞辰致祭。雍正五年修庙，五日落成，有桂盛开。善化李文炤撰联，邑人张敬孚作记。咸丰七年，蝗大至，祷有验，每旱祷亦然。同治二年，巡抚毛允县士绅请，闻于朝，封“惠孚”。

昭显祠

祠在县东大光洞，祀敕封昭显真人陈世贤。真人姓陈，字荣芳，乾隆时人，以孝闻。母殁，坐化于大光洞之祖师岩。事具《人物志》。其后，里人庙祀之，旱潦、疾病，祷辄应。岁以八月十五日诞辰致祭。军兴，粤贼寇边，浏屡危，在事者吁于真人，卒如愿。又尝示梦捍患。咸丰八年三月，巡抚骆允县士绅请，闻于朝，封“昭显”。其庙甚隘。同治元年，知县张景垣率邑人募建行宫于大光洞寺右。其后，众复募建先代祠于岩左。

杨孝子祠

祠在东城外，《一统志》《通志》所载杨孝子庙是也。祀孝子杨耀廷。相传孝子唐天宝时人，业医。尝外出，及归，则母遇疫暴死，遂自沉于水。《庚申》《癸丑志》皆云：“旧在东北关外演武场左。旧时，县民悯孝子之意，塑衰绖像，曰麻衣神，祀之于演武场左。祀之者必白其衣冠。明知县苏志皋毁其祠，民间仍祀之。康熙初，知县韩爔始正其号曰孝子庙，为文告之。乾隆间，或假神惑民渔利，知县赵嘉程禁之不可，又毁其祠，改建文昌庙。未几，祀之者如初，复建今祠，祈祷辄应。同治十一年，督抚以平江祷雨事上闻。十二年奉旨，准其由地方官春、秋致祭，行礼仪节与名宦同。附：邑人贺祥麟《碑记》云：“浏故有孝子祠，久著灵迹。岳州平江称孝仙，祀如浏。同治辛未年，平江苦旱，祷雨应，大有年，汇浏请于朝。奉敕予秩祀，命地方官春、秋祭，饬知浏，以孝子故浏人也。案：孝子姓杨，名耀廷，唐天宝时人。家贫，业医养母，性笃孝。会大疫，远近延诊，迨归则母以疫死矣。哭之恸，自憾救人死而致母死，奚生为，沉水殉。邑人哀其死于孝，于东城演武场建祠祀。庙祝张其说，谓神医国手，可起民于死，乡氓荧听，烛雾香云，日焉三渎，巫风滋炽，举邑若狂。邑侯赵纯斋毁其祠，改祀文昌。此则人之累神，于神无与也。嗣移建小水段，距城二里。迁地为良，肸蚃如故，是知真诚蟠结，有感斯通，体物不遗，无所为隔阂也。抑于此重有感焉。孝道之大，塞乎天地。孝子生世寒微，无所建竖，今而灵承于帝，肇禋有成矣。身前未竟之事，可①于身后展之，发明德之馨香，翊中兴之景运，隆烁显懿，为国家建大功德，真灵不昧，浏水同长可也。《诗》曰：‘孝子不匮，永锡尔类。’孝子其有意乎！敢引之以为颂。”

① “可”，疑当作“而”。

卷十一　祀典三

昭忠祠

祠在北城外之下濠。嘉庆七年，奉上谕，各直省府城内择地，祀阵亡官兵。浏阳旧无祠。同治元年，始即今地为之。祀江忠烈公忠源，正中南向。附祀县绅战没及殉难者，以职位为序。其阵亡兵士及殉难士民若干人，设位东西序，以五十人为一位。先是，咸丰三年，奉上谕："前因各直省殉难官绅忠义可嘉，饬该部将应得恤典，分别从优定拟。兹据遵旨覆奏一折，文武官员格于定例，不能请谥入祠者，着照礼部所拟，二品官员着该部声明请谥；八旗及驻防三品官员并汉文职三品官员，除例应入祀京师昭忠祠外，再入祀阵亡地方府城昭忠祠；额外外委及贡、监、生童有赠给职衔及照官员例议恤者，均一体入祀阵亡地方府城昭忠祠；其革职降调，续经阵亡，减半议恤各员，各按原衔，照此次章程分别入祀各昭忠祠；官绅殉难家属，着分别给银建立总坊，在本邑忠义孝弟及节孝祠内设位致祭，以示优恤。钦此。"四年，奉上谕："前经降旨，着各路统兵大臣暨各该督抚迅速查明逆匪经过地方阵亡乡勇，除例得请恤外，其有激于义愤，杀贼殒身者，无论防剿逆匪、土匪，准令绅民于各该地方建立总坊，一并题明并入祀昭忠祠，以昭激劝。惟向来建坊入祠之案例，皆按年汇题，由部核覆，未免往反需时。所有各绅民杀贼遇害，既由各路统兵大臣及各该督抚查明，着于州县详到时，即行遵旨建坊入祠，随时咨部存案，俾免稽延。至有合家男妇同时殉难者，并准照总坊例，听其自行另建一坊，以示表异。其妇女恐被玷辱，捐躯明志者，准其从祀节孝祠，以慰贞魂。该部知道。钦此。”咸丰七年，知县袁青绶遵查节年防堵案内阵亡殉难绅勇男妇，详请大吏，分别题请入祠建坊，略曰：“卑县自咸丰二年秋粤氛初侵，堂逆复起，民命寄于锋刃，兵灾延及岁时。咸丰五、六年，江右义、万、宜、萍各属同时失守，卑县一界之外，在在迫与匪邻，应接不暇。幸赖德威远播，渐次肃清。士民等深知大义，奋勇赴敌，下至乡村妇女，亦皆晓然于污洁顺逆之分，甘心舍生取义而不悔。青绶随时存问，并据各绅先后禀报，计查得阵亡绅勇陈光国等十八人，遇害绅民陈时汉等七十九人，自尽及被戕妇女李陈氏等二十二人。青绶广询无异，伏念该绅民男妇涵泳圣涯，愤心贼祸，其就死情形不尽相同，要皆念名义之防维，捐躯命于瞬息，洵与入祀建坊之例相符。惟冀采访勿遗，俾邀褒扬盛典，庶穷檐毅魄，姓字得达九重；绰楔贞珉，馨香永垂千祀。倘荷俯准，察例汇咨汇题，除俟奉到部覆，遵照设位入祠，按时致祭，仍请颁帑银，择吉建立总坊外，理合取具各绅切结，会同儒学具册加结申详。再查，例载阵亡、伤亡官弁绅勇祀府城昭忠祠，遭寇殉难绅庶祀本邑忠义孝弟祠，又载凡祀府城昭忠祠者，仍祀本邑忠义孝弟祠。推原例意，似因各县向无昭忠祠，是以祀典或合或分，原非过为区别。兹湖南各县既得建立昭忠祠，其阵亡、伤亡祀府城昭忠祠者，自应即祀本邑昭忠祠，毋庸于忠义孝弟祠重复致祭。其从前已祀忠义孝弟祠者，亦毋庸改归昭忠祠，以省纷更。惟遭寇殉难绅民，是否一体入祀昭忠，抑仍祀忠义孝弟之处，未奉明文，未敢擅易。又昭忠祠各建本籍，客营中虽有人，未便搀入，至本邑在外当勇者，查出应祀，容俟另补。是否有当，并乞批示祗遵。”巡抚骆批：“仰候会核汇题。”八年，青绶复以节年从征各营文武官弁暨练勇人等打仗阵亡，例应由本籍从祀，白各大吏，恳汇案题咨，计阵亡绅士兵勇凡五百三十人。适青绶去。同治元年，邑士绅乃谋以征义堂土匪案内查出北关外归公房屋，创造昭忠祠，以其田租三百余石为岁时祀事修葺用。祠中议设江忠烈公神主，旁附县中阵亡死难绅勇，其死节妇女则于节孝祠设位致祭。议定，白知县王汝惺。三年，复以状白知县陈延泽，遂闻于大吏，准如所议。同治十年，以关庙费绌，拨东南乡田五十余亩归之。今祠存田租，视昔减三之一。〇又：县北永安市忠义祠，专祀贞左、锐右二营阵亡弁勇。岁春、秋仲月致祭，设帛一、爵三、果实五盘、羊一、豕一，东西序各设帛、爵、豕肉一盘、果实二盘。祭日，各官蟒袍补服，世职与祭亦用蟒补，惟谢恩用朝服。礼仪与名宦同。

祔祀昭忠官弁士卒谨案国朝恤赏阵亡例：提督赏银八百两，次总兵，次副将，次参将，次游击，各递减百两。都司赏银三百五十两，次守备，次守御所千总，次卫千总、营千总，次把总，各递减五十两。外委视把总。马兵赏银七十两，步兵五十两，义勇减步兵之半。给祭葬、予赠荫，各视品秩之大小为差。若立功后军营病故及积劳病故者，提督、总兵恤银二百两，副将及三、四品官银五十两，五、六品官银四十两，六品以下官银三十两。〇按：军兴以来，死事者甚众，今祠所祔仅一千九百三人，盖佚者多矣。

李万春驻防兵丁。乾隆六十年，苗民不靖，从军镇筸伤亡。见《人物志》。

寻四表监生，州吏目。嘉庆初，莲匪滋事，从军监军粮，以劳瘁卒。赠府知事，恤荫如例。见《人物志》。

萧大宾武举，陕西靖边营都司，往叶尔羌驻防。道光六年，回逆滋事，战没。给世职。见《人物志》。

右道光以前死事三名。

王应蘋廪生。邑征义匪乱，遇害。给世职。见《人物志》。

寻世愿长沙阵亡。

周大侊安化县阵亡。

右咸丰二年死事三名。

张辅外委，湖北汉阳县阵亡。　徐魁廷江西瑞州府阵亡。　余得胜白沙洲阵亡。　蔺臣玩江西饶州府阵亡。　陈化经　陈世桥　陈炳芳　俞通兴　吴三胜　黄纶芳以上六人，江西上高县阵亡。

右咸丰五年死事十名。

陈光国八品职衔。给世职。见《人物志》。　龚兰桂八品职衔。给世职。见《人物志》〇二人俱县东枫树窝御贼，被执不屈死。　李甲生　曾源洪　谢德和　温德福　陈智忠以上五人，县东枫树窝御贼阵亡。　任得胜湖北省城外阵亡。　胡有才蓝翎外委，湖北阵亡。赠千总衔，给世职。　彭载礼　李平康俱江西阵亡。　罗升美　刘荣翔从九。　陈永芳　陈时汉　陈益清　陈立发　李

盛英　李人和　李四　厉祥厚　厉秋林　厉仁苏　朱能张　朱孔照　朱余午　朱新平　周某德贵之子。　周十五　周德茂　曾行模　曾光祥　邓甘霖　邓定朝　罗化成　罗德恒　彭行远　彭六九　童金田　罗心度见《人物志》。　颜来贵　游永章　黄石琴　高思敬　任贤勤　张联基　汪龙怀　赵代贵　陈书林　傅玉昭　蒋九一　董海林　易光祖　廖洪春　高德崇　盛玉堂　田裁缝　周裔宾以上四十七人，粤匪由岳州窜北乡，遇害。　罗源林　罗承浩　周之盘　周二　周德顺　周世炯　周大定　张金正　张明周　张永贞　张永泰　张熙昇　张满　邓辉德　邓辉命　邓日矩　邓时杰　李成尧　李世金　李宏寿　刘后一　刘星耀　陈莫二　陈华廷　袁一跎　袁六　高继桂　高应茂　汤大展　王文志　黄明茂　邹士栋　黎中镇　曹心讲　胡朝仕　尹功发　易中湘　盛玉崇　郭熙煦　孔继龙　傅胜高　蒋佐瑛以上四十二人，粤匪由北乡窜西乡，遇害。　刘佐绶　刘正行　刘怀廷　刘佐道　刘绍举　刘添咸　刘添福　刘时运　刘时仁　刘泰胜　刘德能　刘德清　刘德贵　刘有元　刘正康　刘正进　刘正发　刘启林　刘启元　刘万珍　刘文友　刘以仁　刘连中　刘秀章　刘仁胜　刘文元　李兰华　李大来　李崇六　李柏山　李燕山　李新万　李永丰　李永裕　李先华　李四和　李丰隆　李伟传　李富文　李伟元　李学凤　李传富　李发开　李兴德　李文享　李吉凤　李大和　李朋来　李元盛　李荣遇　李作士　李先及　李大盛　李德发　李伟成　李大载　李大贵　李学聪　李正图　李学汉　李学九　李大兴　李大聪　李大元　周昭秋　周大得　周大元　周三和　周维正　周仕和　周仁和　周世梅　周永清　周永怀　张宏山　张昌亮　张宏声　张以和　张仁胜　张则欧　张佑妥　张才山　张得盛　张登英　张昌安　张昌黎　何名兴　何振兴　何洪广　何洪三　何济远　何济奉　何大明　何绍喜　钟德经　钟士元　钟敬魁　钟亮明　钟吉明　钟恒胜　钟武定　钟得明　钟和成　钟攀魁

钟义福　钟凤彩　钟高明　黄燕山　黄家崇　黄山洪　黄真庄　黄仁德　黄明耀　黄东晓　黄眷清　黄德顺　黄有发　黄纪庄　王龙喜　王启辉　王维和　王汝台　王有文　王彦章　王有兴　王兴泰　陈学得　陈冠芳　陈大和　陈有学　陈光武　陈连陞　陈世旺　陈开道　陈永珍　陈永祥　陈焕荣　陈冠绍　曾发榜　曾显成　曾昭来　曾昭汉　曾广能　曾定榜　曾昭发　曾由才　曾定胜　曾福才　曾福盛　涂崇纪　涂克明　涂茂林　涂规成　涂攀礼　涂文珍　涂世传　涂文彩　涂宏彩　涂辉东　涂义成　赖世安　赖世万　赖宏启　赖发兴　赖友信　赖福贵　赖朝道　赖长发　赖大兴　邓发山　邓世谦　邓可尚　邓九皋　邓旺林　邓甫扬　谢德伸　谢龙见　谢习能　谢道奉　谢光福　谢光新　谢国穆　朱贵昌　朱佑兴　朱盛廷　胡兴汉　胡云定　胡廷元　胡玉魁　胡则益　胡国华　罗吉胜　罗能合　罗能标　罗三仲　罗长春　杨文定　杨万得　杨启贵　杨家福　杨俊相　颜和胜　颜昌南　颜邦春　颜五兴　汤正端　汤运池　汤万文　林有达　林三星　林遇科　林望兴　林茂兴　邱兴富　邱千九　邱长九　邱永九　邱福信　廖盛清　廖洪春　廖光文　廖懋廷　廖家全　廖懋旺　鲁兴魁　鲁全元　温五兴　温六兴　温生兴　吴才喜　吴得胜　吴捷涌　吴信昌　吴近为　吴德胜　徐增德　徐有明　徐显鳌　徐显耀　徐辉来　魏耕陞　魏世家　魏杰标　傅洪兴　傅永贵　余有材　余振扬　余才文　瞿三和　瞿声鳌　萧谟万　萧洪盛　彭康万　卢明兴　卢廷栋　潘得胜　潘得成　谭德盛　谭显书　喻万训　易陞阶　翁启清　饶有章　袁象发　彭定启　熊乾元　阙永和　唐富才　冯日来　蓝发光　蔡文中　龚有奇　帅世成　左兴才　古孔文　池方升　卓恒霖　郑若田　万必胜以上二百七十九人，江西奉新县岐岭前阵亡。　李光亮　李俊德　李桂旺　李大第　李正圆　李登兴　邓家乾　邓家甫　邓家凤　邓家宝　邓家田　邓崇福　邓崇武　赖德顺　周清荣　张荣瑞

朱声兴　王永秩　罗昭凤　邱桂章以上二十人，江西铜鼓大段阵亡。　李兴茂　李兴耀　李愤发　唐贤儒　王法旺　邱志吉　王发崇　黎宗典　潘汝富　黄洪润以上十人，江西瑞州府阵亡。　胡中全江西临江府阵亡。

右咸丰六年死事四百十名。

李晋监生，州同衔。给世职。见《人物志》。　谭文荫举人。给世职。见《人物志》。○俱江西临江府城外，贼扑营，遇害。　胡高德蓝翎外委，安徽宿松县枫香驿伤亡。　赖方运渠城界探卒，江西上高县遇信营击贼，助战身亡。　王俊孚团局探卒，江西新昌县遇贼伤亡。　胡忠尚六品军功，江西景德镇阵亡。　柳菊达江西瑞州府诇贼被害。　黎声蔚在江西攻临江城贼伤亡。　赖芳运六品军功。　陶克好六品军功。○俱江西上高县阵亡。　李大桂　李大昆　李学重　余章华　傅兴道以上五人，江西奉新县阵亡。　刘子英府经历。　徐业章千总。○俱江西阵亡。　胡国贵　何光文俱江西瑞州府阵亡。　张亮彩　张益寿俱江西金溪县阵亡。　刘向尧江西阵亡。　赖发文九品军功。　廖懋夙九品军功。　贝宽喜六品军功。　吴世魁　吴世靖　吴正考　吴俾昌　张永裕　袁象甫　鲁兴甫　陈兰高以上十一人，江西上高县阵亡。　李昌莲　李发保　李发祥　李开槐　李福胜　李胜才　李永菊　李耀亮　李达建　李福德　李胜千　李春明　李成发　李大近　李大波　李大汉　李学玖　李兴茂　李兴耀　李发盛　李元善　李世贵　罗源胜　罗大福　罗尚九　罗章约　罗章廷　罗章甫　罗得胜　张得高　张福高　张仁胜　张国友　张文学　张三胜　张华林　张官纯　张南英　张宗平一作“年”。　汤盛文　汤正典　汤大胜　汤兴秀　汤正有　汤胜桃　汤文尚　汤祥吉　汤万友　汤清廷　汤正桂　陈坤泰　陈万化　陈星亮　陈文焕　陈田金　陈际台　陈福泰　杨光大　杨豹文　杨福九　杨林九　赖凤文　赖海文　鲁大官　鲁大宾　鲁兴杞　鲁永兴　鲁元典　鲁隆笏　鲁代健　廖加祀　廖懋宝　廖洪发　廖洪盛　黎光盛　黎益书　黎华棠　黎华禄　卜修梅　卜池修　卜达修　袁得胜　袁继荣　龚绪占　龚绪有　黄

科华　黄明盛　黄邦林　黄章高　黄兆珍　王成才　王洪远　王兴俊　周大作　周木全　周世桂　周大礼　周得盛　施绪美　施树梧　林荣明　林又善　林福九　朱仁盛　朱宗春　郭名禄　何明杰　何振元　甘华千　甘章一　孔广秋　孔广志　邱长久　邱显达　邱中义　刘时荣　刘得盛　徐盛廷　徐春洪　谢亮和　谢荣胜　谢正义　沙春发　邓金标　邓裕光　魏才通　马先友　郭才茂　郑高明　颜得胜　万恩霖　冯耀才　江昇　沈明华　卢世都　贝世有　毛光兴　邹雅华　吴杏先　唐永发　胡杰亮　胡德盛　苏志大　曾广明　曾广汉　苏凤来　钟福盛　巫液章　黎旺发　黎兴发　黎发善　黎厚友　黎家兴　黎元大　黎光裕　郭明发　李大昆　李大鲁　余世陞　余世才　余世节　余世道　余世凡　余裕德　周隆兴　周德明　黄文希　黄文斗　彭学旺　崔大胜　蒋佐禄　潘直方　易大德　戴益和　谭光和　宋克魁　曹盛贵　王三益　王有寿　王发崇　易乐梅　汪乐升　汤香圃　黄显佳　傅得胜　吴和元　童必胜　彭大和　范得胜　官得春　湛贵义以上一百九十一人，江西东乡县阵亡。　何乃琨　黄大吉　曾广寿　刘万邦　甘天福　甘天贵　傅学文　丁科鳌　宋学魁以上九人，江西饶州府阵亡。　张扬升　张金兰　张仁义　焦道生以上四人，阵亡地方未详。

右咸丰七年死事二百三十七名。

陶焕勋武举，五品衔，江西景德镇阵亡，照守备议恤。见《人物志》。　杨常余江西樟树阵亡。　刘揖升武生，六品顶戴，从湘果营赴江西援剿，以劳瘁没。　胡光银蓝翎外委，安徽安庆府城外阵亡。　彭耀发蓝翎外委，湖北通城县花凉亭阵亡。　李长林安徽桐城县阵亡。见《选举志》。　周彩藻江西吉安府阵亡。　张知典江西上高县阵亡。　蔺得胜江西抚州府伤亡。　黄文霓江西瑞州府阵亡。　熊明喆附生，候选教谕，东安县炮伤病故。　覃楚柏一作“伯”。蓝翎、守备衔千总，给世职。　黄朝贤都司，照游击例议恤。　李长升蓝翎守备，照都司例议恤。　李安澍童生，照从九例议恤。○以上四人，安徽三河镇阵亡，均给世职，祔祀李忠武公祠。　彭增林江西临江府阵亡。 周葵叙 周宏章 周祖鉴 周希求 周秉权 周海深 周敬书 王涵润 陈丹桂 黄立章 阎学书 徐运早 徐体胖以上十三人，阵亡地方俱未详。 李道九 李安善 李安正 李家承 李有德 彭华照 彭利元 彭华顺 彭玉山 刘明旦 刘光典 胡惟政 胡再恒 杨永友 杨开榜 于贵发 于贵瑞 陈得贵 陈方大 周万胜 瞿廷有 张正培 黄宗行 徐声和 熊万胜 谭长胜 谢大华 彭华宗 万福兴以上二十九人，安徽桐城县阵亡。 陈介周 陈本萃 陈本富 刘方元 刘义元 刘益发 张加林 张炳林 杨宗义 杨立成 胡盛崇 胡昌荣 彭发俊 唐大胜 吴永林 萧云林 陈旺林 陶克葆以上十八人，安徽三河镇阵亡。 吴让胜六品军功。 吴义发六品军功。 吴熙龄以上三人，湖北应城县阵亡。 熊三盛江西罗坊阵亡。

右咸丰八年死事八十名。

周清泰花翎都司，广西柳州府阵亡。 杨代荣蓝翎千总，安徽太湖县阵亡。 周冠南外委，攻安庆城外逆船，病故。 张祖林六品军功，广西城外阵亡。 刘名刁东安县鸭婆山阵亡。 黄拱照六品军功，广西桂林府文昌门外阵亡。 胡名极江西临江府阵亡。 王执富广西省城外阵亡。 彭兆法击贼，炮子洞胸而亡。 周德喜安徽太湖县阵亡。 胡辉和蓝翎守备。 戴日早蓝翎守备。 刘为则蓝翎守备。 郭长胜蓝翎守备。 任广胜蓝翎守备。○以上五人，湖北阵亡。 李世德 杨富简俱江西南康府新城墟阵亡。 李兴有 邱正和 张万才 姚起林以上四人，安徽建德县城外阵亡。 胡名欢 杨富享 罗启千 李垂藻以上四人，江西信丰县阵亡。 王玉堂 王台鉴 王鼎汉以上三人，阵亡地方未详。 李恩照江西彭泽县阵亡。 唐巨观 唐宏声俱江西吉安府阵亡。

右咸丰九年死事三十一名。

杨兴汉把总，安徽建德县阵亡。 袁玉林游击，四川阵亡。 黄有发四川井研县阵亡。 周玉春六品军功，安徽太湖县病故。 陈长芳四川威远攻城伤亡。 寻书受安徽芜湖县阵亡。 刘国基江西阵亡。 周福大江南病故。 胡国璋广西灵川县阵亡。　周载春江西宜春县阵亡。　蔺大意四川阵亡。　吴秀福广西阵亡。　陈长资　吴训昂俱四川金堂县赵家渡阵亡。　赖显祥六品军功。　赖奎贤六品军功。○俱四川阵亡。　周德亨军功，在营病故。

右咸丰十年死事十七名。

刘清瑞江西新昌县御贼，城陷身亡。　张正阶蓝翎千总，四川富顺县伤亡。见《人物志》。　汤绍交蓝翎守备。　戴文发把总。○俱湖北来凤县阵亡。　彭邦畴把总，四川绵州阵亡。　萧坤山守备，安徽集贤关口阵亡。　周有仁六品军功，安徽婺源县阵亡。　李蒂洪四川丹棱县阵亡。　李济三六品军功，湖北阵亡。　胡昌乐蓝翎把总，克复湖北孝感县首先登城，阵亡。　寻嘉让　寻世贤俱浙江龙游县阵亡。　吴训彝湖北随州阵亡。　刘大盛江南阵亡。　张峻坚湖北孝感县阵亡。　孔昭彩四川濛阳场阵亡。　刘大传江西阵亡。　吴朝臣江西瑞州府阵亡。　舒得胜花翎都司。　李其美千总。　苏云汉蓝翎把总。　王如林把总。　郭得胜蓝翎外委。　蔡宗榜军功。　余胜隆军功。　吴贵才军功。　周乾元军功。　戴国清军功。　张文贵军功。　朱得星军功。　朱耀龙军功。　李正魁　张得坤以上十五人，四川青神县阵亡。　连顺清　陈运宗俱山海关阵亡。　刘正香　曾广闵　刘时举　刘时盛　刘时荣　刘时高　刘时康　刘时宝　刘时招　刘时方　刘道千　刘道明　刘道万　刘道崇　刘道兴　刘永东　刘永南　刘千廷　刘任九　李大文　李大噻　李大闪　李大江　陈典台　李学涵　李学福　李学蕃　李学廊　李学瑾　李学会　李学偃　李学相　李正亨　李隆菊　李祖祥　王永观　王隆旺　王梓明　陈启兰　陈湘院　陈尚台　陈柏台　陈柏亭　陈维胜　杨传经　杨侧朝　曾新九　曾序古　曾学蓉　谌仕才　余华官　寻学盛　廖懋希　唐汝赓　卢恩宽　罗隆福　温魁英　陈机台　陈棋台　陈枨台　陈爵台以上六十一人，守江西新城县，城陷身亡。　吴朝臣江西瑞州府阵亡。

右咸丰十一年死事九十七名。

张泰富守备衔千总，湖北水师营病故，恤、荫如例。　陈传顺千总，湖北旧口永隆河阵亡，赠守御所千总衔。　金清梅千总，湖北旧口永隆河阵亡，赠守御所千总衔。　潘春华守备，湖北阵亡，赠都司衔。　李添宾千总，湖北阵亡，赠守御所千总衔。　杨世宗游击，湖北阵亡，赠参将衔。　李开武把总，湖北阵亡，赠千总衔。　彭金凤外委，湖北阵亡，赠千总衔。○以上七人，均如例给世职。　刘代任六品军功，与弟某相继阵亡。　曾步安四川成都府阵亡。　张怀上蓝翎，五品军功，江西樟树阵亡。　陈长福江西新昌县阵亡。　左迎清江西景德镇阵亡。　袁象孚六品军功，江西袁州府阵亡。　黎家扬江苏上海县阵亡。　黎家培江西阵亡。　张声培广西桂林府阵亡。　陈友德　李心支　李心平　李心呙　于开泰　黄开泰　彭耀彩　王正光　张正光　柳文昌　胡志高以上十一人，湖北阵亡。　刘昌观　刘望二俱江西阵亡。　曹盛贵江西丰城县阵亡。　宋德奎把总，江西阵亡。

右咸丰间死事三十二人，年分未详。

胡匡贵一作“昌贵”。游击衔都司，湖北安陆府城外督队阵亡。　刘和亭蓝翎把总，安徽颍州府大桥集阵亡。　何乃景花翎，留川补用参将，四川八角寨阵亡。　李宏远　袁高义　彭新凤　黄正福俱江西阵亡。　吴明新　邱崇茂俱安徽阵亡。　彭万香花翎参将，四川成都府阵亡。　杨得胜千总，四川阵亡。　陶正义蓝翎千总，四川合江县阵亡。　周阜成都司，浙江阵亡。　范先和蓝翎守备，江苏大桥阵亡。　何家发六品军功，河南南阳府阵亡。　周洪友六品军功，四川合江县阵亡。　周高照浙江龙游县阵亡。　陈蕃勇陕西汉中府阵亡。　杨常宏四川嘉定府阵亡。　彭行瑞花翎、游击衔都司。　汤得胜花翎、都司衔守备。　李邦英花翎游击。　李心喜蓝翎千总。　冷松山蓝翎把总。　李安生蓝翎把总。　彭连仁蓝翎把总。　胡昌安蓝翎把总。　于高清蓝翎把总。　彭镇南蓝翎把总。　于熙炳蓝翎把总。　陈开德把总。　刘启德把总。　寻泗恩把总。　高尚友一作“汤尚友”。把总。　刘维美把总。　彭定升把总。　刘善珍蓝翎外委。　杨正发蓝翎外委。　黄新年蓝翎外委。　李如科蓝翎外委。　刘维嘉蓝翎外委。　饶智祺蓝翎外委。　贝洪盛外委。　张仁和外委。　戴伦瑞外委。　萧起万外委。　彭藻臣以上二十八人，湖北安陆府直河阵亡。　李心余蓝翎把总。

李家祥蓝翎把总。　刘代澍蓝翎外委。○以上三人，湖北安陆府高家冲阵亡。案：县牍尚载有外委许逢发阵亡。查逢发报亡后旋回营，且非浏阳人，并识。　戴仲连把总。　瞿光恩把总。　彭行高外委。　彭万俊外委。　陈胜才把总。　朱洪亮把总。　朱光贵　蔡贵友外委。　曹玉贵蓝翎外委。　颜名得蓝翎外委。　刘信益军功。○以上十一人，湖北安陆府城外阵亡。　李德昭四川花场阵亡。　冷超山六品军功。　冷祖升六品军功。　冷超诠外委。○以上三人，江苏上海县青埠阵亡。　徐中渭蓝翎把总。　周胜和外委。○俱四川八角寨阵亡。　蔺臣咸　杨常恺　陶先凛　陶先蔚　周学知俱四川阵亡。　谢光藻　邓南恒　李隆光　唐宗六　袁松林　周有盛　唐荣华　萧同慈以上八人，四川合江县先市场阵亡。　任日宣安徽太平府阵亡。　李纯智蓝翎千总，阵亡地方未详。

右同治元年死事八十二名。

施仁本花翎都司，由皖赴沪，大桥角伤亡，给世职。　李芝云蓝翎游击，山东堂邑县王家海子阵亡。　汤仁政蓝翎外委，湖北应城县欧家湾阵亡。　寻德高蓝翎守备，安徽建德县阵亡。　彭万锦守备，浙江阵亡。　徐光德守备，湖北孝感县阵亡。　张世鳌军功，湖北郧西县上津堡阵亡。　李润南外委，湖北应城县郎君桥阵亡。　钟炳传安徽建德县阵亡。　吴有章　吴保全俱安徽宁国府阵亡。　谭文益千总。　谢维翰外委。○俱浙江富阳县阵亡。　刘大侃　胡里仁俱江西金溪县水湾阵亡。　彭果能原名克能，花翎都司。　萧有才花翎都司。　罗泽高花翎守备。　王荣发千总。　蔡洪顺蓝翎把总。　余连升把总。　汪荣升把总。　邓明德蓝翎外委。　解洪盛蓝翎外委。　王永盛外委。　蔡荣超外委。　黄万魁外委。　周炳章外委。○以上十三人，四川宁远府卢沽场阵亡。　解洪德花翎总兵。见《选举志》。　王茂连总兵。见《选举志》。　张南益花翎参将。　杨德明蓝翎游击。　黎有胜花翎都司。　朱明伟花翎都司。　李玉堂花翎都司。　李正升花翎守备。　李茂盛花翎守备。　王连升花翎守备。　楚有才蓝翎守备。　周大有蓝翎把总。　杨逢春蓝翎把总。　马在田蓝翎把总。　李名成蓝翎把总。　罗有才蓝翎把总。　张得胜蓝翎把总。　刘世镇蓝翎把总。　朱荐兴蓝翎把总。 余步连蓝翎把总。 刘辅仁外委。 侯得胜外委。 蒋玉春外委。 莫呈祥外委。 吴德明外委。 刘福田外委。 周有相外委。 李俊杰外委。 张荣贵蓝翎外委。 朱美士蓝翎外委。 王梅芳蓝翎外委。 左云先蓝翎外委。○以上三十二人，陕西汉中府阵亡。 邹洪兴 卜春贤 刘承宗俱湖北阵亡。 何章义 周惟先俱四川敖家场阵亡。 范东郊 古得兴 陈登高军功。 林三元军功。 易得友军功。 高金魁军功。 彭正发军功。 许得安军功。 胡洪盛军功。 邓怀德军功。 刘玉贵军功。 陈玉春 陈洪顺 陈青山 刘荣升 刘洪吉 冯必超 冯林奎 邹顺铭 邹大和 龙万和 李元胜 吴正用 蒯玉高 姚玉海 蒋万春 崔玉龙 黄成武 欧连升 方逢亮 辛兴和 但开士 杨占春 徐金支 黄绍远 梁名坤 梅云芳 宋得元 邓长春 王世隆以上四十人，四川宁远府卢沽场阵亡。 苏正九 彭光耀 范敦初蓝翎、都司衔守备。 刘志成军功。 刘福全军功。 刘协和军功。 刘得贵军功。 刘万顺军功。 刘华山军功。 刘得胜军功。 刘凤林军功。 刘焕章军功。 周焕章军功。 周百兆军功。 周定贵军功。 周仁升军功。 周良春军功。 张万选军功。 张应贵军功。 张友和军功。 王天锡军功。 王新发军功。 王洪兴军功。 杨相贵军功。 杨中明军功。 李万顺军功。 李定国军功。 李得才军功。 李正兴军功。 李相见军功。 李春方军功。 李一举军功。 陈逢九军功。 陈三贵军功。 陈连青军功。 曾正榜军功。 曾兴隆军功。 谭定邦军功。 谭青仁军功。 林洪顺军功。 林先春军功。 余志明军功。 余化龙军功。 易庆春军功。 易邦道军功。 易福万军功。 萧三元军功。 萧正春军功。 何明鳌军功。 何耀垣军功。 何贵林军功。 胡瑞林军功。 胡达全军功。 胡海山军功。 蒋源兴军功。 蒋正兴军功。 阎永发军功。 左见隆军功。 唐得明军功。 朱春兰军功。 白洪顺军功。 邹士超军功。 鲍得才军功。 游登科军功。 石万贵军功。 柳盛贵军功。 毛定胜军功。 郑定国军功。 杜洪顺军功。 赵万胜军功。　彭开文军功。　董林山军功。　吴万清军功。　尹道生军功。　黄有贵军功。　吉星明军功。　冯得胜军功。　温大贵军功。　陈玉春　陈国隆　陈清发　陈万顺　陈青云　陈得发　陈玉贵　陈美文　陈胜超　陈玉亭　陈辉龙　陈齐理　陈得中　刘桂和　刘洪顺　刘定川　刘有典　刘文凝　刘新瑞　刘善成　刘关得　刘贵乔　刘宏大　刘有升　刘朝贵　刘青云　李洪胜　李正顺　李文盼　李得顺　李得胜　李景元　李远振　李士隆　李玉仁　李成瑞　李玉陶　李良交　张澄元　张清九　张启玉　张洪远　张余昌　张金相　张定邦　张玉春　张启寅　张绍连　谭玉贵　谭华宾　谭章甫　谭启贵　谭清澄　谭绍仁　谭云升　谭志顺　周国恒　周青顺　周荣林　周叙瑞　周祥兴　曾玉山　曾天明　曾洪勋　曾逢春　曾顺遇　曾仁山　邹相臣　邹启隆　徐兴发　徐占魁　徐书青　林祥顺　林逢顺　林道昌　林义方　林得顺　林大胜　王世魁　王起风　王树琼　王友德　王世春　王青山　王祥顺　王清和　王正川　黄容武　黄克大　杨青山　杨廷光　杨有清　吴楚高　吴吟青　吴逢顺　袁得正　袁祖魁　袁乐益　龚全胜　龚定国　龚立顺　龚来朝　孙富春　孙万彪　孙永隆　毛加成　毛其位　杜应平　杜长春　宋得胜　宋春云　胡宗耀　胡正春　胡正仁　何正兴　何天庭　蒋茂盛　蒋飞雄　龙万盛　龙兴贤　贺寿祈　孟仲春　尹安邦　韩正春　卓福寿　姚正红　雷玉春　范世兴　冯金元　滕定春　云致青　江全庆　康三江　岳镇奇　廖明凝　马传兴　易盛秋　谢道成　郭清云　文清香　练得胜　吕朝良　左见明　晏名山　慕云有　梁丙坤　庄玉春　夏得贵　夏正春　蔡春祈　钟肇奎　敬先顺　傅万春　卢贵芳　邓志顺　邓玉春　舒青林　蓝闰生　侯步云　沈时亮　朱先志　许洪顺　薛定国　金有才　鲁林春　游定发以上二百四十四人，陕西汉中府阵亡。　王其藻　汤文光　张金兰六品军功。　王梅开　王德意　王燮理　王秀挺　王杰士　王孔士以上九人，阵亡地方未详。

右同治二年死事三百五十八名。

宋体元蓝翎从九，福建武平县城外阵亡。 谢永年蓝翎把总，浙江遂安县阵亡，赠千总衔，给世职。见《选举志》。 杨福发蓝翎把总，四川永宁县马蹄滩阵亡。 周元祥江西贵溪县阵败被虏，不屈死。 袁锦忠蓝翎外委。 谢铎童生。○俱浙江湖州府双福桥阵亡。 刘金成安徽宁国府阵亡。 胡昇平六品军功，四川永宁县铁厂场阵亡。 张怀相蓝剑外委。 张升杨俱四川阵亡。 陶承晋江西抚州府阵亡。 戴万和（挹）［把］总。 胡戴秋外委。○俱湖北刘家集阵亡。 刘洪胜外委，阵亡地方未详。 晏其昌 高继星 高继盛 邵金山 李顺风 谭文绣以上六人，俱照步兵例给恤，死事地方未详。 陈云升 曾洪广 彭文和 吴有新 潘得友以上五人，湖北阵亡。 陈连科江南阵亡。 萧庆九 萧庆堂俱四川永宁县阵亡。 唐绂麟湖北应城县阵亡。 周耿亭 周巨典 徐敬修 徐浚川 徐咏川 徐六顺以上六人，江南城外阵亡。 寻道繐江西水湾阵亡。 寻世殊 寻世潮俱安徽阵亡。 黄家有六品军功，安徽六安州积劳病故。

右同治三年死事三十九名。

寻清泰游击，四川顺庆府阵亡。 寻习之六品军功，湖北天门县九子庙阵亡。 刘明魁把总，剿贼伤亡。 萧清厚把总，江苏无锡县阵亡。 杨春林 罗有胜 吴有胜 王文华 江贵和以上五人，湖北阵亡。 袁成立花翎副将。 谢之芬从九品。○二人浙江驻防，风覆舟，身亡。 徐甘霖 王允升 王恩隆三人贵州思南府一碗水阵亡。 陈福戴蓝翎都司，安徽阵亡。 徐慎厚 徐佑厚 徐由义 徐才难 陈兴麟 陈守麟 陈鸣凤 陈攀桂 徐平湘 陈济美以上十人，阵亡地方未详。

右同治四年死事二十五名。

彭元吉游击，因风覆营棚，往救陨命，照阵亡例议恤。见《选举志》。 傅学盛花翎参将，湖北安陆府罗家集阵亡，给世职。 苏宗沛蓝翎外委，湖北阵亡，赠千总衔，给世职。 何得胜蓝翎外委，安徽宿松县阵亡。 陈年咸蓝翎守备，四川筠连县晏家坪阵亡。 徐魁廷江西瑞州府阵亡。 张清有六品军功，贵州思南府大洞阵亡。

吴蔚起六品军功，湖北孝感县阵亡。　吴九畴湖北德安府阵亡。　刘敬乐陕西蓝田县阵亡。　鲁得贵都司，福建阵亡。　陈贵章贵州阵亡。　王光瑞甘肃静宁州阵亡。　张瑶阶花翎参将，陕西城外灞桥阵亡。　李星林蓝翎守备。　高焕扬蓝翎守备。　喻公圭　王执章阵亡地方俱未详。

右同治五年死事十八名。

徐世清千总，在贵州思南府许家坝解围，力战伤亡，给世职。　彭文林提督衔总兵，甘肃兰州阵亡，给世职。见《选举志》。　徐友升蓝翎守备，甘肃阵亡。　张文庆武生，捕高三桂伤亡，事具《兵防志》。　王洪祥守备，陕西同官县阵亡。　易荫堂监生，照马兵例给恤，死事地方未详。　黄照珠　周长级　傅正益　周崙山俱贵州阵亡。　周永升　周均实　周宝光　周滋兰　周访渭俱浙江衢州府阵亡。　李世河　李世沄　李世澄　李世庆　李世崙　李世英　李德桐　李枝瀹以上八人，俱从九职，县东姜卢段匪滋事遇害，均照阵亡例议恤，给世职。　王宏宽　廖瑞禄　李应松　洪金乔　罗任凤　黄有志　黄有义　林宗友以上八人，援剿姜卢段匪阵亡。　李德祥　李德杓　李世玉　李德辉　李德浦　李德翰　李德泰　陈倬吾　黄启湘　陈保文　孔继光　张维松　李作文　陈义才以上十四人，姜卢段匪滋事遇害。

右同治六年死事四十五名。

陈世豪蓝翎外委，云南寻甸州阵亡。　刘文华总兵。见《选举志》。　李习厚游击，陕西甘泉县三十里铺阵亡。　蔺树宸河南滑县阵亡。

右同治七年死事四名。

辜胜九总兵，护粮至四川乾沟，遇贼被害。见《选举志》。　胡万浦花翎参将，四川叙州府横江阵亡。　黄道洪县东团丁，赴江西擒匪首曾国才，被痞殴毙。

右同治八年死事三名。

萧有道四川筠连县阵亡。　胡名杰四川犍为县阵亡。　陈冠昆江西奉新县阵亡。　刘洪全四川阵亡。　刘仁秀蓝翎外委，军营病故。　吴镇亨江西南安府阵亡。　贝世象六品军功，江西阵亡。　谢英榜蓝翎把总，陕西遇贼被害。　刘象梅六品军功，甘肃阵亡。 刘善魁江西抚州府阵亡。 潘得胜湖北阵亡。

右同治间死事十一名，年分未详。

熊光和蓝翎、都司衔守备。 李正兴都司。 彭万仁花翎都司。 胡鸣高蓝翎游击。 梁治玳蓝翎县主簿。 黄裕海蓝翎把总。 刘得胜 刘龙山 刘名孺 刘正兴 刘斌发 刘大亮 刘有创 刘须明 刘有佳 刘明香 刘明钊 刘友回 刘永贵 刘盛祥 刘富祥 刘添锡 刘定贵 刘家和 刘德祥 刘义和 刘楚湘 刘玉贵 刘龙章 刘坤嵛 刘瑞桃 刘海生 李呈祥 李心友 李心昌 李心维 李心权 李心交 李心周 李心环 李顺德 李盛美 李天柳 李邦万 李永桃 李汉订 李三河 李发新 李绍仕 李安朴 李光彩 李芳春 李景春 李三才 李恒升 李春田 李禄高 李正芳 李升益 李俊发 李祝文 彭长兴 彭有信 彭行善 彭耀彩 彭受益 彭义海 彭为贵 彭富仁 彭发兴 彭国珍 彭维美 彭洪仁 彭绳武 胡芝科 胡昌谷 胡正国 胡昌禄 胡昌绶 胡礼凤 胡万习 胡宋许 胡南庆 陈其忠 陈长宏 陈守东 陈有德 陈在田 陈义盛 陈正君 黄金福 黄金山 黄逢祥 黄家友 黄光亮 黄楚材 黄宏发 黄启成 黄光文 黄行嘉 黄有贵 黄春和 王应章 王云轩 王开德 王长林 王维美 王若良 汤尚都 汤兴隆 汤新元 汤维新 周沐淮 周世盛 周连升 周长发 周宏发 黎志纯 黎志福 黎开胜 黎桂山 黎萃华 徐声友 徐声午 徐玉华 徐敬全 翁成泗 翁明春 章开泰 章光远 朱文龙 朱彩扬 朱胜祥 朱启泗 朱全胜 伍宗章 吴兴发 吴德华 吴介田 段玉廷 郭盛魁 郭秀恒 蒋秋闱 蒋玉元 蒋楚柱 罗本周 罗世豪 罗得标 罗长春 罗富发 柳文高 谢天兴 谢光远 谢玉华 谢宝树 赵腾鹤 文朝尚 欧阳向廷 戴庆祥 邱先梅 寻有发 林裕谟 张贤孺 张仁和 张洪范 张有德 张廷贵 张定彬 潘玉德 潘仁义 杨经仁 杨富长 杨辉泰

杨腾芳　阳仕海　杨保贵　孙高绍　孙高锡　孙鸿祥　萧有福　萧有林　萧启万　萧建武　高彩顺　高贵长　高忠常　唐步青　唐有贵　邓美士　邓从桢　邓日新　邓达祥　骆光前　龚世泰　龚世惠　梁治容　梁三星　卜宗利　孔光南　毛润龙　毛连陞　毛五真　贺元喜　贺载禄　杜有得　钱光财　廖润玉　夏文忠　任得发　韦光色　熊高仁　熊远武　秦心德　谭贤福　谭仁为　莫生元　袁文茂　陶立贵　邵三泰　辛有顺　旷载禄　魏修富　许进善　余意福　余扬任　曹克修　易松林　易作成　帅世作　郑祥安　郑有顺　阎玉诰　盛启性　吕积官　宁福堂　宁皆林　马连升　钟丹桂　钟天发　向连明　舒世德　晏云会　颜永福　程辉吉　卢昌礼　叶明基　施原玉　曾兴南　尹玉堂　陆菊春　陈其昌　黎声五六品军功。

右二百五十二名，系咸丰、同治年间在湖南宝庆、会同、绥宁，湖北孝感、德安、襄阳、郧阳、枣阳、安陆，河南南阳，安徽太湖、潜山，贵州黎平、古州、都江、下江、都匀等处阵亡。

徐蟠龙六品军功，江西赣州府阵亡。　陈鸿甲江西抚州府阵亡。　王祖传湖北阵亡。　王楚林　刘廷立　柳振邻　徐成有　徐三以上五人，江西阵亡。　傅方喜　李宗福俱江西九江府阵亡。　高永扬　高启麟俱从吉字营阵亡。　陈润台　陈廉台　廖华盛　廖元盛　吴岳玉　吴芸英　吴万开　吴正廉　吴永道以上九人，浙江阵亡。　刘道兴江西玉山县阵亡。　刘杰廷　刘永辉俱从果字营阵亡。　刘昌国江西奉新县阵亡。　周掌铨云南阵亡。　吴正训　吴正雍　寻芹湘　寻玉夫俱安徽阵亡。　寻秋桂浙江阵亡。　寻本丽六品军功。　徐伟林六品军功。　徐豫泰　晏洪恩　晏德恕　寻纯瑕　寻建方　寻兰芳　寻敬吾　陈石台以上十人，安徽阵亡。　胡俊镇筸镇标千总，在营病故，如例恤、荫。见《选举志》。　徐新科　徐吉魁俱安徽宁国府阵亡。　寻翔翥四川阵亡。　唐恒峻安徽滁州阵亡。　唐化玉　唐敏常　唐星庆　寻书忠　寻济美　寻学教　刘金城　吴游泮　罗玉陆以上九人，江南阵亡。

左得胜蓝翎千总。　左忠贵千总。○俱陕西汉中府阵亡。　寻逢高　寻能高　寻盘桃俱江苏上海县阵亡。　寻楚书　寻昌伦俱江西临江府阵亡。　寻映其　寻松一俱江西吉安府阵亡。　寻秋高江西瑞州府阵亡。　周耀举贵州阵亡。　寻发祥贵州阵亡。　寻海连江西袁州府阵亡。　寻定九福建阵亡。　黎井陞　黎彪　谭四喜　张乾元　寻道挺　寻道时　寻秋临　寻清雅　寻干枝　寻履亨　寻骏攀　寻接瑞　寻伊材　寻美玉　寻荣谐　寻十五　寻国风　寻令绪　寻万隆　寻浩然　寻怀玉　寻魁榜　寻照书　寻含俊　寻乾纲　寻玉隆　寻千祥　寻广叙　寻魁廷　寻懋廷　寻卜升　寻恕贤　寻路贤　寻喜生　寻品高　寻建高　寻献书　寻可仪　寻佩阶　寻新瑜　寻振杰　寻祥涛　周熙平　柳星翼　柳锦书　柳标礼　吴福林　吴吉林　吴华干　唐臣赞　唐翊赞　唐惠泽　唐惠林　黄崇德　黄斗魁　黄燕辉　徐发堂　徐本仁　徐泮藻　徐忍兹　徐忠乐　徐盈海　尹上征　潘上达　潘十全　潘卜艺　潘咸发　潘循毂　潘豫立　王有章　王疏河　王转辅　左大和　左卷书　左来相　刘翰书　刘连以上七十七人，阵亡地方未详。

右百四十六名，死事年分未详。

卷十二　祀典四

祠庙附

县城祠庙

关帝庙西城营盘一，在把总署右。·北城外下濠一，明时建。

文昌宫西城兴贤堂左一。·县署后一，即八角亭。

宗圣庙在西城内，为曾氏家庙。〇节山东嘉祥县五经博士曾继连《记》云："春秋以来，道在孔子。孔子之道，惟我宗圣以鲁得之，接一贯之传，启《中庸》之绪。是以配飨先师庙庭，典至重也。继连为七十一派嗣孙，不肖，未能窥道之万一，顾欲远走四方，联络宗人，通水木本源之谊。嘉庆二十五年至浏，晤同宗诸君子，引谒续修宗圣庙，规模宏壮，栋宇辉煌，美矣备矣。而继连之意猥有进于此者，冰渊之戒，忠恕之教，炳如日星，诸君子身体力行，衍武城未坠之绪，即以报圣朝优免之恩，则亢宗莫大乎是矣！诸君子以为然，遂书版以记。"

天后宫西城外，乾隆间福建商民建。

龙王庙在南市街。

二侯祠西城外，祀汉酂侯萧何、平阳侯曹参。

昭烈帝庙在浏水南唐家洲。

张桓侯祠一名伯功庙，在东城外。

易忠愍祠西城外，即别驾祠，祀晋易雄。旧在巨湖山下，即雄故居建。八月十四诞期，有司奉祀。嘉靖中，知县郑汝清夜梦朱衣丈夫来告无屋，明日访之，则祠为民墓所侵，乃正其界，葺之。邑人公买潘氏地，迁建今祠，广十一弓，轮三十六弓，惟前无出路。国朝康熙四十年，邑人黄氏买祠前民地，广五弓，轮十九弓，为门楼，不戒于火。后易姓复建，并买祠东邓姓地，襄修前楹，广二弓半。○案诸旧志：祠为邑人公建。康熙间，邑庠生周臣禀知县王祀之，撰《祝》曰："惟公钟川岳之正气，尽君臣之大伦。慷慨成仁，从容赴义。节烈殚天地之奇，忠贞极古今之远。功著当时，名垂弈祀。"云云。雍正十二年，奉诏，饬各直省查往代圣贤、忠烈祠墓，修葺防护。知县周之相以忠愍祠宇朽坏，后裔无力修葺，请大吏委员估修，未果。于是岁以防护无误例闻于朝。后易氏以众买潘基所建祠毁，曾新建祠，并购邓、黄二姓地基为优场诸状，控诸大吏。知县谢希闵为据历年防护册具报。道光间，易姓与邑人争讼不休，知县鲁起元乃判令以祠寝为启蒙书院，以前祠令易姓私祀。忠愍祠一联云："骂贼而亡，千古奸雄长愧恧；立庙以祀，万年俎豆永馨香。"谓明太祖赐。

城隍庙在东城外老虎山下，即旧城隍庙，今呼石山庙。

许真君庙祀晋旌阳令许逊。东城外一。·南城一，毁于火。嘉庆二十一年，江右商民谋就毁址重建，知县谢希闵谕止。今仅存西偏。○案：许逊，字敬之，举孝廉，拜蜀旌阳令，以晋乱，弃官归，游豫章，除蛟蜃害。宋封神功妙济真君。旧祀铁柱宫，嘉靖后改称妙济万寿宫。国朝嘉庆八年，封灵感普济之神，岁春、秋致祭于南昌县。今江右商民多立庙祀，仍称万寿宫云。

洞庭庙在南城外。乾隆二十四年，知县张宏燧以浏运漕至岳州，苦湖险，乃立庙，塑湖神像祀之。嘉庆十八年，知县谢希闵率士民重修。案：洞庭神，雍正三年封涵元汇和洞庭之神。旧志云："即江神庙。"考《通礼》："名山大川神祠，守土官春、秋致祭。祭洞庭湖神于巴陵，祭江神于武昌、荆州及江防厅属。"是湖神、江神不可混一。浏以运漕故祀洞庭神，今庙中神位具在，谨正之。又，旧志载："岁春、秋仲月致祭，陈设少牢，笾、豆各十，无铏。仪注与先农同。"考《礼部则例》："直省名山大川祭仪，二跪六叩，牲用少牢，笾、豆各八，簠、簋各二。"今洞庭列大川之一，其祭品、仪节当从《则例》。

水府庙在南市街渡口。嘉庆三年建。考明时有谭某涉洪泽湖，为盗害，遂为湖神。山阳县旧有水府都君祠。嘉庆六年，封昭灵显佑水府都君。今县境水府庙，或本此。然亦有称水母庙、水符庙及平浪宫者，所祀则不知何神矣。

包孝肃庙在北城外下濠，即隆兴寺旧址。道光二十八年建。

杨龟山祠久废。旧志云："文靖书院在县治南向阳门内西街。龟山宰是邑时，与士传习城南，后人以其地建书院，请额于朝，因其谥为名，设山长奉祀。汤荧《儒学记》所谓'城南，文靖故迹在焉'者，是也。成化间，分巡顾某清出基址，同提学陈某重修。弘治十八年，迁于新学。正德间，知县毛鹓恢其规，作记。嘉靖十二年，知县苏志皋新其外门，旋以学店五间建新祠。久而倾圮，迁像训导斋中。斋毁，又迁建兴贤祠。康熙时，始更木主，与欧阳玄合祀。"详上二贤祠注。

欧阳圭斋祠在浏水南天马山麓，祀元楚国文公欧阳玄。祠址广十一丈五尺，袤五丈六尺。康熙五十九年庚子，欧阳胜谦重葺，（购）［构］学舍，置祀田五十亩，改额曰"南山书院"。学使长汀黎致远作记。

鲁班庙在南城外。嘉庆十八年建。

太保庙在北城内永清街，为元潘成立。

县东祠庙

孔圣庙在滩头。明洪武六年建。〇附：知县陈梦文《孔氏家庙记》云："邑治之东，溯流水而上可八十里，曰滩头，有孔子庙，肖先圣像祀焉。庙之规制，与邑文庙等。圣裔环而居者，不下数百户。余尝一至其地，孔氏之列黉序者随余入谒，跪叩如礼，导余肃瞻圣像，循廊而出。戟门外，双桥虹峙，流泉觱沸，响声清越可听。四望皆山，巑岏拱列若屏障。然其中田亩庐舍，尽孔氏有，罕别姓杂处也。询其曲阜分派之自始，云已近千载。先是，唐时有为潭州刺史者，值五季之乱，兵阻未归，因家于楚。是以平江、通城、武昌，楚省南北均有圣裔。明洪武六年，孔子五十五代孙靖安自平江来居浏。万历十四年，衍圣公札付由府县赍送家庙，给孔再容冠带、孔之鉴衣巾，免孔景道等差赋徭役。此庙所由立，像所由祀与？考自汉永和初画先圣及七十二弟子像，开元中服用衮冕，宋、元相仍未改。迄明嘉靖间，始从张璁言，尽易木主，而惟曲阜庙貌不易。登阙里之堂，犹获睹衣冠章服之制，而兴仰止之思。今浏水去洙、泗数千余里，邑人士未亲陟杏坛，而得以睹圣人之冠服，益知读圣人之书，崇圣人之教，荆楚之地，俨然小邹鲁焉。其系于浏者，不綦重哉！是未可不详核其本末而记之也。"

关帝庙石湾永丰市一。·后陂一。·上洪一。·富溪一。

文昌庙狮山一，本狮山书院旧址，同治四年建。·上洪一。

魁星阁在洞溪书院侧。

城隍庙在六都大光里，相传宋时建，亦曰乌石寺。

龙王庙澄潭一。·古港磊石山一，曰乌龙祠。·陈家坊一，明时建。

风神庙在山坪洞狮形山。岩有洞如盖，风习习自洞中出。乾隆间，里人建庙。

水府庙永和市一。·白沙市一。·郭西湖一。

观音庙永和市一。在洲上，四面皆水，丛篁绕阁。·张家坊一。·青荷洞一，曰石井庵。·金溪山一。众置田产。〇案：观音大士，直省州县奉祀者多。宋以来封“灵威广大”四字。道光二十三年，加封“慈济”。

许真君庙陈家坊一。众姓捐基建。·高坪一。·张家坊一。

龙亭宫在古港，祀汉龙亭侯蔡伦。案：伦字敬仲，桂阳人，有才学，为中常侍，加位尚方令。以简重缣贵，不便于人，乃造意用树肤、麻头及敝布、鱼网以为纸，时称“蔡侯纸”。封龙亭侯，邑三百户。

药王庙在六碓陂头岭下。谨案：京都之先医庙，东庑祀药王韦慈藏。韦慈藏者，唐之京兆人，以医术知名景龙中，官光禄卿。今浏业医家以四月二十八日为药王诞期，咸祀之，而莫名为何神。或云即孙思邈。考邈封真人，从祀先医庙西庑，称药王非是。

包孝肃祠三合水一。·澄潭李家山一。·凰冈水口一。

刘猛将军祠六都河东段一。·七都郭家亭一。

陈昭显祠在古港狮子岩。

县南祠庙

关帝庙在大市庙，亦曰代盛庙。有宋淳祐三年《碑记》云：“相传唐咸通时建。”

文昌庙在金刚头。有祀田三十亩。

魁星阁凡二，均距县五十里。一乾隆五十一年建，一同治七年建。

观音庙距县五十里一，明万历间建。·文家市一。·跳石港一，曰慈云阁。·白石冲一，曰香莲寺。

龙王庙蕉岭一。·龙王排一。

包孝肃祠江家冲一。·柘溪市一。·沙溪牌楼前一。·洞仙观侧一。·六龙山一。·铁山界一，曰龙图寺。

水府庙在渡头。

县西祠庙

关帝庙普迹市一。道光七年建。·百嘉山一。·施家冲一。·石塘冲一，曰石塘庵。·朝天桥一。嘉庆间建。·渡头市一。·石回嵴一。·周家坪一，曰彭嘉庵。

文昌庙椵田段一，内为社仓。·普迹大阳山下一。·许家冲一。·西满仓侧一，前有魁星阁，咸丰八年建。

龙王庙普迹市一。·百嘉山四，曰红龙殿、白龙殿、青龙殿、黄龙殿。

观音庙在纱帽港，亦曰慈云阁。

许真君祠普迹市一。·枨冲市一。

刘猛将军庙在水围段。

温惠孚祠普迹市一。旧名公望庙，明万历时，黎銮建。·履道冲萧家坪一。·鸡首洲一。

水府庙普迹市一。·枨冲市一。·青草市一。

包孝肃祠黄冈岭一。·蛇头一，曰东京寺。·江家渡一。明傅君茂构，覆以茅。国朝乾隆间，募资易瓦。·马家湾之贺家岭一，曰龙图阁。

陈昭显祠在横江冲。

县北祠庙

关帝庙沙石街一。·毛公桥一。明时建。·永安市一。

文昌庙永安市一。二十七、八两都建，并置义塾。·彭溪渡一。嘉庆二十一年，周平恕建。

城隍庙泮春里一。周姓建。·沙石街一。

雨福祠在峡山口，塑雨、风、雷神像，旱、潦祷之。

观音庙在长寿山。苏姓建。

马伏波祠在黄基塘。

吴王庙在蒿山。旧志：“唐相魏徵奏修。茂柏层松，苍翠欲滴。殿前流水萦纡，石杠矗起，行人利涉，僧秀元所营。疑祀汉吴王芮，或曰祀吴大帝孙权。”

包孝肃祠相公店市一。·河背于一，曰元明古刹。·赤马殿一。宋熙宁时建。

温惠孚祠在珠溪，一名公王庙。

龙王庙在石柱峰。旱祷辄应。

此外如旧志所载泗洲庙、玉皇殿及近今之三元宫、华光、天符娘娘等庙，为村氓祷祀者尚多，不具录。

寺观

附○案例，僧、道年逾四十，准受一徒。凡寺观庵院，除见在处所外，不许私自创建增置。若民间有愿创造者，督抚题准，方许营建。浏境内庵、寺，多系先年所建，今并录之。

城郭寺观

护国庵在西城衙背街，址为官地。

兜率寺在南城皇仓街，一曰大寺。建自晋代，初名莲花寺，宋嘉定中改今名。

迎佛寺在北城柴家巷。唐时建，有宋柴进士钟。

升冲观在孙隐山下，传唐孙思邈栖隐处。观前旧址，多被侵轶。知县陈梦文复其地，为建门焉。

卿云禅林一名三元宫，在北城外。明知县苏志皋所毁东岳庙旧址，明末僧明心建庵其处。

般若庵北城外下濠。

天竺庵东城外。

问津庵旧名问心庵，在西城外社坛侧，又名西坛庵。

龙虎庵东城外龙潭湾。传孙思邈栖隐于此，有龙、虎来就医，思邈疗之，俱潜伏。明万历初，僧兰山即其地建庵，吉藩额曰“龙虎禅林”。

闻樨庵在猿啼山侧。相传唐裴休尝隐此。

旧志所载尚有西城之新庵、壕上庵，北城外之隆兴寺、西来寺，今已废，不具录。

县东寺观

集云禅林距县三十里仙台山。

鹿苑寺在趾坪。康熙时建。

慈月庵在珠江。

三元殿在范家岭。

普门庵在丁家尖。

云仙寺在高坪。胡姓建。

长寿庵在膏浒段。

随寄庵在天岩山。

弘唐寺

宝盖寺在宝盖山。唐时僧约禅建，境颇僻。

莲峰庵

西林寺明时建。

兴隆寺在沿溪桥。

云兴寺在塘莲冲。

波罗寺在铁矢山。

梅山寺

明性庵

南岳寺在镇头。

石淙寺在官渡。前有深潭巨石，水声淙淙，故名。

黄昙寺一名投老庵，在黄昙洞。四面皆山，其中宽衍百丈。僧临济三十二世晓庵建。

大光寺在大光洞。唐石床尊者建，相传唐僖宗赐名崇明院。香火田二十余亩；同治六年，邑士绅以永不出售白知县王汝惺，许之。

法林寺在金钟桥。宋时建，有宋绍熙时钟。

石云峰庵距县百余里。峰峻矗天，庵居绝顶，绿阴青霭，静日无尘。

灵岩寺距县百余里。一山屏矗，阴阳豁岩皆深广十余丈，架阁结檐，因势承隙，无椽瓦之费。其阳为明月山寺，曰连岩，亦称前岩，峦攒涧绕，极闲僻之趣。山阴曰后岩，欲雾喷云，阴晴胥适，或额其门曰“白云窝”。明万历中，知县万建元游而乐之，肖像僧龛，迄今犹在。明薛瑄《游寺诗》云：“灵岩有路入烟霞，台殿高低释子家。风满回廊飘坠叶，水流双涧泛空花。青松阅世风霜古，翠石题名岁月赊。谁谓无生真可学？山中亦自有年华。”

山枣庵距县百里。一名落霞寺，明时建。

古今庵在古今山。相传宋时建。乾隆间修复，置田十二亩。

显化寺在上洪观冲。

石莲寺又名观音堂，在凰冈。

朝阳庵在陈家坊。

香水庵在突石。

石华寺在突石。明时建。

大佛寺在红纱水口。

雷源寺在大坪山。宋时建，四山屏矗，旷奥绝尘。

唐兴寺在黄泥坳。

回龙寺在大围山麓。

竺装庵在大围山麓。

县南寺观

点石庵旧名拭尘园。吉安举人谢开芳馆此，忽有声雷震，一巨石自山巅堕，屹立庵后，遂更今名。

竹埠庵绕庵皆修篁丛篠，故名。

舍卫禅林

云阳寺在黄冈岭，今称长峰岭。宋时建。

高峰禅林在下大坪高家漕。明时建。

继隐庵

道水庵在上大坪，距县二十五里。

云峰古刹又名樟木庵，在上大坪。唐时建。

龙隐寺在白云山。

集云禅林又名玉龙山，距县三十里。

云溪禅林又名石龙山，距县三十里。

万福禅林又名心田庵，距县三十里。明时建。

净土禅林距县三十里。唐时建。

复兴庵距县三十里观音山。

棠荫庵在长流岭。岭路长二十余里，石磴蜿蜒，行者喘息，蓑笠草屝，借此少憩。

祇园庵在七丫尖。

崇宁寺前当孔道，僧了然募修石杠，构茶亭。

集真观在金树山。

九龙寺唐时建。

绿萝寺一名茶园庵。

大方寺一名水口庵。明时建。

大卞寺在西阳山上。唐时建。

八仙庵在荆坪。明陈国谟建，其后裔两次重修。

崇兴寺在荷莲冲。

九真寺距县六十里。

九峰寺在龙王山。明时建。

宝莲寺

白石庵在清泉山。

卧龙寺在万福山。

清真观在云龙山。旧志：“明万历中，瞿普泉在此焚修。”

仙汝庵一名龙吟，在鹭桥龙楼岭。

兴隆寺有甘泉出寺前。

南华观在团头山。

普济庵在渠城界。地故有关，今石门尚存，庵踞其上。明万历时叶官山建，有千金坪，向属庵僧主之。

宝华庵距县七十里。

和云庵在六龙山麓。明时建。

六龙庵一名云岩寺，在六龙山。明时建。

普陀庵在六龙山云岩寺下。

白云庵在老户冲。

金山寺在沙螺湾。

昙云寺邑人喻廷中撰《寺碑文》有云："平畴奥衍，沃壤芊眠。蘅皋绮交，兰坡鳞砌。醮水绕烟，草共天花交翠；萦晴结暝，松偕佛髻同青。洵哉欲界仙都，展矣尘寰净域。"

洞仙观旧名元都，在成功山顶。明嘉靖时建。万历中，观内有香炉飞堕山麓，道士萧大窗求地主萧敬台改建山麓，更今名。后废。乾隆初，众复建。嘉庆初，众修。同治六年，复修。

明月寺在云居山。

凌云寺在成功山。明时建。

心安禅林在桑木坑。

大坪庵康熙间建。

祥云庵在涧溪冲。

石霜寺在霜华山。旧志："唐僖宗赐名崇胜禅林。殿高九十余尺，佛七十尺，传裴休监造。"《府志》："唐普惠禅师建，受封，赐香火田。今其寺犹盛。"

朝阳庵

祝圣寺在县西南。

岐源寺在上佛岭。明时建。道光二十年，寺僧积逋，变售山木，里人刘显昞为集资代赎之。

普惠寺在排定前。

大金山寺在铁山界。

县西寺观

涌翠庵

宝华庵

万寿庵在集礼桥。

乐隐庵在堕栗坪。

西竺庵在张家店。

华严庵距县二十里。

崇福寺在椴田段蟠龙山。

德益庵在任家园。谭姓建。

延寿寺明时建。

篁嘉山寺距县三十余里。

新庵在楠村尾，距县三十余里。

梅迹禅林在金凤山。

木平寺在朱宝冲凤形山，一名金凤山。唐时建，有贞观三十六年钟，一明成化十八年，唐朝礼铁瓶二。寺侧有盐醋石。

打石庵在袁家冲。

魁山寺在方石。悬岩壁立，俯瞰浏江。

青莲庵在袁家坊。明时建。

龙潭寺背山面水，潭深莫测。相传有龙伏此，故名。

紫荆庵在杨泗园。

石泉庵在石泉岭，距县五十里。

普济庵旧名慈济，在蒜洲。

海慧庵在大水市。

天山寺在油麻田。

金胜寺在西来山。明时建。

法云庵在浒山段。有明景泰时钟、嘉靖时磬各一。

松风寺在浒山。

道镜寺在芦洞。

三仙寺在鸡子岭。

紫云寺在乌峰尖。

紫霞庵在邝家冲。

准提寺在塘地。陈姓建。

云溪寺同治六年，寺僧重修。

延寿庵在迎龙村。明时建。国朝乾隆时，有百余龄僧住此。

祖节庵旧名花园，明节妇张欧氏建，后人思其节，更今名。同治八年圮，其后裔续修。

慧通寺旧名会同。明洪武时，潘姓建。

九龙寺旧名中佛寺，在北星桥侧。明景泰中，刘文信建。

黄龙寺在镇头市。雍正八年，寺生异竹，出地尺余，茎分双干，亭亭直上，寺僧以篱阑护之。

华光寺旧名春华山，在镇头市。

大觉寺在彭家段。

娘娘庵在清潭湾东茅山。

扬眉庵在扬眉。

雨粟庵在西满仓侧。

遗金庵在尹家桥。尹姓建。

长寿庵在莲山湾，旧名瓦佛。张姓建。同治八年毁于水，改建。

金轮寺在少婆仙岭。

高峰寺在仙女岭。有明嘉靖时钟。

白水庵在白水段。刘姓建。

御佛寺在白石尖山麓。

报恩寺在渡头市。易姓建。或云本元时茗蓝寺，明改今名。

县北寺观

金粟庵在道吾山麓。

兴华寺一名道吾寺，在道吾山。旧志：“唐僧宗智建，文宗时敕为护国兴华大禅院。题咏甚夥。”

最上庵在蕉溪岭上。山高风驶，倾颓者屡，知县王珽重修。山有飞仙井泉，极甘冽。

灵石寺在洞阳铺。

鳌头庵在洞阳山鳌头峰。

隐真观在洞阳山。隋大业中赐额。

定水寺在瑞龙山。宋时建。又山内有龙泉寺，寺僧不守清规，同治六年大吏檄逐之，以寺产业归兴贤祠，留三之一，另招住持，使奉香火。

金凤殿明时建。

万寿林后唐时建。

回龙寺在唇口段。

督统寺俗称斗门庙。明伍朝旻建。乾隆十一年，僧宗如募伍氏，增佛舍，捐香火田。道光九年，伍氏重修。

飞凤寺在车田。

广济寺在大桥市。同治二年重修。

娘娘堂明时建。

丹霞寺在眠虎山。

石堂庵明时建。

回龙寺在老鸦山。康熙时，张姓建。

福泉禅林

西峰禅林

崇法寺在岐羊山。唐时建。

经堂庵在观音岭左毛田。明时建。

仙桃观在七娘山。相传七女在山栖炼后皆仙去，唐时立观祀之。

降龙山寺距县八十里。

涌翠寺在石榴山。

普宁庵距县八十里。唐时建。内为社仓。

香积寺唐时建。

法轮寺在清凉山。

寿元观在渭水石。

鸿浒寺在仙鹤山。明万历时建。

谷玉寺一名新庵，距县八十里。

龙兴寺在侧里坪。宋时建。

龙王庵在塘前。明季吉姓建。

罗汉寺

永兴寺在迁龙山。唐时建。

崇云寺距县九十里。康熙间，僧秀岩建。

清泰寺在黄安山下。有宋熙宁时钟。

锵铿寺在龙雨山。明时建。《戊寅志》作“铿锵”。

芦仙寺在大源山。唐时建。《戊寅志》作“卢山”。

普济寺在登龙山。创自晋永宁时，明吉藩增建转轮法殿。旧志云：“精蓝之最古者。”

青莲庵在高陂段。明时众建。

白龙寺一曰观音堂，在社港，距县百里。元周万诚建。

橙橘寺距县百里。宋时建。

福寿庵在石柱峰下。

莲溪寺在社港市。

高望寺在周落洞口。唐时建。

回龙庵在新安铺。明寻姓建。

龙角寺在大乐坪。唐时建。

华严寺在黄泥界。唐咸通时建，明时修，今同治六年复修。

卷十三　兵防

古今兵制，不外民兵、额兵、募兵三者。三代寓兵于农，即民即兵，法至善矣。战国纷争，召发不时，恒不教而驱之御敌，民何以堪？今之团练，即以民为兵，进则以战，退则以守，犹是三代遗意。诚有治人，何患治法之不举也？咸丰初，群盗充塞，江西南、袁诸属皆为盗窟，而浏内靖变，外御贼，卒按堵如故，则民兵可用之效矣。用述兵制，并次前后兵难，缀近所为团练法于篇。

兵制

往代兵制不考。国朝设城守营把总一，驻防兵十二名。长沙协辖。上洪塘外委一，汛兵五名。东路陆塘，交江西义宁州界。巡检一，徭编弓兵八名，永充六名。县旧设民壮五十名，今止十五名。顺治十六年，裁三十名。雍正十二年，裁四名。乾隆七年，裁一名。演武在县治东城外，曰教场。旧置演武厅，今废。《庚申志》：“旧在县治北岭，即射圃。”其铺兵有徭编四十名、永充三十八名，分置诸铺，具《营建志》中。

唐季兵事

唐以前史，不列浏兵事。唐中和末，黄巢灭，其从子浩拥众七千《通志》作“七万”。寇江湖间，号“浪荡军”。天复初，掠陷浏阳。《唐书·逆臣传》：“浩欲据湖南，遂陷浏阳，杀掠甚众。湘阴强家邓进思，率壮士伏山中，击杀浩。”当是时，楚王马殷既为武安军节度使，据潭州矣。《唐书》：“乾宁三年，武安军乱，殷自称留后。四月，拜武安军节度使。”事在天复前。天祐二年，杨行密卒，子渥立。明年，陷岳州，以刘存、陈知新率舟师击楚。殷使秦彦晖拒于上流，偏将黄璠以舟三百伏浏阳口。即浏口戍，在长沙府北五里。六月，存等遇大雨，引兵还至越堤北。《通志》注：“在浏阳境内。”彦晖追及之，存急诈，遗殷书乞降。彦晖使告殷勿受，乃夹水而军。彦晖鼓噪攻之，存等退。璠以浏阳兵绝江合击，大败之，《五代史·吴世家》：“存及知新以舟师伐楚，败于浏阳。”擒存、知新，皆不屈死，遂取岳州。《通鉴纪事》《五代史·吴世家》皆云：“马殷释存、知新谕降，二人皆骂，遂斩之。”《楚世家》称“存及知新战死”。时梁开平元年也。《通鉴》及《吴世家》同，《楚世家》连事铺叙。《旧志》删节未明，直云：“僖宗时，杨行密遣存攻殷。”殊误。七月，雷彦恭攻岳州，不克。十月，高季昌遣将会彦晖攻朗州。彦恭乞师淮南，渥遣冷业将水军屯平江，李饶将步骑屯浏阳，救之。殷遣许德勋将兵往拒。使善游者五十人，以木枝叶覆首，持长刀，浮江而下，夜举火犯业营，业军惊扰，德勋以大军蹙破之，追至鹿角镇，在巴陵县南五十里，洞庭湖滨。擒业。又破浏阳寨，并擒饶斩之。《通鉴》。后末帝贞明五年五月，楚攻荆南，吴人遣刘信帅洪、吉、抚、信步兵，自浏阳趋潭州东境。楚兵释荆南，引归。《通鉴》。诸事具见史。

宋季兵事

宋建炎三年九月，潭州禁卒作乱，纵火掠市，走浏阳。知潭州向子諲命通判孟彦卿追及攸县，平之。《宋史·向子諲传》。案《本纪》："九月壬申夜，潭州禁卒作乱，谋窜不果，子諲随招安之。"《彦卿传》亦云。十二月，溃兵杜彦自袁州入浏阳，犯长沙、善化二县，彦卿率民兵拒之，手刃数贼，贼退驻浏阳，追与之战，民兵有溃者，贼乘之杀彦卿而磔之，以其首徇曰："此善战孟通判首也。"子諲更命添差通判赵民彦赴之，与谢淳俱战死县南之南流桥。语在谢淳事中。见《人物志》。明年二月，金人自江西陷潭州矣。绍兴改元八月，知鄂州曹成掠湖西，犯沅州，食尽，与知复州李宏合，退屯浏阳。已而攻宏，宏奔潭州。十月，成及马友战于潭州，成败，据攸县。《宋本纪》。及德祐二年正月元至元十三年，元兵破潭，浏遭歼屠殆尽，奉诏招邻县民实其地，则浏受害酷矣。

元季兵事

元至正十二年，伪汉徐寿辉将陈友才据潭州，刘贵青据益阳，欧祥据浏阳。《通志》。浏阳县民入山寨，立长自保。《戊寅志》。其时结寨者，有潘至主、瞿文立、黄宁、林应秀、谭荣一作"张荣"、黎均宝一作"黎均"、黄刚、瞿洪之徒，皆以义兵宣力保障。及明建国，授指挥、千户职有差。《戊寅志》。然民亦间罹寇祸，如欧阳玄家属四十人死亡过半，二兄一弟相继没，妻谢避难，没于郡城。见危素撰《玄行状》。危素撰《玄行状》云："至正十四年，公家罹寇祸，闻变哀甚。上悯念，赐楮币五千贯，传旨慰劳。复命从子逊老以资成库副使给驿还乡，收聚所余骨肉，迁寓武陵。"又死贼者周镗、谢一鲁，见《元史》。

明季兵事

明隆庆二年，东乡石马崗土人马保、李大蛮作乱，负嵎为害，出没无常。万历四年，总兵邓祖龙平之。时寇多薮大围山，为设把总，作堡镇焉。名曰大围堡。顺治九年奉裁。崇祯改元，盗大起。四年，流寇躏浏阳，走醴陵、攸县。并见旧志。八年，临、蓝临武、蓝山二县矿盗刘新宇众千余，复掠湘潭诸县及浏阳。案《明史·高斗枢传》："临、蓝贼艘二百余，由衡阳抵城下，相拒十余日，乃却去，转攻袁州云。"上湖南道佥事李嵩与兵备副使高斗枢讨之，未能平。十年，湘乡土贼江长子、李大用踞天王寺，旁掠安化、宁乡诸县。十一月，通临、蓝贼，寇湘乡，攻长沙甚急，分党掠浏北潦浒市、蕉溪岭各村而西。明年，军分剿，临、蓝贼平。贼大扰邵阳、宝庆间，沅抚陈睿谟檄参将尹先民分道追剿，而檄调赣、黔兵讨之，临、蓝平，祸稍轻。独天王寺贼复由宁乡躏浏阳。时浏东旁皮洞、宝盖洞有许长、傅长诸莠民，啸聚出入东北界，贼诱结之，势益张。二洞贼后从张献忠。十六年八月，张献忠覆长沙城。九月，分陷浏阳，掠市肆一空，僵尸遍野，于是浏阳重困于贼。以上并见《通志》《戊寅志》。明年，大清顺治元年正月，明左良玉兵至长沙，剽掠四出，至以炮烙、剑剚索民资。良玉不能制，遂焚浏阳及益阳、宁乡诸县庐舍殆尽。《通志》。〇案：汪辉《湘潭脱难录》云："顺治元年正月，左良玉小马副兵自渌口入湘潭，其大队从醴陵、浏阳抄长沙，河东州县俱遭焚杀。"云云。当即此事。小马者，《通志》云"疑即马士秀"。于是浏阳复困于兵。其年三月，闯贼入燕京，明亡。五月，王师定京师，闯贼西奔。二年，王师入西安，闯贼窜湖广。六月，其党《通志》无“其党”二字。自宁州来寇，明长沙通判周二南率兵战于县东之官渡。贼分兵暗渡上流，首尾夹击，明兵溃，二南死之，贼遂乘胜陷浏阳。录《戊寅志》。○案《通志》云：“五月，闯贼余党走湖广、江西，‘一只虎’李锦由通城入巴陵，‘二只虎’刘体纯由武昌入平江，吴汝义由宁州入平江，踞黄龙、幕阜、东阳诸山。王进才、马进忠尤惨酷，临、华二邑搜杀殆遍。六月，贼复陷浏阳，故明长沙知府周二南率铁骑营王俊才、燕子窝营黄朝宣防御。贼兵突前，战于官渡，暗以众渡上流，首尾夹击，官兵溃，杀伤无算，贼乘胜入浏阳。”与旧志小异。又案《明史·何腾蛟传》云：“九月，自成窜死，刘体仁、郝摇旗等以众无主，议归何腾蛟，率四五万人骤入湘阴，距长沙百余里。众劝腾蛟出避，不从。长沙知府周二南请往侦之，以千人护行，贼疑迎敌，射杀之，从行者尽死。”与旧志亦异。《楚宝》及赵恭毅《二忠祠记》皆云“二南没浏阳”，与旧志同，姑仍旧志。九月，王师下湖广，自成窜死。魏源《圣武记》作闰六月，《明史》作九月，今从《史》。其兄子锦奉自成妻高氏及高氏弟一功，复拥众三十万，自浏阳返兵北渡，沿途杀掠延烧三百余里。《通志》。○案汪辉《湘潭脱难录》云：“二年正月，左兵溃，马进忠、王永成领众来长沙。四月，闯贼余党王进才、牛万才来长沙，何腾蛟纳之。复有闯贼后营‘十三家’、高必正、李赤心等自兴国、大冶焚杀至平江、浏阳，大路东西数十里，百姓无噍类。将近蕉溪岭，腾蛟遣周二南领民兵往拒之，民兵望风溃，遣人招安，皆被杀。后以郑公福、汪伯立往改招安为合营，乃遵节制。腾蛟不令至郡，调遣随堵允锡、汪伯立驻荆界麻河。”云云。当即此事。三年，明镇将董英驻东乡，案《明史》，何腾蛟请开十三镇，董英其一也。守宁州界，通江西，土兵往来浏阳，杀戮抄掠。四年春二月，王师至长沙，案《通志》：“三年冬，王师自江西入浏阳。”此从《戊寅志》。明兵溃散。三月，遂定长沙，浏阳始隶版图。董英降，江西土兵悉退处各界。五年冬，江西土篷饥民聚亡命数千人，横行浏阳，民复苦之。《戊寅志》。于是浏阳又困于残贼。盖明季之乱，自隆庆以来七十余年，浏民遭荼毒不一，赖国朝神武耆定而后苏。未几，又苦滇藩之乱。

滇逆之难

康熙十二年冬，滇藩吴三桂反云南。时十一月。明年春正月，贼大队至湖湘间，遂陷长沙。时伪将张国柱陷长沙。及常、岳、宝、衡。案《圣武记》："三桂使分军，一由长沙窥江西，一由四川窥陕西，其江西之贼入袁州，陷萍乡、安福、上高，与耿逆仲明兵合。圣祖命安亲王岳乐将兵出江西，谕以湖南一隅，群寇所观望，今荆州兵未能渡江，岳州城坚难骤进，宜由袁州直取长沙，长沙破则贼势瓦解，荆州兵即可乘机进取。指挥甫定，而王辅臣降附三桂，西路告急，未得专事湖南云。"六月，江西萍乡蓬寇朱益吾《通志》作"宋益吾"倡应贼，伏诛，其党朱永盛辈复聚众数万，浏阳奸民应之，栅县南铁山界、沙木桥各徼。《戊寅志》："贼巢连数十里。"案《通志》："宋益吾降贼，号召乱民，未几为袁镇某擒戮，余党朱永盛、揭先胜、邱善我、朱明昇等屯浏阳邻界滂田冲云。"十四年正月，袁州镇赵某将兵至浏阳，寇四窜，伪总兵揭先胜以贼万余踞东乡大围堡，朱永盛诸贼亦掠而东，时伪兵备道冯景已先踞石马崮。《戊寅志》："十三年九月，景踞石马崮。"三月，伪将军杨有禄复由江西铜鼓营入踞浏阳城，三桂令索民猪羊、麻穰、絮被，剥四野柳枝无遗。四月，又索棉布、棕缆、槽鐗、锅桶诸物，民穷蹙。既揭先胜踞奔埠市，县东六十里。今永和市。召富室捐纳，莫应。六月，遂预胁明年丙辰年地丁银，民多被扑死者。七月，又征澧南米馈萍乡贼。九月，伪总兵许龙等旁掠各县。于是贼蔓布浏阳，伪参将严国泰踞横山，县东八十里。伪守备聂某踞仙洲，伪国公秦得胜踞沔江，伪游击曾胜踞炭棚，邱相国踞三滩，朱曰佐踞大光洞，朱尚踞山口，胡士铭踞高坪，林某踞鸡婆尖，伪中军王大踞查山，疑即东乡查田。而许龙踞滩头，皆依倚东乡山谷相应援。十二月，伪协镇黄正卿入踞浏阳城。十五年正月，遂筑营寨，凿壕堑，遍设塘汛，掳财物牲畜，恣意屠杀，《戊寅志》《通志》。民益困。初，三桂以贼七万据岳澧水口，拒我荆州江北之师；又七万据长沙、萍乡、醴陵，拒我江西之师。会三桂趣松滋，谋入秦、蜀，安亲王岳乐遂由袁州攻贼，使奇兵出萍乡，过醴陵，斩首万余。《圣武记》。二月，伪将军夏国相弃萍城，走长沙，合马宝等死守。《旧志》。○案《圣武记》："三桂由松滋回援长沙，屯岳麓，使胡国柱守城，马宝、王绪营城外，合力拒守。"云云。《通志》《戊寅志》马宝作"马三宝"。大兵踵至，栅南门外围之。《旧志》："时八旗游兵入浏阳之百嘉山、镇头市等处，括民盖藏无遗。浏奸民为向导，搜及山谷云。"时浏阳被群盗隔胁，未即投诚。六月，大兵分剿浏阳，北自石塘铺入，西自镇头市入，杀掳甚众。《戊寅志》："杀掳数十万。"七月，大兵回栅，而伪将军杨有禄踞大围堡，朱永盛踞官渡，揭先胜踞奔埠市，朱明昇、邱善我踞渡头，犹立寨相倚，恒出掠县西南，杀人至抽肠刳心之酷。八月，平江贼数千人复入黄泥界，焚掠县北。旧志："亲王遣偏师进剿，兵至寇退，民受其灾，纵火烧七昼夜。"十月，伪将军马、陶、李、王、郭等复破镇头市，掳男女二千余渡河西去，奸民阳震元又引郭士英、王瞎子诸贼四出掳杀，旧志浏民几无孑遗。十六年正月，大兵捣渡头市，焚贼营，贼逸。三桂旋由常德入长沙，败走衡州。然县东数十里之外，贼仍蹂躏。八月，大兵直捣金坑、板背，贼始转平江，遁入岳州。先是，知县周鸿韬招徕抚绥。贼既去，都统阿某欲尽杀百姓之陷贼巢者，鸿韬力争之不得。巡抚韩世琦白亲王，乃遣知府任绍爌来县办理，全活千余家。十二月，大兵复平江。明年三月，揭先胜、严国泰、朱永盛、邱善我降，余党乃潜遁。闰三月，三桂僭尊号于衡州。八月，死。十八年春，大兵复长沙，《通志》《戊寅志》。浏始得苏息。自是民生不见兵革者近二百年。咸丰以来，乃有堂匪、粤匪、土匪之变。

征义匪之难

征义堂匪，古港周国愚实倡之。居高浒，曾以资捐从九职衔。国愚短小貌陋，颇习技勇。道光间，阴籍死党，令转相结，故自名征义。道光十四年，始聚盟，籍其党差三等：曰勇力，曰口辩，曰书算，非是不录。

咸丰二年秋，粤贼犯长沙，诸乡谋团练御盗，未悉集。廪生王应蘋逻粤贼谍通国愚者，械县。其党遂毁狮山书院，杀应蘋。应蘋与李芸等办团练，获贼谍，械送县。其党遂杀应蘋，肆抢掠。贼目曾世珍、邓万发等凡十六酋。方是时，长沙事棘，知县赵光裕乃以计款贼。贼故不恣杀，辄胁富室资，缮械积粟，封识民仓，以禁攘夺为名，布党县城及县东镇头以下诸村且遍，攘夺者卒四起。乡人益团练，间走江西、湖北白乱状。贼分党四出，逐富室，索民资货，封仓储，曰禁抢夺。诸无赖劫掠者，率莫不称征义党。七月，或劫永安市典肆。八月，又劫县典肆。县东张家坊李某、小河陈某各倡众劫掠，张坊乡守及陈坊团绅某等先后集团丁歼之。县南金刚头、县北永安市诸村亦各击死劫掠者数十人，众略定。九月，国愚谋袭东门踏浒团，遣贼六十人驻他酋宅。时县东东门市集团拒贼，贼谋踞踏浒扰上游，结党白沙市，先遣六十人驻杓形匪酋黎树标宅。甫一夕，东门市所练三十六社团丁遽围而爇之，歼焉。十月，再歼峰田、大坳之应贼者。于是诸乡团且日伺贼，贼遂伏党古港穴山坪、宝盖诸洞中，不数出，惟出入县治，伪助知县守备如故。贼初布党县东，自镇头段以下，三口、栗田、邓家塘、沿溪桥、高浒诸村皆贼薮，日事胁掠，昼旗旄，夜钲鼓，游侦布道路，执负贩者，疑团丁谍，竟杀之。百里间民不得帖息。愚民逼近畏祸，多窜名逆籍自庇。粤贼久顿长沙，贼畏诸团袭己后，不敢往，辄与诸团为仇。诸贼且各立伪号，恣淫虐，报睚眦。国愚日烧香拜神毕，独戟手步室中，恣诸酋长所为。既败于杓形，召诸贼伏古港近村，率夜惊团丁，至或出掠，辄被杀。又使人约东门团撤备，不可，于是气益夺。

时编、检得言事，邑编修邹焌杰密疏贼起事本末甚详，且云："臣言之则有灭门之祸，不言则浏无噍类。然与其为一家计，不若为一邑计。乞陛下命湖南巡抚密讨此贼，使骤不及备。"已长沙围解，候补府江忠源以师至。光裕曰："师援江西耳。"贼因不为意，旋觇师驻冯家山不行，又轻其少且羸也。十二月十八日，遽分道来犯，左队出詹家岭，噪而前。忠源戒师勿动，俟贼近击之，贼驫奔，追斩首百数十级，右队出乌立树下山间者遂皆溃。师次古港，诸乡团受密檄毕集，捕贼党戮之，磔曾世珍以下诸贼。散胁从者。时诸团毕集，搜山谷余党。江忠源出良民牌，令区别良莠，胁从者争取悬诸门，皆反正。是役也，县牍称阵斩匪三百余名，明年夏解省正法者周国愚以下凡四百四名，在监病毙者凡七十二名，委官来县定谳正法者凡二百九十七名，自新者凡三百三十九名。○案《江忠源传》："总兵经文岱冒雪趋芦洞十八盘，袭破贼巢，斩首逆十数。其实①贼一败而溃，忠源至古港亦未战。明年正月回县云。"明年，获国愚，论如律。国愚逃湖北，万发逃澧州，悉捕送抚辕，磔之。国愚父瘐死，子二奄发黑龙江，给官兵为奴，妻给驻防官兵为奴，并毁其母、祖父母坟及万发父母坟。事上，奖叙官绅有差。知县赵光裕擢知府，江忠源擢兵备道，余保叙者尤多。

先是，道光间，大吏廉国愚结党状，下县逮治，无乱迹，遂宥之，令解其党。会岁屡歉，贫者稍稍复附，人知其必乱。适遘粤贼而乱作，凡六月而败。先后费军需数万，案县牍：二年江忠源及委官会剿，县中增募勇四千六百余名，明年三月竣事。核古港十八盘诸局经费，凡银一万二千四百二十余两，东南各乡团自备军需未白有司者不在此数。其银悉由士绅请援城工议叙例劝捐销抵，于是县士绅十余人论功保叙有差。

五年七月，贼遗孽谋复乱，以先期事泄，贼期某夕月出，杀掠怨家而西，数诇其室，灯荧荧然，众仰视云昏暗，则假寐，既辨色矣，遂惊而伏。知县袁青绶亟驰十数骑抵古港，捕贼酋斩之，患遂息。

① "其实"，疑当作"其时"。

粤贼之难

咸丰三年，粤贼陷江宁。粤匪俗呼“长毛”，其首洪秀全，道光三十年以习教起广西金田。咸丰二年，扑长沙，月余遁去，陷鄂、皖。三年春，遂穴金陵，四出蹂躏。夏，分寇江西，楚边大震。大吏遣官来浏，督东、南诸团出丁助官军守御。时贼扰江西，分窜瑞州、上高及义宁各郡县。侍郎曾国藩在籍办团防，先后遣军功邹寿璋、守备陈文耀率四百六十人驻县南铁山界，又委府经历杨承义募楚勇四百驻渠城界，余东南界十余所，团丁分防且数千人。县南诸绅为请筑铁山、东峰、渠城诸关以抗贼。既贼窜瑞州，大吏委官下县办防，分历各隘劝谕。饷绌，知县赵光裕请出常平谷济军，布政使徐不可，仅许支咸丰二年地丁银一千两。九月，解严，惟邹军自省给饷，余军及各团丁军需凡银二万三千六百六十余两，请准援城工议叙例劝捐销抵，见县牍。然是役，尚有案亩科费未白官请饷者。明年春，贼出入浏旁近州县，诸团再防守，旋以贼窜通山，乃罢。是年春，贼党分窜义宁及平江、湘潭、醴陵各县，县境戒严，所费军需多由民科亩捐济。知县袁青绶时既代视事，辄申警团绅豫备戒。五年夏，贼陷义宁诸团，复集勇守隘，斩征义匪遗孽自贼逸出者二人。秋，复捕斩谋乱者。未撤备，而伪翼王石达开扰临、袁、吉、瑞间，大吏遣守备杨虎臣诸军戍县南隘，县东诸团亦益兵。是年四月，贼入江西义宁。五月，铜鼓都司某战没。初九日，义宁城陷。七月十五日，官军复之。十月，贼再犯义宁，连陷分宜、万载。十一月，大吏遣萧启江率师分驻营子岭之枫树峡、铁岩关之鸿胪地。十二月，又遣杨虎臣率师驻渠城界。贼连陷袁州、萍乡，再陷义宁，近浏隘皆贼巢，民汹惧。岁除，东界犹增调团丁。方是时，江西毗浏州县多残破，贼入义宁者踞铜鼓营，入万载者踞大桥，分窥县东南徼。六年春，遂自大桥南窥上界岭，且筑垒，团丁掩击之，走。时正月十三日，陈坊、张坊团丁追贼及小源，擒贼四人。既逾枫树窝入，正月二十九日。龚兰桂、陈光国等力战，贼麕至，被执，皆不屈死。见《人物志》。青绶亟要虎臣东军虎坳，拒大桥贼。贼踞铜鼓营者，复东袭横山、上庄两隘。时东门踏浒团丁及团绅某谟字营勇北守上庄，白沙诸团团丁南守横山。团丁据险拒之，上庄营且毁于贼矣，炮其酋之搴旗前者颠，遂大败之，俘二人，时二月十八日也。先是，十六日贼犯上庄，团丁拒之退。是日，贼突自界东之紫草坪、相见湾分队登操厂，攻横山，火上庄营，在事有战惧者，或援桴而鼓，大呼神救声，与鼓应节，既毙贼酋，追斩首数十级云。越五日，而虎臣有虎坳之捷。二月二十三日。虎坳达万载叉道四，故虎臣扼之。贼先未薄横山也，入铁树关，火双坑诸村，时陈坊团丁并力击，贼始退。虎臣亟分兵二百军上洪。地在铁树关西数里，距虎坳约三十里。贼忽再入上界岭，虎臣逐之，遽退，三分其众，驰虎坳。于是，虎臣以二哨兵左拒雷公尖来之贼。已而贼二队由大路合奔虎臣右，大呼噪，虎臣勿为动。久之，飞火笥空中，贼仰视，我军亟轰子母炮，大呼杀贼，贼骈仆，駴而奔，雷公尖贼亦奔，遂蹙而覆之，僵胔塞径，追北数里而还。时以三百人走贼数千，称奇捷。贼中炮及蹙落岩涧死者多，获械无算。已训导丁际可率师追贼及排埠。三月，际可奉大吏檄，以靖营驻铁树关。二十三日，贼入犯，际可击之，乡守团绅某等以团丁继出，追至义宁之排埠。四月，团丁再败贼之入横山者。于是贼东南攻浏皆受创去。

未几，湖北残匪由平江猝入县北境。时贼大挫于湖北，残党入平江。五月十五日，遂折趋浏，逾大蚕岭入掠高升桥诸村。将至县矣，青绶亟募三百人扼蕉溪岭，张帜疑贼，夜设炬轰炮。举人李寿荣谋也。明日，贼折走县西，由普迹入醴陵，道掠县民数百。西北各村男女死者颇多，并掠丁壮数百。官军亟追，败贼于攸县，始有归者。明年，贼仍出没江西，冬乃解严。自五年夏至是，费饷亡虑十数万。事棘，青绶请令民输助，且亲巡隘劳士，士益奋。既定，闻于朝，叙功有差。案县牍：五年四月，贼自南楼岭犯义宁，浏阳震。五月，义宁不守，县诸隘增勇至二千余。七月，布政使罗泽南复义宁，而征义之匪复煽，未解严。十月，贼复扰江西县南，益警备，增勇至三千七百余。十一月，萧营、杨营先后至，贼方蹂萍、万、宁诸州邑，县东南界外皆贼薮。六年正月，贼逼隘，数败，犹相持不退。夏，万载、义宁以次复，又适有崇通残贼之警。六月，始撤防，然诸隘悉留勇稽诘也。七年春，官军败于临江，浏阳戒严。七月，复瑞州。十二月，复临江，东南始安枕。自五年四月至是月，防堵历二年余，东南界隘三十余所。事棘时，调团丁至四五千名。大小战凡八，以军功得奖者二百余人，请祀昭忠、节孝祠者六百余人。城乡军需凡十八万有奇，大吏拨地丁银三千两易钱六千余缗，支厘金钱九千余缗，常平谷价四千五百余缗，余悉案亩科捐，不足，请给空名，实收七百余纸，就地劝民捐钱九万九千余缗销抵，又不足，盖财力惫矣。方贼再入横山也，四月二十三日。团丁方朝食，贼骤遏上庄而力攻横山。团丁据高垒炮贼多中，然不得下。日已中，贼逾隘火民居，争垒益力，上庄健卒十人潜出林木间，仰炮贼，贼骈仆，乃駴奔。诸护丁援隘者亦至，追北十数里，俘五人，斩馘甚众，贼自是不轻窥浏。时贼经数挫，四月二十九日官军遂复万载，然五月初贼犹谋扑东界，于是诸团数集丁张声威。江西铜鼓营都司某募勇过境，为助军械剿贼，且遣数百人为后应。二十七日，都司某与贼战，乃复铜鼓，浏界团丁协剿至宁州、大段诸村，浏患始稍纾云。

十一年，伪忠王李秀成窜江西，大股据新昌、上高间，边复震。时长沙、岳州均戒严。先是，浏团称密，然散而自战，不相摄，饷餫亦无方。近界民苦骚扰，又乌合聚防，亦糜饷。三月间，署巡抚文格檄县士绅议善策，知县张景垣主之，乃联团置局，法具《团练略》。时众议联大团，适抚札下，邑绅博议善策，遂共定团局所：县城一，县东六，西、南、北各三。县置防局总之，有事调勇，诸如军律。于是餫出于土而民不扰，兵战于外而耕不辍矣。已贼自新昌窜排埠，四月十日，谋入铁树关及上庄，不克，时上庄、横山设守。四月初十日，贼入近界寒婆坳、紫草坪、统坊诸村，团丁列队，乃引去。知县张旋令团绅某筑上庄垒，老贼。卒解去。事上，叙功有差。县牍：是年三月，贼窜江西，比调团丁三千余，分布东南隘。贼日逼，大吏调升、兰二营及安越军相继助防，未久去，惟杨参将一军分驻铁山、虎坳二隘，于是乡团益兵戍凡四千有奇。时征义匪遗孽某潜款贼，人心益摇。八月，始撤防。费军饷七万四千余缗，详请大吏拨浏捐输九千缗及空白实收劝捐钱六千八百余缗支抵，余悉就田科捐钱四万三千余缗助给，犹不足云。浏至是五遭粤贼之乱矣。

同治四年夏，又有金口叛卒之扰。霆字营散勇，以饷不时给，哗而叛。叛卒自湖北入义宁，突至铜鼓，时四月十九日。窥横山及铁树关，团丁御之。时二十二日。折而南，官军乃驰赴虎坳。和字营分哨来防，既近上庄，闻贼南走，遂扼虎坳。五月，追师过江西，时追贼师及江西，入万载，又分过醴陵。或讹言相惊徙，县南亟增备。六月，解严。费饷凡数万。县牍：四月十八日，叛卒入义宁县，东南防守。大吏遣和字营协剿，叛卒乘其未至，数入犯，团丁击之退。是役也，守三十余隘，军需费二万四千余缗，大吏拨厘金钱一千五百余缗，余尚悬搁。又三年，江浙股匪窜江西，县局召勇侦守数月，费二千七百余缗。并是年，凡悬二万五千余缗，准于筹饷新例外，就地增二成附捐弥补云。知县刘凤仪上其事，赏叙在事者，与拒粤贼功同。

土匪之难

土匪之变，曰哥老会，曰教匪。哥老不知何始教，有黄、红、白三种，迹俱诡秘。二种皆不知何自。或曰哥匪倡自黔、蜀，为天地会遗孽，其党率结盟约，尚勇力，千里邂逅，具以意语，可默会。浏阳散归之兵多有之，其性淫悍，既不甘食力，又艳侈俗，辄恃党，乃得如所欲，莫之抗也。教匪种凡三：曰黄、曰红、曰白，其伪妄则一。大率逆首以黄教羁愚民，布浩劫说相震，而红、白乃聚亡命为乱计。黄教初茹斋，后悉餍酒肉，传者言江西倡之。二种事均秘，又善煽惑，愚氓不明理则易动，守令不遑言教化，胥吏间舞法，法不信，民益不知所从，辄以二种为丛渊。亲近不及知，即知者亦秘，不敢速祸。于是二种蔓延，统为无赖薮。同治五年，江西檄捕治。或曰浏亦有之，莫之信。明年夏，县东姜守东、张以喜等谋作乱。守东哥老会，以喜红教。有告变者，知县王汝惺日备之且无遽。贼知事泄，五月七日夕，聚窑下坪寺，骤爇姜卢段及踏浒村屋，杀十数人。死者惨甚。明旦，诸团亟集丁，逼姜卢段而军。上东团驻踏浒，南边团驻观音塘，先至。贼伏宵越大洞岭，毁洞溪书院。集张家坊市团丁猝追至，贼焚掠张家坊观音团，绅某以团丁百余尽夜追之。贼短兵接战，败走万载。时某绅团丁夜出未朝食，适乡守团丁继出，合追之，贼遂走江西。初，贼期江西匪十三日发难，曾国才等党最多。以先期莫应，于是万载乡兵并起击贼，贼溃。自起事至败，未二十日。官军至浏，暨各乡团丁数千人集窑下坪，旋罢。已讹言起，汝惺留兵宿城。初，匪逃江西者谋潜归作乱于荆山，事泄，捕其酋，乃解。冬，巡抚札邑绅刘德谦率军捕余匪。委官陶燮咸下县清查，德谦率军驻治镇压。甫至，匪党伏县南文家市，谋劫团局军械。时十一月二十三日。将作矣，团丁掩捕十数人械县，乃散走。诸团逮捕匪党，鞫之，自言奉黄教，不为乱，许贳其罪以诱之，间吐其实；其悍者，极刑无他语。教匪伪据有若忏悔词、恩条、路引、阳合诸种，皆荒诞如儿戏。询其说，云避劫，察之若渔利者所为。然其酋视死如归，临刑且笑谓"脱阳劫"。其众四布，立伪营号相摄，有总理二教、内盘、外盘及元帅诸伪目，盖始黄教，其终皆入红教云。十二月，匪酋匿江西者复诱县东奸民高三桂结党于突石村，官军及团丁击之溃，诛其魁。突石，县东山村，高三桂聚党结巢，众汹汹。十二月二十七日，委官檄张坊、陈坊团丁会官军捕三桂，遂合击之，焚其巢，团绅张文庆被创死，三桂逸，旋捕诛之。是年，先后费军饷凡数万。明年春，大吏遴员来治奸党，令解散。是年，乡守团绅某遣团丁至江西省诱捕曾国才至，伏诛。

九年夏，哥匪复谋作乱，其党或告变。团绅某白知县万修廉，夜集勇，若备他盗者。明旦，诱其酋至，遂悉捕诸酋诛之。哥匪邱志儒等聚谋县西堕栗坪，期四月某日作乱，焚县治，会醴陵匪犯长沙。会其党先期告变，团绅谋于知县万，遣亲弁入其党，廉得其实，夜集勇，诱邱匪斩之。其党有积军功保至副、参、游者，先后捕至，悉伏诛。事定之后，搜查余党。共费军饷六千余缗，奉大吏给空名实收功牌钱三千缗，拨厘金钱二千缗，其余准于捐款内筹补。是年粜贵，匪酋就诛，众皆案堵，亦以城乡诸团运米减粜，民得苏息云。未几，会匪发难湘潭，浏得帖息，然防边诘奸，亦劳费。九月，会匪自湘潭窜醴陵，县西南界设防。是役也，费饷三千余缗，奉大吏拨厘金二千缗，余仍于捐款内筹补。十年十二月，哥匪复倡乱于县西普迹市，团绅知之，密以状白县，知县汪亮清遣团绅调勇往剿。初三夜，匪乘团勇未集，焚掠普迹村市。初五日，据官桥，大肆劫掠，镇头市匪应之。适驻醴陵之官军谢国彩率勇由间道入，击败之。团绅率勇踵至，大吏遣锐营率兵亦至，缉其酋诛之。十一年春，始定。

团练纪略附

咸丰元年，粤寇棘，大吏豫下团练法于诸州县。二年秋，贼果犯长沙，而浏征义堂匪变作，知县赵光裕再谕民团。时大吏令格杀拒捕乱民勿坐，于是各乡始多言团练。先是，县南团丁扼险防粤匪。既征义匪四出掠，尚自称团练卫民，县东集团拒之。擒诸煽变及盗劫者戮之，令始肃。事见征义堂事注中。时县虽未悉团，然贼逼，众危而心一，又得便宜擅决事，故事易集而匪不敢逞。法：团总一人，数团佐，户籍团丁，设局科亩会资，治军械。所用械率狼筅、木棒之属，间用火器。承平久，民不知兵，率意制械，如挡牌、盔甲，悉不堪用。日夕巡逻于高山，联置炮房，约贼至，以次举，亟鸣钲驰四境，团丁悉赴险扼，后者以所置符促之，置符，或以竹，或以布，如今军营羽箭，均一时私制。不应有诛，最称严。然犹未悉团也。

既侍郎曾国藩驻省城主团练，巡抚张亮基且谕民结堡筑寨。张法略曰："土匪起，官军未及驰剿，村庄已受害，匪且远飏。古人坚壁清野之法，当酌行之，其要不外'平地并村、高山结寨'八字。并村，或数村、十数村为一，惟民便。但择一形势适中地为堡，外为濠，凿濠土以筑墙，厚四五尺，高逾丈；濠深宜六七尺，广亦逾丈，濠内削竹密钉之。墙距地三四尺凿孔，便施火器。其堡形方圆就地便，四周向外凸出为碉，如敌台，亦凿孔，其远近以火器及二碉之中为度。堡内盖蓬屋，听民置器具、谷米、薪炭、蔬盐其中，封识之。贼将至，则老幼入堡，以壮丁守碉。碉得火器二三十，贼必不敢近，平地险于山谷矣。高山筑寨，则先编保甲为若干，小团统为一大团，有无赖及踪迹可疑者，送有司治之。然后因山设险，削崖截径，于要路取石作碉，皆相地为之，如堡法。市集之处，并仿平地筑堡浚濠。所需经费，或按田派捐，或富室捐助，能慷慨从事者，闻于有司，许予奖叙。其地有祠庙公屋可为堡者，不必别盖屋庐，只须筑墙凿濠，尤省经费。此惟各乡因地制宜，不拘一例。其要使州县无不团结之乡，乡无不团结之户。盖使乡民击贼则不足，使乡民共卫则有余也。或谓一入堡寨，则聚而歼旃。不知民居散，故彼此不相顾，贼至而逃，老幼或不免，屋庐器具或不免，幸而一身苟全，徒为饿殍。今堡寨之法，声势联结，贼无所胁掠，何能赍粮缮械，以与良民相持？且外匪多由内匪勾引，今既并村结寨，匪类奚容？此亦利害之较然者矣。”示词甚详切，乡人辑其书曰《乡团事宜》，今姑撮其大凡云。光裕乃因浏之宜增损之，条下各乡，令悉团练。十户为什，如干什为团，团总、佐、籍丁如旧，其费亦许取诸民。特令如干团设总团，立巡长。初，光裕及委官夏某以所议巡界点勇、练赏团丁诸章程上巡抚骆秉章，札覆：“所议各守各界，未能互相策应，宜添巡缉壮丁，五团立一巡长，彼此救援。”于是复议简明章程，上之。札覆：“人命至重，匪未持仗拒捕，宜送有司。今议由团族置之死，启擅杀之渐，不可。余悉如议。”且下司檄属通行。其章程凡十九条，今撮其略曰：“团练以民卫民，于官军不为无助，但得其人则事举，不得则为害不浅。法：由有司慎选贤良绅士为团总，令自择团佐，然后督保正，立什长，联良民，十户为一什，由什长遍历各户，录其丁口、年岁、执业、田亩入册，不逞附册末，为自新户。册成，团总收而上之有司，自存其副。户给一牌，书乡里宜相纠察诸事，并令自注丁口诸项如册，悬之门，三年一更。所需团练费，令团内富室按派，凡团内田派若干，其户东田西者，令派捐于西，以杜隐漏；无田而藏镪盈百者，亦派有差，其钱悉由团总择人管之。无事，即团总家为局，雇夫一供驱使，不雇夫或别集公所者，听。有事，集团佐及众议开局。其壮丁即按门牌内有壮丁者，户派一二人，凡十二人为一队，有队长，有火夫。独丁者不派。若干队为哨、为营，由团总择人督之。制军械如制。择高要连置信鼓，远近分别节拍，有警以次击之，团丁迅集团总家，率赴鼓声所起处攻御。邻团有事，彼此救援。其附界三十里内外，团丁闻贼逼界，则先驰堵，俟团总至或另调乃休。平日农隙或月下，什长率之习击刺，岁由团总阅操一二次，酌犒之。各什有赌博、宰剥、酗酗、偷盗者，团总、团佐罚之。其勾引奸民为不轨及强掠不逞者，白有司治其罪。团、族徇纵者，官并坐之。游匪入境掳掠，格杀勿论。”凡平粜救荒，排纷解难，行乡社约，以激劝乡愚，悉有条。按：原文甚繁，颇详尽。末有行乡约、置善恶籍二条，意亦善，惜非其人不行耳。时又有以练勇抽丁为疑者，知府钟音鸿寓书知县光裕，略曰：“团练章程周备，闻民间以按册抽丁为疑，不知此为各保村庄计，非抽丁也。其再谕齐民，令一律立团。”其后光裕极力晓导，民间稍释所疑，民合为兵，保卫桑梓甚力。时民犹以意相联属，或以村团，或各以族团，有一里一团者，有数十里一团者。权分志涣，莫能一。

六年，粤贼犯边，贼由江西犯虎坳及上庄诸界。一隘或数团并列，自募军食，户多者拥其余不相济，少者不支且溃。知县袁青绶乃令东南力捍贼，助饷必西北均。曰：“贼入江西，东南界急，不萃西北财力，则东南必危，西北何安？”于是皆遵办。故尝置总局县治，则令诸乡合，而谋白大吏，给空名实收券，捐职兑银两例给实收。许民斥资饷军者得授职，于是战皆捷。官军再战、团丁六战皆捷。七年，再白团练法，请练勇由官给饷，未及行。咸丰七年，知县袁上大吏言：“咸丰二年，粤匪下窜，浏兼有堂匪，是以办团最早，然皆仓卒不为久计，或事未终而局已散，或法虽立而势难行，未及年余，事端蜂起。窃念有散团而无总汇，呼应不灵，前拟定大团章程，数年防堵不息，规模仅能粗就。当多事之秋，欲其互相联络策应，须于城乡士绅择其识机宜、顾全局者为总首事，专司调度；其严约束、精训练者为带勇首事，专司训兵。二者得人，团练方裨实用。其乡团酌捐团谷，仅供平日训练之费，调集拨派仍须官给口粮，始能应手。此且俟各大团通行整顿，再当申请鉴核。今惊弓之后，风鹤不时，请酌留勇丁二三百，以资稽察。”云云。大吏札覆：“以整顿团练，须实心经理，毋得有名无实。防勇不可留。”事遂罢。

十一年，贼酋李秀成之窜江西也，时新昌、上高贼号十万。署巡抚文格檄县更议团练法，乃去族团，统之乡，又多所合并，而综以大团。城乡置团练所，皆受成于县，设总防局主饷餫，有所征调，朝下片纸而夕团至，诸如军律，法差密。知县张景垣上大吏言：“东、南二乡要隘二十余处，悉由大团募勇分布驻守，仍仿营规，俾有纪律，进可战，退可守，不致乌合混乱云。”盖整顿之初，洵有如所言者。同治元年，近隘者更推保甲法，户给牌，令注口及年、执业毋漏，别注籍如旧法。凡十户为牌，如干牌为社。乡各祀土谷神，曰社，农人往以社区别，故因之。社有长，如干社为团，团有总，凡如干团统之大团。其丁则户籍年十六以上、五十以下者一人，曰壮丁。以军法束伍，不以牌拘，岁再集而讲武。军械藏团局，惟所调用。籍丁之初，众惧抽丁远征，不应。再三晓以保乡里，不出境，且得众所素孚者为之约，始应籍。或有以壮丁难恃，必别养勇，无事亦给口粮，间行之，壮丁以不给口粮怨，又养勇费不赀，卒罢。夫壮丁能演而用之，平时无以佗凌害，养勇不啻矣，患行之不实，且演亦需费，并难行耳。余丁及无室家者，年即如式，别为护丁，不召演，令自为演，以省经费。警则令聚扼小团险为援。壮丁他出赴警，内奸窃发，或无以应，护丁就近驻防，颇为要策。盖视旧益密。六年土匪之役，颇收其效。然岁不籍则户迁而伍乱，不数讲武则众易懈，费绌固未易行。迩有司治匪，曰：“团以练众，族以诘奸，《周官》‘宗，以族得民’‘友，以任得民’

之意也。今仍无以族团，而族必稽其莠，以辅团不逮。其团则不惟其法，惟其人。官不必久任董其成，在居此土者行之以实。”众然之。诸团视咸丰中颇有所分并，今取见著县牍者录之，纪一时之事。

县城大团一，曰中立，辖小团十有二。一四城，一东屏，一西屏，一南屏，一北屏，一兴仁，一永庆，一清泰，一南卫，一三益，一白水，一升腾。

县东大团六：最东曰上东，东毗义宁，有上庄、横山、七星岭、水坳、崇乡、松树坳诸界；北毗平江，有望三乡、九岭、界岭、钓水尖、望河尖、浏阳界诸界。广七十余里，袤五十余里。辖小团凡十。一千秋，一长庆，一崇正，一志道，一星湾，一金溪，一大和，一鳌江，一拱星，一田心。次东迤南曰陈坊，一曰陈坊、张坊大团。东毗义宁，有铁树关、黄泥巢、绞车岭诸界；南毗万载，有虎坳、凤凰岭、枫树窝、上界岭、下界岭、葛藤岭诸界。广六十余里，袤四十余里。辖小团十有六。一上守望，一凤溪，一吉星，一下守望，一中和，一乡守，一得人，一九老，一富溪，一升平，一上洪，一东丰，一致和，一七溪，一春和，一勋成。次东迤西曰踏浒，北毗平江，有杉皮坳、火子坳、赵公坳诸界。辖小团凡十。一志同，一官镇，一同声，一庆福，一保和，一保定，一时安，一志成，一志城，一宝善。又次曰永和，南毗万载，有营子岭诸界；北毗平江，有祖师岩、添子岗诸界。辖小团二十。一永和，一靖溪，一里仁，一大光，一铁山，一仙佑，一里佳，一得胜，一横山，一公平，一上诚嘉，一下诚嘉，一人和，一南溪，一连桥，一保和，一平安，一澄潭，一大和，一仁和。又次曰古港，北毗平江，有宝盖、十八盘诸界。辖小团二十。一永安，一保合，一友助，一乐善，一从善，一仁里，一宝善，一仙洲，一崇正，一沔江，一敦本，一花园，一止戈，一道德，一三庆，一保善，一甄淑，一沙湾，一大农，一同善。又次东迤南曰高坪，一曰高坪石湾大团。辖小团凡七。一心合，一平安，一高坪，一同志，一永丰，一德风，一亲睦。

县南大团三：正南曰枫林，南毗萍乡，有渠城界、下马界诸界。辖小团四十有一。一协和，一清定，一保合，一永定，一永和，一大和，一五福，一花江，一清溪，一乡山，一永庆，一芙峰，一保和，一澄清，一百福，一人和，一道贯，一长乐，一石壁，一泰顺，一简居，一金城，一石纪，一升平，一清和，一共济，一硖石，一云溪，一保泰，一德礼，一灵顺，一清泰，一一心，一同心，一福星，一兰谷，一和济，一和中，一吉星，一和平，一庆福。次南迤东曰里仁，在沙溪，一曰沙溪文家市大团。东南毗万载、萍乡，有铁山、铁岩关诸界。辖小团三十有七。一敦信，一友助，一永乐，一众志，一明义，一崇德，一镇三，一黄坊，一坑田，一槐花，一同人，一同应，一福临，一五福，一白马，一福人，一兴仁，一神牛，一兴仁，一社滩，一牌楼，一楚平，一清泰，一安良，一吉庆，一化行，一同心，一益友，一仰山，一敏仁，一同仁，一必胜，一黄沙，一化美，一合一，一人和，一一心。次南迤西曰金刚，在金刚头。原一团，近分大窑大团。南毗萍乡、醴陵，有东峰、大阳坪诸界。辖小团十有二。一永定，一志胜，一九社，一民安，一吉临，上五小团金刚大团所辖。一保合，一仁美，一保安，一谢家洲，一久社，一兰泥湖，一两社，上七团大窑大团所辖。

县西大团三：正西曰冲和，在枨市。辖小团二十。一和衷，一三合，一德化，一同声，一合力，一鼎力，一孚中，一永安，一福泰，一务实，一隐修，一寓农，一同心，一忠恕，一御侮，一履道凡三，一昭德，一归德。次西迤南曰普安，在普迹市。西毗醴陵，有凿断坳、梅子园诸界。辖小团凡十。一心德，一清吉，一敦厚，一绥靖，一永绥，一四知，一保庶，一德慎，一仁美，一清安。又西南曰镇西，西毗湘潭、善化，有婆仙岭、亭子岭、雷公岭诸界。辖小团十有二。一福星，一镇定，一守望，一保合，一保卫，一永保，一久敬，一江湄，一保靖，一六合，一智勇，一一道。

县北大团七：近县曰蕉溪，蕉溪岭北。辖小团十有四。一清泰，一保合，一集福，一务本，一四美，一恒生，一敦仁，一安仁，一永清，一永庆，一守约，一永靖，一良和，一保泰。又北迤西曰永安，西毗长沙，有界牌岭诸界。辖小团凡五。一长庆，一清美，一和安，一耕里，一尚义。西北曰北盛，西北毗长沙。辖小团十有三。一保和，一常丰，一光裕，一三星，一至公，一公忠，一公厚，一公和，一公平，一公正，一公直，一公诚，一公信。又北曰沙市，北毗长沙。辖小团凡九。一保靖，一保元，一富善，一砺贞，一上人和，一湘中，一合一，一保安，一端堡。又北迤东曰全吉，毗县东。辖小团凡十。一同德，一信立，一德化，一一心，一归仁，一保邦，一三杰，一全仁，一大吉，一合一。最北曰绥和，北毗长沙、平江，有慈姑尖诸界。辖小团凡九。一保和，一保全，一保清，一合保，一永泰，一永清，一和义，一均安，一合安。最北迤东曰莲溪，北毗平江，有黄泥界诸界。辖小团凡七。一宝善，一清泰，一辅正，一万安，一中隆，一保全，一平安。

凡大团二十，小团二百九十四云。

卷十四　祥异

《春秋》书灾祥，不言事应。胡氏作《传》，谓不言事应，而事应具在。则天人感召之理，不可诬也。国家锡福庶民，以寿耇为人和之征，雨旸丰歉，令有司以时上告，盖一以怀保为念，故民生㐌遂，沴戾潜消。浏虽僻在楚东，其享大年而瀫士女者，所在多有。间遇水旱虫蝗与草木禽鱼之孽，而弭灾有道，致祥有方，非赤鸟空飞，荧惑退舍之遗烈欤！昔《班史》创《五行志》，沈约《宋书》特志《符瑞》，马贵与取诸史《五行志》所书为《物异考》，皆非徒作者。方志耆寿必录，禨祥必书，司牧者尚于庶征念诸！

人瑞谨按《会典》："耆寿至百岁，由督抚题请旌表，给银三十两，令本家自行建坊。其给予字样，寿民曰'升平人瑞'，寿妇曰'贞寿之门'，兄弟同臻百岁者曰'熙朝双瑞'，夫妇同百岁者曰'期颐偕老'。至百十岁者，坊银加倍；百二十岁者，加二倍；百二十以上，请旨加赏，不拘成例。其百岁五代同堂者，照例建坊外，赏银十两、缎一匹；九十以上五代同堂者，给'耄龄垂裕'匾额，赏银九两、缎一匹；八十以上五代同堂者，给'彩娱大耋'匾额，赏银八两、缎一匹；七十以上五代同堂者，给'禧崇绛甲'匾额，赏银七两、缎一匹；亲见七代、八代者，给'七叶衍祥''八叶衍祥'匾额。此外有一产三男，由督抚咨报礼、户二部，例给米五石、布十匹。"

国朝

百岁五代同堂寿民

刘启后北乡人，百有六岁。旧志。　周科璧北乡人，百有三岁。同治八年旌。　邹章凰西乡人，百岁。

百岁五代同堂寿妇

欧阳易氏县西欧阳正炯母，百有一岁。乾隆五十一年旌。

何唐氏县南何世柱祖母。　陈刘氏县西陈如冈妻，百有一岁。　罗陈氏县东罗日生妻，百有三岁。　刘于氏县北刘兴仁妻，百一岁。○以上旧志。　刘唐氏县西刘商衡妻，百有三岁，亲见七代。道光六年旌。　黄罗氏县北黄常桂继妻，百有二岁，亲见七代。道光二十三年旌。　罗林氏县东监生罗振耀妻，百有四岁，亲见七代。咸丰六年旌。见《列女志》。振耀，县牍作"正耀"。　刘李氏县东刘旭昇妻，百有三岁。同治九年旌。　万巫氏县东万茂昌妻，百有四岁。　郑张氏县西郑昌怀妻。　刘胡氏县西刘生敬妻，百有一岁。　李张氏县东李廷宪妻，百有三岁。　李曾氏县东监生李琳继妻。　林蓝氏县东林德芳妻，百有二岁。见《列女志》。　张沈氏县南张恒富妻，百有五岁。　刘邱氏县西刘献如妻，百有一岁。

百岁寿民

聂仕陞北乡人，百有二岁。乾隆五十年旌。　邱金用南乡人，百岁。　古大高东乡人，百有七岁。　陈国清南乡人，百有二岁。○以上旧志。　孔毓璇东乡人，百有二岁。道光二十三年旌。　赵逢学北乡人，百有四岁。道光二十五年旌。　张邦驭北乡人，百有三岁。　吴安澜监生，北乡人，百岁。　林明庵东城外人，百岁。　邱殿臣南乡人，百岁。　彭聪晓北乡人，百岁。　尤代升南乡人，百岁。　勲大儒南乡人，百有二岁。　徐飞鸢东乡人，百一岁。　潘成栋北乡人，百有三岁。　李万青东乡人，百有二岁。　寻道趣北乡人，百有二岁。

百岁寿妇

屈张氏县北屈泰发妻，百有八岁。康熙三十九年，知县王珽迎入城，月加粟、帛，给银十二两预备丧葬。泰发，《通志》作"大发"。　易彭氏县北易贤朝妻，百有三岁。　黄李氏县西黄安吉母，百岁。安吉，《通志》脱"吉"字。○以上旧志。　甘王氏县南甘志道妻，百有五岁。道光二十五年旌。知县王葆生赠诗有"六叶门楣身著训，百龄岁月福来绥"之句。　蓝张氏县南蓝国英妻，百有七岁。同治元年旌。　刘聂氏县南刘元金妻，百有三岁。　蔡赖氏县南蔡显叨妻，百有一岁。见《列女志》。　袁娄氏县西袁应珠妻，早寡，事姑维谨，百有一岁。　谢李氏县南谢德贤妻，百岁。　李刘氏县东李任元妻，百有一岁。　龚周氏县城龚廷光妻，百有二岁。　张蔡氏县东张光秀妻，百有三岁。　汤周氏县东汤荣萱妻，百有一岁。　黄游氏县南黄大权妻，百有一岁。　周古氏县东周镇瑗妻，百有一岁。　余崔氏县南余开世妻，百有三岁。　陈汤氏县南陈永炑妻，百岁。　马周氏县东马允缙妻，百岁。　陈彭氏县南监生陈远锡妻，百有二岁。　马周氏县东马诚远妻，百岁。　罗孔氏县东罗性添妻，百岁。　邱张氏县南邱源清妻，百岁。　李张氏县南李国奇妻，百有一岁。　周郑氏县东周承书妻，百有四岁。　周汤氏县东周世济妻，百岁。　周王氏县东周世齐妻，百有二岁。　熊王氏县南熊维涌妻，百有五岁。　孔汤氏县东孔毓班妻，百有一岁。

五代同堂寿民

寻鲁位北乡人，嘉庆二年旌，年九十。　唐光学东乡人，年七十七，亲见七代。

嘉庆四年旌。 熊悠义北乡人，年九十六。 谭曰序东乡人，年八十一。 陈起贵西乡人，年九十三。 许遐山北乡人。 谭富有东乡人，年九十一。 张树攀南乡人，年九十七。 刘高泽西乡人，年九十。 邱宏学武生，南乡人，年八十五，亲见七代。 潘远扬北乡人，年八十七。 罗朝汉西乡人，年八十二。 李国壅西乡人，年九十余。 朱载阳北乡人，年八十七。知县方为霖赠“祥征五代”匾额。 王学文南乡人，年九十六。○以上旧志。 潘成锦西乡人，亲见七代。嘉庆二十七年旌。尝建祠宇，置祀田，遇修桥路津渡诸义举，多捐资助。年九十三。 张清标千总职，南乡人，亲见七代。道光十年旌。年八十五。 李宗唐监生，东乡人，亲见七代。道光二十一年旌。年九十五。 许敏忠北乡人。道光二十六年旌。年九十六。 曾昭诚从九职，南乡人，亲见七代。道光二十九年旌。年八十八。 唐莞书生员，南乡人。咸丰元年旌。年八十三。 王代秀监生，东乡人，亲见七代。咸丰五年旌。以孙职貤封儒林郎。年九十四。 王兆松北乡人，亲见八代。咸丰六年旌。年九十五。 涂先隆监生，东乡人，亲见七代。咸丰十年旌。年九十一。 周铨优北乡人，亲见七代。同治四年旌。年九十五。 邹如麟监生，西乡人。同治四年旌。年九十。 许希棠监生，北乡人。同治四年旌。年八十六。 彭昭禄南乡人。同治五年旌。年八十二。 万庆云东乡人，亲见七代。同治八年旌。以孙职貤封儒林郎，年九十五。 吴兴夏北乡人，年八十八。 彭昌代南乡人，年九十一。 王任庭东乡人，年九十余。 张怀浦北乡人，年九十三。 余开源南乡人，年八十八。 聂昌亨北乡人，年九十二。 黎文望附贡生，府经历衔，东乡人。见《人物志》。 彭玉海北乡人，年九十七。 彭良节北乡人，年八十。 卢贵珍西乡人，年八十六。 周科杰北乡人，年八十三。 唐昭培西乡人，年八十二。 罗成均例贡生，东乡人，年九十。 张大荣东乡人，年九十六。 高显邨北乡人，年八十二。 陈日善监生，南乡人，年九十六。 焦元汉北乡人，年九十七。 张声皋西乡人，年八十九。 杨荣淮南乡人，年九十二。 沈运璜监生，东乡人，年八十二。 郑楚清东乡人，年九十二。 张超廷北乡人，年九十一。 张名渠北乡人，年九十一。 陈引鹏南乡人，亲见七代，年九十一。 李善章西乡人，年八十九。 吉廷锐北乡人，年八十四。

罗常瑞北乡人，年八十八。　张发兴东乡人。　陈宗漳北乡人，年八十二。　朱时学北乡人，年九十九。　黄继照北乡人，年八十四。

五代同堂寿妇

邱陈氏县西邱民上、民洽母。乾隆五十七年旌。年九十六。　曾林氏县东曾兴纮妻。嘉庆二十一年旌。年八十二。　李曾氏县城李大鳞母，年九十。　吴甘氏县北吴一戎妻，年九十六。　罗汪氏县北罗元成妻，年八十六。　罗彭氏县西罗缨妻，年九十二。见《列女志》。　梁周氏县东梁朝师妻，年九十五。　钟廖氏县东钟联扬妻，年八十九。　刘邱氏县南刘思篁妻，年八十八，以孙官貤赠七品孺人。　胡彭氏县南胡光谟妻，年九十。见《列女志》。　熊孔氏县东熊启发妻，年九十四。　吕周氏县东吕得宜妻，年九十八。见《列女志》。　甘萧氏县南甘南宗妻，年九十三。刘郑氏县南监生刘台三妻，年八十三。　陈杨氏县南陈大架妻，年九十四。　陶余氏县南陶光锋妻，年九十三。　张娄氏县西张士规妻，年九十二。旧志："南乡人。"

黄刘氏县西黄重远妻，年八十三。　彭胡氏县东彭风雅妻，年八十八。　陈周氏县东陈曜台妻，年八十余。　孙黄氏县西孙绍溪妻，年八十余。　刘彭氏县西刘大邑妻，年八十余。　戴陈氏县北戴应虺妻，年八十九。见《列女志》。　刘杨氏县南刘元谟妻，年九十五。见《列女志》。　饶孔氏县西饶宗湛妻，年九十。○以上旧志。

曾叶氏县南曾传心妻。道光六年旌。年八十四。　王谭氏县东钦赐翰林院检讨王良弼继妻。道光九年旌。年八十三。　刘季氏县城刘大昕母。道光十八年旌。年八十四。

王朱氏县城例贡生王之伯妻。道光十五年旌。年九十余。　张黄氏县东监生张振声妻。道光二十年旌。年九十一。　陈张氏县南陈日宣妻。道光二十年旌。年九十六。

甘陈氏县南从九职甘志睿妻。道光二十三年旌。年九十一。　李刘氏县东李宗明妻。道光二十六年旌。年九十余。　沈邱氏县南监生沈子珊妻。咸丰二年旌。年九十三。　曾傅氏县东监生曾毓翔妻，亲见七代。咸丰六年旌。年八十余。　黄黎氏县南黄兴敬妻。咸丰六年旌。年九十二。　汤谢氏县东汤相梓妻。咸丰六年旌。年九十八。

见《列女志》。 涂林氏县东涂鸣岐妻。咸丰十一年旌。年九十五。① 甘黎氏县南甘孔伸妻，亲见七代。同治四年旌。年九十二。 唐孔氏县北唐昌牧妻，亲见七代。同治五年旌。年九十。 唐万氏县东唐开星妻。同治七年旌。年九十。 唐刘氏县西监生唐永恒妻，年八十八。 黎易氏县西黎景泰妻，年九十六。 欧汤氏县东欧引元妻，年八十八。 李罗氏县东监生李仕衡妻，年九十六。 刘胡氏县西刘生楙妻，年九十三。 周左氏县北周献匡妻，年八十九。 周徐氏县北周廷统妻，年九十。见《列女志》。② 周沈氏县西周之松妻，年九十余。 彭潘氏县西彭万镒妻，年九十余。 杨赖氏县南杨廷献继妻，年九十。见《列女志》。 刘钟氏县西刘生阶妻，年八十二。见《列女志》。 蔺杨氏县南蔺廷宝妻，年九十二。 潘赖氏县西潘才林妻，年八十。 郑卢氏县东监生郑相高妻，年九十九。 陈罗氏县东罗宣钲妻，年九十。 贺李氏县北贺显鳌妻，年八十三。 李高氏县北监生李世梅妻。 李郑氏县南李正魁妻，年九十。 傅李氏县西傅锡三妻，年八十九。 沈李氏县北沈定遇妻，年九十四。 甘黎氏县南甘志镄妻，亲见七代，年九十二。见《列女志》。 汤李氏县东汤相梧妻，年八十六。 李卜氏县东李隆僖妻，年九十八。 吴刘氏县东吴鹤峰妻，尝制产难药济人，乡里德之，年九十一。 刘陈氏县南刘洪用妻，年九十四。 喻吴氏县北岁贡生喻盛谦妻，年九十六。 汤朱氏县北汤宗城妻，年九十。 刘傅氏县北刘桂馥妻，年九十四。 张欧阳氏县西张光朝妻，年九十七。 王杨氏县东王理东妻，年九十一。 张何氏县东张懋联妻，年八十二。见《列女志》。 潘傅氏县西潘文禄妻，年九十三。 邹曹氏县北邹惠众妻，年九十四。见《列女志》。 许罗氏县北许希诵妻，年八十二。见《列女志》。 黄汤氏县东黄廷豪妻，

---

① 按：据豫章堂四修《涂氏宗谱》（宣统三年活字印本）卷十四，涂馥安（一名鸣岐）妻郑氏，继妻林氏，“五世同堂，旌如例，入《浏阳县志》”。林氏乾隆三十七年（1772）四月生，咸丰十一年（1861）二月卒，年九十。故知此处“妻”上当脱一“继”字，“九十五”之“五”字当衍。

② 按本书《列女志》，并无周廷统妻周徐氏，而有周仁厚妻周徐氏，“年三十夫故，守节。没年八十九。道光二十三年旌”（卷十九《列女一·节·国朝》）。廷统、仁厚或为一人。

年九十。 张黄氏县西监生张声韶妻，年九十六。 罗周氏县东罗昌坚妻，年九十三。 赖李氏县西赖正弼妻，年八十四。 宋许氏县南宋儒宗妻，年九十。见《列女志》。 王刘氏县南王良多妻，年九十六。 唐周氏县西唐兴辅妻，年八十七。 朱徐氏县北朱兴培妻。见《列女志》。 徐寻氏县北徐次侯妻，年八十九。 黄寻氏县北黄再荣妻，年九十三。 喻廖氏县北生员喻和义妻，年八十四。 刘李氏县西刘先仁妻，年九十六。 吴古氏县南例贡生吴廷勋妻，年九十一。 黄辛氏县南黄才节妻，年九十一。 周何氏县南周德风妻，年八十二。 周吴氏县北周定举妻，年八十六。 施徐氏县南监生施季兰妻，年八十。 刘陈氏县南增贡生刘名言妻，年八十五。 罗江氏县东千总职罗赋藻妻，年八十。 萧吴氏县东萧同体母，年九十。 罗喻氏县北监生罗江贤妻，年八十四。 李曾氏县东监生李召德妻，年九十四。 陈刘氏县南陈奠邦妻，年九十七。 李罗氏县东李朝梓妻，年九十二。 杨温氏县西杨臣五妻，以子职封太安人，年七十九。 张周氏县北从九职张登衡妻，年八十六。 喻周氏县北州同职喻廉敬妻，年七十六。 钟黄氏县东钟锡周妻，年九十一。 涂张氏县东涂清华妻，年九十二。 鲁吕氏县东鲁代畴妻，年八十九。 张罗氏县北张显绅妻，亲见七代，以子职貤封九品孺人，年八十九。 曾李氏县南曾国榜妻，年九十余。 罗陈氏县东罗仕儒妻，年九十一。 潘沈氏县西潘首一妻，年八十六。 李何氏县西李大受妻，年九十一。 周钟氏县西周镇时妻，年九十一。 廖李氏县东廖允墀妻，年九十九。 刘赖氏县东刘佐籍妻，年九十八。 张刘氏县南监生张蓝田妻，年九十五。 游杨氏县北游邦玙妻，年九十二。 周喻氏县北周岐泽妻，以子职貤封九品孺人，年九十四。 蓝陈氏县西蓝祖华妻，年八十九。 李刘氏县南李云望妻，年八十九。 刘李氏县南刘英华妻，年九十四。 黄李氏县东黄芳庆妻，年八十七。 张李氏县东张光佐妻，年九十五。见《列女志》。 李高氏县西李隆度妻，年八十五。 吴陈氏县东吴球启妻，年八十四。 萧宋氏县北萧廷姿妻，年八十一。 刘蒋氏县北监生刘文定妻，年八十五。 吉彭氏县北吉廷甫妻，年七十五。见《列女志》。 刘张氏县南刘玉盛妻，年七十八。 陈周氏县北陈锡馨妻，年九十二。见《列女志》。 王欧氏县南王会岩妻，亲见七代，年八十九。 刘文氏县北刘文法妻，年八十四。　刘张氏县南刘宗俫妻，年八十三。见《列女志》。　喻高氏县北喻道庭妻，亲见七代，年八十八。　童颜氏县东监生童国秀妻，年九十一。王曾氏县东王盛耀妻，年八十七。见《列女志》。

夫妇五代同堂

徐以琊北乡人。妻张氏年皆八十余。○旧志。

鲁代英东乡人。妻王氏年皆九十终。道光十五年同旌。

林清梅监生，东乡人，年九十。妻谢氏年九十一。道光十五年旌。

邱之宠监生，西乡人，年八十四。妻邹氏年八十八。道光二十六年同旌。

吴再启从九职，东乡人，年八十二。妻张氏年八十四。

张礼节南乡人，年八十四。妻何氏年八十三。

吴愷启监生，东乡人，年八十五。妻袁氏年九十。

徐锦伊南乡人。妻陈氏年皆八十八。

李风云南乡人。妻黄氏。

李郁清东乡人。妻涂氏年皆九十余。

刘以忠南乡人，年八十一。妻谭氏年九十。

廖允瑶从九职，东乡人。妻鲁氏。

胡辉禄西乡人，年八十九。妻郑氏年八十四。

夫妇五代同堂及姑媳先后五代同堂

蔺廷翰南乡人，尝建惜字炉，施棺槽，费金数百修犁辕挂壁岭要道，行人德之。年八十七。妻陈氏年八十九。夫妇相距数日，无疾而没。道光二十一年同旌。子妇黄氏蔺名芳妻，年九十七。

母子姑媳先后五代同堂

王张氏县南王梦熊妻，年八十九。见《列女志》。子良秀年八十九。子妇高氏王良秀妻，年八十七。

父子先后五代同堂

陈日晥南乡人，年九十。子引规年八十七。

姑媳先后五代同堂

曹袁氏县西曹泽山妻，年九十一。子妇谭氏生员曹德孚妻，年八十余。旧志。

寻张氏县北寻再柳妻，年八十七。子妇张氏寻盛汇妻，亲见七代，咸丰四年旌。以子职貤封九品孺人。年八十四。

一产三男

李宏亮东乡人。妻魏氏道光十一年十月初三日，一产三男。

物异

宋

至和二年四月甲午，浏阳得古钟一。见《宋史·五行志》。

元无考按史《元泰定纪》："元年八月，潭州等十二郡饥。"旧、通《志》作"十二县"，小异。然元世灾异夥，浏岂独无？盖不可考矣。

明

洪武三年夏，旱。　十五年，大水。　十七年，雨杀稼。

永乐七年六月，雨雹。　八年，旱。　十五年，旱，大饥。

宣德八年，大旱。

正统二年，霪雨。　三年，旱。　六年，大旱。　十一年，旱。

天顺四年，大水。

成化元年五月，雨雹。　二年，旱。　七年，蝗。　十年，大水。　二十三年，地震。

弘治元年，旱。　二年春，大饥，民多殍。　五年，螟。　六年春，大雪，恒寒。　十一年，旱，大饥。

正德元年，旱。　三年，大旱。　四年，雹杀稼。　十四年，大水。

嘉靖元年，旱。七月，风、雷、雹大作。　二年，大水，没城郭。　三年，疫。十二月，地震。　四年三月，县东蛟伤田庐。　六年四月，大雨雪。冬，大雷电。　十四年，霪雨。　十八年，旱。　二十三年，旱。或讹言宫选，民大骚动。　三十一年，疫。　三十四年十二月，地震。　三十五年，县西大源冲蛟伤民田。　三十八年，有虎患。　三十九年，大水。　四十三年，旱。

隆庆元年，雨大冰。　三年，大水。六月，地震。　四年，旱。　五年，讹言兵起，民大扰，数月乃定。

万历三年，旱。　四年，旱。　五年六月，天雨黑黍。八月，彗见西方，长丈余，经四旬没。　六年，雨雹。　十年二月，昼晦，大风拔木。　十二年，旱。　十五年，大水冲城。五月，暴风霾，飘损民居，有压死者。　十六年，旱。六月，恒阴。七月，大风三日，禾尽折。　十七年三月，霪雨不止。　十八年，疫。　十九年，大水，土城坍塌。　二十年，县西潜塘段蛟伤民田。　二十一年夏、秋，火灾甚，一日四五发，民不安居。　二十三年三月，大雪。　二十九年三月，大雪。　二十九年、三十年，连岁大水，无禾。　三十年春，大雪，民有僵死者。讹言选良家女充宫嫔。　三十一年四月二十日，地震。　三十六年，大水伤稼。　四十年，自五月不雨，至于八月。　四十一年，大水。　四十三年，有虎患。　四十八年，大水。

天启元年，大饥，斗米银二钱，斤盐银三钱。　五年，大旱。　七年六月，山水暴涨，粜贵，河缺鱼。

崇祯二年春，雨冰。　三年，县东有蛟患，山水横决，大伤禾稼，粜贵，河缺鱼。　四年春，大雪十七日，粜贵，河缺鱼。七月十一日丑时，地大震有声。十月初八日昧爽，地大震。　五年七月十七日夜半，长、衡二属地大震，屋摇动有声如涛，讹言地将沉，民大恐。冬十月二十四日，地震三次。　六年，粜贵，河缺鱼。四月，飓风作，城内火数百家。　七年，粜贵，河缺鱼。　九年，大水，沿溪禾损殆尽。　十年，螟螣蟊贼皆备。十月，日入红甚，有黑、赤光相荡。　十一年三月，大风，雨雹，螟螣蟊贼备。按：《戊寅志》误载："天启十年、十一年，螟螣蟊贼皆备。十三年，旱，民多殍，遍地劫掠。"今从《庚申志》更正。

十二年二月十三日未时，地震。五月初七日，大雨，十九日乃已。七月，县西北冲口蛟徙，一夜风雨大作，田中突凹四五所，深丈余，沿河冲田数亩。　十三年三月，霾。是年旱，多殍，遍地劫掠。　十四年，蝗。　十六年，旱，恒风，数火灾。八月，彗见，长如匹练，经三旬没。《戊寅志》载："十七年五月，霪雨，既而旱，虎不时入城。"按：此当作顺治元年，今姑注于此。

国朝

顺治二年三月，有虎死西城。在县署后，或斩荆棘见之，皮肉已腐。四月，不雨，至于秋八月，斗米银二钱。　三年，大旱，疫。三月，大风，雨雹，白而甚冷。九月初六日，地震有声。　四年夏，大饥，斗米银七钱，民食木叶草根。　四、五年，虎、狼咥人。　六年三月，霪雨。有虎坐学宫门首，不避人。　七年，饥，斗米银二钱。　八年，大饥。七月，雨雹。　九年正月，大雪六七日。五月至十月，不雨，民大饥，多流徙。　十年，雨雹。　十二年，大水，坏民庐无算。讹言有洪水起，邑大震。　十三年，大旱。讹言选民间幼女入宫，民有漏夜成昏者。　十四年，县北戴宅蛟见，坏民庐，大伤田稼。　十五年，大水伤稼。有虎患。大风偃禾。　十六年，旱。　十七年闰七月，霪雨。　十八年，飞蝗蔽野，伤稼。民有愤而自缢者。

康熙元年五月至八月，不雨。　二年二月至五月，不雨。秋，恒雨。七月，大水，有蛟坏田庐。　三年，虎频入城。十一月初旬，彗星见。十二月中四更时，南北二彗见。　四年正月中旬，彗星见西北。二月，县东黄昙洞大风拔木，压损僧房。是年大旱。 九年，县西城火。 十年，旱。县东城外火，延及西北城，燔民居二百余家。 十一年，粜贵，剽掠四起。 十三年五月二十二日，大水，四乡人畜漂没无算，坏田千余顷。 十七年，大饥。 十八年，旱。 十九年，城中火。 二十年，有虎患。 二十九年、三十年，大有年。 四十六年，大有年。 五十年、五十二年、五十三年，大有年。

雍正元年，大水。讹言五月十三日有兵剿浏阳，民大奔走。 二年，有蛟患。 七年、八年、九年、十年，禾大熟。 八年，庆云见。 九年，产嘉禾。

乾隆五年，牛瘟。 七年三月初二、初三日，讹言兵来。 九年，大有年。 十年，牛瘟，十死七八云。人代耕。 十一年，牛瘟。禾大熟。 十二年四月初九日夜半，有白光如练，百丈许，自西南流向西北，至空中聚为五色，一震而散。 十七年，大饥。 十九年，大有年。 二十年，大有年。 二十一年，大有年。 三十年，大饥，斗米银四钱。 四十二年十二月二十三夜，东城外火市屋数十家。 四十三年，大旱，县北甚。 四十四年，大有年。 四十六年十二月十二日，火东城牌楼下市屋二十余家。 五十三年五月，县东大水。

嘉庆六年二月，粜贵，邻邑莠民剽掠及境。 十一年，大有年。 十二年，旱。 十三年，山水大发，坏民庐。六、七月，旱。 十六年六月，有星如帚见西北，经数月乃没。 二十二年，大有年。 二十五年，旱。七月，雹伤稼，大风拔木。以上均见旧志，间有掇补者。

道光元年四月初一，日月合壁，五星联珠，四星聚壁，一星在奎。 二年五月，县南大水，犹有年。 六年五月，彗见。六月，大水损稼。 八年，旱。 九年，有年。 十一年五月，大水六日三至，坏田庐，民饥相掠，城中设粥以赈。附：邱之稑《候气便法说》云："自汉以来候气之法，皆为室三重，户闭，涂衅必周密，布缇缦。室中以木为桉，每律各一，内庳外高，从其方位，加律其上，以葭灰抑其内端，按律候之，气至者灰去。按古法如此繁难，非豪而有力之家，气终难候。因思一捷法，择静室，内掘一坎，将木板开数孔，以律管纳孔中，每中气将至前，安放坎内，管口向上，覆以素纱，将胶黏定，置葭毫其上，用手抵平，以瓦缶覆坎上。气至时启视，验葭毫之动不动。然犹嫌缶覆，不能明视，且虑启缶时为风所散。后更制方匣一，四围及顶面皆嵌以玻璃。如前掘坎纳孔法安放停当，罩以玻璃匣，坐视其旁，时至，众目可睹。凡言候气，只防风动，故须密室。此法即旷野亦无不可。偶尔尝试，见葭灰渐次森立，如虎示威状，但乡落苦无钟漏，难审时刻，气与管适如其刻，未敢遽信。曾忆辛卯春分，安置夹钟四管，其时风雨大作，葭毫皆冲去，窃疑阴气太盛，虑有水灾，竭力堤防。夏至前后，水果大发，六日三涨，为从前所未有。因叹古人所谓灰半出为和气吹，全出为猛气吹，理或然也。又尝验之，管径小而声稍高［者］①，葭先时而启；管径大而声稍低者，葭后时而启，必径合声应，其隆起之时，方与气至适合。此中气之所以难定，而审律之所以非易也。惟实葭灰于管中，而以轻缇素覆其管口，气至而灰冲素外，则未经验过，姑存其法，俟协律之君子焉。”　十二年六月，日色青碧，粜贵。　十四年，大有年。　十五年五月，不雨至于七月，蝗。　十六年四月，旱。六月，蝗。附：李照莲《蝗辨》云：“博物之学，当视其性，得其性则理明而物格，于以折衷众说，如镜照形矣。蝗虫之性，喜燥而恶湿，而山川形胜，西北高而东南卑，是故西北多蝗，东南无蝗。乃陆佃好奇，则曰：‘蝗首、腹、背皆有“王”字。’是恶知蝗类最多阜，螽亦蝗属乎。此说行，则有以便乎饰蝗为非蝗者，蝗免而民不免矣。或又推本于气类，曰：‘蝗，贪苛之所致也。’夫蝗虫肆虐，民受害重，官受害轻，为官发谴而迁怒于民，上天其梦梦欤！近时官吏所以匿蝗不报者，皆此一语阶之厉也。浏邑隶长沙郡，山深石峭，地气阴湿，犹东南水泽之乡，民至老死不见蝗。丙申四月，大旱。越六月二十二日，泉竭，东乡官渡诸村陨蝗如雨，隔溪不辨人。邑令来视蝗，乃语民曰：‘蚱蜢也。蝗必有“王”字。’乡民无以应，惟掩泪悲鸣。余闻之骇，翼日遍观原田，察其性与蚱蜢不同。何者？蚱蜢食苗不择干湿，蝗虫食苗偏食干苗，遇有水者辄避。盖有水者，东南之常，故蝗畏其湿而却避，无水者，东南犹西北，故蝗得以肆其贪。性情如此，蝗无疑矣，何必‘王’字？时或乘肩舆憩大树间，呼予言曰：‘子知此为蝗乎？仆少游蜀中，其地多蝗，与此无异。凡官吏之慈良者则报以为蝗，贪残者则指为蚱蜢，其实非也。蚱蜢身长翅短，翅稍尖，受风不多，故善宿。蝗虫翅长于身，翅稍大，受风多，

① 据邱之稑《律音汇考》（清道光十八年椴田家塾刻本）卷二补。

故善飞。且其为物也，旱年则来，潦年则去。’予察其情状，果然，因并书之，以愧乎格物而不求真者。”　十八年三月，雨雹，犹有年。　二十一年，县南沙溪得古钟。互见《古迹》。　二十二年秋，太白昼见。或云在燕分。九月，雷。附李照莲《秋雷诗并序》云：“辛丑九月九日，霜降前六日，闪电鸣雷，声光远大。是月二十二日，雷声送雨，平地水深尺，是为立冬前二日。时际收藏，阳气发泄之甚，秋金不肃，春木如何？诗以志异。天地如橐籥，春秋气候更。阴阳有往复，升降自分明。雷秉纯阳气，春深时一鸣。乘权在九夏，秋尽必收声。忆昔新凉月，阴阳得其平。如何秋色老，阳气复峥嵘？紫电驰仙阙，金光照玉京。声催鬼神泣，势撼海山倾。旬日不复作，郊原多新晴。砉然破地出，屋角鸣风筝。遂令江声急，山根白浪生。稻田舣钓艇，巨浸没香秔。叹息元气泄，勾萌应早荣。何时占《复卦》，翘首天容清。”十月，县西地震有声。　二十三年二月，有白气由西指东，随星出没，凡二十余日灭。或曰自天苑至于军井赵分，后又至于天狼之北晋分。起上旬某日，迄晦日乃没。　二十四年三月初四日，日入南方，光烛天。约一刻许。五月，县南大水。　二十五年八月，恒风，损稼。　二十六年，旱，螟螣生。　二十七年，旱，螟。是年，松有毛虫，多萎者，自是岁多螟，不胜书。　二十八年五月，大水三至，坏民畜田庐甚众。十月，桃有华而实者。　二十九年六月，县城微雪。七月十四日，日入时有流星见西方，声若雷，光照林木，俄散为七八点，向东没。饥，疫。　三十年五月，县北山水发，伤民田庐。七月十四日，北城谯楼灾。道光季年，县东有幼妇变男之异。

咸丰二年五月，太白昼见。六月，岁星时明时晦，夜半光辄垂下数尺，食顷乃已。　三年，虎啐人。恒雨。七月，彗见于西。　四年，县北有虎患。夏夜，有流星如练，长数丈，自西北贯于东北，声如雷。　五年三月，大风拔木，坏民居。五月，大水，坏民田庐。六年三月上巳，县北大风，雨雹如拳，伤苗麦。　七年，旱。八月，蝗。食竹叶且尽，遗子甚夥。明年，知县袁青绶督捕之，作《除蝗备考》。　八年正月上元，大雨雹，积逾尺。夏，大水。六月初二日黄昏，有流星自南而北，大小不一，光烛天有声。八月，彗见西方，长数尺，色赤。二十五日夜，县南雨雹，大如卵。是年犹有年。　九年正月，雨雹。二月，霾。四月，霪雨。五月，大水。县北较甚，知县蔡式钰往勘。秋，螟。　十年闰五月二十三日，县东白沙市市屋灾，燔六十余家。　十一年五月既望，妖星出北斗旁，指天市垣，或云："天锋星，盖彗之象矛锋者。"长十余丈，六月初旬渐没。秋，旱，疫。十二月，大雪，河冰木介。

同治元年三月二十一日夜，雪。二十六日夜，雨雹。十月二十日，雷鸣。是岁粜贵，斗米钱四百。　二年，牛瘟。二月十三日，冻而雨，木介。冬，县东虎食人。　三年正月，恒寒，十九日，雪而雷。三月初二日，雨雹。初五日夜，霰，县东虎食人。五月十四日，大水。　四年三月十一日，日入色赤，月赤甚。夜，大风，雨雹，拔木，破民庐。六月十一日夜，微雪。二十三日旦，雨雪。十二月二十八日，日入，雷。　五年四月初五日，大水。九月，县北雨黑子，形如小豆，有扫取斗余者，种之生苗，数日槁。梨有花而实者。二十六日夜，人定后有星如盘，环转不定，色青碧，摇动有声，光烛地，良久，掣为练，向东北没。已而有硫气。十月初二日，雷。十二月初八日，雷电，雨如注。　六年二月，县西雨黑子，如豆，或如黍。三月，雨雹，大风拔木。五月十四日，大水，山多裂，县东、南、北坏田庐，压溺民畜甚众，大吏差官来勘。水及东城内，众募米为粥，以赈饿者。十一月二十二日食时，有若流星者自东来，长丈余，首圆而末锐，色赤，迤而西，轰轰有声。　七年三月，县西雨雹。四月，再雨雹。五月十九日，县东大水，坏田庐，漂没男妇百余口。东门、白沙、达浒诸村被灾尤重，大吏遣使勘视，劝富室赈济。　八年二月二十八日，昼晦。室必火始见一食时许，晦数百里。四月二十五、六日，连日大水，县东地震，山有裂者，坏田庐，漂没民畜甚众。二十五日，醴陵水溢县西支河，未退。二十六日，县东大溪水大至，南、北同日水。五日初八，县北水。六月初六，东、北水。大吏委官来勘灾，知县钱绍文同往，劝富室捐赈，详请大吏颁赈钱三千缗，分给四乡有差。　九年春，粜贵，斗米钱四、五百，民有饥死者。十二月除夕，雷鸣。　十年二月，县西雨雹。夏，县北旱。　十一年四月，霪雨。十二月，震电。

御灾纪略附

前志称浏地硗瘠，田土不在高岸，则入泥垆，三日不雨高者荒，三日雨低者又绝，诚为纪实。近或谓稻田美者岁再熟，山家薯、蔬足敌糗粮，以是号沃土。然虫蝗水旱之忧，岁亦恒有。灾祲所肇，父老咸讲御之之方，或行之有效，其略可纪也。

一、御旱之术：高下凿塘浚沟，或高山，数十里引泉分灌，或平原溪涧，筑陂潴水洒之。其濒水之区，或以陂抑水激车，曰筒车，傍岸凿沟，架木安车，高径数丈，截竹缀之，水激环转，昼夜可灌田二三百亩，其制甚便。或以牛旋挽桔槔，曰牛车，濒溪凿坎，斜置桔槔，其端架轮缀齿，而别为环轮于平地，轮亦缀齿。牛挽环轮，二齿相错，令桔槔引水而上，昼夜可灌田百亩。或以手足转桔槔，通曰水车，足踏者曰脚车，手挽者曰手车。非甚亢旱，皆可以收灌溉之益。

一、御潦之术：浏山谷错杂，溪涧骤盈则山麓濒水，田悉损，无闸坝堰埽防泄之利。近年，山土悉（恳）［垦］①，天雨，沙石随流，涧壑淤积而溪身渐高，故往往多水患，非人力所得御，惟深其沟畎，以受砂砾，无令入田。其濒水者，筑塍令高，或可讲行焉。山水骤涨，淹溺者中流号救，舟子或畏浪急，多莫及援。城市预造救生船，岁小满雇水手以待，水发巡逻，救一命赏若干，抑亦仁术也。

一、御虫之术：遇有螟螣蟊贼，或结稻草为龙形，爇香其上，曰"火龙"，数人持舞陇亩间，鸣钲鼓随之，间或可已。迩年，有食叶虫

---

① 据文义改。

如蚋，群飞集，苗叶则槁，非螣类，土人呼之为螸虫，读近“燕”。其虫得西风则绝，或以桐油和溲洒苗叶，亦已。或蓄田水令满，以竹帚扫之，坠者随流出，承以囊，且升斗计。道光间，生螟，晚稻岁恒不收，截烟茎或叶入泥中，则不生。或曰：“小蛾宿苗叶生子，遇风飞缀苗间，入心为螟，俗曰钻心虫。见蛾盛时，夜置火，使蛾自投绝，则螟患轻。”理或然也。或曰：“置火必于日入、月未上时，各村同时散置火炬，月上则虫不投光，夜深则虫避露不飞，非各村同举火则虫厚集，火所不能尽绝。”说颇近理，然行之亦难。天灾流行，在修省者默回天怒而已。浏自康熙以来，蝗患少。及咸丰间，蝗至，所止苗立尽。鼓噪逐之，或鸣钲、燃爆、扬旗，则避去，或束草燃火，触烟亦去。知县袁青绶作《除蝗备考》，凡三册，一言蝗患情形，略曰：“《春秋》书螽、书蝝。《说文》：‘螽，蝗也。’《公羊》：‘蝝，即蝶也。始生［曰］① 蝝，大曰蝶。’董仲舒说：‘蝝，蝗子也。’《戴记》：‘蝗虫为灾。’此经籍言蝗虫之始。《大雅》：‘螟螣蟊贼。’② 犍为文学曰：‘皆蝗也。’陆玑《疏》：‘螣，蝗也。’《说文》作‘蟦’。陆佃《埤雅》：“蟦，即蝗也。”又言鱼卵所生。此蝗之名目种类也。蝗形如蚱蜢而稍大，始生如蚁，黑色，聚处不散，惊散旋聚。七日后跳跃散漫，沿缘草际。又七日，逐队行，如水流风拥，自北而南，遇草木禾稼，且食且行，短翼渐生，俗称‘马甲’。又七日，翼成学飞。又七日，飞渐高。又七日而交，又七日钻地遗卵，又七日死。自初生至能跃能飞，行必南向，若有行列，无旁出逆走者。其子入土，连颗如麦门冬而差小。七日后，籽粒乃分，每颗百子。或言化蝗者九十九，其一为蛆，或言八十一。子入土数日，值甚雨或冬雪，则坏且僵。惟立春后地阳渐升，雪或无益。性不畏风雨，然甚雨连阴，亦多损，初生七日，有遭雨殄灭者。又芒种节雨，蝗食之脑烂，遇西风则日僵，连遇之则抱草木死。其行遇雨则止，霁复行。晨露未晞，飞跃皆停，日午或停或交，向晚亦停，或有乘月飞者。日飞可二三十里，行则日数里。畏金鼓、枪爆，见旗帜飘扬，辄回旋避之。此言蝗之情状也。一言捕治事宜，曰捕初生之蝗。初生如蚁，色黑，蠕动，

---

① 据何休撰，陆德明音义：《春秋公羊经传解诂·宣公第七》（《四部丛刊》景宋建安余氏刊本）“十有五年”条补。

② 按：“螟螣蟊贼”，出自《诗经·小雅·大田》：“去其螟螣，及其蟊贼。”故“大雅”应为“小雅”或“大田”之误。

依草根团聚成片，大如掌，或如扇，鱼虾化者亦然。三数日内，跃不甚远，蹴之散，旋聚，再蹴之，可绝。法：宜编竹叶为巨帚，随在扑之。夜以草薪燃火，置其旁，皆投入。或昼驱鸭食之，皆尽。·曰捕渐长之蝗。生七日，逐队南行求食。法：宜相地与蝗至多寡之势，挖沟围之，或挖长沟堵之，沟宽尺许，深倍之，其间逾丈，又挖二三深坑，其沟务峻且滑，勿令跌入者缘上。蝗至稍缓，以巨帚驱于沟北。蝗大至，则顷刻沟、坑皆满，急覆以土，更挖以待。夜置火其中，亦可引之入。·曰捕能飞之蝗。蝗生逾二十一日，其飞亦自北而南。法：宜伺晨露未干，及日午或停或交，并向晚停飞之时，旋驱旋起，飞不能远，则就扑之。夜列火陇旁，俟其投入，亦就扑之。夜又或备金鼓、枪爆，待其将至而发，于陇头植旗，或剪纸为幡，皆畏不敢下。又或取桐油和水洒苗叶上，遇之则飞去。·曰捕未生之蝗。蝗遗子，必于土质坚实之处，群飞群止，以尾钻入，初如蜂窝，久则无迹。故虫过之后，急宜查挖，令碎而露之。夏初入地十数日即生，秋冬之交所遗至次年春夏乃生，又当豫防之。若鱼虾子化者，亦有冬春水涸，湖滩草根预为焚毁之法。虽不能遍，亦未必无补。○按：蝗遗子，有迹可寻，凡蝗止之处，急当觅而发之，较捕蝝之力为省。**一言除蝗要义，**曰修省之义。蝗患起灭，由人感召。自有位逮齐民，皆当遇灾而惧，思所以弭患之本。《后汉书·循吏传》：卓茂令密，鲁恭令中牟，宋均守九江，皆称蝗不入境；马援守武陵，蝗化为虾。《南史·萧修传》亦载异雀食蝗事。则修省固其要矣。·曰禳祈之义。《诗》言“秉畀炎火”，先以“田祖有神”。《礼》言“大蜡八”，郑氏谓昆虫之神一。冥冥中，盖有司之者。故改过自新之道，有实有文，有曲体鬼神之情，殄灭驱除之法。何谓实？反身修德，改过迁善是也。何谓文？陈牲牢、设酒醴是也。何谓曲体鬼神之情，殄灭驱除之法？呼噪、鸣金鼓、揭竿为旗以逐之，设坑焚火、卷扫瘗埋以祛之是也。但畏惧束手，设醮演剧，而不知反身修德、殄灭祛除之道，得其一而遗其二矣。·曰除治之义。唐臣姚崇言：“就使捕之不尽，犹胜养以贻害。”此言出，而古今治蝗之说乃定。·曰随时随地施治。治能飞之蝗，不如治之未飞；治已生之蝗，不如治之未生。捕之者当严于蝗所自出之处，尤当严于蝗至为害之处。·曰预备戒。邻近有蝗，择老农勤慎有识者，令其哨探，视蝗之起讫与其所趋向，派人力、备器具以待之。·曰防扰累。除蝗以驱害，办理不善则害等于蝗。故印官勘查督捕，当分其任于绅士、保甲，而吏役人夫之骚扰，宜时加觉察。至派拨人夫，催督课程，惟期于事有济，不妨操切相绳，盖待蝗如待敌，救蝗如救火也。乾隆间，史茂所奏，有收买法，有沟埋法，有驱捕、扑捕法，有伺其停飞兜捕、漉捕法，有油洒禾叶法，有火引扑埋法，大要当先事而整顿；窦光鼐所奏，额设民夫及夫头、牌头之非，远村、近村各限地界及漫无区别之非，民病远拨、官虑贵雇之非，大要期于可行而又能行，法立则弊随，法严则弊愈滋，不独捕蝗然，然未可因噎废食也。**刊成帙劝民，民始知捕**

蝗。明年，下令收遗蝝，大约初出如蚁，每斤十文；半寸以上，斤三文、二文；逾寸及能飞者，斤一文；蝗子则每升百文、二百文。搜捕殆尽，蝗卒不为害。

山中近苦貒貆，土人呼野猪。夜蹂场土，薯、芋立尽。日甫入，民相率举火，鸣钲鼓、铳爆，呼噪震山谷，则不出。少息，则尽数顷矣。近犹苦蛟患，潦涨，或见异物，不知所以御之。考《月令》言："伐蛟。"或言："蛇与雉交，遗卵入地，久而为蛟。其上不生草木，不雪，常有黑气。将出则作声，如蝉在手中鸣，谛听而掘其下，可得而杀。"是说也，当讲而行之。《吾学录》："蛟似蛇，四足细颈，颈有白缨，本龙属。其孕多在陵谷间，乃雉与蛇当春交精，沦于地，闻雷则入地成卵，渐下达于泉，积数十年，大如轮。其地冬雪不存，夏苗不生，鸟雀不集；土色赤，有气朝黄而暮黑，夜视之，上冲于霄。卵既成形，闻雷渐起，地之色与气亦渐显而明。蛟将出二三月间，远闻有声，似秋蝉闷在人手中鸣，又如醉人声。此时能动不能飞，可以掘得。及渐起，离地三尺余，声响渐大。不过数日，候雨、雷即出。攻治之法：在夏末秋初前，识者先于冬雪时视地围圆不存雪，又素无草木，复于未起二三月、春夏之间视地之色与气，掘地三五尺余，其卵即得，大如三斛瓮。先以不洁之物或铁与犬血镇之，多备利刃剖之，其害遂绝。畏金鼓及火。山中久雨，夜立高竿，挂一灯笼，可避蛟。夏月作金鼓声以督农务，则蛟不起。即起而作波，但擂鼓鸣钲，多发火光以拒之，水势必退。若夫御火之术，城市为要。或曰："凡火，不撤近火屋，为害转烈。城市人集且嚣，严禁乘急劫掠。有能速截火路者，重赏之，尤为先务。浏城有水龙费，置水龙以备不虞，或束草长竿，濡水于梁栋榱桷，亦迫时术也。"诸或行之有效，或未行而理有可信，录之俾览者择焉。

补遗

五代同堂寿民

李育珩东乡人，年九十一。

五代同堂寿妇

黎罗氏县北黎秀金妻，年八十。见《列女志》。　周邹氏县东周世赈妻，年九十。见《列女志》。

夫妇五代同堂

邓世继北乡人，年八十一。妻朱氏年八十一。

陈之盛西乡人，年九十。妻周氏年八十五。

百岁寿妇

陈梁氏县南陈元华妻，百有一岁。

卷十五　职官一

国家设官，为民也。而以循吏列传者，自《迁史》始。观其所记，如叔敖及石奢，楚相；公仪，鲁相；子产，郑执政；李离，晋司李，宁今之县令比哉！然一官一邑，于民最亲，诚能实心为民，棠且勿剪，岂于茇憩者而忘诸？令而循，则以循吏传矣。浏在汉隶临湘，官无考。至吴之谷朗、晋之孙盛、宋之杨时，皆卓卓最著。嗣是贤能继起，其有功德于民者，皆可以风也。故考官制，纪历代官师，论其不可谖者，并录客使、流寓、藩封于篇，以景遗徽焉。

官制

汉制，县设令、长，万户以上为令，不满万户为长，皆有丞、尉。浏时为临湘，其官不考。应劭《汉官》曰："荆扬江南七郡，惟有临湘、南昌、吴三令尔。"案此，则县未析置时，临湘地广民稠可知。孙吴割置县，设令，其属亦无考。晋设令，其属主簿以下职吏、散吏不一。《晋书》："县大者置令，小者置长，有主簿、录事史、主记室史、门下书佐、干诸员。户不满三百以下，职吏十八人，散吏四人；三千以上，职吏八十八人，散吏二十六人。"唐设令并丞、主簿、尉各一人。案：唐置县，有赤畿、望、紧、上、中、下六等之差。浏时为中县。《新唐书·百官志》云："中县，令一人，正七品上；丞一人，从八品下；主簿一人，从九品上；尉一人，从九品下。"注云："凡县，皆有经学博士、助教各一人，京县学生五十人，中县以下各二十五人。"宋设令，若京、朝、幕官则为知县事，案《文献通考》："建隆元年，诏天下诸县，除赤畿外，分望、紧、上、中、中下、下，四千户为望，三千户以上为紧，二千户以上为上，千户以上为中，不满千户为中下，五百户以下为下。其长俱曰令。"浏时为中县。考《职官志》："上、中、下县令、丞为从八品，上、中、下县主簿、尉为从九品云。"并设主簿、尉，其后增设丞。案：开宝三年，诏县千户以上置令、簿、尉；四百户以上置令、尉，令知主簿事；四百户以下置簿、尉，以主簿兼知县事。凡簿掌出纳官物，销注簿书；尉掌阅习弓手，戢奸禁暴。熙宁四年，县户二万以上增置丞。崇宁二年，以蔡京言，诸县并置丞。及嘉定后，小邑不置丞，以簿兼。凡丞掌常平、坑冶、农田、水利。又案：庆历四年，诏诸路、州、军、监各立学，学者二百人以上许更置县学，自是州郡无不有学，始置教授以经术行义训导诸生，掌其课试之事，而纠正其不如法者。元改县为中州，设达鲁花赤正五品、知州正五品、同知从六品、判官从七品，其属有吏目、提控案牍，其儒学设州教授。案：至元三年，定上、中、下州，以六千户上者为中州。江南已平，又定三万户上为中州。浏于元贞元年升州，其户在三万户以上可知。又，《元史·百官志》："散府、上中州设教授一员。"而《古泉山馆古官印录》载："乾隆间，有人于土中掘得旧铜官印一方，背有大德年号，其文系蒙古国书，其文曰'浏阳州蒙古教授印'。印方八寸八分，作三行，前二行皆三字，后行二字。以此知中州亦设蒙古教授。"云云。案：今惟欧阳龙生为本州教授可考，盖书残缺多矣。明洪武二年后改县，设知县一人，丞、主簿、典史各一人，《明史·职官志》："县知县一人，正七品；丞一人，正八品；主簿一人，正九品。其属典史一人。"旧志云："弘治元年，以浏粮繁，又添设主簿。崇祯元年，议裁。"案明制，县丞、主簿设裁不一，若编户不及二十里者，并裁。教谕、训导各一人。案：《明史·职官志》："县训导二人。"今据旧志，浏仅一人。宣德二年，设巡检司巡检一人。驻瞿家寨。万历四年，改设梅子园，其瞿家寨巡检裁。○案：《戊寅志》志巡检署云："在永安市。明正统二年，建县东瞿家寨。万历四年，移驻县南梅子园。"志瞿家寨巡检署云："县东百五十里。万历四年，因大围堡设把总，裁。"志渠城界云："设巡检一员。明季，寇掠巡司去。旧有梅子园巡司署，乾隆中改建永安市。"其志职官则云："宣德二年，设瞿家寨巡检。万历四年，设梅子园巡检，瞿家寨巡检裁。"一作正统，一作宣德，设官年代参差，不知何从。然合数说，似旧设瞿家寨，后设大围堡，即移瞿家于渠城，渠城即梅子，今乃移永安，先后仅一巡检也。而考《明史·地理志》注“浏阳有渠城界、梅子园二巡检司。又有翟家寨巡检，后废”云云，则浏原有二巡检。今《会典·舆图》有渠城司，而县西百里实有梅子园，其地有巡司坪，居民佃种，三岁一纳租于巡司，是梅子、渠城西南各别，似不可混为一。但《庚申志》载渠城巡司在南乡二十九都，《癸丑志》载巡检署在澄潭江，均以渠城为梅子，与《史》二巡检之说不合。且旧志明巡检二十人，虽有轶者，然亦似只一巡检。旧志有改设梅子园，驻南乡之说，岂始由瞿家移梅子，其后又移渠城耶？不可考矣。又“瞿”“翟”二字，《志》与《史》异，并存疑。万历四年，设大围堡把总一人。或云崇祯间置。国朝因明制。顺治四年，主簿裁。九年，并裁大围把总。后设驻城把总。不详何年设。旧志：“始任者孙万良，为康熙十八年任。”雍正五年，设上洪外委把总，立塘汛。及乾隆二十四年，巡检改驻县北永安市，余仍旧。

知县

三国吴时称令。

谷朗耒阳人。见《政略》。

晋时称令。

孙盛太原中都人。见《政略》。　何承天东海郯人。见《政略》。

唐缺考。○案：李邕《麓山寺碑阴赞》中有“刘阳令”及“主簿张”诸字，其余残缺不可考。

宋时称令。

杨时南剑将乐进士，绍圣元年任。见《政略》。　张才邵建安人，隆兴间任。徐玠见《政略》。

元时称知州。缺考。

王伯昭　刘伯奇案：明汤荧《儒学记》有王伯昭、刘伯奇二人，在史希贤之先，疑是元知州。前志未录，今补。

明洪武元年称知州，二年改县，称知县。

史希贤无为州人，洪武初任。见《政略》。　赵贯本籍、出身失考，洪武二年任。见《政略》。　陈宗铭浙江丽水人，洪武七年任。　黎庸龙阳人，交趾籍进士，洪武十六年任。　傅理洪武十七年任。　蔡常德江西乐平人，洪武二十七年任。《庚申志》："创立预备诸仓，民甚便之。"　段显宣德二年任。　牛俊和河南尉氏人，天顺五年任。　袁相四川荣昌人，成化元年任。　赵炯永春人，成化六年任。见《政略》。王传成化八年任。《通志》《癸丑志》作"傅"。　王一言四川内江进士，成化十一年任。见《政略》。　余伦成化十五年任。　张淳合肥进士，弘治元年任。见《政略》。　江常江西进贤举人，弘治十一年任。　赖魁标江西万安举人，弘治十三年任。李淳四川举人，弘治十四年任。　陈纲浙江金华进士，正德元年任。　陈希文广东举人，正德四年任。　毛鹓广西贺县举人，正德六年任。　李策广陈海阳举人，正德十五年任。　李秉仁四川西充进士，嘉靖元年任。　杨大章浙江余姚进士，嘉靖三年任。见《政略》。　陈鲸浙江慈溪进士，嘉靖六年任。　苏志皋固安进士，嘉靖十一年任。见《政略》。　钱一清浙江山阴举人，嘉靖十三年任。见《政略》。　王璇福建漳浦监生，《庚申志》作举人，嘉靖十六年任。　黄价广东定安举人，嘉靖十七年任。"价"，一作"玠"。　蒋识广西全州举人，嘉靖二十年任。　许益光广东琼山举人，嘉靖二十三年任。《通志》脱名。　路云衢贵州乌撒卫举人，嘉靖二十五年任。《通志》脱名。　俞宗周江西永丰举人，嘉靖二十九年任。　郑汝清福建闽县举人，嘉靖三十一年任。　梁可至广东三水贡生，嘉靖三十八年任。　萧敷江西庐陵举人，嘉靖三十九年任。　刘承恩云南前卫举人，嘉靖四十二年任。　周宗武江西临川举人，嘉靖四十三年任。　李湄四川越嶲卫监生，隆庆元年任。　蒋科南直隶泰州进士，隆庆三年任。　唐泽四川彭县举人，隆庆六年任。泽，《通志》作“铎”。　赵献章广西全州举人，万历四年任。　朱正裕南直隶靖江举人，万历八年任。《通志》作“靖海”。案：靖江，明南直隶。时北直静海，不作“靖”。　李朝佐福建建阳举人，万历十一年任。　杭廷对广西宣化举人，万历十四年任。　杨一桂江西清江举人，万历十七年任。　朱琏山东临淄选贡，万历二十五年任。　朱志江西宜春举人，万历二十六年任。见《政略》。　陈所志浙江余姚举人，万历二十九年任。　秦国士南直隶上海举人，万历三十一年任。　叶大受浙江余姚进士，万历三十二年任。见《政略》。　顾天命四川巴县举人，万历三十五年任。　赵应期四川壁山举人，万历三十六年任。见《政略》。　万建元江西南昌举人，万历四十二年任。　樊一芝四川宜宾举人，万历四十七年任。　马璿四川成都举人，天启三年任，五年三月罢，县丞刘芳润署。　张椿江西金溪选贡，天启五年八月任，六年十月罢，通判葛一麟署。　陈运广东归善举人，天启七年三月任。崇祯三年三月罢，县丞萧思伦署。十月去，醴陵训导梁可柱署，五年四月又罢。　冯祖望南直隶武进进士，崇祯五年任。见《政略》。　陈允揆浙江鄞县举人，崇祯十三年任，卒于官。　班衣福建沙县举人。《庚申志》：“弘光元年任。”此外或有脱略。〇案：明永乐、洪熙、正统、景泰四朝皆失书，今无可考。

国朝顺治四年，浏阳置知县。

徐宣谕山东济宁贡生，顺治四年任。　郝肖仁山西太原进士，顺治五年任。《庚申志》：“八年建县署，九年卒于官。”　李敷英陕西贡生，顺治九年任。　徐维垮大兴生员，顺治十一年任。见《政略》。　宋时亨顺天大兴人，顺治十三年任。　路登明江南仪征贡生，顺治十七年任。　韩爆江南江都进士，顺治十八年任。〇案周鸿韬《饬查赋役详》有署县事、通判袁良陛，在爆上，考袁为宜春人，其署浏不知在何年。　侯朴河南开封进士，康熙七年任。见《政略》。　韩北城山东人，长沙通判，康熙十年署。旧志脱名，查“蠲免”门补。　熊俨江西清江举人，康熙十一年任。　周鸿韬江南丹徒人，康熙十五年任。见《政略》。 刘秉智康熙十八年署。据龙昇《试策》补。 曹鼎新汉军镶蓝旗笔帖式，康熙十八年十一月任。 陈时夏山东益都进士，康熙二十六年任。 蒋擢大兴人，教习官监生，康熙二十八年任。旧志称其严保甲，黜奸蠹，修葺学校，并建义学，置田以资膏火，有明敏声。然承偏抚檄清丈，令田勿遗尺寸，遂报垦田七千顷，粮视昔有加，大为浏患。去时，诅之者尤众。 王培生河南宝丰进士，康熙三十二年任。见《政略》。 王斑广西临桂举人，康熙三十六年任。 申可正江苏吴县举人，康熙四十四年任。 苏名弼河南陈州岁贡，康熙四十八年任。 赵世禄汉军镶红旗笔帖式，康熙五十年任。 赵晟顺天武清进士，雍正二年任。 江日容江南旌德贡生，雍正四年任。案：旌德今隶安徽省。 王钦命山西临汾廪生，保举孝廉，雍正六年任。 陈梦文江南江都举人，雍正七年任。 周之相江西南城进士，雍正十二年任。○案《宁乡志》，雍正初有潘璜知宁乡，曾署浏阳。旧志不载。 胡志仁江西举人，乾隆二年任。 罗如伦陕西中卫拔贡，乾隆三年任。 马玺汉军正黄旗监生，乾隆六年任。 顾维钫江苏金匮进士，乾隆九年任。 欧阳龙乾隆十三年署，曾撰《修文庙碑》，署衔称文林郎、桃川人。旧志脱名，今补。 赵贤浙江钱塘进士，乾隆十三年任。 吕正音四川长寿举人，乾隆十七年任。见《政略》。 魏渊映江西广昌举人，乾隆十九年任。 张宏燧江苏青浦举人，乾隆二十一年任。○案《通志》，是年有署县徐荀龙，见"城池"门。 裘栋江西新城贡生，乾隆二十三年署。 汪涛江苏江宁进士，乾隆二十五年任。 杨嘉植乾隆二十五年代理。 戴廷槐乾隆二十五年署。 沈宁仁乾隆二十七年代理。 许士杰浙江海宁州监生，乾隆二十九年署。 黄哲广东番禺举人，乾隆二十九年任。 李舟云南晋宁监生，乾隆三十三年署。 刘学颙浙江分水拔贡，乾隆三十三年任。 金成华汉军正黄旗人，乾隆三十五年署。 折遇兰山西阳曲进士，乾隆三十六年任。 张继辛湖北东湖举人，乾隆三十七年署。 亢肇洁山西临汾监生，乾隆三十八年代理。 梁尚秉广东顺德进士，乾隆三十八年署。见《政略》。 姚澂安徽桐城监生，乾隆三十八年任。 侯云汉直隶南宫举人，乾隆三十八年代理。 德楞格满洲正蓝旗人，乾隆三十九年任。《通志》作正黄旗人。 王用锷陕西华州贡生，乾隆四十年署。 张拱极山西保德州举人，乾隆四十一年任。按《通志》："前知衡阳，有德政，及调来浏，士民泣送者盈路。" 李玳馨广东长乐人，乾隆四十一年署。　潘从龙福建崇安人，乾隆四十三年署，卒于官。　张五典陕西泾阳举人，乾隆四十四年署。　潘本信浙江归安人，乾隆四十五年署。　赵嘉程汉军正蓝旗举人，乾隆四十六年任，嘉庆二年再任。见《政略》。　刘宇广东清远举人，乾隆四十七年署。　傅广聪河南鹿邑举人，乾隆五十年署。　戴高江苏江浦举人，乾隆五十年署。见《政略》。　赵贵览江苏常熟监生，乾隆五十二年署。　顾振声浙江海宁州举人，乾隆五十三年任。　陈玉垣浙江海盐举人，乾隆五十五年署。　刘尔芊山东昌乐进士，乾隆五十六年署。见《政略》。　鲁习之山西介休拔贡，乾隆五十六年任。　蒋绍宗汉军镶白旗举人，乾隆五十九年署。十一月，以母忧去。后补攸县，有惠政，攸民请祀名宦，浏继之。　杨鹏翱陕西三原举人，乾隆五十九年署。　齐弼福建侯官进士，乾隆五十九年署。　杨方岳广东镇平进士，乾隆六十年代理。　王福清乾隆六十年代理。　严维乾隆六十年代理。　裘豫江西新建举人，乾隆六十年代理。　李秉仁嘉庆五年代理。　怀豫满州正黄旗人，嘉庆七年任，十四年再任。《戊寅志》作七年署。　吴兆兰湖北江夏监生，嘉庆十一年任。　丁钰江苏丹阳拔贡，嘉庆十五年署。　谢希闵浙江会稽籍，直隶宛平监生，嘉庆十六年任。　羊拱辰云南镇沅厅举人，嘉庆二十二年署。见《政略》。　张仲埙直隶宛平举人，嘉庆二十三年署。　邵大纬山东惠民举人，嘉庆二十三年署。　方为霖安徽桐城监生，嘉庆二十四年署。　鲁起元江苏江宁举人，道光元年任。性敏，讼立剖，治颇严，内奸不作，人多颂之。　周如冈四川涪州举人，道光元年署。　杜金鉴浙江会稽举人，道光三年署，七年再署，八年任。　林凤仪福建福清进士，道光四年署。见《政略》。　孙濂浙江山阴人，道光五年代理。　赵瑜云南太和举人，道光五年任。见《政略》。　杨廷陛四川崇庆监生，道光八年代理。　赵光裕浙江仁和进士，道光十年署，二十二年任，二十九年再任。见《政略》。　戴琛和四川长寿增生，道光十一年代理。　王庆嵩浙江钱塘监生，道光十二年代理。　周继芬江苏吴江监生，道光十二年代理。　李正晋江西吉水监生，道光十二年署。　王晋庆山东聊城拔贡，道光十三年任，明年奉调，旋回任。　毛书城直隶大兴监生，道光十四年署。　赵树寅山东蓬莱举人，道光十六年署。　国庆汉军镶黄旗举人，道光十八年任。　刘湄直隶大兴举人，道光十九年署。　胡泰阶浙江会稽举人，道光二十一年署。　沈履正直隶大兴附生，道光二十二年代理。　冯政绾广东琼山监生，道光二十二年代理。　张恩溥江西泰和进士，道光二十四年任。见《政略》。　刘沄山东长山进士，道光二十五年署。　熊浦云江西德化进士，道光二十六年署。　王葆生安徽凤阳附贡，道光二十六年署。　汪傅霖江苏长洲附贡，道光二十七年署，明年实任。　萧品三浙江奉化拔贡，道光二十七年代理。　范鑫河南修武拔贡，咸丰元年代理。　袁青绶江苏兴化举人，咸丰四年署，五年实任。见《政略》。　蔡式钰甘肃武威进士，咸丰八年任。　邓尔昌直隶大兴人，安徽桐城籍吏员，咸丰十年署，后署会同，殉难。　张景垣山东高苑拔贡，咸丰十一年署。　王汝惺山东诸城拔贡，同治元年任，二年去，五年回任。　胡崧直隶延庆州廪贡，同治二年代理。　文泰汉军正白旗人，同治二年代理。　陈延泽广西临桂人，议叙，同治二年代理。　刘凤仪江西南城拔贡，同治四年署。　童恩浙江鄞县人，三品荫生，同治六年署。　钱绍文江苏武进监生，同治七年署。　万修廉湖北应山人，中顺天乡榜，同治八年任。　汪亮清江苏武进监生，同治九年署。　盛赓江苏武进监生，同治十年署。　罗庆芗直隶大兴监生，同治十一年署。

教谕

元时称教授。

欧阳龙生见《人物志》。余均缺考。

明时浏阳改县，为教谕。

张绅无为州举人，永乐间任。案：无为州明属南直隶，今属安徽。　李杭成化间任。　孟震云南贡生，弘治间任。　黄纹广西举人，正德间任。　陈时用广东举人，正德间任。　黄九霄四川举人，正德间任。　翟昇贡生，嘉靖间任。　卞凤仪四川宜宾岁贡，嘉靖间任。　吴京南直隶凤阳府岁贡，嘉靖间任。　胡一正福建长汀贡生，嘉靖间任。见《政略》。　杨鹤鸣云南太和贡生，嘉靖间任。　何伯珠四川南江岁贡，嘉靖间任。　李腾霄福建光泽贡生，嘉靖间任。　熊翰江西崇仁岁贡，嘉靖间任。　刘以身江西安福举人，嘉靖间任。　苏伟云南太和举人，嘉靖间任。　刘昭四川仁寿监生，隆庆间任。　李以恒云南腾越州监生，隆庆间任。　李应烨福建瓯宁举人，万历间任。　郑向阳江西金溪举人，万历间任。　周崇召武昌府选贡，万历间任。　宋世殷黄冈岁贡，万历间任。　经仁本广西全州举人，万历间任。　刘而铉江西永新举人，万历间任。　刘汝美衡阳人，万历间任。　万国安兴山贡生，万历间任。　毛丹彩黄冈举人，天启间任。案《庚申志》："毛治《春秋》，贵州、广西乡试，尝聘入闱。"　吴元中江西临川进士。见《政略》。　邱如皋随州贡生，崇祯间任。《通志》作"九皋"。　汪春吕崇阳举人，崇祯间任。案《庚申志》春吕作"春昌"，并云"扶掖士类，劝课殷勤"。

国朝

董士哲湖北枝江贡生，顺治间任。　张异卿湖北兴国州贡生，顺治间任。　陈翼明湖北孝感举人，顺治间任。　龙昇见《人物志》。　孟应瑄湖北黄安拔贡，康熙十九年任。　王三重湖北安陆举人，康熙三十年任。　严偁湖北孝感廪贡，康熙三十七年任。　朱学素湖北潜江岁贡，康熙四十六年任。　康鸣谦衡山拔贡，康熙五十二年任。　黄榜元零陵拔贡，康熙五十七年任。　王全璧湖北汉阳举人，雍正五年任。　黄嘉贤桂东拔贡，乾隆二年署。　郑嘉魁新田县恩贡生，乾隆四年任，卒于官。　聂日乾麻阳人，由拔贡中副榜，乾隆八年任。　李国珂安仁拔贡，乾隆十九年任。　胡凤翥安乡廪贡，乾隆二十五年任。　幸超士绥宁举人，乾隆三十六年任，卒于官。　刘继惇桂阳州廪贡，乾隆四十二年署。　陈惠钧武陵廪贡，乾隆四十三年任。　张旭桃源副贡，乾隆五十二年任。见《政略》。　聂廷翰麻阳廪贡，乾隆五十七年署。　黄显伟蓝山恩贡生，乾隆五十八年任。　方同明临湘拔贡，嘉庆二年署。　向世翼溆浦廪贡，嘉庆三年任。　张启轩巴陵廪贡，嘉庆十六年署。　夏元成武陵举人，嘉庆十六年任。　苏良枋道光二年以训导兼理。　王国举零陵拔贡，道光三年任。　魏宗濂道光十六年以训导兼理。　张楚书道光十六年署。　欧阳甡清泉举人，道光十六年任。　谢济谦咸丰二年以训导兼理。　彭兆棣衡山廪贡，咸丰二年署。　洪廷撲道州拔贡，咸丰三年任。　曾楠新化附贡，咸丰四年署。　张懋暹澧州拔贡，咸丰八年任，卒于官。　李如崑咸丰十年以训导兼理。　陈善墀郴州附贡，咸丰十年任。

训导

明

刘纲四川岁贡，天顺间任。　曾瑜广东东莞人，成化间任。　宋吉涪陵岁贡，成化间任。　刘同南直隶和州贡生，成化间任。　盛佐江西丰城岁贡，弘治间任。　王剑河南岁贡，弘治间任。　潘纲河南郑州岁贡，正德间任。　万奭江西贡生，正德间任。　廖贵正德间任。　祝邦佐正德间任。　高相正德间任。　赵儒嘉靖间任。《戊寅志》云“乙巳”。《庚申志》有廖贵、赵儒，无祝邦佐、高相，《府志》《省志》皆不载，《癸丑志》载，无乡贯履历，今仍之。　周源广东东莞贡生，嘉靖间任。　萧弈江西南昌贡生，嘉靖间任。　谢相浙江安吉贡生，嘉靖间任。案：旧志作安乐贡生。　陈涌云南贡生，嘉靖间任。　刘一夔福建长乐贡生，嘉靖间任。　魏翰四川雅州贡生，嘉靖间任。　张希元云南安宁州岁贡，嘉靖间任。　俞选云南保山贡生，嘉靖间任。　马岳南直隶无为州贡生，嘉靖间任。　白宪福建将乐岁贡，嘉靖间任。　李九成江西贵溪监生，嘉靖间任。　李旸时四川剑州监生，嘉靖间任。　马翰四川蓬州监生，隆庆间任。　李敷元旧志：“四川叙南监生，隆庆间任。”　孙良珠浙江嵊县贡生，隆庆间任。　蒋朝禄永明贡生，隆庆间任。　韩燔四川南充贡生，隆庆间任。《通志》《庚申志》《癸丑志》皆作“璠”。　刘述职江西安福贡生，万历间任。　黎亨四川云阳贡生，万历间任。　苏朝同临武岁贡，万历间任。　尹尚京桂阳州贡生，万历间任。　徐绍尧浙江奉化贡生，万历间任。　秦一清黄冈岁贡，万历间任。

李之本黄州岁贡，天启间任。　唐魁东安贡生，崇祯间任。　邓士显沅州贡生，崇祯间任。　赖明谕江西定南贡生，崇祯间任。　余燮黄安贡生，崇祯间任。　黄学和善化岁贡，崇祯间任。○案《刘定之年谱》：“宣德元年，浏阳训导刘彦本为冠宾。”任年失考，姑附此。

国朝

王一翔善化贡生，顺治间任。　杨熙绩湖北德安贡生，顺治间任。　靳龙颜湖北随州贡生，顺治间任。　张吉宿湖北当阳岁贡，顺治间任。　华士鳌湖北兴国州岁贡，顺治间任。　周则驭湖北安陆岁贡，顺治间任。　鲁若参湖北当阳岁贡，康熙三十一年任。　舒逢吉湖北广济岁贡，康熙三十三年任。　汪墀湖北当阳廪贡，康熙三十七年任。　王朔湖北江陵岁贡，康熙三十八年任。　李春旺湖北麻城岁贡，康熙四十三年任。　徐之纶湖北黄梅岁贡。《通志》：“康熙四十三年任。”　黄宗慧宜章岁贡，康熙四十四年任。　叶上标永定岁贡，康熙五十四年任。　李长龄临湘岁贡，康熙五十八年任。　田文玉沅州岁贡，康熙六十年任。　林文郁五寨司岁贡，雍正七年任。　张国誉沅陵岁贡，雍正十二年任，卒于官。　李明训沅江岁贡，乾隆三年任。《通志》作汉阳人。　黎光熹华容岁贡，乾隆十六年任。　谭尚籍衡山岁贡，乾隆十九年任。　李本灏龙阳举人，乾隆二十六年任。　胡凤翥乾隆三十五年以教谕兼理。　蒋藻绘邵阳岁贡，乾隆三十六年任。　曹麟郴州举人，乾隆四十年署。　朱世香江华岁贡，乾隆四十年任。　杜甘棠临武廪贡，乾隆四十六年署。　袁道明桂阳岁贡，乾隆四十六年任，卒于官。　向世翼溆浦廪贡，乾隆五十年署。　何文敏道州岁贡，乾隆五十一年任。　方筠巴陵廪贡，乾隆五十五年署。　左修位清泉岁贡，乾隆五十六年任，卒于官。　舒理元溆浦廪贡，嘉庆十三年署。　范孟珙桂阳举人，嘉庆十三年任，卒于官。　王安才宝庆岁贡，嘉庆二十一年任。旧志佚，从《通志》补。　何辉煌桂阳州廪贡，嘉庆二十一年署。　苏良枋临武举人，嘉庆二十三年任。见《政略》。　魏宗濂平江廪贡，道光十三年署。　廖鹏飞武陵举人，道光十六年任，卒于官。　邓友直武冈州增贡，道光二十八年署。　吴敏树巴陵举人，道光二十八年任。　周诰清泉附贡，咸丰元年署。　欧阳牲咸丰元年以教谕兼理。　谢济谦耒阳举人，咸丰二年任。　戴良球永兴拔贡，咸丰四年署。　李如崑龙山举人，咸丰六年任。　潘国钧郴州岁贡，同治六年署。　龚琴邵阳优贡，同治六年任，十一年卒于官。　陈善墀同治十一年以教谕兼理。　胡运甲安福举人，同治十二年任。

县丞

宋

刘子翔字彦集，建安人，见《朱松行状》，系浏阳丞，孝宗朝任。○案《文信国集》中有《覆浏阳任丞启》云："晴纹照绶，晓入新花；远景飞云，春回旧绣。辱施先于一介，愧礼后于七襄。跂天孙之织云，莫将瑶报；望美人兮明月，尚借瑱规。"任丞惜佚其名矣。

元时称州，为同知。

贾孛老元贞间任。　贾闾实[1]至正四年任。

明时改县，为县丞。

孔良弼山西泽州人，洪武三年任。见《政略》。　赵清洪武八年任。　冯完洪武十五年任。　王姒方洪武十九年任。　王信四川新繁人，天顺五年任。　朱珍成化元年任。　刘恺徐州进士，由御史降，弘治元年任。　陈源浙江青田人，弘治十三年任。　朱徵弘治十五年任。　赵良北直人，正德四年任。　吴林南直人，正德六

① 按："贾孛老"当作"孛老"，"贾闾实"当作"买闾实"，参见本书卷二二欧阳玄《浏阳州州官题名记》。买闾实为少数民族，其父名孛老。此处因《浏阳州州官题名记》误以为其父子姓贾，故又于"孛老"前加"贾"字。

年任。 萧恕福建将乐人，正德八年任。 熊彦魁四川雅州人，嘉靖四年任。 张堂越巂卫人，嘉靖十年任。 杜璠浙江西安监生，嘉靖十一年任。 袁璧云南籍，应天六合监生，嘉靖十三年任。 萧珍四川南川监生，嘉靖十四年任。 赵翼四川宁番卫监生，嘉靖十九年任。 徐标江西余干吏员，嘉靖二十二年任。 张天赋广东兴宁监生，嘉靖二十三年任。 向东四川云阳监生。《戊寅志》云："向东、向镐，旧志入'主簿'，《通志》《府志》入'县丞'，未知孰是，姑两存之。" 李潜四川奉节监生，嘉靖二十六年任。 袁密南直隶合肥吏员，一作监生，嘉靖三十二年任。 黄彦棠南直隶潜山吏员，嘉靖三十八年任。 边云鹭河南杞县监生，嘉靖四十一年任。 蒋木南直隶长洲吏员，嘉靖四十三年任。 汪材南直隶休宁吏员，嘉靖四十五年任。 向镐福建闽县监生。详向东注。 邵岳南直隶兴化监生，隆庆五年任。 叶良江西余干监生，万历二年任。 李一夔南直隶建德选贡，万历五年任。 陈皋谟江西高安岁贡，万历十年任。 伦天叙河南河内恩贡，万历十三年任。 尹守道江西上犹岁贡，万历十六年任。 萧方南直隶泾县监生，万历十七年任。 施宗夔南直隶青阳举人，万历二十二年任。 邢尚质南直隶高淳监生，万历二十四年任。 朱一葵浙江慈溪吏员，万历二十七年任。 严有德浙江慈溪吏员，万历三十年任。 周勋《戊寅志》："福建莆溪人。"疑莆田。万历三十三年任。 李德升浙江鄞县监生，万历四十年任。 徐应诏南直隶六安吏员，万历四十四年任。 朱可师四川巴州选贡，万历四十八年任。 刘芳润浙江诸暨人，天启二年任。 杨士昌屏山选贡，天启六年任。 萧思伦泾县人。见《政略》。 杨本隆山西五台恩贡，崇祯六年任。 伍应东江西泰和选贡，崇祯十年任。 徐士鳌浙江仁和人，崇祯十五年任。

国朝

周良幹浙江绍兴吏员，顺治四年任。 张永泰一作"永恭"。陕西华州吏员，顺治十年任。 申隽甲四川酆都生员，顺治十六年任。 顾云龙一作"龙云"。江南吴县人，康熙十年任。 刘克昌直隶大兴监生，一作生员，康熙十九年任。 游云烓福建侯官人，康熙三十一年任。 侯三奇奉天辽阳岁贡，康熙四十一年任。 徐旭旦浙江钱塘副榜，康熙四十二年任。　张慎含山人，康熙四十六年任。《通志》作浙江人。　郑开泰直隶宛平监生，康熙五十一年任。　缪镩江南如皋监生，康熙五十三年任。　陈承祖山东德州人，雍正四年任。　张豫镶黄旗监生，雍正十三年任。　曾宗发江西长宁贡生，乾隆二年任。　宋懋迪四川南部人，乾隆七年任。　余有庆江南监生，乾隆十一年任。　钟伊瞻福建武平贡生，乾隆十四年任。　冯世焕直隶清丰监生，乾隆十八年任。　李舟云南晋宁监生，乾隆二十九年署。　亢肇洁山西临汾监生，乾隆三十年任。　张民广福建浦城监生，乾隆三十八年代理。　周文瑞山西长治人，乾隆三十八年代理。《通志》作举人。　郭德润直隶玉田贡生，乾隆四十年署。　潘从龙福建崇安监生，乾隆四十年任，卒于官。　金家诰直隶大兴监生，乾隆四十三年代理。　邱锦旸江西宁州监生，乾隆四十四年署。　汪琦龙江南旌德监生，乾隆四十四年代理。　阎重鉴河南夏邑人，乾隆四十五年署。　袁钧直隶宛平监生，乾隆四十六年任。《通志》："大兴人。"　杜锡泰江苏无锡增生，乾隆四十八年署。　王心仁浙江镇海监生，乾隆五十年任。　陶廷价浙江萧山监生，乾隆五十三年署。　李宗光浙江钱塘监生，乾隆五十三年任。　王毓凤直隶临榆监生，乾隆五十四年署。　陈琏江苏阳湖监生，乾隆五十五年代理。　董维堉直隶丰润吏员，乾隆五十六年署。　庄绳武江苏监生，乾隆五十九年任。《通志》："长洲人。"　董光益直隶丰润监生，乾隆五十九年署。　王鉴浙江平湖监生，乾隆六十年署。　顾焘江苏长洲人，嘉庆元年署，卒于官。　常庆汉军镶白旗人，嘉庆四年署，六年补授。　邵嗣桂浙江仁和贡生，嘉庆五年署。　许人庆四川广安州人，嘉庆五年署。　席沄江苏太湖厅监生，嘉庆七年署，十年补授，道光元年复署，二年补授，三年奉调，四年回任。　陈奎光江苏长洲贡生，嘉庆八年署。　黄柱浙江仁和监生，嘉庆十年代理。　汤廷宠四川合州贡生，嘉庆十二年署。　朱晋麟江西高安附贡，嘉庆十三年任，十六年回任，二十年复回任。　秦廷懋江苏金匮监生，嘉庆十五年署。　芮淇澳直隶大兴副榜，嘉庆十八年代理。　王定昌山西阳曲副榜，嘉庆二十一年署。又，县册载广东监生王定昌二十四年署。按：异省同名姓，疑是一人，恐籍贯、履历误耳。　吴鼎言河南光州附生，嘉庆二十二年署。　沈配经浙江会稽吏员，嘉庆二十四年署。　王庆嵩浙江监生，嘉庆二十五年代理。 陈煦贵州监生，道光三年署。 温扬声江西监生，道光五年代理。 邹飏廷湖北监生，道光五年署。 郑炯福建举人，道光六年任。 李天喜道光七年以典史兼理。 谭泽恺湖北监生，道光七年署。 赵大炳直隶监生，道光七年任。 曹壬申道光八年以巡检代理。 吴淮贵州副榜，道光八年署。 王怀棠浙江监生，道光十年署。 吴洪相甘肃军功，道光十一年任，十二年、十四年、十七年、十九年均奉调，数回任。 王楷顺天供事，道光十二年署。 范源沄浙江监生，道光十四年代理。 姚钧培浙江庆元拔贡，道光十五年署，二十四年又署。 龚自树浙江供事，道光十六年署。 吴承露江苏监生，道光十七年署，二十年代理。 闫于杓河南监生，道光十九年代理。 陶斯沅四川监生，道光二十年署。 沈履正顺天附生，道光二十二年任。 孔继善直隶大兴人，道光二十二年代理。 雷霄汉陕西监生，道光二十二年署。 魏复瀛道光二十二年以典史兼理。 叶礼安徽监生，道光二十二年署。 李步义广东恩贡生，道光二十三年署。 汪炳浙江附监生，道光二十三年代理。 王逢吉陕西西安附生，道光二十四年任，二十五年、二十七年、二十八年均奉调，数回任。 邹师曾江苏元和监生，道光二十四年代理。 师鸣凤山西汾西廪贡，道光二十四年署。 吴鸿逵江西监生，道光二十五年署。 朱遵洛四川监生，道光二十六年署。 陆传应江苏监生，道光二十六年署。 叶恺道光二十七年、二十九年均以巡检兼理。 易学治湖北襄阳监生，道光二十八年代理。 白自澄奉天承德监生，道光二十八年代理。 孙坦浙江山阴监生，道光二十九年署。 徐绳祖直隶大兴监生，道光二十九年代理。 冯之晋直隶大兴监生，道光三十年任。 胡际典咸丰二年以典史兼理。 朱森安徽泾县监生，咸丰二年署。 褚维垣广西临桂人，咸丰五年任。 袁承惠咸丰七年以典史兼理，八年又兼理。 洪镛湖北黄冈监生，咸丰七年署。 吴定元湖北汉阳监生，咸丰八年署。 邓嘉山西太平供事，咸丰十一年署。 李寿棻湖北江夏监生，同治元年署。 陈星瑞湖北南漳附贡，同治二年署。 曾邦英江西吉水监生，同治二年任，三年奉调，旋回任。 古振逵同治三年以巡检兼理。 李昌龄同治六年、九年均以典史兼理。 沈观光广东番禺监生，同治六年署。 张倬汉浙江余姚监生，同治七年署。 刘德受直隶大兴人，同治八年署。 赵光斗安徽泾县监生，同治九年署。　王廷桢江西庐陵人，同治十年署。　金文锦直隶大兴人，同治十一年署。　高鹏江西东乡监生，同治十二年署。

主簿

宋

徐经孙江西吉州人。见《政略》。○元缺考。

明洪武十八年起至崇祯十四年止，后裁。

李仲纲洪武八年任。　刘铅天顺五年任。《戊寅志》作贡南人，俟考。　康让弘治元年任。《庚申志》："时以粮繁，添主簿一员，自是年始。"　策敏弘治十五年任。　阮福江西丰城人，正德元年任。　何理正德六年任。　徐光南直隶池州监生，嘉靖元年任。　何斗魁四川大足监生，嘉靖四年任。　赖先觉江西南康监生，嘉靖九年任。　于周广西修仁监生，嘉靖十年任。《庚申志》作吏员。　王谟四川泸州监生，嘉靖十九年任。　李景元广西苍梧监生，嘉靖二十三年任。　赵大璞云南浪穹监生，嘉靖二十四年任。　陈全浙江永康监生，嘉靖二十五年任。　刘柿四川资阳监生，嘉靖二十六年任。　刘绍元南直上海监生，嘉靖二十八年任。　张庑四川蓬溪监生，嘉靖二十九年任。　李翰魁江西东乡监生，嘉靖三十年任。　贺元四川建昌卫监生，嘉靖三十三年任。　向东嘉靖三十四年任。详"县丞"。　王恩四川成都监生，嘉靖三十八年任。　陆万振广西监生。《庚申志》："嘉靖三十八年任。"　贺正良江西新建人，嘉靖四十年任。　蒋良贵南直隶丹阳监生，嘉靖四十一年任。　任松四川芦山监生，嘉靖四十四年任。　严克鉴广西苍梧监生，隆庆元年任。　向镐《庚申志》："隆庆元年任。"详"县丞"。　周一元南直隶祁门监生，隆庆三年任。　黄时贡江西庐陵监生，隆庆四年任。　周已达江西瑞昌监生，隆庆六年任。　马采江西临川监生，万历元年任。　叶上林旧志：“四川井盐贡生。”疑井研。万历三年任。　杨远直隶贡生，万历四年任。《癸丑志》作泰兴人。　杨辽直隶贡生。案《戊寅志》云：“旧志脱名，《府志》列杨辽乡贯、履历，与杨远无异，或因辽、远字迹近似而讹为两人，抑或别为一人，俟考。”　周锦浙江海盐人，一作海宁，万历七年任。　康汝良江西泰和监生，万历八年任。　傅柱浙江山阴人，万历九年任。　王世功南直隶太仓州监生，万历十一年任。　谢璋南直隶当涂吏员，万历十三年任。　郑日宣浙江缙云吏员，万历十四年任。　王瑗江西兴国贡生，万历十五年任。《庚申志》列“县丞”。　陈典云南籍，直隶蒙城贡生，万历十七年任。　温旨江西宁都监生，万历十八年任。　陈九畴浙江缙云监生，万历十九年任。　张鲁云南籍，山东新泰人，万历二十年任。《癸丑志》作“张济”。《庚申志》：“由选贡任。”　施永济南直隶江都人，万历二十二年任。　汤绍舜浙江鄞县监生，万历二十四年任。　杨日灿福建顺昌人，万历二十五年任。　沈儒龙浙江鄞县人，万历二十八年任。　沈斯标浙江仁和人，万历二十九年任。　张有德浙江山阴吏员，万历三十二年任。　谢明道浙江钱塘吏员，万历三十四年任。殷尚清江西星子选贡，万历三十七年任。　林万濠福建龙溪吏员，万历三十九年任。《庚申》《癸丑志》皆作“豪”。　程大济南直隶常熟吏员，万历四十一年任。　洪应节南直隶祁门监生，万历四十二年任。　赵胜宗浙江山阴吏员，万历四十三年任。史起贤浙江山阴人。《庚申志》：“万历四十五年由儒士任。”　潘一经通州监生，万历四十六年任。　原伟山西汾州吏员，万历四十七年任。《庚申志》：“汾西人。”　王以成江西新喻吏员，天启元年任。　侯迁高山东郓城监生，天启三年任。　邓廷广东南海吏员，天启四年任。　汪道一南直隶歙县吏员，天启六年任。　王宗焕浙江永康吏员，天启七年任。　吴尚泰南直隶休宁人，崇祯元年任。案《庚申志》：“是年奉裁一员。”　饶文耀福建将乐人，崇祯三年任。　金栋南直隶武进人，崇祯四年任。《庚申志》列“县丞”。　罗高伟江西南昌监生，崇祯七年任。　郑斗耀德化人，崇祯十一年任。　樊朝祯浙江山阴人，崇祯十四年任。

巡检

明

刘秉广东博罗人，正德二年任。　吴价四川成都人，正德六年任。　王伟江西丰城人，正德九年任。　庞从政四川人，正德十六年任。　林仕恩福建长乐人，嘉靖七年任。　陈廷佩四川酆都人，嘉靖十六年任。　李棣广西人，嘉靖二十四年任。　潘霁南直隶无为州人，嘉靖三十一年任。　李珪浙江秀水人，嘉靖四十一年任。　朱让浙江山阴人，隆庆四年任。　甘冕南直隶当涂人，隆庆六年任。○案《庚申》《癸丑志》："以上瞿家寨巡检，以下梅子园巡检"云。　方大木浙江诸暨人，万历六年任。　刘焕江西南昌人，万历十二年任。　曾全仁四川泸州人，万历二十二年任。　刘霆南直隶灵壁人，万历二十八年任。　柯一仁南直隶贵池人，万历四十一年任。　苏临广东吏员，天启二年任。　黄德元南直隶池州人，天启六年任。　梁君锡广东广州人，崇祯七年任。　胡士璋江西泰和人，崇祯十三年任。

国朝

朱紫贵浙江绍兴人，顺治十六年任。　石泰直隶天津卫人，康熙元年任。　王佳宾浙江山阴吏员，康熙二十五年任。　唐国珍江南泾县吏员，康熙三十六年任。　许国瑞直隶宛平人，康熙五十五年任。　俞念继直隶宛平吏员，雍正三年任。　范澄浙江会稽人，雍正十年任。　叶彧高安人，雍正十二年任。《戊寅志》作山西人。　胡帝臣直隶宛平人，乾隆五年任。　沈同人直隶大兴人，乾隆八年任。　陆光耀江南华亭人，乾隆十二年任。　吴钦恭未详。　吴允斌直隶大兴人，乾隆二十一年任。　冯世涣直隶清丰监生，乾隆二十二年任。　汤名广江苏吴县监生，乾隆二十九年署。　江森安徽建平吏员，乾隆三十年署。　范德征江苏元和监生，乾隆四十年任。

吴增河南河内监生，乾隆五十三年署。　张如川四川巴县监生，乾隆五十五年署。　施肇森浙江仁和监生，乾隆五十六年署。　谢仁浙江仁和监生，乾隆五十六年任。　邬思泰直隶清苑吏员，嘉庆六年署。　夏公辅四川双流监生，嘉庆七年署。　曹国华直隶大兴监生，嘉庆七年署。　李秀远山西阳曲监生，嘉庆八年任。　盛德溥湖北孝感监生，嘉庆九年署。　路廷标直隶大兴供事，嘉庆九年任。　王际日山西介休监生，嘉庆十二年署。　任寿年山西汾阳监生，嘉庆十二年任，二十三年复任。张镇直隶宛平监生，嘉庆二十三年代理。　徐叶安徽青阳吏员，嘉庆二十三年代理，一作二十四年接任寿年任代理。　陈善庆浙江上虞监生，嘉庆二十四年署。　张孔瓒广东清远监生，嘉庆二十五年署。　曹壬申直隶大兴监生，道光元年任，六年、七年、八年、十一年均奉调，数回任。　王樾江苏溧阳监生，道光六年代理，卒于官。　周熊江苏上元监生，道光七年代理。　魏镇西山东济南府监生，道光八年代理。　李秉璐未详。　章锦标直隶宛平吏员，道光十二年署。　金德焯直隶大兴供事，道光十三年任，十四年奉调，旋回任。　汪玉清浙江秀水监生，道光十四年代理，十九年署。薛有三直隶望都吏员，道光十八年署。　叶恺直隶大兴供事，道光十九年任，二十九年、咸丰元年均奉调，旋回任。　项承基江西星子人，道光二十九年代理。　王基瑞咸丰元年以典史兼理。　王克仁江西龙泉人，咸丰三年署。　古振逵广东兴宁附监生，咸丰六年任。　金近廷直隶通州人，同治六年署。　侯宗周四川新津吏员，同治八年任。　蔡信圻江苏吴县监生，同治十年署。　杨贻善湖北江夏监生，同治十一年署。　胡熙四川合江监生，同治十二年任。

典史

宋置尉。

颜应焱茶陵州进士。见《政略》。〇余佚。

元缺考。

明

浦大和洪武四年任。《庚申志·职官》浦作“蒲”，列“主簿”。　欧说南直隶庐江人，景泰三年任。　谢敏恭天顺五年任。《戊寅志》作“敏公”，误；又作章贡人，恐是赣县，否则云南呈贡，俟考。　郭继宗浙江人，弘治十年任。《庚申志》：“十七年任。”　雷宗南直隶安庆进士，由御史降，正德元年任。　沈轮南直隶吴县人，正德五年任。　林崇用广西人，嘉靖元年任。　刘清江西临川人，嘉靖五年任。　余相四川壁山人，嘉靖十一年任。　卢廷政四川重庆人，嘉靖十四年任。　王志学广西融县人，嘉靖十七年任。　陈珍广东博罗人，嘉靖二十三年任。　鲍楠浙江鄞县人，嘉靖三十一年任。　李载阳云南南宁人，嘉靖三十八年任。　韩克孝陕西三原人，嘉靖四十年任。　吴楚勋福建大田人，嘉靖四十四年任。　王珊四川泸州人，隆庆二年任。　萧凤韶江西泰和人，万历三年任。《癸丑志》萧作“蒋”，《戊寅志》江西作“山西”，今从《庚申志》。　郑宝福建南安人，万历七年任。《庚申志》列“主簿”。　王履吉南直隶靖江人，万历九年任。　张本相南直隶泾县人，万历十四年任。　高德隆浙江钱塘人，万历十八年任。　黄烇江西德化人，万历二十二年任。《庚申》《癸丑志》均“二十一年”。　陈德志浙江慈溪人，万历二十六年任。　许廷选福建龙溪人，万历三十年任。　施佐浙江鄞县人，万历三十三年任。　陈天逵浙江钱塘人，万历三十五年任。　王待价直隶建平人，万历三十七年任。　张腾电富平人，万历四十年任。　冯守仁浙江山阴人，万历四十四年任。　章理浙江归安人，万历四十八年任。　吴时位浙江宣平人，天启五年任。　俞应化南直隶庐江人，天启七年任。　俞天清浙江金华人，崇祯二年任。《庚申志》作主簿。　王宗思南直隶南陵人，崇祯五年任。《庚申志》作“宗恩”。　蒋尚贤江西庐陵人，崇祯十年任。　陈旭南直隶嘉定人，崇祯十三年任。　孟樊亨福建侯官吏员。《庚申志》：“弘光元年任。”

国朝

潘立本浙江山阴吏员，顺治五年授，以疾不赴任，见《庚申志》。　成继铎陕西蒲城人，顺治十六年任。　王珍《戊寅志》：“四川华州人。”恐华阳之讹。康熙十八年任。　马大经直隶宛平人，康熙三十七年任。　郭世英直隶通州人，康熙五十一年任。　郭磊山东东昌人，康熙五十八年任。　沈弘勋直隶大兴人，雍正三年任。　王树基浙江人，乾隆七年任。　李学山浙江山阴人，乾隆十四年任，三十年复任。　朱节文浙江余姚人，乾隆二十一年任。　王天佑直隶大兴吏员，乾隆二十九年署。　陈应恩《戊寅志》：“广东大浦人。”恐大埔或合浦之讹。乾隆二十九年署。　王潞直隶大兴监生，乾隆三十五年代理。　何上选江西南城监生，乾隆三十五年代理。　吴允斌直隶大兴人，乾隆三十六年代理。　张绳贤汉军镶红旗人，乾隆三十六年代理，卒于官。　吴珙河南光州贡生，乾隆三十七年代理。　杨龙猷直隶宛平吏员，乾隆三十七年署。　熊炯福建上杭监生，乾隆四十年代理。　盛学万江苏元和监生，乾隆四十一年任。　彭泷福建长汀人，乾隆四十四年代理。　张增琛山西浮山监生，乾隆四十四年署。　舒毓棠浙江仁和监生，乾隆四十七年代理。　冯文燕浙江会稽吏员，乾隆四十七年任。　俞林浙江山阴供事，乾隆五十四年代理。　顾焘江苏吴县监生，乾隆五十五年署。《戊寅志》“县丞”门作长洲人，必有一误，今仍之。　项炯浙江仁和监生，嘉庆五年代理。　莫廷柱浙江山阴供事，嘉庆六年代理。　陈云龙浙江上虞人，嘉庆六年任。　张岦本山西浮山监生，嘉庆九年代理。　张嘉谟广东嘉应州监生，嘉庆十年代理。　李天喜甘肃靖远吏员，嘉庆十年任，二十五年复任，道光二年、三年、九年均奉调，数回任。 董均焕甘肃皋兰监生，嘉庆十二年代理。 李重榜山西芮城监生，嘉庆十五年代理。 方鸿勋浙江慈溪监生，嘉庆十七年代理。 颜鸿广东连平州监生，嘉庆二十一年代理。 汪庆春浙江仁和人，嘉庆二十四年代理。 魏复瀛四川成都监生，道光二年代理，十八年任，十九年、二十一年、二十四年均奉调，旋回任，二十八年卒于官。 曹壬申道光二年以巡检兼理，三年再兼理。 张镛直隶新城监生，道光三年代理。 孙栻直隶大兴供事，道光九年代理。 孔继善直隶大兴人，道光十年代理，十一年再代理。 邹师曾江苏元和监生，道光十一年署，二十八年代理。 俞如松浙江山阴供事，道光十一年任，十二年、十三年、十四年、十五年、十七年均奉调，旋回任。 董敦素山东文登供事，道光十二年代理。 牟培源道光十三年代理。 陶文桥江苏吴县监生，道光十三年署。 胡绍寅浙江山阴监生，道光十五年代理。 闵珩直隶大兴监生，道光十七年代理。 黄宗哲江西南城监生，道光十八年署。 薛有三道光十九年以巡检兼理。 陈羲五直隶大兴监生，道光十九年代理。 叶恺道光二十一年、二十四年、二十八年均以巡检兼理。 马士元四川奉节监生，道光二十四年代理。 袁澍直隶大兴监生，道光二十四年代理。 李宗涑江苏上元监生，道光二十八年署。 陈炼湖北江夏监生，道光二十九年署。见《政略》。 路鋆安徽怀宁供事，道光三十年代理。 朱玉田直隶宛平吏员，道光三十年署。 王基瑞直隶大兴监生，咸丰元年署。 胡际典江西丰城人，咸丰二年署。 王克仁咸丰四年以巡检兼理。 郭为藩江西泰和监生，咸丰四年署。 袁承惠陕西榆林吏员，咸丰五年任。 王澧直隶宛平人，从九，咸丰十一年署。 曾昣江西长宁人，同治元年署。 熊靖枢江西清江监生，同治二年任，卒于官。 李寿棻同治二年以县丞兼理。 张开珍湖北江夏监生，同治二年署。 李昌龄江西丰城人，同治三年任，八年复任。 张庆祺安徽桐城附贡，同治七年署。 方谦江苏武进人，同治十二年代理。 刘清安江苏武进人，同治十二年署。

把总

明万历四年设大围堡把总，可考者四人，余佚。

邓应熙广西全州吏员，万历三十六年任。案《庚申志》列应熙把总，恐典史、巡检之讹，《癸丑》《戊寅志》脱名，今姑仍《庚申志》。　王安民宝庆武进士，崇祯九年任。　张佐承天府武举，崇祯十二年任。　司纶江西抚州武举，崇祯十五年任。

国朝初仍明制，大围堡把总一人。

孙廷柱顺治四年任。○顺治九年裁，其后改设城守营把总。　孙万良康熙十八年任。　刘喜康熙二十三年任。　陈宗茂康熙二十八年任。　刘雄康熙三十三年任。　李玉得武昌人，康熙四十三年任。　王世威康熙四十五年任。　戴国柱康熙四十七年署。　吴世弘康熙四十九年任。《癸丑志》作“士弘”。　张文龙康熙五十二年任。　李如松康熙五十五年任。　曾鉴康熙六十一年任。　徐正乾善化行伍，雍正六年任。　桂芳江夏行伍，乾隆六年任。　黎文光善化行伍，乾隆七年任。　罗大贵善化行伍，乾隆十年任。　苗运昌巴陵行伍，乾隆二十二年任。　施邦英巴陵行伍，乾隆三十年任。　马荣善化行伍，乾隆三十二年任。　吴尚膺石门人，乾隆三十七年任。　刘金标长沙行伍，乾隆四十三年任。　刘万雄长沙行伍，乾隆四十七年任。　叶大槐巴陵行伍，乾隆五十四年任。　吴成章长沙行伍，嘉庆二年任。　陈万年善化行伍，嘉庆五年任。　张占鳌长沙行伍，嘉庆二十年任。　罗楚仕道光元年任。　张龙光武举，道光四年署。　彭长春道光五年任，十年四月升去，八月仍回任。　张万陞道光十年任。　唐坤善化行伍，道光十一年任，十五年复任。　张逢源道光十五年署。　王仪幹道光二十六年三月署。　史国正长沙行伍，道光二十六年任。　刘文焕武举，道光二十七年署。　刘立墀溆浦武举，道光二十七年任，咸丰元年三月奉调，八月回任。　杨春元宁乡军功，咸丰元年署。　甘霖同治五年以外委兼理。　卢维藩桃源武举，同治五年任，九年奉调，十年回任。　王赐槐永定武举，同治九年署。　左安国湘潭行伍，同治十一年署。

外委把总雍正五年设，驻上洪，立塘汛。

孙之礼善化行伍，雍正七年任。　汤腾鹏善化行伍，乾隆五年任。　陈埴长沙人，乾隆十三年任。　陈大鹏长沙行伍，乾隆二十六年任。　毛正纲湘潭行伍，乾隆三十二年任。　康大成岳州府行伍，乾隆三十五年任。　龙恩长沙行伍，乾隆三十九年任。　张正陞长沙行伍，嘉庆九年任。　周成虎长沙行伍，嘉庆十年任。　张明善化行伍，嘉庆十年任。　季文纲善化行伍，嘉庆十三年任，卒于官。　张世勇长沙行伍，嘉庆二十年任。　刘兴龙道光四年署。　熊良俊道光四年任。　杨业逵道光六年任。　吴高照善化行伍，道光十年任。　贺登科道光二十六年署。　高峻善化行伍，道光二十七年任。　刘明德长沙行伍，咸丰四年任。　苏亮善化行伍，咸丰十一年署。　甘霖湘阴行伍，同治四年任。　杨定魁宁乡行伍，同治八年署。　赵光益善化行伍，同治九年任。　胡锡昌湘潭武庠，同治十二年任。

卷十六　职官二

政略

三国吴

谷朗，字义先，耒阳人。弱冠仕郡，迁刘阳令，播渥惠以育物，垂仁恩而布化。莅政未期，征拜立忠都尉、尚书郎，官至九真太守。凤皇元年卒，年五十四。见《九真太守谷府君碑》。

晋

孙盛，字安国，太原中都人。旧志："榆次人。"考《晋史》，榆次、中都二县均属太原国。祖楚，冯翊太守。父恂，颍川太守。恂在郡遇害，盛十岁，避难渡江。及长，博学，善谈名理，起家佐著作郎。晋制，著作郎一人，谓之大著作郎，专掌史任；又置佐著作郎八人。以家贫亲老，求为小邑，出补刘阳令。旋以参军同桓温伐蜀，既平，赐爵安怀县侯。再平洛，进封吴昌县侯，补长沙太守。累迁秘书监，加给事中。年七十二卒。盛笃学，手不释卷，著《魏氏春秋》《晋阳秋》，并造诗赋论难数十篇。《晋阳秋》词直而理正，咸推良史焉。节《晋书》本传。

何承天，东海郯人也。叔父肦令益阳，随之官。义熙初，坊本《宋书》作“义旗初”。长沙公陶延寿以为其辅国府参军，遣使通敬于刘裕，因除浏阳令，“浏”加水旁自此始。寻去职还都。宋元嘉中，累官至御史中丞。二十四年，文帝欲以为吏部，已受密旨，承天漏之，坐免官。卒。节《宋书》本传。○案：承天除浏阳令尚在晋时，故系晋令，不别称宋。

宋

杨时，字中立，南剑将乐人。熙宁九年丙辰，中进士第，授汀州司户参军，不赴，旋调徐州司法。师事二程夫子，讲孔孟绝学。时以师礼见明道先生颢于颍昌，相得甚欢。其归也，颢目送之，曰：“吾道南矣。”颢卒，又师事程伊川先生颐于洛，盖年四十一矣。一日，颐偶瞑坐，时与游酢侍立不去。颐觉，则门外雪深一尺矣。绍圣元年，知浏阳县事。明年，上《程漕书》，及《提举议差役雇钱书》。《龟山年谱》：“元祐八年，四十一岁，授知潭州浏阳县事。四十二岁，赴浏阳任。四十三岁，官浏，上程漕各书。四十六岁始去。”在任四年，有惠政。于县治作飞鹥亭，又作归鸿阁，自为石刻《记》。案：《年谱》称有石刻《图记》，今无存者，惟《记》及《诗》尚传。漕使胡师文恶之，以不催积逋被劾罢，寓浏阳，与州牧书，乞米赈饥。元符元年，归里。自言：“在浏阳，方官散青苗钱，凡酒肆食店与俳优戏剧之罔民财者，悉禁之，散钱已，然后令如故。官卖酒，旧尝以妓乐随处张设，颇得民利，或以是请，不许。然民间得钱，遂用之有方。又常平法：州县寺舍岁用有余，则以归官赈民。余为立法，凡行旅之疾病饥踣于道者，随所在申县，县令寺舍饮食之，未及行而去。”时既去，浏民思之不忘，建祠肖像以祀。嗣调余杭、萧山二县，民思之如浏。以谏垣张舜民荐，得荆州教授。时德望日重，士不远千里从之游，号曰龟山先生。会有使高丽者还，言国王问龟山安在，乃召为秘书郎，迁著作郎，旋除迩英殿说书。历右谏议大夫兼侍讲，寻兼国子监祭酒。既乞归，除徽猷阁待制。高宗即位，除工部侍郎。以龙图阁直学士提举洞霄宫致仕。卒年八十三，谥文靖。祀名宦。据《宋史》本传、《龟山文集》《年谱》《一统志》、旧志编。

徐玠，知浏阳，性禀淳良，志念恻怛，平反冤狱，惠养小民。在官三年，人安其政。见《通志》、真德秀《荐状》。

徐经孙，字中立，初名子柔。《通志》："邵阳人。"《明一统志》："丰城人。"按《四库》著录，江西吉州人。宝庆初，以进士授浏阳主簿，潭守俾部牙契钱至州，有告者曰："朝廷方下令颁行十七界会，案：绍兴三十年，钱端礼被旨造会子。乾道四年，以取到旧会毁抹付会子局重造，三年立为一界，界以一千万贯为额，随界造新换旧。令若此钱皆用会，少须，则幸而获大利矣。"经孙曰："此钱取诸保司，出诸公库，吾纳会而私取之，外欺民，内欺心，奚可哉?"诘旦，悉以所部钱上之，其人愧服。经孙历官至翰林学士、知制诰，以条陈公田利弊忤丞相贾似道，讽御史某奏免，罢归。授湖南安抚使、知潭州，不拜。授端明殿大学士，闲居十年，卒，赠金紫光禄大夫。祀名宦。节《宋史》本传。

颜应焱，茶陵州进士，初授浏阳尉，潭帅李芾荐为湖南安抚节判。德祐元年九月，元兵围潭，应焱悉力助守。已而援绝，除夕城陷，芾死，应焱赴水死。见《楚纪》《通志》。

明

史希贤，无为州人。洪武建元，知浏阳州，创立州治，兴学校，起颓振湮，政教备举。祀名宦。见《楚纪》《通志》。

赵贯。本籍、出身失考。洪武二年，浏阳改县，贯知县事，户皆给券，令知赋故额，曰由票，于是弊绝赋清，百姓称便。检旧志。○《癸丑志》："户给由票，豪强无缘飞洒，民力易于输将，深沐其惠云。"

孔良弼，山西泽州人。洪武三年任浏阳丞，修筑陂塘堰坝，水利以兴，民赖之。见《通志》、旧志。

赵炯，永春人。永春，福建州。旧志："永州人。"《通志》作永春。案：官必出省，似永春较确。成化六年知浏阳，修筑城垣，政尚宽简，殷勤诲诱，民安士劝，舆颂翕然。祀名宦。见《通志》、旧志。○《庚申志》："言行不苟，政令不苛。"

王一言，四川内江进士。成化十一年知浏阳，锄强梗以安善良，暇辄引士讲经义不倦。时置王庄急甚，一言谓使者曰："此地硗确不足耕，何以庄为?"竟罢役，民以不扰。祀名宦。检《一统志》《通志》、旧志。

张淳，字宗厚，合肥进士。弘治元年知浏阳，勤恤民隐，嘉惠士林，循声四溢。比去，百姓思之，有《政成遗咏》，曰"三年丰稔，百里弦歌"，及猛虎渡河、施药愈疾诸颂，立遗咏楼县治门左。终云贵总督。祀名宦。检旧志。○附：明进士、常德推官蔡悉《政成遗咏书后》略云："张公载庵，成化间登费宏榜进士。初筮仕浏阳，遂晋西台，守吉安，副藩臬，尹京兆，抚督云贵，所至有政声，浏人思而咏歌之，吉安为建祠祀。公讳淳，字宗厚，载庵其号，有文集，列祀乡贤，旧所守地皆有祠云。"

杨大章，浙江余姚进士。嘉靖三年知浏阳，以廉正称，剔赋弊，源少逋漏。土豪某横于乡里，《戊寅志》："豪民李鉴借资犯科，肆毒乡境云。"大章出不意，单骑即其巢擒之，置诸法，县大治。后擢湖广右参政。检旧志、《通志》。

苏志皋，固安进士。嘉靖十一年知浏阳，数微行求民瘼，知逋赋累累，类多虚隐，有户者未必有田，乃造一册曰《倒甲》，倒其无田者归有田，于是赋役清厘，公私咸便。按：浏旧八十坊里，逃绝多，志皋为去其籍，其存者得五十坊里，案册征收，吏民自无所欺混。又令无田者归有田，赋役视田为率，殆近今丁随粮派之制。县旧祀玉池水、南、东岳诸庙，氓庶惑扰，志皋以淫祠毁之。某父子稔恶，为乡里害，捕治之，群小敛迹。尝修葺学舍，曰："学校，风俗之本也。"公余引诸生讲学不辍，士益以兴。调江西进贤县。比去，民思之，为之歌曰："苏公一点坐琴堂，四乡百姓尽安康。"祀名宦。见《明一统志》《通志》、旧志。

钱一清，《癸丑志》“一溥”。浙江山阴举人。嘉靖十三年知浏阳，在任三年，有廉声。旧志。

胡一正，福建长汀贡生。嘉靖中官浏阳教谕，时士习卑靡，人尚趋附，一正以耿介率之，奖善黜恶，士气振兴。擢荆州教授，不赴，归。祀名宦。检旧志。○《庚申志》：“一正尝出己资课士，能得士心。士有不善者，则深恶之云。”

朱志，江西宜春举人。万历二十六年知浏阳，教民以敦节俭、勤农桑为务。严戒奢靡，吏胥有褒衣大袖者，即厅事褫之。某曳丝屦，遽诃之曰：“何处索镪市此？”悯浏赋重，征收间用敲扑，辄泣下。一日，悬印绶于堂去，未终任。检《一统志》《通志》、旧志。○《庚申志》：“御民以诚，待士以礼，未满三年去。”

叶大受，浙江余姚进士。万历三十二年知浏阳，性严敏，听讼不数言决，能抚字，亦善催科，威惠并著，政通人和，大吏交荐之，擢北兵部主事。检旧志。

赵应期，四川璧山举人。万历三十六年知浏阳。浏赋故多逋抗，例以丞、簿分行墟聚催征，仆役借为利薮，应期力禁止。尝制《恺弟词》谕民，众感之，争为输纳。又以丁、粮不分则户口淆乱，详请分别，大府允行，通饬全楚著为令。祀名宦。检《通志》、旧志。

萧思伦，泾县监生，有仪表，善辞赋。崇祯二年授浏阳丞，三年署县篆。悉民疲困，不忍苛，尝曰：“抚字心劳，非思伦所敢云也。催科政拙，则自甘供罪，谨以一官谢之而已。”卒以大计黜。检旧志。○案冯祖望《清查完欠详》载：“崇祯三年，陈运以大计黜，思伦署。其年十月，奉委解饷。十一年，梁可柱接署。四年三月，思伦又以大计去。”殆皆以催科不力被黜云。

冯祖望，武进进士。崇祯初，浏残敝，督抚疏请选科甲贤吏抚绥，遂简祖望。五年至浏，即巡行乡里，问民疾苦，躬勘亩，详免荒绝户浮征，时邑多荒绝户，田废不垦，计粮五千九百石有奇。勾稽逋赋积巨万。每岁逋赋率至万数千两。《庚申志》：“祖望查带征逋赋，凡十五六万云。”于是具牍陈民“八难七苦”，至数千言，有“去就不足惜，恐困极生变”之语。又白大吏，革漕运囤头，及清查自余隐米，悉中时弊，大吏咸嘉予之。祖望性敏练，听讼片言立剖，屡决疑狱，大吏无能易其谳者。在任六年，民怀其惠，越诉之风遂止。寻擢北户部主事。检旧志。○《庚申志》：“祖望尤虚衷礼士。后升北户部，督饷五省，湖广属焉，凡有往迎禀启，立刻裁答，温文和婉，蔼若春风云。”

吴元中，江西临川进士。本《通志》。旧志作金溪举人。崇祯间任浏阳教谕，与士谈文艺，夜分不倦，士翕然宗之。旋授醴陵知县。检《通志》、旧志。○《通志》：“崇祯十年授醴陵知县，任未一载，值临、蓝贼犯境，以城破被谴，舆论惜之。”

国朝

徐维埁，大兴诸生。顺治十一年知浏阳。令新除，例有厨传供亿，维埁峻却之，疏食自给。不逾月，即陈浏地残疲状，勤搜蠹弊，均图甲，审丁册，多所综核，凡民间疾苦，悉达上官。适胥役奉札催赋，立遣之行，曰：“征解，吾职也。职苟亏，应黜，何用催迫？”在任二年，以耿介忤时，镌级去，典衣治装，士民泣送，刊有《德政集》。检《通志》、旧志。○附：刘尔恺撰《徐侯德政集序》略云：“侯莅浏甫期，加惠元元，如恐弗及。自约法，抚琴外，惟饮浏一勺水耳。而均粮编丁，利之大者，然不易厘剔，侯不两月，著成定式，垂之永久。此则公平之政，济以迅敏，一时感其德，并服其才，以为不可及，而浏民凋瘵且渐起矣。又自捐廉俸修葺学校地，大兴弦诵，有功斯文。他如蠲荒劝垦，禁暴戢奸，省刑止讼，善政盖不胜纪。邑人士述侯之德政，辑成二十二则，皆平昔见之施行者。同社胡子钟卿缄以见示，遂欣弁简端云。”

侯朴，河南开封进士。本《府志》。旧志：“汴城人。”康熙七年知浏阳。时浏额赋多逋，会岁屡旱，又供亿西山军需，积逋尤甚。朴至，为条列民疲困状，吁宽征。《详稿》载《食货》内。尝赋诗言地瘠赋重之苦，词极惨恻。十年九月，卒于官，盖缘追比不前，殷忧成疾云。检《通志》、旧志、朴《详稿》、王培生《四苦禀案》。

周鸿韬，江南丹徒人，康熙十五年知浏阳。浏故陷于贼者数年，至是始复，鸿韬僦居敝庐，招集流亡，辟田百余顷。然东乡尚为贼党踞，未尽殄也。都统阿某率兵捣金坑、板背，贼遁平江，遂执丁壮之陷贼巢者，俘以献，欲尽杀老弱妇女。鸿韬驰诣阿营，力救不可，乃潜白大吏，遣知府任绍爌至，事乃解，所活不下千余家。无何，岁饥疫作，涂殍相望，鸿韬出廉俸为粥以济，犹不足，乃手订募粥册，亲制《启》，丐资于各大吏，民赖以苏。又尝亲查赋役，列状直陈，为民请命，语皆肫挚。浏旧无驿差，以吴逆故，湘阴路梗，改道浏之北乡，军马旁午，一日索夫数百，甚至驱役妇女。鸿韬拮据其间，卒以是罢去，任浏仅四年尔。检旧志《兵难》、鸿韬《详稿》。

王培生，字公载，河南宝丰人。康熙二十四年进士，三十二年知浏阳。恤浏赋重，革除杂派，并陈浏民四苦状。禀稿载《食货志》。县东门灾，延爇橹堞廨舍，已葺治之，不以累民。值春耕，单骑巡田野劳问。建二贤祠，祀名宦杨时、乡贤欧阳玄。有《二贤记》，见《艺文志》。后擢户部主事。检《通志》、旧志。

吕正音，四川长寿举人。乾隆十七年知浏阳，教民播秋种，或杂植荞麦，使保甲案地董行之，禁营兵私隶放马蹂躏，岁终，察一岁种植所获，而上下其赏，于是野无旷土。尤勤课士，为亲校文艺，厘正文体。十九年去。检《通志》、旧志。

梁尚秉，字介峰，广东顺德进士。乾隆三十八年署浏阳县事，廉洁守正，有豪民置私狱禁人，捕置诸法，众赖以安。见旧志。○《通志》："尚秉知永顺县，廉明爱士。值岁歉，捐俸赈饥，全活甚众。"

赵嘉程，字纯斋，汉军正蓝旗举人。乾隆四十六年知浏阳，严重有威，目恒视准，寡色笑，人比"铁面包公"。讼牒至，立讯，不烦言，即折精于名法，凡谳定者皆铁案。捕势豪某置诸法，群小股栗。东郭有野庙，巫祝借以渔利，亟毁之，改祀文昌。嗣得子，名文昌保，以此。岁歉，邻县莠民肆掠，寖及境，众汹汹，督巡捍御，赖以安堵。

出廉倡富民转籴平粜，饥而不害。尝捐助南台书院膏火，广育婴堂费，购考棚地基，不名一钱而勇于赴义如此。自奉朴遬，一葛袍服数十年。性至孝，母病，跪进汤药。弟宰江西，数遗书箴诫，累数百言。其学主辨义利，以诚正为本，廉平为用。安贫守道，计自乾隆四十六年至嘉庆二年复任，共十一年，始终如一，合儒林、循吏而兼之者也。署置书斋曰“半亩天”，公暇吟咏，著有《纯斋诗集》。历知八县，四川摄通江、南部，湖南任邵阳、临湘、安化、龙阳、临武、永定。皆有政声，以县令终。道光七年，邑绅请祀名宦，入咨，部议查该令子孙可有见任九卿者，未覆，事竟寝。检《通志》《戊寅志》、邑人邱之芬撰《传》并县牍。

戴高，江浦举人。乾隆五十年署浏阳，廉明长厚，搜抉弊端。会岁歉，曾捐俸施粥，以济饥民。见《戊寅志》。

张旭，桃源副榜。乾隆五十二年任浏阳教谕，有学行。见《戊寅志》。

刘尔芊，字筠亭，山东昌乐进士。乾隆五十六年署浏阳，以廉能名，至即厘积案，或赴乡勘验，有讼未决，立就其地传讯，即结。未数月，署无留牍，更无冤民。前署桂阳州四十日，断讼一百五十余。县东有被酒自经者，讼连某，一讯遂白。有贾失数金，控诉邸主，而窃金者乃别贼也，廉得之，人以为神。尝微服逻城巷，遇摴博、酣蓄诸游民，立惩治。每月吉，躬诣城隍祠，集父老子弟，以孝弟力田为训，劝谕谆详，听者感化。有《训民十条》刊布，人皆传诵。已擢知郴州，嗣升知府，奉檄督办兵差，以疾卒于宁乡驿邸。嘉庆二年，郴民以芊居官状白于上，请祀名宦，浏民继之，泥于部议，事竟寝。检《通志》《戊寅志》并县牍。

羊拱辰，云南镇沅举人。嘉庆二十二年署浏，政尚廉平，民爱之。精形家言，县学宫旧在城西隅，拱辰卜迁今地。案：拱辰尝权新宁，亦用形家言迁建学庙，盖素以培养士类为念。《宝庆志》并有传。

苏良枋，字濑溪，临武举人。嘉庆二十三年任浏阳训导。性朴诚，语尤质直。工制艺，有国初诸老风力。课士勤恳，以经史为根柢、先正为典型，从受业者多知名士。精形家言，秘其术，秉铎多年，未为浏卜一地，盖不欲以小道炫长云。

林凤仪，福清人，嘉庆十九年进士。道光四年由临湘调署浏阳，以廉称。勤于课士，公暇辄引诸生评骘诗文。以县学额隘，请增，为例格。寻以母忧去。

赵瑜，字兰坡，云南太和举人。道光五年知浏阳，政尚廉平，一以学道爱人为本，诫民育士，均有真性贯注。先是，邑文运未昌，瑜创建兴贤局，遴绅董募捐，购产储租，凡乡试旅费、计偕公车资斧，皆取给焉。明周节愍公讳二南为长沙通判，以御流寇死于浏之官渡，瑜于西城外建祠，征诗咏其事，并捐廉置产，为春秋祀资，有《节愍祠诗文集》。见《艺文》。六年，檄勘醴陵水灾，赈恤流漂，全活无算。七年，以卓异赴京展觐，卒于长沙旅邸。浏民恸悼，于兴贤祠祀之。

赵光裕，字笛人，浙江仁和人。道光己丑进士，明年署浏阳。和易廉平，勤恤民隐，人呼“赵青天”。十二年，以忧去。二十二年，调补浏阳。先是，邑奸民周国恩以赛社鸠乡人醵钱会饮，名征义堂，入资者得联声气、通缓急，附从甚众。大吏微闻之，檄县捕，光裕逮国恩讯，无乱迹，令解散，事释。甫二年，卸篆。二十九年，再补浏阳。咸丰元年，粤贼起，明年寇长沙。国恩乘衅，假劫富济贫为名，焚庐舍，掠钱谷，邑东大扰。事闻，大府钦奉上谕剿办，谨案：是年谕旨有“该县深得民心，贼是以伏而未动”二语，盖实事也。密檄江忠源带兵赴浏剿平之。光裕以功擢知府。四年春，致仕去。时大吏委光裕署永顺府事，辞不赴。计任浏先后十余年，不妄刑一人，至今颂其遗爱云。

张恩溥，泰和进士。道光二十四年署县事，以廉严称。其治术有三：一、杜干谒；一、惩侍从；一、察胥吏。曰：“三患去而民安矣。”及期去。

陈炼，湖北江夏监生。道光二十九年署典史，以廉明称。莅任，一仆、一庖人而已。曩捕役多与贼私，风使攀窝引党，或得赃，诬良胁利，乡民苦之。炼诇察精严，贼无狂吠，不敢欺，亦不能欺也。一日，贼诬某某，附郭居良民也。炼得其实，引某服皂衣杂众役中，贼不识，事乃白。其善察如此。期年去。

袁青绶，字西台，兴化举人。咸丰四年署浏，明年实任。时征义匪遗孽煽乱，即率十数骑往，众危之，卒擒其渠。粤贼由江西数分道犯浏，青绶亲巡隘劳士卒，应时调度，每军报至，口询手答，虽夜分无留滞。七年，蝗大至，檄民捕杀之，斥资收遗蝝，辑《除蝗备考》一帙上大吏。县育婴费绌，编《育婴则例》，劝民行诸乡。又尝规复诸坛祀如制。青绶精明强干，听讼剖曲直，于豪贵不少借；事有利于民者，力行不挠。尤爱士，公余集试经义，手批阅，劝奖备至。在浏四年，迁知武冈州去。寻以宝庆知府致仕归，未几卒。

客使附

宋

孟彦卿，潭州通判。建炎三年，溃兵杜彦自袁州入浏阳，犯长沙、善化二县，彦卿率民兵拒之，手杀数人。贼仍窜浏阳，彦卿追与之战，俄而民兵有自溃者，贼遂乘之，彦卿战死。事闻，赠直龙图阁，官其家三人。节《宋史》本传。

明

周二南，字汝为，云南蒙化人。崇祯末，以选贡官长沙府通判。

擢岳州知府，以士民固留，仍还长沙。国朝顺治元年，明福王立南都。明年五月杪，李自成党自江西焚劫浏阳。时二南摄府事，率营兵二千，二南所督黄朝宣、王俊才二营兵。驰扼官渡，再战皆捷，而亦被创。二南激励将士，大有斩获。六月八日，会战官渡河口，又大捷，二南亦被创。贼乞抚，二南骂之。时兵单且疲，故败。已贼引锐师潜涉上流，出阵后夹击，军遂乱，二南裹创血战，中流矢死，时六月十一日也。督师何腾蛟闻于明藩，赠二南太仆寺卿。案：湖南巡抚左辅撰《二南传略》中引何《疏》，有“本官与推官蔡道宪为莫逆交，尽节死义，前后同辙，宜与蔡并祀。蔡蒙恩敕赠太仆寺卿，成例具在”诸语，并云“时守道于元烨、巡道傅上瑞、兵道（张）［章］旷①、通省巡道黄澍、学政堵允锡皆加看合题”。今其《疏》未得览，不知何时上。考顺治二年五月，南都破，其后唐王立。二南死事在六月，其赠官当在唐王时矣。惟上瑞时已摄巡抚，允锡已摄湖北巡抚，旷于唐王时且擢佥都御史，《传略》所引与史传异，未知何据。国朝乾隆四十年，奉旨赐谥节愍。道光中，知县赵瑜建祠祀。案：二南死事，《楚宝》及诸记载与《明史》异，详《兵防》注中，兹据知县赵瑜所刊《节愍祠诗文集》录，并检《明史》《楚宝》增辑。○案《二南行状》：“善化贡生吴愉从行参谋军事，被执不屈死。”

国朝

任绍爌，字思庵，河津人。康熙初，从大军南征有功，以知县超擢长沙府知府。时吴逆及蓬寇余党踞浏东，都统阿某率兵进剿，贼远飏，阿俘良民千余家，欲以治贼党者治之。绍爌奉檄来，略加鞫问，尽释之，时有贾男郑女之谣。已而浏大饥，绍爌采军粮于醴陵，即招浏民赴醴，簸揄及挽运者厚给粟，众赖以活。浏素为粮累，绍爌来稽荒熟，驻数月，以五万余石成册分三则劝垦，凡粮三万石，六年后起科，民称便。事具《豁粮纪略》。盖绍爌至浏者再，民多受其赐云。检《通志》、旧志。

① 据《明史》卷二八〇《列传第一百六十八·章旷》（张廷玉等撰：《明史》〔简体字本〕，中华书局2000年版，第4797页）改。

江忠源，字常孺，一字岷樵，新宁举人。咸丰二年秋，粤贼攻长沙，既遁。十二月，忠源率卒五百人来浏剿征义堂贼，总兵某由平江趋芦洞十八盘为之应，比至，忠源已败贼于浏城东，破古港贼巢。事具《兵防志》。贼平，以知府擢兵备道，历迁至安徽巡抚，殉难庐州，赠总督，谥忠烈。浏祀之北城昭忠祠。

流寓附

唐

孙思邈，京兆华原人。善谈老、庄及百家说，隐居太白山。太宗初，召诣京师，年已老，视听不衰，帝叹曰："古之有道者！"欲官之，不受。显庆中，复召见，拜谏议大夫，固辞。上元元年还山，永淳元年卒。或传思邈尝隐浏云。节《唐书》本传。○案：旧志历载思邈曾至浏阳，有孙隐山、丹灶、朝斗石、洗药井，又东城外有洗药桥诸迹。壶栖寄此，亦未可知，仍之。

杜甫，字子美，本襄阳人，徙籍河南巩县。天宝末，授京兆府兵曹参军，《新唐书》："擢河西尉，不拜，改右卫率府胄曹参军。"已，拜右拾遗。严武镇蜀，表甫节度使参谋、检校尚书工部员外郎，赐绯鱼袋。武卒，乃扁舟出峡，溯沿湘流。大历四年春，时年五十八。发潭州，过双枫浦，题诗，遂之衡云。节《唐书》本传、《杜诗年谱》。○《本传》："甫客耒阳，尝游岳庙，阻水旬日不得食，县令具舟迎之，因啖牛炙、白酒，大醉，一夕卒，年五十九。"

裴休，字公美，孟州济源人。《旧唐书》作河内济源人。考济源改属不一，而新、旧《唐书》皆附孟州，兹故从《新唐书》载。嗜浮屠法。大中末，以太子少保分司东都。复起，历昭义、河东、凤翔、荆南四节度使。《旧唐书》：“大中初，休官户部侍郎，充转运使。六年，以本官同平章事，判使如故。累封中书侍郎，兼礼部尚书。在相位五年。十年，罢相，充宣武军节度使。其年冬，以太子少保分司东都。十一年，充昭义节度使。”旧志据《通志》作乾符间，恐误。已寓荆南，过浏，尝读书县南猿啼山，筑台居之，称隐相台，元欧阳玄为作诗。或传休曾留笏霜华寺云。检《唐书》本传、《楚宝》《一统志》《通志》、旧志。○案《楚宝》，益阳有裴公亭，在县南白鹿山；宁乡有裴休墓，在大沩山青龙岩；浏阳有隐相台，在县南猿啼山，皆休遗迹。明周圣楷谓：“是时荆湖以南，诸大禅侣提唱宗风，宝地珠林，云邮相望，故休乐得优游其间。然休虽寄情禅说，于国计民生实深轸念，如清漕运，去横敛，茶法、盐铁诸政大有裨益。后人即其故迹，慨念遗徽，谓地以人重可也，何必以佞佛为诟病哉？”

宋

李焘。《通志》载：“丹棱人，绍兴进士，历官敷文阁学士。特立独行，如霜松雪柏。徙居浏阳，撰《长篇》九百七十八卷。”云见《楚纪》。《戊寅志》并录之。案史载，焘字仁甫，历官中外，在湖南者惟淳熙中知常德而已，十一年乞致仕，旋卒。考其所扬历，似未尝至浏。其子五人皆显，其墓在丹棱龙鹄山，《明一统志》可稽。徙浏之说，不知《楚纪》何据？元时浏有进士李焘，意或缘此致误，亦未可知，姑存其名，附辨待考。

朱子，字元晦，徽州婺源人。绍兴中举进士第，主泉州同安簿，罢归请祠，监潭州南岳庙。绍熙四年，以荆湖南路转运副使知潭州，辞，不允。五年五月至潭，戢奸抑豪，兴学校，四方学者毕至。又录前后死节五人，立庙以励。凡百，八月召入为焕章阁待制兼侍讲，旋除宫观。庆元六年卒。初，乾道三年八月，尝访张栻于长沙。十一月，遂偕栻登衡岳，道南山以归。世传浏阳李氏作遗经阁，朱子至浏，曾题诗。节《宋史》本传、《年谱》《楚宝》。○谨案：朱子至浏无考。杨万里作《遗经阁记》谓：阁初成于隆兴甲申，施少才作记，朱子赋诗。历年一终，再厄郁攸。考甲申为隆兴二年，时朱子除武学博士，待次，即赋诗，未必至浏。或谓乾道三年访张栻长沙，或过浏题诗，然考朱子《诗集》云“寄题浏阳李氏遗经阁”，亦未必果至浏也。旧志载入“流寓”，世远难稽，姑存俟考。

刘锜，字信叔，德顺军人。南宋中兴四将之一，与张、韩、岳并称。历知潭州，加太尉。锜大败金兀朮于顺昌，已而秦桧主和议，罢锜宣抚判官，命知荆南府六年，军民安之。魏良臣言："名将不久闲。"乃命知潭州，加太尉，复帅荆南府。或曰尝过浏霜华山寺题诗。检《宋史》本传、《通志》、旧志。○《通志·流寓》列锜名，云："知潭州六年，居昭山之下。及锜获赐湖南田，浏遂有《题霜华山寺诗》。"案：锜知潭州，浏为潭属，可至浏，即可至霜华寺，即可题诗。《通志》、旧志载之，殊非凿空。惟山有墓，其碑称"刘锜将军"。锜死京阙，未归葬，乃葬数千里之荒山邪？似因诗附会。姑存之。

欧阳安时，庐陵人，唐率更令询四世孙琮之裔也。漕试湖南，爱浏山水之胜，遂居焉。子新，自有传。据《通志》及张起岩撰《欧阳龙生神道碑》。

明

何腾蛟，贵州黎平卫人。崇祯末，巡抚湖广。福王立，命督湖广、四川等省军务，以左兵劫投江，会救免。《明史》："崇祯十七年甲申，明亡。五月，福王立，腾蛟以故官总督川、湖、云、贵及广西军务。明年，左良玉兵变，劫腾蛟偕行，乃奋投于江，自汉阳门漂十余里，得渔舟救起，则关侯庙前云。"遂从宁州转入浏阳，或云："明季士人于浏大围山下掘土得碑，镌云'腾蛟过，铜鼓破'，咸疑潜虬为患。自后腾蛟过此，闯贼残氛大肆荼毒，破铜鼓，入浏阳，碑谶果应。铜鼓营在宁州，近浏。"见旧志《杂记》。至长沙，集属吏痛哭盟誓。已唐王自立于福州，令规取江西及南都，乃议开十三镇。国朝顺治四年，王师下长沙，腾蛟走。五年，议进兵长沙。明年春，至湘潭，被执，七日不食，乃杀之。永明王为哀悼，赐祭，赠中湘王，谥文烈。节《明史》本传。○案："流寓"一门，原以其人节概足感发人心，或则风流文采照被一时，不必论居久与否。如腾蛟之绝粒殉国，岂不难哉！盖可以观忠矣。其至浏，比孙思邈、刘锜诸贤事较确，旧志未登，于是并录。

国朝

史大成，浙江鄞县人，顺治十二年殿试第一。尝寓浏，康熙初。知县韩爆优礼之，传有诗文。检旧志。

涂天相，字燮庵，湖北孝感人。学博严偁延为西席，后联捷入词林。有凭吊诗，邑人传诵。旧志。

袁懋森，字省斋，长沙举人。先后主讲南台及县东、南三书院，训课极勤，一以经史为先务，论文必崇先正，于字体点画亦不苟。性方毅，接弟子以礼，无倦容，佻达者皆惮之。所至不严而肃，去恒见思。

藩封附

三国吴

周瑜，字公瑾，庐江舒人。建安十四年，孙权拜瑜偏将军，领南郡太守，以下隽、汉昌、刘阳、州陵为瑜奉邑。《吴志》本传。

鲁肃，字子敬，临淮东城人。周瑜病，上疏曰："鲁肃智略足任，乞以代瑜。"即拜肃奋武校尉，代瑜领兵，瑜奉邑下隽、汉昌、刘阳、州陵四县皆属焉。《吴志》本传。

吕蒙，字子明，汝南富陂人。鲁肃卒，肃军人马万余尽以属蒙，又拜蒙汉昌太守，食下隽、刘阳、汉昌、州陵四县。《吴志》本传："蒙既定荆州，迁南郡太守，封孱陵侯。"

潘濬，字承明，武陵汉寿人。孙权称尊号，封濬刘阳侯。子翥嗣。《吴志》："孙权既并荆土，濬迁奋威将军，封常迁亭侯。及权称帝，改封濬刘阳侯。"

南北朝宋

缪方盛，兰陵人，太始中封浏阳侯。《宋书·阮佃夫传》。

南齐

吕文显，临海人，封浏阳县男。《南史》本传。

梁

萧大雅，简文帝子，封浏阳县公。《梁书》本传："大同九年封。后台城破，大雅犹命左右格战，贼至渐众，乃自缒而下。发愤感疾，薨。"

長沙文庫

长沙市地方志编纂委员会

同治
浏阳县志
（下）

[清] 王汝惺　等修　[清] 邹焌杰　等纂

汤　锐　点校

岳麓書社·长沙

卷十七　选举

自来取士之法，德进事举，兼及言扬。三代乡举里选尚已。汉重征辟，犹为近古。唐则专尚科举。宋、明因之，亦时势使然也。浏自宋以前入官者，书缺有间，至李受、汤璹等稍见诸史。国家辟门吁俊，立贤无方，一时人士争奋庸于郅隆之世，是岂仅以衣锦为闾里荣与？盖人才盛衰，关治忽焉。爰备纪于篇，并溯宋以来正杂诸员暨封赠、仪宾，亦附存以资参考云。

进士

宋案：宋科目有进士、有诸科、有武举，常选之外，又有制科、有童子举，而进士得人为盛。神宗始罢科举，分经义、诗赋以取进士。太平兴国八年，始分三甲。咸平三年，分六甲，第四甲同进士出身，第五甲同三传出身，第六甲同学究出身，以后进士同别科出身。熙宁六年，复定一甲、二甲赐及第，第三甲出身，第四甲同出身，第五甲同学究出身。

治平二年乙巳科彭汝砺榜

李受一作“绶”。官至给事中、龙图阁直学士。见《人物志》。旧志作熙宁二年汝砺榜。考汝砺治平二年举进士第一。受本传云：“仕于治平中，至右谏议大夫。”如旧志，则成进士反在后矣。今从《通志》改正。①

元祐阙年

勲玄从《万姓统谱》补。案：旧志亦有勲玄，列元延祐庚申科举人，时代远隔，应系两人，否则元祐、元延祐当有脱、误字，姑存俟考。

淳熙十四年丁未科王容榜

汤璹旧志：“官至徽猷阁学士。”《通志》同。《志余备考》引《登科记》《齐东野语》云：“淳熙十三年，璹领乡荐第三。十四年省元。时状元王容湘乡人，一时以为盛事。后官至徽猷阁学士，立朝謇谔。”璹本传本《宋史》，则云“直徽猷阁”。彼此互异，并录待参。

庆元五年己未科曾从龙榜

李涛官至翰林学士。《通志》脱名。

开禧元年乙丑科毛自知榜旧志作三年丁卯毛（白）［自］知榜，今从《通志》改。

---

① 按：李受应为北宋仁宗天圣五年（丁卯，1027）进士。《宋会要辑稿》职官七七《致仕上》引《李受传》：“宋李受，字益之，其先自长沙徙江州。登天圣五年进士第，累官至龙图阁学士、给事中。”（刘琳、刁忠民、舒大刚、尹波等校点：《宋会要辑稿》，上海古籍出版社2014年版，第9册，第5170页）《宋史》卷三一〇《李柬之传》附《李受传》：“有李受者，字益之，长沙之浏阳人也。仕于治平中，至右谏议大夫、天章阁待制兼侍读。屡以老乞骸骨，不听。神宗立，进给事中、龙图阁直学士。复言：‘臣在先帝时，年已七十，不敢窃禄以自安。今又加数年，筋力惫矣，惟陛下哀之。’于是拜刑部侍郎致仕，赐宴赋诗及序，如柬之礼。相去数月，故时称‘二李’。卒年八十，赠工部尚书。”（欧阳玄等撰：《宋史》〔简体字本〕，中华书局2000年版，第8216页）查李受致仕在治平四年十月（1067），时已年逾七十。（见王珪《华阳集》卷四六《送刑部侍郎致仕李受归庐山诗集序》，清文渊阁《四库全书》本）故李受绝非治平二年进士，应为天圣五年进士。考李受卒于北宋神宗熙宁六年（1073）六月乙酉（十三日）（见李焘《续资治通鉴长编》卷二四五“神宗熙宁六年六月乙酉”条，清文渊阁《四库全书》本）。而《宋史》云其卒年八十，则其当生于北宋太宗淳化五年（994）。天圣五年登第时，李受34岁。上引《宋会要辑稿》云“其先自长沙徙江州”，王珪《送刑部侍郎致仕李受归庐山诗集序》云“受近徙九江”，盖祖籍浏阳，至李受已迁居江州（江西九江）。

欧颐中官至徽猷阁学士。

淳祐十年庚戌科方逢辰榜

陈宽中官至兵部尚书。

柴从龙《戊寅志》据县治柴家巷迎佛寺钟款附录。案：钟款有“宋绍定四年进士柴从龙募造”字迹，今从龙登第年代无考，姑仍《戊寅志》。

元案：元自仁宗皇庆二年定科举法，令以皇庆三年八月，天下郡县兴其贤能充赋有司。次年二月，会试京师，中选者亲策之。凡蒙古、色目人作一榜，汉人、南人作一榜。第一名赐进士及第，从六品，第二名以下及第二甲皆正七品，三甲以下皆正八品。

延祐二年乙卯科张起岩榜

欧阳玄廷试第三①，历官翰林学士承旨。见《人物志》。

延祐五年戊午科霍希贤榜

何元同任广西梧州路推官。《楚纪》：“元同以学《易》领乡荐，举进士，为梧州路推官。”旧志路作“府”，今改正。

至治元年辛酉科宋本榜

何（真）[贞]② 立任江西南康县尹。《通志》列“延祐阙年”。

泰定元年甲子科张益榜

彭宗复任望江县尹。《戊寅志》：“任安徽望江县尹。”考元时望江隶安庆路，属河南江北行省，无安徽称。③

李焘官至翰林学士。《通志》：“一作茶陵人。”又旧志《选举》载：“焘，翰林左丞学士。”《人物传》则无“左丞”字。考元制，翰林官属无左丞，今删。详见《人物志》。

---

① 按：欧阳玄廷试中左榜（汉人、南人榜）第二名，参陈高华《两种［三场文选］中所见元代科举人物名录》（载《陈高华文集》，上海辞书出版社 2005 年版，第 192 页）。此处“三”乃“二”字之讹。

② 参本书卷三《舆地二·古迹·兴让堂》校记。

③ 按：彭宗复中泰定元年甲子（1324）会试第五名，参陈高华《两种〈三场文选〉中所见元代科举人物名录》（载《陈高华文集》，上海辞书出版社 2005 年版，第 189 页）。

周锳《通志》列“泰定阙年”。锳，一作“钟”。

泰定四年丁卯科李黼榜《癸丑志》黼讹“辅”，《戊寅志》讹“虎”，从《元史》更正。

周镗任四川儒学提举。见《人物志》。

至正二年壬午科陈祖仁榜旧志作陈祖仁榜，《戊寅志》云误，乃作李齐榜。考《元史》，李齐元统元年癸酉科廷试一人①。壬午复兴科举，赐拜住、陈祖仁等及第、出身有差。是旧志不误，今改正。

王恕任嘉鱼县尹。

汤荧任鄮县尹。《志余备考》引《书史会要》：“荧号箕山，浏阳人，进士及第，善篆书。”

至正五年乙酉科张士坚榜

勲渊任湘阴州判官。○案《通志》，渊列宋端平二年进士，并见元荐辟。考端平后四十年而宋始亡，渊成进士已久，尚以荐辟起家，恐不然也。今从旧志。

韩复生任山西吉州同知。见《人物志》。

至正八年戊子科王宗哲榜旧志阙王宗哲名，今从《元史》补。

黎圭任武冈录事。旧志：“任武冈州录事。”案：武冈在元时不称州。②

至正十一年辛卯科文允中榜《通志》、旧志皆云十一年张凤榜。考《元史》无凤榜，今从《元史·选举附录》改。

陈颐［孙］③《戊寅志》：“任邵阳县丞。”《癸丑志》：“祁阳县丞。”《通志》同，

---

① 按：“一人”上当缺一“第”字。

② 按：黎圭，一作黎奎，参余来明《元代科举与文学》第八章《元代进士题名征略》，武汉大学出版社 2013 年版，第 439 页。释来复辑《澹游集》卷上收有黎奎《夜宿南泉山赋简见心禅师》诗一首，于其名下注云：“字奎章，天临人，至正戊子王宗哲榜登进士第，武冈路录事。”（《续修四库全书》第 1622 册，上海古籍出版社 2002 年版，第 246 页）

③ 按：陈颐孙中本科进士，授邵阳县丞，参余来明《元代科举与文学》第八章《元代进士题名征略》，武汉大学出版社 2013 年版，第 446 页。危素《危学士全集》（清乾隆二十三年刻本）卷七《陈氏尚德堂记》：“浏阳陈君某以尚德名其所居之堂，而自著《家规》十有六条，刻诸堂中，俾世守之。其子颐孙举进士，授邵阳丞，将归荣其亲，则过予求记其堂。”据补。

惟颐《通志》一作“愿”。

彭宗益官县尹，时次失考，从《通志》补。

明案：洪武三年设科举，旋罢。十三年复设，十七年始定科举，明年廷试，擢一甲进士丁显等为翰林院修撰，二甲马京等为编修，吴文为检讨，进士入翰林自此始。使进士观政于诸司，其在翰林、承敕监等衙门者，曰庶吉士，进士为庶吉士自此始；其在六部、都察院、通政司、大理寺等衙门者，仍称进士，观政进士之名自此始。其后永乐二年，授一甲三人曾棨等官，复命于第二甲择文学优等及善书者为翰林院庶吉士，庶吉士遂专属翰林。复命学士解缙选才资英敏者就学文渊阁，嗣是每科所选无定额，或就廷试卷查取，或别出题考试，亦无定制，与选者谓之馆选。三年学成，优者留翰林为编、检，次者出为给事、御史，谓之散馆。其每试，分一、二、三甲为名第之次。一甲止三人，曰状元、榜眼、探花，赐进士及第。二甲若干人，赐进士出身。三甲若干人，赐同进士出身。其状元授修撰，榜眼、探花授编修，二、三甲考选庶吉士，皆为翰林官。其他或授给事、御史、主事及知州、知县等官不一。

洪武十八年乙丑科丁显榜

刘宗海官礼科给事中，改监察御史。

嘉靖二十年辛丑科沈坤榜

邓巍任南直隶溧水知县，擢苏松监察御史，历知保定、凤阳府。见《人物志》。

嘉靖三十八年己未科丁士美榜

胡廷黼户部主事，转工部员外郎，知广东南雄府。见《人物志》。

万历二十六年戊戌科赵秉忠榜

胡应台历官兵、刑二部尚书。见《人物志》。旧志：“官兵、刑、工、户四部尚书。”今从本传删。

李可植《志余备考》引《题名碑》云：“浏阳人，天启壬戌进士，授溧水知县，调封邱，擢南京户部主事，除凤阳知府。所至方严不阿，人敬惮之。”○案：《通志》天启二年壬戌文震孟榜列可植，载善化人，未知孰是，姑存俟考。

国朝谨案：国朝进士略如明制。传胪发榜后，集新进士试于保和殿，曰朝考，简选上卷，分三等人奏。乃引见入选者，授翰林院庶吉士，教习三年，散馆考试。留馆者二甲授职编修，三甲检讨，余以主事、知县用，或令再肄业，与次科庶吉士同散馆。考试未选庶吉士者，或授主事、中书，或以知县即用，或归班铨选。

雍正二年甲辰科陈德华榜

陶良瑜即用知县，补授四川金堂知县，历署中江、仁寿等县知县。

乾隆十七年壬申恩科秦大士榜

李亦梅中式后旋没于京邸。

乾隆二十二年丁丑科蔡以台榜

蒋载熹即用知县，改教职，任宝庆府教授。见《人物志》。

嘉庆十三年戊辰科吴信中榜

瞿家鏊即用知县，改教职，任常德府教授，选江苏兴化知县，改补山东馆陶知县。见《人物志》。

嘉庆二十二年丁丑科吴其濬榜

陈信芳任衡州府教授，选直隶望都知县，调署大名县。见《人物志》。○以上均旧志。

道光二十年庚子科李承霖榜

邹振杰原名见龙，改名焌杰。翰林院庶吉士，授编修，充国史馆、功臣馆纂修，补实录馆纂修官，教习庶吉士。道光甲辰科会试同考官，丙午科广西主考官。山东、广东道监察御史，署吏、户、兵科给事中，掌京畿道监察御史，授广西浔州知府。见《人物志》。

咸丰十年庚申恩科钟骏声榜

谭继洵原名继淳。咸丰九年己未科会试中式，庚申应殿试，钦点主事，补授户部主事，钦加道衔，见升任本部员外郎。

同治二年癸亥恩科翁曾源榜

罗重熙即用知县，签发福建，以军务调陕西，署三水、石泉知县，任长武知县，保加同知衔。

同治十年辛未科梁耀枢榜

刘廷钺即用知县，签发湖北。

黄兴树即用知县，署江西永丰知县。

武进士

武进士案：唐长安二年，制武举。宋亦有策武举之制。明太祖吴元年，定武科。成化中，设武科，乡、会试悉视文科例。崇祯四年，从方逢年、倪元璐请，殿试、传胪悉如文例，赐王来聘等及第、出身有差，武科殿试自此始。国朝武科乡、会试，皆略如文例。武科中式者以十月殿试，由部以次列钦选者，请定甲第，揭榜传胪。凡一甲一名授一等侍卫，二、三名二等；二甲均三等；三甲入选者并授蓝翎侍卫；其余请旨简选。列一、二等者注册以营守备用，三等以卫守备用。其武举会试报罢者，拣选一等、二等以营千总用，三等以卫千总用，或签掣兵部差官；愿入伍学习者，发回本省标营，给食马兵粮，随营差操三年，优者准保送部，以千、把总拔补。

国朝

康熙三十九年庚辰科

钱奇策任永州镇守备。

雍正十一年癸丑科

萧引鹏任本省提塘。《通志》列康熙时，误。

乾隆四年己未科

邓盛德《戊寅志》："官桐山营游击，调台湾中军，升崇安营参将。"考福建桐山营有参将，无游击，又营亦无名崇安者，惟福建建宁镇标左营游击驻崇安，而未设参将。所载不知何据，俟考。

同治四年乙丑科

邓佐清营用守备，任广东琼州府万州营中军守备。

举人

宋案：乡试一经中式，即许名登仕籍，明代始然。宋、元解试礼部而已，其贡于乡而绌于礼部，或廷试不录者，仍归故里。有一人而至累举者，积前后举数，参其年而差等之，遇亲策士，别籍其名以奏，径许附试，赐本科出身，曰特奏名。

庆历四年甲申科旧志："庆历四年甲辰科。"考庆历无甲辰，从《通志》改。

萧注任广东番禺尉，晋西上阁门使。《癸丑志》云："《明一统志》：'注，浏阳人。'"今考《宋史》及《明一统志》均云新喻人，姑仍旧录。

乾道二年丙戌科

李揆官至中书舍人。见《人物志》。

淳熙十三年丙午科

汤璹见"进士"。〇案：宋举人凡九，旧志只载萧注、李揆二人，凡见"进士"者未录，今并录之。惟璹领乡荐年次从《志余备考》补编，余未详，姑列名于左，俟考。

李受见"进士"。　勲玄见"进士"。　李涛见"进士"。　欧颐中见"进士"。　陈宽中见"进士"。　柴从龙见"进士"。

元

延祐元年甲寅科

欧阳玄见"进士"。〇案危素撰《玄行状》云："会下诏设科，公以治《尚书》与贡，以《天马赋》中第一。"

延祐四年丁巳科

梁印孙《通志》《府志》一作良孙，一作印孙，旧志俱作即孙。《志余备考》引《楚纪》："有梁印孙，以《书学》领乡荐，与武昌邱堂同列文苑。"今从之。①

---

① 按：作梁印孙是。梁印孙中延祐四年（1317）湖广乡试第二名，参陈高华《两种〈三场文选〉中所见元代科举人物名录》（载《陈高华文集》，上海辞书出版社 2005 年版，第 178 页）。

刘（谦）［嗛］[①] 任江西儒学副提举。　何元同见“进士”。[②]

延祐七年庚申科

勷玄　何（真）［贞］[③] 立见“进士”。

至治三年癸亥科

周锳见“进士”。　彭宗复见“进士”。

李焘见“进士”。　周镗见“进士”。[④]

天历元年戊辰科[⑤]

杨（本立）［立本］[⑥]

至顺三年壬申科

刘福志

至元元年乙亥科

谢一鲁《通志》列至元元年乙亥进士，云“一作谢鲁”。旧志列乙亥举人，“进士”门不录。考《元史》，顺帝元统癸酉廷试进士，取士称盛，后三年遂罢科举，至正二年始复，乙亥疑不得有进士。《元史·百官志·选举附录》载至正二年廷试，至元亦无试；《周镗传》附一鲁，亦仅称乙亥乡贡进士，为石林书院山长。兹从旧志录。互见《人物志》。

---

① 按：刘嗛，字光远，曾中延祐四年（1317）湖广乡试第四名，参陈高华《两种〈三场文选〉中所见元代科举人物名录》（载《陈高华文集》，上海辞书出版社 2005 年版，第 178 页）。许有壬《至正集》（文渊阁《四库全书》本）卷三八《记选目》：“刘嗛光远两捷乡闱，职校汉阳，掾行省，始入八品流内铨。”可见刘嗛曾两次参加乡试并中选。另一科年份不详。据改。

② 按：何元同中延祐四年（1317）湖广乡试第六名，参陈高华《两种〈三场文选〉中所见元代科举人物名录》（载《陈高华文集》，上海辞书出版社 2005 年版，第 178 页）。

③ 参本书卷三《舆地二·古迹·兴让堂》校记。

④ 按：周镗，字以声，中至治三年（1323）湖广乡试第四名，且于泰定三年丙寅（132）乡试再次中选，中第二名，参陈高华《两种〈三场文选〉中所见元代科举人物名录》（载《陈高华文集》，上海辞书出版社 2005 年版，第 181—182 页）。

⑤ 按：应为天历二年己巳（1329）科，天历元年无乡试。

⑥ 按：杨立本中天历二年己巳（1329）湖广乡试第六名，参陈高华《两种〈三场文选〉中所见元代科举人物名录》（载《陈高华文集》，上海辞书出版社 2005 年版，第 184 页）。据改。

彭万里

至正元年辛巳科

陈颐[①] 李（元）[原] 同[②]

王恕见“进士”。 汤荧见“进士”。[③]

至正四年甲申科

（欧）[区] 德元[④]旧志：“任江西吉安知府。”考吉安旧为吉州，至元中升吉州路总管府，元贞初改吉安路。路置总管，不得有知府。《通志》作“知吉安路”，亦未明。并识待参。

懃渊见“进士”。 韩复生见“进士”。

至正七年丁亥科

萧必贤 黎圭见“进士”。

谢元童

至正十四年甲午科《通志》无此科。

---

① “陈颐”，原作“陈颐孙”。按：陈颐中至正元年辛巳（1340）湖广乡试第八名，参陈高华《两种〈三场文选〉中所见元代科举人物名录》（载《陈高华文集》，上海辞书出版社 2005 年版，第 196 页）。据改。又，有陈颐孙者，为至正十一年进士（见本卷“进士”）。底本此处作“陈颐孙”，而至正十一年进士条作“陈颐”，误。且陈颐孙当中至正十年庚寅（1350）乡试，此下亦缺载。陈颐、陈颐孙，或为一人，盖陈颐先中至正元年乡试，次年未能登第，后又改名，于至正十年中乡试，十一年成进士。

② 按：李原同中至正元年辛巳（1340）湖广乡试第十二名，参陈高华《两种〈三场文选〉中所见元代科举人物名录》（载《陈高华文集》，上海辞书出版社 2005 年版，第 196 页）。据改。

③ 按：汤荧中至正元年辛巳（1340）湖广乡试第二名，参陈高华《两种〈三场文选〉中所见元代科举人物名录》（载《陈高华文集》，上海辞书出版社 2005 年版，第 196 页）。

④ 按：区德元于至正元年辛巳（1340）湖广乡试中选，参陈高华《两种〈三场文选〉中所见元代科举人物名录》（载《陈高华文集》，上海辞书出版社 2005 年版，第 196 页），应列于至正元年科。也有可能区德元又参加了至正四年乡试并中选。郎瑛《七修类稿》（明刻本）卷四三《事物类·褶作画图》：“昨见《杨妃上马图》袖轴一卷，真宋奇物。……纸尾有进士区德元歌行一篇，歌曰：‘温泉试浴春风面，承恩乍出昭阳殿。……当熊辞辇太贤淑，至今青史遗芳传。’”此处“进士”有误，区德元应为乡贡进士。

潘成官至太保。见《人物志》。《通志》列七年丁亥科，《潘氏谱》“成”作“晟”，今仍旧志。

陈怡《通志》列十一年辛卯科，任邵阳县丞，今仍旧志。

明

洪武三年庚戌科明于是年始设科举，京师、行省各举乡试，湖广贡额凡四十人。

刘谦任常德府教授。

洪武五年壬子科

简傅

洪武十四年辛酉科

刘璞

洪武十七年甲子科

刘宗海见“进士”。

洪武二十年丁卯科

易成《志余备考》引《楚纪》：“成，浏阳人，洪武中乡举，历官肇庆府，民畏而爱之。”《通志》：“一作益阳人。”

洪武二十六年癸酉科《戊寅志》：“二十九年癸酉科。”

龚琏《戊寅志》云：“旧志未载，《府志》编湘乡人，怀柔县丞，惟《通志》编浏阳人，姑存俟考。”案：嘉庆季年续修《湖南通志》载连湘乡人，洪武二十六年癸酉科举人，叶县丞。据此，则连实非浏阳人，但叶与怀柔互异，今仍存参。

建文元年己卯科

曾胜祖任虹县知县。《通志》作“祖胜”。　刘安任福建晋江知县。

建文四年壬午科《戊寅志》云：“旧志己卯科编洪武三十二年，壬午科编洪武三十五年。考成祖改建文诸年仍为洪武，欲灭逆取之迹，万历间诏复建文年号。旧志从成祖所改，非是，今正。”

周必诚任江西进贤知县，擢山东道监察御史，巡按河南。见《人物志》。

永乐三年乙酉科

傅洪任福建邵武知县。　刘亶任四川昭化知县。

萧成任广西苍梧知县。

永乐六年戊子科

张谟历任江西宜春、直隶滑县、浙江慈溪知县。《戊寅志》称河南滑县。考明时滑属大名府，不隶河南，今从《明一统志》更正。

漆智　张钺官云南参政。

永乐十二年甲午科

卢洪任云南马龙州同知。

永乐十五年丁酉科

唐必贤任四川西充知县。　胡琏任广西兴安知县。

曾暹　唐必显官知县。《通志》:“必贤甲午科，必显丁酉科。”附录俟考。

永乐二十一年癸卯科

李仕英任府照磨。　欧奇任四川合州训导。

易宗中

宣德元年丙午科

邹瑜任四川新津县教谕。　周溥任广西岑溪、河南确山知县。《庚申》《戊寅志》并丙午科，《通志》《癸丑志》作七年壬子科，《通志》且作益阳人，今从《庚申志》。

宣德七年壬子科

唐瀛任南直隶滁州判官。《戊寅志》称安徽滁州。

尹洪旧志脱名，从《通志》补。

景泰七年丙子科

余浃任浙江乐清知县。

天顺三年己卯科

简喻任云南临安府同知。《通志》作“简瑜”。

成化四年戊子科

胡昺任江西饶州府推官。　高福任江西东乡知县。

成化七年辛卯科

唐霖任广西融县知县。　彭哲任徽州府同知。《通志》入十年甲午科，一作“长沙人，知徽州府”。

成化十三年丁酉科

谭鼎任四川大足知县。《谭氏谱》：“升授合州知州。”

罗时安旧志脱名，从《通志》补。

成化十九年癸卯科

陈实《通志》“实”作“宝”。

弘治阙年。

鄜会任梧州知府。

正德二年丁卯科

刘爵荣

正德五年庚午科

司马铠任金华知县。

正德十四年己卯科《通志》无此科。

胡绅《通志》入八年癸酉科，作长沙人。

嘉靖元年壬午科

刘章任四川通江县教谕。《通志》：“长沙人。”○《戊寅志》云：“胡绅、刘章俱郡庠生，《通志》误长沙人。”

嘉靖七年戊子科

毛汝清历任浙江嘉兴、山东东昌通判，擢广东崖州知州。

嘉靖十三年甲午科

陈化任浙江武义知县。

嘉靖十六年丁酉科

邓巍见“进士”。

嘉靖十九年庚子科

黄如传经魁，任四川黔江知县。《通志》作“如傅”。

嘉靖二十二年癸卯科

王宗道《通志》：“长沙人。”○《戊寅志》云：“邓巍、黄如传、王宗道俱府学生，《通志》误长沙人。”

嘉靖三十一年壬子科

胡廷黼见“进士”。　黄堂任南直隶太平知县。《戊寅志》云：“旧志：以平坝卫籍应贵州乡试中式。《通志》脱名。”

嘉靖三十七年戊午科

陈嘉言

万历十年壬午科

胡廷黻应顺天乡试中式，官刑部司务。《通志》重见嘉靖元年壬午科，今仍旧志。

万历二十五年丁酉科

胡应台见“进士”。　李可植见“进士”。《通志》：“万历四十三年乙卯科，善化人。”

国朝

康熙十一年壬子科

陈翼圣《戊寅志》：“孝感人，籍浏。”《通志》：“康熙时桃源教谕陈翼明，浏阳举人。”考翼明孝感人，顺治甲午举人，顺治、康熙间任浏阳教谕，非浏阳人，并识。

康熙二十九年庚午科

刘大抚拔贡。见《人物志》。

康熙五十六年丁酉科

陶良瑜见“进士”。

雍正元年癸卯恩科

周常恭

雍正四年丙午科先是，康熙中巡抚赵申乔、潘宗洛、李发甲以洞庭险远，迭请分闱，格部议。五十九年，学政吕谦恒复请。雍正元年，建贡院于长沙，以二年甲辰补行癸卯正科。自是以后，为湖南乡试榜。

彭世正

雍正七年己酉科

李藩历任福建长汀、浦城知县。见《人物志》。

雍正十年壬子科

周忠恕选山西宁武知县，改武陵教谕。

雍正十三年乙卯科

张伊觉　王世宠任陕西扶风知县。《戊寅志》云："世宠府学生，《通志》载长沙府人。"

乾隆元年丙辰恩科

熊理《戊寅志》云："《通志》误湘潭人。"

乾隆三年戊午科

周忠信见《人物志》。

乾隆十二年丁卯科

蒋载熹见"进士"。

乾隆十七年壬申恩科

舒松伍《通志》"伍"误"位"。　李亦梅见"进士"。

乾隆二十一年丙子科

张梅拔贡，官内阁中书，迁国子监学正。　李崧任顺天密云知县。

陈朝汲任黔阳县训导，迁江苏睢宁知县，历署江南徐州府通判、邳州知州。

乾隆二十五年庚辰恩科

王代章任宝庆府训导，选河南汤阴知县。

乾隆三十年乙酉科

喻廷中任广东遂溪知县。

乾隆五十一年丙午科

刘运际大挑二等，署兴宁县训导，选石门县训导。

乾隆五十四年己酉恩科

宋远漪

乾隆五十七年壬子科

陶浔霍经魁。见《人物志》。　黎中一

乾隆五十九年甲寅恩科

陈廷标经魁。大挑二等，任临武县训导、澧州学正、湖北宜昌府教授，选河南新野知县，转国子监监丞。

蒋光昇

乾隆六十年乙卯科

李华林大挑二等，选永兴县训导，迁道州学正。

嘉庆三年戊午科

陈荣德《通志》编长沙府人。　周雅

李万鹏任华容县教谕。

嘉庆五年庚申恩科

瞿家鏊见“进士”。

嘉庆十二年丁卯科

陈信芳见“进士”。《通志》误长沙人。

嘉庆十三年戊辰恩科

刘名锋大挑一等，历署山东齐东、宁阳、招远、博山、费县知县，补授阳信知县。见《人物志》。

嘉庆十五年庚午科

邱之芬举孝廉方正，保加国子监助教衔。见《人物志》。

嘉庆十八年癸酉科

彭玉蕴亚元。　李树改名宗澍。大挑一等，历署福建长乐、古田知县。

嘉庆二十三年戊寅恩科

邱庆钧截取知县，选任福建诏安场盐课大使。见《人物志》。

嘉庆二十四年己卯科

张碧池府学生。《通志》编长沙府人。〇以上旧志。

道光元年辛巳恩科

李文耀解元。咸安宫教习，期满选用教谕，任沅陵县教谕、永明县训导。

黄序一拔贡。

道光二年壬午科

陈显湘

道光五年乙酉科

王才棨　徐昭任溆浦县教谕，署岳州府教授，选常德府教授。

道光八年戊子科

贺以南改名祥麟，壬午优贡。正蓝旗教习，期满以知县用，选直隶高阳知县，历署庆云、无极、昌黎等县，调补完县知县，以卓异升云南云龙州知州。

道光十二年壬辰补行辛卯正科

张益谦大挑二等，选任衡山县教谕。　周盛谦

陶树美改名廷翊。顺天乡试中式，选任东安县教谕。

道光十四年甲午科

王永时　邹见龙改名振杰，又改焌杰。见“进士”。

道光十五年乙未恩科

黎定矣亚元。见《人物志》。　贺寿嵩顺天乡试中式。

道光十七年丁酉科

黄开澍大挑二等，署靖州学正，选安福县训导，升任宝庆府教授，保加国子监典簿衔。

道光十九年己亥预行庚子正科

娄谦光保举知县，加五品衔。

道光二十年庚子恩科

黎端甫保举知县，选缺后以同知补用，加运同衔。

李豫改名庆咸。大挑二等，选嘉禾县教谕，累保至花翎同知衔遇缺即选知县，补缺后以同知升用。

黄文端改名文寯。拔贡，应顺天乡试中式，补宗室官学教习，期满候选教谕，保举知县，加同知衔，选四川新宁知县，署峨边厅通判。

道光二十三年癸卯科

熊冲之改名庆澜。安徽补用直隶州知州。

道光二十四年甲辰恩科

曾金诏大挑二等，选芷江县训导，迁桃源县教谕。

李丁华改名寿荣。保举知县，加一级。

道光二十六年丙午科

黄倬

道光二十九年己酉科

谭文印改名文荫，拔贡。见《人物志》。　谭继淳改名继洵。见“进士”。

邱庆诰署东安县、城步县教谕、武陵县训导。

咸丰元年辛亥恩科

刘炳藜经魁。　唐先霖江西试用知县，历署永宁、庐陵、新城、丰城、上犹知县、吉安府通判，累保至花翎运同衔，补缺后以同知直隶州补用。

王洪钧保加运同衔即选知县。　宋鹏翥大挑二等，署桃源、泸溪县教谕，选任沅陵县教谕。

咸丰七年丁巳补行壬子、乙卯科

刘锋考取觉罗官学教习，保加同知衔即选知县。

罗重熙见“进士”。　贝良臣改名觐章。见《人物志》。

咸丰八年戊午科

李习昇解元，保加蓝翎、五品衔即选知县。　邱景崙亚元，保加同知衔即选知县，大挑二等。

黎镜蓉　刘孝瑞

黄兴树见“进士”。

同治元年壬戌恩科并补行咸丰己未恩科

邱庆籥署东安县教谕。　黎定衡

李炳奎大挑二等。

同治三年甲子科并补行咸丰辛酉科

刘廷钺见“进士”。　黎仲祥改名宗曦。候补主事，兵部职方司行走。

彭子铨　熊仲儒
宋祈愔
同治六年丁卯科
刘人熙解元。　任焌
陈运精　邱景沂
同治九年庚午科
邵声鋈　易炳奎
同治十二年癸酉科
欧阳中鹄拔贡。　王廷瑞
任贵震

武举

明

万历三十一年癸卯科
邓楚望

国朝

康熙三十五年丙子科
钱奇策见“武进士”。
康熙三十八年己卯科
周辉
康熙四十一年壬午科
陈铎

康熙五十九年庚子科

欧由学任江南兴武卫领运千总，署守备。　李佳梅

萧引鹏见“武进士”。

雍正二年甲辰补行癸卯正科是科分闱，湖南额中二十四名。

张焕　刘芳

黎景荣

雍正十年壬子科

张光

雍正十三年乙卯科

汤崇朝《通志》《府志》“崇”作“宗”。　周镇国

乾隆三年戊午科

谢天恩　邓盛德见“武进士”。

乾隆六年辛酉科

张启芳

乾隆九年甲子科

江显鳌兵部差官。系府学武生，《通志》编长沙府人。

乾隆十二年丁卯科

王杰伊兵部差官。

乾隆十五年庚午科

彭之年官至襄阳镇总兵。见《人物志》。　张锦心兵部差官。《通志》脱名。

乾隆十七年壬申恩科

王杰佳《通志》：“长沙府人。”

乾隆十八年癸酉科

罗大和兵部差官。　曾耀南兵部差官，系府学武生。《通志》误长沙人。

罗成章任江南兴武卫领运千总。

乾隆二十五年庚辰恩科

罗成魁《通志》："长沙府人。"

乾隆二十七年壬午科

欧元龙任江南江淮卫领运千总。　江济盛任湖北武昌城守营千总，升广西左江镇标右营守备，署都司。《通志》："长沙府人。"

乾隆三十年乙酉科

邹志勇府学武生。《通志》编长沙府人。　陈德新

乾隆三十三年戊子科

罗成功解元。

乾隆三十五年庚寅恩科

左栋

乾隆三十九年甲午科

彭昌凯分发直隶卫所候补千总。

乾隆五十九年甲寅恩科

萧大宾历任福建桐山营、陕西宁羌营守备，升靖边营都司，署游击。见《人物志》。

乾隆六十年乙卯科

罗发甲

嘉庆六年辛酉科

谭文炯任本省提塘，升守备。　刘宗炳任本省提塘。

嘉庆九年甲子科

熊定昇

嘉庆十三年戊辰恩科

李标

嘉庆十八年癸酉科

江万年亚元。

嘉庆二十一年丙子科

罗大平亚元。

嘉庆二十三年戊寅恩科

李正元解元。　刘文光

嘉庆二十四年己卯科

蔡发元以上旧志。

道光二年壬午科

刘楚贤亚元。

道光十五年乙未恩科

黄开典

道光二十三年癸卯科

刘名显　汤万标

陶大平改名焕勋。保加五品衔。见《人物志》。

咸丰八年戊午科

罗鸿逵

同治元年壬（戌）[戌] 恩科并补行咸丰己未恩科

邓佐清见“武进士”。　彭烈魁

同治三年甲子科并补行咸丰辛酉科

陈楚贤兵部差官。　陈宗瀚任本省提塘。

陈得元

同治六年丁卯科

李作霖

同治十二年癸酉科

李价藩府学。

贡生

明案：明制，府、州、县学诸生，非入国学不能得官。洪武初，从关贤奏，定府、州、县学岁贡生员各一名。其后制屡更，大率诸生上者中式，次者廪生，年久充贡，曰岁贡。国家有庆典或登极诏书，以岁当贡者充之，曰恩贡。弘治初，从章懋请，于常贡外令提学行选贡法，不分廪膳、增广生员，通行考选，择优充贡，曰选贡。以外有副贡，宣德八年命选副榜举人龙文等二十四人送监进学，翰林院三月一考其文，与庶吉士同，颇示优异。后不复另试，则取副榜年二十五以上者授教职，年未及者，或依亲，或入监读书。既而不拘年齿，依亲、入监者皆听。旧志所编，于岁贡、恩贡、选贡、副榜不悉别其名，今仍之。

韩源刑部主事。　董仕宁任陕西鄠县丞。《通志》误“鄗县”。　黎敏任广西桂林府通判。　丁斌任四川新宁知县。　周幹官至浙江、广西布政使。见《人物志》。　卜贤任光禄寺监事。　刘安任河南巩县知县。　唐岳官经历。○以上洪武时贡。　李昶　冯谦《通志》“冯”作“马”。　何省吾　邹璜　汤以荣　袁鉴任浙江嵊县丞。　黄鼎任福建延平卫经历。　刘朝祖官交阯北江府知事。《通志》作交阯知府。　彭原贵任南直隶颍州同知。《通志》“原”作“源”。　陈以华任四川永川县丞。　朱弘任江西贵溪主簿。○以上永乐时贡。　彪堂　曾圭　汤宁任山东布政司理问。　徐万全任广西宣化知县，擢南直隶松江知府。见《人物志》。　余龙任四川双流知县。○以上宣德时贡。　彭忠　李璿任云南沾益州吏目。《戊寅志》误河南。　黄理　彭志《庚申志》：“四川夹江知县。”《通志》《癸丑志》删“四川”，作“峡江”。《戊寅志》作“四川峡江知府”。考《明一统志》，四川无峡江府，当从《庚申志》。　胡智任陕西漳县知县。旧志“漳”误“章”。　卜吉任云南府推官。　龚迪任云南黑盐卫提举。○以上正统时贡。　邓勉《癸丑志》：“延安知县。”《通志》无“延安”，《庚申志》《府志》作“县丞”，未知孰是。　韩璧旧志：“云南安霖州吏目。”疑“安宁”之讹。　柳聪任贵州都司经历。　刘敏　李彝任江西袁州府经历。○以上景泰时贡。　彭昌《庚申志》《戊寅志》：“山东汶川县主簿。”《癸丑志》无“山东”字。考四川有汶川，山东有汶上，未知孰是。　张贯任直隶隆庆州判官。　柳贤任江西袁州卫经历。　卢经旧志：“任河南南阳府典仪。”考府属无此官，惟王府长史司所属有典仪，旧志恐有脱字。　严弘任四川江津县主簿。　陈镒　王洪任云南军民府经历。○以上天顺时贡。　张罕言任南直隶滁州判官。　萧奇　朱政任直隶通州判官。

周逵任广东市舶司提举。　萧金　卜占《庚申志》《戊寅志》："四川云山县主簿。"《癸丑志》："云山主簿。"《通志》："云南主簿。"考四川无云山县，意四川璧山、屏山诸县之讹。　余昇　董奇任四川长宁知县。　陈韬任云南嵋峨县训导。　黎本任四川大足知县。　刘正任江西宁都知县。　徐再旻任河南仪封知县，改四川叙州府推官，擢知重庆府。见《人物志》。○以上成化时贡。　杨时　吴忠任江西兴国县丞。　余正任江西乐安县训导。　袁圯任云南黑盐卫训导。　晏世用　龚牧任云南军民府经历。　陈祯任山西绛州同知。《癸丑志》"祯"作"珍"，《通志》作"贞"。　彭秀任陕西渭南县训导。　简书任广西梧州府照磨。　邓仲仁任直隶通州同知。　彭贤任浙江会稽县训导。○以上弘治时贡。　余艺　卢奎任四川保宁府教授。旧志"保"讹"宝"。　陈宪纲任四川云阳知县。　刘邦荣任河南汝阳知县。《通志》作"邦杰"。

龚敏任广西平乐府推官。　黎雍任广东澄迈县主簿。　彭汝砺　袁弼　卜珪

周维昌官行人司行人。《通志》"维"作"惟"。○以上正德时贡。　刘经　张浹

董文宽　胡大嵩任云南按察司知事。　胡中和任广东遂溪县主簿。　谭光

沈腾虬　沈腾璜任江西奉新县丞。　胡廷兰任四川广安州判官。　沈腾奎任四川铜梁知县。　沈腾芳官武冈州王府教授。《通志》作"武冈学正"。　李济时　胡大韶见"封荫"。　胡义　李齐䕶《通志》作"济䕶"。　李廷萼　刘铁任广西博白知县。　李国宝　胡麒任江西东乡知县。　卢益任江西崇仁县丞。　陈佩之任贵州铜仁府推官。《通志》作"之佩"。　杨思鲁　潘龙任江西峡江知县。　高达任江西上饶知县。　徐翰任江西乐安知县。　彭荧任四川遂宁县主簿。　李绍阳旧志："广西桂林县主簿。"考广西未置桂林，意或桂平、上林、临桂等县之讹。　张楚宝以上嘉靖时贡。　夏尚忠历任南直隶海门、睢宁知县。　胡廷试　潘凤任南直隶休宁主簿。○以上隆庆时贡。　孔育任江西弋阳县丞。　陈器之任江西南昌县主簿。　沈弘化　黎汝宾任直隶通州判官。《通志》作"魏汝宾"。　施淳任云南河西知县。　胡廷瀫见"举人"。　易梦徵任江西安福县训导。　吉弘道　沈弘宾任云南大理府通判。　胡源滚任江西吉安府训导。《通志》作"周原滚"。　潘可受任沅陵县教谕。　王之祯任四川遵义知县。《通志》作"汪之真"。　聂霄任江西泸溪县教谕。《通志》"泸"讹"瀛"。　邓正府任广东韶州府教授。　邓位仁任四川

夔州府教授。　胡中鲤任陕西潼关卫教授。　汪兴邦授府通判，未任。　胡光廷任直隶南乐县丞。　潘可述任慈利县教谕。　胡应宿任福建福清县训导。　孔从周　李应实　冯国璿任南直隶常熟县主簿。《庚申志》“璿”作“濬”。　熊仕进任江西袁州府教授。　熊仕龙任宝庆府教授。　胡选任陕西洋县丞。○以上万历时贡。

刘元亨泰昌时贡。　邓祖龄　于可佳任陕西平凉知县。　黎汝翰　熊梦泰

黎嘉敬以上天启时贡。　于之镇任福建盐运司副使。　黎汝勋任湖广均州学正。

吴自省　邓心舜《通志》“舜”作“顺”。　汤文运　董弼乙亥选贡。　彭显谟任湖广江夏县教谕。　于忠辅　胡希祯《通志》“祯”作“珍”。　周士俊《通志》“士”作“仕”。○以上崇祯时贡。　周天福兵部司务。《通志》府学作“周天富”，而天福归县学，未知孰是。　王铎任四川江津知县。　黄衡任直隶涿州知州。

罗维任戎县主簿。考《明史》，洪武四年改马湖路之戎州为县，隶四川叙州府，至万历四年改曰兴文县，当即此。　瞿伦任简县知县。考《明史》，洪武六年降四川简州为县，正德八年复升州，当即此。　黄华任江西高安知县。　许绍任卫学训导。　沈镐　王显魁　李钺任四川峨眉县训导。　黄泰任广西融县教谕。　萧大用任广东都司都事。　陈大用　胡献　高宪　李朝纲　唐良臣官训导。　简大伦官训导。

胡纬任浙江东阳县训导。　李朝诰官主簿。　邓孟仁《通志》：“官御史。”

于公允《戊寅志》：“副榜，特准科贡，授山西长治知县。”《长郡会馆录》载：“升刑部主事。”今考《通志》列顺治八年副榜，《于氏谱》亦云公允生明万历四十三年，康熙九年没。　黎守让副榜。　周俨副榜。○以上系府学贡生，时次均失考。　毛镮选贡，任江西湖口知县，署广信府通判，科分失考。

国朝

恩贡谨按《会典》：“州、县学恭遇恩诏，以本年正贡改作恩贡，次贡之生作为岁贡。不值正贡之期，准以次贡作恩贡，再次贡作岁贡，于应贡之年分举行。”

周年球康熙年间。　张铨康熙年间。　张文清雍正元年癸卯，任慈利县训导。

黄恺先雍正十三年乙卯。　舒绍苏乾隆十五年庚午。《通志》脱名。　张圯授乾隆十六年辛未。《通志》脱名。　彭世槐乾隆二十六年辛巳，选祁阳县教谕。　夏中

魁乾隆三十六年辛卯。 汪廷栋乾隆四十四年己亥。《通志》脱名。 刘再启乾隆四十六年辛丑。 李开濂乾隆五十年乙巳。 刘景沄乾隆五十六年辛亥。 吴祖光嘉庆二年丁巳。 李为蠖嘉庆四年己未。 刘宜位嘉庆四年己未。 黎文龄嘉庆十四年己巳。 彭继华嘉庆二十四年己卯。 寻乐道光元年辛巳。 孙善开道光元年辛巳。 王才林道光十五年乙未。见《人物志》。 谭光美府学，道光十五年乙未。 刘名享道光二十五年乙巳。 邱庆黻咸丰元年辛亥。 欧阳道淦咸丰三年癸丑。 黎光台咸丰三年癸丑。 刘际昌咸丰五年乙卯。 邱景旸咸丰十一年辛酉。 邱景沂同治二年癸亥。见"举人"。 邱行椝同治四年乙丑。 王宏奎同治十二年癸酉。

拔贡旧例，十二年题请举行一次。雍正五年，上谕六年举行一次。乾隆十六年定例，酉年一举，朝考入选者以七品小京官分部学习、知县分发试用。

刘大抚康熙二十五年丙寅科。见"举人"。 饶玑康熙三十六年丁丑科。 胡其汉雍正元年癸卯科。 刘弘俊雍正六年戊申科。 黄如先雍正十三年乙卯科。 秦琎乾隆六年辛酉科。 张梅乾隆十八年癸酉科。见"举人"。 晏九峰乾隆三十年乙酉科。 黎文澜乾隆四十二年丁酉科，历任粤盈库大使、长芦海丰场盐课大使。 邱民寿乾隆五十四年己酉科。 刘名义嘉庆六年辛酉科，正红旗教习，期满分发江西候补知县，署高安、奉新、宜黄、安仁等县知县，改任江华县教谕。 黄序一嘉庆十八年癸酉科。见"举人"。○以上旧志。 欧阳道济道光五年乙酉科。 黄文端改名文髙，道光十七年丁酉科。见"举人"。 谭文印改名文荫，道光二十九年己酉科。见"举人"。 刘廷笏咸丰十一年辛酉科，正蓝旗教习，分发山东候补知县。 欧阳中鹄同治十二年癸酉科。见"举人"。

副贡以乡试取中副榜，升入太学，准作贡生，在籍候选。湖南中额九名。

刘宏佑乾隆三年戊午科，任永定县训导。 陈玢乾隆十二年丁卯科，任城步县教谕。 彭志宏乾隆五十三年戊申预行己酉正科。 张同榜乾隆五十四年己酉恩科。 刘运枢嘉庆二十三年戊寅恩科，任龙山县训导。《通志》误长沙人。○以上旧志。

邱庆诰道光元年辛巳恩科，十二年壬辰科再中副榜。见“举人”。 汤有光道光十一年辛卯恩科。 张盖道光十二年壬辰补行辛卯正科，镶黄旗教习，期满分发江苏候补知县，署理溧阳知县。 黎宗苹道光二十九年己酉科，任石门县教谕。 王宏榜咸丰元年辛亥恩科。 刘友直咸丰元年辛亥恩科，保举六品翎顶，选任新田县训导。 刘友绥咸丰七年丁巳补行壬子、乙卯科。 沈思锦咸丰八年戊午科。 刘名绍咸丰八年戊午科。 李世沆同治元年壬戌恩科并补行咸丰己未恩科，保举即选教谕，赏戴五品翎顶。

优贡学政科试后，于优行生员中择其尤者，送部覆试，升入太学。湖南旧额，每次只取二人。同治改元，钦奉上谕，加取二人。自是朝考入选者以知县、教职用。

贺以南改名祥麟。道光二年壬午科。见“举人”。

涂启先同治十二年癸酉科。

岁贡府学岁一人，州学三岁二人，县学二岁一人、三四岁一人不等。浏阳二年一贡。

谭国伦 胡璟 陈大范任福建政和知县。 胡仲珣任河南宝丰知县。 胡应召任永州府教授。《通志》作训导。 寻奇任永明县教谕。《寻氏谱》：“并署江夏县教谕。” 胡季瑜任郴州训导。 简尹 简可师 李五常 王陞以上顺治时贡。 黎首 毛文炳 龙昇本邑教谕，升彝陵州学正。见《人物志》。 瞿士良 尹进 高捷 汪天溥《汪氏谱》：“选蓝山县训导。” 邓显才 王问臣 刘景向 黎大乙 周尚文 王瑛 张懿 欧新铎《通志》“欧”误“汪”。 吴鸣皋 张铭 毛际云 饶璹 陈开心 李嘉德 汤铭新 张应璧 桂子馥《通志》作“杜子馥”。 胡宗瑗 周梦熊 简阅府学。《通志》“阅”作“说”。 周显伦府学。〇以上康熙时贡。 朱孟平任黔阳县教谕。《戊寅志》补遗，未详年分，云：“各志未载，照《长郡会馆录》补。”今案：雍正以来岁贡无阙者，当系康熙时岁贡，列此俟考。 欧由道雍正元年癸卯。 徐均雍正三年乙巳，任沅江县训导。旧志、《通志》俱作“沅州”，惟《通志》“职官”门作“沅江”，今从之。 汤宏维雍正五年丁未，任武冈州训导。 吉一鹏雍正七年己酉。 余中达雍正九年辛亥，任临湘县训导。○以上五人，旧志仅标雍正，今依次编年。　陈叔屏雍正十一年癸丑。　尹际任雍正十三年乙卯。　黄嘉聪乾隆二年丁巳，任靖州训导。　周忠信《通志》脱名。○案：忠信乾隆三年戊午乡试中式，今轮四年己未正贡不合，盖三年预考准贡耳。　章载坤乾隆六年辛酉。　舒其洪乾隆八年癸亥，任桂阳州训导。　彭世模乾隆十年乙丑。《通志》“模”作“谟”。　李涛乾隆十二年丁卯，任宁远县训导。　陈心灵乾隆十四年己巳。　戴双峰乾隆十六年辛未，任宝庆府训导。　黎志翱乾隆十八年癸酉。　罗汉乾隆二十年乙亥。《通志》脱名。　李显梅乾隆二十二年丁丑，任耒阳训导。　邹琴乾隆二十四年己卯，任桃源县训导。　蔡发微乾隆二十六年辛巳。　熊远猷乾隆二十八年癸未，选溆浦县训导，未任。　徐标乾隆三十年乙酉，任沅江县训导。　熊士爵乾隆三十二年丁亥，任会同县训导。　陈基乾隆三十四年己丑，任城步县训导。　谢佑乾隆三十六年辛卯。　尹沅乾隆三十八年癸巳。　韩鸣瑛乾隆四十年乙未。　向道心府学，乾隆四十年乙未。《通志》“向”讹“常”。　杨旨瑚乾隆四十二年丁酉。　陶人杰乾隆四十四年己亥。　张林贵乾隆四十六年辛丑。《通志》“林”作“琳”。　贝珩乾隆四十八年癸卯。　李文磐乾隆五十年乙巳。　袁冠荣乾隆五十二年丁未。　汤聘三乾隆五十四年己酉。　钟菁乾隆五十六年辛亥，钦赐举人。　刘泉乾隆五十八年癸丑。　刘光藜府学，乾隆六十年乙卯。《通志》“藜”作“黎”。　李万鹏乾隆六十年乙卯。见“举人”。　江济南嘉庆二年丁巳，镶黄旗教习。　刘元榕嘉庆四年己未。　杨黄嘉庆六年辛酉。　黎文庆嘉庆八年癸亥。　王杰泰嘉庆十年乙丑。　周之光嘉庆十二年丁卯。　汤祖寿嘉庆十四年己巳。　周之锋嘉庆十六年辛未。　周镇三嘉庆十八年癸酉。　陈朝濬嘉庆二十年乙亥。　罗泮贤府学，嘉庆二十年乙亥。　胡光北嘉庆二十二年丁丑，选新田县训导。见《人物志》。　陈朝溢府学，嘉庆二十三年戊寅，选宁远县训导。　王俊瑛《通志》脱名。　章美含《通志》脱名。《戊寅志》云：“王、章二人，府、县学未详。”今考嘉庆时县学贡额无遗，或属府学，列此俟考。○以上旧志。　喻盛谦嘉庆二十四年己卯。　王抚成道光元年辛巳。　黄济川道光三年癸未。见《人物志》。　李益道光五年乙酉。　陈朝润道光七年丁亥。　胡光泮道光九年己丑。　黄鹄一道光十一年辛卯。　徐锦标道光十三年癸巳，署桂东县、宁远县教谕、安乡县训导。　马观成道光十五年乙未。　喻宗楙道光十七年丁酉。　邓高云道光十九年己亥。　陈蕃庶道光二十一年辛丑。见《人物志》。　欧阳德正道光二十三年癸卯。见《人物志》。　陈宗叙道光二十五年乙巳。　陈廷桢道光二十七年丁未。　张镜然道光二十九年己酉。　刘代孚府学，道光三十年庚戌，保举州同衔。　邹道南咸丰元年辛亥。　孔传雅府学，咸丰二年壬子。　伍泰咸丰三年癸丑，保举州同衔。　何名津咸丰五年乙卯。　刘光瑞咸丰七年丁巳。　邱景曜咸丰九年己未。　陈宗榖咸丰十一年辛酉。　熊钰同治二年癸亥。　刘毓兰同治四年乙丑。　卢奏九同治六年丁卯。　邱景旭同治八年己巳。　刘源淏同治十年辛未。　罗堃同治十二年癸酉。

钦赐举人

谨案《会典》："乡试三场毕，未经中式，年届九十与年届八十之教职及恩、拔、副、优、岁贡生，均请旨赏给举人；年届八十之廪、增、附、监生，赏给副榜。如前科已给副榜，无庸再行加恩。会试后，年届八十以上之举人赏给学正衔者，准其会试；给检讨衔者，不必会试。如前科已有赏衔，下科仍在八十以上，亦无庸再行加恩。其九十五岁以上者，给编修衔；百岁以上者，给司业衔。"

钟菁岁贡生，嘉庆六年辛酉科，壬戌会试，赐国子监学正。○案：《通志》辛酉科有"左修位，浏阳人"，左实浏阳训导，并识。　王良弼嘉庆九年甲子科，乙丑会试，赐翰林院检讨。　刘良杜嘉庆九年甲子科，乙丑会试，赐翰林院检讨。○以上旧志。

刘大阶道光十七年丁酉科。

钦赐副榜

蔺廷华嘉庆十五年庚午科。《通志》"蔺"讹"简"。　娄士逢道光十九年己亥预行庚子正科。 柳翟咸丰元年辛亥恩科。 李际遇咸丰七年丁巳补行壬子、乙卯科。 张道泉同治元年壬戌恩科。 刘步蟾同治九年庚午科。 张泰珪同治十二年癸酉科。

荐举

案：举贤良、孝廉、明经、秀才诸目，皆始于汉，历代因之。宋以后虽重科第，而荐用之法仍并行不废，盖亦岁举之常选也。天子自诏则曰制举，如文以经国、武足安边、直言极谏、博学宏词之类，必诏下乃行。

晋

易雄举孝廉，官州主簿，迁别驾，后为春陵令。见《人物志》。

宋

欧阳逢泰潭州学录。见《人物志》。 赵民彦添差通判。见《人物志》。

元

欧阳龙生文靖书院山长，迁道州路教授。见《人物志》。 欧阳浩龙川书院山长。 欧阳贞孙石林书院山长。 欧阳定孙曲阜林庙学录。 欧阳宪孙沅陵教谕。 欧阳彭年举明经。 欧阳庆乐口寨巡检。

明

周谟举明经，官河南左参政。见《人物志》。 周必诚见“举人”。 周溥见“举人”。 刘果永安主簿。考《明一统志》，景泰时福建置永安县，隆庆时广东亦置永安县，未知孰是。 张友舜广西武宣知县。○以上荐举，旧志只录易雄、周谟，今从《通志》补。

国朝谨案《会典》："直省督抚转饬府、州、县、卫，保举孝廉方正，所举系生员，会同学政、教官考察，督抚核实具题。其朴实拘谨无他技能者，给六品顶戴；有才德兼优，逾格保荐者，送部考试，请旨简用。又，直省地方有才品优长、山林隐逸之士，着该督抚具题，酌与录用。"

邱之芬举人，咸丰元年举孝廉方正，辞不赴考，巡抚骆给"经明行修"额。　李际遇钦赐副榜，咸丰元年举孝廉方正。　欧阳德辅增生，试用训导，同治元年举孝廉方正。

军功文职

国朝咸丰以来，凡效力戎行，在籍防堵，叠膺保叙者，不可胜纪，兹录自记名简用、赏给封典、勇号、曾充统领、已经委选及到省候补者，余不具录。

李芸廪生，选任常宁县教谕，加保知县补缺后升用同知直隶州。　黎定人附生，累保至花翎、盐运使衔候选知府。见《人物志》。　李英监生，选福建莆田县丞，赏戴蓝翎，咨留在籍办防，保至同知补缺后升用知府。见《人物志》。　刘德谦统领威信军，累保至花翎、盐运使衔四川补用道、御勇巴图鲁，赠光禄寺卿衔。见《人物志》。　刘大馥议叙盐知事衔，保举县丞，选安徽潜山县丞，叠保至补用知府，署徽州盐捕同知，任凤颍分防同知。　罗佐清同知衔侯选知县，代理浙江富阳知县。　黎献监生，累保至花翎记名按察使，选甘肃平庆泾盐法兵备道，历署甘凉、安肃、镇迪等道，加布政使衔。　谢景乾蓝翎、同知衔福建候补知县。　李秾华附生，选城步县训导，累保至花翎、知府衔贵州补用直隶州知州。　李兴锐附生，累保至花翎补用道，授直隶大名知府。　贺宏勋监生，花翎、五品衔，任江西万安知县，署鄱阳知县。　李载珪附生，累保至同知衔湖北补用知县。　宋德宾甘肃补用从九，署安化、正宁典史。　宋焕章监生，福建补用通判。　熊慎徽甘肃候补主簿，署宝丰县丞。　刘焕奎监生，六品衔广东候补县丞，署琼州府经历。　唐润监生，赏戴蓝翎，湖北试用县丞。　朱瀛同知衔四川补用知县，给五品封典。　高正祥监生，蓝翎、五品衔，署甘肃高台县丞。

军功武职

明

黄宁洪武时任直隶密云卫指挥。见《人物志》。　瞿文立洪武时任四川成都卫指挥。见《人物志》。　林应秀洪武时任毕节卫指挥。旧志云“云南毕节卫”。考《明一统志》，洪武十六年置毕节卫，隶贵州都司，不隶云南，或旧志讹耳。见《人物志》。黄刚洪武时任直隶天津卫指挥。　潘至主洪武时授官，未详何职。见《人物志》。瞿洪洪武时任云南卫指挥。　瞿镇洪武时任长沙卫千户。　谭荣洪武时任锦衣卫千户。见《人物志》。　黎均宝洪武时授百户。一作“千户”。见《人物志》。　张武永乐时官至中军都督同知，封成阳侯。见《人物志》。　丁宣正统时任贵州平坝卫千户。冯李昇授云南澜沧卫百户。

国朝

寻先海康熙十六年从征逆党，给千总职，管理团练，督率乡勇。　喻献彝康熙十六年从征逆党，给千总职，管理团练，督率乡勇。　周世英武生，嘉庆二年效力湖北军营，给千总职。○以上仍照旧志录存。至咸丰以来，惟记名简放、赏给封典、勇号、已经选用委署及在标候补或充统带者始录。　彭文林提督衔记名总兵，敢勇巴图鲁，借补陕西陕安镇标左营游击。　熊明宝副将衔花翎游击，管带保安右营。　辜胜九记名总兵，捍勇巴图鲁。　谢永年蓝翎把总，长沙协标候补。　李长林花翎副将，冲勇巴图鲁。　娄云庆花翎记名提督，赏穿黄马（挂）[褂]，著勇巴图鲁，统领留霆营，任直隶正定镇总兵，署直隶提督，总统古北口练兵。　胡正盛记名总兵，任衡州协副将。刘清亮花翎记名提督，靖勇巴图鲁，赏换西林巴图鲁，署浙江衢州镇总兵，赏给三代一品封典。　杨复东花翎，任四川川北镇总兵。　谢永祜记名总兵，振勇巴图鲁，任浙江绍兴协副将，署定海镇总兵。　刘锡璋花翎湖南补用副将，管带巡防左营。　周云普花翎副将，署宝庆长安营游击、乾州协副将。　邹明贤花翎、参将衔补用游击，署浙江黄岩镇标右营游击。　刘维兴花翎游击，署福建噶玛兰都司，任漳州守备。　王茂连补用总兵，管带桂中营。　李翰元武生，蓝翎都司，湖南抚标候补。　黄辅清蓝翎千总，代理陕西西凤营千总。　万成美蓝翎游击，湖南抚标候补。　彭德福任湖北石首县外委。　胡俊镇筸镇标右营千总。　萧文芝署闽浙督标中营都司、福建连江营游击，任福宁协副将。　解洪德花翎记名总兵，管带桂前营。　熊高望记名提督，劲勇巴图鲁。　刘显良花翎、总兵衔四川补用副将，劲勇巴图鲁，赏给三代二品封典。　朱桂秋花翎、提督衔记名总兵，佐勇巴图鲁，赏给三代二品封典。　佘葆元花翎游击，赏给三代三品封典。　王庭胜花翎、游击衔补用都司，敢勇巴图鲁。　刘名崇花翎、提督衔记名总兵，骁勇巴图鲁，赏给三代一品封典。　毛尚陞花翎、提督衔记名总兵，冲勇巴图鲁，赏给三代一品封典。　黄有忠提督衔补用总兵，捷勇巴图鲁，赏给三代一品封典。　罗有亮记名总兵，捷勇巴图鲁。　罗世崙记名总兵。　蔺福升花翎、提督衔记名总兵，霍伽春巴图鲁，管带武毅新后营，赏给三代二品封典。　于高胜花翎、提督衔记名总兵，伟勇巴图鲁，统带锐营，署岳州城守参将，赏给三代一品封典。　蔺福喜花翎记名总兵，强勇巴图鲁，管带老湘军左翼马队。　江得意花翎陕西补用总兵，胜勇巴图鲁，管带楚军后路前营，赏给三代二品封典。　罗起仪总兵衔补用副将，猛勇巴图鲁，赏给三代二品封典。　张升扬花翎、提督衔记名总兵，志勇巴图鲁，赏给三代一品封典。　何乃辉总兵衔四川补用副将，武勇巴图鲁。　刘福臣花翎副将，赏给三代二品封典。　刘清望总兵衔花翎副将，劲勇巴图鲁。　苏长青花翎副将，冲勇巴图鲁。　曹加正花翎总兵，达勇巴图鲁。　周代礼补用副将，尚勇巴图鲁。　李绳武花翎参将补缺后升用副将，管带玉左水师靖安副后水师营。　刘仁山花翎副将，振勇巴图鲁。　汤文千花翎参将，管带威信军副中营。　朱彩国花翎副将，管带桂右营。　罗青山陕甘补用副将，管带楚军后路左营。　彭登高参将衔花翎游击，管带锐右营。　文朝华花翎游击，管带锐左营。　彭元吉花翎游击，管带锐副右营。　周代荣花翎都司，管带湘前营、贤左营。　陈桂章副将衔补用游击，克勇巴图鲁。　杨仕春花翎四川补用副将，勋勇巴图鲁。　叶鸿钧补用参将，署福建斗六门都司、嘉义营参将。　何世华花翎记名提督，勤勇巴图鲁，赏换瑚松额巴图鲁，署贵州安义镇总兵，赏穿黄马（挂）[褂]，给①三代一品封典。　刘文华记名总兵。　黄应斗授甘肃肃州镇总兵。

此外有效力边隅，音问辽绝，保叙官秩，乡里不及知者尚多，俟异时掇补。

吏选

明进士、举贡、杂流三途并用，杂流有吏员、承差、知印、书算、篆书、译字、通事出身诸目，其外府、州、卫、盐运司首领官，中外杂职入流、未入流官，由吏员、承差等选。

高文任直隶深泽县典史，升知县。见《人物志》。　黎天伦任福建延平卫经历。　潘岳任北京神武后卫经历。　胡中任河南虞城县典史。　黎谏任江西赣州府知事。　黎龄任江西峡江县典史。　吴荣瑚任四川巫山县典史。　彭逵任浙江温州府知事。　汤立功任四川成都府知事。　谭中显任浙江宣平县丞。　黎富任江西南昌县汉市巡检。　黎璠旧志："任隆安驿巡检。"考明时无隆安驿，惟广西隆安县有那楼寨、驮演寨二巡检司，称驿亦不合，并识俟考。　魏文科任甘肃平凉府圉长。　刘仕国任南直隶当涂县典史。　彭宜升任江西赣州府知事。　彭凤岐任陕西武功县丞。　郭文科任四川郫县主簿。　黄思诏任四川郫县主簿。旧志"郫"均讹"裨"。　江浩如任山东济南卫经历。　黄廷用《戊寅志》："任广东三水驿巡检。"案：三水司巡检国朝始设。明时三水县四巡检司，一曰三江，一曰胥江，一曰西南镇，一曰横石，称驿似不合。《甲申志》则称山水驿，无"广东"字，亦无考。

---

① 按："给"上疑缺一"赏"字。

国朝供事、书吏、儒士、典吏、攒吏、经承、承差诸目，为吏员出身。内阁供事、京内各衙门书吏，事繁者五年役满，送部免考，以从九、未入流兼掣选用。礼部儒士，三年期满，以铸印局大使及外府检校、京外典史选用。司、道、府、州、县衙门为典吏，首领、杂职等衙门为攒吏，均五年期满，由督抚送部，合内外吏员试卷，校定等第，分别录用。

刘蕙任广西上下冻州吏目，署恭城县丞。　朱再锋历任广东会同、感恩县典史。　陈宣鏊任江苏清河县典史。〇以上旧志。　周祯供事，任湖北谷城县张家集巡检。

例纳文员未分发到省者不录。

明景泰元年，边事棘，令天下生员纳粟、马者入监读书，谓之例监。纳贡考选，略准岁贡。

彭寿德任江西赣县丞。　陈大器任四川奉节县主簿。　高爵任浙江海宁县主簿。　邓衮任云南罗雄州吏目。　董文敏旧志：“任四川云山县丞。”四川无云山县，存俟考。　吴震任广东清远县主簿。　彭廷济任云南保山县丞。　汤敬任南直隶仪真县丞。旧志作江南仪征，考明时尚称仪真。　甘正邦任山东新城县主簿。　彭大节任福建汀州卫经历。　董天赋任南直隶徐州卫经历。　邓艾任四川宜宾县丞。　邓雍任南直隶贵池县丞。　李仪任陕西醴泉县主簿。　黎康任江西宁州吏目。　黎汝奇旧志：“官吏目。”《黎氏谱》：“江西新昌县丞。”　易廷臣任南京兵马司吏目。　刘梦麟任江西高安县丞。　刘镇任四川江津县丞。　黎嘉谟任直隶涿州判官。　周思泰任河南信阳知州。　劳堪任永州府训导。《通志》作康熙五十二年任。　劳坤任东安训导。《通志》作康熙五十九年任，五十二年并任石门县训导。〇以上俱例贡。　黎嘉秉任直隶定州吏目。　张汝器任四川眉州州判。　黎守忠官北京兵马司副兵马。　胡贡任南直隶华亭县丞。〇以上俱例监。

国朝例纳略如明制，异途出身，非例贡、例监，但由俊秀捐者，止授从九品、未入流。捐输因事定例，事已则罢，前有河工、豫工、川运积谷、奏闻川楚工赈、豫东等例，迩年有筹饷等例。其遵某例捐者，今不悉详。

寻萼聆任石门县训导。　陈昌堂署安徽怀宁县丞，借补祁门县大洪司巡检。《陈氏谱》：“并署太湖知县。”　朱汝璇任云南腾越州州判，升至四川涪州知州。　朱汝玑历任山西和顺、天镇知县、四川成都府同知。○旧志云：“以上俱贡生。”　邱生华武生，任广东盐课大使，升江南两淮盐运判。　黎际可监生，历任江南金坛、山阳主簿，加捐知县，署金坛、溧阳知县。　刘士镒监生，选江西丰城县丞，未任。　刘光彩监生，历任湖北蕲水、广东海阳县丞，署湖北黄安、广东普宁知县。　刘光甲附贡，任福建兴化府经历。《刘氏谱》：“署海澄、德化知县。”　周培附贡，历署山东夏津、新泰、东阿知县，升湖北均州知州。《周氏谱》：“并署山东阳谷、湖北枣阳知县。”　刘洪甲附生，任贵州按察司照磨、定远县四十八溪主簿，署定番州判、都匀府经历，代理都匀县知县。旧志：“罗斛州判。”考贵州定番州判二，一驻罗斛云，并识。　周涛例贡生，任江苏扬州府经历。《周氏谱》：“升任上海知县。”　周镇璜廪贡生，任宝庆府训导。　刘启林监生，任山东茌平县丞。　黎焕文监生，署贵州龙里县典史。　刘天焘监生，任两淮盐运司知事。　徐逢甲廪贡生，历署湖北汉川、光化、来凤、蒲圻、枝江、松滋等县知县，补荆州府经历，任江夏知县。　黄名器附生，署河南南阳县博望驿丞。　宋远湘监生，河南试用经历。　朱再鉴监生，任甘肃古浪县大靖堡巡检。　黎文涛监生，署江西临川县丞。　饶宗湛署湖北黄冈县阳逻司巡检、山东泰安县主簿，借补湖北房县、山东阳谷县典史。　饶一枝监生，历署安徽广德州广安司、霍邱县开顺镇巡检。《戊寅志》安徽讹直隶。　寻四表监生，任陕西耀州吏目，借补平利县典史，赠府知事衔。《寻氏谱》：“并署四川眉州吏目、丹棱县典史、陕西宝鸡、三原县丞、雒南三要司巡检、白河县典史。”见《人物志》。　欧阳大端廪贡生，署桂阳州学正、嘉禾县教谕。　刘大昕监生，历署广西思恩府、平乐府通判、庆远府同知，代理河池州知州。　黎文定监生，历署浙江钱塘、永嘉县丞。　欧阳德皞廪贡，署巴陵县训导，授常宁县教谕。　黎光曙监生，山东试用州同。○以上旧志。　刘大五监生，江苏试用主簿。　周倬监生，任四川夔州、嘉定、绥定等府经历，署梓潼、大竹、新宁、东乡、遂宁等县知县，补清溪知县、雷波厅通判，署峨边厅通判、眉州、合州知州、越隽、石柱厅同知。　周辅监生，广东候补盐知事，署新宁县上川盐巡检、博茂场盐课大使。　贺鸿恩监生，直隶候补主簿。　贺崇禧监生，山西候补巡检。　邱景岳增贡生，试用训导，历署安仁、永兴、平江、桃源等县训导、永州府教授，保加州同衔。　周邦藩监生，广东候补府经历。　黎定攀增监生，浙江候补知县，署宁海知县。　汤德宣监生，浙江候补府经历，保举知县。咸丰十一年，粤匪陷浙城，死之。　邹振勋廪贡生，任东安县教谕，保举知县。　欧阳德辅增贡生，试用训导。　刘向霖监生，同知衔四川候补知县。　刘肇霖原名裕霖。廪贡生，试用训导，保加州同衔。　刘宗泽监生，江西候补县丞，署安仁县丞，保加五品衔。　欧阳道庄监生，历署广东嘉定州太平司、番禺县慕德司巡检，任潮阳县门辟司巡检。　彭会光监生，任江西鄱阳县石门司巡检，调任玉山县太平桥巡检，保加五品顶戴。　黎尊光监生，江西候补府经历，署南昌府经历，保补缺后以知县补用，加同知衔。　周岐监生，广东候补县丞，署南雄州红梅司、平田司、百顺司巡检、始兴县典史，保加州同衔。　李致尧监生，广东候补道库大使，署化州吏目。　李世依监生，选贵州石阡府经历，捐升同知。　刘昌笏监生，云南候补县丞，保升知县，署思安知县，代理大理府知府、永北厅同知。　姚诗腋监生，四川候补从九。　鲁金藻监生，选广西宣化县迁龙寨巡检，署平乐县典史、平乐府经历。　邹得贤附贡生，试用训导，历署新宁县、宜章县教谕、新田县训导。　谭树仪监生，江西试用典史。　黎亘熙监生，同知衔四川候补知县，署通江知县。　李庆蓉监生，湖北试用县丞。　黄兆棣监生，甘肃候补州吏目，署皋兰县典史。　周澧监生，四川候补府经历。　刘潽监生，广东候补巡检，署南雄州红梅司、百顺司、清化司巡检，赏戴蓝翎。　晏温监生，署江西金溪、崇义知县，补授上犹知县，加同知衔。　徐登瀛监生，江西候补县丞，历署崇仁、赣县县丞，保举知县，捐免本班以知县补用，加同知衔。　谭显治监生，任江西饶州府经历。　黎华翥监生，同知衔，署两淮刘庄场盐课大使，任草堰场盐课大使。　刘运纶监生，江西候补县丞，保加五品衔，委署进贤县丞，未任。　涂襄治监生，任江西赣县桂源司巡检，保加盐提举衔。　周政监生，广东候补县丞。　谭寿龄廪贡生，光禄寺署正衔，任巴陵县训导。　谭纯道监生，任江西长宁县新平司巡检。　谭名奎附贡生，光禄寺署正衔，试用训导。　杨学南五品衔，任江西万安县武索司巡检，捐升知县，在任候选。　谭文葆监生，理问衔，江西候补府经历。　黎宗淦监生，浙江候补府经历，保举补缺后升用知县。　刘登贤监生，福建候补巡检。　李鸿文监生，江西候补典史。　黎怀之监生，江苏试用巡检。　张麟监生，理问衔，任江西南城县新丰司巡检。　胡里模监生，甘肃候补县丞。

例纳武秩

罗成材历任山东德州卫、江南江淮卫领运千总，升守备。〇旧志。

江济伍监生，江南漕标候补卫千总。

荫袭

元案：元代荫袭等秩叙用，屡有更定。至元四年，诏职官用荫，各止一人；孙降子、曾孙降孙、傍荫者，皆于合叙品从降一等。二十五年，诏官军阵亡者本等承袭，无能勿用；病故者降二等承袭，无能勿用，果能，亦不必降等。二十七年，诏阵亡官军袭父职；民官阵亡，其子比父职降二等。至大四年，诏承袭者试一经、一史。

欧阳达老以父玄荫国学生。　欧阳佑持以祖父玄荫从仕郎、侍（议）［仪］①司通事舍人，授湖广道宣慰使司照磨。授照磨一节，本危素撰《玄行状》补。〇以上旧志。

---

① 据危素《欧阳玄行状》（欧阳玄撰，汤锐校点整理：《欧阳玄全集》附录一，四川大学出版社2010年版，第807页）改。

欧阳逊老玄从子，本省检校资成库副使。○案：逊老非荫。考危素撰《玄行状》云："至正十二年，玄乞致仕，从子逊老授本省检校官，孙佑持授湖广道宣慰使司照磨，俾得便养。将行降旨，不允。十四年，命逊老以资成库副使给驿还乡。"是盖出于恩给者，并录附此。

明案：明制，京官三品以上考满著绩者，得请荫子，谓之官生；出自特恩者，不限官品，谓之恩生，或即与职事，或送监读书；以军功荫锦衣者，不由太学。正德十六年定例，凡文武官死于忠谏者，一子入监。其后守土死节，亦皆得荫子。

胡伯玉以父应台荫中宪大夫。旧志："任贵州安顺知府。"考明安顺为州，不得有知府，或"府"字讹。《通志》列"荐辟"。

国朝谨案《会典》："凡覃恩予荫者，文职京官四品而上，外官三品而上，武职二品而上，皆荫一子入监读书。三年期满候铨，正一品官荫生以员外郎、治中用，从一品官荫生以主事用，正二品官荫生以主事、都察院经历、京府通判用，从二品官荫生以光禄寺署正用，正三品官荫生以中书科中书、大理寺评事、太常寺博士、通政司经历、太常寺典簿用，从三品官荫生以光禄寺典簿、銮仪卫经历、詹事府主簿、京府经历用；外用者，正一品官荫生任同知，从一品官荫生任知州，正、从二品官荫生任通判，正、从三品官荫生任知县，正、从四品官荫生考定一等者任主簿、二等吏目，均谓之恩荫。凡官员没于王事者，荫一子入监读书，六月期满候铨，谓之难荫，三品以上官荫知州，四品以下官荫知县，首领佐贰以下等官，六、七品者荫县丞，八品、九品者荫主簿，未入流荫吏目；武官立功未及议叙病故者，一、二等军功给一子七品监生，以把总用，三、四等军功给一子八品监生，以外委用，五等军功给一子监生，随营食粮，愿应试者听。又，阵亡、伤亡，或守城御贼，力尽捐躯，或随营运饷，遇贼受害，皆议给世职，凡爵位九：公、侯、伯、子、男、轻车都尉、骑都尉、云骑尉、恩骑尉，袭次既尽者，均改给恩骑尉，世袭罔替。惟因军功或伤亡而非阵亡者，议给世职，袭次既尽，则不准给，惟奉旨赏给者，准袭一次。"

李隆蘂以曾祖廷埙袭恩骑尉，援例请准以本职与诸生一体乡试。　寻辉昶以父四表荫监生。○以上旧志。　李善邦隆蘂子，袭恩骑尉。　覃华雄以父楚柏袭云骑尉。　萧恭先以父大宾袭云骑尉，长沙协标候补守备。　萧世卓以祖父大宾袭恩骑尉。　李昌倚以父晋袭云骑尉，长沙协标候补守备。　谭名灿以父文荫袭云骑尉。　施寅祺以兄仁本袭云骑尉，长沙协标候补守备。　胡镇藩以父俊荫八品监生，在营立功，保蓝翎把总。　王扬穑以祖父应蘋袭云骑尉。　陈化均以父光国袭云骑尉，长沙协标候补守备。　龚蔚家以父兰桂袭云骑尉，长沙协标候补守备。

封赠

宋案：宋叙赠之制，三公、宰臣、执政、节度使三代，金紫、银青光禄大夫二代，余官一代，皆辨其位序以进之。旧志所载，校宋制有未合者，姑仍之。

李受之父赠通议大夫。　汤璹之父旧志："赠翰林院徽猷阁学士。"案今《汤氏谱》，璹父名肇远，赠官与旧志符，母刘赠夫人。父三品，母二品，均不合，附辨存参。　欧颐中之父旧志："赠徽猷阁大学士。"《欧氏谱》，颐中父名焘。考《宋史》，徽猷阁有学士、有直学士，无以大学士称者，"大"字或衍文尔。　陈宽中之父赠资政大夫。

元案：元初封赠，唯一二勋旧以特恩见褒。至治时，始悉行之，五品以上为宣授，有勋、有爵、有官；六品以下敕牒，止用散官；九品无散官，但举其职。曾祖降祖一等，祖降父一等，父、母、妻并与夫、子同。父母应封，让曾祖父母、祖父母者听。

欧阳新宋人，以曾孙玄累赠中奉大夫、岭北湖南道宣慰［使］①、护军，追封冀郡公。《戊寅志》："冀国公。"今从危素所撰《玄行状》。　欧阳逢泰宋人，以孙玄赠昭文

① 据危素《欧阳玄行状》（欧阳玄撰，汤锐校点整理：《欧阳玄全集》附录一，四川大学出版社2010年版，第800页）补。

馆大学士、资善大夫、上护军，追封冀郡公。本《玄行状》。　欧阳龙生以子玄累赠集贤大学士、荣禄大夫、上柱国，追封冀国公。本《玄行状》。惟上柱国为正一品，勋与官、爵不合，或“上”字衍文尔。　何恭甫以孙（真）［贞］① 立封耒阳同知。○《戊寅志》云：“旧志载何广心，注云‘以子（真）［贞］立例受封，让不受，乞封其父恭甫，朝廷从之，有司为筑兴让台’。据此，受封者恭甫，不应仍列广心名，今易之。”　李诚以子焘赠翰林院左丞。　彭宗复之父封文林郎。　王恕之父封文林郎。案今《王氏谱》，恕父名受禄，母彭赠孺人。　懃渊之父旧志：“封奉直大夫。”《懃氏谱》云：渊父名诰，诰妻颜封宜人。　汤荧之父赠文林郎。《汤氏谱》：荧父名贵仲，母李封孺人。

明案：明封赠略更元制，五品以上授诰命，六品以下敕命，曾祖、祖、父皆如其子孙官，命妇视夫若子之品，有勋、有散阶。或父应停给，及子为人后者，皆得移封。

刘宗海之父封文林郎。　曾胜祖之父封文林郎。　周良以子必诚封文林郎。　张钺之父赠大中大夫。　胡昺之父封征仕郎。　毛汝清之父赠奉直大夫。《毛氏谱》：汝清父名万富，母柳封宜人。　陈化之父封文林郎。　潘朝兴以子岳封征仕郎。　邓凤翔以子巍赠文林郎。　胡大韶以子廷黼封奉政大夫。　胡廷黼以孙应台赠资政大夫。　胡尚宁以子应台封资政大夫。

国朝谨案《会典》：“凡职官恭遇覃恩，均如其品秩给以诰、敕，并推恩于其先，惟京官得照加级请封，级多者仍限以制，七品以下不得逾五品，五、六品不得逾四品，三、四品不得逾二品，外任官不准照加级请封。一品诰命四轴，封赠三代；二、三品三轴，及二代；四品至七品二轴，逮其父母；八品以下一轴，止封本身。貤封各以其情请，四、五、六、七品官得貤封祖父母，八品以下貤封父母；本宗伯叔祖父母、伯叔父母、兄嫂、庶母，外姻外祖父母，皆准貤封。又有以军功保举得旨者，为赏给封典。”迩年在营出力，多膺赏封，其尚未领轴者，俟他时掇补。援例捐封者不录。

---

① 参本书卷三《舆地二・古迹・兴让堂》校记。下同。

欧维场以孙由学贻赠武德将军，妻唐赠宜人。

欧新命以子由学赠武德将军，妻汤封太宜人。

周臣以子忠恕贻赠修职郎，妻李、张俱赠八品孺人。

邓崇玑以孙盛德贻赠昭武大夫，妻许赠恭人。

邓宏魁以子盛德赠昭武大夫，妻聂赠恭人。

陈叔屏以子玢贻封修职郎，妻刘封八品孺人。

蒋兴贵以孙载熹贻赠文林郎，妻何、熊俱赠孺人。

蒋万邦以子载熹封文林郎，妻彭封孺人。

张敬所以孙梅贻赠征仕郎，妻刘赠孺人。

张国成以子梅赠征仕郎，妻萧赠孺人。

陈国政以孙朝汲贻赠文林郎，妻仝赠孺人。

陈章金以子朝汲贻封修职郎，赠文林郎，妻周赠孺人，妾罗以孙廷标贻赠孺人。

邹尚文以子琴贻封修职佐郎，妻李封八品孺人。

彭正伦以曾孙之年贻赠武翼大夫，妻张赠淑人。

彭必富以孙之年累赠至武显大夫，妻黎赠夫人。

彭名以子之年累赠至武显大夫，妻吴赠夫人。

彭之儒以弟之年贻封武义大夫，妻陶封淑人。

陈祖勋以子基贻封修职佐郎，妻邓封八品孺人。

江立贤以孙济盛贻赠武德郎，妻刘赠宜人。

江显鳌以子济盛封武信郎，晋封武德郎，妻唐封安人，晋封宜人。

王世修以子代章贻封修职佐郎，妻江封八品孺人。

黎际盛以子文澜贻封修职郎，妻陈封八品孺人。

徐大岐以子标贻赠修职佐郎，妻于赠八品孺人。

罗国义以孙成材贻赠武信郎，妻陈赠安人。

罗世昇以子成材封武信郎，妻黄封安人，妾江赠安人。

周常缝以子培晋封奉直大夫，妻王、张俱宜人。《戊寅志》佚名。

周常经以侄培贻封文林郎。《戊寅志》："修职郎。"妻刘封孺人。《戊寅志》："八品孺人。"

周常纬以子镇璜贻封修职佐郎，妻张、喻俱八品孺人。

刘正达以子运际贻封修职郎，妻李封八品孺人。

朱尚美以孙汝璇贻赠征仕郎，妻吉、戴俱赠孺人。

朱绍贤以子汝璇、汝玑赠征仕郎、文林郎，晋赠奉直大夫，妻汪累赠至宜人。

萧益茂以孙大宾赠昭武大夫，妻欧赠恭人。

萧拔元以子大宾封昭武大夫，妻李封恭人。

黎逢年以子际可贻赠登仕郎，妻吴赠九品孺人。

刘士镜以子光彩贻封修职郎，妻何、欧阳、万俱八品孺人。

陈朝治增生，以子廷标贻封修职郎，妻罗封八品孺人。

饶万铎以子宗湛贻封登仕佐郎，妻张、刘俱九品孺人。

寻定命以子四表贻赠登仕佐郎，妻徐、周俱九品孺人。

瞿世爵以孙家鏊贻赠文林郎，妻余赠孺人。《戊寅志》"余"讹"俞"。

瞿振瑄《戊寅志》"瑄"作"信"。以子家鏊封文林郎，妻于封孺人。○以上旧志。

刘启林以子天焘贻封修职佐郎，妻彭封八品孺人。

李兴万以子华林贻封修职郎，妻黄封八品孺人。

欧阳日昕营千总，以子德皞贻封修职佐郎，妻戴封八品孺人。

陈世谟以孙信芳贻赠文林郎，妻易赠孺人。

陈秉忠以子信芳封文林郎，妻刘赠孺人。

刘思篁以孙名锋贻赠文林郎，妻邱赠孺人。

刘洪璲以子名锋赠文林郎，妻黎封太孺人。

刘洪瑺以侄名义贻封修职郎，妻周封八品孺人。

徐逢煜以子昭贻赠修职郎，妻欧阳封八品孺人。

李芳名以子文耀贻封修职郎，妻林封八品孺人。

李文燮以弟文耀贻封修职郎。

萧大宾靖边营都司，以子恭先赠武德骑尉，妻张赠宜人。

萧同敬以侄恭先貤封武德骑尉，妻何、李俱赠宜人。

张国贤以子益谦貤封修职郎，妻黎封八品孺人。

邹惠湘监生，以孙焌杰晋赠奉政大夫，妻陈、邓赠宜人。

邹聪谦以子焌杰累赠奉政大夫，晋赠朝议大夫，妻刘累封太宜人，晋封太恭人。

邹秉仁附生，以侄焌杰貤赠朝议大夫，妻罗、谢俱赠恭人。

邹秉义监生，以侄焌杰貤赠奉政大夫，妻胡赠宜人。

邹秉智武生，以侄焌杰貤封奉政大夫，妻邓赠宜人。

邹秉恭武生，以侄焌杰貤封奉政大夫，妻孙赠宜人。

贺昇平以孙祥麟晋赠奉直大夫，妻邹赠宜人。

贺善举以子祥麟累赠奉直大夫，妻余赠宜人。

贺世灿以侄祥麟貤赠奉直大夫。

贺世泰以侄祥麟貤赠奉直大夫，妻韩赠宜人。

周镇洋以孙倬貤赠奉政大夫，妻蒋赠宜人。

周世弼以子倬赠奉政大夫，妻欧赠宜人。

李隆波以孙庆咸貤赠文林郎，妻罗赠孺人。

李文洛监生，以子庆咸封文林郎，晋赠奉政大夫，妻龚晋封太宜人。

李文泗监生，以侄庆咸貤赠修职郎，妻张赠八品孺人。

谭经义以孙继洵晋赠中宪大夫，妻黎、李俱赠恭人。

谭学琴监生，以子继洵累赠至朝议大夫，晋中宪大夫，妻毛累赠恭人。

谭学夔以侄继洵貤赠朝议大夫，妻唐、黎俱赠恭人。

谭学新附生，以侄继洵貤赠奉政大夫，妻彭赠宜人。

谭学炳按察司照磨职，以侄继洵貤封朝议大夫，妻张赠恭人，刘封恭人。

谭继昇同知衔候选盐运司经历，以弟继洵貤封朝议大夫，妻唐封恭人。

谭继墉例贡生，以弟继洵貤封中宪大夫，妻曹封恭人。

李分职以孙芸晋赠承德郎，妻罗赠安人。

李春煇优廪生，以子芸晋赠奉政大夫，妻汤封太宜人。

李祚承以孙兴锐赏赠奉政大夫，妻张赠宜人。
李锡祺以子兴锐赏赠奉政大夫，妻周封太宜人。
刘乾艺以孙友直貤赠儒林郎，妻余赠安人。
刘孺孝以子友直晋赠承德郎，妻黄赠安人。
刘友圣以弟友直貤赠儒林郎，妻陈封安人。
娄天球以曾孙云庆赠振威将军，妻胡赠一品夫人。
娄心安以孙云庆赠振威将军，妻张赠一品夫人。
娄九皋以子云庆赠振威将军，妻卢封一品太夫人。
黄永坤从九职，以孙开澍貤封文林郎，妻袁封孺人。
黄亮优廪生，以子开澍晋封文林郎，妻张封孺人。
朱载岐以曾孙桂秋赏赠振威将军，妻邓赠一品夫人。
朱兴鉴以孙桂秋赏赠振威将军，妻邓赠一品夫人。
朱文耀以子桂秋赏封振威将军，妻聂赠一品夫人。
彭昌琳以孙会光貤赠奉政大夫，妻谭赠宜人。
彭名标以子会光晋赠奉政大夫，妻尤封太宜人。
邓正照以孙佐清貤赠武德骑尉，妻曾、钟俱赠宜人。
邓鸿图以子佐清累封武德骑尉，妻黄封宜人。
邓朝美以侄佐清貤封武德骑尉，妻罗封宜人。
李晓春附生，以子秾华貤赠修职佐郎，妻彭赠八品孺人。
贺廷笏榜名寿嵩，以子宏勋封奉直大夫，妻彭赠宜人。
贺崇禧试用巡检，以弟宏勋貤赠奉直大夫，妻刘封宜人。
黎定崧以子宗华貤赠修职佐郎，妻柳赠八品孺人。
宋承棠以子鹏翥貤封修职郎，妻黎赠八品孺人。
刘凤翥以曾孙清亮赏赠振威将军，妻粟赠一品夫人。
刘启栋以孙清亮赏赠振威将军，妻曹、王、胡俱赠一品夫人。
刘文葵以子清亮赏赠振威将军，妻欧阳赠一品夫人。

黎文望附生，以孙献赠通奉大夫，妻李赠夫人。

黎光曦以子献赠通奉大夫，妻廖封太夫人。

刘名鹤监生，以孙大馥貤赠中宪大夫，妻金赠恭人。

刘显圭以子大馥赠中宪大夫，妻彭赠恭人。

陈俊新以子楚贤封武德骑尉，妻刘封宜人。

陈耀南以侄楚贤貤封武德骑尉，妻周封宜人。

于锦禄以曾孙高胜赏赠建威将军，妻潘赠一品夫人。

于清璿以孙高胜赏赠建威将军，妻彭赠一品夫人。

于桂林以子高胜赏赠建威将军，妻彭封一品太夫人。

胡九芳以孙正盛赠武显将军，妻黄赠夫人。

胡万秋以子正盛赠武显将军，妻邹封太夫人。

佘清蓉以曾孙葆元赏赠武翼都尉，妻李赠淑人。

佘再榜以孙葆元赏赠武翼都尉，妻汤赠淑人。

佘福芳以子葆元赏封武翼都尉，妻贝封淑人。

刘善行以曾孙显良赏赠武显将军，妻邱赠夫人。

刘洪汉以孙显良赏赠武显将军，妻吴封太夫人。

刘名辅以子显良赏封武显将军，妻吴封夫人。

蔺廷忠以曾孙福升赏赠武显将军，妻金赠夫人。

蔺名物以孙福升赏赠武显将军，妻房赠夫人。

蔺臣归以子福升赏赠武显将军，妻黄封太夫人。

仪宾附

明

董廷魁正德十六年选入长沙吉府，嘉靖十五年封亚中大夫、宗人府仪宾，妻封英德县主。○案《明史·诸王世表》，当在简王时。

陶希颜嘉靖三十八年选入长沙吉府。○案《明史·诸王世表》，当在端王载均时。○旧志。

卷十八　人物

自古人才蔚起，不限方隅，十室之邑，必有忠信，其钟灵有自来矣。浏邑山体凝重，川流澄清，贤哲挺生，若晋之易忠愍公、元之欧阳文公为最著，近者朱慎甫先生特立独行，学有原本，于宋儒诸书足相发明，庶几君子儒乎！又若节义性成，勋猷彪炳，或事虽小而知仁，分虽微而植品，可以警愚顽，维风化，皆惇史所当纪云。

忠烈

晋

易雄，字兴长。少为县吏，不乐，脱帻挂县门去。继仕郡为主簿。张昌之乱，执太守万嗣，将斩之，雄与争论。贼怒，叱牵出就戮，雄意气自若。呼使反，三诘，对如初，乃舍之。嗣获免，雄由是知名。复举孝廉，迁别驾。自以门寒，不宜久处上纲，谢职归。寻起为春陵令。值王敦反，刺史、谯王承拒敦，谋起兵赴阙。雄被符驰檄远近，数敦罪恶，募众千人，率以从。时湘中残破，城守、兵资皆阙。敦遣魏乂、李恒来攻，雄捍御经旬，力屈被虏。至武昌，敦出檄数之。雄曰："诚然，但恨位微力弱，不能救国难耳。王室如毁，何用生为！今得作忠鬼，乃所愿也。"敦惮其辞正，释之。众皆贺，雄笑曰："吾夜梦乘车，挂肉其旁。夫肉必有筋，筋者斤也，车旁有斤，其不免乎！"敦寻杀之。见者莫不惋伤。元至治二年，赠侯爵，谥忠愍。明洪武间，赠"宜阳别驾之神"。祀乡贤，每岁八月十四诞日，有司特牲致祭。旧志。○案《易祠志》："城陷时，雄所统兵犹巷战三日，无一降者。雄祖万年，后汉章武二年由太仓州迁浏阳，家西湖山下。"

宋

谢淳，字景祥。建炎三年，溃兵杜彦自袁州入浏阳，犯长沙、善化。通判孟彦卿率民兵拒之，手杀数人，贼退次浏阳。彦卿追及再战，兵溃，贼乘之，遂遇害。添差通判赵民彦复以民兵赴之，战于县南之南流桥，依山为阵，杀伤甚众。偶为间者折其阵中认旗，众惊溃，民彦为贼所得。时淳本邑士，以才勇见推，率民兵为前锋助战，力屈并被执，死之。事闻，彦卿、民彦俱赠直龙图阁，官其家各三人，赠淳成忠郎，官其子晞古。朱熹帅潭州，请为彦卿、民彦立庙，以淳配之。节《宋史·孟彦卿传》。○案：彦卿功在浏阳，不可没。民彦史不著本贯，旧志作浏阳人，亦无确据。今为谢淳立传，而孟、赵事亦得并见，庶免附会之讥云。

元

周镗，字以声。笃学，通《春秋》，登泰定四年进士第，授衡阳县丞，调大冶县尹。县多豪强，号难治，镗状类尪，毅然有威不可犯，锄强暴，惠困穷，治行称最。迁国子助教。会修《功臣列传》，擢国史院编修官。出为四川行省儒学提举，便道还家。至正十一年，汝、颍盗起，湖南、北郡县多陷。浏无城守，民惊徙。镗语诸兄弟："宜远引。我受国恩，必以死报。"贼至，果得镗，欲推为主，镗瞠目厉声大骂，贼知不可屈，杀之。祀忠义。节《元史》本传。○旧志。

谢一鲁，字至道。至元间乡贡进士，为石林书院山长。贼陷潭州，一鲁奉母匿岩谷间。官兵复郡邑，亡者稍归，一鲁还理故业。俄而贼复至，生缚之。一鲁骂贼甚厉，举家遇害。祀忠义。节《元史·周镗传》。○旧志。

国朝

李廷埙，东乡人。邑庠生，性伉烈。康熙十五年，携家避寇平江，为贼夏国相所掳，逼授伪职，不从。贼絷其全家以胁之，卒不顾，叹曰："生不得为忠臣，死犹不失为义士。"骂不绝口，遂遇害。平江令鲁闻于抚蛮大将军，以义士旌之，送其父母妻女还里。祀忠义。嘉庆元年，予荫世袭恩骑尉。旧志。

李万春，驻防兵丁。乾隆六十年，苗民不靖，万春从军镇筸，每战，奋勇前进，中伤死。祀昭忠。旧志。

寻四表，字光被，北乡人。由监生捐州吏目，署四川眉州吏目，改发陕西。值回匪滋事，四表随军效力，以父忧去。既授耀州吏目，复以母艰归。起复，借补平利典史。嘉庆初，白莲教匪倡乱，奉檄催粮，并率勇防堵，以劳瘁没。大吏上其事，赐恤，赠府知事衔，祀昭忠祠，荫其子辉昶监生。旧志。

萧大宾，字寅谷，东乡人。善篆书，幼娴弓马。中乾隆甲寅武举，充兵部差官，补授福建桐山营守备。嘉庆十三年，谢病解任。旋起授陕西宁羌营守备。既之任，迁延西镇属靖边营都司。道光三年，派往叶尔羌驻防。六年，回逆滋扰，大宾在防所战没。事闻，赐帑祭葬，给世职。祀昭忠祠。无子，以侄恭先嗣袭云骑尉。

王应蘋，字鉴湖，东乡三口段人，县廪生。咸丰二年，粤贼犯长沙，堂匪周国愚等与之通，势张甚。应蘋办团练，侦缉严密，获贼投匪书者二人，械送县。匪党邓万发、曾世珍憾应蘋发其事，袭杀于道，并劫其家。事闻，赏给云骑尉世职。祀昭忠祠。

龚兰桂，字全轩，东乡江口里人。咸丰二年，征义堂匪起，有党目某栅老山冲，兰桂募死士数百人，直捣其巢，平之，以功授八品职。五年，粤贼蔓江西袁州万载各县，逼浏界，兰桂率团勇御之，驻枫树窝。六年春，贼麕至，与战被执，勒降，胁以刃，兰桂大骂不绝口。至小源，万载县地。贼知不可屈，支解之。事闻，以外委议恤，赏给云骑尉世职。祀昭忠祠。

陈光国，字永龄，东乡凰冈里人。佐父大黼办乡团，授八品职。咸丰六年春，粤贼自万载犯枫树窝界，光国率团勇迎战，力屈被执。致伪帅麾下，有周国愚党识光国故大黼子，杀之，割其肉立尽。事闻，以外委议恤，赏给云骑尉世职。祀昭忠祠。

李晋，字午楼，东乡富溪人，监生。咸丰二年冬，助官军剿堂匪，叙功保蓝翎、即选从九，复以防堵功加州同衔。五年冬，粤贼陷袁州各县，分踞小源，晋率乡兵驻守上界岭。六年春，小源贼益肆，晋督队击之，斩获甚多。七年，刘长佑统楚军援江西，晋从之，驻军临江城外之泰平墟。贼大队至劫营，晋没于阵，同死者三十余人。事闻，赏给云骑尉世职。祀昭忠祠。

谭文荫，字署棠，西乡大元里人，县学廪生。道光己酉拔贡，中是年乡榜。明年，考取国子监学正。咸丰七年，刘长佑军援江西，驻临江城外泰平墟。一日晨起，贼大至劫营，以众寡不敌，军溃。时文荫在幕佐理军政，遂及于难。同死者文荫族子名爵、仆曾发亮、唐兴科、李盛焘数人。事闻，赏给云骑尉世职。祀昭忠祠。

陶焕勋，字仁庵，原名大平，南乡澄潭江人。道光癸卯科武举。咸丰二年秋，粤贼攻长沙，焕勋助官军守南城，获贼谍，辄杀之。十二月，与平征义堂匪。八年，投曾督帅于江西，令往景德镇王铃峰营效力，以功加五品衔。会贼大至，手杀数贼，忽马蹶坠地，被执，贼支解之。事闻，赐恤如例。祀昭忠祠。

罗心度，北乡秧田人。咸丰六年五月，贼窜入浏北境，掳心度去。时同掳者约共逃，贼追及，心度夺贼刃，杀三人。贼麕至，刀槊从集，心度死之。祀昭忠祠。

张正阶，北乡人。咸丰七年，隶湘果营效力。八年，以复江西抚州、建昌，得叙五品军功。九年，以克南安，解信丰围，保把总。旋入蜀，屡立功，加保蓝翎千总。十一年二月，随前营将唐某剿贼，战于富顺城外。唐马伤步战，正阶殿拒贼，伤重，归营死。唐赖正阶救免，请给例银，复自赙多金，令其兄瑶阶扶榇归。祀昭忠祠。

孝友

汉

古初，《明一统志》《府志》："临湘人。"遭父丧未葬，邻人失火，初匍匐柩上，以身捍火，火为之灭。光武时，长沙太守郅恽甄异之，以为首举。《后汉书·郅恽传》。○旧志"孝友类"尚有南北朝徐普济。据《梁书》，普济长沙临湘人。考《南史》，临湘县、浏阳县属湘州长沙郡，盖其时浏阳析置已久，临湘专属今之长、善县地，与汉时临湘统今浏阳地者有别，未便录存，今检削附辨于此。

宋

刘琦，生二岁，母陷于兵。及长，泣曰："人皆有母，我独无。"请于父，历河南北、淮东西求之，足重茧。数岁后，得于池州之贵池，迎以归，晨夕奉养者十五年。父没，又三年母没，终丧疏食。有司以闻，表其门曰"孝义"。入祠祀。案：此与《元史》所载岳州临湘刘琦事迹无少异，但时代各别，祠祀已久，今仍旧录存。

明

黎维，邑庠生。性孝谨，父没，庐墓三年，距家数里，隔一水，偶以事归，虽夜必往。一夕，遇虎于途，虎帖耳过；又一夕，舟子已归，忽有解缆渡之者，俄不见，人谓孝感所致。入祠祀。旧志。

国朝

萧寿，东乡人。母罗得痼疾，寿忧惧，祷于灶神，刲股啖母，病寻愈。知县侯朴以粟、帛奖之。入祠祀。旧志。

马世龙，西乡镇头市人。母雷年六十余，善病，不离床褥，世龙刲股以进，尫羸复起。知县熊俨奖以粟、帛。入祠祀。旧志。

吴淑茂，东乡人，业农。事母王极孝，尝跪诵经朝北斗，以祈母寿。母疾，焚香吁天，愿以身代，当膝处地为之凹。母没，厝于山，淑茂露宿柩侧，啖脱粟、盂水，不进盐菜。既葬石江陂，结庐山中，虎狼蛇鬼及霜雪皆不之计，茕茕在疚，历三年如一日。知县王斑旌其庐，额曰“纯孝可风”。入祠祀。旧志。

王朴，字素庵，邑庠生。少孤，奉母以孝闻。一姊苦节，以恸子故婴疾，朴迎归，躬调药饵，终身不懈。侄雍熙早失恃，携至家，教之读成名，复为置产。其他善行尤夥。旧志。

彭之儒，南乡人。性笃挚，少失怙，事母吴，温凊定省，至老无间。母没，庐墓三年，虎两至其庐，不为害，又二年乃归。弟之年尝言：“吾服官数十年，无内顾忧者，恃有吾兄也。”乃以情请，贻封武义大夫。旧志。

张声典，西乡人。父没，母冯病痿痹，声典背负扶持，亲除溺秽。出必归，夜卧母榻侧，三十余年不少懈。家失火，声典急负母与祖、父神主出，他不顾，火寻灭。居母丧三年，不入内寝。兄声潜早逝，遗子忠谔，为教育成立。里族欲汇其行闻于邑，声典曰：“子道应尔，敢沽名耶?”遂止。旧志。

罗赋斌，东乡人。少孤，母改适，家贫，为人佣。既而母病瘫痪，赋斌就养之，凡饮食栉沐、綦屦厕牏诸琐委，皆躬服役。偶出樵采，或取鱼供养，不逾时即返。母患风痒，夜必煬汤沃之，寝则抑搔，熟睡乃已，醒复搔之。闲负母门外，纵观时物，以博欢心，如是者十余年。母没尽哀，称贷营葬，寻亦没。旧志。

李正英，县南人。少读《论语》至“子生三年，然后免于父母之怀”，恻然心动，涅“父母恩”字于左臂。父应周客万载得疾，夜奔数十里往省，足为茧。母杜病痿痹，扶持抑搔，亲涤垢秽，夜伴宿，闻声即起，不一夕安。杜年八十没，庐墓终丧。旧志。

周光德，南乡人，例贡生。性纯笃，母老，卧病数载，光德侍奉不懈。及没，庐墓三年。旧志。

熊观民，字我孚，西乡人。事亲孝养倍至。母李病，尝废寝至数十夕，夜深，屏人独坐，不令母知。妻没，观民年二十余，义不再娶。性尤宽厚，一夕偷儿入室，瞥见惊走，观民曰：“徐之，吾不追，若无怖也。”人咸称长者。年七十，衣冠端坐而逝。

罗炤广，西乡人。性至孝，母瞽，日扶之行，梳洗、涤牏垢，惟恐不及。每采薪鬻于市，易甘旨辄返。夜伴宿，闻声即起。后母没，炤广亦偕逝焉。

邱之塾，字学基，西乡枨冲人，监生。事亲孝，父病手痹，每食必代持箸，溲则执器。及寝，立户外，闻鼾声乃去。门庭雍睦，无闲言。先是，邱氏大宗绝嗣将百年，之塾与族议，谓古人重宗法，大宗必立后，时应继者年逾六十，贫甚，乃出多金，并醵资付之，以嗣大宗，家举时祭如礼。有族子幼孤，随母醮，续归，为区画生理。道光十一年，岁大祲，首募贷数千缗，运粟减粜以济，一方称便。处族党事公平，允为一乡善士云。没年六十。

藺臣荩，字晋阶，南乡泉江里人。业儒，训徒家中。年二十余丧偶，不续娶，日依两亲，承欢膝下。有欲延至家塾者，虽厚聘不往。亲没，礼葬毕，犹日之墓所，如定省然。一日，祭于祠，坐室中，适案置火药暴然，室中物略尽，而臣荩独无恙，人谓孝义所致。年八十余，无疾而没。

贝觐章，东乡人。廉介不苟，与人接，恂恂有古君子风。事亲至孝，家贫，左右就养，惟恐不尽其欢。尝遇乡试，以侍母疾故，不欲往，已而母愈促之，行至省邸辄返。生平愉包婉容，定省无间，中裙厕牏，为母浣涤。授徒乡里，辄恋恋不忍去，孺慕终身，人恒称之。咸丰丁巳举于乡，数岁卒，年六十四。

罗源璜，字华海，西乡跃龙市人。性孝友，有三兄，前母所出也，析产均听之，不稍计。兄常缺母膳，源璜独养之，略不与校。兄有缓急，极力斡旋。母年老，常伴宿，夜频起扶持，如是者三十年。母年九十始没，源璜孺慕终身。

曾祥梅，县南桥头竹工也。母病疯，服侍维谨，佣必备膳而后出，暮必归为涤秽，伴宿数十年不懈。丧，尽哀。年五十余没。

周名池，北乡人。幼丧母，父病痿痹，名池背负出入，每食代箸，溲则奉饮器，夜数起视，以手足为父用。父并忘其为手足之不仁也，尝语人曰："吾何幸有此子！"及父没，葬祭如礼，族党称之。

蒋文渊，字让泉，北乡人。母刘守节，节行载《列女志》。年老多病，家益贫，文渊佣以养。母嗜鳅、鳝，日必求得少许进之。及病剧，亲为濯垢浣污，不安寝者三年。

熊心田，字培斋，北乡人，监生。十岁就塾读，家贫啜粥，母刘怜其幼，间啜以饭，辄曰："祖父母、父母皆啜粥，儿何独饭？"卒不食。兄所居湫隘，以己宅让之。叔母许氏老，其幼孙不能自存，乃迎养焉。

宋远渚，字星槎，西乡人，五品职。性纯厚，少失怙，事母彭孝养无违。母没，庐墓三年，虽盛暑不释衰绖。同邑举人刘名锋赠以诗，有“霜露三年居，服长衣衰绖”之语。

寻绍轩，北乡人。幼孤，事母徐奉养惟谨。母没，茹蔬饮水，庐墓三年，虽盛暑不释衰绖。

陈待轩，北乡人。幼嗜学，家贫，日授徒，以所获供母膳。夜定母寝，温凊尽职，俟熟睡乃退，晨起复趋榻侧，屏息以待。起居出入，必亲扶掖。及没，丧葬不取给于弟。弟贫，不能自存，恒资助之。

刘运矩，字泉汀，南乡人，监生。性孝友，嗣伯父家琨为子，孺慕终身不衰。本生母周没，庐墓三年。与长兄敦友爱，至老弥笃。育婴堂费绌，捐银八百两，不邀议叙。著有《五经汇解》五卷、《地学心印》二十卷、《阴宅琐言》二卷。

李华临，西乡人，业圬。娶妻无子，奉母谨。母目失明，华临佣于外，及夜，虽远必归。母臂患痈，华临吮之，愈。母尤嗜酒，常减己膳，沽以进，不继则令妻丐之。乡人知其奉母也，恒乐赒之。

甘崇勋，字青圃，南乡沙溪人，议叙九品职。性纯笃，奉亲以孝闻。父没，事母黎益谨，善承欢，母所欲与者，必分与之。晨起辄跪诵经，以祈母寿。母病，焚香祷天，愿损己龄益母算。母年九十二没，见《人瑞·五代同堂》。时崇勋已七十余矣，犹哀毁尽礼。既葬，朝夕诣墓所，如定省然，三年无间，乡里称之。

儒林

宋

欧阳新，字仲斋。父安时，故庐陵人，迁潭州之浏阳，家马渡。以经学著。淳祐末，湖南运使吴子良荆溪人。聘欧阳守道吉州人。为岳麓书院副山长。时新与子必泰寓长沙，以同宗往候之，语次契甚，守道即请于子良，礼新岳山讲学。新讲《礼记》“天降时雨，山川出云”一章，守道遽起曰：“长沙自有仲斋，吾何为至此?”逾年，卒，守道哭之恸，为撰《墓铭》。子必泰、逢泰。后以曾孙玄贵，赠中奉大夫、岭北湖南道宣慰使、护军，追封冀郡公。节《宋史·欧阳守道传》、元张起岩撰《欧阳龙生神道碑》。

元

欧阳龙生，字成叔。年十六入潭州学，受经醴陵田氏。宋咸淳十年甲戌试国学，以《春秋》列第二。旧志作“至元甲戌”。张起岩元人，撰碑固当用元年号。元入临安在庚辰，甲戌时潭州尚为宋地，龙生实应宋试，故当为咸淳。德祐二年丙子，元兵入潭，龙生侍父还浏。左丞崔斌召之，以亲老辞，居霞阳山之白云庄，凡十有七年。时宋亡已久，元世祖定天下，部使者至浏，谋复故宋儒杨龟山先生文靖书院，求才望士任斯责，众推龙生，遂授为山长。改筑院于县南山麓，学者大至。龙生升堂讲《孟子》“承三圣”篇，备言龟山传周、程之学，及豫章、延平至朱子，实承道统，其功可配孟子。一时山林老儒闻讲筵之复，皆为涕下。秩满入京，朝士荐为校书郎。既浏阳升州，改本州学教授。旋迁道州路学教授。朔、望必率诸生谒濂溪祠。祠东有西山精舍，奉蔡元定，久芜废，为修复之。卒于官，年五十七。以玄贵，累赠翰林院直学士、亚中大夫、轻车都尉，追封渤海郡侯，加封冀国公。子六，玄其一也。龙生仪表峻洁，有胆略，性孝友，尝刲股啖母已疾。兄士（高）[离][①] 早卒，抚其遗孤，割所分产与之。读书目数行下，为文下笔万言，雄浑有体裁。晚号云庄，所著有《经学理窟》《云庄讲义》暨文集，藏于家。节张起岩撰《碑》。

明

易学省，嘉靖时人。性恬雅，讲圣学，尝同江西刘以身浏阳教谕、邑人胡尚宾论洗心工夫，交相感悟，为士林推重。旧志。

国朝

勷宏猷，南乡人，庠生。孝友端方，燕居衣冠必整。学博陈慕其名，延课诸子。知县赵嘉程见之，叹曰："才见如此正人！"旧志。

许宗谟，字以三，一字敬轩，北乡人，县学生。性孝友，喜读书，经史百家，靡不研究。一应乡试不第，遂绝意进取，日取《朱子或问》《语类》及《程子遗书》，反复潜玩，最后得力于《近思录》尤多。其学以居敬穷理、存诚去伪为要，教授乡闾，惟重质行，作《崇德》八篇、一《读书为己之法》，一《心学法》，一《五行衍义》，一《教学论》，一《道统总论》，一《气运气质论》，一《理数论》，一《先天太极合论》。《辨惑》九篇，一《神仙之惑》，一《谄事鬼神之惑》，一《信轮回地狱之惑》，一《持斋食素之惑》，一《祭祀辨惑》，一《堪舆风水之惑》，一《拘忌时日之惑》，一《星命之惑》，一《相术之惑》。以示学者。尤与弟宗训互相砥砺，凡所诵习，必见躬行。筑楼于室之东北隅，额曰"棣楼"。或埙篪唱和，所作诗皆理语，时称"二

---

① 据张起岩《欧阳龙生神道碑铭》（欧阳玄撰，汤锐校点整理：《欧阳玄全集》附录一，四川大学出版社 2010 年版，第 795 页）改。

许”。先是，宗谟曾祖母李守节甚坚，未获表扬，宗谟饮泣呈请，卒得闻于朝，如例建坊。一日，沐浴更衣，呼子侄训诫，遂没，年七十一。

宗训，字云庄，县学生。三应乡试不获隽，乃从兄潜心正学。尝语人曰：“人欲师古，又欲趋时，是乡愿也。今惟硬著脊梁，撤人己之见已耳。”居恒坐必端，立必正，盛暑不袒。亲丧尽礼，不用浮屠。制行一如宗谟。没年四十七。督学刘题“学醇品卓”额旌之。旧志。

朱文炑，字慎甫，北乡人。乾隆初，其曾祖侨寓长沙，遂家焉。弱冠时，父朗斋久客武昌，无以养母，乃卖卜于市，自号伊蔚子。生之夕，母梦月堕怀中，寤而诞。七龄后从塾师授经，甚颖异。年十六，于儒书无所不读，尤笃志性命之学，以宋五子为依归。尝曰：“读书，所以明道也，未有不通四子五经而能明道者，亦未有不明濂洛关闽之道而能通四子五经者。”其学以诚为本，以敬为宗，以精义集义为程途，以明体达用为究竟。后益殚心于《易·象》《春秋》，谓：“《易·象》者，内圣之学也；《春秋》者，外王之书也。学不明《易·象》，无以窥道之全体；不通《春秋》，无以极道之大用。”由是博考精思，能于诸儒传记注中上探圣人作经本旨。又凡天文、历算、律吕、方舆以及诸子百家，靡不究其底蕴，而区其得失同异。性至孝，有从父寝疾，隔数里，亲送药饵，往还月余，足为溃烂。道光初，奉母往武昌省父，留寓数年，寡合不妄交，所与游者，江陵训导胡大章、比部王子寿及知名士数人而已。继奉两亲南归，遗以金，却不受。居数月，父没，哀毁，蔬食三年。贺长龄中丞聘掌书记，以母辞不赴。家益窘，复奉母之北，依胡大章。甫一载，病不起，没时拱视大章，许终养母，乃瞑。遂具棺敛殡，葬武昌之南郊石牌岭下。越二年，母没，大章又就文炑墓地为茔以葬焉。文炑外和而内刚，居恒言信行谨，终日振襟危坐，虽盛暑不袒裼。偶不及检，则反己自责。

友有过，亦深恐无以对文炑者，其敬惮如此。所著有《大易粹言》《春秋本义》《中庸笺注》《五子见心录》《圣学罪译》共如干卷。大章请遗稿于其母，仅存《易图正旨》一卷、《五子见心录》二卷、《从学札记》一卷，长沙丁取忠为刊行。

陈蕃庶，字晋堂，南乡下沙溪人，岁贡生。有学行，案头置一册，昼所行，夜必书之，曰："检行法无逾此。"教授乡里，晚主文华书院讲席，文行并饬，教弟子以孝友。平生燕肃衣冠，坐不箕踞，立不跛。年七十四，终。

邱之芬，字惺庵，西乡枨冲人，嘉庆庚午科举人。刻意宋五子之学，以文行称，造次必轨于道。事母孝。一日，母登楼缘梯上，之芬跪，俟母尽级乃起。病则侍侧，不寝，尝汤药，至老敬养不衰。母没，工镌墓碑，己膝地，其致敬如此。咸丰二年，土贼蠢动，大府遣使访问，条方略数事答之。贼平，以功加国子监助教。平生力学笃行，尤急补过。其教人先行后文，所成就多知名。举孝廉方正，不赴。卒年七十九。

黄济川，字双溪，东乡人，岁贡生。经史精通，学问渊博，而性情恬退，粹然儒者。所著有《四书参纂》六卷、《典制新颖》二卷，刊行。

杨安澜，字禹麓，府学增生。家贫，力学敦品。性孝友，幼失怙，奉母惟谨，常典衣供养，菽水无缺。强记能文，尤工诗。虽居城而安贫自若，惟以砚耘食力，士林重之。年六十没。

宦绩

汉

祝良，字邵平，一字邵卿。《续汉书·顺帝纪》注："长沙临湘人。"今《楚纪》《湖广总志》作长沙湘乡，误。案：两汉时湘乡属零陵郡，何长沙云？聪明博学，有才干。（张）［谢］① 承《汉书·庞参传》注。顺帝阳嘉中，为洛阳令，以廉平称。太尉庞参夫人疾前妻子，投于井杀之。良率吏卒入太尉府，案其事，上参罪状，策免。有司以良不先奏闻，辄折辱宰相，坐系诏狱。洛阳吏人守阙请代良罪者，日数千人，诏原之。《庞参传》。历迁至并州刺史。永和二年，南蛮区怜等反。时议发荆、扬、兖、豫兵讨之，李固奏止，因荐故并州刺史祝良勇决可任，遂拜良为九真太守。良到郡，单车入贼中，设方略，招以威信。降者数万人，皆为良筑起府寺。岭外复平。《南蛮传》。后仍官刺史。桓帝时，陈龟疏奏"前凉州刺史祝良，初除到州，纠罚太守令长，贬黜将半，政未逾时，功效卓然。实应异赏，以劝功能"云。《陈龟传》。○见《汉书》《楚宝》《通志》。○案《楚宝》："良字邵卿。令洛阳，大旱，暴日中祷雨。民歌'精符感应，滂沱而下'。"与《通志》载刘寿令洛阳祷雨事及歌词略同，未知孰确。《后汉书·顺帝纪》："阳嘉二年六月，旱。七月，庞参免。"时良实为令。《明一统志》亦载良祷雨，似足据。又，（张）［谢］承《后汉书》："常侍樊丰妻杀侍婢，置井中，良收其妻杀之。"二事互异，并录。

宋

李受，字益之。治平中，官至右谏议大夫、天章阁待制兼侍读。

---

① 按：谢承，三国吴史学家，会稽山阴（今浙江绍兴）人，撰《后汉书》一百三十卷，已佚，有清汪文台辑本八卷（见《七家〈后汉书〉》）。下同。

以老乞骸骨，不听。神宗立，进给事中、龙图阁直学士。言："臣在先帝时，年已七十，不敢窃禄自安。今加数年，筋力惫矣，惟陛下哀之。"先是，濮州李柬之拜太子太保致仕，宴资善堂，帝遣使谕之曰："先君梓宫在，朕不得为诗，令各官赋诗劳饯。"敕王珪叙其事。至是，受拜刑部侍郎致仕，赐宴赋诗及叙，如柬之礼。相去数月，时称"二李"。年八十卒，赠工部尚书。祀乡贤。节《宋史·李迪传》。○案：旧志李受前列《萧注传》，所载乃新喻萧注事，今检削。至《选举》仍存者，以新喻萧注进士，浏阳萧注止举人，当时乡荐同名，或未可知。至摭《宋史·列传》之萧注为浏阳萧注事，则涉附会矣。并识。

李揆，乾道二年领乡荐，授宁远尉，获盗数十。或曰："可用赏脱选。"揆曰："杀人以阶荣显，吾不为也。"后宰上高县，讼简庭空，有"太平官府原无事，聊放蓑翁半日闲"之语。累官至中书舍人。旧志。○《道州志》："米石楼岩，在宁远县玉琯岩西一里，上有李揆题刻《古今游咏》。李揆，浏阳人，乾道二年乡举，任宁远尉。"

汤璹，字君保[①]。淳熙十四年进士，调德安府教授，转三省枢密院架阁，迁国子博士。时召朱熹为侍讲，寻辞归。璹上疏言："朱熹以正学为讲官，天下咸望有启沃之功。曾未逾时，辄听其去，必骇物论。宜召熹还，仍授讲职。"疏上，不报。璹负节概，以直声闻于时，与韩侂胄、陈自强不合，故嗾言者中伤之，罢归。未几，升礼部郎官，例掌三省奏记。转驾部，出知常州，入为大理少卿，进直徽猷阁，卒。祀乡贤。璹奉祠闲居之日多，在直属辞，务持大体，不为阿曲，言者摭其语多涉讪上，而朝廷实知其无他，故起复制辞有"清风峻节"之褒。常择婿得蒋重珍，后举进士第一。《宋史》本传。所著书有《春秋要论》如干卷。旧志。

---

① "君保"，《宋史》卷四一一《汤璹传》（欧阳玄等撰：《宋史》〔简体字本〕，中华书局 2000 年版，第 9697 页）作"君宝"。

元

韩复生，至正旧志误“泰定”。乙酉科进士，任吉州同知，平盗贼数十万，为政有声，州人思之，立祠祀。旧志。

明

周幹，字济才。洪武中，贡入太学。授山西布政司照磨，廉慎有为。累擢御史，历左中允。旧志。永乐四年，建北京宫殿，师逵采木湖湘，颇严刻，民不堪，多缘间作乱，幹劾之。《师逵传》。洪熙元年春，幹以广西布政使与按察使熊概、参政叶春巡视南畿、浙江。《洪熙纪》。宣宗即位，幹还，言有司多不得人，土豪肆恶，而左通政岳福不任职，帝召福还。《熊概传》。并言：“苏、常、嘉、湖诸府民多逃亡，询之耆老，皆言重赋所致。如吴江、昆山民田租，旧亩五升，小民佃种富民田，亩输私租一石。后因事故入官，辄（为）［如］[①] 私租例尽取之。十分取八，民犹不堪，况尽取乎！欲不逃亡，不可得也。仁和、海宁、昆山海水陷官、民田千九百余顷，逮今十余年，犹征其租。田没于海，租从何出？请将没官田及公、侯还官田租，俱视彼处官田起科，亩税六斗。海水沦陷田，悉除其税，则田无荒芜之患，而佃民获安全矣。”帝命部议行之。《洪熙纪》《食货志》。浏阳初开铁冶，造官铁解京，铁不堪用，而解难敷额，幹建言罢之。后奉敕抚安南、直隶、应天等八府军民。以养病卒于家。祀乡贤。见《明史》《通志》并《一统志》、旧志。

周谟，洪武中以明经举，授河南左参政。文学该洽，优于吏治。旧志。

---

① 据《明史》卷七八《食货志二・赋役》（张廷玉等撰：《明史》〔简体字本〕，中华书局2000年版，第1265页）改。

周必诚，建文时举人。初任进贤令，有惠政。擢监察御史，巡按河南，刚直不阿，权贵侧目。致政后，设讲堂教训乡里。里人立祠祀之。旧志。

徐万全，字汉清，一字�轩，北乡人。正统间，以廪贡生授广西宣化县令。值岁疫，捐廉俸购药以济。民有窃鬻子妇者，既理其讼，复与金，令赎之。秩满，以卓异荐。累迁松江知府。天顺二年，郡饥，万全详请发赈谷，不给，竭家资数万以助。事闻，特诏入觐，赉予优渥。拟内用，以老病辞，许之，晋光禄寺卿衔致仕。见《志余备考》。

徐再旻，字任仁，一字乐川，北乡人。嘉靖初，由选贡生出宰河南仪封县。八年，大饥，上召有司亟给赈。再旻悉心赈恤，并捐家资数万助之，黎庶赖以全活者万计。抚军焦疏闻。十年，召入觐。迁四川叙州推官，寻擢重庆府知府。二十五年春，将以年老致仕，会白草番乱，骚动四十余寨，上遣总兵何讨之，再旻从巡抚张领军往。四月初一夜，潜诣总兵营，定计擒贼首，身受伤，余党悉平。隆庆元年卒，年八十四。见《志余备考》。

邓巍，字南湖。嘉靖辛丑进士，知溧水县事。已迁御史，以疏劾权贵忤旨，受廷杖，于是直声大振。奉命巡边，至即单骑按行营，登城御寇。或拟荐用于朝，卒为权贵所抑。出守保定，旋补凤阳知府。岁饥，赈活数万人。迁南考工司员外郎。久之，致政归。家居三十五年，罕谒公庭。举乡饮宾。年八十五，卒。祀忠义祠。旧志。○《志余备考》载："巍童时，邑令某催科至其家，举室惊避，巍长揖出见，令洒然异之。时雨霁涨满，令指属对曰：'积水无鱼空作浪。'巍应声曰：'浮云不雨枉依天。'令默然，遂衔之。明科场例，诸生虽已中式，地方官得报罢之。巍获荐，令遽沮，书榜者云：'"邓"字已成，"巍"字且半。'遂登贤书。"

高文，任直隶深泽县典史，捕蝗，有异政，台司交荐之。擢授知县，多治绩。旧志。

胡廷黼，字元素。幼颖异，长好修力学。年二十，随父游南都，受业京山高岱，有文名。嘉靖壬子领乡荐，己未成进士，授户部主事，厘仓储积弊，声动京师。转工部员外郎。时建皇极殿，以勤劳赐金币。迁都水司郎中。隆庆改元，上谒陵、郊祀，颁赏皆与焉。居官遇事敢为，元宰有机务，辄与共议，移文疏稿，多出其手。尝奏罢苏杭监造，岁省费数千金。出知南雄，便道还里，疾作，卒于家。以孙应台贵，赠资政大夫、兵、刑二部尚书。祀乡贤。旧志。

胡应台，字征吉，廷黼孙。万历二十六年进士，授中书舍人，擢兵科给事中，转吏科。以直忤时相，出为江西按察副使，旋改督学。复内擢，历太仆卿。巡抚应天，执法不阿。已总督两广，值白漕起衅，击伤代巡陈，应台以单骑抚定，威信大著。召为南京刑部尚书，忤珰，夺职归。《通志》、旧志。崇祯三年，起南兵部尚书，改北刑部。旧志、《明七卿表》。旋以乔允升狱忤帝意，镌秩视事。《乔允升传》。未几，钱龙锡坐袁崇焕杀毛文龙事下狱。明年，中允黄道周疏救之，贬。会旱，应台复乞宥龙锡，刘斯琜继言之，狱得释。《钱龙锡传》。时用法严，诸阉借兴罗织，陷善类，应台持成宪力争，多所平反。外戚周奎子镜为金吾指挥，家人杀人，吏不敢问，民挝登闻鼓，下其事，刑部论抵。帝震怒，问主笔者，同列皆惧，应台疏言："臣待罪正卿，恩威取自上裁，何敢以戚畹骫法取容？臣实主笔，不敢逃罪。"疏上，卒依拟，中宫怨之，《志余备考》。帝为镌级。寻复以亲老，屡乞终养，七年八月免。崇祯中官刑部者十七人，或死，或戍，或除名，应台独得善去，再召不赴。《乔允升传》。闻国变，以忧愤卒，年七十一。见《明史》、旧志。〇《旧志》："应台侍经筵者四，传胪读卷者一，陪郊祀者再，廷推者再。免刑部归后，起户部尚书，寇据郡邑，道梗未赴，卒。"

国朝

李藩，字赐侯，一字霞山。入学籍，便白大府除浮征。中雍正己西湖南乡榜。乾隆六年，权福建长汀知县，会米值腾踊，发仓平粜，始具报，民赖以安；治狱廉平。未五月，解任去，汀人颂之。有《鄞江别吟》。明年，调任浦城。浦故宋儒真德秀所居邑，下车即牒城隍神，以清廉自矢，题署东堂曰“怀真”，并详请西山祀典，又合祠祀六君子于梦笔山，置学田，民大悦。八年春，北城灾，藩衣冠肃拜，火随灭。岁饥，令平粜，复设厂五发廪，吏不宿奸。秋旱，斋戒祷雨应，大熟。又捐廉俸修《浦志》。计在浦二年，比去，民讴思之，纪治绩焉。见旧志、《志余备考》。〇《浦城志》云：“藩于浦城横山下疏井，流注泮池，分绕南城，以弭火患。杜请谒，绝苞苴，厘奸剔弊。虽古循吏，何以加诸?”

蒋载熹，字霞亭。乾隆间任宝庆府教授，胸怀坦易，咸称长者，尤勤课士。当道重其品行，尝三聘主讲濂溪书院。教诸生力学敦行，多所成就。以劳瘁卒，士林悼之。见《宝庆志·政绩录》。

瞿家鏊，字吾山，北乡永安市人。家贫，训徒乡里。弱冠应府试，五冠其曹，遂入学，旋食饩。嘉庆庚申举人，戊辰成进士，以知县用，改任常德府教授十二年。尝谓汉儒专门训诂，不若宋儒寻求义理，故教人尤重躬行。斋夫叶奎刲股疗亲，劝之学；书吏从受读，卒成名，故其诗有“独愧斋夫称孝子，兼收书吏作门生”之句。以丁父艰归。服阕入都，授江南兴化县知县。辛卯分校秋闱，称得士。时值南北水灾，留办江宁、扬州、泰州赈政，查核户口，事必躬亲，民得实惠，江督陶澍、苏抚程祖洛交章特荐。适母讣至，归终制。起复后授山东馆陶知县，一以亲民正俗为务。邑植木棉花，时男妇攫取，名曰“哄花”，严禁立止。粮差征赋多挪移，事急复索诸民以抵，重法惩之，弊乃绝。某绅谒见，欲贿以金，拒之，故人无有干以私者。县故有陶山书院，讲席久虚，暇与诸生讲艺，多所成就。后以侃直拂上官意归，士民作《去思诗》，都为一册。年六十九，卒。著有《微雨春草书屋诗抄》四卷，刊行。又有《醒心录》《建事录》《春晖堂古今各体文》，待梓。

陈信芳，字玉庄，西乡人。嘉庆丁卯举人，丁丑成进士，以知县候选。任衡州府教授十年，多所培植。继选直隶望都知县，裁减赋役，民歌颂之。计莅事五年，无上控。望都士民献“一举万善”额。调大名，告终养归。著有《纫香簃诗草》。

刘名锋，字砺青，一字宝吾，南乡清江人。性纯厚，绩学能文，以县试第一入学，旋食饩。中嘉庆戊辰乡试，丁丑大挑一等，署山东齐东、宁阳、费县、招远、博山知县，所至有声。补武定府阳信县。东省故多盗，缉捕整严，盗风以戢。获巨猾为地方害者，置之法，民德之。阳信旧有水道，由乐陵入马颊，岁久淤，每山水发，乐陵人筑堤御，多壑邻，两县民争斗。因步地脉，审高下，开渠十数里，水得归，不为患。俗尚武，为建书院，勤训课，文风蔚然。计在阳信前后凡三任，循声懋著。以缉获邻犯，送部引见。会母病，告养归，年六十六矣。每岁时称觞，辄饰彩舆，鼓乐迎导。待诸弟友爱，所余皆分润之，并置严浒桥等处墓田，扩充祠祀。母服阕，起复，坐补原缺，莅任数月，致仕归。卒于家，年八十一。所著有《耕读训后图》、五古《南旋》，快意率笔。

其仲弟名义，嘉庆辛酉拔贡，由正红旗教习报满以知县用，分发江西，历署高安、奉新、宜黄、安仁诸县，后改任江华县教谕。名义学有根柢，动必以正，教授生徒，文行并饬，每升堂讲贯，虽盛暑必摄衣冠。诸生晋谒，训迪殷勤，多所成就。而嫉恶如仇，里中不肖，往往畏其知，人比之王彦方云。

周倬，字梅生，北城人。善诗、画。由监生捐府经历，任四川夔州、嘉定、绥定等府经历。署遂宁知县，有惠政，及移任，民遮道乞留。补清溪知县，署合州知州。甫下车，粤匪至围城，倬出千金缮守，登陴轰炮，贼遂遁。阅月，贼别股至围城，知有备，数日去，州民安堵，因名其城曰“周公城”。见《合州志》。既援兵四集，鼓噪索饷，民恟惧。倬白上宪，请损之，且曰：“吾官可弃，吾民不堪剥也。”上宪意动，惬所请。又峩边、越隽、雷波等厅素称难治，倬至，平反庶狱，结以恩信，番民悦服。后转石砫厅同知，请假归。卒于家，年七十九。著有《袖月楼诗钞》四卷。

邹焌杰，字云阶，原名见龙。道光甲午举人，庚子成进士，改庶常，明年授编修。甲辰充会试同考官，丙午典广西试，称得人。咸丰元年，粤贼窜长沙，征义堂匪周国愚欲煽乱。邑人士驰书白焌杰，遂据以入奏。饬湖南巡抚张亮基剿办，密遣江忠源讨平之，由焌杰先事筹备之力也。先后充国史馆、实录馆、功臣馆纂修官及文渊阁校理，充教习庶吉士、协办院事。改授山东道监察御史，掌广东道、京畿道监察御史。方东南用兵时，军饷浩繁，各省州县捐输奏加学额、中额，屡见邸报，惟湖南未经核奏，焌杰疏请宜分别议加，上许之。又附奏某官总理捐输，多饱私囊，谕大吏查参。大学士某丁艰，特旨给假扶柩回籍，假满来京。时某未陈请终制，焌杰劾之，上允所奏，着某开缺回籍终制，且有“该御史持论甚正”之褒。又有《已捐以固民心》、指勒捐之害。《慎刑以恤民命》时私销大钱刑太重。两疏，皆深切时务。后授广西浔州府知府，以母老乞养归。同治六年，知县王汝惺聘修《邑志》。未竣事，卒，年六十八。祀乡贤。所著有《听春雨轩文集》《试草》《诗赋草》及奏疏若干篇，待梓。

邱庆钧，字力人，西乡枨市人。嘉庆戊寅举人。事亲愉婉承志，与弟卿铨友爱綦笃。早岁究心理学，好读程、朱《语录》。授徒乡里，从游者多所成就。后主南台、文华两书院讲席，惟以力学敦品为勖。邑育婴费绌，设法倡捐，增田六百亩，得稍裕。咸丰壬子，官军剿办征义堂匪，各团捕获余党解县。时庆钧理局务，以人命至重，悉心访察，全活甚众。丁巳，以截取知县借补福建诏安场盐课大使，莅任，力整鹾务。有某族盐田久淤，税供如故，为白上官，奏准豁免。某族感其德，醵金为寿，却之。未几，卒于官，年六十八。生平廉介，不名一钱，丧归，宦橐萧然。

文苑

宋

欧阳逢泰，字忠叟。有学行。宋以词赋取士，季年，闽、浙赋最擅称，逢泰与长沙尹穀、同州邢天荣、董景舒等所为赋，务体裁典雅，学者效之，科第相望，以此湘中赋与闽、浙颉颃。门下列籍数百人。已为潭州学录，安抚司檄与湘潭谭景衡视学田堙没者，登故额，士廪始羡。时庐陵罗子远席教授，赖其佐助为多。晚年究心《太玄》，作《律历统元图书》数十卷，得渴疾卒。以孙玄贵，赠昭文馆大学士、资善大夫、上护军，追封冀郡公。节《宋史·尹穀传》、元张起岩撰《欧阳龙生神道碑》、危素撰《欧阳玄行状》。

元

欧阳玄，字原功。其先家庐陵，曾大父新迁浏阳之马渡。玄幼岐嶷，母李授《孝经》《论语》、小学诸书，八岁能成诵。从乡先生张贯之学，日记数千言，能属文。十岁，有黄冠见之，曰："是儿神气凝远，当以文章冠世。"部使者行县，玄以诸生见，命赋梅花诗，立成十首，晚归，增至百首，咸异之。稍长，从宋遗老习辞章，经史百家，靡不研究，于伊、洛诸儒原委尤淹贯。

以乡贡登延祐二年进士，授岳州路平江州同知。调芜湖县尹。数决疑狱，多平反。豪右有虐（驱其）［其驱］[①] 奴者，断使从良。贡赋征发及时，教化风行，飞蝗不入境。寻调武冈尹。其地蛮獠杂居，甫至，值赤水、太清两洞哄斗，玄单骑驰谕，獠熟玄名，弃兵仗，罗拜曰："我曹非不畏法，缘诉事于县，不为直，乃发愤争杀耳。"玄晓以祸福，归理其讼，獠人遂安。

入为国子博士，累迁翰林待制，兼国史院编修官。文宗天历初，军兴旁午，遂日直内廷，参决机务。复条时政数十事，实封以闻。初置奎章阁学士院，又置艺文监隶焉，文宗亲署为艺文少监，诏修《经世大典》，转大监、检校书籍事。顺帝朝，迁［佥］[②] 太常礼仪院事，拜翰林直学士，编修《四朝实录》，俄兼国子祭酒。以足疾乞归，不允，拜翰林学士[③]。至正改元，集廷臣议更朝政，玄极陈利弊。科目之复，沮者甚众，玄尤力争。已而南归。至正三年，诏修宋、辽、金三史，起为总裁，玄发凡举例，俾论撰者得所依据。史（馆）［官］[④] 中有露才负气、持论匪公者，初不与争，俟其呈稿，援笔窜定，往往愧服。五年，超拜翰林学士承旨。既除福建廉访使，中途疾作，乃乞休，作南山隐居，有终焉之志。复拜承旨，辞不获。奉敕定国律，寻授湖广右丞致仕。将行，复降旨留用。汝、颍盗起，献招捕策千余言，不能用。十七年春，以中原道梗，欲由蜀还乡，乞归不获。时议大赦，诏玄草诏，病不能行，命肩舆至延春阁，实异数云。其年十二

---

① 据危素《欧阳玄行状》、《元史·欧阳玄传》（欧阳玄撰，汤锐校点整理：《欧阳玄全集》附录一，四川大学出版社 2010 年版，第 802、811 页）改。驱奴，即驱口，意为"被俘获驱使之人"，即战争中被俘强逼为奴、供人驱使的人。

② 据危素《欧阳玄行状》、《元史·欧阳玄传》（《欧阳玄全集》附录一，第 804、812 页）补。

③ "翰林学士"下原衍"承旨"二字，据危素《欧阳玄行状》、《元史·欧阳玄传》（《欧阳玄全集》附录一，第 805、812 页）删。此时欧阳玄拜翰林学士，非翰林学士承旨。

④ 据危素《欧阳玄行状》、《元史·欧阳玄传》（《欧阳玄全集》附录一，第 805、812 页）改。

月戊戌，卒于寓舍，年八十五[①]。赠崇仁昭德推忠守正功臣、大司徒、柱国，追封楚国公，谥曰文。无子，以从子达老嗣，复先玄卒。

玄历官四十余年，在朝日久。致和、天历间，朝廷事务繁兴，凡远近调发，制诏书檄，以及郊庙、建后、立储、肆赦诏、敕、命、册诸大作，皆出其手。又三任成均，两官祭酒，六入翰林，三拜承旨，两知贡举，屡掌文衡，预修《实录》《大典》、三史。金缯上尊之赐，几无虚岁。海内名山大川，释、老之宫，王公贵人墓隧之石，得其片言只字，咸加宝贵，屹然为有元一代文献。所著有《圭斋集》行世，学者称圭斋先生。祀乡贤。节《元史》本传、宋濂《圭斋文集序》。○史称：玄性度雍容，文章道德，卓然名世。羽仪斯文，赞卫治具，皆与有功。初，虞文靖公集有盛名，其父（并）[井][②] 斋教授潭州，见玄文大惊，遗文靖书，谓他日必与齐名，故文靖荐玄入朝。论者谓玄文意雄而辞赡，如景星庆云，应世符瑞，卒并称虞、欧。其书多至数百卷，国朝采入《四库目》，具《艺文》事中。又《通志》："玄居天马山麓，今其子孙徙居蛇头。"

李焘，泰定甲子进士。童时从师受书，夜往邻家取火，犬狂吠，升墙避之，邻人梦龙蟠旋起，视则焘也。至元间官翰林学士，文章政事，为时首称。旧志。

国朝

刘大抚，字中敬，南乡人。旧志："西乡人。"少聪颖，笃学好古。由拔贡中康熙庚午乡榜，主司梓其经艺于《试录》。主讲岳麓书院，从游者皆知名。旧志。

---

① 按：据危素《欧阳玄行状》，欧阳玄生于至元二十年（1283），卒于至正十七年（1357）（《欧阳玄全集》附录一，第801、807页），享年七十五岁。《元史·欧阳玄传》云"年八十五"，乃"七十五"之讹误。此处乃沿袭《元史》本传之误。

② 据危素《欧阳玄行状》、宋濂《欧阳文公文集序》（《欧阳玄全集》附录一、附录五，第802、917页）改。按：虞集之父虞汲，号井斋。

龙昇，字日升，坊厢人。笃学能文，以岁贡授本县教谕，升彝陵州学正。康熙乙巳、庚申，两次修辑《邑志》。时邑经兵乱，继以逆藩叛扰，民力凋敝，又久困堕粮，昇备陈疾苦，情词剀切，邑令韩称其有贾傅痛哭流涕之风。旧志。

胡景参，字次曾。幼颖异，读书过目成诵。十岁入县庠，十三岁以优等食饩，试辄冠军。礼乐、天官书皆娴习。享年不永，士论惜之。旧志。

陶浔霍，字春田，一字勉行，东乡人，后居西乡大元里。精研经、史、子书，兼览汉、唐以来诗、古文辞，旁及天文、地理、勾股法。中乾隆壬子乡试，授徒山中，从之游者多知名。其教学，必先质行而后文艺。又念明道先生“一命之士，存心利物”语，极留心医理。邑多溺女，因倡置田二十亩为救婴局，著书行世。书名《救婴新法》。又倡买山瘗骼，行诸善事。晚乃好王阳明之学，刊其文。兼通内典。卒年五十九。所著有《学庸讲义》一卷，《四书随笔》六卷，《致曲堂诗》《古文》《杂著》《制艺》《医案》各一卷。旧志。

周忠信，字儒怀，一字虹亭，县西城人。颖异过人，十岁能文，通五经，读书目数行下，时与胡景参并称神童。以岁贡中乾隆戊午乡榜。所著骈体文百数十首，甚工，古文、杂著皆遗失，有《历程纪游草》《鸣秋草诗余》《衡游近草》刊行。年六十八，没。

邱之稑，字榖士，西乡人。监生，议叙八品。生有异质，敦行孝友。喜读书，尤通律吕，谓乐所由起，实符天地自然之气，遂仿古法，掘坎内管，推候十二月中气，应六十四卦，审阴阳休咎之征。道光九年，邑宰杜金鉴聘典文庙乐舞，为设局，乃案律制器，率众肄习且数十年。又博采群书，综贯条密，辨讹正失，著《律音汇考》八卷说、表、辨、式、图、《仪礼摘略》《诗谱存疑论》等篇。及《丁祭礼乐备考》，刊行。侯相曾国藩亟称之，赠额语二。一“雅淡和平”，一“精探正乐”。之稑既有夙望，群倚之，先后与修考棚、《邑志》。道光二十二年，倡议重修文庙，监工，历三寒暑始竣。曾倡修义渡，人不病涉。岁歉，倡建义仓，募谷以济，一境便之。兼明医理，早岁母氏患疽，以口吮之，医经言口吮易愈也，后益精其术，拯危症不可胜计。年六十九，卒。邑宰赵光裕为之传。鄞县沈道宽进士志其墓，有曰“古所谓乡先生没而可祀于社，非公孰克当之”之语。从子庆善，故国学生，究心闽、洛之学，书多与参校焉。案：穀士论乐多心得，尝谓：“三分损益为律吕管体所从生，而史迁以去一益一为得某宫、某声，遗误不少。《前汉志》谓正声无有忽微，及《律吕新书·六十调图》，皆不免讹谬相承，以致律吕淆而阴阳混。”极论辨之，谓：“正声必先明六律，正五音之旨。”具见所著《律音汇考》。今录《史记律数辨》一篇，以当一脔。〇《史记律数辨》云：“汉承秦火之后，先王制作无一二存，而其假借紊乱者，莫如音律一道。考《史记》所定《律书》，以兵械为重，所引武王伐纣，吹律定声，犹为近理。至详举历代征伐，敷衍成文，于律吕毫不相涉。次列二十八宿、十母、十二子，语亦穿凿附会，不可为法。学者震其名，未敢议其失，然自识者观之，已知其学之无本。此犹其易辨者也。其音律之遗误后人者，莫如律数一节。列九九八十一以为宫；三分去一，五十四以为徵；三分益一，七十二以为商；三分去一，四十八以为羽；三分益一，六十四以为角，且术曰‘音始于宫，穷于角’。呜呼！史迁为有汉一代著述，所著律数体用不明如此，无怪以讹承讹，后世之言音律者，皆无所适从，则是六律之不分，五音之不正，诚非无自也。此岂可以不辨哉！夫三分损益者，律吕管体所从生，管体生而后五音出，孟子曰“继之以六律正五音”是也。迁不以去一益一为生某律某吕，而以去一益一为得某宫某声，是六律之生未终，而五音之名先正。宫可以生徵，徵可以生商，商可以生羽，羽可以生角，是五音之名自正，而六律之以徒劳，有是理乎？况有定者律也，无定者音也。何谓有定？如以黄钟正宫，则太簇为商，姑洗为角，蕤宾为变徵，夷则为徵，无射为羽，其不可以他律混者，体之所以立也。何谓无定？如旋太簇为宫，则姑洗转而为商，蕤宾转而为角，夷则转而为变徵，无射转而为徵，黄钟转而为变宫，其未尝以转调穷者，用之所以行也。孰谓宫、商、角、徵、羽可乱为宫、徵、商、羽、角哉？孰谓宫、商、角、徵、羽之旋转不竭者，可任意指为始于宫而穷于角哉？永嘉陈氏犹谓：‘律吕之法，起于黄帝氏；律吕之说，定于太史公。知黄帝氏之法，而不知太史公之说，则难与制律；知大史公之说，而未知黄帝氏之法，则虽不能制律，而不害其为律。’比儗不伦，至于如此，不可不急为辨正也。惟生钟之分与‘以下生者，倍其实，三其法。上生者，四其实、三其法’数语，于古人制律之遗意为有合焉耳。”

李照莲，字晴川，县东人。强识能文，学博苏良枋深器之。试不售，去而学医，每诊病，尝立医案。性好游览，后倦归，授徒自给。没年七十三。所著有《晴川素论》《史论》《射虎集》《晴川古文》《小有洞天逃夫诗草》《医易贯通》《医学折衷》《晴川心镜》《痘疹壶中天》《重订福幼篇》如干卷，《壶中天》《福幼篇》刊行。

欧阳德正，字养泉，岁贡生。善属文，能诗，尤工骈体。负笈岳麓书院，极为袁岘冈师激赏。学使谢岁、科试，两领冠军，文誉飙起，一时从游者众。屡踬棘闱，以明经终。向与王介臣、杨禹麓联诗社，有《八家诗课存钞》。又著有《磊石山庄》全集，藏于家。

胡光北，字学山，岁贡生，居省城。早岁从游麓山，为罗慎斋师赏识，尝以博洽见称。中年授徒自给，教人以敦品为要，文次之，出其门者多醇谨士。所余馆谷，贫友贷去，不问。环堵萧然，安之如素。同学罗绮守镇江，遗以金，覆书却之。又严如熤按察陕西，亦旧友也，遣伻致赠，对使者曰：“光北固穷，不以箪笥累故人。”其狷介如此。没年七十八。著有《诗韵循音》二卷、《声音蠡测》一卷、《学山堂文集》一卷、《学山堂诗集》一卷，待刊。

武略

元

潘成，元至正甲午举人，有文武才，历官至太保。时南蛮不靖，成奉命安戢，单骑深入，谕以信义，乃感悦，以子入质。上嘉其功，卒后敕立祠祀之。旧志载：“明洪武初，成历任太保云。”按：明洪武时官三公者只有徐、常、李三人，开国勋臣并无潘成，兹改从《通志》列元代，俟考。

明

张武，豁达有勇力，稍涉书史。为燕山右护卫百户。靖难兵起，从成祖克蓟州，取雄县，战月漾桥，乘胜抵（郑）［鄚］[①] 州。与诸将败耿炳文于真定。夹河之战，帅壮士为先锋，突阵，佯败走。南兵追之，武还击，南军遂溃。攻西水寨，前军夜失道，南军来追。武引兵伏要路，击却之。战小河，陈文没于阵，武率敢死士自林间突出，与骑兵合，大破南军，斩首二万级。累授都督同知。成祖即位，论功封成阳侯，禄千五百石。是时侯者凡十三人，武为第一。还守北平。永乐元年卒。出内厩马以赙，赠潞国公，谥忠毅。无子，爵除。《明史》列传。

潘至主，坊厢人。涉书史，善骑射。元末，盗贼蜂起，有司以文武具备保举，使守西山寨，保障生灵。洪武初，召赴京，予职衔，仍归本里守护。旧志。

黄宁，东乡人。元至正时，宁于东乡高坪联乡兵保障里闾。明初，任直隶密云卫指挥。旧志。○按：旧编“关隘”内有黄光。

瞿文立，元至正时，联乡兵保障里閈。明初，任四川成都卫指挥。旧志。○按：旧编“关隘”内有瞿洪。

林应秀，北乡人。元末，联乡兵保障乡闾。明初，任毕节卫指挥。旧志以毕节属云南，误，详注《选举志》。

谭荣，西乡人。元末，立寨龙虎岭，合里人保障乡閈。明初，任锦衣卫千户。旧志。

黎均宝，智勇过人。元末，以乡人保障閰里。明初，授百户职。一作“千户”。○旧志。

---

① 据《明史》卷一四六《张武传》（张廷玉等撰：《明史》〔简体字本〕，中华书局2000年版，第2725页）改。鄚州，在今河北任丘北，西邻白洋淀。

国朝

彭之年，字松斋，南乡山田段人。中乾隆庚戌科武举，兵部效力，授固源八营守备。解军需至库车、阿克素、叶尔羌有功，补安边堡都司。晋陕甘督标前营游击，往叶尔羌换防。历兰州参将、神木协副将，迁襄阳镇总兵。陛见，命射，称旨，赏戴花翎。后数召见。以年老乞休。会莲匪不靖，诏暂留襄阳镇抚。总兵马瑀在大营，襄阳兵多随麾下，之年募乡勇竭力守御，获贼党入城纵火者三人。又领兵至房县、竹山、竹溪诸路。贼乘间夜侵，见号火，旋遁。事平归里，置祀田，敦宗族。年八十一，卒。旧志。

刘德谦，字晓沧，南乡人。有智略。咸丰六年，襄办信字营军务，从按察使萧启江剿贼江西。九年，从征广西，克富川、贺县，俱有功。十一年，湖南巡抚骆秉章督四川，檄典护军，先后解（棉）［绵］州、眉州围。当其攻围眉州贼时，贼焚巢预走，德谦曰："贼十余万众，不战自走，诈也。"合诸军，严阵而进，果破贼伏。已而诸败贼走踞丹棱，互相援应。德谦恐久滋蔓，亟合军进剿，大破之，斩其贼酋。同治元年，攻铁山及八角寨踞匪，降贼党千余。又会各军，合剿涪州鹤游坪股匪，数战，擒逆首诛之。蜀平，撤勇归。二年八月，两广总督毛鸿宾奏调入粤办理营务。明年，复令回籍增募勇丁，为湖南巡抚恽世临奏留驻防郴州。时永州民因粮饷与官抗，大府檄德谦及总兵官带兵往办，德谦舍军，单骑往谕，且为酌定其程，众感服，及去，焚香张乐以送。霆营叛卒扰醴、攸，德谦率军趋渌口，兼顾潭、浏，复日夜驰逐，追及兴宁，击败之。六年，湖南巡抚刘崐檄督团勇捕浏东姜卢段匪党，并清查户口事，皆办。未几，疾作。明年卒，年四十有六。积功保至花翎、盐运使衔四川候补道、御勇巴图鲁。至是赐恤，加赠光禄寺卿衔，荫一子入监读书，六月期满，以州判候选。德谦伟躯广颡，博览书史，为文下笔辄千言，有雄直概。邑有义举，乐出资助。临终，戒其子从俭治丧，处分后事，皆当礼法。

黎定人，字晓吾，西乡小水人。县学生。豪放不羁，以办乡团功保训导。咸丰九年，同杨安臣败贼于祁阳，再以与解宝庆围功，保蓝翎知县。回浏，出家私募勇，不给，并鬻及弟产以济。明年，率赴粤西，隶巡抚刘长佑军，刘令襄办营务。贼踞粤之龙胜厅，定人往剿，贼迎战败走，遂乘之，追覆其巢，积阶保花翎知府。冬，还浏，因饥疲失御，军颇不戢，湖南巡抚翟诰奏降府经历。定人夙为长佑所器，复往粤，长佑令理楚军营务，并柳、庆、恩、太四府团练。已石逆窜宾州、上林间，长佑檄定人会诸营剿之，连战胜。时土寇窃发，有红教、白教名目，乃晓以大义，多反正。又古莲、三里、罗墨渡诸村土贼负嵎不出，往说降之。寻同剿贼于永福，又败贼张光友等于莲塘，以功复知府，加盐运使衔。时长佑欲令统军，会定人已病。同治元年，卒于军，年三十七。丧归，检其行箧，仅图书数卷、旧衣一袭云。

涂先声，字名英，东乡东门市人。州同职衔。咸丰二年秋，征义堂匪作乱，先声亟集乡人团练，设守御，并遣人往江西、湖北告变。已逻二贼，械送义宁州，不纳，则杀之。又杀里之通贼者，竿首于市。一夕，贼聚踏浒杓形宅，将以次日掠东门市。先声侦知之，密令某率团丁五百驰至其室，爇之，数十人无一脱者，贼由是气夺。峰田莠民倡应贼，再戮之。十二月，江忠源师至，大败贼，先声协捕余党，数日平。忠源招使从戎，以老辞。明年，为怨家所杀，年六十一。

李英，字陶村，县东六碓人。咸丰二年，征义堂匪既平，设局以筹经费，英一身管理出入，不惮艰苦。及粤匪犯界，团绅率丁堵战，需饷浩繁，而供给无稍缺。凡团练、捐输诸务，以一人总之，皆井井有条，任劳任怨，不为少懈者，垂二十年。叠保至蓝翎同知升用知府。同治九年，卒。

义行

明

余自修，南乡人。治家修谨，月吉，坐堂上，子弟雁行立，揖让进退，无失礼。知县苏志皋举为里约长，辞曰："老农但守家法，何能及人?"卒不赴。子执犁五十年，不入城云。旧志。

国朝

唐克泰，邑庠生，性慷慨。吴逆之乱，携妻饶避寇山岩，饶为贼所得，义不辱，自刎死，克泰抚膺痛忿，亦赴水死。后人哀之，为觅其尸，合葬万家冲之阳。祀忠义。旧志。○按旧志："吴逆之难，庠生百数十人，死亡过半，其著者：贡生董弼、庠生董卿、孙祇台、邓吉龄、邓明弼、汪天济、尹见、唐克振、袁泰、赵瑜、徐一贞、徐文明，凡十二人，俱全家遇害。又乡约鲁则圣、赵鼎卿、朱苓芰、汪君秀、刘定臣、邓俊公、刘鼎彝凡七人，里递周世邓、户丁周明仪、周素之凡三人，亦家无噍类。兵难之惨，于斯为最。"

罗启臣，西乡人。康熙丙辰，寇盗充斥，遗孩载路，启臣收而育之，全活甚众。邻邑民熊泽保，年十岁为盗掠卖其家为僮。先是，王姓女幼字泽保，已及笄，求泽保而归之，迹至浏，闻于官，邑令断使赎还。启臣慨然焚其券，公堂结褵，量给田产，时人义之。旧志。

欧阳信卿，西乡人。少失怙，母病，亲尝汤药。性方正，乡里敬之。恒以身先人，劝闾党早输国课。岁饥，出粟济人，无德色。旧志。

刘佑奭，北城人，监生。知县顾维钫修理文庙，令佑奭董其事。

尝同诸绅士禀迁育婴堂，增置田产，以广送婴路费。尝助金全两人夫妇。其他义举尤多。旧志。

陈邵，东城人。里有贫欲嫁其妻者，邵白父，助金全之。后卒嫁，偿金于邵，邵以修街石。尝倡修文昌阁、洗药桥。旧志。

黎华琛，字献廷，东城人，州同职。尝采节孝妇七百余人，建总坊于学宫前，费千余金。经理南台书院三十余年，置田产，增膏火。邑有义举，皆与焉。道光辛卯大水，倡捐，设厂施粥。己酉岁饥，禀借积谷平粜，后补复军兴捐饷项。知县赵光裕书“非公不至，见义必为”楹联赠之。

李文洛，字瑞庵，县东富溪里人，监生，以团防功授六品顶戴。道光时，有某馆其家，死无所归，为之祭葬尽敬，士林称诵。监利生某携其子游学过其里，某病死，为假馆殡葬如礼。里故有砖桥，知县周宗武建，岁久圮，文洛易以石，名其桥曰“继武”，以表遗爱云。

黎志生，字日林，西城人，州同职。嘉庆末，迁建学宫于东关外，极力董修，并捐资六百缗为一邑倡。承办南台书院，储经费，添斋房，置学田，增膏火，为诸生肄业计。邑向苦火灾，乃倡置水龙备急需，至今赖之。他如育婴、桥渡、义山各善举，咸乐成焉。

欧阳德润，北乡人，邑增生。遇岁歉，罄所储谷减值济贫。佃某子娶童媳，及笄，因小忿，欲出之。德润宽譬百端，赠以钗珥，二姓感泣，合好如初。

王才榜，东乡人。性孝友。早岁随父入都，尝扶父下车，忽堕轮下，轮从肩侧过，卒无恙，人谓孝报。佃某逋租，久不偿，反坐闹，即给钱遣归。是夕，佃死，盖预服毒，欲取偿于东主也。道光十一年，大水连岁，输粟减粜，以济饥民。他如倡修石塘铺路及诸义举，皆费多资。

彭荣渭，字澄清，北乡人。明大义，诸兄议析产，母梁愀然若有思，荣渭曰：“诸兄食指繁，宜多给。儿不敢取均，得五之一足矣。”母大悦。后家仍裕。道光间饥，减粜以济。有某负荣渭债，谋鬻妻以偿，亟呼至，焚其券。闻尚有他债，更以数十金畀之，其人感泣。乡闾有争者，常代钱排解。或侵其山，即与之。家人不悦，荣渭曰："与之所失小，争而成讼，失乃大也。"人服其论。

张光铭，字兆商，西乡人。设肆普迹，数焚债券之不能偿者。岁饥，运米减粜以济。有持衣质米者，反其衣，酌予之。邻某逾墙行窃，见之，曰："汝何为此？"给以盐米，令改行，终不言姓名。尤恤寒畯，遇应试缺资者，助之。又倡举育婴、施棺、修桥渡诸善行。以寿终。

王世相，字谦益，西乡大水市人。少贫，亲所欲，倾资不吝。中年家稍裕，兄弟已析箸，后私置产，复均分之。恩抚侄妇之少寡者。族弟某早死，给其家。没年八十一。

刘向洛，字名乐，南市街人。家故贫，一夕经河畔，拾白镪十余斤，觅其人还之。谢以金，不受。

黎志勋，字正名，一字筠林，西城人。居母丧，三日不食。事诸兄，执礼甚恭，病必亲调汤药。年未三十丧妻，不再娶。有子三人，教读曲尽启发。尤通晓音律，岁值文庙丁祭，襄教乐舞。邑同善堂施棺，属子捐银千两，知县赵光裕详请旌表建坊。没年四十有四。

周平恕，字以忠，北乡人。值诞日，长跪不食。少时家已析箸，季弟早没无子，乃与仲兄朴庵为立后，并割己产予之。族党有急，必周恤。尤喜读书，届试期，遇寒畯，出资助。债有难偿者，焚其券。岁祲，减价以粜，于极贫不取值。家量大贷小收，每入，置木其中，出则去。今子孙虽中落，量之出入如故。

李祖舜，字绍陶，西乡人，监生。性耿介，遇事一秉公正，乡里敬之。岁饥，首倡减粜。咸丰初，粤逆犯长沙，百嘉山土匪乘风抢劫。祖舜办团练，率团勇捕首犯者，并获串会中之大盗五名，遵示杀之，匪风以息。没年八十七。

黎定矣，号诚斋，志生次子。中道光乙未乡榜。性朴质，弱冠失怙，母氏舒教督綦严，定矣恪遵母训，侍奉维谨。事长兄极恭，待诸弟友爱，一堂雍睦无闲言。生平布衣粗食，淡泊自安。遇邑中书院、育婴、同善各义举，辄慷慨乐助。族众每因贫废读，捐金数百，倡建义学。祖祠圮于水，出资倡修。后以遭时多故，日夜忧劳，至废寝食，遂郁抑成疾。没年五十七。著有《远景堂文集》六卷，待刊。

刘运修，字懋潜，南乡西阳山人，同知职衔。家素饶，自俭朴而不吝施与。邑建兴贤局，运修捐金襄费，督工逾年不懈。

张为台，字凌虚，国学生，南乡荆坪人。性鲠直，急公好义，凡造修桥梁、道路及应祀祠庙，常措金襄事不吝。邑建兴贤局，与刘运修举其事，鸠工庀材，始终不怠。知县赵瑜称为“上舍清品”。

乐善好施

明

胡应珠。少孤，母氏鞠育成立。乐周穷乏，乡人借以举火者数百家。称贷不能偿者，辄焚其券。县令以“善人”旌之。旧志。

国朝

欧阳震先，旧志缺“欧”字，今从《欧阳氏谱》更正。字公亮，一字松林。性好善，嗜学能文。顺治间补县学生，从游者间给资斧，多所裁就。尝训子曰：“为善不坚，因人阻耳。汝曹惟无愧于己，不必强同于人。”岁祲，里多不举火，震先出所藏赒之。年七十余，犹手不释卷。没。祀忠义祠。旧志。

刘光照，字昌时，南市街人，例贡生。以孝友闻，曾于母生日施棉衣百领、棺百具，以周贫乏。岁饥，减粜值。又尝禀县禁放牲畜，种秋粮者得免蹂躏。年八十五，没。旧志。

廖经纶，好义急公，尝捐资赈饥，乡称善士。旧志。

胡承烈，监生。母病，誓神，捐谷三百石贮仓备赈，病愈。知县顾维钫详上宪，给匾奖之。旧志。

邱巍，西乡人。顺治初饥，施粥食，捐山掩骸。有李某运漕，舟破，沉米四十余石，县勒追，巍代偿，其人感泣，书券，愿服役，焚之，卒无德色。孙澍、曾孙生鹏兄弟，蠲租减粜，有祖、父风。乾隆十八年，详报督抚，题其闾：一“义风世美”，一“余庆流徽”。旧志。

柳时玉，东乡人，好义举。邑以逋赋，死徙无算，时玉悯之，代偿千金有奇，众感泣。旧志。

陈万钟，北乡人。家不甚饶，尝督子妇勤耕织，而以其余济人，全伉俪，施饘粥。乾隆己亥及嘉庆辛酉、癸亥之岁，饥民络绎，万钟于屋侧结草棚，别男女给盐米养之，老病、生产者有加。修西冲、龙骨市、双江口、黄江四桥，费六百余金，不勒名。年八十有三，与妻刘氏同日没。旧志。

朱绍贤，北乡人。敦本谊族。有全家疫死，遗孤雏，无敢问者，绍贤携归，视如己出，割腴田三十亩安其家。捐基建祠，复捐田百亩，凡族人应试及不能丧葬者，俱助资有差。旧志。

陈辅仁，北乡人。家置一仓，贮谷称贷，族邻贫者不取息。又捐田三十八亩，供族子弟应试费。里人义之。旧志。

邱民坊，字德音，监生，西乡人。性慷慨，每遇岁歉，辄减粜以赒邻里。又捐田百亩为家塾，曰郻田书舍，以训族中子弟，人咸称善。旧志。

陈泰，西乡人。尝焚债券，蠲逋租。有族侄少孤贫，栖身无所，泰割田六十亩与之，乡人称颂。旧志。

黄学礼，东乡人。施棺济贫。先是，其祖以木制馒形，入谷时置斛中，出则去之。学礼守其法，粜谷之量升大于斗，斗大于斛，戥则钱小于两，两小于槖，以利粜之少者。有土豪某垦田，壅塞水道，众忿，欲与斗，学礼重价购其地开沟，众赖以安。旧志。

周年华，字宋臣，北城人。修古江、沔江、韩家港、羊古、浦子港、河溪、枫浆、永安、八仙诸桥，置义山，平道路，费万余金，乡人德之。奉旌建坊。旧志。

黎际时，东乡人，例贡生。素谦恭，喜施予。乾隆戊戌饥，际时捐赈费五百余金。又捐南台书院田十亩、东屯渡田十亩，桥道、寺观亦多所修建。子文辅，通判职，捐修奎星阁。嘉庆二十三年，奉旌建坊。旧志。

刘如华，南乡人。修清江口、上沙溪、中沙溪三石桥，费三千金。施茶种树，以便行旅。雍正间，知县周之相旌其闾曰“德光天禄”。旧志。

王良泮，东乡人，州同职。家素封，赒恤乡里，每岁腊减粜。子才果，布经历职，慷慨有父风。初，泮谋与兄良汲建塔县西，未及为而卒。果承母李命，与伯汲共成之。捐宾兴田二十亩、东屯渡田五亩、施棺田二十亩。嘉庆时续修《通志》，捐费千金。置义山，葺桥路，共费万余金。藩宪翁额其闾曰“力行承志”。嘉庆二十三年，奉旌建坊，议叙加一级。才果没，其母复捐长沙石塘铺路费千金。旧志。

宋远宁，西乡人。性质直，喜施药、施棺。会续修《通志》，远宁命子登道助捐千金。藩宪翁额其闾曰“导风义路”。旧志。

刘文朝，字百禄，北城人，布政司理问职。勤谨俭朴，遇诸义举，佽助不吝。经理育婴局务垂二十年，先后捐银千余两。疾革，呼子士楷，谕以力行善事。没，年七十六。旌表建坊。士楷，字廷谟，州同职。性朴实，克承先志，接办育婴局事十四载，捐银七百余两。咸丰壬子，堂匪骚动，县痞乘风劫其家，时有窃士楷名禀县，藉以陷害良民某某者，士楷为白其诬。年七十二，卒。

宋远沅，西乡人，邑庠生。家仅中资，而喜济人之急，尝助贫者棺，所费多金，不少吝。遇修桥路津渡，皆乐助之。

黎文望，字心德，东乡人。县学生，府经历职。富而俭，自奉淡泊。性慈仁，见鳅、鳝之属，买而放之。姻党贫乏者，时加周恤。置义田二百三十余亩，以为施药、施棺、救婴之费，今子孙犹踵行不懈。当时曾有五代同堂之庆。

张良赞，东乡张家坊人，例贡生。尝捐六千余缗建义学，延师授乡子弟读，已复捐产作脩金、膏火费。后众姓助捐，改为洞溪书院，皆其义风所导也。道光末，良赞妻陈遗属加捐。事上，得旌表建坊，并题“急公好义”以表其闾。

曹应奎，字亮斋，县西纱帽港人，监生。生平广行善事，置公渡，捐义山，又独施汤药、棺木，救生恤死。每行事，必载之书，曰《正心录》。又著有《醒世金丹》。董兴贤局事九载，已而没。

李名禧，字安徽，南乡沙溪人。家素饶，好施与，族兄弟有窘乏者，周之。立救婴法，生女之家，每名给钱三缗，作乳养费，前后全活者甚多。施棺计百数十具。岁歉减粜，罄则买谷济之。疾革时，属其子出千金助修文庙。知县赵光裕为作传，谓其诚心好善云。

王才林，字竹轩，东乡三口段人，恩贡生。嘉庆二十三年，知县羊拱辰谕迁学宫，才林曾捐重资，与邑人士共勷盛举。道光年间，知县赵瑜谕复先农神坛，才林请于父，捐资独建。复捐谷六千四百石，以济邻里，备荒歉。又省城督学署前街道甚隘，入场时士多挤遝，因购地捐建坐棚，士林称便。

王才本，字立轩，东乡三口段人，州同职。曾勷理邑宾兴事，筹画周详，费遂饶裕。捐田八十亩，佽狮山书院膏资。又捐谷二百五十石，储积备饥。此外如捐大粟渡资，暨施药助棺，义举尤多。

涂先程，字家瑞，东乡人。性长厚，有侵其产者，不与校。佃某逋租未偿，退佃时仍给还规金。将没，属其子捐钱千缗，设局救婴。

冯来仪，字凤南，县东崇乡界人。因城厢育婴堂距乡地远，别捐钱八百缗，于上东团设育婴局。没年七十六。

方技

明

郑元龙，字云从。以医名，病者以元龙至否决生死。或问其术，元龙曰："天下之客气常有余，而生人之元气常不足。惟不足，故有余者恒入，而夺其舍以居，于是纵横驰骤，乘间窃发。庸手见之，以为人之有余也，从而损之，于是客气愈炽，元气益亏，是犹盗者讻于主人之室，不能驱盗，而反挞其主人也。吾恒厚恤其主人，而治其客，是以病四至而应之恒一也。"节《通志》。

国朝

袁宗嚣，字羽高，一字宗翥，县西人。试不利，以资入监，遂治医。不泥古方，决人生死奇中。戚某女七岁疾笃，宗嚣诊之，曰："不死。虑十八岁耳。"后果然。有儿死逾时者，嚣至，察其脉，炒麻黄数升，卧死儿其上，顷之苏，共神之，争延视疾。尝见儿嬉戏者，曰："是儿某年当得废疾以夭，今灸之可免。"其母不信，卒如所言。有少年故求诊，嚣诊之，曰："疾不可为矣。"少年笑而去，逾两日，果死。他率类此。年八十七。其徒无有能继之者。乾隆间，大吏多表其庐。巡抚浦霖额曰“橘井回春”，学使钱沣额曰“学贯景垣”，布政使王德懿额曰“肘后遗经”。

丘壑，字万山。工画，兴至云山万里，一挥而就。历游所至，多与知名士交。诗亦有豪气，所著有《读画轩稿》。

任瞻山，字师韩，北乡人，监生。治医有神悟，于阴阳虚实，辨之最晰。初更事两师，未得其要，乃讨古方书，精探奥旨，三年有得，出视疾，能识其源。或病，曰：“中而叹，昳而号，夜半乃休。”瞻山曰：“午阴生，子阳生，其候为阴贼阳。”扶其阳，哭果已。常言：“治病如防敌，当知寇所出没，与所以安良之术。不然，且速祸。”故其用思也必慎，既切脉，而又问，虽隔垣辨声，能决人生死。一时习其术者数十人。所著有《任氏医案》五卷，藏于家。

仙释

宁、刘二真人，不知何许人。隋时览洞阳之胜，开山栖隐，后仙去。旧志。

龙湖禅师，名普闻，唐僖宗第三子。往湖南石霜寺参禅，及去，嘱之曰：“汝逢乾即止，逢陈即住。”至邵武间，问其山，曰“大乾”，问其居，曰“有一道士姓陈”，遂悟，结庵居焉。见《山堂肆考》并《渊鉴类函》。《通志》同。

宗智，唐时豫章海昏张氏子。幼依槃和尚受教登戒，预药山法会，密契心印。药山在澧州。南唐时有绛州韩氏子出家，纳戒于衡岳，后居药山，号惟俨禅师。宗智，其法嗣也。有施主施裩，药山提起示众曰：“法身还具四大也无？有人道得，与他一腰裩。”宗智曰：“性地非空，空非性地，此是地大，三大亦然。”药山曰：“与汝一腰裩。”后入道吾，有老人作礼曰：“吾山中娑伽龙也，待师久矣。”遂卓锡山中。大和九年九月，示寂。将行，谓众曰：“吾当西迈，理无东移。”言讫告寂。阇维，得灵骨数片，建塔道吾。后大雷电，迁于石霜山。见《楚宝》《通志》、旧志。

庆诸，唐时庐陵新淦陈氏子。落发，诣洛下，学毗尼教，虽知听制，终为渐宗。回抵沩山，沩山灵佑禅师，福州长溪赵氏子，出家。游江西，参百丈，为典座陀。后居大沩山开法。为米头。一日，筛米，沩山于地上拾得一粒，曰：“莫轻者一粒，百千粒尽从者一粒生。”庆诸曰：“未审者一粒从甚么处生？”沩山呵呵大笑。后参道吾，宗智也。忽有省，避世混俗于浏之陶家坊，人莫识也。会有僧举其诗句似洞山，洞山曰：“浏阳有古佛出耶？”于是宗风大畅。居石霜二十年，学众长坐不卧，屹若朽株，天下谓之“枯木禅”。僖宗闻其名，赐紫衣，辞不受。光启四年告寂，葬院西北隅，谥普会大师。见《楚宝》《通志》、旧志并《指月录》。〇湘潭周圣楷《楚宝》曰：“石霜在潭州浏阳县西北八十里，又名霜华山，南接醴陵，北抵洞阳，山峻水激，触石喷霜。嗟乎！法道胜时，石霜、道吾俱为选佛之场。曹溪一滴，云邮相望。乃今则荒榛风冷，五叶飘零，谁复有问西归者哉？”

性空禅师，住石霜山。僧问：“如何是西来意？”师曰：“若人在千尺井中，不假寸绳，你若出得，此人即答汝西来意。”仰山后问耽源：“如何出得井中人？”耽源曰：“痴汉，谁在井中？”仰山再问沩山。沩山乃呼“慧寂！”寂应：“诺。”沩山曰：“出也。”仰山曰：“我在耽源处得名，沩山处得地。”《传灯录》。

楚圆，字慈明，宋全州李氏子。旧志：“出泉州清湘李氏。”《楚宝》作“全州”。少为书生，年二十二出家。母有贤行，使之游方。遂谒汾阳，汾阳默器之。凡二年，有悟，曰：“是知临济道出常情。”后依唐明嵩禅师。嵩谓之曰：“杨大年内翰知见高，入道稳实，子不可不见。”楚圆乃往见杨。杨馆于斋中，告驸马都尉李遵勖曰：“近得一道人，真西河狮子。”自是，楚圆往来杨、李之门，以法为友。久之，辞还，历游洞山、仰山、在江西。南岳。尝赴道吾之请，住石霜。会李都尉将捐馆，招楚圆至京话别。楚圆问：“何如是本来佛性？”李曰：“今日热如昨日。”随声问楚圆：“临行一向作么生？”楚圆曰：“本来无挂碍，随处任方员。”李曰：“晚来困倦。”更不答话。楚圆曰：“无佛处作佛。”李于是泊然而逝。楚圆哭之恸，临圹而别。有旨赐官舟南归。楚圆寻于后年示寂，年五十有四。塔于石霜。见《楚宝》《通志》、旧志。

李开，字碧眼。师尔占和尚，得嗣法，住石霜寺。能诗文。《府志》。

陈真人，名世贤，字荣芳，县北人。旧志：“县南人。”今县北横塘段陈氏云真人族。父永泰字安贵，一字有仁。早卒，事母戴，不敢稍离。母没，裹粮游武当山，历诸名胜而归。一夕，或唤卖铁拐李，询所往，曰：“大光洞。”陈遂与友某从之。友饥而反，陈曰：“固知汝不脱人间烟火气也。”以所携干糗与之，陈卒坐化于祖师岩。相传乾隆三十八年除夕坐化，年四十六。形不朽，或祷辄应，真人故业缝，刀尺犹存。民间竞祀之。道、咸以来，祈雨捍寇，尤著灵异。咸丰八年，敕封昭显真人。附：李照莲《陈孝子传》云：“陈仙名世贤，孝子也。人以其留体祖师岩仙之，而未有称其孝者。岩于浏东为最高阜。始死，人未及知，独其甥岁一来省，与居民言，皆不信。有樵者至崖畔，见石龛下人欹而坐，呼之不应，视之若生，察之兀然尸也，惊为神。归告里党，里党人始悟其甥言，则仙之。或病，祷辄验，遂益呼为仙，为之庙祀，而仙名大著，卒莫有称其孝者。鲁君曰：‘嗟乎！天下孝子仁人汩没于庸俗耳目多矣。盖陈仙吾乡人，纯孝子也。’或曰：‘吾少游北乡，闻仙为母茹素，慕之，访诸其甥，止称其得仙，未尝言孝。’鲁君曰：‘然置伦常而语神怪，其甥之罪也夫，其甥之罪也夫！虽然，行已著于吾乡矣，夫何憾？昔者，吾尝闻之故老曰：仙，贫人也，少丧父，以缝衣给其母。其家居事人，不恒见。其食于主人，则必默准其母供膳，母膳酒肉也，己方酒肉；母蔬也，己亦惟蔬。主人初怪，问之，曰：“今日茹素。”久之，主人得其情，曰：“陈某不食酒肉者，为其母之无酒肉也。”于是近邻或有酒肉，先遗其家，告之曰：“已遗尊母矣。”则感泣拜谢。而“酒肉仙”始以此重于主人，卒以此称于乡党。迟之又久，而闻者皆为之流涕也。后自度其母不能常餍酒肉，而己于人家多有之，又不欲过烦主人，遂终日茹素。母死，既终丧，主人劝令茹荤，曰："生无以为养，死无丰腆以祀，世贤独生，安忍独食？"则终身茹素。'罗君宝臣者，亦仙同乡人也，癸未与吾同试长沙。予因感鲁君泰崖言，尝就访仙事母状，罗君曰：'仙之孝行甚伟，惜不传，仅传其轶事。盖里人云，仙母畏雷，每震电，仙必抱其母，冀无恐。或疾雷不止，则长跪乞雷霆少息，垂涕洟。及母卒，葬近宅，遇雷雨则奔伏墓前，儿啼曰："孩儿在，母无恐。"如此者，虽在外必归，虽深宵不懈。后数十年，不知其所终矣。'予应曰：'嗟乎信哉！天下孝子仁人汩没于庸俗耳目多矣。夫神仙之事，荒渺无稽，予向尝为《求仙辟》矣。今即君与鲁君观之，则求仙孰如尽孝。而世之人或弃父母以治仙术，恨不举陈仙之事以觉其迷也。'"

晓迷，字无碍，县北寻氏子。幼披剃永兴寺。嘉庆初，飞锡长沙谷山宝宁寺。后入麓山为屈子祠住持。能诗，著有《无碍诗草》，新化邓湘皋采入《沅湘耆旧集》。附：《漫兴》云："禅关昼静无来客，花阴覆地日光白。一榻茶烟香歇时，兴来又着游山屐。昨夜秋林落叶多，失却松边卧云石。莓苔净处枕书眠，众禽见惯飞翩翩。归来不记下山路，夕阳已上樵人肩。"《山居三首》云："一径沿溪入，藏身此觉安。风光三月澹，雾气四时寒。庭草碧铺阒，院花红覆栏。是非都不管，幽境好盘桓。""市远尘嚣少，山幽景色殊。石奇纷偃仰，松老半生枯。坐爱莓苔净，卧惊猿鸟呼。悠然忘物我，只此学如愚。""浑无烟火气，落落一缁流。水碧澄僧眼，松青映佛头。斋厨泉度笕，真趣月当楼。此境足潇洒，相将问满休。"时所居寺侧有真趣楼，故三首云然。又《即事五言绝》云："十雨喜一晴，山头听泉去。霏霏苍霭间，人声在何处？"《访寻居士希颜》云："种花山人山下住，花深岭复不知处。一路屐痕风雪中，石桥溪岸看梅去。"

僧载舟，县西延寿庵住持，没年百一十岁。旧志。

胡孝仙女，明时北乡人。性至孝，父维生、母粟氏善病，女持斋诵佛，祷以身代。年二十，端坐而逝，成化甲午年端午日生，弘治癸丑年中秋日坐化。异香满室。时人立庙祀之。在李家巷，并塑长沙广济宣威李真人女弟像，合祀之。今称孝仙祠。今遗蜕尚存，旱祷辄应。

补遗

武略

王澍，字光北，号楚珊，东乡人。家本素封，由监生援例为县丞。咸丰四年，贼窜江西袁州各属，势甚张。澍团结乡人子弟，堵御上庄、营子岭，贼不敢犯。五年冬，贼陷万载，知县李吉言乞援于浏，澍奉檄率信营勇随按察使萧启江进剿，军饷一出澍自备。六年夏，万载复，移师攻袁州，复其城。毁家资充饷至七千余缗，叙功以州同用，赏戴蓝翎。是年冬，以疾归，复割膏腴三百亩建立义学，为族中子弟肄业膏火之资。年四十八，卒。

宦绩

陶良瑜，字仲熊，号石夫，南乡人。幼聪颖，性孝友，植品端方。年方舞勺，即入黉序，十四旋食饩。康熙丁酉，举于乡。雍正甲辰，成进士，授四川金堂县知县，清廉自矢，折狱平反悉中。尤勤抚字，爱民如子。上宪檄买积谷，瑜曰："金堂民力竭矣，何堪此？"上书，得免。暇辄与诸生讲学署中，申明忠孝大义。比去，士民感戴，咸称廉正慈明。见《金堂志》。年五十八，卒。著有《参订半窗廿一史略》及《就正集》行世。

卷十九　列女一

纪伯姬之归，宋伯姬之卒，《春秋》皆大书焉，阐潜德之光，励从一之义也。《后汉书》创传《列女》，所见卓矣；而录蔡琰，君子有微辞焉。甚哉！立身一败，万事瓦裂，女之从夫，士之事君，非可苟焉已也。国家崇奖节孝，至渥极优。方志所书履洁怀清者以千计，而至性过人，缺环终老，慷慨捐躯，薄风云而贯金石，复后先相望。四维之张，人纪之立，于是乎在！岂得以过激而疵之哉？他如敦任恤之谊，擅妍雅之才，亦林下风所著美也，并著之，以华其纪。

节

元

胡刘氏，县东胡腾远妻。年二十八夫故，一子夭，孑身奉姑，历兵乱而志不替。没年七十一。明洪武十五年旌。《通志》："洪武七年旌"，"腾远"作"胜远"。〇《戊寅志》云："此条各志俱编前明。查乙巳、甲申《志》未标年代，有'夫死元己卯'之语，至明洪武十五年，并前二十八岁，适符七十一岁。据此，氏在元已五十余年，应编元代为是。”

明

陈段氏，县西陈恭妻。年二十三夫故，守节，以纺绩资养舅姑。没，葬如礼。没年五十九。天顺二年旌。“陈恭”，《明一统志》《通志》均作“陈忠”。

刘谭氏，举人刘爵荣妻。年二十六夫故，一子四岁，以礼葬夫毕，欲殉夫，继念姑老子幼，忍死养亲教子，以成夫志。比姑没，子亦亡，氏独守孤帷数十年，志节弥坚。

彭陈氏，县城彭汝器妻。年二十八夫故，无子，抚一子，寻没，孝事舅姑，终无二志。没年七十三。知县郑汝清额其庐曰“贞节”。

胡李氏，县西胡大华妻。年二十八夫故，氏以身殉，姑救免。教二子成立，艰苦备尝。没年七十五。国朝道光二十三年旌。

张欧氏，县西张天葵妾。年十八，葵没。闺门严肃，时人有“欧氏庭长苔，无人往复来”之语。临终，语诸妇曰：“吾守节七十余年，惟床枋有牙痕，户外无秽声耳。”尝建庵花园里，后人因名曰祖节庵。国朝道光二十三年旌。按《戊寅志》云：“氏为嫡所忌，故志未载而朝无褒。今因邑人士为诗成帙，其事有据，亟登之。”○以上旧志。

黎刘氏，县学生黎琇妻。年二十六夫故，守节。没年六十四。嘉靖时，知县萧敷额其庐曰“节孝流芳”。国朝道光二十三年旌。

何谢氏，县南何永富妻。年二十夫故，抚孤守节。没年八十。

国朝

谨案《会典》：“直省府、州、县、卫各建节孝祠，祠外建大坊，旌者题名，已故者设位致祭。凡节妇不论妻、妾，自三十岁以前至五十岁或年未五十身故，旧例经十五年，今改十年，果系孝义兼全、厄穷堪悯者，一体给银三十两，本家自建专坊。其循分守节、合年例者，给与‘清标彤管’四字匾额，节孝祠内另建一碑镌名，不设位，不给坊银。曾因夫受封，夫死守节者，不准旌表。道光七年，江苏巡抚陶澍题准，武进、阳湖两县贞、孝、节、烈妇女给银三十两，总建一坊。嗣经礼部议奏，凡采访贞、孝、节、烈，归年终汇题。其尚未建坊之处，给银三十两，官为总建一坊。已建坊者，续镌姓名于其上，不再给坊银。如本家自建专坊，或地方绅士愿捐建者，仍听其便。”

刘黄氏，廪生刘祐祚妻。年二十九夫故，守志。太翁年老，姑亦孀居，氏奉事维谨。子启盛早殇，侄启杰嗣，教之甚笃。乾隆四年旌。

杨戴氏，县南沙溪里庠生杨嘉植妻。年二十九夫故，守志。继姑陈氏病痿痹，委顿床褥，氏扶持奉养，历十八年，未尝少懈。没年八十余。乾隆二十二年旌。

陶刘氏，县南陶辉洛妻。年十九夫故，姑以其年少无子，谕以他适，氏泣曰：“夫病时，已咬指誓矣。”卒抚侄以守。乾隆四十一年旌。

许李氏，县北许明仕妻。年二十三夫故。族有利其产者，商邻妇诱之嫁，氏曰：“夫以遗孤托我，当竭力保护。万一天绝许氏，以死继之。”妇惭而退。没年七十一。乾隆五十八年旌。

曾梁氏，县南曾国杰妻。年十六夫故，矢志不二。遗腹生子，抚之成立。没年五十八。乾隆五十八年旌。《通志》“国杰”作“国傑”。

周黎氏，县北周平奠妻。年十九夫故，矢志坚守，孝事舅姑。姑老，得脚疾，氏亦手患不仁，忍痛服侍。娣姒悯其劳，劝少息，卒不懈。嘉庆十二年旌。

余陶氏，县南槐花段余开第妻。年十九夫故，未生子，誓以死守。时无可承祧者，越六年，始以侄嗣。事继姑色养无违。没年六十二。嘉庆十二年旌。

罗彭氏，县西罗缨妻。年二十三夫故，鞠一子守节。孙、曾林立，五代同堂。没年九十二。嘉庆十三年旌，题其坊曰“节寿”。见“人瑞”。“罗缨”，《通志》《学册》均作“罗羲文”，《戊寅志》云：“一名希文。”

王周氏，县东三口段王良治妻。年二十七夫故，仅一女，抚侄以守。没年六十四。嘉庆二十二年旌。

唐汤氏，县东唐开第妻。年二十夫故，遗孤甫六月，家綦贫，鞠育辛勤，卒无二志，以节终。嘉庆二十二年旌。

宋周氏，宋洪鉴妻。年二十二夫故，恸不欲生，姑曰：“汝忘身有娠耶？何忍绝夫嗣？”乃节哀。逾月举子，抚孤以守。姻戚有贫不能娶者，命子出金助之。以孙职貤封安人。没年八十。嘉庆二十二年旌。

罗周氏，县东桥头里罗显涣妻。年二十九夫故，守节。姑善病，氏移就卧室，服侍不离。一子，受室未几，相继亡，遗一孙稚，抚之，备历艰苦。妇女或盛饰至家者，必诫之。没年七十七。嘉庆二十二年旌。

何李氏，何先达妻。年二十五夫故，遗腹生子，课读甚严，孝事继姑。生平不苟言笑，守节十六年没。嘉庆二十二年旌。“先达”，《通志》《学册》均作“生达”。

欧邓氏，县东欧化醇妻。年二十六夫故，三子相继亡，抚遗孙，茹苦完贞。没年八十三。嘉庆二十二年旌。

李江氏，县东李宗仍妻。年二十七夫故，守志，以节终。嘉庆二十二年旌。

刘欧阳氏，县南监生刘家琦妻。年二十九夫故，无子，逾十年，始抚侄嗣。没年八十一。以子职赠安人，孙职赠夫人。嘉庆二十二年旌。

周欧氏，县城监生周世弼妻。通《女训》诸书。年二十五夫故，遗孤甫五月，抚之以守。事姑孝。没年五十一。嘉庆二十二年旌。以子官累赠至恭人。著有《梅花阁诗草》。《哭外》诗云："一朝撒手各东西，极目泉台意惨凄。欲共死生情不忍，阿姑发白子初啼。独对灵帷哭断肠，离鸾自觉影俱凉。伤心恐惹慈姑恸，不带啼痕到北堂。"《蚕妇曲》云："仓庚鸣喈喈，采桑向南陌。叶少不盈筐，蚕饥妾心迫。蚕眠妾未眠，丝成供夜织。如许费辛勤，方能成匹帛。绮罗者谁子？剪裁不复惜。"《晓起》云："窗外鸟声喧，披帷天已晓。细雨湿苔阶，一夜生春草。"《木棉花》云："分得西番种，银砂一望平。花开成白地，衣被到苍生。毳集梨云软，绒飞细雪轻。纺车诸女伴，咿哑到三更。"附：衡山彭浚《传》略云："周节母欧安人，年十九归周亮斋公。周氏世有积德，好善乐施，为邑所推重。亮斋父禹门公早逝，时蒋安人柏舟自矢，抚二孤成立，亮斋公其冢嗣。安人事以孝，能曲体姑志。通经史，工吟咏，著有《绣余草》，藏于家。甫七载，失所天，遗一孤在襁褓，即国光也。悲痛欲以身殉，姑曰：'妇死，奈我老何！且呱呱者将谁属？'于是屏膏沐，却纨绮，自是诗亦鲜作，佐姑维持家政，一以抚孤为事，如是者三十年。国光既长，能诗，有《袖月楼诗钞》四卷付梓，长古学太白，诸体淡远学王、孟，画品亦高。尝语人曰：'八龄就塾，母氏之教居多。训课最严，而所得止此。'夫苦节，事之难者。周氏之节，一室相承，若继志。然为慈母易，为严母难，安人盖兼为其难者与！国光名倬，循例授职衔，侍养。时以母年例符，请旌于朝。"

孙周氏，县西孙淑栋妻。年二十六夫故，冰霜励志，以节终。嘉庆二十三年旌。"淑栋"，《通志》作"叔栋"。

唐黄氏，唐宏道妻。年二十三夫故，举遗腹子，抚之以守。姑患痰疾，服侍不懈。没年七十五。嘉庆二十三年旌。

刘李氏，刘光嵩妻。年二十六夫故，姑早丧明，氏极扶持，为涤垢污，不懈。无子，抚侄嗣守。没年七十五。嘉庆二十三年旌。

李张氏，县东李儒彬妻。年二十夫故，以侄嗣。娣姒十人，均和协。治家有法，勤纺绩，至老不倦。没年九十。嘉庆二十三年旌。

邱陈氏，邱业章妻。年二十六夫故，抚二孤守。姑患鼻痈，艰饮食，和丸以进，夜移卧姑榻，不避腥秽。没年八十六。嘉庆二十三年旌。“业章”，《通志》《学册》俱作“业璋”。

彭吴氏，县南沙溪里监生彭振国妻。年二十五夫故，冰操自励。夫家累世单系，氏只一子，抚之成立。遇舅姑生辰、讳日，致哀尽礼。没年八十六。嘉庆二十三年旌。

刘陈氏，县南清江里刘洪玑妻。年二十九夫故，遗一子，氏恸夫绩学赍志以没，誓不欲生，姑谕止。逢夫生辰、讳日，必诣墓祭。舅没，伴姑寝食，姑偶不怿，益敬事之，历四十余年不懈。岁饥，尝捐资设粥，以济贫者。没年八十三。道光十三年旌。

刘周氏，县南清江里刘洪琋妻。年二十二夫故，舅姑皆早没，事琋本生父母，孝敬不衰。遇贫乏者，乐周恤之。性俭而勤，人谓有敬姜之风。没年六十九。后以侄官貤赠八品孺人。道光十三年旌。

李周氏，监生李加穰妻。年二十七夫故，守节。没年七十。道光六年旌。

陈张氏，县北陈廷机妻。年二十六夫故，守节。没年六十六。道光十年旌。

朱李氏，朱汝光妻。年十九夫故，守志，以节终。道光二十三年旌。

周胡氏，周粹庵妻。年少夫故，誓不他适，以节终。道光二十三年旌。

朱周氏，庠生朱汝珂妻。年二十八夫故，守志，以节终。道光二十三年旌。

刘汤氏，刘淑衡妻。年少夫故，柏舟自矢，以节终。道光二十三年旌。

邱汤氏，邱生柱妻。年二十七夫故，守节以终。道光二十三年旌。

汪聂氏，汪子璜妻。年二十九夫故，守志以没。道光二十三年旌。

刘施氏，刘兆仁妻。年二十八夫故，守节四十余年没。道光二十三年旌。《戊寅志》云："兆仁即嘉盛。"

邓胡氏，邓大拔妻。年二十二夫故，守节。没年七十一。道光二十三年旌。

刘谭氏，刘士铭妻。年二十四夫故，无子，继嗣守节。没年六十四。道光二十三年旌。

曾谢氏，曾宗魁妻。年十九夫故，遗腹生子，抚之成立，以节终。道光二十三年旌。

罗彭氏，县西罗大恭妻。年十九夫故，遗一子，屡遭兵燹，家落，舅姑及父母劝改醮，不从。舅姑没，族某强之嫁，誓益坚。没年八十。曾孙中珩、中瑚，能以学世其家。道光二十三年旌。

周王氏，县东周天逊妻。年二十四夫故，抚二孤，长凤四岁，次舞二岁。家贫，织纴供朝夕，苦节数十年，教子成立。道光二十三年旌。

罗孙氏，县西罗非琢妻。年二十五夫故，事舅姑孝。舅与夫相继没，无子，或讽之嫁，氏曰："一家衰亡，忍他适耶？"历十八年，全节以没。知县汪焘表其庐曰"节茂松筠"，训导朱学素亦额表之。道光二十三年旌。

徐高氏，县学生徐文明妻。年二十九夫故，值滇寇至，奉翁姑走平江，行乞以养。翁姑没，竭力营葬。教子班读，亦补县学生。道光二十三年旌。

陈高氏，县南沙溪里县学生陈诰妻。年十八适诰，生子淑屏，甫晬，夫故，母家欲夺其志，氏不可，教子读书，克继诰志。道光二十三年旌。〇节邑人陈邵《传》云：“曾大母高氏，年二十而寡。生大父淑屏，每自塾归，灯前课读，或责之至血殷衣。初，曾大母之父怜女寡，以之归，且谋改适。一日，饮阁内，召曾大母前，别利害，对曰：‘利害定于当年，今何择？’外高祖促之，泣曰：‘恶用是哓哓然渎我也？’父大怒，狂呼翻案，以头撞阁柱，指前溪曰：‘是能以一口吃尽乎？’曾大母伏地对曰：‘不能。父即欲儿之嫁也，必无怒，愿与父约，父少定。’问：‘何约？’曰：‘万一溪水倒流，儿嫁期至矣。’父愕然，知不可夺，勉听之。及病棘，指笥帛示大父曰：‘母清白守节，有如此帛，今可以对汝外祖，见汝父矣。’遂没。”

刘陈氏，刘永隆妻。年二十夫故，守节，孝事姑嫜。子河生早亡，氏与寡媳抚孙成立。氏没年六十三。道光二十三年旌。

彭雷氏，彭廷玉妻。年二十五夫故，家贫，奉姑无嗟怨。姑欲令改醮，誓死不从。教其子成澍，补县学生，旋没。孙从虎，入武庠。氏守节五十余载，没年八十二。道光二十三年，旌。

娄欧阳氏、卢氏，欧阳氏，年十六归娄璋，生二子：世德、世业。璋没，姑潘病痿痹，氏奉汤药三年，无少懈。母怜之，欲夺其志，氏曰：“夫病时，以姑与两雏托我矣，何忍背之？”卒成其志。世德亦早死，妇卢氏年三十，仅一子，能继姑志，并以节孝闻。卢没年八十。道光二十三年旌。

李赵氏，监生李光瞳妻。年二十八夫故，守节，事姑晨夕不离。生三子，存一，教之成立。年七十余没。道光二十三年旌。

邱陶氏，邱生卓妻。年二十四夫故，姑与母悯氏年少，潸然泣下。氏闻之，正色曰：“夫病笃时，以老姑及二幼孤托我，今以我年少为伤，是疑我有他志也。”哭数日，不食。姑与母怜之，卒成其志。道光二十三年旌。

汪金氏，汪元宁妻。年二十四夫故，矢志守节，抚孤廷璠，教以义方。家贫，奉翁姑必丰赡，而自食菜粥。翁姑知之，废箸而叹，金曰：“氏自甘耳。”翁姑没，四时祭奠不衰。道光二十三年旌。

汪朱氏，汪元善妻。年二十四夫故，一子璜方在抱，兄弟以改嫁讽之，朱恐夺其志，遂不归。父病剧，乃归省视。翁姑年俱九十，目瞽，朱祷天求代，而姑左目忽明，人异之。日勤纺绩，以诗书课其孤，虽贫不倦。道光二十三年旌。

谭廖氏，谭文学妻。年二十九夫故，遗腹生子经猷，抚之以守。母怜其年少，子幼且贫，欲夺其志，氏泣拒之。翁姑衰迈，哭子恸，氏每强慰之，入室辄悲不自胜。没年六十余。道光二十三年旌。

娄程氏，娄世锡妻。年二十一夫故，矢志不嫁，侍姑朱三十余年不懈。抚二孤，课以耕读。佃民有以逋负欲嫁其妻者，倾囷给之。道光二十三年旌。

于黎氏，于子瞻妻。年二十七夫故，以节自矢。尝以甘旨奉姑而自茹菜羹。教其子化龙，补县学生。道光二十三年旌。

刘李氏，县南刘宏佾继妻。年二十九夫故，遗二子一女，矢志自守。姑病，侍左右八年。岁饥，命子以千金市米济贫者。子开创、开国，例贡生。《戊寅志》误岁贡生。道光二十三年旌。

黄羊氏，黄常臣妻。年二十九，夫病笃，未有子，适夫弟生男，请于夫，抚之。及夫没，舅姑劝再醮，氏曰：“妇已有子矣。”遂矢志守节，孝事舅姑。戚族不能嫁娶者，尝资助之。道光二十三年旌。

李郭氏，李光景妻。年二十四夫故，欲殉之，因姑老子幼，矢志守节。没年五十八。道光二十三年旌。

朱王氏，朱孟学妻。年二十四夫故，矢志守节。舅以氏年少家贫，讽之嫁，氏引刀断指，以死自誓，卒成其志。没年八十一。道光二十三年旌。

陈刘氏，县南百柱村陈日光妻。年二十八夫故，守节。没年五十二。道光二十三年旌。

黄章氏，县学生黄嘉思妻。夫馆于外，暴亡，时氏年二十八，欲以身殉，因姑老，忍死奉事，备极孝敬。没，葬如礼。抚侄泰然嗣，教之成诸生。生平清操自励，以苦节终。道光二十三年旌。

徐朱氏，县北徐盛恩妻。年二十八夫故，守志。值归宁经夫墓，必恸哭乃去。讳日，极哀，不御酒肉。严内外，女子十岁以上不出中门。孙女嫁寻姓，亦以节闻。教二子成立。没年五十二。道光二十三年旌。

杨余氏，县南沙溪里杨镜川妻。年二十六夫故，无子，矢志守节。没年四十三。道光二十三年旌。

刘李氏，县南清江里刘洪诰妻。年二十八夫故，守节。没年四十六。道光二十三年旌。

胡何氏，胡光塾妻。年二十七夫故，无子，哭之恸。父微辞讽之，遽昏仆，绝而复苏，曰："儿无他计，有死而已。"乃劝其抚侄为嗣。没年八十七。道光二十三年旌。

柳张氏，柳秀智妻。年二十六夫故，子仅五龄，遗腹又生一子，抚二孤以守。稍长，亲授句读。有里人鬻田，署券毕，泣下，询之，曰："无以供母也。"亟焚券还田，而资以金。远近贤之。没年八十二。道光二十三年旌。

甘郑氏，县南沙溪里甘文灿妻。年二十七夫故，守节，事继姑以孝闻。没年四十四。道光二十三年旌。

陈余氏，县南百柱村陈大枝妻。年二十四夫故，守节。没年五十五。道光二十三年旌。

刘彭氏，县西刘朝樑妻。年二十九夫故，守节。积纺绩资，建永兴桥。没年七十八。道光二十三年旌。

张李氏，张廷材妻。年十八归张，夫病不能行，氏奉侍不懈。越二年夫故，无子，抚侄誓守。没年八十一。道光二十三年旌。

陈甘氏，县南沙溪里陈辉山妻。年二十八夫故，守节。尝捐资建柏舟桥于沙溪。没年七十二。道光二十三年旌。

甘彭氏，县南沙溪里甘文炳妻。年二十七夫故，守节。没年四十六。道光二十三年旌。

谭陈氏，谭富桂妻。年二十五夫故，一子方二岁，抚之以守。子没，复训孙成立。没年七十九。道光二十三年旌。

刘汤氏，县南清江里刘锡光继妻，仅生一女。年二十五夫故，守节，抚前子如己出。没年七十三。道光二十三年旌。

甘余氏，县南沙溪里甘文海妻。年二十三夫故，守节。姑病瘫，侍养二十余年不懈。没年七十八。道光二十三年旌。

罗余氏，罗诗恕妻。年二十七夫故，无子，抚侄为嗣。寻没，率媳胡氏同志守节。没年四十四。道光二十三年旌。

周彭氏，周学智妻。年二十四夫故，舅谕以改适，誓不二志。没年七十三。道光二十三年旌。

龙陈氏，龙永柏妻。年二十三夫故，守节。无出，抚侄嗣。里有因贫鬻妻者，助金全之。没年五十四。道光二十三年旌。

朱邓氏、徐氏，县北朱载昀妻邓氏，年二十九夫故，守志。抚孤兴培至成立，援例纳监。未几没，妇徐氏时年二十九，复奉姑以守。徐五代同堂。邓没年八十一。徐亦以节终。道光二十三年同获旌。

周李氏，周常盛妻。年二十四夫故，遗孤甫六日，抚之以守。没年六十八。道光二十三年旌。

周刘氏，周常齐妻。年二十四夫故，无子，抚侄嗣。忧郁成懵疾，没年三十九。道光二十三年旌。

刘张氏，刘宗伍妻。年二十九夫故，无子，夫兄弟皆早逝，乃抚从侄以守。没年八十三。道光二十三年旌。

周潘氏，周之盛妻。年十七夫故，矢不嫁。仅一女，继嗣复夭，悲恸而没，年三十七。道光二十三年旌。

胡吕氏，胡见龙妻。年二十六夫故，矢志守节。事姑孝，训子成立。没年八十。道光二十三年旌。

饶刘氏，饶万铎继妻。年二十四夫故，生子甫晬，氏茹苦守节。没年八十七。道光二十三年旌。

周汤氏，周年鹤妻。年二十二夫故，家贫，遗腹生子，抚之以守。没年六十四。道光二十三年旌。

周廖氏，周镇邦妻。年二十四夫故，遗腹生子，家贫，矢志坚守。没年六十五。道光二十三年旌。

吕周氏，县东吕得宜妻。年二十七夫故，家贫，誓守。没年九十八。五代同堂。道光二十三年旌。

周寻氏，周孔中妻。年十八适周，匝月夫故，父母以其家贫无子，谕再醮，氏引刀断指，矢志靡他，后抚侄嗣。没年七十四。道光二十三年旌。

刘周氏，监生刘宏儒妻。年二十三夫故，遗腹生子，矢志抚孤。没年六十六。道光二十三年旌。

胡彭氏，胡光谟妻。年二十六夫故，守节。没年九十八。五代同堂。道光二十三年旌。

邹田氏，邹在朝妻。年二十九夫故，遗腹生子，抚孤誓守。没年七十一。道光二十三年旌。

何张氏，何涟妻。年二十四夫故，遗腹生子，抚孤誓守。没年七十五。道光二十三年旌。

陈李氏，县南浒潭里陈建基妻。年二十夫故，甘贫守节。没年八十五。道光二十三年旌。

欧阳苏氏，欧阳道音妻。年二十五夫故，遗腹生子，抚之以守。没年七十五。道光二十三年旌。

张邓氏，张心龙妻。年十六夫故，遗腹生子，矢志坚守。没年八十三。道光二十三年旌。

吴陈氏，监生吴朝清妻。年二十七夫故，遗腹生子，矢志坚守。没年七十四。道光二十三年旌。

吴罗氏，从九职吴宗近妻。年二十七夫故，抚孤守节。没年八十。道光二十三年旌。

朱寻氏，朱宗尼妻。年二十三夫故，遗腹生子，抚之以守。没年六十四。道光二十三年旌。

朱柳氏，朱雨拜妻。年二十六夫故，遗腹生子，抚之以守。没年五十一。道光二十三年旌。

张李氏，张履埴妻。年二十七夫故，甘贫守节。没年七十七。道光二十三年旌。“履埴”，《通志》作“履植”。

王余氏，王绍兰妻。年二十七夫故，甘贫守节。没年五十五。道光二十三年旌。

郝董氏，郝文裔妻。年二十九夫故，无子，继嗣守节。没年八十七。道光二十三年旌。

唐马氏，唐兴科妻。年二十八夫故，家贫守节。没年七十八。道光二十三年旌。

唐张氏，唐济拔妻。年二十七夫故，家贫守节。没年五十二。道光二十三年旌。

欧李氏，欧汉礼妻。年二十六夫故，无子，继嗣守节。没年八十三。道光二十三年旌。

廖汤氏，廖宣世妻。年十八夫故，仅遗一女，抚侄守节。没年八十一。道光二十三年旌。

张吴氏，张万起妻。年二十九夫故，无子，抚侄嗣守。没年七十四。道光二十三年旌。

李黎氏，李正达妻。年二十一夫故，家贫，守志不替。没年八十五。道光二十三年旌。

周章氏，周光礼妻。年十九夫故，无子，继嗣守节。没年七十一。道光二十三年旌。

彭陈氏，彭世榜妻。年十九夫故，无子，继嗣守节。没年六十一。道光二十三年旌。

彭刘氏，彭世桂妻。年二十三夫故，无子，继嗣守节。没年五十七。道光二十三年旌。

刘余氏，刘宏瑚妻。年二十八夫故，抚孤守节。没年八十七。道光二十三年旌。

张刘氏，张洪清妻。年二十五夫故，无子，抚侄嗣守。没年五十七。道光二十三年旌。

刘宋氏，刘天烋妻。年二十九夫故，守节，孝事翁姑。没年六十二。道光二十三年旌。

傅黄氏，傅邦彦妻。年二十七夫故，甘贫守节。没年四十五。道光二十三年旌。

黎叶氏，黎景岱妻。年二十夫故，家贫，守节不渝。没年八十二。道光二十三年旌。

谢陈氏，谢秉名妻。年二十七夫故，甘贫守节。没年六十六。道光二十三年旌。

黎蒋氏，黎中行妻。年二十四夫故，抚孤守节。没年八十三。道光二十三年旌。

罗龙氏，罗德显妻。年二十五夫故，甘贫守节。没年六十六。道光二十三年旌。

徐王氏，徐楫妻。年二十八夫故，抚孤守节。没年七十七。道光二十三年旌。

刘王氏，刘启第妻。年二十九夫故，抚孤守节。没年五十六。道光二十三年旌。

彭张氏，彭金阙妻。年二十七夫故，甘贫守节。没年七十二。道光二十三年旌。

鲁周氏，鲁云汉妻。年二十二夫故，甘贫守节。没年七十七。道光二十三年旌。

彭胡氏，彭金殿妻。年二十五夫故，守节，教子成立。没年七十三。道光二十三年旌。

何陈氏，何正位妻。年二十七夫故，守节。没年九十七。见玄孙。道光二十三年旌。

李邱氏，李相允妻。年十九夫故，遗腹生子，抚之守节。没年七十六。道光二十三年旌。

舒张氏，舒怀宽妻。年二十三夫故，守节。没年六十九。道光二十三年旌。

张熊氏，张富罗妻。年二十一夫故，守节。没年六十三。道光二十三年旌。

王周氏，县东三口段王梦槐妻。年二十七夫故，守节。没年五十六。道光二十三年旌。

江唐氏，县东塘田市江显佑妻。年十九夫故，守节。没年六十。道光二十三年旌。

黎刘氏，黎大材妻。年二十八夫故，守节。没年八十五。道光二十三年旌。

谭周氏，谭光炘妻。年二十五夫故，守节。没年六十三。道光二十三年旌。

王李氏，王万镄妻。年二十六夫故，守节。没年九十四。道光二十三年旌。

贝胡氏，县东贝光禄妻。年二十八夫故，守节。没年六十三。道光二十三年旌。

钟张氏，监生钟如文妻。年二十一夫故，守节。没年九十。道光二十三年旌。

罗邬氏，县东罗仁先妻。年二十七夫故，守节。没年九十二。道光二十三年旌。

鲁李氏，鲁世材妻。年二十一夫故，守节。没年九十七。道光二十三年旌。

汤罗氏，汤定拔妻。年二十六夫故，守节。没年五十一。道光二十三年旌。

汤廖氏，汤英煌妻。年二十五夫故，守节。没年七十一。道光二十三年旌。

欧鲁氏，欧其禄妻。年二十五夫故，守节。没年四十七。道光二十三年旌。

涂罗氏，涂清文妻。年二十七夫故，守节。没年四十七。道光二十三年旌。

黎陈氏，黎际镇妻。年二十三夫故，守节。没年五十二。道光二十三年旌。

汤刘氏，汤学书妻。年二十四夫故，守节。没年八十。道光二十三年旌。

卜徐氏，卜永凰妻。年二十四夫故，守节。没年七十八。道光二十三年旌。

钟张氏，钟联魁妻。年二十一夫故，守节。没年六十九。道光二十三年旌。

彭黎氏，彭应炳妻。年二十九夫故，守节。没年八十六。道光二十三年旌。

萧胡氏，萧官稳妻。年二十九夫故，守节。没年七十八。道光二十三年旌。

唐张氏，唐启鸿妻。年二十一夫故，守节。没年五十五。道光二十三年旌。

彭瞿氏，彭应照妻。年二十七夫故，守节。没年六十一。道光二十三年旌。

彭尤氏，彭应焕妻。年二十五夫故，守节。没年六十二。道光二十三年旌。

蒋谢氏，蒋国琼妻。年二十八夫故，守节。没年七十一。道光二十三年旌。

舒张氏，舒怀珅妻。年三十夫故，守节。没年七十四。道光二十三年旌。

张胡氏，张心诚妻。年二十三夫故，守节。没年六十六。道光二十三年旌。

谢毛氏，谢赐瑞妻。年二十八夫故，守节。没年八十一。道光二十三年旌。

谢黎氏，谢赐珍妻。年十九夫故，守节。没年六十四。道光二十三年旌。《通志》：“二十一岁夫故。”

曾陈氏，曾毓俨妻。年二十六夫故，守节。没年五十八。道光二十三年旌。

余甘氏，县南槐花段余开明妻。年二十三夫故，守节。没年四十二。道光二十三年旌。

蔺龙氏，县南泉江里蔺瑞远妻。年二十八夫故，守节。没年八十九。道光二十三年旌。

刘陶氏，县南清江里监生刘名莲妻。年二十八夫故，守节。没年五十八。道光二十三年旌。

陶李氏，陶大维妻。年二十三夫故，守节。没年六十。道光二十三年旌。

孙汤氏，孙绍濂妻。年二十三夫故，守节。没年五十五。道光二十三年旌。

宋黎氏，宋洪钦妻。年二十三夫故，守节。没年六十六。道光二十三年旌。

胡罗氏，胡光坚妻。年二十六夫故，守节。没年五十。道光二十三年旌。

邹刘氏，邹志高妻。年二十八夫故，守节。没年八十二。道光二十三年旌。

张易氏，张宫申妻。年二十八夫故，守节。没年七十。道光二十三年旌。

陈黄氏，陈梁幹妻。年二十七夫故，守节。没年七十二。道光二十三年旌。

潘彭氏，潘次汉妻。年十九夫故，守节。没年七十五。道光二十三年旌。

袁欧阳氏，袁声清妻。年二十三夫故，守节。没年七十三。道光二十三年旌。

袁吴氏，袁次玉妻。年二十八夫故，守节。没年八十三。道光二十三年旌。

王罗氏，王泽渭妻。年二十三夫故，守节。没年五十。道光二十三年旌。

沈蒋氏，沈慎言妻。年二十八夫故，守节。没年五十三。道光二十三年旌。

娄张氏，娄士子妻。年二十八夫故，守节。没年八十一。道光二十三年旌。

何吴氏，何学宋妾。年二十八宋故，守节。没年六十七。道光二十三年旌。

周潘氏，周之彀妻。年二十五夫故，守节。没年四十一。道光二十三年旌。

刘周氏，刘天伸妻。年二十四夫故，守节。没年八十六。道光二十三年旌。

郑叶氏，郑显魁妻。年二十八夫故，守节。没年六十五。道光二十三年旌。

朱高氏，朱载铎妻。年二十四夫故，守节。没年七十。道光二十三年旌。

朱诸氏，朱添锡妻。年二十九夫故，守节。没年八十五。道光二十三年旌。

朱王氏，朱载幾妻。年二十九夫故，守节。没年五十。道光二十三年旌。

戴王氏，戴星五妻。年二十五夫故，守节。没年八十一。道光二十三年旌。

周邓氏，周崇学妻。年二十八夫故，守节。没年七十六。道光二十三年旌。

吉徐氏，吉齐拔妻。年二十三夫故，守节。没年九十二。道光二十三年旌。

寻袁氏，寻光邦妻。年二十五夫故，守节。没年五十九。道光二十三年旌。

朱戴氏，朱见远妻。年二十六夫故，守节。没年四十五。道光二十三年旌。

谭周氏，谭文芳妻。年三十夫故，守节。没年八十。道光二十三年旌。

朱汪氏，朱孔理妻。年三十夫故，守节。没年六十二。道光二十三年旌。

戴谈氏，县北山田段戴祖连妻。年二十八夫故，守节。没年七十一。道光二十三年旌。

颜黄氏，颜孔文妻。年二十八夫故，守节。没年七十。道光二十三年旌。

龙罗氏，龙经五妻。年二十八夫故，守节。没年六十六。道光二十三年旌。

周鲁氏，周平康妻。年二十五夫故，守节。没年七十一。道光二十三年旌。

罗卢氏，罗宗礼妻。年二十一夫故，守节。没年六十四。道光二十三年旌。

胡黄氏，胡斗鲁妻。年二十夫故，守节。没年七十八。道光二十三年旌。

周王氏，周常礼妻。年二十九夫故，守节。没年七十二。道光二十三年旌。《通志》“常礼”作“常鼎”。

杨陈氏，杨汝伟妻。年二十八夫故，守节。没年五十一。道光二十三年旌。

周刘氏，周镇离妻。年十九夫故，守节。没年八十。道光二十三年旌。

易张氏、曾氏，张适县西易祖禄。年二十八，祖禄故，家甚贫苦，安之若素。姑老病，日侍床褥。教诸子，倍极殷勤。年七十，犹纺绩不辍。子昌廉早夭，其妻曾氏年二十五，矢志抚孤，与姑同称节孝。张没年八十，曾没年七十三，俱道光二十三年旌。

高冯氏，高世伊妻。年二十八夫故，守节。没年七十九。道光二十三年旌。

萧王氏，萧玙妻。年二十四夫故，守节。没年六十九。道光二十三年旌。

陈曹氏，陈英龙妻。年二十二夫故，守节。没年八十一。道光二十三年旌。

朱钟氏，朱隆光妻。年三十夫故，守节。没年六十五。道光二十三年旌。

卜李氏，卜光南妻。年二十一夫故，守节。没年八十二。道光二十三年旌。

宋彭氏，宋洪佳妻。年三十夫故，守节。没年八十五。道光二十三年旌。

徐梁氏，徐声闻妻。年二十九夫故，守节。没年八十一。道光二十三年旌。

徐刘氏，徐洪鉴妻。年二十二夫故，守节。没年三十八。道光二十三年旌。《通志》“洪鉴”作“逢鉴”。

李欧阳氏，李名广妻。年二十九夫故，守节。没年五十二。道光二十三年旌。

王黎氏，王世仪妻。年二十一夫故，守节。一子，旋殇，以侄嗣。没年七十四。道光二十三年旌。

杨吴氏，杨如南妻。年二十八夫故，守节。没年五十五。道光二十三年旌。

喻彭氏，喻洪恩妻。年二十九夫故，守节。没年五十八。道光二十三年旌。

谭周氏，谭克勤妻。年二十二夫故，守节。没年四十五。道光二十三年旌。

饶刘氏，饶宗瀛继妻。年二十八夫故，守节。没年四十九。道光二十三年旌。

徐潘氏，徐明伦妻。年二十六夫故，守节。没年八十七。道光二十三年旌。

李高氏，李廉珍妻。年二十二夫故，守节。没年八十四。道光二十三年旌。

刘张氏，刘光琼妻。年二十四夫故，守节。没年七十四。道光二十三年旌。

刘金氏，刘正崑妻。年三十夫故，守节。没年八十三。道光二十三年旌。

王万氏，王德一妻。年二十四夫故，守节。无子，抚侄嗣。没年三十九。道光二十三年旌。

张彭氏，张权伦妻。年二十九夫故，守节。没年五十六。道光二十三年旌。

饶邓氏，饶宗清妻。年二十六夫故，守节。没年五十六。道光二十三年旌。

刘黎氏，刘家诏妻。年二十夫故，守节。没年五十一。道光二十三年旌。

周寻氏，周仁九妻。年十八夫故，守节。无子，抚侄嗣，旋夭。迨舅姑没，遂大归，扃户不出。没年七十三。道光二十三年旌。

晏龚氏，晏章焕妻。年十七夫故，翁姑悯其年少，讽以嫁，矢志靡他。没年三十四。道光二十三年旌。

孙苏氏，孙守宗妻。年二十四夫故，遗腹一女，无子，事姑守节。没年八十四。道光二十三年旌。

刘余氏，刘运艺妻。年二十七夫故，守节。没年六十二。以孙职貤赠安人。道光二十三年旌。

唐王氏，唐光文妻。年二十四夫故，守节，事翁姑孝。姑卧病，会邻家失火，延爇其舍，氏冒火救姑，皮肤烧裂，而雨骤至，人谓孝感所致。没年七十五。道光二十三年旌。

刘周氏，县西刘启辚妻。年二十二适刘，未期夫故，举遗腹子，抚之以守。没年七十四。道光二十三年旌。〇附：邑人邱庆钧《传》云："刘母周孺人，吾父表兄刘公秉刚之德配也。年二十二岁，始于归。未期，秉刚公以疾没，遗腹举一子，即今太学生云斋先生也。孺人矢志抚孤，爱不忘劳。云斋先生早负老成之望，虽其质美，亦其得力于懿训者居多。孺人事翁姑孝，先意承志，奉养维谨。勤纺绩，昼夜不倦。见孤独无告者，解衣推食，无吝色。其自奉甚俭，而款客必丰。余自幼往来孺人家，知之最悉。嘉庆戊寅，续修邑乘，孺人以节孝入《列女志》。至道光癸卯，孺人没已六载，邑人士汇一县贞女节妇，禀请详报建节孝总坊，并立祠崇祀，孺人姓氏昭然在列，苦节贞心，与浏水吾山并永矣。云斋先生积学能文，应童试不售，援例入太学，以诗礼教子孙。将来未艾之休，孰非孺人余庆之赐也哉！"

陈曾氏，县南百柱村陈日用妻。年二十三夫故，舅姑皆早逝，一子甫晬，抚之守节。没年七十二。道光二十三年旌。

余杨氏，县南槐花段余廷瑄妻。年二十五夫故，守节。无子，抚侄嗣。没年七十四。道光二十三年旌。《戊寅志》"廷瑄"作"廷暄"。

吴彭氏，县南敏溪里吴尚吉妻。年二十五夫故，守节。无子，抚侄嗣。没年七十八。道光二十三年旌。

甘黎氏，县南沙溪里甘志镄妻。年十九夫故，遗孤甫四月，抚之以守。没年九十二。五代同堂。道光二十三年旌。

汤王氏，县南蜈蚣漕汤启鸿妻。年二十二夫故，守节，一子甫晬，舅姑早没，奉祖舅姑汤药维谨。没年八十一。道光二十三年旌。

熊邱氏，县西熊相民妻。年二十三夫故，鞠二子成立，后皆相继亡，与子妇邹氏、赖氏均抚孤守节。氏没年六十九。道光二十三年旌。

唐谭氏，县西履道冲唐其达妻。年二十九夫故，守节。教二子成立，一子补县学生。没年八十三。道光二十三年旌。

黄周氏，县西黄坤琥妻。年二十九夫故，守节。事继姑维谨，教三子读，亲授句读。没年六十二。道光二十三年旌。

雷陈氏，县西雷华文妻。年二十七夫故，守节。没年八十二。知县林凤仪以"节比松筠"表其庐。道光二十三年旌。

罗欧阳氏，罗源恕妻。年二十二夫故，遗孤甫数月，坚志抚鞠。没年六十二。道光二十三年旌。

张黎氏，张大信妻。年三十夫故，守节，一子甫晬，抚之成立。没年六十余。道光二十三年旌。

陶李氏，陶世扬妻。年二十九夫故，一子甫晬，抚之以守。没年六十三。道光二十三年旌。《通志》"世扬"作"世杨"。

陈舒氏，县南沙溪里陈永垂妻。年二十四夫故，守节。二子早夭，抚侄嗣。没年八十三。道光二十三年旌。

高汤氏，县北高升桥高道和妻。年十七夫故，守节。无子，抚侄嗣。没年八十七。道光二十三年旌。

邹苏氏，县北邹聪敬妻。年二十六夫故，守节。舅姑早没，二子均幼，教之成立。没年六十九。道光二十三年旌。

彭孙氏，县西彭家段州同职彭文廉妻。年十九夫故，守节。没年六十一。道光二十三年旌。

吴唐氏，县北吴尧典妻。年十八归吴，仅七日夫故，依母家守志。常施药济人，捐纺绩资修建西湖桥。没年九十。道光二十三年旌。

黎杨氏，黎中熹继妻。年二十夫故，一子相继亡，抚侄嗣，亦夭，仅遗女孙，携与寡婶共爨，茹苦完贞。没年六十四。道光二十三年旌。

陈王氏，县东陈贵珧妻。年二十夫故，无子。时叔某利其产，令改嫁，不从，强之，志益坚。卒抚侄嗣，教之成立。尝修福龄、安驷二桥，捐六百金。年八十七，因子死，日夜悲啼，越七日，遂没。曾孙补县学生。道光二十三年旌。○节万载辛有功《诗》云："丹山有凤凰，和鸣镇相依。朝餐琅玕实，暮宿梧桐枝。日翮耀霞彩，八极恣双飞。双飞未及久，罡风吹堕之。鸷鸟从何来，强欲夺其池。唳天叩帝阍，张罗徒尔为。归来对鸾镜，夕采那复施？啁啾百群鸟，养得鹫鹫儿。一举决千仞，观光为羽仪。便应巢阿阁，雝喈颂昌时。有道隐不见，为念鞠子慈。子亦既有子，鸾翔鹄立姿。教之学乌鸟，同酬反哺思。凰寿近千载，鹫亦五百余。相邀羽化去，追逐七日期。七日去何归，群雏泣鸡斯。夜夜空庭内，血泪和子规。"

黄张氏，黄坤承妻。年二十六夫故，守节。没年八十。道光二十三年旌。

张娄氏，县西张声潜妻。年三十夫故，守节。没年八十一。道光二十三年旌。

罗陈氏，罗稊妻。年二十三夫故，守节。没年八十二。道光二十三年旌。

戴陈氏，戴应飐妻。年二十九夫故，守节。没年八十九，五代同堂。道光二十三年旌。

甘黎氏，县南沙溪里甘志轩妻。年二十一夫故，守节。没年八十六。道光二十三年旌。

毛陈氏，县南文家市毛学文妻。年二十九夫故，守节。没年八十。道光二十三年旌。

陶胡氏，陶世杭妻。年二十八夫故，守节。没年八十八。道光二十三年旌。

汤刘氏，汤世贵妻。年二十九夫故，守节。没年八十二。道光二十三年旌。

汤杨氏，汤世位妻。年二十三夫故，守节。没年七十七。道光二十三年旌。

刘吴氏，县南清江里刘洪中妻。年二十五夫故，守节。没年七十七。道光二十三年旌。

刘黄氏，县南岩前里刘锡瑞妻。年二十三夫故，守节。没年六十。道光二十三年旌。

江黎氏，县东塘田市江显高妻。年二十九夫故，守节。没年八十二。道光二十三年旌。

吴易氏，县南敏溪里吴代光妻。年二十二夫故，守节。没年六十六。道光二十三年旌。

杨陈氏，县南沙溪里杨绍愔妻。年二十八夫故，守节。没年五十一。道光二十三年旌。

张沈氏，县西张镛妻。年三十夫故，守节。没年六十。道光二十三年旌。

吴刘氏，吴承武妻。年二十七夫故，抚孤守节。没年七十六。道光二十三年旌。

唐张氏，县西唐致中妻。年二十八夫故，抚孤守节。没年七十七。道光二十三年旌。

陈邹氏，县南沙溪里陈蓄淑妻。年十九夫故，甘贫守节。没年八十三。道光二十三年旌。

黎罗氏，黎宗醇妻。年二十九夫故，甘贫守节。没年八十五。道光二十三年旌。

刘钟氏，县西刘生堦妻。年十九夫故，守节。没年八十二。五代同堂。道光二十三年旌。

邹曹氏，县北邹惠众妻。年二十五夫故，守节。没年九十四。五代同堂。道光二十三年旌。

傅闻氏，傅启楷妻。年二十七夫故，家贫守节。没年七十四。道光二十三年旌。

刘饶氏，刘贤经妻。年二十五夫故，守节。没年八十五。道光二十三年旌。

高黄氏，高士福妻。年二十九夫故，守节。没年七十三。道光二十三年旌。

罗易氏，罗源济妻。年十九夫故，守节。没年八十七。道光二十三年旌。

汤张氏，汤世启妻。年二十四夫故，守节。没年七十六。道光二十三年旌。“世启”，一作“澍起”。

贝谭氏，贝华桢妻。年二十七夫故，守节。没年七十五。道光二十三年旌。

熊王氏，熊景富妻。年二十八夫故，守节。没年七十一。道光二十三年旌。

黎张氏，黎定春妻。年二十五夫故，守节。没年八十。道光二十三年旌。

刘徐氏，刘宗理妻。年二十九夫故，守节。没年八十一。道光二十三年旌。

黄全氏，黄泰平妾。年二十九泰平故，守节。没年八十四。道光二十三年旌。

何陈氏，县西生员何肇基继妻。前子方五岁，视如已出。逾九年，生一子，数月而夫故。时氏年二十九，恸欲殉夫，姑谕止。抚二孤成立，复早没，子妇刘氏以节闻，周氏殉夫，人称一门节烈。氏没年七十八。道光二十三年旌。

甘沈氏，县南沙溪里甘文星妻。年二十九夫故，守节。没年八十五。道光二十三年旌。

熊王氏，熊邦彦妻。年二十六夫故，守志，以节终。道光二十三年旌。

张周氏，张朝贵妻。年二十八夫故，守志，以节终。道光二十三年旌。

罗欧氏，罗象楠妻。年二十四夫故，守志，以节终。道光二十三年旌。

罗张氏，县东南坪里罗京榜妻。年二十四夫故，守志，以节终。道光二十三年旌。

周邓氏，县东高浒里周世兴妻。年二十九夫故，守志，以节终。道光二十三年旌。

汤周氏，汤昌堡妻。年二十六夫故，守志，以节终。道光二十三年旌。

李夏氏，李宗作妻。年二十八夫故，守志，以节终。道光二十三年旌。

李胡氏，李奇策妻。年二十三夫故，守志，以节终。道光二十三年旌。

黄李氏，黄云波妻。年二十九夫故，守志，以节终。道光二十三年旌。

杨陈氏，杨文相妻。年二十三夫故，守志，以节终。道光二十三年旌。

陈左氏，陈清崑妻。年二十七夫故，守志，以节终。道光二十三年旌。

张何氏，张光南妻。年二十九夫故，守志，以节终。道光二十三年旌。

焦罗氏，焦盛锦妻。年二十七夫故，家贫守志，以节终。道光二十三年旌。

严王氏，县东严礼朝妻。年二十九夫故，遗腹一子，守志，以节终。道光二十三年旌。

张赵氏，张可甄妻。年二十八夫故，守节。家贫，无伯叔可依，乃携幼子归母家。后子外贸，不知何往，氏纺绩自给，茹苦以没。道光二十三年旌。《通志》“张可甄”脱“可”字。

陈罗氏，陈世元妻。年二十五夫故，教子孙读，置田十四亩为篝灯费，守节以没。道光二十三年旌。

鲁周氏，鲁祖择妻。年二十六夫故，守志，以节终。道光二十三年旌。

吴刘氏，吴国权妻。年二十五夫故，守志，以节终。道光二十三年旌。

王邹氏，王正朝妻。年二十四夫故，守志，以节终。道光二十三年旌。

王周氏，王恩照妻。年三十夫故，守志，以节终。道光二十三年旌。

喻陈氏，喻盛典妻。年二十一夫故，守志，以节终。道光二十三年旌。

罗周氏，罗贤臣妻。年二十五夫故，守志，以节终。道光二十三年旌。

蒋李氏，蒋之翰妻。年二十七夫故，守志，以节终。道光二十三年旌。

黄聂氏，县西黄永定妻。年二十六夫故，守志，以节终。道光二十三年旌。

谢邹氏，谢世文妻。年二十三夫故，守志，以节终。道光二十三年旌。

邱陈氏，邱之桓妻。年二十九夫故，守志，以节终。道光二十三年旌。

李詹氏，李耀芳妻。年三十夫故，守志，以节终。道光二十三年旌。

罗汪氏，罗启魁妻。年二十六夫故，守志，以节终。道光二十三年旌。

张周氏，张一元妻。年三十夫故，守志，以节终。道光二十三年旌。

唐严氏，唐见田妻。年二十九夫故，守志，以节终。道光二十三年旌。

陈胡氏，陈俊妻。年二十九夫故，守志，以节终。道光二十三年旌。

陈潘氏，县北陈安周妻。年二十八夫故，守志，以节终。道光二十三年旌。

宋李氏，宋远溶妻。年二十七夫故，抚孤守节以没。道光二十三年旌。

王孔氏，王嵩廷妻。年二十夫故，抚孤守节以没。道光二十三年旌。

孔胡氏，孔传人妻。年二十六夫故，甘贫守节以没。道光二十三年旌。

谢胡氏，谢禹德妻。年二十一夫故，抚侄守节以没。道光二十三年旌。

罗张氏，罗诗鼎妻。年二十五夫故，甘贫守节以没。道光二十三年旌。

何曾氏，何贯六妻。年二十四夫故，甘贫守节以没。道光二十三年旌。

赖陈氏，县西赖文权妻。年二十六夫故，一子未晬，抚之，全节以终。道光二十三年旌。

娄熊氏，娄顺纶妻。年二十四夫故，仅一女，继嗣守节以没。道光二十三年旌。

刘李氏，刘宗灏妻。年二十三夫故，无子，继嗣守节以没。道光二十三年旌。

陈王氏，县东监生陈日第妻。年二十七夫故，仅一女，抚侄守节以终。道光二十三年旌。

汤廖氏，县东汤荣徵妻。年二十八夫故，遗一女，家贫，继嗣守节以终。道光二十三年旌。

王邱氏，县南王永台妻。年二十五夫故，举遗腹子，抚之成立，甫娶妇而子没，家壁立，茹苦完节以终。道光二十三年旌。

汪宋氏，汪廷镄妻。年二十六夫故，姑没，遗一子才月余，氏乳之成立，以节终。道光二十三年旌。《通志》“廷镄”作“廷黄”。

江郑氏，县南武生江河妻。年二十八夫故。姑老目瞽，氏为梳洗扶掖，二十五年不倦。完节以终。

李杨氏，李宗黄妻。年二十七夫故，守志，以节终。道光二十三年旌。

罗徐氏，罗英雄妻。年二十七夫故，守志，以节终。道光二十三年旌。

张江氏，张作梅妻。年二十七夫故，守志，以节终。道光二十三年旌。

汤邓氏，汤朝诚妻。年二十九夫故，守志，以节终。道光二十三年旌。

胡汤氏，胡应虬妻。年二十二夫故，守志，以节终。道光二十三年旌。

易蒋氏，易大觐妻。年二十二夫故，守志，以节终。道光二十三年旌。

张李氏，张健翥妻。年二十四夫故，守志，以节终。道光二十三年旌。

万龚氏，万士钧妻。年二十五夫故，守志，以节终。道光二十三年旌。

卢杨氏，卢世岱妻。年二十三夫故，守志，以节终。道光二十三年旌。

罗张氏，罗怀山妻。年二十七夫故，守志，以节终。道光二十三年旌。

喻李氏，喻锡恩妻。年二十五夫故，守志，以节终。道光二十三年旌。

汪邓氏，汪卫都妻。年二十四夫故，守志，以节终。道光二十三年旌。

蒋刘氏，蒋灼湘妻。年二十九夫故，守志，以节终。道光二十三年旌。

萧仝氏，萧家瀼妻。年二十七夫故，守志，以节终。道光二十三年旌。

吴寻氏，吴拱振妻。年二十八夫故，守志，以节终。道光二十三年旌。

陈刘氏，县东长鳌江陈圭章妻。年二十七夫故，守志，以节终。

道光二十三年旌。

邱马氏，邱生桂妾。年二十六生桂没，氏守节以终。道光二十三年旌。

陈戴氏，县北小乐里陈怀德妻。年二十七夫故，守节以终。道光二十三年旌。

聂张氏，县北聂万山妻。年二十九夫故，守志，以节终。道光二十三年旌。

陈郑氏，陈耀金妻。年二十三夫故，抚孤成立，以节终。道光二十三年旌。

周黎氏，周世绩妻。年二十九夫故，甘贫守节以终。道光二十三年旌。

傅黄氏，傅冕执妻。年二十二夫故，甘贫守节以终。道光二十三年旌。

张周氏，张宗国妻。年二十九夫故，甘贫守节以终。道光二十三年旌。

邓欧阳氏，县北邓乾源妻。年十八夫故，守志。无出，抚侄嗣。复早没，偕妇王氏鞠孙成立。以节终。道光二十三年旌。

吴董氏，吴祖源妻。年二十二夫故，守志。家窘极，坚操不二，以节终。道光二十三年旌。

陈唐氏，陈和新妻。年二十八夫故，无子，继嗣守节终。道光二十三年旌。

董谢氏，董盛扬妻。年二十二夫故，守志，事姑孝。无子，抚侄嗣，以节终。道光二十三年旌。

李姜氏，李廷顺妻。年二十七夫故，一子甫月余，家贫，抚孤守志，以节终。道光二十三年旌。《通志》“姜”作“江”。

杨汤氏，杨历崑妻。年二十八夫故，一子早没，偕媳同志守节以终。道光二十三年旌。

胡萧氏，胡应陞妻。年二十五夫故，无子，抚侄嗣守，以节终。道光二十三年旌。

李邱氏，李加秾妻。年二十七夫故，无子，抚侄嗣守，以节终。道光二十三年旌。

黄李氏，县南黄虔恭妻。年二十一夫故，遗腹生子，抚之守志，以节终。道光二十三年旌。

刘王氏，刘生机妻。年二十三夫故，家贫无子，矢志坚守，以节终。道光二十三年旌。

李袁氏，李维敏妻。年二十九夫故，守志。孝顺贞静，言不出阃，以节终。道光二十三年旌。

黎吴氏，黎文藻妻。年二十五夫故，守志。无子，抚侄嗣，旋没，复抚从孙为后，以节终。道光二十三年旌。

周陈氏，周显才妻。年二十二夫故，守志。家贫无子，敬事翁姑。翁姑没，归于母家，以节终。道光二十三年旌。

郭胡氏，郭光照妻。年二十九夫故，守志。一日，子拾遗金于道，亟命往候其人还之，乡里称义。以节终。道光二十三年旌。

杨叶氏，县东杨清玉妻。年二十九夫故，守志。家贫，事姑孝。邻有寡妇贫而欲改志者，谕以义，亦全节终。道光二十三年旌。

袁邱氏，袁福球妻。年二十六夫故，守志，以节终。道光二十三年旌。

姜胡氏，姜本诰妻。年二十六夫故，守志，以节终。道光二十三年旌。《通志》“本诰”作“本告”。

曾江氏，曾纪爰妻。年二十九夫故，守志，以节终。道光二十三年旌。

刘李氏，刘汉樟妻。年十八夫故，守志，以节终。道光二十三年旌。

彭周氏，彭储安妻。年二十二夫故，守志，以节终。道光二十三年旌。

邹江氏，邹惠岳妻。年二十二夫故，守志，以节终。道光二十三年旌。

易彭氏，县北易才轶妻。年二十六夫故，守志，以节终。道光二十三年旌。

鲁邓氏，鲁荣道妻。年二十四夫故，守志，以节终。道光二十三年旌。

许徐氏，许焕若妻。年二十七夫故，守志，以节终。道光二十三年旌。

罗易氏，罗沐贤妻。年二十三夫故，守志，以节终。道光二十三年旌。

许罗氏，许蕙邻妻。年二十九夫故，守志，以节终。道光二十三年旌。

徐汤氏，徐逢昌妻。年二十七夫故，守志，以节终。道光二十三年旌。

梁周氏，梁占魁妻。年二十夫故，守志，以节终。道光二十三年旌。

彭熊氏，彭金鉴妻。年二十五夫故，守志，以节终。道光二十三年旌。

胡周氏，胡见忠妻。年二十二夫故，守志，以节终。道光二十三年旌。

徐陈氏，徐逢向妻。年二十九夫故，守志，以节终。道光二十三年旌。

蒋傅氏，蒋安百妻。年二十八夫故，守志，以节终。道光二十三年旌。

黎廖氏，黎际唐妻。年二十九夫故，守志，以节终。道光二十三年旌。

唐邱氏，唐启后妻。年二十三夫故，守志，以节终。道光二十三年旌。

邓谢氏，邓学涵妻。年二十九夫故，守志，以节终。道光二十三年旌。

汤唐氏，汤如耀妻。年二十二夫故，守志，以节终。道光二十三年旌。

李何氏，李耀攀妻。年二十八夫故，守志，以节终。道光二十三年旌。

施何氏，施德鸣妻。年二十七夫故，守志，以节终。道光二十三年旌。

曾黄氏，县南蹑云桥监生曾学谦妻。年二十五夫故，守志，以节终。道光二十三年旌。

杨陈氏，杨维炤妻。年二十七夫故，守志，以节终。道光二十三年旌。

喻廖氏，喻桂馥妻。年二十一夫故，守志，以节终。道光二十三年旌。

喻于氏，喻良甲妻。年二十四夫故，守志，以节终。道光二十三年旌。

许罗氏，许希诵妻。年二十八夫故，守志，以节终，五代同堂。道光二十三年旌。

蒋萧氏，蒋文翥妻。年二十八夫故，守志，以节终。道光二十三年旌。

欧王氏，县东欧其章妻。年二十八夫故，守志，以节终。道光二十三年旌。

张罗氏，张清泉妻。年二十八夫故，守志，以节终。道光二十三年旌。

汤罗氏，县东汤宗绪妻。年二十二夫故，遗孤方晬，抚之守志，以节终。道光二十三年旌。

罗苏氏，罗虚照妻。年二十三夫故，守志。仅一女，抚前妻子成立。以节终。道光二十三年旌。

朱寻氏，朱成德妻。年二十九夫故，家贫，常日不举火，而志不替，卒全节以终。道光二十三年旌。

冯黄氏，县东冯尊贵妻。年二十夫故，守志。一子甫两月，抚之成立，以节终。道光二十三年旌。

李张氏，李照鳞妻。年二十九夫故，守志。举遗腹子，殇，抚侄嗣，以节终。道光二十三年旌。

杨汤氏，杨历嵩继妻。年二十六夫故，守志。抚前妻子成立，以节终。道光二十三年旌。

欧周氏，欧其钤妻。年二十三夫故，仅一女，守节以终。道光二十三年旌。

张廖氏，张仁清妻。年二十夫故，守志。无子，抚侄嗣，以节终。道光二十三年旌。

邓黄氏，邓焕文妻。年二十九夫故，守志。无子，抚侄嗣，以节终。道光二十三年旌。

邓万氏，邓岐山妻。年三十，夫贸蜀客死，家贫守志，事姑孝，以节终。道光二十三年旌。

陶傅氏，陶世李妻。年二十八夫故，遗腹生子，矢志抚孤，以节终。道光二十三年旌。

李易氏，县南李观化继妻。年二十四夫故，遗腹生子，矢志抚孤，以节终。道光二十三年旌。

邹皮氏，县西邹如李妻。年二十八夫故，守志。无子，抚侄嗣，以节终。道光二十三年旌。

邱江氏，邱之檀妻。年二十四夫故，一子甫晬，矢志抚孤，以节终。道光二十三年旌。

胡黄氏，胡光坤妻。年二十五夫故，守志。姑亦早寡，事之尽职，完节以终。道光二十三年旌。

周陈氏，周禄贤妻。年二十四夫故，家贫无子，继嗣复夭，坚志守节以终。道光二十三年旌。

陈罗氏，陈兴濬妻。年三十夫故，守志。遗一子，旋夭，抚侄嗣，以节终。道光二十三年旌。

陈李氏，陈安良妻。年二十三夫故，遗腹生子，矢志抚孤，以节终。道光二十三年旌。

喻颜氏，喻永定妻。年二十三夫故，守志。无子，抚侄嗣，以节终。道光二十三年旌。

周黎氏，生员周峰妻。年二十七夫故，守志。抚侄嗣，以节终。道光二十三年旌。

朱聂氏，县北朱广昱妻。年二十八夫故，守志。无子，抚侄嗣，以节终。道光二十三年旌。

任赵氏，任贤鹤妻。年二十七夫故，家贫守志，以节终。道光二十三年旌。

黎汤氏，黎文衡妻。年二十一夫故，守志。家贫无子，抚侄嗣，以节终。道光二十三年旌。

彭刘氏，彭大华妻。年二十六夫故，守志。育遗腹子，家贫，典钗珥，择师教之。以节终。道光二十三年旌。

吉柳氏、汪氏，吉齐参妻柳氏，年二十四夫故，守志。无子，抚侄芳玲嗣。既长，为娶妇，生一子而妇没。再娶汪氏，生一女而芳玲亡。柳再世抚孤，汪亦视前子如己出。柳没年六十五。汪年三十守志，以节终。道光二十三年旌。

余周氏、罗氏，余发桂妻周氏，年二十六夫故，守志。一子万椿，既婚而亡，周复病瘫。其子妇罗氏，年方二十六，矢志奉姑，扶掖二十余年，不少懈。无出，抚侄为嗣。后皆以节终。道光二十三年同旌。

廖周氏，县东白沙里廖鼎新妻。年二十一夫故，守志。遗腹生女，抚侄嗣，殇，复抚侄，教之成立。翁病瘫十余年，奉汤药维谨。以节终。道光二十三年旌。

杜陈氏，杜宗春妻。年二十九夫故，遗一子二女，守节以终。道光二十三年旌。次女字衡山成氏，未嫁夫亡，女诣灵哀恸，抚侄守志，人咸称氏节孝之感云。

李张氏，李朝中妻。年二十八夫故，家贫守志。姑病瘫痪，饮食起居，皆氏维持，久无倦色。以节终。道光二十三年旌。○以上均旧志，间有掇补事实者。

李邹氏、黄氏，李同雅妻邹氏，年二十夫故。一子殇，抚侄乐海以守，娶妇黄氏。黄幼慧，知书算，未逾年而乐海死，黄承姑志，自矢靡他。其母以其无出讽之嫁，泣拒曰："姑既孀居，必代夫养志，庶我夫死而不死，母言非儿所忍闻也。"旋立族侄为嗣，与姑同抚之。时黄年十八，守节十二年没。邹亦以节终。道光二十三年同旌。

熊李氏，县西熊宾民妻。年二十三夫故，抚孤守节。没年八十。道光二十三年旌。

蔡赖氏，蔡显叨妻。年二十七夫故，守节。没年百一岁。道光二十三年旌。"显叨"，《学册》、总坊俱作"会叨"。

潘张氏，潘惟顺妻。年二十八夫故，守节。没年九十八。道光二十三年旌。

刘陈氏，刘大函妻。年二十九夫故，守节。没年九十三。道光二十三年旌。

周徐氏，周仁厚妻。年三十夫故，守节。没年八十九。道光二十三年旌。

杨赖氏，杨廷猷妻。年二十七夫故，守节。没年八十九。道光二十三年旌。

李邱氏，县南沙溪里李仕昌继妻。年二十四时，夫往蜀贸易，久之，竟不归。家极贫，纺绩自给，矢志靡他，鞠二岁子成立。没年八十九。道光二十三年旌。

沈游氏，沈德文妻。年二十五夫故，守节。没年八十七。道光二十三年旌。

袁徐氏，袁从载妻。年三十夫故，守节。没年八十。道光二十三年旌。

黄李氏，黄兴铭妻。年二十四夫故，守节。没年八十一。道光二十三年旌。

黄谢氏，黄大纪妻。年二十八夫故，守节。没年八十二。道光二十三年旌。

黎曾氏，黎嘉隆妻。年二十五夫故，守节。没年七十一。道光二十三年旌。

黎何氏，黎嘉宠妻。年二十六夫故，守节。没年六十。道光二十三年旌。

邱江氏，邱昌信妻。年二十二夫故，守节。没年六十六。道光二十三年旌。

黎胡氏，黎景洛妻。年二十八夫故，守节。没年六十一。道光二十三年旌。

王黄氏，王永龄妻。年二十七夫故，守节。没年四十五。道光二十三年旌。

刘黎氏，刘宗敦继妻。年二十夫故，守节。没年三十。道光二十三年旌。

邓汪氏，邓师尧妻。年二十八夫故，守节。没年四十九。道光二十三年旌。

黄张氏，黄加堂妻。年二十五夫故，守节。没年六十。道光二十三年旌。

沈袁氏，县北大家段沈立绪妻。年二十八夫故，守节。没年四十八。道光二十三年旌。

寻刘氏，寻盛积妻。年二十九夫故，守节。没年七十。道光二十三年旌。

周廖氏，周廷松妻。年二十九夫故，守节。没年七十五。道光二十三年旌。

张寻氏，张显期妻。年二十夫故，守节。没年六十二。道光二十三年旌。

何张氏，何上举妻。年二十二夫故，守节。没年六十五。道光二十三年旌。

袁寻氏，县北焦家桥袁望荣妻。年二十八夫故，遗腹生子，抚之守节。没年五十六。道光二十三年旌。

张彭氏，张廷玮妻。年十五归张，八月夫故，遗腹生子，抚之守节。没年三十。道光二十三年旌。

李黄氏，李云秩妻。年二十六夫故，守节。没年五十二。道光二十三年旌。

黄邱氏，县南路西里黄昱光妻。年二十四夫故，守节。没年五十六。道光二十三年旌。

刘周氏，刘孝业妻。年二十四夫故，守节。没年五十。道光二十三年旌。

施李氏，县南施德泉妻。年二十三夫故，守志。遗一子，教之成立。没年五十九。道光二十三年旌。

黄陈氏，黄兴邦妻。年二十夫故，守节。没年三十六。道光二十三年旌。

蒋刘氏，蒋泰均妻。年二十七夫故，守节。没年五十八。道光二十三年旌。

刘殷氏，刘宏任妻。年二十四夫故，守节。没年六十。道光二十三年旌。

陈陶氏，陈远翥妻。年二十七夫故，守节。家贫无子，抚侄嗣，奉舅姑维谨。没年六十六。道光二十三年旌。

邱黄氏，邱之藻妻。年二十九夫故，守节。没年五十五。道光二十三年旌。

陈黎氏，陈景星妻。年二十六夫故，守节。没年三十七。道光二十三年旌。

龚林氏，龚英杰妻。年十八夫故，守节。没年八十一。道光二十三年旌。

谭卜氏，谭继芊妻。年二十六夫故，守节。没年五十五。道光二十三年旌。

陈李氏，陈必葵妻。年二十八夫故，守节。没年七十七。道光二十三年旌。

熊陈氏，熊右之妻。年二十四夫故，守节。没年三十六。道光二十三年旌。

陈郭氏，陈桂芳妻。年二十五夫故，守节。没年五十。道光二十三年旌。

周宋氏，周世球妻。年二十八夫故，守节。没年六十一。道光二十三年旌。

宋傅氏，宋承章妻。年二十三夫故，守节。没年五十。道光二十三年旌。

傅张氏，傅应拔妻。年二十二夫故，守节。没年四十八。道光二十三年旌。

雷刘氏，雷富锦妻。年二十三夫故，守节。没年三十五。道光二十三年旌。

欧阳尹氏，欧阳燮妻。年二十三夫故，守节。没年八十。道光二十三年旌。

黎刘氏，县西黎景行妻。年二十四夫故，家贫无子，抚二稚女守节。没年三十八。道光二十三年旌。

黎邹氏，黎启贤妻。年二十五夫故，守节。没年七十二。道光二十三年旌。

欧阳赵氏，欧阳选妻。年二十五夫故，守节。没年六十七。道光二十三年旌。

张郑氏，张正斌妻。年十九夫故，守节。没年六十四。道光二十三年旌。

张黎氏，张日懿妻。年二十五夫故，守节。没年五十五。道光二十三年旌。

黄刘氏，黄坤琼妻。年二十七夫故，守节。没年三十八。道光二十三年旌。

张潘氏，张声寅妻。年二十夫故，守节。没年五十三。道光二十三年旌。

黄罗氏，黄文行妻。年二十六夫故，守节。没年五十六。道光二十三年旌。

黄刘氏，黄禁妻。年二十七夫故，守节。没年八十三。道光二十三年旌。

黄凌氏，黄和妻。年二十七夫故，守节。没年七十九。道光二十三年旌。

黄欧阳氏，黄之炷妻。年二十九夫故，守节。没年六十六。道光二十三年旌。

黄石氏，廪生黄文永继妻。年十九夫故，守节。没年七十二。道光二十三年旌。文永，一名仲龙。

黄何氏，黄之陶妻。年二十七夫故，守节。没年四十九。道光二十三年旌。

黄吕氏，黄之燡妾。年二十三之燡故，守节。没年七十九。道光二十三年旌。

黄裘氏，黄坤佶妻。年二十八夫故，守节。没年五十六。道光二十三年旌。

胡江氏，胡解岐妻。年十九夫故，守节。没年八十二。道光二十三年旌。

罗熊氏，罗源汪妻。年二十八夫故，守节。没年五十四。道光二十三年旌。

卜宾氏，卜添泽妻。年二十八夫故，守节。没年七十九。道光二十三年旌。

潘宾氏，潘文柱妻。年二十八夫故，守节。没年九十。道光二十三年旌。

邹余氏，邹景瑜妻。年二十一夫故，守节。没年五十三。道光二十三年旌。

谭邱氏，县西大元里谭在湄继妻。年二十八夫故，守节。没年七十一。道光二十三年旌。

饶张氏，饶一桢妻。年二十九夫故，甘贫守节。没年五十一。道光二十三年旌。

张李氏，张明安妻。年二十一夫故，守节。没年六十六。道光二十三年旌。

邱刘氏，邱隆明妻。年二十二夫故，守节。没年六十五。道光二十三年旌。

李黄氏，李陞朝妻。年二十八夫故，守节。没年五十八。道光二十三年旌。

袁宁氏，袁万昊妻。年二十五夫故，守节。没年八十八。道光二十三年旌。

李陶氏，李枝年妻。年二十七夫故，守节。没年五十二。道光二十三年旌。

张李氏，张大元妻。年二十九夫故，守节。没年五十八。道光二十三年旌。

唐柳氏，唐文选妻。年二十七夫故，守节。没年九十。道光二十三年旌。

唐李氏，唐裕源妻。年三十夫故，守节。没年四十二。道光二十三年旌。

陈颜氏，陈作汉妻。年二十二夫故，守节。没年八十二。道光二十三年旌。

曾黄氏，曾宗道妻。年二十四夫故，守节。没年六十三。道光二十三年旌。

张吴氏，张光杰妻。年二十三夫故，守节。没年六十一。道光二十三年旌。

张罗氏，张光镐妻。年二十三夫故，守节。没年八十九。道光三十三年旌。

李戴氏，李皆兴妻。年二十一夫故，守节。没年九十。道光二十三年旌。

唐王氏，唐开文妻。年二十八夫故，守节。没年五十八。道光二十三年旌。

马沈氏，马世辅妻。年二十九夫故，守节。没年七十一。道光二十三年旌。

刘吕氏，刘邦俊妻。年二十五夫故，守节。没年八十三。道光二十三年旌。

钟陈氏，钟伟敖妻。年二十三夫故，守节。没年六十九。道光二十三年旌。

李汤氏，李献君妻。年二十九夫故，守节。没年八十三。道光二十三年旌。

卜杨氏，卜功成妻。年二十夫故，守节，无子，抚侄嗣，没年四十五。道光二十三年旌。

刘李氏，刘澳才妻。年三十夫故，守节。没年八十二。道光二十三年旌。

谢王氏，谢显和妻。年二十八夫故，守节。没年七十六。道光二十三年旌。

龚叶氏，县东江口里龚作伦妻。年二十三夫故，守节。一子，殇，抚侄嗣，复亡。氏恸不欲生，呕血数升，既绝而苏，亲属劝止。因再抚侄，教养成立。没年七十九。道光二十三年旌。

黎陶氏，黎中琦妻。年二十八夫故，守节。没年四十一。道光二十三年旌。

汤陈氏，汤优善妻。年二十六夫故，守节。没年三十九。道光二十三年旌。

李邱氏，县南柘溪市李仕兰妻。年十九，夫病笃，谓氏曰："吾岁余丧母，逾年失怙，赖祖父以至成人。今病不起，祖老矣，谁其事之?”氏泣，以养志为己任。夫故后，每破泪承欢。教子有法。性好施，尝捐资为桥渡费，穷乏者辄周恤之。守节十年没。道光二十三年旌。

汤杨氏，汤昌盛妻。年三十夫故，守节。没年六十。道光二十三年旌。

唐丁氏，县西唐裕柏妻。年二十七夫故，一子，殇，家贫，族无以子继者，氏矢守，终无二志。没年五十三。道光二十三年旌。

宋罗氏，宋远辰妻。年二十八夫故，守节。没年五十九。道光二十三年旌。

刘饶氏，刘运琣妻。年二十夫故，守节十年没。道光二十三年旌。

刘瞿氏，刘运桓妻。年二十一夫故，守节十年没。道光二十三年旌。

刘李氏，刘正文妻。年二十六夫故，守节。没年七十七。道光二十三年旌。

刘林氏，县南刘家从妻。年二十二夫故，守节。没年六十七。道光二十三年旌。

刘张氏，刘正良妻。年二十四夫故，守节。没年八十五。道光二十三年旌。

刘钟氏，刘运昺妻。年二十五夫故，守节。没年五十九。道光二十三年旌。

黎雷氏，黎中遴妻。年二十四夫故，守节。没年六十七。道光二十三年旌。

黎陈氏，黎中书继妻。年二十九夫故，守节。家贫，遗一子殇，抚侄嗣。没年四十三。道光二十三年旌。

黎郑氏，黎志望妻。年二十二夫故，守节。没年五十二。道光二十三年旌。

张刘氏，张正本妻。年二十四夫故，守节。没年八十九。道光二十三年旌。

胡黎氏，胡承骞妻。年二十八夫故，守节。没年六十三。道光二十三年旌。

唐汤氏，唐裕立妻。年二十八夫故，守节。没年六十三。道光二十三年旌。

卢李氏，卢万浏妻。年二十九夫故，守节。没年七十二。道光二十三年旌。

卢姜氏，卢万汉妻。年二十八夫故，守节。没年五十。道光二十三年旌。

邱易氏，邱之艾继妻。年三十夫故，守节。没年四十。道光二十三年旌。

彭徐氏，彭见锷妻。年二十四夫故，守节。没年六十三。道光二十三年旌。

张邱氏，张心辉妻。年二十五夫故，守节。没年七十四。道光二十三年旌。

陈徐氏，县南百柱村陈年尊妻。年二十六夫故，守节。无子，抚侄嗣。没年四十二。道光二十三年旌。

李陈氏，李嗣羲继妻。年三十夫故，守节。没年四十一。道光二十三年旌。

萧张氏，萧同朗妻。年二十二夫故，守节。没年五十八。道光二十三年旌。

周李氏，周登鹏妻。年二十八夫故，守节。抚二子成立，事姑以孝闻。没年四十八。道光二十三年旌。

黄刘氏，黄启光妻。年二十七夫故，守节。没年六十。道光二十三年旌。

黄刘氏，黄名钧妻。年二十八夫故，守节。没年五十。道光二十三年旌。

黄谢氏，黄名铠妻。年二十七夫故，守节。没年五十。道光二十三年旌。

黄易氏，黄泰开妻。年二十九夫故，守节。没年七十七。道光二十三年旌。

于梁氏，县北于乐景妻。年三十夫故，守节，孝事舅姑。家固不丰，以勤俭蓄资，抚孤成立。既抱孙，延师课读，倍极殷勤，两孙皆补县学生。性好施予，贫困者不复取偿。没年六十七。道光二十三年旌。

郑尤氏，县西郑允科妻。年二十夫故，欲以身殉，姑谕以抚孤，乃止。性至孝，姑嗜糯米羹，氏以棉衣易米奉之。时寒甚，姑觉，怜而不食，氏曰："媳固耐寒。"卒进姑食。人嘉其节孝。没年五十一。道光二十三年旌。邑人张梅赠以诗，有"劲节直同湘水洁"之句。

欧阳张氏，欧阳正远妻。年三十夫故，守节。没年六十三。道光二十三年旌。

萧赖氏，萧自新妻。年二十二夫故，守节。没年五十四。道光二十三年旌。

刘李氏，刘士珂妻。年二十八夫故，守节。没年八十九。道光二十三年旌。

刘李氏，刘光献妻。年二十二夫故，守节。没年七十八。道光二十三年旌。

杨邱氏，县西杨宗纯妻。知书算、楷法。年二十一夫故，守节。姑老，侍奉不懈。无出，抚侄嗣。没年六十。道光二十三年旌。

刘黎氏，刘运珏妻。年二十二夫故，守节。没年五十二。道光二十三年旌。

刘张氏，县南沙溪里刘善达妻。年二十夫故，遗腹生子，抚之守节。没年八十二。道光二十三年旌。

刘陈氏，县南沙溪里刘洪禧妻。年二十夫故，守节。没年五十六。道光二十三年旌。

唐刘氏，县西唐仁寿妻。年二十夫故，抚遗腹子守节。没年八十四。道光二十三年旌。

邱邓氏，邱之甫妻。年三十夫故，守节。没年九十三。道光二十三年旌。

邱黄氏，邱之琦妻。年二十八夫故，守节。没年七十二。道光二十三年旌。

潘黄氏，县西潘自馥妻。年二十四夫故，抚孤守节。没年六十五。道光二十三年旌。○邑人邱之芬《传》略云："节妇，浏西潘君自馥竞香之妻，汝翼辅臣母也。姓黄氏。父亮，邑廪生。弟开澍，举人，官训导。节妇幼时尝从父读书。年十七归竞香，翁已没，事姑徐氏，以孝谨闻。于归之明年，举一子，即辅臣也。越四年，生次子汝群。竞香业诗书，尝从余游，应童子试不售，病咯血，以二十九岁没。节妇时年方二十四，恸甚，以姑老子幼，不敢以身殉，遂布素终其身。竞香没六年，而次子殇。已而姑没，哀毁尽礼。先是，伯叔同居，食指日繁，因析箸，节妇乃以孑然一身携数岁儿，部署米盐，诸务井井。勤纺绩，迨辅臣娶妇，乃稍息肩。节妇性严。一日，辅臣于室东序更一门，未之禀也。圬者至，晨炊未熟，方盥栉，闻堕泥声，问何为，辅臣以实对，乃大恚曰：'汝自专耶?'掷盥盘击之，不中。辅臣惶恐，长跪乃免。尝命辅臣肄业岳麓书院，及学使按试被落，归泣，谕之曰：'汝知而母为儿意乎？汝父读书赍志以没，吾冀汝扬名显亲。今黜，是必未尝力学也。’辅臣愧赧，不食者数日。辅臣尝言：‘六龄失怙，长而少有知者，母之教也。’御下色甚庄，妇女有言涉戏谑者，斥之，门内肃然，而待宾客不为吝，以故人多畏其严而悦其厚。道光戊申夏五月，大雨浃旬，辅臣与家人出视，未数武，闻轰然声，则厨舍倾塌也。辅臣大惊，索母不得，大呼寻救，见母立瓦堆中，断木格其前，不得行，急扶出，视之，无毫发伤。节妇今年六十有一。孙四人，长者有妇矣。女孙二。朝廷有下州县汇节总坊旌表之令，邑侯赵公笛人先生已采众论，镌节妇姓氏于贞珉，是亦可以不朽矣。故为之传。”

邱柳氏，邱庆纶妻。年二十八夫故，守节。没年八十六。道光二十三年旌。

邱傅氏，邱金台妻。年二十四夫故，守节。没年九十四。道光二十三年旌。

徐彭氏，县南徐基进妻。年十九举一子，夫故，家贫安守。没年八十一。道光二十三年旌。

陈黎氏，县南碧溪里陈年钟妻。年二十四夫故，守节。没年六十六。道光二十三年旌。

熊易氏，熊宗之妻。年二十八夫故，守节。没年八十二。道光二十三年旌。

熊赖氏，监生熊寿之继妻。年十八夫故，守节。没年七十四。道光二十三年旌。

熊邹氏，监生熊载之妻。年二十八夫故，守节。没年七十五。道光二十三年旌。“载之”，学册作“戴之”。

黎袁氏，黎志蔚妻。年二十四夫故，守志。事姑孝，三十年如一日。勤操作，家中起，其子补县学廪生，皆由氏训督有方也。没年六十二。道光二十三年旌。

黄彭氏，生员黄锡封继妻。年二十八夫故，守节。没年八十一。道光二十三年旌。

黄何氏，黄锡璋继妻。年二十四夫故，守节。没年七十五。道光二十三年旌。

刘凌氏，刘贤锡妻。年二十一夫故，守节。没年六十九。道光二十三年旌。

沈傅氏，沈文鼎妻。年二十四夫故，守节。没年六十八。道光二十三年旌。

焦喻氏，焦扬科妻。年二十四夫故，守节。没年六十二。道光二十三年旌。

袁沈氏，县北袁文相妻。年二十八夫故，举遗腹子，抚之以守，事姑勤谨。没年七十三。道光二十三年旌。

屈李氏，县北屈楚鸿妻。年二十七夫故，矢不再嫁，事继姑以孝闻。没年六十七。道光二十三年旌。

刘汤氏，刘宗沂妻。年二十三夫故，守节。没年五十三。道光二十三年旌。

何刘氏，何名洁妻。年二十五夫故，守节。没年六十八。道光二十三年旌。

刘谭氏，县南刘世秩妻。年二十四夫故，守志。事姑孝，训子以义。施与弗吝，尝蠲佃负租。孙、曾三补县学生，曾孙举于乡。没年七十二。道光二十三年旌。

沈焦氏，县北春田里沈立玉妻。年三十夫故，守节。没年六十。道光二十三年旌。

蒋张氏，蒋泰桂妻。年二十夫故，无子，抚侄嗣守。没年七十七。以子职貤赠九品孺人。道光二十三年旌。

李张氏，李云穑妻。年二十八夫故，守节。没年七十六。道光二十三年旌。

罗黎氏，罗洸贤妻。年二十八夫故，守节。没年六十。道光二十三年旌。

饶宋氏，县西新溪段饶先六妻。年二十五夫故，抚数月遗孤以守，事祖姑、舅姑克尽孝养。没年六十五。以子职貤赠九品孺人。道光二十三年旌。

刘潘氏，县西刘良春妻。年二十五夫故，守节。没年五十六。道光二十三年旌。

欧阳彭氏，欧阳一钜妻。年二十八夫故，守节。没年七十六。道光二十三年旌。

谭张氏，县西白鹭坪谭贵宽妻。年二十六夫故，守节。没年八十四。道光二十三年旌。

雷黎氏，县西雷声振妻。年三十夫故，守节。没年八十。道光二十三年旌。

张何氏，县东张懋联妻。年二十三夫故，守节。没年八十二。五代同堂。道光二十三年旌。

陈魏氏，县东陈耀峰妻。年二十三夫故，守节。家无担石，勤力自给。没年八十。道光二十三年旌。

李袁氏，县东浆坑里李智朝妻。年二十八夫故，一子亦早没，偕妇刘氏同志守节。没年七十七。道光二十三年旌。

陈罗氏，鹞滩里陈冠荣妻。年十七归荣，未几荣死，氏哭不已。翁姑谕曰："吾一子死矣，汝忍自戕耶？"亟为立嗣。氏勉抚之，以节孝闻。没年六十九。道光二十三年旌。

萧汤氏，萧联蕴妻。年二十九夫故，守节。没年六十八。道光二十三年旌。

萧罗氏，萧同攀妻。年二十七夫故，守节。没年七十八。道光二十三年旌。

萧吴氏，县东武生萧封淘妻。年二十三夫故，无子，抚侄嗣，守节。没年九十六。见玄孙。道光二十三年旌。

马汤氏，县东马昌寿妻。年二十九夫故，守节。没年七十一。道光二十三年旌。

马胡氏，县东马永耀妻。年二十九夫故，守节。没年七十八。道光二十三年旌。

杨彭氏，县南沙溪里杨宗虞妻。宗虞卧病，日夜奉汤药，寝食不安者五载。比没，仅遗一女，时氏年二十七，矢志守节。祖翁命抚侄嗣，复早世，媳彭氏亦以节终。氏抚孙成立。没年九十四。道光二十三年旌。

邓王氏，县北监生邓芝兰妻。年二十五夫故，守志。没年六十三。与姑欧阳氏并以节著。道光二十三年旌。

伍杨氏，伍学习妻。年二十九夫故，守志。鞠三子成立，率子妇勤操作，家遂中起。没年六十七。道光二十三年旌。○附：邑人邹焌杰《传》云："伍节妇者，姓杨氏，为同里伍学习妻。妇自幼归伍氏，能孝舅姑，和妯娌。育男子子三，女子子二。年未三十而夫没，妇悲哀不自胜，念诸子、诸女皆幼弱，矢柏舟之志，抚之成立。贫愈甚，而节操愈厉。率子妇勤操作，家渐饶裕。年六十七而终。孙、曾迭起，正未有艾。道光壬寅岁，戚族怜其志，代禀达官请旌表，列于节孝坊。氏之女婿为余言其事，乞为立传。论曰：余闻望溪方氏论古文义法，妇人非奇节异行，不为立传。今观伍节妇青年矢志，抚孤起家，足慰亡夫于地下，虽无异行，于大节无亏矣。当其夫亡，子女呱呱在前，贫乏不能自存，人或以为不幸，卒以其节上达朝廷，下裕后嗣，为门户光，报岂或爽哉！士君子志道不能冰心铁肠，亦愧此须眉矣。"

陈刘氏，县北陈显玳妻。年三十夫故，甘贫守志，教二子成立。没年六十五。道光二十三年旌。

胡陈氏，县东高坪里胡辉第妻。年二十三夫故，守节，抚孤成立，事翁姑以孝闻。没年八十二。道光二十三年旌。

罗刘氏，罗赋柏妻。年二十七夫故，守节。没年五十三。道光二十三年旌。

龙陈氏，龙继敦妻。年二十三夫故，守节。没年五十八。道光二十三年旌。

何杜氏，县南文家市何廷玮妻。年二十六夫故，守志。孝事舅姑，教二子成立，生平不苟言笑。没年八十二。道光二十三年旌。

李张氏，李凤伦妻。年二十一夫故，抚孤守节。没年五十四。道光二十三年旌。

李汪氏，县南文家市李赞飏妻。年二十八夫故，守节。事姑三十余载，未尝少懈。没年七十七。道光二十三年旌。

胡蔺氏，县南西岭下胡中湘妻。年二十八夫故，守节。没年七十九。道光二十三年旌。

陈蔺氏，县南沙溪里陈蕃诱妻。年三十夫故，家贫守志。没年八十六。道光二十三年旌。

宋王氏，宋承极妻。年二十四夫故，守节。没年七十九。道光二十三年旌。

余刘氏，县南槐花段余国墉妻。年二十二夫故，守节。没年七十五。道光二十三年旌。

张陈氏，县南监生张承材继妻。年二十七夫故，守节。没年八十。道光二十三年旌。

刘王氏，刘运从妻。年二十七夫故，守节。没年八十七。道光二十三年旌。

黎李氏，黎中煇妻。年三十夫故，守节。没年七十。道光二十三年旌。

钟阙氏，钟良馨妻。年二十七夫故，守节。没年五十九。道光二十三年旌。

张吴氏，张积玉妻。年二十六夫故，矢志守节。善事翁姑。有侄生数月失恃，鞠之如己出，没年六十六。道光二十三年旌。

李万氏，县东李梅缃妻。年十八夫故，守节。没年八十四。道光二十三年旌。

甘萧氏，县南沙溪星甘孔璧妻。年十九夫故，守节。没年六十二。道光二十三年旌。

彭袁氏，彭长棠妻。年二十三夫故，守志，以节终。道光二十三年旌。

余饶氏，余廷升妻。年二十九夫故，守志，以节终。道光二十三年旌。

罗赵氏，罗贤瑞妻。年二十七夫故，守志，以节终。道光二十三年旌。

郑袁氏，郑天松妻。年二十四夫故，守志，以节终。道光二十三年旌。

胡翁氏，胡光华妻。年二十五夫故，守志，以节终。道光二十三年旌。

宋钟氏，宋远沛妻。年二十七夫故，守志，以节终。道光二十三年旌。

张陈氏，张光远妻。年二十九夫故，守志，以节终。道光二十三年旌。

吴刘氏，吴开苔妻。年二十二夫故，守志，以节终。道光二十三年旌。

周李氏，周世梁妻。年二十六夫故，守志，以节终。道光二十三年旌。

廖罗氏，廖弈富妻。年二十五夫故，守志，以节终。道光二十三年旌。

唐卜氏，唐裕涛妻。年三十夫故，守志，以节终。道光二十三年旌。

汤彭氏，汤高冈妻。年三十夫故，守志，以节终。道光二十三年旌。

廖王氏，廖允载妻。年二十七夫故，守志，以节终。道光二十三年旌。

刘欧阳氏，刘心泰妻。年二十九夫故，守志，以节终。道光二十三年旌。

袁何氏，袁辉隆妻。年二十八夫故，守志，以节终。道光二十三年旌。

李杨氏，李科进妻。年二十一夫故，守志，以节终。道光二十三年旌。

周黎氏，县城周世琳妻。年二十一夫故，家贫，抚孤成立。没年八十。道光二十三年旌。

王张氏，县东王盛美妻。年十八夫故，无子，抚侄嗣守，孝事翁姑。没年七十四。道光二十三年旌。

胡王氏，胡训桂妻。年二十八夫故，守节。道光二十三年旌。

李刘氏，李进元妻。年二十三夫故，守节。道光二十三年旌。

卜贝氏，卜江希妻。年二十八夫故，守节。道光二十三年旌。

李张氏，李先盛妻。年二十七夫故，守节。道光二十三年旌。

陈廖氏，陈礼材妻。年三十夫故，守节。道光二十三年旌。

陈曾氏，陈绍喜妻。年二十九夫故，守节。道光二十三年旌。

黄彭氏，黄建福妻。年二十八夫故，守节。道光二十三年旌。

邹邱氏，邹景濂妻。年二十四夫故，守节。道光二十三年旌。

邓李氏，邓朝先妻。年二十四夫故，守节。道光二十三年旌。

张刘氏，张步凤妻。年二十夫故，守志，以节终。道光二十三年旌。

蒋汤氏，蒋国器妻。年二十四夫故，守节。道光二十三年旌。

彭袁氏，彭印文妻。年二十八夫故，守节。道光二十三年旌。

李陈氏，李尊贤妻。年二十六夫故，守节。道光二十三年旌。

张唐氏，张生琨妻。年二十九夫故，守节。道光二十三年旌。

刘赵氏，刘孔殷妻。年二十五夫故，守节。道光二十三年旌。

潘聂氏，潘辉宇妻。年二十一夫故，守节。道光二十三年旌。

黄张氏，黄忠逵妻。年二十夫故，守节。道光二十三年旌。

朱聂氏，朱和鸣妻。年二十二夫故，守节。道光二十三年旌。

谢李氏，谢献璧妻。年二十九夫故，守节。道光二十三年旌。

冯彭氏，冯定朝妻。年二十四夫故，守节。道光二十三年旌。

李张氏，李观绳妻。年十九夫故，守节。道光二十三年旌。

屈罗氏，屈泽锡妻。年二十九夫故，守节。道光二十三年旌。

黎易氏，黎事贤妻。年二十四夫故，守节。道光二十三年旌。

皮周氏，皮正疆妻。年二十九夫故，守节。道光二十三年旌。

郑黎氏，郑昌先妻。年二十四夫故，守节。道光二十三年旌。

郑曾氏，郑文章妻。年二十八夫故，守节。道光二十三年旌。

李林氏，李春松妻。年二十七夫故，守节。道光二十三年旌。

胡刘氏，胡光寿妻。年二十六夫故，守节。道光二十三年旌。

钟陈氏，钟永熙妻。年二十三夫故，守节。道光二十三年旌。

张何氏，张昌陞妻。年二十四夫故，守节。道光二十三年旌。

吴李氏，吴敬典妻。年二十七夫故，守节。道光二十三年旌。

廖周氏，廖华锦妻。年二十夫故，守节。道光二十三年旌。

张汤氏，张世鹤妻。年二十六夫故，守节。道光二十三年旌。

严何氏，严远法妻。年二十一夫故，守节，道光二十三年旌。

唐熊氏，唐廷臣妻。年二十九夫故，守节，道光二十三年旌。

张巫氏，张国扬妻。年二十九夫故，守节，道光二十三年旌。

汤陈氏，汤文运妻。年二十九夫故，守节，道光二十三年旌。

徐易氏，徐如春妻。年二十五夫故，守节，道光二十三年旌。

蔡李氏，蔡信葵妻。年二十八夫故，守节，道光二十三年旌。

杨黄氏，杨维崙妻。年二十四夫故，守节。道光二十三年旌。

张王氏，张定才妻。年二十六夫故，守节。道光二十三年旌。

邱周氏，邱民泰继妻。年三十夫故，守节。道光二十三年旌。

邱彭氏，邱庆模妻。年二十九夫故，守节。道光二十三年旌。

邹刘氏，邹成章妻。年二十九夫故，守节。道光二十三年旌。

李刘氏，李习遐妻。年二十一夫故，守节。道光二十三年旌。

李陈氏，李良松妻。年二十三夫故，守节。道光二十三年旌。

孙曾氏，孙志瑞妻。年二十七夫故，守节。道光二十三年旌。

周张氏，周显勇妻。年二十三夫故，守节。道光二十三年旌。

吉易氏，吉俊梅妻。年二十二夫故，守节。道光二十三年旌。

张杨氏，张天镄妻。年二十四夫故，守节。道光二十三年旌。

包张氏，包代信妻。年二十九夫故，守节。道光二十三年旌。

唐孙氏，唐兴丹妻。年二十四夫故，守节。道光二十三年旌。

李袁氏，李明第妻。年二十六夫故，守节。道光二十三年旌。○以上五十三名，存没均未详。

张熊氏，县南荆坪里张人顺妻。年三十夫故，守节。姑耄，奉养不衰。二子幼，严课之读。居家有法纪。没年八十三。道光二十七年旌。

黎郭氏，县城黎光俊妻。年二十九夫故，守节。以子职封太安人。没年七十。道光二十七年旌。

杨彭氏，县西杨维熠妻。年二十八夫故，勺水不入口，誓以身殉。翁姑谕之曰："遗孤赖汝活，汝死，孤何依?"乃起抚孤。事翁姑尽职。夫兄弟析居，有千余金，悉让之丁多者。又尝捐祭田，立义学、义庄，岁饥减粜。没年七十。以子职，貤赠九品孺人。道光二十九年旌。

晏王氏，县南昇腾里晏章庠妻。年二十三夫故，守节。没年五十二。以孙职貤赠恭人。咸丰二年旌。《学册》"章庠"作"章祥"。

刘彭氏，县南清江里刘显圭妻，孝事翁姑。生一子，未晬而夫没，时氏年二十三，将以身殉。翁姑劝曰："汝死，孤何托?"乃勉从命，鞠孤成立，教以诗书。凡义举，多捐资助之。没年五十。以子职赠恭人。咸丰四年旌。

邓周氏，县北邓日溥妻。年十六于归，日溥早患足疾，不能行，氏服侍不懈。三年夫故，无子，抚侄以守。没年七十八。咸丰五年旌。

刘卜氏，县城刘国瑞妻。年二十六夫故，甘贫守志。一子授室未久而媳亡，遗一孙雏，鞠之。道光二十八年大水，氏被淹流十余里，遇大树，得不死，人以为节感。没年八十三。咸丰八年旌。

周欧阳氏，县北周明楷妻。年十九夫故，无出，绝粒累日，翁姑劝之，乃强起，抚侄以守。一日，兄嫂病，氏往省。嫂指其幼女曰："以是累汝。"氏携归，视如己出。性俭，尤勤。没年五十四。咸丰十年旌。

贝周氏，县东庠生贝镇东妻。年二十九夫故，守节。没年五十三。咸丰十年旌。

刘邱氏，县南刘运右妻。性勤俭，寡言笑，孝舅姑，和娣姒。年二十七夫故，无子，毁不欲生，舅姑劝止之。守节十年，始以侄嗣，既授室，中道亡，复抚侄孙为后。年七十没。以子职封太宜人。咸丰十一年旌。世多以诗褒氏节云。〇附：山西杜瑞联《节寿诗》云："璇闺珠影夜凝光，宝婺辉澄应寿昌。松节芳标娱晚岁，莱衣喜气动华堂。人传仲郢才名远，教奉宣文世泽长。定识泥金来转瞬，萱闱遥慰倚门望。"宛平王堃《诗》云："茹苦存孤者，常流彤管芳。所难谋式縠，重使振书香。母节昭旌典，儿忱厉显扬。遐年归令德，懿范仰三湘。"

张唐氏，县南山斗里张心平妻。年二十九夫故，守节。没年九十。同治二年旌。

刘黎氏，县南塘口段刘宗厚妻。年三十夫故，守节。没年八十二。同治二年旌。

袁娄氏，县西新溪段袁继羔妻。年二十八夫故，守节。没年八十一。同治二年旌。

李曾氏，县东赤塘里李凤唐妻。年二十二夫故，守节。没年七十六。同治二年旌。

张凌氏，县东突石里张元朗妻。年二十九夫故，守节，遗一子，鞠之成立，没年七十五。同治二年旌。

何刘氏，县南挂榜村何德崇妻。年二十九夫故，守节。没年七十四。同治二年旌。

喻萧氏，县北沙堆桥喻昌后妻。年二十八夫故，守节。没年七十三。同治二年旌。

袁邱氏，县西新溪段袁继美妻。年二十八夫故，守节。没年六十八。同治二年旌。

毛杨氏，县东涧山里毛大方妻。年二十一夫故，守节。没年六十八。同治二年旌。

黎杨氏，县南渡头里黎志楠妻。年二十八夫故，守节。没年七十五。同治二年旌。

宋黄氏，县西马家湾宋承顺妻。年二十九夫故，守节。没年六十七。以子职封太安人。同治二年旌。

胡王氏，县南板冲里胡积述妻。年二十七夫故，守节。没年五十五。同治二年旌。

曾廖氏，县东横山里曾传哔妻。年二十二夫故，无子，抚侄以守。没年七十三。同治二年旌。

周徐氏，县东黄埠里周世及妻。年二十三夫故，守节。没年六十九。同治二年旌。

李曾氏，县东小溪里李显袍妻。年二十四夫故，守节。没年六十四。同治二年旌。

胡黄氏，县西胡家冲胡仲贤妻。年二十四夫故，守节。没年六十。同治二年旌。

罗李氏，县北罗闻命妻。年二十九夫故，守节。没年五十七。同治二年旌。

罗萧氏，县东沔江里罗赋翰妻。年二十三夫故，守节。没年五十四。同治二年旌。

周朱氏，县北周良合妻。年二十三夫故，守节。没年五十四。同治二年旌。

邱欧阳氏，县西密浒里邱庆大妻。年二十三夫故，守节。没年五十三。同治二年旌。

谭谢氏，县南水口段谭文俊继妻。年二十二夫故，守节。没年五十三。同治二年旌。

刘卢氏，北城外圳口刘文德妻。年二十七夫故，守节。没年五十六。同治二年旌。

傅何氏，县西枨冲傅万源妻。年二十七夫故，守节。没年五十二。同治二年旌。

袁黎氏，县西石园里袁富谦妻。年十九夫故，守节。没年五十一。同治二年旌。

王彭氏，县东王显定妻。年二十夫故，无子，抚侄以守。没年三十一。同治二年旌。

徐杨氏，县北炉烟洞徐富资妻。年二十七夫故，守节。没年五十一。同治二年旌。

徐萧氏，县南铜铸岭徐江永妻。年二十八夫故，守节。没年四十四。同治二年旌。

熊刘氏，县南谢家冲熊明磊妻。年二十六夫故，抚孤守节。没年五十。同治二年旌。

刘谭氏，县南塘口段刘向陶妻。年二十五夫故，守节。没年三十七。同治二年旌。

唐周氏，县西履道冲唐昌甲妻。年二十五夫故，守节。没年三十六。同治二年旌。

熊陈氏，熊良初妻。年十七夫故，守节。没年四十五。同治二年旌。

傅陈氏，县西傅道粹妻。年二十四夫故，抚遗腹子以守。没年三十八。同治二年旌。

宋彭氏，县城宋富瑛妻。年二十九夫故，守节。没年八十三。同治二年旌。

刘李氏，县北刘民醇妻。年二十八夫故，守节。纺绩课读，训子成立。没年七十六。同治二年旌。

刘胡氏，县南刘祖诒妻。年二十八夫故，守节。没年八十二。以子职貤封九品孺人。同治二年旌。

罗陈氏，县西罗炬枝妻。年二十四夫故，矢志守节。没年六十七。同治二年旌。炬枝，一名荣本。

陈萧氏，县东官渡里陈顺僎妻。年二十六夫故，守节。没年七十五。同治二年旌。

宋卜氏，县西仙芝台监生宋承棨妻。年二十七夫故，守节。没年六十五。同治二年旌。

屈陆氏，县北屈泽垦妻。年二十九夫故，守节。没年六十四。同治二年旌。

袁赖氏，县西新溪段袁继康妻。年二十七夫故，守节。没年七十一。同治二年旌。

邓龚氏，县北九溪洞邓日经妻。年二十九夫故，守节。没年六十五。同治二年旌。

刘潘氏，县城刘纲发妻。年二十三夫故，守节。没年六十八。同治二年旌。

陶谭氏、彭氏，县西大元里陶树觳妻谭氏，年十七夫故，水浆不入口者五日，恸几绝。姑谕以义，乃强起。既父母怜其无出，讽以改适，誓不二。守十年，夫弟树蒲举二子，乃抚其次子为嗣。树蒲补县学弟子员，复早逝，妻彭氏年二十八，与姒同抚孤。性节俭，常衣补缀。事姑尤得欢心。谭没年六十八，彭没年六十二，人称一门双节。均同治二年旌。

蔺李氏，县南泉江里蔺树枢妻。年二十一夫故，仅遗二女，有讽以改适者，泣拒之，矢志益坚。孀姑寻卧病三年，奉养不懈，丧葬尽礼。以侄嗣，抚之成立。没年五十六。同治二年旌。

欧罗氏，县东永和市欧熙源妻。年二十九夫故，守节。没年五十四。同治二年旌。

徐袁氏，县南铜铸岭徐江殷妻。年二十八夫故，守节。没年七十七。同治二年旌。

龚张氏，县城龚国纪妻。年二十八夫故，守节。没年五十九。同治二年旌。

熊龙氏，县北熊潮栋妻。年二十一夫故，矢志靡他，遗腹生女，因抚侄嗣。养姑赡家，子女嫁娶，皆仰给十指间。没年五十二。同治二年旌。

刘杨氏，县南小源里刘运松妻。年二十五夫故，守节。没年五十六。同治二年旌。

李钟氏，县东磨盘岭李齐义妻。年二十八夫故，守志，以节终。同治二年旌。

邱李氏，县西邱之密妻。年二十四夫故，家贫子幼，姑劝其改适，氏抚膺恸曰："妇从一而终。纵日食不赡，携子丐以养姑。"邱族嘉其志，醵金恤之。没年七十余。同治二年旌。

周钟氏，县东周世棣妻。年二十九夫故，守节。没年六十三。同治二年旌。

邹王氏，县南三田段邹聪理妻。年三十夫故，守志，以节终。同治二年旌。

张陈氏，县南山斗里张顺恕妻。年二十九夫故，守志，以节终。同治二年旌。

李张氏，县西金鸡礲李宗扬妻。年二十八夫故，守节。同治二年旌。

何蒋氏，县南挂榜山何承宾妻。年二十九夫故，守节。同治二年旌。

包周氏，县东包家段包衍湘妻。年二十七夫故，守节。同治二年旌。

吴萧氏，县东沔江里吴代楷妻。年二十七夫故，守节。同治二年旌。

罗邓氏，县东罗鹤沛妻。年三十夫故，守节。同治二年旌。

罗汪氏，县北汪罗段罗敦原妻。年二十二夫故，守节。同治二年旌。

张周氏，县北沙石街张泽润妻。年二十六夫故，守节。同治二年旌。

邱李氏，县东盐井里邱世海妻。年二十二夫故，守节。同治二年旌。

周伍氏，县北周良烜妻。年二十三夫故，守节。同治二年旌。

卢萧氏，县东卢恩绅妻。年二十九夫故，守节。同治二年旌。

颜苏氏，县北沙石街颜允琢妻。年二十九夫故，守节。同治二年旌。

张周氏，县北张有庆妻。年二十三夫故，守节。同治二年旌。

李刘氏，县南柘溪市李习宪妻。年二十七夫故，守节。同治二年旌。

欧阳黄氏，县东六碓里欧阳传质妻。年二十五夫故，守节。同治二年旌。

李宋氏，县东姜卢段李枝连妻。年二十五夫故，守节。同治二年旌。

罗谭氏，县东沔江里罗赋培妻。年二十八夫故，守节。同治二年旌。

周王氏，县南周致杰妻。年二十七夫故，守节。同治二年旌。

李萧氏，县东李永锡妻。年二十五夫故，守节。同治二年旌。

黎杨氏，县东踏浒里庠生黎华翰妻。年二十九夫故，守节。同治二年旌。○以上一十九名，存没均未详。

宋黎氏，县城按察司经历职宋世霖妻。年二十五夫故，守节。没年六十。同治三年旌。

谭宋氏，县南罗江桥谭光绶妻。年二十九夫故，守节。没年四十。同治三年旌。

周刘氏，县北周名峻妻。年二十四夫故，抚遗腹子守节。没年四十。

刘陈氏，县南刘启灼妻。年二十九夫故，矢志抚孤，顺事姑嫜。没年五十五。

张郭氏，张孟岐妻。年二十八夫故，守节。没年八十一。

邱张氏、刘氏，张适邱其润，年二十九夫故，守节，抚孤应台成立，援例入监，复早卒。妇刘氏时年亦二十九，欲从夫死。张曰："汝不念我孀居耶?"乃受命抚孤以守。张没年五十九，刘没年四十三，均赠安人。

郑张氏，县西郑盛位妻。年二十夫故，遗孤甫月余，家贫，抚之以守。没年五十七。

黄王氏，县北洞门里黄俸珍妻。年二十八夫故，守节。没年七十三。

刘杨氏，县南刘元谟妻。年二十八夫故，守节，训子成立。没年九十五。五代同堂。

刘周氏，县南清江里刘锡辉妻。年二十一夫故，无嗣，欲以死殉，舅姑劝谕之，乃抚侄以守。事二老以孝闻。没年三十六。

刘蔡氏，县南监生刘运杓妾。年二十四杓故，守节。没年三十六。

贝江氏，县东贝世箴妻。年二十五夫故，守节。没年四十四。

刘周氏，县东刘运谟妻。年二十五夫故，守节。没年六十三。

廖李氏，县东廖序槐妻。年二十二夫故，无子，抚侄以守。没年八十六。

蔺寻氏，县南泉江里蔺臣侍继妻。年二十七夫故，遗二女，无子，抚侄嗣。既冠，没，偕妇李氏抚侄孙以守。事舅姑以孝闻。没年六十七。

廖蓝氏，县东廖作烈妻。年二十六夫故，守节。没年八十一。

吴周氏，县北吴万焜妻。年十九夫故，矢志靡他，抚孤奉亲。没年七十五。

萧杨氏，县北萧熊祥妻。年二十九夫故，守节。没年五十二。

李曹氏，县北李耀梁妻。年二十七夫故，守节。没年六十。

陈周氏，县北陈显谟妻。年二十八夫故，一子殇，抚侄以守。没年七十九。

邵喻氏，县北邵家朋妻。年二十六夫故，守节。没年六十一。

李易氏，县南李云玠妻。年十九夫故，守节。没年三十一。

左邹氏，县北左福万妻。年二十七夫故，守节。没年八十一。

李唐氏，县南沙溪里李名禧妾。年二十九名禧故，矢志守节。没年五十五。以子职赠安人。

唐周氏，县北唐高翥妻。年二十七夫故，守节。没年八十五。

邓瞿氏，县北邓毓奇妻。年二十五夫故，守节。没年五十九。

周甘氏，县城周贵初妻。年二十五夫故，守节。没年四十五。

寻徐氏，县北寻蕴庵妻。年二十九夫故，守节。没年七十六。

张谭氏，县南荆坪里庠生张朝班妻。年三十夫故，守节，抚孤成立。没年八十四。

刘李氏，刘祖听妻。年二十六夫故，守节。没年三十八。

谭饶氏，县南谭曰瑶妻。年二十八夫故，无子，仅遗一女，矢志不渝。没年五十九。

谭徐氏，县南水口段谭光象妻。年二十四夫故，守节。没年四十四。

文汤氏，县西杉山段文山一妻。年三十夫故，守节。没年五十五。

潘聂氏，县西潘学晃妻。年二十九夫故，守节。二子均幼，抚之成立。没年六十。

潘张氏，县西潘学鹏妻。年三十夫故，守节。事姑勤谨，训子成立。没年七十。

谢唐氏，县西从九职谢云房妻。年三十夫故，守节。没年五十八。

谢陈氏，县西谢纯钦妻。年二十夫故，守节。没年八十六。

许龙氏，县北许兑二妻。年二十八夫故，无子，甘贫守节。没年三十八。

傅寻氏，县北傅国霖妻。年二十九夫故，守节。没年六十九。

邹王氏，县北邹聪觉妻。年二十九夫故，守节。没年三十九。

邹鲁氏，县北邹聪旷妻。年二十四夫故，守节。没年六十。

刘何氏，刘光遥妻。年二十八夫故，守节。没年八十五。

邹刘氏，县北邹明炘妻。年二十九夫故，守节。没年七十五。

刘高氏，刘大秀妻。年二十九夫故，守节。没年八十二。

陈余氏，县东陈家坊陈化濂妻。年二十四夫故，守志。遗一子，殇，抚侄嗣，鞠育成立。持家勤俭，老犹绩纺。没年八十五。

傅黎氏，县西傅道心妻。年二十七夫故，甘贫守志。没年八十三。

萧周氏，县东大光沿萧封文妻。年十九夫故，守节。没年七十八。

张李氏，县东张其善妻。年二十二夫故，守节，抚孤成立。没年七十八。

陈傅氏，县东陈能学妻。年二十八夫故，守节，抚二子成立。没年八十五。

周孔氏，县东周泮采妻。年二十八夫故，守节。没年七十六。

施汤氏，县东施东洲妻。年二十八夫故，守节。没年八十八。

周马氏，县东周荣训妻。年二十九夫故，守节。没年八十一。

罗张氏，县东马家洲罗赋辉妻。年二十九夫故，守节。没年八十一。

罗熊氏，县东罗宗洽妻。年二十九夫故，守节。没年五十。

罗刘氏，县东板背里罗常浩妻。年二十三夫故，守节。没年五十。

罗吴氏，县东板背里罗常澣妻。年十九夫故，守节。没年六十。

罗袁氏，县北罗成位妻。年二十一夫故，守节。没年六十。

罗陈氏，县北监生罗联奎妻。年二十八夫故，恸不欲生，遂自刎，不殊，救之苏。嗣是足不出户，未尝言笑。没年三十九，罗族为之立嗣。

李黄氏，县城理问职李大钟妻。年二十三夫故，守节。没年七十。

李廖氏，县东黄花洞李大化妻。年十九，既娠而夫死，恸不欲生，姑曰："汝忍绝尔夫嗣乎？"乃节哀。逾月举一女，未晬殇，立侄以守。没年三十七。

李何氏，县东李克章妻。年十七夫故，未生子，舅姑悯其年少，不欲强之守，而氏志益坚，乃以侄嗣，杜门不出，虽至戚罕觏面，没年三十七。

李陈氏，县东富溪里李隆暄妻。年二十九夫故，甘贫守节，事姑孝。没年八十七。

李邱氏，县东李宗棣妻。年二十四夫故，守节。没年四十八。以孙职贻赠安人。

李黎氏，县东李宗检妻。年二十三夫故，守节。遗一子在襁褓，教之成诸生。早没，复抚孙成立。同治六年，遭姜卢段匪之难，入水垂毙，邻媪救免。逾岁没，年八十。

李汤氏，县东庠生李宗义妻。年二十八夫故，守节。没年六十九。

李黎氏，县南李纯一妻。年十九夫故，守节。没年三十四。

李罗氏，县北杨家冲李春浦妻。年二十四夫故，抚孤守节，事姑孝。生平言笑不苟，没年七十。

李罗氏，县北李万千妻。年二十七夫故，抚孤守节。课其孙读，补县学生。没年九十。

李于氏，县北李家巷李孰先妻。年二十九夫故，守节。没年八十一。

李罗氏，县北李正缘妻。年二十九夫故，守节。没年八十。

李彭氏，县北李炳爵妻。年三十夫故，抚孤守节。没年七十三。

李涂氏，县南沙溪里李洪襄妾。年三十洪襄故，矢志守节。没年五十六。

李张氏，县北李照鲸妻。年二十四夫故，无子，抚侄以守。没年七十二。

龚李氏，县城龚正沅妻。年二十七夫故，守节。没年八十一。

李萧氏，县城李耀祥妻。年二十三夫故，守节。无子，以侄嗣，孝事姑嫜。没年四十七。

李欧阳氏，县西李永藻妻。年二十七夫故，守节。没年四十。

王周氏，县城王载林妻。年二十八夫故，遗腹生子，抚之以守。数岁殇，矢志不渝，力贫养姑。没年四十一。

王胡氏，县东上洪里王执礼妻。年十六夫故，守节。没年二十八。

王林氏，县东上洪里监生王有绅妻。年二十一夫故，遗一子，矢志守节。尝建桥于杨梅岭之衢，费数百缗。没年六十。

王曾氏，县东例贡生王盛耀妻。年二十一夫故，抚二孤守节。五代同堂。没年八十七。

王郭氏，县南王良超妻。年二十七夫故，抚孤守节。家贫，纺绩奉姑。没年七十四。

王张氏，县南王梦熊妻。年二十八夫故，守节。没年八十九。五代同堂。

王邹氏，县南王家弦妻。年二十四夫故，甘贫，抚孤守节。没年六十二。

王陈氏，县南大原庄王梦祥妻。年二十二夫故，守节。没年七十七。

王罗氏，县西王清茂妻。年十九夫故，抚孤事姑，矢志不渝。没年七十一。

王罗氏，县东王长兴妻。年二十三夫故，守节。没年三十九。

王刘氏，县西王魁瑛妻。年二十七夫故，守节。没年四十八。

王李氏，县西王泽源妻。年十九夫故，守节。没年七十二。

王李氏，县西王锦新妻。年十九夫故，守节。没年三十。以子职封太安人。

王周氏，王永顺妻。年十九夫故，守节。没年四十五。

罗舒氏，县城罗声亨妻。年二十八夫故，守节。没年六十一。

罗李氏，县东燕窝里罗赋韶妻。年十九夫故，守节。没年四十五。

罗李氏，县东罗宗澜妻。年二十二夫故，矢志守节。无子，抚侄嗣，夭，复抚侄，鞠养成立。以忧疾没，年四十四。

罗李氏，县北秧田里罗富传妻。年二十二夫故，抚孤以守。没年七十七。

王邱氏，县东三口段王应勋妻。年二十九夫故，守节。没年六十二。

邱龙氏，县南庠生邱渠成继妻。年二十三夫故，无子，抚侄以守。没年六十五。

邱黎氏，县西邱庆钟继妻。年二十三夫故，抚孤守节，事舅姑以孝闻。没年五十。

邱孙氏，县西邱庆雩妻。年二十九夫故，守节。没年五十一。

张沈氏，县南上大坪张利安妻。年二十二夫故，家贫，抚孤守节，言笑不苟。没年六十七。

张黎氏，县南张中勉妻。年二十九夫故，家贫，抚孤守节。没年五十五。

张全氏，县南张礼崇妻。年二十七夫故，守节。没年八十五。

张苏氏，县北张豁然妻。年二十四夫故，守节，勤俭自持。没年六十。

张罗氏，县北张显略妻。年二十六夫故，守节。没年五十六。

张罗氏，县东张豫英妻。年二十夫故，无子，抚侄以守。没年五十二。

张刘氏，县南荆坪里张中习妻。年二十六夫故，守节，以侄嗣。没年六十三。

张黄氏，县北张扬廷妻。年二十五夫故，守节。没年六十一。

周全氏，县东潦浒山周加忠妻。年二十五夫故，家无担石，携子行乞，守志不渝，乡里称之。没年四十二。

周鲁氏，县北周明贯妻。年二十九夫故，守志，抚遗孤成立。没年六十九。

周罗氏，县北观音塘周献宗妻。年二十九夫故，守节。没年六十六。

周王氏，县北周光霭妻。年二十八夫故，守节。没年八十二。

周邓氏，县北周盛秋妻。年二十七夫故，守志。家贫，鞠二子成立，相继亡。冢妇雷氏遗腹生子，相与抚之以守。没年六十六。

周傅氏，县北周岐康妻。年二十四夫故，守节。没年七十二。

周喻氏，县北周光昱妻。年二十夫故，守节。没年五十四。

周陈氏，县北周科廪妻。年二十三夫故，守节。没年八十二。

周吉氏，县北周望燕妻。年十八夫故，守节。没年八十五。

周祝氏，县北泮春里周政典妻。年二十六夫故，守节。没年五十三。

刘蔡氏，刘常涌妻。年二十一夫故，守节。没年三十六。

刘邱氏，刘宗己妻。年二十七夫故，守节。没年七十六。

刘宋氏，县东横山里刘抡运妻。年二十五夫故，守节。没年五十四。

刘罗氏，县南刘祖杭妻。年二十夫故，守节。一子殇，抚侄嗣。而家极贫，工刺绣，易甘旨以奉舅姑，善蓄积。没年四十五。

刘黄氏，县南刘世传妻。年二十六夫故，抚六月遗孤以守。及长，严课之读。没年八十四。

刘贝氏，县南清江里刘名鼎继妻。年二十五夫故，无子，抚侄，早没，复抚侄以守。没年六十九。

刘陈氏，县南清江里刘显慈妻。年二十四夫故，举遗腹子，抚之以守。没年三十四。

刘黎氏，县南小源里刘文士妻。年二十七夫故，抚孤以守。没年四十五。

刘杨氏，县南清江里刘名煦妻。年二十六夫故，无子，抚侄以守。没年八十三。

刘翟氏，县南刘家栗妻。年二十九夫故，守节。没年八十八。

刘欧阳氏，县南清江里刘名有妻。年三十夫故，守节。没年八十三。

刘彭氏，县南刘国杰妻。年二十七夫故，守节。没年七十九。

刘张氏，县南刘兴浩妻。年三十夫故，守节。没年七十九。

刘施氏，县南刘宏伋妻。年三十夫故，守节。没年七十八。

刘留氏，县南刘开旸妻。年二十三夫故，守节。没年七十七。

刘韩氏，县南刘运行妻。年二十五夫故，守节。没年七十二。

刘易氏，县南刘家倪妾。年二十五倪故，守节。没年七十。

刘龙氏，县南刘家狮妻。年二十二夫故，守节。没年三十二。

刘张氏，县南刘运新继妻。年三十夫故，守节。没年五十二。

刘陈氏，县南刘运锡妻。年二十四夫故，守节。没年三十四。

刘何氏，县南刘运冲妻。年三十夫故，守节。没年五十八。

刘邱氏，县南刘忳孝妻。年二十五夫故，守节。没年六十一。

刘李氏，县南刘为垚妻。年二十五夫故，守节。没年五十三。

刘彭氏，县南刘世禄妻。年二十四夫故，守节。没年六十二。

刘吴氏，县南清江里刘名昭妻。年二十七夫故，守节。没年七十七。

刘熊氏，县西刘良恩妻。年二十三夫故，守节。没年七十七。

刘宾氏，县西白水段刘昌彝妻。年二十五夫故，守节。没年三十五。

刘夏氏，县西白水段刘昌鼎妻。年二十六夫故，守节。没年四十三。

刘邹氏，北城外圳口刘士洋妻。年二十八夫故，守节。没年四十。

刘陈氏，县北永安市刘文墩妻。年二十九夫故，守节。家贫，姑老且病，氏奉甘旨、药饵不倦。姑没，典妆奁以供祭葬。遗一子，抚之成立。没年五十一。

刘陈氏，县北永安市刘启櫆妻。年二十七夫故，遗一子，不育，抚侄嗣守，以贤孝称。没年五十八。

刘蒋氏，县北永安市刘文煜妻。年二十九夫故，抚二孤成立。家贫，日藉女红易甘旨奉翁。翁没，祭葬如礼。氏苦节终身，没年五十一。

刘王氏，县北永安市优附生刘文郁妾。年二十文郁故，氏矢志不嫁，抚孤立节，事文郁母以孝闻。没年五十九。

曾李氏，县东白沙里曾荣富妻。年二十二夫故，无子，矢志守节。居村市间，足不出户。没年五十七。

曾蓝氏，县东曾传辅妻。年二十九夫故，守节。没年八十一。

曾李氏，县东曾传肄妻。年二十三夫故，守节。没年五十二。

曾李氏，县西曾正顺妻。年十八夫故，抚侄守节。没年七十四。

曾张氏，县西曾正洪妻。年二十二夫故，抚孤守节。没年五十七。

刘邓氏，刘芳机妻。年二十六夫故，守节。没年七十九。

童黄氏，县东童启锦妻。年二十九夫故，守节。没年五十一。

杨王氏，县东沿溪桥杨代胜妻。年二十五夫故，守节。没年七十一。

杨周氏，县东沿溪桥杨代珠妻。年二十九夫故，守节。没年七十五。

杨黄氏、黄氏，县南南坪里杨有纶妻黄氏，年二十五夫故，守节。遗一子定华，授室后复早逝，媳黄氏年二十六，能继氏志，遗孤二，相与抚育。姑没年八十。媳没年七十有一。

杨彭氏，县南沙溪里杨常霖妻。年二十九夫故，守节，事孀姑勤谨。没年六十五。

杨赖氏，县南夏家源杨廷献继妻。年二十八夫故，守节。没年九十。五代同堂。

杨陈氏，县南南坪里杨敦高妻。年十七夫故，抚侄守节。没年三十九。

杨何氏，县南南坪里杨有章妻。年二十七夫故，守节。没年七十。

杨李氏，县南杨崇礼妻。年二十六夫故，守节。没年六十三。

杨袁氏，县西杨启钟妻。年二十七夫故，抚孤守节。没年三十九。

黎周氏，县城黎宗乾妻。年二十八夫故，守节。没年四十四。

杨王氏，县南杨承毓妻。年二十八夫故，遗孤甫三月，抚之以守，蓄资成家，承夫志焉。没年六十五。

黎罗氏，县北黎秀金妻。年十九夫故，守节。没年八十。五代同堂。

黎欧阳氏，县学生黎宗咸妻。年二十九夫故，废寝食，积忧成疯，久之愈。既而以姑病危，旧患复作，哭泣达旦。没年四十一。

廖李氏，县东廖家段廖懋植妻。年二十四夫故，生子甫三月，抚之以守。没年五十九。

廖周氏，县北廖正弦妻。年二十九夫故，守节。没年八十六。

陈管氏，县东三田段陈湘亭妻。年二十六夫故，守节。没年四十五。

陈江氏，县东泉塘里陈光洪妻。年二十九夫故，守节。没年六十四。

陈李氏，县东泉塘里陈光准妻。年二十八夫故，守节。没年四十二。

陈萧氏，县南百柱村陈年玲妻。年二十四夫故，矢志不二。家贫，纺绩自给。遗一子五岁，抚之成立。没年四十一。

陈何氏，县南陈宏能妻。年二十一夫故，守节。没年八十。

陈周氏，县南碧溪里庠生陈万青妻。年三十夫故，守节。没年六十八。

陈李氏，县西陈光甲妻。夫病癫，侍数年不稍懈。比没，时氏年二十八，矢志守节。没年六十七。

胡袁氏，县南青山里胡九书妻。年二十二夫故，抚孤守节。没年五十一。

陈罗氏，县西陈清冉妻。年二十七夫故，守节。没年六十九。

陈黄氏，县北陈时逢妻。年二十五夫故，守节。没年七十四。

欧张氏，县东永和市欧其锡妻。年二十九夫故，守节。没年七十一。

欧陈氏，县东永和市欧其龄妻。年二十九夫故，守节。没年六十二。

欧唐氏，县东永和市欧其锦妻。年二十八夫故，守节。没年六十六。

欧聂氏，县东欧本锜妻。年二十九夫故，守节。没年九十。

廖鲁氏，县东星湾里廖懋煻妻。年二十五夫故，守节。没年五十二。

陈黄氏，县北陈玉榜妻。年三十夫故，抚孤守节。没年九十八。

唐陶氏，县南唐世薰妻。年二十九夫故，守节。事孀姑四十余年，能得其欢心。姒病痿，调药饵数年，无倦容，鞠其子之在襁褓者如己出。没年八十。

唐张氏，县南唐世明妻。年二十七夫故，守节。没年八十一。

汤罗氏，县东苏家江汤成章妻。年二十九夫故，守节。没年七十。

梁蒋氏，县北梁得中妻。年二十九夫故，抚侄守节。没年七十九。

欧罗氏，县东欧已源妻。年二十九夫故，守节。没年四十六。

汤孔氏，县东汤耀经妻。年十八夫故，守节。没年七十。

汤谢氏，县东汤相梓妻。年二十五夫故，守节。没年九十八，五代同堂。

欧阳徐氏，县西滦波段欧阳天枢妻。年三十夫故，抚二孤，皆早没，甘贫守志，以节终。〇节邑人王世显《传》略云："滦波段欧阳徐氏者，善邑徐君文甫之女，欧阳惟伯之贤配也。惟伯年三十弃世，遗二子，长方十岁，次甫六龄，一女在襁褓。当是时，氏孀居，年仅三十，而四壁萧然，伯叔兄弟俱寒素，不能恤。氏偕子辟纑易食，虽境极困窘，处之晏如也。呜呼！人伦之道，忠孝而外，莫大于贞节。《易》曰：'妇人贞吉，从一而终也。'然富而守节易，贫而守节难，盗贞节之名易，有贞节之实难。徐氏，贫而实有贞节者也。惜不得达长官以闻于朝廷，建坊而旌表之，是可叹耳！而犹幸值家乘之修，其从侄以序请，因直揭其本末焉。"

欧阳王氏，县北欧阳学来妻。年二十九夫故，守节。足不出闺门，虽至戚罕面。没年四十七。

欧阳罗氏，县北欧阳道岸妻。年二十八夫故，遗二子一女，抚之以守，孝事翁姑。没年七十六。

黄杨氏，县西黄锡黻妻。年三十夫故，抚孤守节。以忧疾没，年四十一。

蒋陈氏，县北蒋家仪妻。年二十四夫故，仅一女，矢志守节，历八年始抚侄嗣。没年五十六。

蒋刘氏，县北蒋文瑞妻。年三十夫故，守节。没年七十九。

蒋彭氏，县北蒋国桂妻。年三十夫故，守节。没年五十五。

蒋萧氏，县北蒋应烈妻。年三十夫故，守节。没年七十五。

孔李氏，县东孔继攀妻。年二十九夫故，守节。没年七十。

孔鲁氏，县东滩头里孔传湄妻。年二十八夫故，守节。没年五十。

冯张氏，县西冯国昌妻。年二十一夫故，遗一女，抚侄守节。没年四十四。

龙周氏，县北龙泰美妻。年二十四夫故，守节。没年五十二。

龙傅氏，县北龙正斗妻。年十九夫故，守节。没年六十五。

龙罗氏，县北龙永纶妻。年二十八夫故，守节。没年六十六。

吴陈氏，县南敏溪里吴代莲妻。年二十三夫故，一子殇，翁姑以其年少，令改适，不从，抚侄以守。没年五十三。

吴徐氏，县北监生吴万善继妻。年二十六夫故，守节。没年六十四。

吴陈氏，县南上大坪监生吴怀忠妻。年二十六夫故，守节。没年七十二。

寻刘氏，县北寻允升妻。年二十八夫故，守节。没年七十八。

胡刘氏，县西胡启昱妻。年二十四夫故，守节。没年七十。

胡王氏，县东胡九旭妻。年二十四夫故，守节。没年三十九。

吴赖氏，县西吴正泮妻。年十九夫故，抚孤成立，娶媳生孙，未几子没，越十余年，孙复没，孑然一身，至于行乞，卒全节以终。没年七十六。

胡唐氏，县西胡文顺妻。年二十四夫故，守节。没年七十五。

苏陈氏，县南茅坪里苏能秀妻。年二十六夫故，遗二子，抚之以守。没年九十。

苏周氏，县北苏学连妻。年十九夫故，甘贫守志，惟以纺绩供炊爨。抚遗孤，既冠而没，遗二孙，教之成立。没年七十九。

何张氏，县南何承焱妻。年二十一夫故，守节。没年三十八。

何黄氏，县南何祖漳妻。年二十三夫故，守节。没年四十一。

何凌氏，县西何定黉妻。年二十八夫故，守节。没年五十三。

左刘氏，县南茶山里左德池妻。年二十六夫故，守节。没年八十四。

左周氏，县北左新吾妻。年二十夫故，遗孤甫数月，抚之以守。没年八十二。

林蓝氏，县东林德芳妻。年二十六夫故，抚孤守志。没年百二岁。五代同堂。

瞿汤氏，县北瞿能济妻。年二十二夫故，无子，抚侄以守。没年五十二。

冷姜氏，县南冷超元妻。年二十八夫故，守节。没年五十八。

蔺尤氏，县南泉江里蔺名俸继妻。年三十夫故，守节。没年七十三。

蔺邱氏，县南泉江里蔺名篇妻。年二十四夫故，守节。没年七十二。

沈李氏，县北沈志榜妻。年二十六夫故，守节。没年八十六。

沈邓氏，县北沈德瑛妻。年二十七夫故，守节。没年八十二。

金赖氏，县西金昌言妻。年二十四夫故，遗一子殇，抚侄以守。没年八十一。

邓李氏，县北邓日嵩妻。年二十四夫故，守节。没年五十九。

彭杨氏，县南沙溪里彭人英继妻。年二十四夫故，守节。没年七十。

彭张氏，县西从九职彭耀典妻。年二十五夫故，家惟老妪供爨，有劝改适者，正色拒之。以忧疾没，年三十八。

彭湯氏，县北彭得仁妻。年二十二夫故，守节。没年七十五。

彭孙氏，县北彭怀瑾妻。年二十二夫故，守节。没年七十七。

寻徐氏，县北寻连春妻。年十七夫故，守节。没年八十七。

宋许氏，县南宋儒宗妻。年二十七夫故，守节。没年九十。五代同堂。

杜刘氏，县南白溪里杜光荣妻。年二十六夫故，守节。没年七十二。

杜朱氏，县南白溪里杜光华妻。年二十一夫故，守节。没年六十一。

卢罗氏，县西卢贵杰妻。年二十一夫故，守节。没年八十九。

卢宋氏，县西卢贵徽妻。年二十五夫故，守节。没年六十八。

袁谢氏，县北生员袁家藻妻。年二十一夫故，抚孤守节。没年六十八。

袁李氏，县西袁长宗妻。年三十夫故，甘贫守节。没年五十六。

丁戴氏，县北丁河清妻。年二十四夫故，守节。没年八十二。

毛周氏，县南文家市毛尚涌妻。年二十九夫故，甘贫守节。没年五十。

徐焦氏，县北徐阶平妻。年二十八夫故，守节。没年五十五。

周吴氏，县北大阳坪周眉寿妻。年二十六夫故，守节。没年六十六。

蔡刘氏，县北蔡辉汉妻。年二十九夫故，守节。没年七十一。

陈熊氏，县南沙溪里陈远超妻。年三十夫故，守节。没年八十。

孙龙氏，县南大坪里孙常经妻。年十七归孙，时常经病危，氏侍汤药，目不交睫。逾月夫亡，誓不二适，抚侄以守。其祖姑与姑皆早寡，氏奉事之，尤极孝谨。没年三十四。

曾陈氏，县南碧溪里曾德成妻。年二十二夫故，励志守节。无子，抚侄为嗣。没年三十七。

易娄氏，县西易光斗妻。年二十九夫故，守节。没年八十六。

汤彭氏，县西汤有鹏妻。年二十六夫故，守节。没年七十。

陈于氏，县北陈尧佐妻。年十七夫故，一子未晬，抚之以守。没年五十一。

邹刘氏，县南小源里邹聪仁妻。年二十五夫故，甘贫守节。没年七十一。

甘王氏，县南沙溪里甘孟篑妻。年二十一夫故，守节。没年四十六。

张李氏，县东张宣勋妻。年二十九夫故，守节。没年六十四。

陈胡氏，县南沙溪里廪生陈蕃卫继妻。年二十九夫故，守节。没年六十。

邱刘氏，县西邱庆梧继妻。年二十六夫故，守节，顺事姑嫜。没年六十九。

郭傅氏，县北郭光锦妻。年二十二夫故，守节。没年七十五。

李骆氏，县西李启芳妻。年二十六夫故，守节。没年五十六。

余唐氏，县西大元里余国弁妻。年二十九夫故，守节。没年六十二。

陈江氏，县东陈世庠妻。年十九夫故，守节。没年五十。

黎赖氏，黎大楚妻。年二十八夫故，守节。没年七十余。

黎黄氏，黎大陞妻。年二十三夫故，守节。没年六十余。

李陈氏，县东李康龄妻。年二十四夫故，抚孤事姑，守节。二十二年没。

刘欧阳氏，县南清江里刘大一继妻。年十九归刘，数月夫没，以侄嗣。没年六十一。

张欧氏，县东三滩里张世钤妻。年二十九，生三子而夫故，贫无以殓，有屋数椽，鬻以营葬。夜则伴姑纺绩，日或行乞以养。有艳其色者，欲逼而取之，力拒不从，卒全节以终。年六十四。

黄许氏，县南孙家段黄玉芳妻。年二十九夫故，守节。没年七十六。

黄刘氏，县南孙家段黄煜元妻。年三十夫故，守节。没年七十。

欧阳黄氏，县北磊石桥教职欧阳大端继妻。年三十夫故，守节不渝，抚孤成立，没年八十。

邹彭氏，邹锦嵩妻。年二十二夫故，守节。没年三十五。

喻颜氏，县北沙石街喻道源妻。年三十夫故，守节。没年八十二。

唐陈氏，唐宗才妻。年二十七夫故，守节。没年五十八。

彭赖氏，县西彭应兰妻。年三十夫故，守节。没年八十七。

张邱氏，县南荆坪里张运轸妻。生一子不育，而夫病，氏知不起，亟劝置妾。未几夫故，氏年二十四，妾举遗腹子，相与抚之。数年，妾亦死，氏守节，教其子有成。没年四十三。

张陈氏，县城张谟宏妻。年三十夫故，守节。没年四十五。

杨童氏，县东杨嵩楚妻。年二十二夫故，守节。没年八十三。

李江氏，县东李兴家妻。年二十九夫故，抚孤守节。没年五十。

李马氏，县东李世逢妻。年二十九夫故，守节。没年四十四。

李汤氏，县东李登妻。年二十九夫故，守节。没年六十六。

陈吉氏、黄氏，吉适县北陈朝治，年二十六夫故，无子，抚侄廷栋嗣。授室黄氏，未生子而廷栋亦早逝。时黄年二十九，誓不再嫁，吉复立族孙为后。吉没年八十六。黄没年七十八。两世苦节，里人称之。

李甘氏，县西金鸡巃李锡英妻。年二十三夫故，抚侄守节。没年四十九。

鲁周氏，县东鲁家湾鲁兴豪妻。年二十六夫故，守节。没年六十一。

刘李氏，县城刘昌禔妻。年二十四夫故，抚孤守节。没年三十八。

卷二十　列女二

节

国朝

李罗氏，县东李南波妻。年二十四夫故，守节。道光二十三年旌。见年八十一。

李邓氏，县西金鸡礲李宗培妻。年二十一夫故，守节。以孙职貤封宜人。湘乡曾国藩以“贞筠表瑞”额其庐。道光二十三年旌。见年八十八。

黄邱氏，县南黄文法妻。年二十七夫故，守节。道光二十三年旌。见年八十六。

黄何氏，县南黄兴柏妻。年二十六夫故，守节。道光二十三年旌。见年八十三。

郑宋氏，县西郑世桢妻。年二十九夫故，抚孤守节，事舅姑能得其欢。道光二十三年旌。见年八十。

郑林氏，县西郑启璠妻。年二十七夫故，守节。道光二十三年旌。见年八十五。

张李氏，县南张步凰妻。年二十四夫故，家贫，一子，严课之读，授室，复亡，遗一孙，偕妇全氏抚之以守。道光二十三年旌。见年八十八。

张李氏，县东张光佐妻。年二十二夫故，遗孤甫数月，抚之以守，事舅姑以孝闻。道光二十三年旌。见年九十五，五代同堂。

刘谢氏，县东狮毛坪刘开虞妻。年二十六夫故，守节。道光二十三年旌。以孙职貤封宜人。见年八十六。

宋任氏，县城监生宋富璋妻。年二十七夫故，守节。道光二十三年旌。见年八十一。

刘甘氏，县南刘孝洤妻。年二十七夫故，守节。道光二十三年旌。见年八十三。

王谭氏，县南王家吉妻。年二十三夫故，守节。道光二十三年旌。见年八十七。

蔺陈氏，县南泉江里蔺名实妻。年三十夫故，守节。道光二十三年旌。见年八十四。

胡陈氏，县南西岭下胡名玑妻。年二十七夫故，守节。道光二十三年旌。见年八十。

孔瞿氏，县东孔继祥妻。年十九夫故，守节。道光二十三年旌。见年八十六。

易鲁氏，县北易书法妻。年二十九夫故，守节。道光二十三年旌。见年八十六。

萧汤氏，县东萧同开妻。年二十二夫故，矢志奉姑，摒挡家政。以子职封太孺人。道光二十三年旌。见年八十一。

陈黄氏，县南浒潭里陈光恒妻。年二十六夫故，一子早没，抚孙守志。道光二十三年旌。见年八十一。

贝吕氏，县东船仓里生员贝镇东妾。年二十六东故，遗腹一子，与嫡周氏同守节。咸丰十年旌。见年六十四。

马萧氏，县东武生马开甲妻。年二十七夫故，无子，恸不欲生，翁姑谕止，乃抚侄以守。时侄甫晬，氏鞠育之，俾至成立。咸丰十年旌。见年七十。

吴彭氏，县北水源里吴宗祉妻。年十七夫故，抚侄矢守，事翁姑以孝闻。咸丰十年旌。见年六十四。

罗萧氏，县东沔江里罗赋颖妻。年二十六夫故，守节。同治元年旌。见年七十五。

杨罗氏，县东杨康龄妻。年二十九夫故，抚侄以守。同治元年旌。见年六十五。

刘欧氏，县南清江里刘大雅妻。年三十夫故，守志。姑早逝，事翁以孝闻。课子严而有法，长子补县学生，次拔贡生。以夫弟职貤封宜人。同治元年旌。见年六十九。

王曾氏，县东上洪里王定华妻。年二十五夫故，教二子成立。同治二年旌。见年五十六。

王胡氏，县南大源庄王才长妻。年二十三夫故，守节。同治二年旌。见年九十七。

王李氏，县南大源庄王才奇妻。年二十八夫故，守节。同治二年旌。见年八十五。

李刘氏，县东打鼓坪李章联妻。年二十三夫故，守节。同治二年旌。见年八十二。

李曾氏，县东溪头里李焕甲妻。年二十四夫故，守节。同治二年旌。见年七十二。

蔺杨氏，县南泉江里蔺臣十妻。年二十二夫故，抚数月遗孤，俾至成立。同治二年旌。见年八十二。

蔺陈氏，县南泉江里蔺臣肃妻。年二十三夫故，抚孤守节。同治二年旌。见年六十六。

张陈氏，县南荆坪里张中俸妻。年二十一夫故，甘贫守志。遗孤甫三月，鞠之，既娶而没，抚侄孙为后。同治二年旌。见年九十一。

张林氏，县东突石里张宣涵妻。年二十夫故，守节，以侄嗣。同治二年旌。见年七十。

张曾氏，县东突石里张宣模妻。年二十四夫故，守节，以侄嗣。同治二年旌。见年七十。

张李氏，县东张家坊张济清妻。年二十九夫故，守节。同治二年旌。见年六十七。

张廖氏，县东黄泥坳张昌鄗妻。年二十五夫故，抚孤守节。同治二年旌。见年七十一。

曾李氏，县东横山里曾传煌妻。年二十夫故，守节。同治二年旌。见年九十一。

曾李氏，县东横山里曾传召妻。年二十四夫故，守节，以侄嗣。同治二年旌。见年九十六。

陈傅氏，县西陈清湘妻。年二十八夫故，守节。同治二年旌。见年七十六。

陈张氏，县东小河里陈开勋妻。年二十八夫故，守节。同治二年旌。见年七十四。

谭刘氏，县东杨树潭谭贵玑继妻。年二十夫故，守节。同治二年旌。见年八十六。

谭唐氏，县西老神冲谭祥绅妻。年二十八夫故，守节。同治二年旌。见年六十七。

谭何氏，县东渣田里谭文辂妻。年十九夫故，抚孤守节。同治二年旌。见年六十四。

刘夏氏，县南塘口段刘祖亿妻。年二十八夫故，守节。同治二年旌。见年七十一。

刘何氏，县东白沙里刘佐静妻。年十九于归，逾月夫故，誓不再适，以侄嗣。封太安人。同治二年旌。见年六十五。

刘罗氏，县东老鸦段刘昌贵妻。年二十九夫故，守节。同治二年旌。见年八十二。

宋凌氏，县西龙潭里宋世炯妻。年二十九夫故，抚数月遗孤以守，事姑尽孝。同治二年旌。见年六十五。

刘卓氏，县东老鸦段刘昌明妻。年二十三夫故，守节。同治二年旌。见年七十八。

刘柳氏，县南金刚头刘友芹妻。年二十一夫故，守节。同治二年旌。见年六十四。

刘陈氏，县南金刚头刘友营妻。年二十二夫故，家贫，抚孤守节，奉养舅姑。同治二年旌。见年七十二。

袁谭氏，县西新溪段袁长茂妻。年二十四夫故，守节。同治二年旌。见年七十四。

吴曾氏，县东东门里吴可风妻。年二十五夫故，无子，或劝改适，氏叱之而泣，因抚侄以承夫嗣，鞠养成立。同治二年旌。见年六十七。戚党罕得面云。

汪许氏，县北汪罗段汪陵坦妻。年二十七夫故，守节。同治二年旌。见年八十六。

黎彭氏，县西黎定俶妻。年二十九夫故，守节。同治二年旌。见年八十。

黎谢氏，县南渡头里黎定朝妻。年二十八夫故，守节。同治二年旌。见年六十五。

黎钟氏，县南渡头里黎志扬继妻。年二十六夫故，守节。同治二年旌。见年七十三。

罗周氏，县东白驹里罗英汉妻。年二十九夫故，守节。以子职貤封九品孺人。同治二年旌。见年七十九。

罗周氏，罗鹤贤妻。年二十三夫故，守节。同治二年旌。见年六十六。

萧张氏，县东沙湾里萧先仁妻。年二十九夫故，守节。见年八十五。

萧罗氏，县北杨丁村萧承休妻，不逮事舅姑，尝劝夫勤学以慰祖姑望。夫没时，氏年二十六，矢志守节。同治二年旌。见年七十六。

彭王氏，县城彭万育妾。年十九育故，守节。同治二年旌。见年七十三。

彭贝氏，县南河口里彭万资妻。年二十夫故，守节。同治二年旌。见年六十二。

周傅氏，县西蔡里冲周之寰妻。年三十夫故，欲以身殉，父母劝曰："汝子幼，亲属无期功，非可死者。"乃抚孤以守。同治二年旌。见年六十五。

周林氏，县城周泰然妻。年二十九夫故，守节。同治二年旌。见年六十二。

陈李氏，县东大和里陈光藻妻。年二十二夫故，守节。同治二年旌。见年八十九。

邵苏氏，县北邵家段邵应潇妻。年二十八夫故，守节。同治二年旌。见年七十三。

毛袁氏，县东涧山里毛尚志妻。年二十八夫故，守节。同治二年旌。见年七十四。

宋刘氏，县城宋富璜妻。年二十三夫故，守节。同治二年旌。见年七十六。

谢陶氏，县城廪生谢诚归妻。年二十八夫故，守节。同治二年旌。见年六十四。

谢李氏，县东观音塘谢蕴烈妻。年二十八夫故，守节。同治二年旌。见年六十七。

贝周氏，县东船仓里贝世俊妻。年二十九夫故，守节。同治二年旌。见年六十九。

黄翟氏，县南桥下里黄兴玺妻。年二十七夫故，立嗣守节，事舅姑以孝闻。同治二年旌。见年六十七。

涂刘氏，县东东门里涂儒珍妻。年二十九夫故，守节。同治二年旌。见年六十三。

黄彭氏，县南桥下里黄家香妻。年二十四夫故，守节。同治二年旌。见年六十四。

涂颜氏，县东珠琳坪涂馥缥妻。年二十九夫故，家贫，三子均幼，氏冰霜励节，操女红以给。同治二年旌。见年七十一。

贝朱氏，县东船仓里贝耀寿妻。年二十七夫故，守志。子复夭，氏恸不欲生，姑止之。以侄嗣，又立孙为亡子嗣。以孙职贻封宜人。同治二年旌。见年七十。

易黄氏，县南易盛榜妻。年二十三夫故，守节。同治二年旌。见年六十八。

晏杨氏，县南昇腾里晏章怀妻。年二十一夫故，守节。以孙职貤封安人。同治二年旌。见年七十二。

唐罗氏，县东火石岭唐德志妻。年二十三夫故，守节。同治二年旌。见年七十。

钟刘氏，县东造上里钟怀文妻。年二十一夫故，守节。同治二年旌。见年七十一。

邱李氏，县西邱庆笏继妻。年二十二夫故，守节。同治四年旌。见年五十七。

于彭氏，县北于桂林妻。年二十九夫故，守节。以子军功封太夫人。同治八年旌。见年七十二。

于朱氏，县北龙子桥于显科妻。年二十六夫故，守节。见年六十三。

罗李氏，县东营千总职罗文忠妻。年二十六夫故，抚孤守节。姑林氏年百岁，氏侍奉维谨。见年七十五。

罗卢氏，县东珠琳村罗联尚妻。年二十一夫故，守节。见年六十二。

罗温氏，县东珠琳村罗若汉妻。年二十九夫故，守节，见年七十。

罗龙氏，县北罗献来妻。年二十三夫故，矢志奉姑，以侄嗣。见年七十四。

罗江氏，县东罗常绚妻。年二十六夫故，守节，见年九十一。

罗李氏，县东州同职罗昌平妻。年十九夫故，守节，以侄嗣。见年六十。

罗张氏，县北罗德煊妻。年二十二夫故，守志。闭户纺绩，抚遗孤成立。祖姑易故节妇，氏侍奉不衰。见年六十二。

王刘氏，县东三口段王应杰妻。年二十九夫故，守节，以侄嗣。见年六十五。

王李氏，县东王荣发妻。年十九夫故，立嗣守节。见年五十九。

王罗氏，县东从九职王新发妻。年二十六夫故，守节。见年六十。

王张氏，县东王兴发妻。年二十二夫故，守节，以侄嗣。见年六十七。

王林氏，县东王秀发妻。年二十夫故，守节，以侄嗣。见年六十。

刘汤氏，县南刘孝鼒妻。年二十六夫故，守节。见年六十九。

刘陶氏，县南刘运丙妻。年二十九夫故，守节。以子职貤封九品孺人。见年八十。

刘余氏，县南清江里刘显游妻。生子三，一日墙圮，夫及长子压死，时氏年二十八岁，恸绝而苏者数。翁姑谕之，乃强起，抚孤以守。见年六十一。

刘陈氏，县南刘朝梯妻。年二十八夫故，抚孤守节，常以读书继志励其子。见年七十二。

刘宋氏，刘明德妻。年二十三夫故，守节。见年五十七。

李刘氏，李才莱妻。年二十三夫故，矢志奉姑，抚侄嗣。以子职封太孺人。见年六十九。

李陈氏，县北李听鸣妻。年二十七夫故，守节。见年八十四。

李许氏，县北李兰玉妻。年二十一夫故，守节。见年七十四。

寻徐氏，县北寻利溥妻。年二十六夫故，矢志奉姑。一子早世，以侄嗣。貤封九品孺人。见年六十六。

寻廖氏，县北寻道南妻。年二十九夫故，守节。一子殇，以侄嗣。见年七十八。

卜刘氏，县西冯家坳卜玗希妻。年二十九夫故，守节，以侄嗣。勤操作，养舅姑，生平无恶言遽色。见年五十九。

卜李氏，县西社冲里卜珩希妻。年二十六夫故，守志，教子成立。见年六十二。

李罗氏，县东明镜堂李显忠妻。年二十三夫故，守节。见年六十一。

陈刘氏，县南沙溪里陈蕃稷妻。年二十三夫故，守节，以侄嗣。见年七十二。

陈王氏，县南沙溪里陈蕃资妻。年二十九夫故，守节，孝事孀姑。见年六十二。

陈刘氏，县南沙溪里陈蕃达妻。年二十夫故，守节。见年六十三。

陈刘氏，县东乌石里陈乔龄妻。年二十八夫故，仅一女，以侄嗣。殇，继嗣侄，亦不禄，矢志坚守，敬事姑嫜。见年六十四。

陈王氏，陈大乐妻。年二十九夫故，守节。见年六十八。

曾梁氏，县南施家坝监生曾步陞妻。年二十七夫故，守节。见年六十四。

曾吴氏，县南施家坝监生曾能德妻。年二十八夫故，守节。见年六十七。

邓武氏，县北邓森秀妻。年二十五夫故，守节。见年八十一。

邓江氏，县南监生邓明禧妻。年二十九夫故，守节。见年六十五。

周罗氏，县城周家润妻。年二十八夫故，殡时截发纳棺中，誓志抚孤。今其子补县学生。见年五十九。

周熊氏，县南监生周国典妻。年二十七夫故，守节。见年七十三。

周李氏，县东白沙里周泰坤妻。年二十七夫故，家贫，抚孤授室，生一孙而子没，氏惟以命自遣。生平不苟言笑，冰操严厉。见年六十九。

赵黄氏，县东赵陞杰妻。年二十二夫故，守节，以侄嗣。见年六十二。

柳周氏，县北柳翰先妻。年二十八夫故，守节。见年七十五。

熊康氏，县城熊先润妻。年二十六夫故，遗腹一子，复殇，抚侄坚守。见年五十八。

瞿周氏，县北水源冲瞿廷锡妻。年二十八夫故，遗孤及晬，抚之守。见年七十二。

邹龙氏，县北邹明沣妻。年二十五夫故，子女相继亡，抚侄誓守。见年六十。

黎宋氏，县东黎华柏妻。年二十八夫故，守节。见年六十一。

皮宋氏，县西皮昌榘妻。年二十四夫故，子复殇，抚侄誓守，足不出闺闱。姑病，常彻夜侍。姑没，恸绝复苏者数。见年六十一。

高张氏，县北高陞桥高达衢妻。年二十四夫故，守节。见年七十二。

孔焦氏，县北枫林洞孔传炳妻。年二十二夫故，守节。见年七十四。

黄朱氏，县北黄世知妻。年二十五夫故，遗孤甫三龄，值姑亦生子没，氏矢志抚己子，兼乳姑子，皆成立。见年五十九。

任刘氏，任亮升妻。年二十八夫故，守节。见年六十。

张黎氏，县北燕舞洲张福守妻。年三十守节。家贫，课子读，资皆出自十指，里党称之。见年六十八。

杨李氏，县西杨宗焕妻。年二十七夫故，守节。见年六十。

张周氏，县北张登猷妻。年二十九夫故，守节，抚侄嗣。后以子职贻封九品孺人。见年六十六。

张夏氏，县南张智谱妻。年二十夫故，守节。见年七十。

张易氏，县北彭溪桥张永龄妻。年二十夫故，守节，孝事舅姑，训子成立。见年五十六。

邓陈氏，县北邓高桃妻。年二十九夫故，守节。见年六十一。

焦袁氏，县北焦金玉妻。年二十九夫故，守节。见年六十五。

张彭氏，县南荆坪里张为俎妻。年三十夫故，守节。见年七十六。

张黄氏，县南学简冲张声昌妻。年三十守节，姑早没，事翁以孝闻，课子有法。见年五十四。

张卢氏，东城外张荣纶妻。年三十夫故，守节，以侄嗣。见年五十二。

张钟氏，县南小江里监生张国贤妻。年二十九夫故，守节。见年五十九。

张暨氏，县北张继鹤妻。年二十九夫故，守节。见年五十五。

张熊氏，县北张康乐妻。年二十九夫故，守节。见年五十八。

张刘氏，县东张宣裕妻。年二十九夫故，守节。一子殇，以侄嗣。见年七十九。

张彭氏，县城张心滁妻。年二十八夫故，守节。见年六十四。

张刘氏，县东张宣桀妻。年二十八夫故，遗孤四岁，抚之以守。见年七十一。

张林氏，县东高车里张光清妻。年二十八夫故，守节。见年八十六。

张陈氏，县南荆坪里增生张立奎妻。年二十七夫故，守节。见年五十六。

张梁氏，县南张中萼妻。年二十六夫故，守节。见年六十三。

张邹氏，县南张中显妻。年二十九夫故，家贫子幼，抚之以守。见年六十三。

张刘氏，县南张立容妻。年二十五夫故，守节，以侄嗣。见年五十四。

张李氏，县东张任联妻。年二十五夫故，抚二孤守。见年八十六。

张万氏，县西张允萃继妻。年二十四夫故，遗一子殇，以侄嗣。见年六十二。

张陈氏，县北莲塘里张寿浓妻。年二十三夫故，甘贫守志。奉舅姑以甘旨，而自啜粥。积纺绩资助子读，补县学廪生。见年五十五。

张刘氏，县西张恒宽妻。年二十三夫故，守节。见年七十七。

张冷氏，县南未入流职张立峩妻。年二十二夫故，抚孤守节。见年五十八。

张李氏，县南金钩湾张光万妻。年二十二夫故，守节。见年五十八。

张全氏，县南张开哲妻。年二十二夫故，甘贫守志，抚孤。姑李故节妇，氏事之惟谨。见年六十五。

张林氏，县东板冲里张世流妻。家贫，常随夫樵。夫故，时氏年二十一，以侄嗣。遂杜门不出，仰给十指，或不炊爨，无怨言。见年五十九。

王寻氏，县北王光洵妻。年二十五夫故，守节。见年七十六。

王孔氏，县东呼田里王隆开妻。年二十八夫故，守节。见年五十八。

王宋氏，县西王魁璆妻。年二十四夫故，守节。见年六十一。

王刘氏，县东三口段王显朝妻。年二十三夫故，守节。见年五十四。

黄王氏，县南黄昭榜妻。年二十九夫故，守节。见年六十四。

黄孙氏，县南井前里黄能中妻。年二十九夫故，守节。见年八十一。

黄冯氏，县北黄九畴妻。年二十九夫故，守节。见年九十。

黄傅氏，县南黄兴泮妻。年二十八夫故，守节。见年六十九。

黄蔺氏，县南井前里黄绍教妻。年二十七夫故，守节。见年五十六。

黄唐氏，县南黄传发妻。年二十七夫故，守志。善事舅姑，奉养无缺。无子，以侄嗣。见年六十五。

黄唐氏，县南黄宏发妻。年二十七夫故，守节。见年六十六。

黄刘氏，县南井前里黄绍尧妻。年二十六夫故，守节。见年七十四。

黄吉氏，县北黄弥坚妻。年二十六夫故，守节。见年六十一。

黄陈氏，县北黄祖义妻。年二十四夫故，守节。见年六十五。

黄刘氏，县南黄兴悠妻。年二十一，生一女而夫故，恸欲殉之，舅姑劝止。抚侄嗣，勉之读，补县学生。事舅姑以孝闻，没葬如礼。见年五十五。

黄谢氏，县东石江里黄拔元妻。年十九夫故，守节，以侄嗣。见年八十。

黄张氏，县西黄垂忠妻。年十九夫故，守节。见年八十。

黄熊氏，县北西冲里黄加筹妻。年十九夫故，抚孤守节。见年五十四。

杨刘氏，县南牌楼前杨清汉妻。年十九夫故，抚孤守节。见年六十六。

杨沈氏，县南夏家源杨崇星妻。年二十三夫故，守节，以侄嗣。见年六十四。

杨陈氏，县东沿溪桥杨永芸妻。年二十八夫故，守节。见年五十五。

杨王氏，县南从九职杨高翥继妻。年二十三夫故，翥前妻子甫六岁，视如己出，抚之以守。见年五十七。

杨张氏，县西杨宗友妻。年二十九夫故，守节。见年五十五。

杨钟氏，县南南坪里杨定申妻。年三十夫故，守节。见年六十五。

汤张氏，县西汤仁和妻。年二十五夫故，守节。见年五十七。

汤唐氏，县东河东里汤兰玉妻。年二十八夫故，守节。见年五十四。

汤陈氏，县东金坑里汤盛璜妻。年二十九夫故，守节。见年八十一。

汤伍氏，县北汤和义妻。年二十九夫故，守节。见年五十三。

唐周氏，县北唐功懋妻。年二十九夫故，守节。见年五十四。

娄宋氏，县西娄贤材妻。年二十八夫故，抚孤守节。见年七十。

唐彭氏，县西履道冲唐先知继妻。年二十七夫故，守志。遗腹一子殇，以侄嗣。勤纺绩，足不出户。侍姑疾，尝彻夜不寝。见年五十四。

唐刘氏，县西唐序相妻。年二十六夫故，守节。见年六十一。

唐喻氏，县北唐思诚妻。年二十二夫故，守节。见年五十七。

谭唐氏，县西蛇头里谭显忠妻。年十八夫故，一子甫数月，抚之以守。见年五十五。

谭张氏，县北沙石街谭宗愈妻。年十九夫故，守节，以侄嗣。见年五十六。

谭胡氏，县城谭显乡妻。幼适谭，既长，工女红，温静寡言笑，和诸娣姒，率姑教维谨。年二十八，其夫以力学赍志没，一女尚在襁褓，氏抚之以守。屏铅华，日勤操作不倦。无子，以侄嗣。见年五十一。

彭瞿氏，县北彭首仁妻。通书史，能诗。年十八归首仁，甫十九日，夫没，誓以死守，抚侄成立。见年七十六。

彭李氏，县北彭玉标妻。年二十二夫故，守节。见年九十二。

彭刘氏，县北漱口塘彭金锡妻。年二十二夫故，守节。见年八十九。

彭张氏，县南彭运嘉妻，孝事舅姑。年二十三夫故，每泣，不使姑闻。遗孤甫月余，抚之以守。比长，训诲有法。以子职贻封九品孺人。见年五十六。

彭刘氏，县西彭家段彭运安妻。年二十四夫故，遗二孤，抚之成立。见年七十六。

彭张氏，县北彭延龄妻。年二十八夫故，守节。见年五十七。

彭刘氏，县西彭文稼妻。年二十九夫故，守志。姑病瘫六载，氏奉汤药，不离左右。见年六十九。

彭李氏，县南沙溪里彭万芳妻。年三十夫故，守节。见年六十六。

彭黄氏，县西彭运纯妻。年三十夫故，守节。见年六十七。

彭刘氏，县北东薮冲彭行道妻。年三十夫故，矢志抚孤。见年五十七。

陈蔺氏，县南百柱村陈年藩妻。年三十夫故，守节。见年六十二。

陈张氏，县南百柱村陈年徽妻。年三十夫故，守节。见年六十二。

陈王氏，县东凰冈里陈智临妻。年二十九夫故，守节。见年五十三。

陈周氏，县北小洞里陈锡馨妻。年二十八夫故，守节。见年九十三，五代同堂。

陈谢氏，县西陈光烝妻。年二十八夫故，守节。见年六十六。

陈卢氏，县西陈清皺妻。年二十七夫故，守节。见年五十六。

陈江氏，县北监生陈殿玉妻。年二十六夫故，守节。见年五十六。

陈谭氏，县西陈泽盛妻。年二十四夫故，守节。见年六十。

陈易氏、邱氏，县南浒潭里陈光监妻易氏，年二十六夫故，遗孤甫八月，鞠之成立。夫弟光寰亦早没，娣邱氏年二十四，无子，嗣从侄为后。易见年七十七。邱见年七十。其家姒黄氏，光恒妻，亦以节著，先道光二十三年获旌。娣姒三人，相依以守，人称一门三节妇。

陈彭氏，县西西薮冲陈祖铭妻。年二十四夫故，守节，不苟言笑，事姑能得欢心。见年七十。

陈盛氏，县西陈光焘妻。年二十二夫故，守节。见年六十。

陈孙氏，县北陈绍渭妻。年十九夫故，抚孤守节。见年五十四。

陈刘氏，县南赐金滩陈智灿妻。年二十二夫故，抚遗腹子以守。见年五十五。

陈易氏，县南陈蕃秀妻。年二十三夫故，守节。见年七十四。

周梁氏，县东高浒里周国涟妻。年二十九夫故，守节。见年八十。

周罗氏，县东江家洲周昭先妻。年二十八夫故，守节。见年五十七。

周孔氏，县东高浒里周泰玲妻。年二十九夫故，守节。见年五十五。

周陈氏，县东山坪洞周楚贤妻。年二十九夫故，守志，奉事舅姑维谨，见年五十七。

周寻氏，县北周蘋芳妻。年二十八夫故，守节。见年五十八。

周沈氏，县北周铨猷妻。年二十八夫故，守节。见年六十六。

周张氏，县东江家洲周显柏妻。年二十八夫故，守节。见年六十九。

周胡氏，县东周泰九妻。年二十八夫故，守节。见年六十四。

周张氏，县北泮春里周廷迎妻。年二十六夫故，守节。见年五十五。

周徐氏，县北石勘里周颁瑞妻。年二十六夫故，守节。见年五十六。

周彭氏，县南监生周富亲妻。年二十六夫故，家贫，抚孤守节。见年五十六。

周于氏，县北永安市周畅九妻。年二十九夫故，守节。见年六十六。

周寻氏，县北周尚辰妻。年二十六夫故，守节。见年六十一。

周黎氏，县西周世箴妻。年二十五夫故，守节。见年七十七。

周李氏，县东江家洲周昭纲妻。年二十五夫故，守节。见年五十五。

周胡氏，县南株树坳周茂遵妻。年二十四夫故，守节。见年五十五。

周钟氏，县东道岸里周应观妻。年二十九夫故，家贫，事姑孝，鞠二子守节。见年五十九。

周唐氏，县东高浒里周国润妻。年二十三夫故，守节，以侄嗣。见年五十九。

周戴氏，县北周云衢妻。年二十三夫故，守节。见年六十五。

周寻氏，县北周光翥妻。年二十二夫故，守节。见年六十二。

周瞿氏，县北砰山里周济川妻。年二十夫故，守节。见年六十五。

周宋氏，县城周泰程妻。年十九夫故，守节。见年五十五。

刘黎氏，县西刘后获妻。年十九夫故，家贫抚孤，孝养翁姑。见年八十。

刘吴氏，县南清江里刘显筹妻。年二十一夫故，守节，以侄嗣。见年五十六。

刘周氏，县南刘士第妻。年二十一夫故，抚二孤以守。见年五十四。

刘王氏、钟氏、曾氏，王氏，县东金狮冲刘成级妻。年二十八夫故，鞠二子。长谆道，次诱道，皆早没。时谆道妻钟氏年二十七，诱道妻曾氏年二十二，王氏率二媳同志守节，并抚侄孙为后。王见年七十七。钟见年五十五。曾见年五十四。

刘杨氏，县南刘友爱妻。年二十三夫故，甘贫守节，奉姑。见年五十六。

刘邝氏，县东狮毛坪刘成璘妻。年二十四夫故，守节。见年七十。

刘谭氏，县南西阳山刘孝振妻。年二十一，生一子，夫故，恸不欲生。翁姑劝之，乃忍死，抚孤守志。事舅姑维谨。以子职貤封九品孺人。见年五十五。

刘邱氏，县南刘孝伊妻。年二十四夫故，守节。见年六十三。

刘张氏，县东狮毛坪刘成冕妻。年二十五夫故，守节。见年七十二。

刘蓝氏，县南清江里刘显超妻。年二十五夫故，守节。见年五十四。

刘张氏，县北刘魁南妻。年二十五夫故，守节。见年五十六。

刘黄氏，县南南市街刘祖恩妻。年二十六夫故，守节。见年六十五。

刘李氏，县东白沙里刘正甲妻。年二十六夫故，守节。见年六十一。

刘施氏，县西白水段刘昌谦妻。年二十六夫故，守节。见年五十八。

刘黄氏，县城从九职刘宗轼妻。年二十六夫故，守节。见年五十四。

刘黄氏，县南刘友杰妻。年二十七夫故，守节。见年七十四。

刘王氏，县城刘祖让妻。年二十七夫故，守节。见年六十。

刘胡氏，县南刘友庄妻。年二十七夫故，守节。见年五十六。

刘蔺氏，县南岩前里刘洪献妻。年二十七夫故，遗腹生子，抚孤守节。见年六十。

刘邱氏，县南刘怀孝妻。年二十八夫故，守节。见年八十九。

刘张氏，县南塘口段刘宗俅妻。年二十三夫故，守节。见年八十三，五代同堂。

刘伍氏，县南刘馗孝妻。年二十八夫故，守节。见年七十二。

刘李氏，县东狮毛坪刘成凯妻。年二十八夫故，守节。见年六十九。

刘谢氏，县东鸡公湾刘华南妻。年二十八夫故，守节。见年七十二。

刘黄氏，县北晏家滩刘人重妻。年二十八夫故，守节。见年六十四。

刘李氏，县北刘松年妻。年二十八夫故，守节。见年六十一。

刘李氏，县东狮毛坪刘开蕴妻。年二十九夫故，守节。见年六十七。

刘罗氏，县东团山里刘信极妻。年二十九夫故，抚孤守节。见年五十八。

刘唐氏，县南刘祖箕妻。年二十九夫故，守节。见年六十四。

刘陈氏，刘祖同妾。年二十九同故，守节。见年六十。

刘江氏，县东刘幹廷妻。年二十九夫故，守节。见年六十六。

刘罗氏，北城外圳口刘士猷妻。年二十九夫故，仅二女，抚侄以守。侍姑疾数年，无倦色，见年五十二。

刘张氏，县东狮毛坪刘开甲妻。年三十夫故，守节。见年七十一。

刘谭氏，县南从九职刘孝芳妻。年三十夫故，守节。见年五十八。

刘周氏，县南刘桑昽妻。年二十九夫故，守节。见年六十六。

刘谭氏，县南斑鸠市从九职刘孝衔妻。年二十七守节。以子职貤封九品孺人。见年五十。

刘陈氏，监生刘士桀继妻。年二十一守节。翁姑年老，代夫奉养，克尽妇职。抚前子如己出，以养以教，俾至成立。见年五十一。以孙职貤封安人。

刘李氏，县城刘昌祐妻。年二十八夫故，励志冰霜，勤纺绩，孝事翁姑，鞠二孤成立，见年五十一。

邱王氏，县西邱庆受妻。年二十八夫故，抚孤守节。见年七十六。

邱徐氏，县西邱景润妻。年二十六夫故，守节。见年五十三。

刘沈氏，县北刘超凡妻。年十九夫故，举遗腹子以守。见年七十二。

邱欧阳氏，县西邱景陛妻。年二十五夫故，守志，以侄嗣，敬事翁姑。见年六十三。

邱熊氏，县西邱庆让妻。年二十五夫故，守志。事姑孝，抚二孤，严课之读。见年五十六。

邱张氏，县西韩家港县学生邱行爲妻。年三十夫故，孝事姑嫜，抚孤成立。见年六十二。

邹周氏，县城生员邹羽仪妻。年三十夫故，家贫，遗一子，及冠而没，以侄孙为后。见年六十五。

邹娄氏，县西傅家犄监生邹运章妻。年二十九夫故，守节。见年五十九。

邹王氏，县南长峰冲邹聪绶妻。年二十九夫故，甘贫，抚孤以守。见年六十三。

邹陈氏，县北邹明师妻。年二十七夫故，守节。见年五十五。

邹谭氏，县西沙湾里邹锦雀妻。年二十五夫故，勤纺绩，教子有法。见年五十九。

苏张氏，县北苏正守妻。年二十二夫故，守节。见年六十八。

苏李氏，县北苏能让妻。年二十六夫故，甘贫守节。见年五十四。

苏李氏，县北苏能都妻。年二十六夫故，家贫，抚孤守节，事姑嫜以孝闻。见年五十七。

苏张氏，县南石鳖头苏正皋妻。年二十九夫故，守节。见年五十八。

卢黄氏，县西卢荣树妻。年二十九夫故，守节。见年八十三。

卢熊氏，县南卢恩龙妻。年二十九夫故，守节。见年八十六。

卢罗氏，县东卢兴洪妻。年二十六夫故，抚孤守节。见年六十六。

徐朱氏，县东灌源里徐春荣妻。年二十二夫故，遗一子甫二月，鞠之成立。见年六十七。

徐皮氏，县南铜铸岭徐锦爚妻。年三十夫故，抚孤守节。见年八十二。

徐周氏，县北社港市徐世丛妻。年二十九夫故，守节。见年五十八。

徐王氏，县北炉烟洞徐富音妻。年二十九夫故，守节。见年七十。

徐邹氏，县北徐贵湘妻。年十九夫故，守节。见年六十三。

徐廖氏，县北炉烟洞徐富铨妻。年二十四夫故，守节。见年七十七。

瞿梅氏、刘氏，梅适县北永安市瞿能润，未几润没，氏年二十三，代夫养志。遗二孤，励志抚之。及长，为长子臣才娶于刘。举一男而臣才又故，刘时年十九，亦效姑之志，相与抚孤。梅见年七十四。刘见年五十七。

李蒋氏，县西大元里李至先妻。年二十五夫故，守节。见年六十六。

瞿罗氏，县北永安市监生瞿声淦妻。年二十九夫故，守志，教子綦严。至翁家鏊致仕，宦橐无余，氏代夫养志，没葬如礼。时瞿族谋建祠，氏即举所住屋捐之。见年七十一。

余陈氏，县南槐花段从九职余运飞妻。年二十五夫故，守节。见年五十五。

于易氏，县北于清性妻。年二十五夫故，守节。见年五十六。

于周氏，县北石嵴头于显导妻。年二十七夫故，家贫，誓抚孤以守。养舅姑，克敦妇职。见年六十八。

吴周氏，县南沙溪里吴绍玖妻。年二十八夫故，家贫守节。见年七十一。

吴赖氏，县西吴益祥妻。年二十九夫故，抚孤守志。家贫，以纺绩自给。见年五十三。

吴刘氏，县东夏造冲吴丽风妻。年二十七夫故，饘粥不给，矢志弥坚。抚从子，方二岁，竭力鞠养。见年六十九。

吴彭氏，县北水源冲吴祖志妻。年二十六夫故，守节。见年五十四。

吴陈氏，县东龙潭湾吴敬裁妻。年二十一夫故，守节。教其子读，补县学生。见年七十二。

胡李氏，县北胡先贞妻。年二十二夫故，有劝改适者，誓不二，纺绩自给。见年六十九。

胡李氏，县西胡盛佳妻。年二十四夫故，守节。见年六十三。

胡吴氏，县东胡训楷妻。年二十八夫故，家赤贫，茹荼餐蓼，抚孤以守。见年六十三。

胡周氏，县东三口段胡见梅妻。年二十九夫故，守节。见年六十四。

寻吴氏，县北寻世发妻。年二十九夫故，守节。见年六十三。

寻王氏，县北新安里寻点贤妻。年二十二夫故，抚孤守节。见年五十八。

寻张氏，县北寻萃芬妻。年二十二夫故，守节。以子职貤封九品孺人。见年六十一。

寻吴氏，县北寻量锡妻。年二十一夫故，守节。以子职封太安人。见年七十二。

孙龙氏，县南大坪里孙高翔妻。年二十夫故，守节，以侄嗣。见年五十七。

孙李氏，县北浒澌口孙常习妻。年二十四夫故，家贫，抚孤守节。见年六十四。

孙瞿氏，县北孙常瑾妻。年二十二夫故，抚孤守节。见年五十六。

曾张氏，县南蹑云桥曾广汉妻。年十九夫故，一子甫晬，抚之以守。见年五十三。

曾刘氏，县东横山里曾载正妻。年二十二夫故，守节。见年五十九。

何林氏，县东钟家洲何万扬妻。年十七，生子甫三月而夫没，力贫守志。见年八十三。

何李氏，县南何兴赞妻。年二十四夫故，守节。见年六十。

何梁氏，县南文家市何振藻妻。年二十四夫故，守节。见年五十五。

何张氏，县南西源冲何振典妻。年二十八夫故，二子俱殇，立嗣以守。见年八十。

何刘氏，县北何常琢妻。常琢天性纯笃，母没庐墓，归以跌死。时氏年二十八，仅一女，抚侄以守。教之读，补县学生。见年六十九，犹纺绩不辍。

何罗氏，县东牛塘里何明元妻。年二十八夫故，守节。见年五十九。

何曾氏，县南何文华妻。年二十九夫故，守节。见年七十七。

何王氏，县西何定鹄妻。年二十七夫故，抚孤守节。见年五十六。

罗栗氏，县西罗蕃枝妻。年三十夫故，守节。见年七十七。

罗伍氏，县北罗芳瑛妻。年二十九夫故，守节。见年五十八。

罗张氏，县北罗开韫妻。年二十九夫故，守节。见年七十五。

罗宋氏，县西罗炤洪妻。年二十九夫故，守节。见年五十八。

罗寻氏，县北罗开纶妻。年二十九夫故，守节。见年六十八。

罗彭氏，县北罗定标妻。年二十八夫故，守节。见年七十三。

罗蒋氏，县北白茅滩罗良琴妻。年二十八夫故，守志。慎言动，勤女红，事舅姑尽孝，教二子成立。见年七十二。

罗李氏，县东罗运望妻。年二十五夫故，守节。见年五十八。

罗周氏，县北罗德祥妻。年二十四夫故，鞠二子，训诲成立。见年七十九。

罗刘氏，县东罗若典妻。年二十三夫故，守节。见年六十六。

罗周氏，县北东塘里罗奂贤妻。年二十夫故，一子及晬，抚之以守，事姑以孝闻。见年六十一。

罗周氏，县北东塘里罗善美妻。年二十夫故，守节。见年五十八。

黎唐氏，县西黎正猷妻。年二十四夫故，茹苦抚孤，亲操灌馌，夜勤纺绩，尝篝一灯，课子诵读于其侧。见年五十五。

黎刘氏，县西黎中垠妻。自幼归黎，及长，中垠病懵，故未成婚。垠没时，氏年二十六，甘贫守志，以侄嗣。见年五十九。

黎杨氏，县西黎先採妻。年二十三夫故，守节。见年六十四。

黎张氏，县西黎鹤贤妻。年二十九夫故，守节。见年七十二。

李罗氏，县东和畅田李志兰妻。年二十一夫故，守节，以侄嗣。见年八十二。

李曾氏，县东溪头里李焕香妻。年二十三夫故，守节。见年六十四。

李张氏，县北李开定妻。年二十二夫故，守节。见年六十八。

李王氏，县东呼田里李盛茂妻。夫病革，誓以身殉，夫止之，曰："当为吾寡母孤儿计。"氏饮泣受命。时年二十一，夫没，矢志抚孤，严课之读。姑病，奉汤药维谨，污垢必亲涤。言笑不苟。以子职貤封九品孺人。见年六十八。

李袁氏，县北栗山里李富开妻。年二十夫故，守节。见年五十二。

李金氏，县南文家市李昇朝妻。年十九夫故，矢志守节。遗一子殇，抚侄嗣，亦早没，卒守志不二。见年六十六。

李许氏，县北李鼎灿妻。年二十一夫故，抚孤守志，敬事舅姑。见年七十五。

李吴氏，县南西坑里李必辉妻。年二十一夫故，守志。孝事翁姑，言笑不苟。见年七十七。

李刘氏，县东浆坑里李廷瑆妻。瑆母袁故节妇。瑆死，遗一子，时氏年二十七，抚之以守。见年六十七。

李林氏，县东和畅田武生李连甲妻。年二十七夫故，守节。见年七十一。

李欧阳氏，县北李照临妻。年二十七夫故，守节。见年五十七。

李沈氏，县北坪上里李保蕃妻。年二十五夫故，守节。见年五十五。

李谭氏，县西李朝育妻。年二十七夫故，无子，继嗣以守。见年七十九。

李傅氏，县南沙螺里李玉梁妻。年二十八夫故，守节。见年七十八。

李古氏，县东李伟山妻。年二十八夫故，守节。见年六十三。

李周氏，县北千总职李鼎新妻。年二十八夫故，守节。见年六十六。

李陈氏，县南沙螺里李郑瑞妻。年二十九夫故，守节。见年七十。

李江氏，县东六碓里李永墀妻。年二十九夫故，守节。见年五十五。

李刘氏，县东东门里监生李逢春妻。年二十九夫故，守节。见年六十。

李周氏，县南大源冲李善文妻。年二十九夫故，一子甫晬，抚之以守。见年五十六。

李胡氏，县西金鸡虃李毓灵妻。年二十九夫故，守节，以子职封太宜人。见年五十六。

李张氏，县南沙螺里李雪斋妻。年三十夫故，守节。见年七十五。

李詹氏，县南沙螺里李春魁妻。年三十夫故，守节。见年六十七。

蔺吴氏，县南泉江里蔺臣玮妻。年二十八夫故，抚孤守志。见年七十三。

蔺魏氏，县南泉江里蔺臣松妻。年二十六夫故，家贫，抚孤守节。见年八十。

蔺刘氏，县南泉江里蔺树金妻。年二十二夫故，守节，以侄嗣。见年五十四。

邓周氏，县北九溪洞邓乾克妻。年二十九夫故，守节。见年七十三。

邓李氏，县北生员邓懋赏妻。年二十八夫故，抚孤守志，见年六十二。

邓陈氏，县北九溪洞邓蕃纂妻。年二十七夫故，守节。见年六十六。

邓廖氏，县北邓熙敬妻。年二十六夫故，抚遗腹子守节。以子职贻封九品孺人，见年五十七。

邓钟氏，县南昇腾里邓咏诒妻。年二十六夫故，守节。见年七十六。

邓叶氏，县西文家岭邓应桂妻。年二十五夫故，鞠二孤，贫无资，或丐食以给，终不二志。见年七十二。

谢钟氏，县东谢进烈妻。年二十二夫故，守节。见年七十六。

谢李氏，县东谢国聘妻。年二十二夫故，守节。见年六十七。

谢黄氏，县西谢国隆妻。年二十九夫故，守节。见年五十七。

谢陈氏，县西谢之彬妻。年二十九夫故，守节。见年五十六。

谢罗氏，县东谢统才妻。年二十一夫故，守节。见年六十四。

柳陈氏，县北柳世植妻。年二十四夫故，守节。见年九十一。

柳罗氏，县北柳贵豫妻。年二十九夫故，守节。见年五十二。课子读，补县学生。

吉武氏，县北吉遇春妻。年二十九夫故，守节。见年七十五。

吉丁氏，县北吉星飞妻。年二十八夫故，守节。见年七十。

吉徐氏，县北吉廷咨妻。年二十七夫故，守节。见年七十。

吉彭氏，县北吉春龙妻。年二十六夫故，守节。见年七十一。

吉彭氏，县北吉廷甫妻。年十七夫故，守节。见年七十六。

廖周氏，县北廖油桂妻。归廖匝月，夫故家贫，翁姑早逝，乃大归守志。时氏年十五，日勤纺绩，孝事父母。见年七十一。

廖张氏，县东河塘里廖钦烈妻。年二十夫故，遗腹一子，抚之守节。见年七十九。

廖杨氏，县东白沙里廖家丰妻。年二十五夫故，守节。见年五十五。

廖吴氏，县北廖定合妻。年二十八夫故，守节。见年六十二。

宋吴氏，县西千总职宋承梧妾。年二十七梧故，一子殇，抚侄，旋亡，立侄孙奉嫡以守。凡修桥路、恤孤寡，多捐资助。债不能偿者，焚其券。又捐田百余亩为南台书院膏火费。咸丰十年，旌"乐善好施"。见年五十七。

卢黄氏，县东卢兴衍妻。年二十八夫故，守节，抚孤成立。见年七十三。

宋刘氏，县西龙潭里九品衔宋世熊妻。年二十八夫故，守节。见年五十七。

宋钟氏，县西宋承晋妻。年二十九夫故，守节。见年七十一。

喻陆氏，县北喻万谟妻。年十九夫故，守节。见年七十五。

喻焦氏，县北廪生喻万凝妻。年二十七夫故，守节。见年六十八。

喻欧阳氏，县北喻拱北妻。年二十四夫故，守节。见年五十九。

袁龚氏，县东东门里袁象简妻。年二十八夫故，守节。见年六十四。

袁宋氏，县西新溪段袁继谱妻。年二十七夫故，守节，以侄嗣。见年五十六。

许周氏，县北许世芹妻。年二十九夫故，守节。见年五十一。

傅张氏，县西傅道宾妻。年二十七夫故，甘贫守志。见年七十四。

聂罗氏，县北聂复舜妻。年二十九夫故，守节。见年八十。

聂邓氏，县北聂思聪妻。年二十八夫故，守节。见年五十五。

贝马氏，县东船仓里贝耀勋妻。年三十夫故，守节，以侄嗣。见年七十二。

贝陈氏，县东船仓里贝世琛妻。年三十夫故，守节。见年五十六。

钟卓氏，县东钟超武妻。年二十九夫故，守节。见年九十一。

钟罗氏，县东钟宗兴妻。年二十七夫故，无子，抚侄以守。见年六十九。

钟杨氏，县南钟良藻妻。年二十六夫故，守节。见年六十四。

童黄氏，县东石门冲童寅化妻。年二十六夫故，家贫，抚孤守志，孝事舅姑。见年七十七。

熊郭氏，县西熊因民妻。年二十九夫故，守节。见年七十。

孔汤氏，县东滩头里孔继维妻。年二十九夫故，守节。见年七十三。

万钟氏，县东乌石里万春怀妻。年十九夫故，家贫，鞠遗腹子誓守。见年五十五。

朱李氏，县北朱敬典妻。年十九夫故，守节。见年五十七。

沈黎氏，县北沈立诗妻。年二十夫故，抚孤守节。见年七十七。

赵董氏，县北生员赵文校妻。年二十二夫故，无出，矢志守节。翁娶妾生子。越二十余年，始有侄，乃抚为嗣。见年六十七。

欧阳胡氏，县北欧阳学壹妻。年二十三夫故，仅遗二女，矢志抚侄以守，事姑以孝闻。见年六十二。

范孙氏，县城范启岗妾。年二十三冈故，守节。见年五十九。

马黎氏，县东赤塘里马隆道妻。年二十一夫故，守节。见年五十四。

廉钟氏，县东廉永怀妻。年二十四夫故，守节。见年六十九。

萧彭氏，县北萧承后妻。年二十四夫故，守节。见年五十三。

鲁赵氏，县北鲁启鳌妻。年二十四夫故，守节。见年六十二。

赖赵氏，县南赖朝西妻。年二十四夫故，守节。家贫，养姑育子，日勤纺绩。见年五十五。

颜陈氏，县东颜宗开妻。年二十四夫故，守节。见年七十九。

娄彭氏，县西武生娄发魁妻。年二十六夫故，抚孤守志。见年六十一。

蒋潘氏，县北万家桥蒋士怀妻。年二十七夫故，守节。见年五十七。教其子，补县学生。

邵李氏，县北邵家段邵焕文妻。年二十七夫故，守节，勤纺绩。无子，立侄嗣。见年五十五。

施左氏，县东泉塘里施东价妻。年二十九夫故，守节。见年八十四。

潘邹氏，县北潘思栋妻。年二十九夫故，守节。见年七十八。

卜陈氏，县东卜连吉妻。年二十九夫故，抚孤守节。见年六十二。

郑詹氏，县南山枣潭郑传纲妻。年二十九夫故，守节。见年六十五。

许郑氏，县北许光均妻。年二十九夫故，守节。见年六十九。

戴邓氏，县北戴生镕妻。年二十七夫故，守节。见年七十四。

汤孔氏，县东花桥里汤耀经妻。年十八夫故，守节。家贫叔幼，勤纺绩以奉翁姑，里党称之。见年八十二。

晏刘氏，县南昇腾里晏章崃妻。年二十八夫故，守节。见年五十一。

刘张氏，县西刘昌善妻。年二十二夫故，守节。见年五十。子一，入武庠。

李潘氏，李洵直妻。年二十夫故，守节。见年五十一。

陈黄氏，县南沙溪里陈蕃社妻。年二十七夫故，守节。见年五十八。

贺刘氏，县城山西候补巡检贺崇禧妻。年三十夫故，守节。一子殇，勤操作，孝事舅姑。见年五十一。

陈萧氏，县南沙溪里陈昌储妻。四岁于归，二十六岁夫故，守节。见年五十六。

陈胡氏，县南沙溪里生员陈蕃善继妻。年三十夫故，守节。见年五十五。

邱黎氏，县南潭头里邱灿瑞妻。年三十夫故，守节。见年六十。

孙陈氏，县南大坪里孙高喜妻。年三十夫故，守节。见年六十一。

陈张氏，县南碧溪里陈长明妻。年二十九夫故，守节。以子职貤封九品孺人。见年五十。

罗李氏，县西罗联广妻。年二十九夫故，守节。见年五十。

王罗氏，县北王祖浏妻。年二十四浏故，遗孤甫四龄，抚之以守。见年五十一。

邹黄氏，县南塘口段邹明作妻。年二十八夫故，守节。见年六十六。

李唐氏，李安谭妻。年二十七夫故，守节。见年七十。

周汤氏，东城外周德标妻。年三十夫故，守节。见年五十七。

周孔氏，县东周泰斌妻。年二十一夫故，守节。见年五十三。

邱李氏，县东石鼓山邱熺逊妻。年二十八夫故，守节。见年八十一。

贝王氏，县东船仓里贝礼贤妻。年二十八夫故，守节。以子职封宜人，见年五十一。

刘张氏，县南岩前里刘洪宴妻。年二十五夫故，守节，抚侄为嗣。见年六十七。

宋张氏，县西耀霞村宋世位妻。年二十四夫故，家贫子幼，有劝改适者，抚膺恸曰："未即从夫地下，敢有异志耶？饔飧不继，愿纺绩以度日。"其夫伯承杏嘉其志，醵金助之。无何，一子夭，乃抚侄嗣。见年五十一。

余周氏，县南小路湾余宏谦妻。年二十一夫故，一子甫晬，家且窘，妇仰事俯畜，孝慈兼尽。未几，子殇，舅姑悯其年少无嗣，风之嫁，妇即以死誓，病待毙矣。舅姑嘉其志，亟为立后，乃起抚之。见年五十。

邹邱氏，县西邹运墉妻。年二十五夫故，守节。见年五十。

吴易氏，县西吴为传妻。年二十八夫故，抚二幼子守志。翁年八十余，家贫，奉事维谨。见年五十二。

曾张氏，县南蹑云挤曾祚怀妻。年二十夫故，守节。见年五十二。

陈林氏，县东监生陈化沄妾。年二十六沄故，矢志守节。见年六十三。

陈杨氏，县东陈炳基妻。年二十七夫故，守志。见年五十。

钟戴氏，县东钟秋臣妻。年十八夫故，守节。姑病疯痉，奉事不懈。无出，抚侄嗣。见年七十二。

钟陈氏，县东钟迪臣妻。年二十一夫故，守节，孝事继姑。见年五十一。

李胡氏，县东李永席妻。年三十夫故，守节奉姑。见年五十四。

李唐氏，县东李兴溧妻。年二十六夫故，抚孤立节，孝事舅姑。见年五十二。

杨萧氏，县东杨衡亮妻。年二十九夫故，矢志奉姑。见年五十一。

刘郭氏，县西职员刘大吕妾。年三十吕故，矢志守节。见年五十。

许李氏，县北大木山许世芑妻。年二十五夫故，无子，立侄嗣。姑郑故节妇，氏孝事之。见年五十一。

卢张氏，县西卢荣渭妻。年二十夫故，守节。见年五十九。

烈

明

胡熊氏，尚书胡应台子叔瓒妻，江夏熊廷弼女也。廷弼以辽事论死，凶问至，熊辟踊顿足，曰："痛哉天乎！吾父戳力疆场，风霜万苦，受此惨酷，儿女不能一见，身首淋漓，上天下地，有此奇冤耶！"椎胸长号，触阶而死。检《楚宝》补。

国朝谨案《会典》："凡妇女遭寇，守节死者，虽事历年久，核实，准其补请旌表。又，妇女抗节捐躯，及羞忿自尽，非曾经再醮者，或童养之女未成昏配，拒夫致死者，均旌表如例。惟烈妇夫亡，无逼迫而遽殉节者，例不准旌。如有奏请旌表，其入祠建坊之处，请旨遵行。"

汪鲁氏，岁贡生汪天溥妻。康熙十五年，天溥为诸生，挈氏走县北炉烟洞避寇。氏被执，义不辱，骂贼甚厉，遂遇害。康熙二十年旌。

寻首氏，县北寻诸妻，僦居平江。有姚一素无赖，见氏少美，欲犯之，瞰夫外出，夜启扉入。氏持刀拒之，姚夺刀杀氏，并杀其伴宿妇陈氏及其子一、女二。时康熙四十二年也。事闻，奉旌，置姚极典。

曾欧氏，《通志》作“曾欧阳氏”。县东珠江里曾常清妻。年十八，里人李某羡其色，欲污之，不从，羞忿自缢。乾隆四十三年旌。

萧李氏，县东萧朝贡妻。康熙十五年，随夫避寇天岩山。寇追之急，谓夫曰：“不能复事君矣。”投岩死，血渍岩石，至今斑斑然。道光二十三年旌。

唐饶氏，县学生唐克泰妻。康熙十五年，随夫避寇，私佩刃，衣裙密缝。旋为贼获，遂抽刃自刎，克泰亦赴水死。道光二十三年旌。

鲁李氏，鲁元禄妻。康熙十五年，避寇平江，归至九里洞，为土寇掠，不辱，投岩死，年二十五。道光二十三年旌。

周李氏，周镇镐妻，训导李涛女也。幼读书，知大义。二十二岁，夫没无子，誓以身殉，葬毕，即扃户自经，婢觉救免。母以之归，私为议婚。氏知，给母曰：“且待儿归除服。”归，乃请于翁姑，立嗣。越三日，自扼其喉，绝粒数日死。翁姑伤之，与其夫合葬熊家亭祖山。道光二十三年旌。

杨胡氏，县南沙溪里杨绍熹妻。年二十七，夫没无子，以立嗣泣请于夫兄，故靳之。又请于族人，不得。虑夺己志，殡夫毕，即自经。卒立侄嗣。夫妇双榇同出，里人哀之。道光二十三年旌。

张刘氏，张忠恕妻。二十五岁，夫没无子，愿殉夫，屡服毒，死而苏者五。又以针刺心，未及深入，祖姑救之，仍不死。氏拊膺叹曰：“岂吾夫冥冥中为薄命人延残喘耶?”已而归宁，闻有夺志之议，遂私觅黄藤食之。临死，遗姑履数十双，且曰：“不能终事舅姑，罪也，愿与夫同穴而已。”没年二十七。如氏言，与其夫合葬颜家冲。道光二十有三年旌。〇节邑人陈信芳《传》略云：“道光二十一年，吾友张吉庵同某某募修烈妇冢，并持《张刘氏节烈事略》，属芳为传。予于刘氏事旧耳之，今复得之披阅，欷歔感慨，不禁泫然流涕。呜呼！斯何烈行哉！斯岂世俗女儿所能为哉！烈妇，钦赐翰林院检讨刘公良杜女。乾隆戊戌，归张忠恕，唱随仅数年。甲辰春，恕患痘症，妇朝夕侍，祈以身代。恕没，妇龄才二十有五，无子。当夫将葬，呼曰：‘请开大圹，好合冢。’乃吞蜈蚣，不死。啖砒霜，又不死。加以针刺心，甚至饮醇酒，呕血数升，犹不死。终服黄藤，毒大作，犹遗姑履数十双，始没。遂启夫冢，合葬之，地名颜家冲。”又邑人宋远醇《寡鹄诗五章》云：“哀哀黄鹄，三年不双。未亡之人，心先身亡。”“人亦有言，我心如铁。望夫山头，针孔叶叶。”“瞻彼故园，菜畦蠡蠡。莫云荼毒，其甘如荠。”“袅袅西风，吹彼岭隅。下有陈人，其骨未枯。”“及此未枯，言就尔居。白杨冢上，红豆于于。”

唐宋氏，唐昌基妻。年十九归昌基，昌基病瘵，不能成礼。氏侍汤药两月，而昌基死，矢志守义，扃户不出。一日归宁，闻已许醮，泣曰：“生为唐家妇，死为唐家鬼！吾从夫地下矣。”遂不食死。道光二十三年旌。

黎马氏，黎定戊妻。嘉庆三年正月，氏抱幼子当炉，有张与凰瞰其室无人，欲犯之，氏击以钳火器，与凰忿，枪刺之毙，并及其子。事闻，置与凰极典。道光二十三年旌。

唐刘氏，唐世樽妻。二十六岁夫故，哀痛自尽，家人救免。哭不已，越三月没。道光二十三年旌。〇以上旧志。

朱烈女，县东灌源里朱显达女，字同里刘昌腾。年十七，未嫁而昌腾疾没，朱泣请于父曰："女虽未成妇，名分已定，今休矣，盍一临诸。"不许。朱大恸，乃与俱往，哭几绝。强之归，自经死。道光二十三年旌。《学册》"昌腾"作"昌胜"。

温魏氏，县东温立衡妻。生一子而夫没，时年二十三，恸极。俟夫葬毕，自经死。道光二十三年旌。

何周氏，县南何名润妻。名润少负才，所著有《爱梅轩诗草》，既冠，撄疾没。氏年二十五，恸绝而苏者再。姑与姒皆节妇，劝令抚孤。氏恸不少释，闭户饮泣，阅七月没。道光二十三年旌。

潘张氏，二十一岁归潘成全。逾年，成全没，誓以身殉。阅三月，绝粒死。道光二十三年旌。

游朱氏、高氏、周氏、荣秀、慈秀、五秀，咸丰六年，粤匪窜县北金竹段，游德润母朱氏率家人走避，贼追及，投塘水死。其子妇高氏年三十五，亦挈其一岁子永章同赴水死。高氏之女荣秀年十六，慈秀年十四；道柏之女五秀年十八，周氏，永堂妻，幼养于堂家，年十五，未合卺，均投水死。一家死者七人。均咸丰八年旌。

李陈氏，县北同江桥李千根妻，邑增生陈抡英女也。年十九，随夫避贼，时惊窜者佥云："贼至且奈何?"氏厉声曰："宁可舍生，不可辱身。"已而遇贼，度不免，遂投水死。咸丰八年旌。

武聂氏，县北峡石里武本善妻。值粤寇至，氏惧辱，抱幼子走秧田桥，投水死。咸丰八年旌。

武罗氏，匪至峡石里，武儒作妻罗氏匿宅后山谷间，贼搜得，将犯之，奋身投岩死，时年三十二。及殓，面如生。咸丰八年旌。

武陈氏、坤贞，匪至峡石里，武祥二妻陈氏，年三十八，孕将娩，匿屋后山岩，被执，以计脱，奋身赴岩侧之菖蒲塘，死焉。女坤贞，年十八，字张宏格，抗声骂贼，贼以矛刺其目，不殊，投水死。

俱咸丰八年旌。

朱周氏，匪窜唇口段，朱寿田妻周氏被迫，畏玷，投水死，时年三十。咸丰八年旌。

高周氏，贼窜高陞桥，高氏举家惊窜。丹桂妻周氏走屋侧之高梁冲，遇二贼，遽跃入池中。贼佯去，其伯姆救起。贼旋返，将执之，遂投水死，时年十八。咸丰八年旌。

沈暨氏，贼入城华冲，居民奔避。沈道明妻暨氏年二十，以有身行踌，遂遇贼，惧辱，赴水死。咸丰八年旌。

陈刘氏、罗柳英，陈德山妻刘氏，女柳英嫁同里罗之焕，同走避贼，抵枫神冲，适与贼遇，度不免，母女相抱投塘水死。咸丰八年旌。

李高氏，县北早禾田李景让母，候选训导李文蔚之大祖母也。年九十，见玄孙。匪党入其家，氏抗声骂贼，贼杀之。咸丰八年旌。

邓刘氏、吴氏、一贞，粤贼由县北折而西，过邓家湾，有数酋入邓之馨家，之馨侄孙日省以矛毙一长发者，余披靡去。已而贼党群至，之馨妻刘氏年六十余，被戕死。日省女一贞年二十，时茂妻吴氏年十八，均同遇害。男女死者七人，俱咸丰八年旌。

何高氏，县西高家段何清德妻。年三十四，猝遇贼，畏玷，赴水死。咸丰八年旌。

钟廖氏，县西黄泥段钟兆成妻。年八十七，贼过木莲渡，火其庐，二子均为所掳，氏愤激，赴火死。咸丰八年旌。

马萧氏、谭氏，萧氏，县东毛家湾马德馨妻。二十四岁，夫没，氏扃户自缢，姑迹至救免。其娣谭氏，年十七归昌文，逾年昌文死，毁不欲生。姑抚膺恸曰："汝夫兄弟相继死，汝复如此，我何堪?"乃强起。既而姑没，萧绝粒死，谭自经，均无子，后皆立嗣。德馨，一名昌培。同治二年旌。

刘镏氏，县南刘家琨妻。夫没，触榇呕血，越六月没，时年二十。逾十八年，立侄嗣。以孙职累赠至淑人。同治二年旌。〇节知县赵光裕《传》略云："安人为都匀知县洪甲公女。未笄，母没，即能致哀尽礼。念诸昆幼襁褓，以抚其成。年十七，归刘公家琨。时洪甲宦游都中，奁具悉安人十指所措。事舅姑得其欢。体虽羸，操作忘疲。舅姑喜曰：'镏氏媳幼无姆教，孝顺勤俭，真名家子也。'甫三年，夫患喀血症，侍汤药，寝食俱废。病革，吁天誓以身代。及没，擗踊惨切，触榇呕血。有慰解者，安人曰：'吾志已决，但恨不能终事舅姑。俟葬吾夫，吾有相从地下耳。'越六月，竟没，时乾隆辛丑十一月二十七日也，得年二十。其翁悲之，为立后。"

刘周氏，知书画。嫁县南刘攀桂。攀桂堕水死，氏恸绝复苏者再，至夜自经，年二十六。同治二年旌。攀桂，一名孝仰。

王刘氏，县东三口段生员王应燕妻。夫病，侍汤药，寝食为废。无何，夫没，一子亦殇，遂不食死，年二十九。同治二年旌。

刘熊氏，县西韩家港刘后藿妻。年二十归刘，夫病革，泣曰："愿追随泉壤。"比夫没，遂扃户触首死，距昏期仅十四日耳。同治二年旌。

李黎氏、陶氏，同治六年，姜卢段匪夜起事，纵火爇李氏宅，从九职枝瀹既被戕，其继妻黎氏哭且骂，贼攒刃之。陶氏，附贡生岳龄妻，早寡，姑黎亦节妇，见匪党汹涌，黎赴水欲自尽，旋以救免，陶则投井死。世河之幼女亦同时遇害。有司上其事，旌恤如例。

陈刘氏，县南陈远俊妻。年十七于归，祖姑极爱之。已而夫病，侍汤药经年，至废寝食。夫没，氏年二十一，遗腹举一子，未几殇，遂悲恸成疾，归母家，不食死。

邹宋氏，县西邹昌治妻。年十六，夫没，誓以身殉。至服阕日，呕血死。

彭孙氏，山东庠生孙礼之女。邑南彭家润幕游至历城，娶氏归。家廛市间，闺门严肃。未几，家润复橐笔远出。有艳其姿者，欲蛊之，氏律己益严，而姑意拂，日加鞭朴。久之，夫不归，遂绝粒死。世多以诗褒之。〇江西艾畅《诗》云："烛龙光死霹雳哑，猩烟鬼雨暗秋野。妖狐引魅昼搏人，眼断郎归骑白马。妾命可夺志不夺，吞声闭骨白泉下。贞魂不化连理枝，不化冤鸟枝上啼。脱离恶趣妾甘死，妾命自短郎归迟。破镜入土光不亏，长照浏水清弥弥。"南丰吴嘉宾《诗》云："昔有秋胡妻，耻与荡子俪。夫从万里还，妇向重泉逝。此犹尸谏臣，捐躯白其志。为贞与为谅，一听后人议。岂期今所闻，益与畴曩异。思标烈女贤，转为尔亲讳。良人远行役，偶阻音书寄。存亡虽恍惚，谁敢有他意？谓宜共矜怜，交谪乃弥厉。竟蹈首阳穷，传闻各歔欷。守贞知瞑目，久客空陨涕。吁嗟中谷咏，千载增感喟。"贵筑黄彭年《诗》云："妾本良家子，生小识六亲。言辞大行路，远嫁湘水滨。湘水何渺渺，双双逐飞鸟。君子行未归，孤栖畏矰缴。空房生狐狸，上堂触枳棘。薄命复奚疑，妖厉大相逼。妾身珍如玉，妾心坚胜石。愁云郁万重，望君余猕獮。昔日为连枝，今日委秋草。草枯心未死，凄凉悲远道。"善化孙鼎臣《诗》云："待夫夫不归，夫归妾已死。犹余一片心，耿耿照秋水。"广西龙启瑞《诗》云："秦家有女守空帷，心随孔雀东南飞。彼昏欲使鸩为媒，诱我新匹离旧妃。待郎归，归不得。孤鸾宛转碎羽毛，凤与群鸾空叹息。"湖北王柏心《诗》云："青青山中女贞树，朝华憔悴不及莫。纵教憔悴委罡风，飘扬不作漫天絮。天涯归妹已愆期，不是婵娟三五时。良人一出无消息，锦字空劳机上丝。雄鸠佻巧日相逼，笞凤鞭鸾势将及。逆耳徒闻鸩鸟媒，贞心肯乱鸳鸯匹？甘从绝粒闭空房，义烈长留彤史光。琨玉不辞炎火烬，栴檀翻借逆风香。藁砧何日还乡国，镜破青鸾先折翼。长淮明月照幽魂，去化山头望夫石。"

潘罗氏，县东人。幼养于夫家，未合卺，夫家以贫故，议改嫁，誓不从。而翁姑与其夫计决，闭氏于室，以待娶妇者至，氏缘窗窃出，及众觅之，已投塘水死矣。

刘陈氏，县西刘昌良妻。二十五岁，夫没，遗二女，以死自矢。抚侄，旋夭。其母怜之，劝改醮，约娶者将至。先夕，氏知之，辨色起，负巨石沉于水。

颜刘氏，县东上湖段颜其绅妻。其绅病瘵，刘侍汤药年余不懈。比没，刘恸绝。顷之，谓家人曰："营吾夫葬，必广其穴也。"日晡，遂自经，年二十四。

陈刘氏，县南陈兴浦妻。夫病笃，誓不独生。已而夫没，泣血三日死，时年二十七。

黎邱氏，县东黎益城妻。二十一岁，夫没，誓必殉。越四十日，夫葬毕，竟绝粒死。

彭刘氏，年十七，归县南沙溪里从九职彭邦光。侍光疾，衣不解带者几一载。已而夫没，誓必殉，姑譬解之，哀号益切，曰："不能复事姑矣。"泣血成疾，越两月没。

毛聂氏，年十七，归县东生员毛济美。未生子而夫病，氏祷天祈代。比夫没，闭户自经者三，屡救得苏，旋不食死。

蔺刘氏，年十六，归县南泉江里蔺大昭。逾二年，大昭病，日侍汤药，祈以身代。无何，大昭死，氏誓殉，绝粒累日，不死，数自经，皆救免。其母以之归，屡劝不从，泣数月没。

罗刘氏，年十七，归县北罗克和。克和病，语氏曰："汝年少，我死必嫁，毋自苦。"氏泣，誓以身殉。克和没，时年十八，乘间自尽，以救免。卒悲恸成疾，逾数月死。

李宋氏，县东李枝煦妻。年二十归枝煦，煦幼病瘠，氏侍汤药二十余年，不少懈。同治六年，姜卢段匪起事，氏掖夫夜遁，已而离散，有传枝煦遇害者，氏即欲以身殉，旋探知所在，乃止。明年，夫病作，祷神乞代，夜不解带者月余。夫没，哭之恸，屡绝而苏。越二日，遂没，年四十六。以子职赠宜人。

李陈氏，县西李洵锦妻。孝顺贞静。生三子，相继而夭，抚侄为嗣。已而夫没，遂自缢。

刘罗氏，县城刘昌徇妻。年二十三归刘，未几夫病，氏侍汤药，至废寝食，祷以身代。无何，夫竟不起，时氏年二十五，生一子才六阅月，恸几绝，曰："愿从夫地下耳。"家人谕之曰："若此，奈呱呱者何？"氏不能解，卒以哀毁成疾。服阕，绝粒死于母家，临终寄语舅姑曰："妇未能终事二老，反以稚子遗累，罪也。"

杨刘氏，县南碧溪杨继潜妻。年二十归杨，甫一载夫没，氏泣血废餐，誓以身殉，逾两月没。

刘李氏，县南刘宏杰妻。宏杰绩学，弱冠后补县庠生，一日跌死。氏年二十四，恸夫死非命，誓不独生，逾月没。

贞

明

甘金贞，县南小江里甘家女也。以养亲故，矢不嫁，日缉纴。亲没，以所蓄资建桥小江，人呼老女桥。年八十余终，葬桥侧。《碑记》详"桥梁"。道光二十三年旌。旧志。

邓梅英，县北邓和铃女。及笄，未字，父疾革，谓之曰："汝母病弟幼，嫁期盍少待？"比父没，遂矢志不嫁。没年七十九。

国朝谨案《会典》:“夫妇未成婚,流离失所,守志至老合卺者,准与旌表,坊用‘贞义之门’字样。未婚贞女,案照年限如节妇例。其有在夫家守贞身故,及未符年例而身故者,一体准其旌表。”

喻兰贞,喻君选女,幼字罗相。年十五,未嫁而相没,父母劝他适,不从。相有母,年老无依,兰贞迎养二十余年。既死,葬祭如礼。没年七十六。道光二十三年旌。

徐岳贞,县北徐锡中女,字平江唐姓。未嫁,唐氏子殇,遂不嫁。勤纺绩,以贞老。年九十二没。道光二十三年旌。

徐本秀,县北徐声玉女,字平江陈姓。未嫁,陈氏子殇,遂不嫁。没年七十九。道光二十三年旌。

徐淮贞,县北徐允中女,字焦姓。未嫁,焦氏子殇,遂守贞以没,年六十四。道光二十三年旌。

杨久英,县北杨钦命女,字徐姓。未嫁,徐氏子殇,遂守贞以没。道光二十三年旌。

周香英,县北周亭桂女。未嫁夫殇,遂守贞以没。道光二十三年旌。〇以上均旧志。

刘望贞,父名生珝,许字醴邑郑姓。未嫁夫故,望贞年十七,矢志不嫁,全贞以没。道光二十三年旌。

杜次贞,宗春女,母陈早寡。次贞字衡山成氏,未嫁夫亡,闻讣奔丧,立嗣守志终。道光二十三年旌。

周德贞,县北周以成女,奉养父母,守贞不字。没年五十五。道光二十三年旌。

唐仁英,县北唐存功女,守贞不嫁。没年六十。

易寿姑,县西易时洪女。性孝,以事父母为乐,矢志不嫁。积纺绩资建桥浒山篆毗湾,人呼老女桥。

陈贞女,明诸生陈朝阳女,住县东涧山里。许字郑姓,已而郑没，依母家建楼独居。一日，其家失火，众见空中有白旗连飐，楼遂无恙。康熙二十一年没，年七十三。

谭奉英，县南中大坪谭自鹏女，受李氏聘，请期矣，而李氏子没，遂持斋礼佛，依母终，年五十二。

张玥贞，县北张启初女。幼字陈维翰，将嫁而维翰死，矢志守贞。父母劝他适，卒不从。没年七十四。

李梅贞，县北李朋九女。幼字董姓，未归而董姓子殇，时梅贞年十二，即誓志守贞。父母劝他适，不可，引刀割足以明志。日勤纺绩。没年四十六。

高二元，县北高陞桥高连华女。字周姓，年十六，未婚而夫故，矢志守贞。没年六十二。

寻起贞，县北寻兰台女。幼字徐姓，未嫁，徐氏子殇，遂守贞。勤纺绩，孝事父母。见年五十七。

附载

萧愚姑，县南武生萧服周之女孙，适张姓，其夫天阉，愚姑安之不言。张有兄新丧偶，欲纳愚姑，夫与姑皆可，愚姑峻拒之，曰："吾衣衿后，决不为此禽兽行。"张恶之，令大归。母始廉知其状，议改嫁近村某，愚姑不可。以计绐之去，至则号泣达旦，辨色而归。乃更缚而嫁诸数十里之外，愚姑以死拒，旦仍奔归。由是母家亦憎之，至不与食。乡里悯其行乞也，为募钱给薪水焉，因呼之曰愚姑。

贝李氏，李氏有妇德，嫁县东贝远龄。远龄生而隐宫，性辟，少拂意，声色俱厉，李辄膝行而前，怒解乃起。家人悯焉，欲别为择匹而遣之，李曰："吾终为贝家妇，不可改也已。"旋抚侄为子，教养备至。治家亦井井有法，舅姑妯娌无闲言。见年五十三。

孝

国朝谨案《会典》："孝女以父母未有子孙，终身奉亲不嫁者，照孝子例旌表，仍于节孝祠内题名设位。又凡曾经旌表之节孝，实有贫苦无依，难以存活者，督抚分饬各属酌量给与口粮，不使失所。"

李陈氏，李能书妻。姑惷，老益愦，氏探问寒饥，殷勤曲至。后姑病痿，卧床褥十余年，氏与同寝，眠湿推干，为涤污垢。姑依为命，至误以母呼之。姑没后，氏遘危疾，既死复苏，曰："姑送我还。"人以为孝感。道光二十三年旌。旧志。

邓欧阳氏，年十七归县北邓守法，久之不孕，劝夫买妾，夫不允。已而翁姑俱没，氏假归宁，告父母曰："儿不捐生，夫不再娶，邓祀斩矣。儿前之所以不死者，徒以舅姑在耳。今请从舅姑于地下，以儿纺绩金若干寄吾夫续娶可也。"遂自经，年三十二。道光二十三年旌。

黎雪姑，县西人。父守经早没，兄亦相继亡。雪姑痛母寡无依，矢志奉养。母没三年，雪姑亦没，年三十六。道光二十三年旌。

黄淑贞，县西监生黄锡瑀女。知书，有至性，侍母疾三年不懈。病剧，淑贞祷于神，求以身代。母临终嘱曰："汝今年十七矣，我死，当守闺范。"对曰："母如不讳，请以死从。"母没三日，果自缢。道光二十三年旌。

张盛氏，县西铁炉冲张益聪妻。咸丰六年，粤匪窜境，居民走避，氏之翁老病不能行。贼至，以刃胁翁金，氏急以身蔽，泣曰："愿杀我，幸留翁命。"贼连砍氏，臂血殷衣，不为动，乃舍去。已而氏苏，翁亦竟免。同治二年旌。〇长沙周寿昌《书事》云："咸丰六年五月，贼窜江西，道浏阳之西乡普迹市。孝妇张盛氏者，湖北汉阳籍[①]。夫佣耕出，阻寇未得归。有翁年八十[②]余，老且鳏，又病足，蹒跚一室中。妇闻贼且至，仓皇负翁出，遇贼，捽翁仆之地，以刃摩翁颈，曰：‘出金，吾贷汝死，不即饱吾刃。’翁詟极而噤不能声。妇旁跪泣，代言无金。贼曰：‘无金即杀若翁，若从我行耳。’妇泣拒益坚，贼怒，抽刃迫翁，妇急以身覆翼之。贼乃连砍妇两臂、肋、背、左右胫，凡十数[③]创，从翁卧血（洎）［泊］[④] 中死。贼感动，弃之去。贼去未几，妇苏，视翁气息尚属，强扶创起，曳翁行，行且蹶者屡，竟得归。久之，创亦愈。时年二十九。史臣曰：呜呼！孝妇（亦）［一］田间愚妇人耳，生不识忠孝为何事，徒以天性激发，忘翁妇之嫌，仓卒犯难，挺身覆卫，丛刃于身，死不悔。万一孝妇生而翁竟死，即何以全孝妇心？即孝妇亦未必能独生也。乃以八十老翁捽贼手不死，一妇人劘刃十数亦且得活，至今乡里间无不知有张孝妇者。呜呼！岂非天哉！岂非天哉！”周湘黼《书》云：“余居洞溪讲席，时客有过而谈孝妇张盛氏者。孝妇籍湖北汉阳县，幼随其父盛德隆流寓浏阳，遂家，长为张益聪妻。浏邑地称沃饶，习勤俭，窭人子多食力于人，其家之舂揄樵采、井灶葱韭之需，惟妇功是治。张固贫，兄与弟各异处室。父母在，资益聪佣值以养，故常投于外，数月不归休。孝妇事舅姑，服劳如供子职。姑没，舅耄且病，足不良于行，孝妇尽力扶持，历寒暑无少间。咸丰六年五月，贼犯长沙边境，奔醴陵，道浏邑普迹市。孝妇家距市十里，当其冲，居民骚动，相率

---

① “湖北汉阳籍”，周寿昌《思益堂古文》卷一《书张孝妇》（《周寿昌集》，《湖湘文库》本，岳麓书社 2011 年版，第 138 页）作“嘉应州产”。

② “八十”，《思益堂古文》作“七十”。下文“八十老翁”句同。

③ “十数”，《思益堂古文》作“数十”。下文“劘刃十数”句同。

④ 据《思益堂古文》改。下同。

转徙，或有告者曰：‘寇逼矣，盍避诸！’孝妇曰：‘翁在，余焉往？’十九日晨起，贼飙至，迫翁索藏物不得，则刃胁之，又不得，将杀之。孝妇泣告贼曰：‘吾家贫，杀之无所得。翁羸老，诚不忍其死之惨也。如必杀，请以身代。’急卫翁，以臂捍刃，刃叠伤，不为动。贼怜而两释之去，而孝妇创痛绝矣。逾时苏，目瞠视，曰：‘翁尚在也，天乎！’既乃扶伤慰问，奉养如初。时孝妇年二十有九。致学子曰：张盛氏，一村妇耳，生不于诗书之家，得窃闻圣贤明训，而其孝敬之至，见诸平日之事衰翁者，已可为难。家鲜应门五尺童，夫远莫至，猝值非常之变，乃能舍身冒险，拚一死以全其翁，则尤难之难者。迨其翁全而己亦全，似天故默相之，以成孝妇之德。至性所激，大节以昭，虽巾帼中，质之圣贤，曷愧焉？世不乏伟男子，居常称道节义，未尝不慷慨自期，及临难，率多仓皇莫措，失其本心，徼幸以图自脱，其有愧于孝妇者不少矣。如孝妇者，可风矣！”

李全英，县东李东亮女。母病，侍汤药，历久不懈。已而病笃，全英泣曰：“母如弃世，儿以身殉。”比母没，竟泣血死，年十八。

吴刘氏，县东吴朝汉妻。姑林目病，不能视，拭以巾，益剧。刘乃屏荤毒，晨起舐而去其眵，稍瞑，又舐之，日数次不懈，如是者六年，病如失。刘生平不出恶言，妯娌皆爱敬之。没年九十一。

唐黎氏，县西唐昌会妻。姑病咳十余年，恒不安枕，氏掖达旦，无倦容。舅老，奉药膳克善。及疾革，噤不语，氏请命，皆颔之。舅姑没，哭尽哀。尝一夕梦姑示蚁侵，启视，蚁果及棺。又尝病几死，神救顿苏。人谓皆孝感所致。

李刘氏，县南柘溪里李观懋妻，有妇德。家贫，每乞贷以供甘旨。姑耄，辄暴戾，氏涕泣顺受。已而姑病，终夜侍床侧，子妇请代，不许，曰：“吾久谙姑性，汝辈不知。”年余，姑没，哀恸致疾。未久亦没，年六十余。

寻殷贞，县北寻兴鹏女。以无兄弟，不嫁，奉养父母以没，年八十五。

陈月英，县北陈学隆女。以养父母，矢不嫁。殁年八十二。

贤妇

元

欧阳李氏，欧阳玄母，金陵人。有妇德，知书能文。夫龙生新筑文靖书院，学者云集，廪稍不赡，李彻奁具助之。玄八岁时，亲授《孝经》《论语》、小学诸书。及玄贵，追封渤海夫人。旧志。○案《圭斋集》，张起岩撰《龙生神道碑》称李氏封渤海郡夫人，盖玄官艺文大监时所封者。《戊寅志》本此而脱“郡”字。及危素撰《圭斋行状》，则云：“母李，冀国夫人。”考元制，二、三品妻封郡夫人，一品妻国夫人。玄官从一品，其母视玄之品受封，似当从《行状》。

国朝

周李氏，县城周宷臣继妻。宷臣好义，喜施予。及没，氏体其志，捐修南台书院、育婴堂及天后庙等费千九百金，复置田八十余亩、铺屋十余所入家祠，供祭祀，并为修葺。氏夫妇所修桥路之费，其裔周镇心、世际、世贤经理。

宋彭氏，宋远渚之母，督远渚甚严。修桥路，助长邑涝、骆二河义渡费千余金，皆氏教也。藩宪翁旌以额曰“克承慈训”。

黎周氏，黎光敩母。尝命光敩捐修杨子埠路及踏浒桥，费千余金。嘉庆丙子，会岳麓书院置文昌祀田，命子捐二百金，又捐千金襄增贡院号舍。藩宪翁旌以额曰“乐善承欢”。○以上旧志。

欧阳王氏，县北欧阳希亮之妻。翁游粤东不归，希亮偕其弟往省，数年而音问绝。家薄有产，不足供薪水也，氏奉祖姑，勤操作，无怨怼声。久之，廉得夫父子死状，遂尽鬻其产，资夫叔父往葬之。无子，为侄宏元婚于王氏，未几宏元没，遗二孤，以其一承夫祧焉。

宋黎氏，县西举人宋远漪妻。早寡，抚孤守志。好义举，凡育婴、施棺、赈饥、修桥路，皆多佽助之。道光二十三年，邑修学宫，氏慨然输千缗，有司上其事，奉旌“乐善好施”。以孙职貤赠安人。○附：知县赵光裕《传》云：“黎安人，孝廉宋公远漪之妻。年十六于归，生三子。甫七载，失所天，安人悲痛，濒死者数，已复自念曰：‘我不难以身殉夫，第子幼无依，一死未足塞责。’于是含悲隐痛，勉延残息，纺绩之外，一以抚孤为事。性好善，凡邑中义举有利于乡里者，无不捐资相助，如育婴施棺、赈孤恤贫、舟楫桥梁，输费难以枚举。守节八载，卒因哀毁致疾，没年三十有一。临终，遗命诸子曰：‘吾所以未即从汝父于地下者，冀汝辈读书成立，毋坠先绪，而吾报汝父之苦心，或可稍慰于万一耳。勉之！所余纺绩资，善为经理，俟邑有盛举，可悉数以输，无稍吝。’道光二十二年，余宰浏邑，适值邑人士重建文庙，承彬昆弟遵母训，愿输遗蓄千金以襄其事。余闻奖贤崇善，激扬贞风，司牧者之责也。今安人冰雪铭心，义方无忝，积生前纺绩之资，作身后捐输之计，是真闺门节义，堪为一邑楷模。余惧其贞心善行湮没而不彰也，为之请旌建坊，复为立传，使后之采风者编入志乘，庶几垂芳徽于不朽云。”

欧罗氏，县东永和市欧梅源妻。道光二十八年，命子捐田六十亩入育婴堂，奉旌“乐善好施”。

李邱氏，县南增生李观泰妻。年三十一而寡，事继姑孝，盘匜亵器，不假诸婢手。喜施予，岁饥，散金以济贫者，曰：“人之积财为子孙计也，吾惟欲以阴德贻之耳。”后年至八十而终。

涂周氏，县东东门市涂先程妻，性温淑。道光时，邑育婴局费绌，凡输金者请于朝，例得叙，程谋之周，周曰：“拯人之溺，宜为阴德，而又冀荣名，惧不可也。”慨然输三百缗焉。

罗林氏，县东珠琳村监生罗振耀妻。怜贫好义，邑修学宫及南台、狮山、洞溪等书院，均捐助多金。建永龄桥于上洪龙背市，费二千余缗。置义山鸭婆村，凡稽骸皆得瘗之。岁饥，减粜。寿百有四岁，五代同堂。

张陈氏，县东张良赞妻。良赞例贡生，独建义学张家坊，后改为洞溪书院。良赞没，氏体夫志，捐田百亩为膏火费。

蓝王氏，县南监生蓝麟爵继妻。无子，劝夫纳妾。侄有少失怙者数人，饮食教诲，视如己出，里党贤之。

贝罗氏，县东贝耀冠妻。晓书义，见事关忠义者，辄标简端，以为子孙训。能孝，和诸妯娌。家虽中产，好义恤贫不少倦。没年六十六。以子职赠安人。

李陈氏，县西李文耀妻。文耀举人，教习咸安宫学。时家窘甚，氏勤操作，摒挡家务。无何，一子夭，时氏年未三十，即私畜金，为夫纳篷室焉，人称其贤。

陶彭氏，县城陶克文妻。好善，多义举。家固不丰，见贫不能自存者，辄减己膳以周之。尝曰：“‘廉耻’二字，最关紧要。一失足，如白玉受污，其玷终不可去。”年八十一终。

黎舒氏，县城黎志生继妻。性贤淑，事姑以孝闻。治家严肃，尤识大义，常勖人曰：“男女少不得‘忠孝廉节’四字，临事须有定守。”先是，志生妻邱遗子一、女四，舒皆抚之如己出。后舒举七子，其一早殇，舒命将殇子应得之产捐入祠，为祭祀、育婴等费，族人德之。

刘周氏，县南刘家训妾。性慈淑，好施与。道光十八年，将纺绩资购西乡黄茅冲田二十亩，捐入育婴堂，知县国庆称其善行可风。年六十九没。以孙职赠夫人。

才媛

欧阳琬璚，字葆仪，宁乡举人黄本骐女。母没，书《心经》供佛，绝工致。继母病，尝封臂以进。年十九，适县北拔贡生欧阳道济为继室，逾七载没。工琴，善诗词，著有《茶香阁遗草》。《望岳诗》云："苍茫满一望，万笏排衡阳。云涌白无际，烟凝青有光。春流环九面，秀色堕三湘。绝顶梦飞上，身骑赤凤凰。"《燕将雏》云："燕将雏，才出壳。燕飞飞，雏喔喔。殷勤衔食何处来，哺向巢中供饱啄。往还千百无停时，嘴爪已敝心未疲。儿渐肥时母渐瘦，呢喃犹恐儿腹饥。吁嗟乎！羽毛已长留难住，双双径向花阴去。花影迷离故垒空，从此天涯无觅处。"《蝉琴》云："凉蝉高咽露，清奏树间琴。落叶传哀曲，枯桐曳远音。玄弦和月冷，短调破烟深。不羡仙虫社，丝丝宛转吟。"《读书》云："缃签缥帙皂罗厨，绿护垂杨室北隅。尽日幽闺帘不卷，七篇《女诫》读班姑。"《临帖》云："洗砚云蒸墨一池，涛笺滑净界乌丝。银钩细仿簪花格，笔阵重樵卫茂漪。"《晚步回文》云："薰风拂扇一天凉，曲径花随步履香。云接树青浮远岫，日沉波碧漾回塘。欣欣自适多幽赏，脉脉何思寄远望。醺饮小窗开闷意，熏笼倚处爇兰芳。"《送外之都门》云："男儿志四方，安居身不贵。长安实人海，文采占炳蔚。铁网聚珊瑚，云罗张翡翠。愿君为国华，岂但拔乡萃？夺得锦标归，庶使亲心慰。临歧酒一杯，勿洒儿女泪。”

李郭姣，邑举人李华林之女。幼聪慧，从父学诗，兼晓天文，有“昨夜推窗看天象，客星还未到长沙”之句，盖念父客外未归也。《白莲花诗》云：“信是前身解语花，温泉浴净脸边霞。调匀粉黛新临镜，卸却红妆暮浣纱。素质岂同明月坠？冰心不畏白云遮。水晶世界春如许，不羡瑶池玉女家。”《悼故园榴树》云：“拣得芙蓉伴汝栽，双双常对水云开。旋波不受吴宫宠，西子何心恋故台？记得南窗衬夕阳，亭亭绿鬓试红妆。可怜艳质今何去？云锦抛残枉断肠。”

邹兆兰，字绣霖，华容户部主事熊绍庚女。幼耽吟咏。年二十一，归御史邹焌杰子得贤，以贞静孝谨闻。所著有《绣阁随钞诗卷》，秘不示人。年二十七，病笃，命婢取稿焚之，得贤急就火中拾其余，怒将挞婢，兆兰呜咽曰：“妾将永诀矣，留此重贻君戚。”未几遂没。《即景诗》云：“山映斜阳水漾池，松间小坐鹤相随。消闲细把丛书检，遣闷遥闻短笛吹。”“竹径晚风怜袖薄，花阶明月上窗迟。青灯有味茶香永，玉露声稀正写诗。”《兄之昭潭，秋日望归》云：“侍母依闾望早旋，雁行久别远留连。寒砧处处催秋老，晚笛声声惹客怜。枫岸叶凋飘驿路，荻江花落送行船。迢遥只羡云飞速，何日归帆到目前？”《送行》云：“最怜征客路悠悠，细检行装记笔头。别后平安常寄到，登楼谁悔觅封侯？”

贺贞徽、淑徽，贞徽号芷仙，适潘；淑徽号芝仙，适徐，均诰封奉政大夫善举女。性婉慧，从其兄祥麟学诗。芷仙《寄兄补官学教习诗》云：“幸与文昌座，传经得隽英。侯门来后学，国子奉先生。一日群推长，三年即有成。人师声望重，三老式桓荣。陔养须营禄，高堂有老亲。好从都讲席，出见宰官身。得意文齐福，关心仕为贫。蓬瀛消息近，跂燕杏林春。”芝仙《首夏即事诗》云：“庭院清如水，梅天正放晴。风停檐铎定，雨过瓦沟明。酒报新篘熟，琴怜旧谱生。

铜炉闲拨火，格格响茶笙。”《忆梅》云：“清冰为骨玉为魂，松外亭台竹外门。茅屋照残凉月影，纸窗遮断晚烟痕。相看漠漠空江岸，不尽萧萧落木村。萼绿仙人何处所，岁寒心事向谁论？角声吹出满天霜，断苇荒芦接野塘。碧碗漫倾笃后酒，缟衣空叠旧时箱。铜瓶瀹茗邀吟侣，石鼎焚香供法王。浪说实三兼实七，更谁人问果园坊？倡条冶叶漫为怜，寥落空山几树烟。大庾岭头春寂寂，藐姑山上路绵绵。几经石磴横琴处，犹记江城擫笛年。为嘱啁啾双翠羽，好传芳讯冷云边。”《病中口占》云：“辗转经床褥，孱躯力不支。老兄千里隔，慈母九原悲。妙药浑无济，余生定可知。伤心杜陵叟，有妹在钟离。”

贺袖云、芸皋，袖云，邑举人祥麟女。年二十一归宋世骐，以孝谨闻。从父学诗，能得其旨。年四十没。其《咏雪诗》云：“晓钟催散两三鸦，白地明光拥玉车。幻影摹来成柳絮，见身修得到梅花。板桥风紧吟边路，茅屋烟深画里家。记取星堂诗令在，冻毫染就手频叉。”《秋夜对月》云：“寂静收针帖，推窗月正中。清辉映河汉，一碧澹晴空。露重嘶凉蟀，风高送远鸿。燕云今夜月，宜与故乡同。”《送外赴乡试》云：“挂席寥天赋壮游，龙潭一水碧于油。尚书红杏期前事，举子黄槐趁好秋。得路应看烧鲤尾，标名还待占龙头。咏花亭上凭栏望，遥指文光射斗牛。”芸皋，举人寿嵩女。年二十二，归邱景岱。性娴雅，与姑往来唱和。其《书家信后诗》云：“嗟予生也晚，不得侄从姑。分作传经女，偏悭问字徒。湘南长望雁，冀北远飞凫。想见衔琴暇，还应念藐孤。”“深闺耽独学，或曰陋如何。帖策唐临拙，诗嫌杜撰多。新机凭引导，古义失研磨。手把璇玑咏，从谁效揣摩？”

补遗

节烈贞

易谭氏，县南易祚柏妻。年二十八夫故，遗子四，抚之守志。见年六十四。

周邹氏，县东周世赈妻。年二十八夫故，守节。见年九十，五代同堂。

徐易氏，县北徐开甲妻。年十七夫故，守节。见年六十四。

喻李氏，县北沙石街喻古德妻。年二十五夫故，守节。见年五十。

周徐氏，县北周光远妻。年二十九夫故，守节。见年八十二。

周罗氏，县北瑶里周邦达妻。年二十八夫故，抚孤守节。见年五十一。

熊罗氏，县北熊光鳌妻。年二十九夫故，家贫子幼，茹苦守节。见年五十七。

孙品贞，县北珠溪里生员孙祇台女。康熙十五年，随父避兵，流离道路，被掳，义不辱，遂遇害。

邱王氏，县西监生邱惟浙妻。年十九夫故，痛甚，绝粒数日，不死，呕血，逾年没。

曾观秀，县南曾步盛女，字同里邓家仁。年十二，家仁夭，父母欲别为择配，女不从，守贞至二十六岁没。

卷二十一　艺文一

《传》称三不朽："太上有立德，其次有立功，其次有立言。"言恶乎立？明道也，纪政事也，察民隐也，乐道人之善也。此顾氏炎武所谓"不可绝于天地之间者"。即专门之学，一艺之长，小道可观，君子不废。浏在明以前，图经阙如，盖兵燹风霜，典籍剥蚀多矣。爰次晋以来书目，综为四部，仿《提要》例，缀其梗概。若夫文人韵士，因时纪物，对景摅怀，苟风土攸关，亦方志所录，虽非典型总会，而识大识小，庶几百里得失之林也。至湖南名胜，澧兰沅芷，久播风骚，邑人士登临之作，间登一二，备《通志》采择。其因类附见者，不赘于篇。

经部

国朝

《易经衬讲》七卷，徐标著。

《易图正旨》一卷，朱文烋著。○以上《易》类。

《书经衬讲》六卷，徐标著。

《书经论文》一卷，李益著。写本。

《尚书离句、集说》三卷，徐子珍著。写本。○《离句》依文训义，大概以《蔡传》为宗。《集说·总论》杂取颖达孔氏、程子、朱子、南轩张氏、伯恭吕氏、深宁王氏、西山真氏之说为多，其古、今文诸本异同、阙文疑义，间附录各篇之后。○以上《书》类。

《诗经句解》三十一卷，周寿著。○《诗》类。

宋

《春秋要论》，汤璹著。《经义考》。

国朝

《春秋题旨辑要》一卷，李益著。写本。○以上《春秋》类。

《礼记句解》十卷，周寿著。写本。○《礼》类。

《学庸衬讲》，徐标著。

《学庸讲义》，陶浔霍著。写本。

《四书参纂》六卷，黄济川著。

《学庸脉络》二卷，李益著。

《四书讲说井然》十七卷，张百培著。写本。○以上“四书”类。

《律音汇考》八卷，邱之稑著。○乐类。

元

《经学理窟》《云庄讲义》，欧阳龙生著。○经义总类。

国朝

《诗韵循音》二卷，胡光北著。写本。

《声音蠡测》一卷，胡光北著。写本。○以上小学类。

晋

《晋阳秋》，县令孙盛著。《经义考》。○《晋书》："孙盛著《晋阳秋》，辞直理正，直书枋头之事。桓温见之，怒。其子请删改之，盛不可，子遂私改之。太元中，始得别本于辽东，考校多异，书遂两存。"案：《晋阳秋》，《隋志》三十二卷，《唐志》二十三卷，《宋中兴书目》二十二卷，今佚。周密曰："简文后讳阿春，故以'春秋'为'阳秋'。"○宦寓著述，难以悉纪，惟在浏成书、有关浏事者始列书目。如《晋阳秋》及《纯斋诗集》《与稽斋丛稿》，前志所载，姑仍其旧。○拟经类。

史部

元

《宋史》四百九十六卷，欧阳玄等奉敕撰。《元史》本传。○至正中，诏修宋、辽、金三史，起玄为总裁官，发凡起例。至论、赞、表、奏，皆亲属笔。今三史皆题丞相脱脱名，盖当时制自如此。杨慎曰："《宋史表》首称丞相阿鲁图，其实欧阳玄笔也。其为卷六百，文百万言，自有史策以来，未有若是多者。其自谓'辞之繁简以事，文之今古以时'，盖欲自成一代之书，而不强附昔人是也。可憾者，纪一事而先后不同，纪一人而彼此不同，由修之者非一手也。"○玄《进宋史表》曰："开府仪同三司、上柱国、录军国重事、中书右丞相、监修国史、领经筵事、提调太医院广惠司事臣阿鲁图等［言］①：（切）［窃］② 惟周公念先业之艰难，《七月》之诗是作；孔子论前王之文献，二代之礼可言。故观赵氏隆替之由，足见皇元混一之绩。钦惟世祖圣德神功文武皇帝，初由宗邸，亲总大军。龙旗出指于离方，羽葆归登于乾驭。栉风沐雨，讵辞跋履之劳；略地攻城，咸遵禀受之算。扬舲而平江、汉，卷甲而克襄、樊。恭行吊伐之师，（招）［昭］授宠绥之寄。及夫收图书

① 据《欧阳玄全集·圭斋文集》卷十三《进宋史表》（欧阳玄撰，汤锐校点整理：《欧阳玄全集》，四川大学出版社2010年版，第363—366页）补。下同。

② 据《欧阳玄全集》改。下同。

于胜国，辑黼冔于神京。拔宋臣而列政涂，载宋史而归秘府。然后告成郊庙，锡庆臣民。推大赉以惟均，视一统之无外。枢庭偃武，既编戡定之勋；翰苑摛文，寻奉纂修之旨。事机有待，岁月易迁。(屡)［累］朝每切于继承，多务未遑于制作。臣阿鲁图等诚惶诚恐，稽首顿首，钦惟皇帝陛下，恢弘至道，绍述丕谟。往行前言，乐讨论于古训；祖功宗德，思扬厉于耿光。惟我朝大启基图，彼吴会后归版籍。视金源其未远，紬石室以具存。及兹累洽之时，成此弥文之典。命臣阿鲁图、左丞相臣别儿怯不华领史事，前右丞相臣脱脱为都总裁，平章政事臣帖睦尔达世、御史大夫臣惟一、翰林学士承旨臣起岩、臣玄、治书御史臣好文、礼部尚书臣沂、崇文太监臣宗瑞为总裁官，平章政事臣纳麟、臣伯颜、翰林学士承旨臣达实帖木尔、左丞臣守简、参议臣岳柱、臣拜住、臣陈思谦、郎中臣（幹）［斡］栾、臣孔思立等协恭董治，史官工部侍郎臣（幹）［斡］玉伦徒、秘书卿臣泰不华、太常签院臣杜秉彝、翰林直学士臣宋褧、国子司业臣王思诚、臣汪泽民、集贤待制臣（于）［干］文传、翰林待制臣张瑾、臣贡师道、宣文阁鉴书博士臣麦文贵、监察御史臣余阙、太常博士臣李齐、翰林院①修撰臣刘闻、太医院都事臣贾鲁、国子助教臣冯福可、太庙署令臣陈祖仁、西台御史臣赵中、翰林应奉臣王仪、臣余贞、秘书著作佐郎臣谭慥、翰林编修臣张翥、国子助教臣吴当、经筵检讨臣危素编劘分局，汇粹为书。起自东都，迄于南渡，纪载余三百载，始终才一再期。考夫建隆、淳化之经营，景（定）［德］、咸（淳）［平］之润色。庆历、皇祐以忠厚美风化，元丰、熙宁以聪明紊宪章。驯致绍圣纷纭，崇宁荒乱。治忽昭陈于方册，操存实本于宫庭。若乃建炎、绍兴之图（维）［回］，乾道、淳熙之保乂。正直用则人存政举，邪佞进则臣辱主忧。光、宁之朝，仅守宗社；理、度之世，日蹙封疆。顾乃拘信使以渝盟，纳叛臣而侵境。由权奸之擅命，启事衅以召兵。厥后瀛国归朝，吉王航海。齐亡而访王蠋，乃存守②节之臣；楚灭而谕鲁公，堪矜守礼之国。载惟贞元之会合，属当泰道之熙明。众言淆乱于当时，大义昭宣于今日。矧先儒性命之说，资圣代表章之功，先理致而后文辞，崇道德而黜功利。书法以之而矜式，彝伦赖是以匡扶。虽微董狐直笔之可称，庶逃司马寡识而轻信。至若论其有弊，亦难断以至公。大概声容盛而实德衰，论建多而成效少。且辞之繁简以事，而文之今古③以时。旧史之传述既多，杂记之搜罗又广。于是参是非而去取，权丰约以损增。事严敢计于疾徐，日积亦虞其玩愒。臣阿鲁图等忝司当揆，实预提纲。周询在局之言，靡不究心乃职。第述作之才有限，而报效之志无穷。倘垂

---

① “院”，《欧阳玄全集》无。
② “守”，《欧阳玄全集》作“秉”。
③ “今古”，《欧阳玄全集》作“古今”。

清燕之观，尚助缉熙之益。曰若帝尧，曰若帝舜，惟圣心稽古之功；监于有夏，监于有殷，乃臣子告君之道。谨撰述本纪四十七卷，志一百六十二卷，表三十二卷，列传、世家二百五十五卷，装潢成四百九十二帙，随表［尘］献以闻。”

《辽史》一百一十五卷①，欧阳玄等奉敕撰。《元史》本传。〇玄《进辽史表》曰：“开府仪同三司、上柱国、录军国重事、中书右丞相、监修国史、领经筵事臣脱脱言：窃惟天文莫验于玑衡，人文莫证于简策。人主鉴天象之休咎，则必察乎玑衡之精；鉴人事之得失，则必考乎简策之信。是以二者所掌，俱有太史之称。然而天道幽而难知，人情显而易见。动静者吉凶之兆，敬怠者兴亡之机。史臣虽述前代之设施，大意有助时君之鉴戒。辽自唐季，基于朔方。造邦本席于干戈，致治能资于黼黻。敬天尊祖，而出入必祭；亲仁善邻，而和战以宜。南府治民，北府治兵。春狩省耕，秋狩省敛。吏课每严于刍牧，岁饥屡赐乎田租。至若观市赦罪，则吻合六典之规；临轩策士，则恪遵三岁之制。［君慕汉高之为帝，托耶律于刘宗；相拟酂侯之为臣，更述律以萧姓。］② 享国二百一十九载，政刑日举，品式备具，盖有足尚者焉。迨夫子孙失御，上下离心。骄盈盛而衅隙生，残贼兴而根本蹷。变强为弱，易于反掌。吁！可畏哉！天祚自绝，大（命）［石］③ 苟延。国既丘墟，史亦芜弗。耶律俨语多避忌，陈大任辞乏精详。《五代史》系之终篇，宋旧史埒诸载记。予夺各徇其主，传闻况失其真。我世祖皇帝一视同仁，深加悯恻。尝敕词臣撰次三史，首及于辽。六十余年，岁月因循，造物有待。臣脱脱诚惶诚恐，稽首顿首，钦惟皇帝陛下，如尧稽古，而简宽容众；若舜好问，而浚哲冠伦。讲经兼诵乎祖谟，访治旁求于往牒。兹修史事，断自宸衷。睿旨下而征聘行，朝士贺而遗逸起。于是命臣脱脱以中书右丞相领都总裁，中书平章政事臣铁睦尔达世、中书右丞今平章政事臣贺惟一、［御史中丞今］翰林学士承旨臣张起岩、翰林学士臣欧阳玄、翰林侍讲学士臣揭傒斯、侍御史今集贤侍讲学士兼国子祭酒臣吕思诚［奉命］为总裁官。中书遴选儒臣崇文太监今兵部尚书臣廉惠山海牙、翰林直学士臣王沂、秘书著作佐郎臣徐昺、国史院编修官臣陈绎曾分撰《辽史》。起至正三年四月，讫四年三月。发故府之椟藏，辑遐方之匦献。搜罗剔抉，删润研劘。纪志表传，备成一代之书；臧否是非，不迷千载之实。臣脱脱等叨承隆寄，幸睹成功。载宣日月之光

---

① 按：《辽史》共一百一十六卷，包括本纪三十卷，志三十二卷，表八卷，列传四十五卷，以及《国语解》一卷。此处言“一百五十卷”，乃不计《国语解》而言。

② 据《欧阳玄全集·圭斋文集》卷十三《进辽史表》（欧阳玄撰，汤锐校点整理：《欧阳玄全集》，四川大学出版社2010年版，第354—356页）补。下同。

③ 据《欧阳玄全集》改。下同。

华，愿效涓埃之补报。我朝之议论归正，气之直则辞之（严）［昌］；辽国之君臣有知，善者喜而恶者惧。所撰本纪三十卷、志三十（一）［二］卷、表八卷、列传四十（六）［五］卷，各著论赞，具存体裁，随表以闻。上尘天览，臣无任惭惧战汗屏营之至。谨言。”

《金史》一百三十五卷，欧阳玄等奉敕撰。《本传》。○玄《进金史表》曰：“臣阿鲁图言：窃惟汉高帝入关，任萧何而收秦籍；唐太宗即祚，命魏徵以作《隋书》。盖历数归真主之朝，而简编载前代之事。国可灭，史不可灭；善吾师，恶亦吾师。矧夫典故之源流，章程之沿革，不披往牒，曷蓄前闻？惟此金源，起于海裔，以满万之众，横行天下；不十年之久，专制域中。其用兵也，如纵燎而乘风；其得国也，若置邮而传命。及熠兴于礼乐，乃焕有乎声明。尝循初而迄终，因考功而论德。非武元之英略，不足以开九帝之业；非大定之仁政，不足以固百年之基。天会有吞四海之志，而未有一四海之规；明昌能成一代之制，而亦能坏一代之法。海陵无道，自取覆败；宣宗轻动，曷济中兴？迨夫浚郊多垒之秋，汝水飞烟之日，天人属望，久有在矣；君臣守义，盖足取焉。我太祖法天启运圣武皇帝，以有名之师，而释奕世之忾；以无敌之仁，而收兆民之心。劲卒捣居庸关，北拊其背；大军出紫荆口，南扼其吭。指顾可成于隽功，操纵莫窥于庙算。惩彼取辽之暴，容其涉河以迁。太宗英文皇帝席卷云、朔，而徇地并、营；囊括赵、代；而传檄齐、鲁。灭夏国以蹴秦、巩，通宋人以逼河、淮。睿宗仁圣景襄皇帝冒万险，出饶风，长驱平陆；战三峰，乘大雪，遂定中原。太阳出而爝火熸，正音作而众乐废。爰及世祖圣德神功文武皇帝，恢弘至化，劳来遗黎。燕地定都，彻武灵之旧趾；辽阳建省，抚肃慎之故墟。于时张柔归金史于其先，王鹗集金事于其后。是以纂修之命，见诸敷遗之谋。延祐申举而未遑，天历推行而弗竟。恭惟皇帝陛下，缉熙圣学，绍述先猷。当邦家闲暇之时，治经史讨论之务。念彼泰和以来之事迹，涉我圣代初兴之岁年。太祖受帝号于丙寅，先五载而朱凤应；世祖毓圣质于乙亥，早一岁而黄河清。若此贞符，昭然成命。第以变故多而旧史阙，耆艾没而新说讹。弗折衷于大朝，恐失真于他日。于是圣心独断，盛事力行。申命臣等集众技以责成书，伫奏篇以览近监。臣等仰承隆委，俯竭微劳。䌷石室之书，诚乏司马迁之作；献金镜之录，愿摅张相国之忠。谨撰述本纪十九卷、志三十九卷、表四卷、列传七十三卷、目录二卷，装潢成一百三十七帙，随表以闻。”○以上正史类。

《四朝实录》，欧阳玄奉敕撰。《元史》本传。○四朝，泰定帝、明宗、文宗、宁宗。

《唐书纂要》，欧阳玄著。《了凡鉴补》引。

《经世大典》八百八十卷，《目录》十二卷，《公牍》一卷，《纂修通议》一卷，欧阳玄奉敕撰。《明史·艺文志》。

《太平经国》二百一十二卷，欧阳玄奉敕撰。抱经堂《补元史艺文志》。

《功臣列传》，周镗奉敕撰。《元史》本传。

国朝

《历史总论》，周寿著。写本。

《半窗廿一史略》，陶良瑜订。

《孔门实纪》，邱庆善等辑。○以上杂编类。○方志，古称图经，所以重职方氏之掌故。《通志·艺文·书目》编入“地理”一类。浏故有明嘉靖辛酉《县志》二卷，国朝康熙乙巳《县志》二卷，今并佚。康熙庚申《县志》十四卷，分门十二，附录四，小引十六；康熙甲申《县志》十七卷，分门十四，附录九，小引十七；雍正癸丑《县志》四卷，分门二十有六，附录七，各以四言韵语弁其端；嘉庆戊寅《县志》四十卷，分门三十有八，小引如之，附录十九；戊寅岁《志余备考》二卷，《后序》一，俱录原序，兹不复纪。

元

《至正河防记》一卷，欧阳玄著。抱经堂《补元史艺文志》。○《元史·河渠志》云：“至正十一年，贾鲁治河，复故道。帝召鲁还，论功，令欧阳玄制《河平碑》文，以旌劳绩。玄既为碑文，又自以为迁、固记河渠沟洫，仅载治水之道，不言其方，使后世任事者无所则效，乃从鲁访问方略，更询过客，质吏牍，作《至正河防记》。”

《（采）[拯][①] 荒事略》一卷，欧阳玄著。《四库全书存目》。《自序》略曰：“芜湖本南方泽国，比邻数邑并在水乡。每当春夏之交，阳侯不戢，遂成饥岁。余忝为令长，因辑是编。”

---

① 据永瑢等撰：《四库全书总目》（清乾隆武英殿刻本）卷八四《史部四十·政书类存目二》改。按：《拯荒事略》出于后人之伪造，非欧阳玄所作，参见欧阳玄撰，汤锐校点整理：《欧阳玄全集·前言》，四川大学出版社 2010 年版，第 30—31 页。

国朝

《豁减堕粮全书》，刘士玺辑。

《兴贤汇纪》六卷。县士绅禀请修辑，知县赵光裕序，咸丰乙卯梓行，板存兴贤堂。

《除蝗备考》三卷，知县袁青绶著。○以上政书类。

子部

国朝

《崇德篇》一卷，《辨惑篇》一卷，许宗谟著。写本。

《五子见心录》三卷，《从学札记》一卷，朱文炑著。○以上儒家类。

宋

《建炎德安守御录》，汤璹著。《四库全书·守城录》。○兵家类。

元

《元律》，欧阳玄奉敕撰。《元史》本传。

《至正条格》二十二卷，欧阳玄奉敕撰。《四库全书目录》。○以上法家类。

国朝

《乾象约编》二卷，饶万锩著。写本。○天文类。

《医案全卷》，袁宗罶著。写本。

《医案》五卷，任瞻山著。写本。

《痘疹壶中天》七卷，李照莲著。

《疹门求诚》四卷，谭文淮著。○以上医家类。

《排韵男女氏族合璧》二十八卷，汤荣诰订。

《考古便读》二十二卷，周寿著。

《丹铅总录辑要》一卷，李益辑。写本。○以上类书类。

《家训杂说》一卷，严翼著。

《圣谱贤遇纂》一卷，韩鸣瑛著。

《李氏家珍》七卷，李春煇著。

《天理良心》一卷，张百培著。写本。○以上杂家类。

宋

《律历统元图（数）［书］[①]》十卷，欧阳逢泰著。

国朝

《风水一书》七卷，《风水二书形气类则》四卷，欧阳纯著。

《地理求真》四卷，邹秉智著。写本。○以上术数类。

元

《睽车志》一卷，欧阳玄著。《四库全书存目》。

国朝

《培兰新法》一卷，周寿著。○以上小说类。

《道吾志略》二卷。县龙昇《序》略曰："释子明然手《道吾志略》一帙，乞

---

① 据本书卷十八《人物·文苑·宋·欧阳逢泰》、张起岩《欧阳龙生神道碑铭》（欧阳玄撰，汤锐校点整理：《欧阳玄全集》附录一，四川大学出版社 2010 年版，第 793 页）改。

韩夫子序而梓之。夫子以授小子昇厘正。爰搜内典，广采传闻，校定卷帙，收集诗篇，知者笔之，不知者阙焉。虽非名教所关，亦方外之韵事也。”

《石霜志略》二卷，龙昇编。○以上释家类。

集部

元

《圭斋集》十五卷、附录一卷，欧阳玄著。《四库全书目录》。○明金华宋濂《序》曰：“文辞与政化相为流通，上而朝廷，下而臣庶，皆资之以达务。是故祭飨郊庙则有祠祝，播告寰宇则有诏令，胙土分茅则有册命，陈师鞠旅则有誓戒，谏诤陈情则有章疏，纪功耀德则有铭颂，吟咏鼓舞则有诗骚。所以著其典章之懿，叙其声名之实，制其事为之变，发其性情之正，阖辟化原，推拓政本，盖有不疾而速，不行而至者矣。然必生于光（烁）[岳]① 气完之时，通乎天人精微之蕴，穷乎历代盛衰之故，洞乎万物荣悴之情，核乎鬼神幽明之赜，贯乎华夷离合之由。举其大也，则极乎天地；语其小也，则入乎芒秒。而后聚其精魄，形诸篇翰，渢渢乎，泱泱乎，诚不可尚矣！世有与于斯者，其惟大司徒楚国欧阳文公乎！公讳玄，字原功，潭之浏阳人。其先家庐陵，与文忠公修同出于安福令万之后。公幼岐嶷，十岁能属文。逮弱冠，下帷数年，人莫见其面。经史百家靡不精究②，伊洛诸儒源委尤为淹贯，遂擢延祐乙卯进士第。历官四十余年，在朝之日殆四之三。三任成均，两为祭酒，六入翰林，三拜承旨③。盖当四海混一之时，文物方盛，纂修实录、《大典》、三史，皆大制作。两知贡举及读卷官，凡宗庙朝廷雄文大册，颁示万方制诰，多出公手。金缯上尊之赐，几无虚岁。海内名山大川，释老之宫，王公墓隧之碑，得公文辞以为荣。片言只字，流播人间，咸知宝爱。文学德行，卓然名世。羽仪斯文，黼黻治具，

① 据宋濂《欧阳文公文集序》（欧阳玄撰，汤锐校点整理：《欧阳玄全集》附录五，四川大学出版社 2010 年版，第 916—918 页）改。

② “精究”，《欧阳文公文集序》作“研究”。

③ “三任成均，两为祭酒，六入翰林，三拜承旨”，《欧阳文公文集序》作“三任成均而两为祭酒，六入翰林而三拜承旨”。

公之功为最多。君子评公之文，意雄而辞赡，如黑云四兴，雷电恍惚，而雨雹飒然交下，可怖可愕；及其云散雨止，长空万里，一碧如洗，可谓奇伟不凡者矣。非见道笃而择理精，其能致然乎？呜呼！自宋迄元三四百年之间，文忠公以斯道倡之于其先，天下学士翕然而宗之；今我文公复倡之于其后，天下学士亦翕然而宗之。双璧相望，照耀两间，何欧阳氏一宗之多贤也！不亦盛哉！初，虞文靖公集助教成均，其父井斋先生汲方教授于潭，见公文大惊，手封一帙寄文靖，谓公他日必与之并驾齐驱。由是文靖荐公升朝，声誉赫赫然相埒，卒符于井斋之言。文靖之文已盛行。公薨二十四年，其孙佑持持公集二十四卷来谓濂曰：'先文公之文，自擢第以来多至一百余册，藏于浏阳里第，皆毁于兵。此则在燕所录，自辛卯至丁酉七年间作尔，间有见于金石者，随附入之。子幸为文序之以传。'濂也不敏，自丱角时即知诵公之文，屡欲裹粮相从而不可得。公尝见濂所著《潜溪［后］① 集》，不赐鄙夷，辄冠以雄文，所以期待者甚至。第以志念荒落，学识迂疏，不足副公之望，况敢冒昧而序其文哉？虽然，公文之在霄壤中，上则为德星，为庆云，下则为朱草，为醴泉，光景常新，而精神无亏，亘万古犹一日。序之与否，尚何暇论哉？佑持字公辅，问学精该，议论英发，无愧于家学者也。"

国朝

《空行草》二卷，王英著。

《历程纪游草》一卷，周忠信著。

《微雨春草书屋小草》四卷，瞿家鏊著。

《清浏八景集古诗》一卷，张名世著。

《纫香簃古今体诗》一卷，陈信芳著。

《读画轩诗草》二卷，丘壑著。

《余闲草》一卷，唐瑞著。

《菉竹园诗草》一卷，李益著。写本。

《红杏山房诗文集》二卷，宋远醇著。写本。

---

① 据宋濂《欧阳文公文集序》补。

《惺庵杂著》一卷，邱之芬著。写本。

《慎甫文存》一卷，朱文炑著。

《葆真堂诗稿》二卷，罗士龙著。

《耐香杂俎》一卷，江家春著。写本。

《菉竹山房诗草》一卷，谭继雍著。写本。

《一籁集》一卷，李华林著。

《听春雨轩奏疏》一卷，《杂稿》一卷，邹焌杰著。写本。

《学山堂诗文集》三卷，胡光北著。

《袖月楼诗钞》四卷，周倬著。

《稽古山房文集》二卷，黎瀹崖著。写本。

《自得山房诗集》二卷，黎瀹崖著。

《咏花山人性影诗草》三卷，寻乐著。

《观海楼小草》五卷，熊元杰著。

《雾豹堂诗钞》一卷，李才栋著。写本。

《九乐堂诗草》二卷，罗源潜著。

《爱梅轩诗集》一卷，何名润著。写本。

《有志卫道斋诗集》四卷，周轼著。写本。○以上别集类。

《考古必要赋》，江家春、邱景岳辑。○总集类。

《纯斋诗集》四卷，知县赵嘉程著。

《与稽斋丛稿》十八卷，长洲吴翌凤著。

《周节愍公祠诗文集录》一卷，知县赵瑜辑。○以上寓集类。

《梅花阁遗稿》二卷，周世弼妻欧秀松著。

《茶香阁遗草》二卷，欧阳道济妻黄琬璃著。

《烬余诗草》一卷，邹得贤妻熊兆兰著。写本。○以上闺集类。

《无碍诗草》，僧晓迷著。见《沅湘耆旧集》。

《湘麓诗钞》，僧寄尘著。《通志》。○案：方外诗人如智公、乾修辈，均有时名。智公著《效颦集》未行世，乾修稿亦多散佚，其传于人者，皆安石碎金耳。考各史

《艺文志》著录如林，其历劫而存者十之二三，存而显于世者十不及一，作者如牛毛，传者如麟角，金沙杂揉，玉石交错，国史尚不能免，况方志所采，尤太仓之稊米耶！后之览者，以籍之存亡卜体裁之雅俗，以传之显晦卜见地之浅深，虽其间间有幸不幸，然亦可以得其概矣。今并旧志所录，共得书目近百部，而略附论于此。○以上僧集类。

卷二十二　艺文二

记

宋

归鸿阁记县令　杨时

县宇西北墉之隅有废址焉，久芾不治，畜豕之所游，鼯狌狸鼠之所家，荒堙芜没，蔚为秽墟。予一日曳杖蹑履，徜徉乎其下，周览左右，洒然异之。披榛薙蔓，而嘉木茂卉，连山穷谷，挺芳含媚，隐然四出。乃取县庑之弃材，为阁于其上。既成，肃宾而落之，相与扬眉拭目而望，微云洞开，一目千里。于是以“归鸿”名之，盖取昔人目送归鸿之义也。

客有曰：“异乎哉！子之名阁也。始子以飞鹗名其亭，殆将有志乎蓬蒿之间也。今又以归鸿名其阁，尔之中毋乃觳觫而受变于人[1]欤?”

① “人”，杨时《龟山集》（清文渊阁《四库全书》本）卷二四《归鸿阁记》作“物”。

予瞀然不答，隐几而卧。俄而曰："噫嘻！居，吾语汝。今人履步（任）［仞］[①] 之丘，居环堵之室，虽有离朱之明，视不过寻常，逾阈之外，则不能瞩及。夫登泰山之崖，游昆仑之墟，下临虞渊，观日之出入，则六合为小矣。夫阁非有加损也，而所（遇）［寓］不同，见亦随异焉。其所以见者，虽晋蒙不盲[②]也，物亦恶能变哉？且鸿之冥冥，乘飞云，御泠风，上窥青天，［子其以是为高乎？鷃之腾跃而上，不过数仞而下］[③]，子其以是为卑乎？是未知各适其适也。物各适其适，则天地之滨犹蓬蒿也，恶睹其异哉？盖天地之间一气而万形，一息而成古今，达观之士会物于一己，通昼夜而知，则虽死生之变无怛矣，又况其凡乎？惟世之人舞智自私，而其明不足以窥天人之蕴，故物我异观，而肝胆之间楚越矣，又恶足［与］语天理哉？子方疑我之觳觫而受变，予亦陋子之自梏于见闻也。"

客于是规规然自失，忘其所以异，唯唯而退。予顾谓二三子，志之，镵诸石。

归鸿阁记[④]张栻　绵竹

宋兴百有余年，四方无虞，风俗淳厚[⑤]，民不识干戈。有儒生出于江南，高谈诗书，自拟伊、傅，而实窃佛、老以[⑥]济非、鞅之术，举世风动，虽巨德故老，有莫能烛其奸［者］[⑦]。其说一出[⑧]，而天下

① 据杨时《龟山集》改。下同。

② "盲"，杨时《龟山集》作"亡"。

③ 据杨时《龟山集》补。下同。

④ 张栻《南轩集》（清文渊阁《四库全书》本）卷十题作《浏阳归鸿阁龟山杨谏议画像记》。

⑤ "淳厚"，《南轩集》"敦厚"。

⑥ "以"，《南轩集》作"之似"。

⑦ 据《南轩集》补。下同。

⑧ "出"，《南轩集》作"行"。

始纷纷多事，反理诈诡之论[①]，日以益炽。邪慝相乘，卒兆异端之祸[②]。考其所致，有自来矣。

靖康初，龟山杨先生[③]任谏议大夫、国子监祭酒，始推本论奏其学术之谬，请追夺王爵，[罢]去配享。[虽]当时余邪[④]犹夥，公之说未得尽施，然大统中兴，议论[⑤]一正，[到]于今学者知荆舒祸本，而有不屑焉[⑥]。则公之息邪说、距诐行、放淫辞以承孟氏者，其功岂[⑦]不大哉！是宜列之学宫，使韦布之士知所尊仰。而况公旧所临，流风善政之及，祀事其可缺乎？

浏阳实潭州[⑧]属邑。绍圣初，公尝辱为之宰，岁饥，发廪以赈民，而部使者以催科不给罪公，公之德及[⑨]邑民也深矣。后六十有六年，

---

① “反理诈诡之论”，《南轩集》作“反理之评，诡道之论”。
② “异端之祸”，《南轩集》作“裔夷之侮”。
③ “先生”，《南轩集》作“公”。
④ “邪”，《南轩集》作“党”。
⑤ “议论”，《南轩集》作“论议”。
⑥ 《南轩集》此句无“焉”，而于下句“则”上有一“然”字。
⑦ “岂”，《南轩集》作“顾”。
⑧ “潭州”，《南轩集》作“潭之”。
⑨ “及”，《南轩集》作“于”。

建安张公才邵[1]来为政，慨然念风烈，咨故老，葺公旧所为归鸿阁[2]，绘像于其上，以示后［学］，以慰邑民[3]之思，去而不忘也。又六年，遗书俾记[4]。

栻[5]生晚议陋，何足以窥公之蕴？惟公师事河南二程先生，得《中庸》“鸢飞鱼跃”之传于言意之表，践履纯固，卓然为一世之[6]儒宗，故见于行事深切著明如此，敢表而出之，庶几向慕[7]之万一云尔。

重修遗经阁记[8]杨万里　吉水

遗经阁者，潭之浏阳李氏庋书之地也。重修者，李君之传也。

阁之址，故在县之南、之传所居之西偏。成于隆兴甲申者，之传乃祖致政君彦从暨乃父德广也。初取邹鲁之谚以名之，复为文以记之者，蜀人施君渊然少才也。既扁之以三大字，复与侍讲南轩先生张公

---

① “张公才邵，《南轩集》作“章才邵”。按：当以“章才邵”为是，此处“张”乃“章”之讹。谢维新《事类备要》（清文渊阁《四库全书》本）续集卷十三《类姓门·章》“笃实君子”条：“章才邵笃学能文，两预乡贡，以父荫补官，尝守临贺、辰阳。少年谒龟山杨先生，时龟山诲以熟读《论语》，将论仁处仔细玩味而躬行之，是后日用践履，莫非所闻所知者。”陈道、黄仲昭纂修：弘治《八闽通志》（明弘治刻本）卷六五《人物·建宁府·儒林·宋》：“章才邵，字希古，崇安人。以父元振荫补官。少时谒杨时，时诲以熟读《论语》，将论仁处仔细玩味而躬行之，故才邵日用践履，莫非其所闻所知者，世目为笃实君子。多历外任，典贺、辰二州，改荆湖北路参议官。”李敏等纂修：弘治《将乐县志》（明弘治刻本）卷十一所收《龟山杨先生画像记》亦作“章才邵”。故知来任浏阳知县，修葺归鸿阁，绘像于其上者为章才邵。本书卷三《舆地二·古迹·归鸿阁》云“县令张才邵葺之”，卷十五《职官一·知县·宋》列名“张才邵”，本卷毛鹓《龟山祠记》云“张君才邵”，皆因本文而误，今一并辩证于此，不另出校记。

② “所为归鸿阁”，《南轩集》作“所谓飞鸿阁”。

③ “民”，《南轩集》作“人”。

④ “遗书俾记”，《南轩集》作“遗书俾某记之”。

⑤ “栻”，《南轩集》作“某”。

⑥ “之”，《南轩集》无。

⑦ “向慕”，《南轩集》作“慕用”。

⑧ 杨万里《诚斋集》（《四部丛刊》景宋写本）卷七四题作《李氏重修遗经阁记》。

数十人赋诗以华其纪者，今待制、侍讲晦庵先生朱公也。历年一终，再厄郁攸。致政君叹[①]曰："灾之攸兴，不以其近市故耶?"淳熙丁未，一日迨暇，携宾亲若子孙，步自县南而北，至半里所，得其地于巨湖[②]山之旁，幽邃演迤。改筑有日矣，而父、祖[③]相继以逝。

之传既长，刻意嗜学，慨祖、父之赍志未摅，则又喟然[④]曰："是阁不建，之传不名为人子、为人孙矣。"则恶衣绝甘，圭积黍累，匪阁弗思，匪阁弗咨，匪阁弗为。绍熙癸丑，始克落之。厥址方正，厥庐高凉。自地视阁，岿在天半。自阁视地，浚在谷底。湖鼎三峰，五山相望[⑤]，排霄争高，摩肩并驰，后先低昂，互为崛奇。一邑之胜，无能出其右者。牙签万轴，漆书万卷，是牣是储。则又喟然曰："旧记及诸书[⑥]，皆命代无烦乎[⑦]作也。新记微江西诚斋杨先生莫可。"

于是不远千里，走书介予门人安福刘俨，以谒于予。予谓俨曰："为我寄声李氏子孙，竹万个，木千章，橘千头，田万顷，粟帛玉金，固不禁也。世之遗子，不以是遗而以奚遗？今李君致政父子之遗尔子孙，不于其货于其书，不既左且异乎？虽然，不有以左乎彼，不有以右乎此；不有以异乎今，不有以同乎古矣：子其为我贺李氏子孙之遭也！不宁惟李氏子孙之遭也，亦为我贺致政君父子之遭也；不宁惟致政君父子之遭也，亦为我贺兹阁之遭也。"

致政君名作乂，淳熙甲辰遇东朝庆寿，恩授迪功郎致其仕。德广

---

① "叹"，《诚斋集》作"喟"。
② "巨湖"，《诚斋集》作"太湖"。
③ "祖"，《诚斋集》作"子"。
④ "然"，《诚斋集》无。下文"则又喟然曰"句同。
⑤ "五山相望"，《诚斋集》作"吾山相台"。按："吾山相台"指道吾山、隐相台。当以《诚斋集》为是。
⑥ "书"，《诚斋集》作"诗"。
⑦ "烦乎"，《诚斋集》作"价手"。

名日南[①]。之传字梦符。盖三世以学行有称于州里云。

绍熙甲（辰）［寅］闰月五日记[②]。

元

浏阳州州官题名记[③]欧阳玄　县人

元贞元年乙未，浏阳以县升中州，置建[④]达鲁花赤、知州各一员，正五品；同知（三）［二］[⑤]员，从六品；判官［二员］[⑥]，从七品。（常）［尝］镌石题名于州治，而石非坚良，岁久将坏。至正四年甲申，同知（贾）［买］闾实来，其父孛老先居是官。顾瞻父名，[⑦]惧湮没，岁满将代，请于监郡（长沙）［木八剌沙］、郡守孙朵罗［得］及诸同寮官[⑧]，以己资得贞珉，改刻之，谒文于玄。

（在）［昔玄］至顺中，奉诏修《皇朝经世大典》，户部以天下版籍来上，因考南中州户口，惟浏居最[⑨]。浏之长贰，铨衡常慎其选，

---

① “日南”，《诚斋集》作“曰南”。

② 据《诚斋集》改。按：绍熙是南宋光宗赵惇年号，无甲辰年。绍熙甲寅即绍熙五年（1194）。该年有闰十月，故知此文当撰于闰十月初五日。又，《诚斋集》于“记”上多“诚斋野客庐陵杨万里”九字。

③ 嘉靖《湖广图经志书》卷十五《长沙府·长沙府文类·浏阳县·元》收录此文（薛刚纂修，吴廷举续修，《日本藏中国罕见地方志丛刊》，书目文献出版社1991年版，下册，第1372页），题误作《升中州记》。《欧阳玄全集·圭斋文集补编》卷五根据本书收录此文（欧阳玄撰，汤锐校点整理，四川大学出版社2010年出版，第518—519页），并据嘉靖《湖广图经志书》改补了不少错阙。凡《欧阳玄全集》已校正之字句，即直接据其出校。

④ “建”，嘉靖《湖广图经志书》无。

⑤ 据《欧阳玄全集》改。按：元制，中州同知仅二人。下同。

⑥ 据《欧阳玄全集》补。下同。

⑦ “顾瞻父名”，嘉靖《湖广图经志书》作“顾瞻夫名目”。

⑧ “寮”，嘉靖《湖广图经志书》作“僚”。“官”，嘉靖《湖广图经志书》无。

⑨ “浏居最”，嘉靖《湖广图经志书》作“浏阳为最”。

（三）［五］十[1]余年之间，贤能常多，积官至宰执者有之，就任擢风纪者有之，至于父子先后来宰是州，斯则承平之盛观也。

两汉牧守子孙相继，史臣书之，以著世禄，亦以劝忠孝[2]焉。“［夫］孝，始于事亲，中于事君，终于立身。”身立名扬，即[3]所以报君亲也。固愿莅斯土者[4]，率以是为心，则是记之作，岂不足以[5]劝方来［也］欤？

道州修学记[6]欧阳玄

今上皇帝即祚初年，特召天下兴学，除儒者科徭。岁辛巳，改元至正，是岁复科举取士法。四年甲申，中书奏用六事课最守令，而以兴举学校为第一事焉。于是郡县吏莫不精白承休，祗若明诏。

五年乙酉冬，番阳吴侯肯来为道州总管府判官，适总管缺员，侯由文学掾发身，郡长贰请以提举校官之任属之，侯不获辞。一日，诣谒路学，视其内外，栋宇岁久，朽腐太半。升堂询之，耆儒咸曰：“此故宋旧学也，二百余年之间，虽尝缮修，不过因陋简陋，外施丹垩而已。”侯闻惕然。将出学门，周视其址，前临通衢，外瞰濂水，有桥曰云龙，与庙门相值，势甚冲突，行人憧憧貌弗肃。侯视庙西偏，固有余地，退谋诸心，徙庙近右，使桥居左，势顺而安。明日，

① 按：据上文所述，浏阳升州在元贞元年（1295），而本文撰写时间定不早于上文所提及之至正四年（1344），元贞元年与至正四年相距即将近五十年，故知此处当作“五十”。

② “忠孝”，嘉靖《湖广图经志书》作“孝忠”。

③ “即”，嘉靖《湖广图经志书》作“正”。

④ “固愿莅斯土者”，嘉靖《湖广图经志书》作“愿莅政于斯者”。

⑤ “以”，嘉靖《湖广图经志书》无。

⑥ 嘉靖《湖广图经志书》卷十三《永州府·文类·道州·元》收录此文（薛刚纂修，吴廷举续修，《日本藏中国罕见地方志丛刊》，书目文献出版社 1991 年版，下册，第 1179—1180 页），题作《重建学记》。《欧阳玄全集·圭斋文集补编》卷四根据嘉靖《湖广图经志书》收录此文（欧阳玄撰，汤锐校点整理，四川大学出版社 2010 年版，第 497—500 页），题作《道州路重建学记》。

与僚佐议之，议既克合，进教授及诸生而告之曰："道州为子周子之乡，其学校兴废，于四方观瞻所系甚重。今郡学颓圮，过者骇焉，将何以逭当道之责乎？"众曰："作新维[①]命。"［侯］[②] 乃以礼奖率，郡故老出资以襄斯役[③]。于是鸠工集材。丙戌冬，礼殿告成。丁亥夏，适邻境有寇，时苦征役，士疲于奔命，几至中辍。

八年戊子春，高昌偰公玉立由进士第佥宪湖南，按部，命以府帑赎金若干以助。经费材[④]用丰裕，内外咸彻[⑤]新之。礼殿旧为四楹，广为六楹，明伦堂亦如之。左右列置斋舍，凡若干楹，皆斥大其制。应门飞翚，两庑跂翼，中庭两阶，械以文石。庑壁（从）［崇］[⑥] 祀，绘像弗称，侯捐俸以倡，雕饰一新。濂水逶迤西[⑦]来，棂星中门，洞朗轩辟，迎揖其庙。云龙桥蜿在东，有逊避之状，若吻合堪舆家言者。略会其费，中统楮币以锭计二千五百有奇。继是，生徒云蒸，课讲日严，士习丕变。一日，侯因公委偕濂溪山长戴君世荣，具颠末抵浏上，谒玄请纪休绩，播诸金石。

［玄］谨按：道之为州，《禹贡》荆州之域。秦以来属长沙郡，东汉为零陵郡，吴为营阳郡，齐为营道郡，梁为永阳郡，唐改南营郡，寻改道州，宋因之，皇元为道州路。道之得名，相传因［营道山］，"营道"二字见于《戴记》[⑧]，山有是名而州遂名，宜非偶然者。子周子得孔、孟不传之绪，为百世道学之倡，实生道州，［此］岂偶

---

① "维"，《欧阳玄全集》作"唯"。

② 据《欧阳玄全集》补。下同。

③ "郡故老出资以襄斯役"，《欧阳玄全集》作"郡故老蒋仲祥子瑞甫，及赵荣达、唐应诏、欧阳以诚等，咸愿出资，以相斯役"。

④ "材"，《欧阳玄全集》作"财"。

⑤ "彻"，《欧阳玄全集》作"撤"。

⑥ 据《欧阳玄全集》改。下同。

⑦ "西"，《欧阳玄全集》作"北"。

⑧ "见于《戴记》"，《欧阳玄全集》作"见载于记"。

然哉！宋仁宗改元明道，仅及二载，元年程伯子生，二年程叔子生。伯子之卒，大臣文彦博表之曰“明道先生”。二程，传周子之道者也。以是推之，州之改名，年之改号，拟议虽出乎人谋，默定又存乎天意，观于周、程可知矣。

我①仁宗皇帝继述世祖皇帝之志，以德行求真儒，以道学程举业，定宋九儒从祀孔子庙庭，而周子居首。寻封为道国公，直以“道”字属之。钦惟仁宗皇帝毓圣之地，实在缙山，即古之儒州也。国家崇儒重道，大盛于仁宗，而生于儒州。周、程为道学之宗，或生于道州之地，或生于明道之年。意者天地之生圣贤，虽不尽然，其有然者，盖有深意寓夫其间②。

今道之路学新矣，为③道州之士者，居儒先之乡，玩《太极》之图，读《易通》之书，儒先如在目也。《语》曰：“人能弘道，非道弘人。”上思无负于圣朝兴学之诏，下思无负于郡侯作新之政，庶几无愧于道州之令名矣。

吴侯既新是学，请文于玄。玄强颜执笔，④ 以叙其概。至论圣贤之生皆若预定，是盖天人之际，理气之会，有数行焉，其来已久，非玄一时之私言也。⑤

---

① 《欧阳玄全集》“我”下多一“元”字。

② 《欧阳玄全集》“间”下多一“耳”字。

③ “为”，《欧阳玄全集》作“惟”。

④ “请文于玄。玄强颜执笔”，《欧阳玄全集》作“又复学田若干，岁廪既丰，教养不匮，营缮可继，其为虑可谓久远矣。至大元年，先君子冀国公职教是邦，尝疾学田之沦于兼并，请于当道，躬自履亩。初至宁远，增禾已过二千，事未竟，终于位，距今四十年。吴侯中举其事于江华等邑，所增租额，数倍于前。侯来请文，感念往昔，强颜执笔”。

⑤ 此下《欧阳玄全集》多一段：“是役也，同知虎都鲁武德公、郡幕李公信赞其美，教授蒋君文纬、学正周师旦、学宾赵璹扬其职，府掾刘德诚、刘天惠宣其劳，故咸俦功。土木瓦甓之凡凡，复田疆、理租之数，列诸碑阴。”

至正八年八月[①]。

明

浏阳县儒学记[②]汤荧　县人

洪武元年春王正月，潭州郡守滕思勉入[③]觐回，祗顺德意[④]，励翼学校，务欲启迪治机。时史公仲良为吾浏守，躬服圣轨，以倡余民，日[⑤]夕颛（至）[志][⑥] 学宫。先是，王公伯昭爰始爰谋，功专[⑦]草创。刘公伯奇继之，为治日浅。而吾史公克承厥勋，不以为艰。州判陈均佑[⑧]、吏目王大章寅谋赞功，遹底成绩。于是堂殿门庑，式侈以完；文章黼黻，式像以昭。宫墙内外，工力所及，举以法故，光复旧观。然而经营有序，计划[⑨]有方，不棘不回，吏不弃功，民不告劳。释[⑩]奠之日，济济洋洋，观礼垣门，大小咸说。惟升平时 [学宫][⑪]修废举坠，咄嗟可办，而犹有因循失职者。今也，构材用于灰烬之余，资工力于荼毒之后，使人见之，巍然灿然备于规模器数之间者，圣人之灵欤！

---

① 《欧阳玄全集》“月”下多一“日”字。

② 嘉靖《浏阳县志》（明嘉靖四十一年刻本）卷下《附录·艺文》题作《浏阳儒学记》。嘉靖《湖广图经志书》卷十五《长沙府·长沙府文类·浏阳县·本朝》节录此文（薛刚纂修，吴廷举续修，《日本藏中国罕见地方志丛刊》，书目文献出版社 1991 年版，下册，第 1372—1373 页），题作《重修儒学记（节文）》。

③ “入”，嘉靖《浏阳县志》、嘉靖《湖广图经志书》无此字，空一格。

④ “德意”，嘉靖《湖广图经志书》作“睿旨”。

⑤ “日”，嘉靖《浏阳县志》、嘉靖《湖广图经志书》作“昕”。

⑥ 据嘉靖《浏阳县志》、嘉靖《湖广图经志书》改。

⑦ “专”，嘉靖《浏阳县志》、嘉靖《湖广图经志书》作“夺”。

⑧ “佑”，嘉靖《湖广图经志书》作“祐”。

⑨ “划”，嘉靖《浏阳县志》、嘉靖《湖广图经志书》作“画”。

⑩ “释”，嘉靖《浏阳县志》作“舍”。嘉靖《湖广图经志书》于“释”上多一“方”字。

⑪ 据嘉靖《浏阳县志》补。

古者，学校之设，自王都以至侯国，［教］[1] 一而已；天叙、天秩，［自］天子至于庶人，理一而已。时有古今，而此理之[2]出于天命者无古今；学有兴废，而此理之存诸人心者无兴废。故其所以为教者[3]，岂强其所无于性命[4]之外哉？明善以复其初而已。善者，百行之原[5]；学者，首善之地［也］。《书》云："天佑下民，作之君，作之师。"君道尽，民生［以］遂；师道尽，人伦［以］明。史公于开创之初，而能以文教为急，[6] 上不失国家之心，下不失士民之心[7]，且能使士民咸知琢磨令范，敦行而不怠，贤矣哉！

浏为[8]龟山先生过化之邦，素称多士[9]。呜呼！沿河洛，溯洙泗，先生一人而已。城南，文靖故迹在焉。史公营治学校，先泮池[10]，次书院，盖欲俾吏于（土）［是］[11] 者知有所法，（仕）［事］于儒者知有所宗云。

儒学记陈方　庐陵

国朝内建国子监，外设府、州、县学，所以教人育才，必底于成以待用者也。然内之教，惟收外所教之成功；而外之教，实为内所教

---

① 据嘉靖《湖广图经志书》补。下同。

② "之"，嘉靖《湖广图经志书》无。下文"而此理之存诸人心者无兴废"句同。

③ "者"，嘉靖《湖广图经志书》无。

④ "命"，嘉靖《浏阳县志》、嘉靖《湖广图经志书》作"分"。

⑤ "原"，嘉靖《浏阳县志》、嘉靖《湖广图经志书》作"源"。

⑥ "史公于开创之初，而能以文教为急"，嘉靖《湖广图经志书》作"史公开州之初，虽应务不暇，然而以民教为急"。

⑦ "士民之心"，嘉靖《湖广图经志书》作"斯民之望"。

⑧ "为"，嘉靖《浏阳县志》、嘉靖《湖广图经志书》作"乃"。嘉靖《湖广图经志书》"浏"下多一"阳"字。

⑨ "多士"，嘉靖《湖广图经志书》作"富庶"。

⑩ "池"，嘉靖《湖广图经志书》作"宫"。

⑪ 据嘉靖《湖广图经志书》改。下同

之基本。则凡知一郡、一州、一邑者所宜急务，可一日少逭哉？

湖广潭之浏阳，旧为州。国①朝洪武戊申，史希贤知州事，学仍其故。明年己酉，改为县，知县陈宗铭始修之而未备。暨府别驾斯侯②干继修之，始用完固。迨今有年③，雨淋日炙，虫啮蜂啮，完者阙，固者朽，偃仆日寖以甚，庙焉曷以妥神？堂焉曷以示教？斋焉曷以讲习？

成化丙戌，余同寅夏公至，见而病之，欲经营修葺而弗果。适蜀之荣昌袁相以是岁六月筮仕，至庙谒竟，深加［慨］④叹曰："学校之责，不在兹乎？"遂与训导羊城⑤曾瑜协谋，节省冗费，市材木，陶砖甓，命工葺理之。自文庙两庑、戟门内外，一用盖饰，朽者易之，仆者起之，缺漏者补［辏］⑥之。经始于是年十二⑦月，落成于明年二月，焕丽坚致，不异新创。余以督学至，瑜具以是⑧告，并以记请⑨。

吁！学校之政，举之固难，而学校之修，功亦未易。夫自青衿之

---

① "国"上原有一"今"字，嘉靖《浏阳县志》（明嘉靖四十一年刻本）卷下《附录·艺文》无；嘉靖《湖广图经志书》卷十五《长沙府·长沙府文类·浏阳县·本朝》节录此文（薛刚纂修，吴廷举续修，《日本藏中国罕见地方志丛刊》，书目文献出版社 1991 年版，下册，第 1373 页），于此处空一格，据删。

② "侯"，嘉靖《浏阳县志》作"候"。

③ "有年"，嘉靖《湖广图经志书》作"已百年"，嘉靖《浏阳县志》作"几百年"。按：据上下文，洪武二年己酉（1369）陈宗铭修县学，"府别驾斯侯干继修之"，成化二年丙戌（1466）袁相等人修葺，次年二月落成，请陈方写记，两事相距近百年。

④ 据嘉靖《浏阳县志》、嘉靖《湖广图经志书》补。

⑤ "与"，嘉靖《湖广图经志书》作"资"。嘉靖《湖广图经志书》"城"下多一"之"字。

⑥ 据嘉靖《湖广图经志书》补。

⑦ "十二"，嘉靖《湖广图经志书》作"十一"。

⑧ "是"，嘉靖《湖广图经志书》无。

⑨ "请"，嘉靖《湖广图经志书》作"托"。

有歌，弦诵之无声，古尚刺之，况后世乎！盖降衷秉彝，民所固有，[①]拘于殊禀，狃于殊俗，于是始有贤、不肖之异。古先哲王有忧乎此，而教［所由］兴焉[②]。三代之隆莫[③]尚矣，虽煨烬于秦，黄、老于汉，而天理民彝之不可泯者，万世终在［也］[④]。何者？[⑤] 人[⑥]之性也。在于心，则曰仁、义、礼、智而已；见于人伦，则曰君臣、父子、夫妇、长幼、朋友而已。师之所以教者，此耳；［弟子之所以学者，此耳］。学之至，则可以希贤希圣；不至，亦不失于令名。时焉而行，掇高科，跻膴仕，兼善天下在是也；时焉而止，尚吾志，乐吾乐，独行其道在是也。若夫［沾沾焉］[⑦]，汲汲焉，徒事乎章句之末，记诵之余，以媒利禄[⑧]者，亦不知今日之所知，何以为大学之基本；他日之所行，何以收小学之成功也[⑨]。

相发身科目，由邑学而升大学，凡若予言，盖饱闻饫听久矣。既饬学以为教之地，复振德以培教之功，吾知浏阳之士，其将大有成也。可立以俟。是为记。

飞鹦亭记 王献芝

夫饬法经籍、变风崇化、平贾规制、敦礼兴农，令之任亦琐矣。龟山之治浏阳也，赈荒缓征，不避上谴，时尤讪也。而飞鹦亭义何取

---

① “民所固有”，嘉靖《浏阳县志》作“民生古今，智愚之所固有”。

② 据嘉靖《浏阳县志》、嘉靖《湖广图经志书》补。“兴”，嘉靖《湖广图经志书》作“立”。“焉”，嘉靖《湖广图经志书》无。

③ “之隆莫”，嘉靖《湖广图经志书》无。

④ 据嘉靖《湖广图经志书》补。下同。

⑤ “何者”，嘉靖《湖广图经志书》作“万世终在者何”。

⑥ “人”，嘉靖《湖广图经志书》作“心”。

⑦ 据嘉靖《浏阳县志》补。

⑧ “媒利禄”，嘉靖《湖广图经志书》作“谋利”。

⑨ “也”，嘉靖《湖广图经志书》作“乎”。

乎？或曰："鹖，小鸟也，飞不数尺，言乎其栖之易也。"或曰："鹖之飞也，而跃如在前，言乎斯道之昭也。"或曰："亭，寄怡也，而飞鸟鸣焉，言乎其止之暂也。"义亦悉矣。岁久而治迁[①]，亭亦莫之知也。

嘉靖甲午春二月，予以使事经浏阳，同年固安苏寒村志皋实令是邑。入其境，则耕叟相望，野无榛芜，知重农矣；入其郊，则少长有序，吏胥效恭，知有礼矣；观[②]于庠，则庑楹维新，菁莪济济，知重化矣；察其俗，则人道渐经，鬼道渐微，知移风矣；稽其赋，则倒甲有册，积弊顿清，知明籍矣。乃喟然叹曰："浏阳有龟山之遗乎！"因访其亭，则寒村毁淫祠而新之者也。址于治右，广三楹，围以垣墙，植以竹木，时或延宾退思，且示景贤也，命予记之。

夫施于堂而思于室，非有警心之助乎？则怠偏生，而政或几乎息矣。亭曰飞鹖，有不因名而思人，则往而劝来乎？将有为也，皆不可以不思，思不可以无所，企仰前修，超然神会，飞鹖可以缺亭乎？是为记。

龟山祠记[③]知县　毛鹓

岁[④]辛未，鹓叨上命，领部符，[将][⑤]（篆为）[视篆于][⑥]长沙

---

① "迁"，嘉靖《浏阳县志》（明嘉靖四十一年刻本）卷下《附录·艺文》作"迁"。

② "观"，嘉靖《浏阳县志》作"视"。

③ 嘉靖《湖广图经志书》卷十五《长沙府·长沙府文类·浏阳县·本朝》节录此文（薛刚纂修，吴廷举续修，《日本藏中国罕见地方志丛刊》，书目文献出版社1991年版，下册，第1373—1374页），题作《龟山书院记》。

④ "岁"，嘉靖《湖广图经志书》作"正德"。

⑤ 据嘉靖《湖广图经志书》、嘉靖《浏阳县志》（明嘉靖四十一年刻本）卷下《附录·艺文》补。

⑥ 据嘉靖《湖广图经志书》改。

之浏阳县，辄常惴惴[①]。浏阳，宋龟山杨先生治所［也］[②]。先生举熙宁九年［进士］，始于此［令］，终于龙图阁直学士。其命脉存于道体，忠烈著于朝廷，德泽流于党族，而无弊者。鹓何似也，而可践其职耶？比至，乃见吾浏之淳朴未消，浮伪不长，而先生之风化尚殷。鹓不与其力而飨其功，先生岂欺我者哉！是以忘其忧且愧，而反怡以乐也。

盖自先生之后，岂无崇报者哉？相去六十余年，建安张君才邵来任[③]于此，治先生所建[④]之飞鹗亭，改曰飞鸿阁，像先生而祀之，丐诸南轩张先生之文以为记[⑤]，是推前人之美而志浏阳之思也。弘治乙丑，治浏者徙学宫于县之西，先生之祠亦附焉，惜乎隘而不弘，［简而未备］。鹓不忍于不顾也，议[⑥]以龟山书院鼎［而］建之，请于［巡抚］都御史［无锡］秦公金、巡按御史张公（轮）［翰］[⑦]、提学副使［四明］张公邦奇、分巡佥事［延平］谢公廷柱、长沙［府］知府［余姚］陆公相，皆[⑧]是之。［惟时同知丰城李公伟以事至浏阳，则规画之。县丞萧恕、主簿黄稷、朱芳］、典史前监察御史[⑨]雷宗、［儒学教谕陈时用、训导万奭、廖贵］则综［理］之，耆老［胡潮

---

① 嘉靖《湖广图经志书》“惴惴”下多二字，前一字漫漶不清，似为“念”，后一字为“曰”。

② 据嘉靖《湖广图经志书》补。下同。

③ “任”，嘉靖《浏阳县志》、嘉靖《湖广图经志书》作“仕”。

④ “建”，嘉靖《湖广图经志书》作“治”。

⑤ 此句嘉靖《湖广图经志书》作“南轩张先生为记”。

⑥ “议”，嘉靖《湖广图经志书》作“谋”。

⑦ 据嘉靖《湖广图经志书》改。

⑧ 嘉靖《湖广图经志书》“皆”上多一“一”字。

⑨ “前监察御史”，嘉靖《湖广图经志书》无。

纶］、黎元绍[①]则监领之。是以财不赋而羡，工不费而众[②]拓，其湫隘者为亢爽之地，筑宫于其上，设像于其中，斋祭之室，讲诵之堂，休息之庐，肄业[③]之舍，出入之门，莫不以序［而为］焉[④]。经始于正德[⑤]十年［十][⑥] 二月［十二日][⑦]，落成于十一年十月［初二日］。崇祀先生，有其所矣。

於戏[⑧]！先生之道，在在皆是，岂独[⑨]浏哉！自其浮沉州县，盖四十七年，而擢居谏垣仅九十余日。宗程派之正，黜王学之非，而纯于文；阻[⑩]燕云之师，震高丽之主，而练于武。启湖湘之利而主于仁，排靖康之议而断于义。其有功于世道者，类如此。是以崇祀于孔庭[⑪]，追悼于钦宗，获传于豫章，而天下后世，崇之无斁，浏若不足道者[⑫]。特以浏人之怀惠，吾党之承式者，自[⑬]不容于已矣。后世以来，[⑭] 苟能讲先生之遗文以致其知，体先生之遗事以践于行，使修于家［也][⑮] 为良士，施于国、达于天下［也］为良吏，则今日书院之建，

---

① “耆老”，嘉靖《湖广图经志书》作“耆士”。“黎元绍”，嘉靖《湖广图经志书》作“黎原纪”，嘉靖《浏阳县志》作“黎元纪”。

② “不费而众”，嘉靖《湖广图经志书》作“小发而多”。

③ “肄业”，嘉靖《湖广图经志书》作“肄习”。

④ “序”，嘉靖《湖广图经志书》作“叙”。“而”，嘉靖《浏阳县志》无。“焉”，嘉靖《湖广图经志书》、嘉靖《浏阳县志》作“也”。

⑤ 嘉靖《湖广图经志书》“正德”下有一“之”字。

⑥ 据嘉靖《湖广图经志书》、嘉靖《浏阳县志》补。

⑦ 据嘉靖《湖广图经志书》补。下同。

⑧ “於戏”，嘉靖《湖广图经志书》、嘉靖《浏阳县志》作“於乎”。

⑨ “岂独”，嘉靖《湖广图经志书》、嘉靖《浏阳县志》作“而岂”。

⑩ “阻”，嘉靖《湖广图经志书》作“沮”。

⑪ “崇祀于孔庭”，嘉靖《湖广图经志书》作“从祀于孔庙”。

⑫ “者”，嘉靖《湖广图经志书》无。

⑬ “自”，嘉靖《湖广图经志书》作“亦”。

⑭ “后世以来”，嘉靖《湖广图经志书》作“后是而来”。

⑮ 据嘉靖《湖广图经志书》、嘉靖《浏阳县志》补。下同。

岂小补哉！

鹓自入觐南归，滥获高州府判之迁。迩欲告［先生］[①] 以东之，而浏人来请曰："愿为之记。"顾鹓之陋，焉敢与南轩相先后[②]哉？姑述所闻见以记之[③]。

儒学记徐旟　太仓

七十子丧，大义乖，趋［究愈远，而］[④] 所赖以维良心于不忘者，学校是也。其维学校于不忘者，孔子之庙是也。皇祖痛胜国之乱，汩人心于污浊，廓而清之，维新之风薄海内外，王猷恢张，圣绪炳耀[⑤]，而遐陬逖区，咸指之趋肆。郡县有学，学有孔子之庙。夫然后，过庙而趋者，咸曰孔子。夫良心既汩之后，知孔子或寡矣与？有知者，宁不惕然而思乎？孟子曰："若夫豪杰之士，虽无文王犹兴。"盖伤之也。故自大贤以下，鲜有不待闻见而兴焉者。夫良心在我，始若不待闻见而兴，而兴者或出于闻见，则闻见之内居多焉。人已汩其良心，而不复求之闻见之间，其终也已。嗟夫！人心未尝无孔子也。孔子既没，吾心之孔子远矣。而使闻见复无孔子，则吾心之孔子不益远乎！故祀孔子［之］有庙，将使遇孔子于耳目，而求孔子于心者也，闻见之实物也。庙存而孔子与存，庙亡而孔子与亡，孔子之存亡卜于庙，而人心之存亡卜于孔子。然则庙也者，良心之大端所寄寓者也，岂直为竭虔妥灵、辉映威丽已哉？

浏分邑古长沙，居衡岳之阴，昔龟山先生所尹也。宋、元朝咸设

---

① 据嘉靖《湖广图经志书》补。
② "焉"，嘉靖《湖广图经志书》无。"先后"，嘉靖《湖广图经志书》作"后先"。
③ 嘉靖《湖广图经志书》此下多"使之刻为"四字。按："为"当是"焉"之讹。
④ 据嘉靖《浏阳县志》（明嘉靖四十一年刻本）卷下《附录·艺文》补。下同，
⑤ "炳耀"，嘉靖《浏阳县志》作"皋辉"。

有宫墙祀孔子之所。洪武初，知州史希贤饬之，兵毁之余，制稍稍云备。然在县治之东也。弘治末[①]始迁之西，历四十[②]余年而构裂甃敝，[因之]。嘉靖壬子，郑子来令兹邑，谒孔子，孔子之庙则已寖失其初矣。乃喟然曰："我高皇祖观厥人文，以化成天下也，惟孔子；以维人心之良而德业维新也，亦惟孔子。孔子之祀于浏也，若兹哉！振坠饬蛊，有司莫先焉。吾安知有升斗之禄？"于时，浏之民引礼官周文郁者，闻令言，输资而共职[③]，奉厥绳画，爰诹日而鸠工程能，撤腐剔蠹，木者聚材，圬者实土，匠者斫，陶者埴，金者锻，石者砺，绘者彰施于五采，凡几越月而告新焉。敷文街之北为棂星门，门之北为两庑，庑之北为孔子之庙，咸革而鼎之，煌如矣。郑子乃竭虔释菜于孔子，始妥厥灵。而浏士民见孔子之庙如故者，自郑子始。明年，爌奉命筮仕长沙，以公入浏，知郑子者也与。诸生告之爌，乃进诸生告曰：

知郑子之所以新庙者乎？庙之圮也，风雨鸟鼠为之也。吾人之有良心，亦犹是也。方其初也，廓而有容，制之宏也；明而能通，牖之启也；任则克胜，材之良也；震撼不倾，址之固也；炳焕有文，饰之华也，兹皆吾心之故物也，所谓孔子也。逮气交而蔽，情薄而决，则宏者隘，启者塞，良者蔽，固者解矣，华者驳而无章矣，其为吾心之风雨鸟鼠也，不既多乎！而昔之孔子安在哉？罔罔焉莫知所以新之，非郑子新庙之初意也。故郑子之新庙也，新吾耳目之孔子者。当求新于吾心之孔子，博而学之，材之聚也；纳而履之，土之实也；修而治之，匠之斫也；纠而结之，陶之埴也；员以镕之，金之锻也；方以齐之，石之砺也；礼以将之，乐以和之，绘人之彰施也。而吾心之孔

---

① "弘治末"，嘉靖《浏阳县志》作"正德丁卯"。

② "四十"，嘉靖《浏阳县志》作"三十"。

③ "职"，嘉靖《浏阳县志》作"之"。

子，厥惟新矣。由此以孝于家，由此以忠于国，由此以垂于不朽，是谓孔子之道，是谓新心之学。不然，匪心之是新，而徒逐逐于功利富贵之间，犹庙之圮也，而病于孔子者大矣，兹郑子之戚也。

郑子名汝清，乡进士，试令，闽人。

国朝

道吾山记知县　韩爆

环浏皆山也。峻特奇耸，望而知为灵岫绝峤者，则惟道吾。

世传唐时，宗智禅师至浏，入山未及巅，巨石当关，遂趺坐石穴。有白衣老人自称山中娑伽龙，作礼曰："师为开山祖，待师久矣。"师曰："吾志惟此，道成吾矣。"俄而鞭霆掣电，石裂道开，因诛茅卓锡，以"道吾"名其山。会唐帝疾，榜召医。白衣老人入奏曰："臣潭州道吾山娑伽龙也。帝疾翌日必瘳。"语讫，腾云而去。已而果然。乃敕建护国兴华大禅寺，封白衣龙王，立祠潭侧。事虽不经，而祖师岩、老龙潭数方外灵迹者，数百年未歇也。

岁甲辰，四明史殿撰过浏，要予游。遥而望之，飞泉喷沫，匹练横空，霜烟助洁，日星乱采，奇胜殆难名状。入其山，阳辟阴阖，偃蹇道傍者，雷劈石也。屹屹峰左，下锐如锥，跻其上而心若悬旌者，定心石也。揞撑天半，振衣而星斗可摘者，五老峰也。石级齿齿，蜿蜒而上，视先登而顶踵相摩者，七星坡也。登绝顶，则棋盘石在焉。手谈已歇，方罫犹存，感河山之一枰，悟兴亡于弹指。于斯时也，则有凭吊欷嘘、怆怀千古者矣。凡此皆道吾之胜概，而游人之所取资者。

至若层峦叠嶂，拥护城郭，龙湫觱沸，灌溉民田；岁旱祷祠，辄奇验，触石而出，肤寸而合，不崇朝而雨，是又有功德于民，非徒一丘一壑，供逸士之盘桓已也。元、明以来，历遭兵燹。近僧无尽，云栖斯土，大畅宗风，四方缁流骈集，飞炉铁甃，峨然改观。信乎！兹山之灵，有以永之也。予与诸君既赋诗纪胜，又以法嗣之请，因次为记云。

燕宁馆记韩爆

燕宁馆者，为行旌至斯者建，兼为吾民计也。迩者，兵兴旁午，粮饷日迫，行旌往来，既所不免，而向之行署又废，势必除馆于民舍，于体固亵，于民尤病。爰出岁俸，购基址，庀材鸠工，不匝月告成。公治有堂，退食有寝，周遭有垣，吏胥舆台之属各有舍。

竣之日，邑人士环集而观之，或歌曰："馆之堂，榱桷晃晃。行旌去，而可以谷我群苍。"予曰："善。敬受命。"或歌曰："馆之甬，砥矢童童。贤士大夫以时，晋接其中。"予曰："善。敬闻命。"或又歌曰："馆之门，洞开荧荧。可以豁侯心，可以迓贵人。可以陈诗、纳贾、进父老，而勤其谋度与诹询。"余避席曰："命我者蔑以加矣，足副予建是馆之义矣。"

言未既，有龙子昇者，以修邑乘故，请名其馆以志。余曰："是奚足志？"龙子曰："是馆也，公以燕息乎行旌，实以宁我百姓也。乌乎不志？"予曰："噫！如子言，即以'燕宁'名之也可。"龙子又请记，予曰："是奚足记？"龙子曰："是役也，役不烦，费不扰，足以劝后之兴创者，弗厉民而宁自厉也。"予曰："噫！如子言，又乌可不记？"

石霜寺记韩爆

浏之南有石霜山，南接醴陵，北瞰洞阳，巨观也。其名石霜者，以山峻水激、触石喷霜故也。又名霜华，崇唐敕也。

唐僖宗时，庆诸禅师开法兹山，声动帝畿。天子遣中使赐紫衣，不受，乃为建禅林，敕额“崇胜寺”。殿高九十尺，佛七十尺，监造者裴相休也。僖宗太子祝发于兹，即《传灯》所称普闻禅师。是今山涧有太子桥，其遗迹也。法席之盛，食指万计。中有高人八百，常坐不卧，屹如枯杌，故有枯木堂。其东偏有遗笏堂者，裴相参禅而遗笏以镇山也。

传开山时，僧苦远汲，忽夜闻虎吼。诘旦，视崖间石壁，上有虎爪痕，泉五道喷出如沸，名“虎爬泉”。盖道力宏远，猛兽亦为效灵也。寺前柏一株，有拔之者，庆诸遽止之，柏既左欹，卒不仆，枝叶繁茂如故，曰左甃柏。他如定光岩、盐醋井，灵迹类班班可考。雷迁塔，道吾宗智塔也。宗智为达摩法嗣，其徒庆诸岁往道吾扫塔。一日，向塔叩曰：“弟子耄矣，不能复来。”是夕，雷雨大作，迁其塔于石霜寺侧。灵骨显化，石亦能飞，其神异莫测如此。尔时，僖宗敕赐香火田三千亩，以供蒲塞桑门之馔，猗欤盛哉！庆诸谥号普惠，塔曰无相。递及宋仁宗时，慈明为汾阳嫡嗣，大兴佛法。继继承承，如琳、如永、如珂，俱载《灯录》。

去寺五里许，有伽蓝庙。庙内古钟，击之则作殃祟，异甚。山中胜迹如锡杖峰、象王峰、狮子岭，惟九龙庵湮没不存。

余鞅掌簿书，未暇讨求，聊综《石霜志》，略以纪其遗迹遗事云。

新建义学碑记知县　蒋擢

今夫致治之道，不过教、养两大端。然教之中有视为可略，而不得不计虑周详者，义学是也。古之教者，涵育熏陶，明道立德，以为修齐治平之具。而当其幼稚，必使之服洒扫之劳，习应对进退之节，以渐进于《诗》《书》六艺之文。盖根本既端，而后造就有具。蒙养之功，诚不可不亟亟讲求也。我皇上重道崇儒，远迈千古，即课吏殿最之法，亦必以兴行教化为先。而留心吏治者，往往设立义学，择名师以董之，俾童子服习其中，以端厥蒙养，是犹行古之道也。

余不敏，承乏浏阳。甫下车，哀鸿满目，招徕安集，夙夜不遑。幸年来时丰物阜，百堵皆安。闲尝访唐裴相国读书之地、隐相之台，犹屹然山麓也。越宋杨龟山先生令兹土，有善政，自是而后，风移俗易，颇称文雅之乡。昔何以盛，今何以衰！庸讵知非上之未尽其教，而教之未详其术耶？况浏之教，尤不可泄泄从事矣。浏自兵燹以来，民贫彻骨，朝斯夕斯，惟衣食自计，黄口孺子，莫不习于利欲狙诈之途。童而习焉，长而安焉，欲其涵育熏陶，以几于道明德立之域，岂易得之势哉？爰与浏人士谋立义学，训迪诸童。乃相度善地，惟学宫之右颇有隙区。遂倡捐俸金百两，经始于康熙庚午秋月，迄壬申春暮落成。今而后，黉宫之道德文章，为诸士陶淑之阶；义学之象勺《诗》《书》，为诸童诲诱之地。日就月将，大小竞奋。《诗》不云乎："成人有德，小子有造。"亦庶几有焉。后之同志毋略焉视之，则幸矣。

义学置田记蒋擢

壬申春，余设立义学，延明师以课诸生，志专业勤，文风聿振。是年冬，补博士弟子员者四人，亦既成效彰彰矣。但学田创建，原无恒产，膏火日用，何所借资？余复捐资置田七十三亩零、山三嶂，其田除条饷、南漕二米外，大差、杂费、耗羡、徭役一概除免。田附义学掌管，契发礼房存案，以杜豪猾侵渔。尤望后之君子来治斯邑者，时为经理，再加扩充，庶不致久远有废弛之虑。培育人才，谅有同心，故不靳言之缕缕也。是为记。

重修浏阳县儒学记蒋擢

天下文教之隆，盖底于今日而无以复加矣。我皇上懋建中和，文德所敷，无远弗届。凡属遐荒僻壤之士，莫不延企奋发，思一效于郅隆之朝。维时，楚之督抚两台檄学使邱公较订《祭祀礼乐志》，剞劂装潢，而分授之郡邑之学宫，无非欲学者晓然于文物象数之间，有以约束其筋骸而豫导乎耳目手足，俾德器养成，名教彰著，一道德以同风俗，烝烝然胥登于唐虞三代之盛而后已。

浏邑数十年来屡遭兵燹，学校未遑修饰，而人文科第，亦遂寥寥。余不佞，承乏兹土，簿书之余，辄进诸生而课其制艺，勖以果行育德之说。越庚午大比，而明经刘君大抚获隽，士稍稍知所向往。余又于学右购地一区，创建义学，萃邑之髫秀，延吴生鸣皋为之师，一时弦诵之声，彻诸里闬。然以朔、望诣学，读法行礼，睹其倾圮之状，怒焉弗安，谋所以新之。乃倡捐二百余金，兼嘱教谕王君、分训鲁君劝诸生襄助，庀材鸠工，诹吉经始。若启圣祠、大成殿、两庑、左右坊、戟门、棂星、外屏围墙、月台、甬道诸工，缺者完之，朽者易之，漶漫者丹雘之。其名宦、乡贤二祠，旧在龟山祠侧，久矣鞠为茂草，重建于戟门左右。文昌阁久废，改建为祠，而龟山祠即附于右焉。祠后隙地，建训导署三楹。而县佐游君、县尉王君、诸生耆民之督工者，咸乐于趋事，经营修筑，五旬而落成，非人心竞奋之一征欤？

予考古者以乡三物教万民，三年则考其德行道艺，而兴贤者能者，是不徒文焉而已也。今浏邑之学，一旦轮焉奂焉，有以肃祀典而业藏修。尔多士朝于斯，夕于斯，肄习于《诗》《书》礼乐，以研求圣道之精意，而发为昌明博大之文，则人心以是正，习俗以是醇，郁塞浇竞之风亦可冀其一变矣。然则人文之兴，天或于兹将有以启之乎！爰濡笔而为之记。

欧阳文公祠碑记黎致远　长汀

从来建一代之皇极，必有一代之扶持，君与相是也；生一代之才人，必有一代之经济，文与行是也。尝读史至元，如耶律楚材、夔夔、脱脱、安童、木华黎诸先达，君相同心，文行一致，鲜不谓王气钟于西北。孰知大和翔洽，世济雍熙，如虞集、许衡、揭傒斯辈所产，又皆东南之士。而殊尤卓荦，则欧阳楚国文公为最。粤稽延祐元年公以《天马赋》应制登贤书，及至正丁酉卒于官，中间为县尹、为博士、为翰林、为祭酒、为承旨、为知制诰、为备顾问，叠叠煌煌，龙章宠锡，凡定大事、决大疑，恐得君未有若是之专也。

康熙辛丑，余以庸劣视学三楚，下车武昌，访贺江夏、熊持纲碣焉，登岘山，拜羊叔子、孟襄阳碑焉；过洞庭以南，仰道州之师范、茶陵之相业、汨江之奇功，非不心焉识之。然询其子孙世系，均能奉血食以永其春秋。惟楚国公故里僻在星沙之浏邑，问其地，皆崇山峻岭，崲岍崎峭，难持马，拿舟以溯其源，需三日夜。又闻公之读书处有南山书院，几经烬蚀，破庙颓垣，启椷根榍，如瘗鹤亭，词字阙略，倔强不可读。余固适适然惊矣。嗟夫！公以一代名臣，有元之制诰册命、纂修方略尽出其手，而故里庙碑，竟不得一过其地，余之恨也。幸耳孙胜谦克缵先绪，独力经营，于庚子岁仍其制而更新焉。有浏生尹际商等来请于余，乃忻然任之曰："是余之责也夫。"

公讳玄，字原功，号圭斋，世为名卿大夫。生于浏邑之马渡，志其始也；而卒于顺天之宛平，志其终也。浏有祀田百亩，治其烝尝，子孙世有袭荫，以奉其祀。墓在宛平香山石井村，孙继宗改归葬院后。逢大庆，褒锡勋庸，特加恩祭，春秋祀典，备载史册。学士危素又能张大其事，撰其文。余备位馆垣，辱在史臣，摛辞以志公，约去四百年也。略详其续碑始末如此，故不复赘云。

二贤祠碑记知县 王培生

宋龟山杨先生为浏令，有惠政，邑人至今思之，犹南国之思召公也。元翰林学士欧阳公，浏人也，奉敕修《实录》《大典》、三史，皆大制作，所著有《圭斋文集》若干卷，今其后嗣虽已无闻，而故里尚在，父老有能言之者。每岁春、秋有事于泽宫，名宦、乡贤既各列主以祀，而龟山又有专祠，欧阳公亦复别祭。盖二先生德业文章所以嘉惠元元、启佑后人者，食报宜如此其远矣。乃考龟山祠即在教谕之衙舍前，湫隘卑狭，非神所栖。欧阳公则就南郊之荒坪，扫地而祭，传系所居故址。余自莅浏以来，心窃不安，而簿书填委，日无宁晷，岁月蹉跎，忽复三年，盖寤寐间未尝不辗转反侧也。今年春，择地于城之西偏，议建一祠，合祀两先生。爰鸠工庀材，为堂三楹，缭以周垣，旦暮督率其间。经始于孟春，落成于季夏，乃得奉二先生之主以祀焉。于是三年来余日所缱绻于怀者，今兹始慰矣。

呜呼！古所谓死而不朽者，立德与立功、立言三者而已。龟山先生以二程高弟，传孔孟之绝学，其平生立朝建大议、决大事，惜不得见之施行，而仁心惠政，独加于一邑。欧阳公岐嶷天纵，学问渊博，其著作所传，自《实录》《大典》、三史而外，凡片辞只字，流播人间，无不爱惜而保护之。此其德业文章，非皆可以法后世而垂无穷者哉！

今浏自兵燹后，人文寥落，后生小子至有问二先生之姓字而茫然不能对者。盖自教学废而人材坏，士大夫之所以董其子弟，不过习为帖括之文，咿唔终身，窃取功名而已。古学榛芜，经史瓦弃，二先生之遗文遗事久已尽付诸荒烟蔓草之中，又安望数百年后尚有闻风而兴起者乎？

予小子不敏，承乏兹土，德教不加于百姓，自惟簿书俗吏，面目可憎，无以对二先生于几筵之下。今虽庙貌重光，黍稷维馨，神其吐之矣。然使邑之人有能登斯堂，而追溯二先生之风流，知夫古所谓豪杰之士，其立德与立功、立言死而不朽如此也，则人文寥落于今兹者，未必不振兴于将来也。是则余今日所以重建斯祠之意也夫！

重建同善桥记知县　王珽

余治浏，六载于兹矣。下车之始，观乎地僻民淳，俗厚政清，余私心窃喜曰："此乐善之邦也。"比年以来，雨旸时若，百谷咸登，又私心窃喜曰："此为善之时也。"夙夜扪心，虽不敢效古人弹琴栽花之致，顾此心实务与民休息，而浏民亦烝烝然慕义向风，赋足讼平，乐善之诚，油油弗艾。

辛巳夏日，余过邹婆桥旧址。其地为吴楚要道，溪水湍急，沙碛崎岖，行旅病涉，视为畏途。其桥随修随废者，盖未择其土坚流缓处也。乃进斯民而语之曰："成杠成梁，王政之一事尔。民其有意于此乎？"曰："唯唯。"于是择阴阳，定位置，选材鸠工，筑桩甃石而迁建焉。余首捐俸六十金，同官绅士及里民共襄胜举，令民朴实可任事者谭公鼎等董之。浏民骎骎好善，乐于经营，不期年而桥成。上覆以亭，寒暑风雨，可藉少憩。

壬午新秋，邑之岁进士鹤畴吴君邀余与学博严公率都人士往观之，桥窿窿然，亭翼翼然，水澄泓而顺流，岸诞登而平坦。同声称善，佥曰："是桥倾圮已久，前乎此者，修筑屡无成效，待其人而后行，是使君之惠也。"余谢曰："非余之功，皆同志之力。"浏民之好善，不于兹而益见乎！《书》曰："善与人同。"爰更其名曰"同善"，愿推而广之，永远勿替也。乃抽管而为之记。

桥三洞，高二丈许，长十余丈，阔丈奇，亭八间覆其上。经始于康熙辛巳仲秋，落成于壬午七夕，工费三百余金。其输资者如干人，姓名共勒诸石。

岐源寺碑记县丞　徐旭旦

清浏为楚南剧邑，崒嵂者山，潺湲者水，其中更有青峰插天，灵湫盘注，必仙、释所居之所，若道吾、宝盖、大光、石霜之类是也。南乡上佛岭，山势雄拔，挺立云表，水泉清冽，环绕潆洄。昔有我昙上人，系了然禅师之徒，杖锡访道，自江浙入闽，转由吴楚返于杨岐印证。我昙一日行至上岭之麓，观其岳峙渊渟，其间必有幽境，攀藤越石，循水道而进，一坪灵泉，随结茅而栖焉。眼前好景，万汇俱集，乃起而叹曰："缘就矣，道在此矣。"因其高下辟为田，治为地，刀耕火耨，不出三纪创建，梵刹佛像、云堂钟鼓、方丈客寮无一不备，兼之苍松翠柏、修竹古梅森森玉立，诚胜果也。

不意康熙甲寅，遭吴逆之变，荡于兵火。今住持禅僧正方竭力经营，依然重兴，置就近水田百亩有奇，供佛饭僧，绍续了然、我昙之法席，不亦伟欤！且有水埠耸其东，六龙集其西，勒马亘其南，卧虎踞其北，而水合龙江，溯潇湘而潴洞庭，汇彭蠡以入海，又大观也。即寺中，其景有八：一曰钵盂山，一曰锡杖峰，次曰青狮岩、白象嘴，次曰虎皮岭、石牛潭，又其次曰岩前洞、沙溪尖，皆有名贤题咏，真灵鹫化国，震旦之名区也。余乐得而为之记。

修建各仓碑记知县　陈梦文

国家仓廪之储，所以虞旱潦、防饥馑，邦本民天之计甚重也。又以亲民者令也，俾时其出纳而严其考成，爰有以储之多为忧而少为幸者矣。夫令所痛痒相关者，民也。仓储者，民食也。设民当需食之际，赖此以活须臾，则增斗益升，所济弥众，储之贵多而不贵少也明甚。虽然，功令严而交替数，身家念切，其不以赔累为虞者，有几人哉？

浏邑常平仓谷不满万数，非甚多。顾仓峙三境，在城者环市廛，在西、在北者均去城八九十里。己酉秋，甫受事，已凛然于怀，屡欲经营而力有未逮。迄今五稔，幸悉值丰年，民间家有盖藏，平粜之令屡届未举。然今夏蛟水骤腾，北仓适当其冲，其不致剪为波臣者，天也。因益滋惧。且城仓左逼黄冠之室，檐牙相接，炊烟矗矗。夫曲突徙薪，一家之计尚不容缓，矧国家之重寄乎？爰筑墙数十丈以卫之，可五百围，前辟隙地，创庙一区，祀司仓之神，非淫祀也。于北仓地亦建新仓二栋，凡十楹。厅事将颓，葺治之。厅事东构屋三楹，栖守仓者。于西仓地亦更建厅事三楹，筑高垣与民界划，防侵轶也。先是，城外有东丰仓屋八楹在升冲观，又有南盈仓在南台岭，屋十楹，久未葺，俱颓矣。九年冬，撤东仓屋，盖于常平仓后隙地，仍八楹，如其旧也。十年夏，重葺南仓，朽废尽易，焕然一新，春、夏可作盘量伏晒之地，而秋可贮漕。夫然后，通邑仓储之事，凛凛数载者，可拊膺而自慰。

有老吏前曰："旧例，仓有建造，里长任之，值出于民。北仓柱端刻记犹存。今工竣而民若罔闻，匠作尽官所雇，虑后此之难为继，而修葺之无期也。"予验柱，良然，不禁喟然曰："嗟乎！储食以卫民，幸旱潦饥馑之未逢，民弗此是赖，而乃以工役之兴，捐其资而劳其力，虐矣。况事势何常，人每不知退自计。设今夏蛟孽大肆其毒，则北仓所储，不难举而空之，数千石之补偿将不于令任之乎？今所费虽甚不赀，而诸处之规模悉整，垣庙聿新，无红朽之虞，有水火之备。若夫前人相沿之陋，不因事涤除而尤而效之，又何所底乎？"吏为肃然，请志岁月。爰泚笔略记其梗概焉。

灌江桥碑记知县　陈梦文

雍正庚戌，予由浏阳调摄醴篆。醴在浏之南境，灌江桥所必经也。水源发于霜华山，至桥而聚，激湍迅驶，奔注入江。桥当两县孔道，轮蹄络绎而水日吞啮，因易圮。予过之，木板腐朽，有戒心。夫徒杠舆梁之弗成，以为民病，守土者责也。爰集耆老，谋所以修葺者。而诸生李渭请独任，更愿易木以石，石必采自某山，待春涨始达，而兴工作焉。予讶其愿之奢，而急欲以便行人也，请先以木。生坚持其说，予亦无以强也。

辛亥冬间，石桥成，甚坚峻，李生果未贷力于人也，心甚重之。逾年，李生贡成均，来谒。予嘉生之践言而功倍前人也，亟称之。生则肃然谢曰："此非渭之能，固祖之遗命也。渭少孤，事祖父久。祖父乐善好施，曾建木桥，圮于水，方欲营石而没，遗训不及他，惟以桥为念。渭以此不敢苟且速成，而终必成之者，成祖父之志也。渭则安能?"

嗟夫！论者谓浏多隐君子，今李生利济之功足以及人，而善则归亲，若己毫无与焉，人言犹信。生以序请。书其实畀之，且以为为人后者劝。生祖讳锦，字今白，例得书。

仍绵书屋记王英　县人

予斋居，非敢云清、云雅、云淡而古拙，盖贫也。非贫，何不可丽都而巧也哉？贫固足以困人，而贫足以远欲，足以傲物，且足以适志而怡情，贫非士之资也耶！夫天下士不尽贫，倘必贫而远欲，而傲物，而适志以怡情，将不贫者尽声色货利，谐俗屈节，而甓甓靡所骋，有是理耶？士无论贫不贫，视其志若何耳。志有所在而值乎贫，且贫而不窘于贫，此贫之有资于我也。

予构书舍，放古缩版制周公歌曰《绵》，予颜以"仍绵"。盖公去朴未远，今仍之，亦以留醇风于勿替耳。予处其中，时而春也，修竹茂松，珠桃玉李，翠柏苍梧，条杨茁笋，鸟歌百啭，花弄千翻，春不贫也；时而夏也，黄梅浓雨，绿柳旋风，雉催更晓，鹧怅"行哥"，水泭陇畔，火熠渔滨，夏不贫也；时乎秋也，蝉鸣雁阵，萤灼鞠华，融神避席，凉飙来帘，丰尝衎祖，肆燕宜宾，秋曷贫也？时乎冬也，枫红橘实，荔出芸生，檐凌管玉，牖雪台银，爆烈送寒，符封迎燠，冬曷贫也？若夫清明四顾，阳焰闪摇，对景翻经，日光接目，其佐吾饮者，晴其一；或晚映绿窗，蟾空皎洁，花影筛苔，钟声透耳，其佐吾饮者，月其一；又或荫重避暑，盘礴临风，座安石笋，肴列树株，风之佐饮尤不少也；其或雨霈疏棂，乘时慰望，众欢杂遝，予赏清新，取醪啜之，不知何极者，惟时雨乎！而未若乎冬之日，梅开雪霰，卷掩炉丹，顷尔河山片玉，花蕊缀珠，歌“绿蚁”“红泥”之句，觉白傅风流，至今未歇，此又诸景之最胜，不多觏也。况诸戚友同游者，闲吟咏则时术不休，闲请益则扣撞从容，历寒暑晦明而不辍，应求不孤，寤呻皆句，潦倒斋中者，贫乎？不贫也。其有资于清雅而淡而古拙不少也。然岂资是而始适志耶？值斯则行吾素焉耳。遂约志其概云。

改建文昌祠记知县　赵嘉程

邑东郭外里许，有孝仙祠，其先为麻衣庙。每岁七月上旬，四方会集，颇称盛观。辛丑秋八月，余奉天子命调任莅兹土。次年，始届会期，有告余谒庙拈香者，因未悉其神之原委，姑唯唯应之，而终未果往。比年来，余既疲于簿书奔驰之下，无暇详考一切沿革，且又闻其会寖衰，亦姑置之。

丙午春，余自临湘代篆毕回任，邑中诸仍其旧。惟闻孝仙特显灵异，或降神于乡愚，责盟追愿，能祸福人，更流于县北，附神妇人称干女，能通神，是以邑东之庙焕然一新，北乡亦崇祠森立矣。余恶其怪诞，或出奸人之假神诬民，其神非聪明正直，概可知也。亟将降神之人械示庙门，并揭示晓谕，严禁香火。又恐愚民狃于习俗，讹谬寖炽，闲诣查勘，夜阑尚灯烛辉煌，若再因循听之，必致滋生妖妄。爰详考邑乘，其孝仙之始也，并无姓字，乡里亦不知祠建何时，当日止据土人一梦，讹传至今，原为邑中弊俗，曾经守土者以淫祀禁之。奈愚民渐染未除，复经前长令不申明往日淫祀之禁，但谓麻衣灭礼，易以素服，颜其庙曰“孝仙”，此尤不经之甚。邑之人遂以孝仙之据，久而愈多附会也，由是像塑其父母，像塑其子孙，并且塑其仆人，俨然一家聚处，更有干女能医、愚夫降鬼之事。乱风俗，坏人心，莫此为最。再不剪除，关系匪浅。乃集诸首事，明切告谕，俾择日撤毁其像，粪除其宫。

但无稽之依附，血食于兹有年矣。察其地居邑之上游，东方出震发生，必藉明神以主之。乃奉文昌帝君神位，敬立于内，易其宇为文昌殿，颜其门为“文昌祠”，因其会为文昌会。会中田产香火如初，首事理之，并立石以纪之。其兴废之由已载于此，邑人士有愿与斯会者，别置一籍，以杜日后争端。是为记。

顺移堂记方暨谟　寿昌

雍正癸丑春，余应同年友豹庵陈君之召，从事邑乘，舍于厅事之西。庭除爽垲，竹石萧疏，令人作濠、濮间想，盖陈君薙荒棘、撤败瓦而新之者也。余笑谓曰：“子真仙吏矣。飞舄鸣琴，其在斯堂乎!”视其额，曰“顺移”，乃惝然悔余所见浅也。

君渊源家学，掇巍科，荷天子举贤诏，膺荐令浏阳，奉太夫人板舆以来。太夫人年七十，耳目神明，从宦消息，日取古义勖君，而君遵奉教诫，服羔羊，饰素丝，天才卓荦，遇事剖决若流，而翼翼小心，晨起视事，至日昃不怠，宰邑数年，赋均讼平，四境大治。盖为孝子，为良吏，推移之妙，沛然直达，固宜其命斯堂而有味乎言之也。

堂之左有亭曰飞鷃，是龟山先生风韵所遗也。龟山假庄生之义，忘物我，齐小大，榆枋非少，九万非多，其见道也远。君诵孔子之言，孝移君，弟移长，外可方州，内可廊庙，其信道也笃。君希风古人，藉以报称国家，以为太夫人娱者在是，而余顾以泛泛者美君，不亦浅乎？

豹庵曰："余不敏，不逮子言，然窃有志也。子为我记，庶用自勖，嘉吾子之赐。"不获辞，遂书于版，知命名之意非偶然也。

蒿山记许宗谟　县人

蒿山奠浏北之中，大且高，巨障也。巍然特出，环山数十里，皆小山也，棋布星罗，四隅拱向。但山形臃肿，无峭峰层峦可登览，无幽壑深岩可玩娱，世传以为土星，理或然也。然临绝顶以观，当夫天朗气清，雅畅盈视，西望岳麓，潭州属目；东瞰双奶，平江隐然；北据神岭，界牌为帐；南仰石洞，蕉溪列屏。山之中，竹木蕃荫；山之外，翠耸千重。景物亦宜人矣。特念虽有古刹，殊非名胜。

予尝兴感焉。柳子云："美不自美，因人而彰。"永州居湖南之边境，僻届夷徼，千年寂寞，得柳公以文章洗其陋，得周子以道德发其华，而山辉川媚，万世震耀，虽川陕河洛、齐鲁吴越之名胜山川，等视齐观焉。是山也，假令李、杜、韩、柳有遗咏，周、程、张、朱所经游，安在华山、岘山、岳麓、白鹿可专美于前也？独是前有千古，后有万年，天地之钟毓，山川之显秀，不限期会也。安见今日之所无，不为后日之所有耶？今予生于斯，长于斯，深遗林间之愧，谨记之，以俟后之君子。

棣楼记许宗谟

予少时读《常棣》诗，深叹兄弟者，自然之朋友也，不出户庭，而丽泽之益有甚于他山焉。然志同道合，兄不能强诸弟，弟不能强其兄，古之圣贤犹多抱憾，实有命焉，不可幸而致也。予与弟训，齿不甚远，自少就傅，学连业，游共方。顾质本凡庸，二十年前只知为文章取科第，二十以后始攻儒者之学。然宦情根于肺腑，道义发自渺微，一岁之中，半营科举，半理儒业，其浮慕也甚矣。庚寅冬，自念文章才短，道学味长，岁月易驰而穷达有命，捐去夙习，不复争仕进焉。因切究小学、《近思录》、四子六经及《或问》《语类》诸书，茫茫学海，未见指南。一日，味晦庵先生“泛滥诸书，不若专精于一”之旨。弟曰：“吾与兄当各专一书，用数年刻苦之功，然后更一书。吾且用功于《大学或问》。”予曰：“吾见在于《近思录》致力。”始皆专精斯道焉。

己亥冬，侨居里西之袁家庄，偶游山水，登高望远，慨然感怀。予顾弟曰：“吾与汝当构一楼，名之以‘棣’，以志吾二人志也。庶几春秋咸和，冬夏炎凉，皆可于此乐业焉。自是，凡有关吾二人者，皆以‘棣楼’书之。”故楼虽未成，而名已先署。辛丑冬，始构楼于室之东北隅，以完夙志，榜“棣楼”之名于其上，读书谈道于其中，鄂韡韡，乐融融，信哉天壤间一快境也。

但念栋宇毗连，竹木绵密，所谓旷然远览，情未惬耳。虽然，楼之建也，原为学耳。今吾二人之登斯楼也，既具既翕，尚友古人，仰瞻洙泗于东，遥望榛苓于西，北观伊洛之渊源，南窥紫阳之统会，睥睨千古，俯仰六合，抑谁禁予之凭眺也哉？而雨雪之朝，风月之夕，吹埙以倡，吹篪以和，夙兴夜寐，无忝所生，当于斯楼期之，可以乐今，可以传后，虽元龙百尺，何足羡乎？因即其事而为之记。

文昌祠记陈邵　县人

乾隆丙午，纯斋赵侯再令浏阳，励精图治，百废具举。惧巫风之未革，即麻衣庙改建文昌祠，且为记，具道其所以然者，镵诸石。

邵维文昌之说有二，《天官书·斗魁》载匡六星，一上将，二次将，三贵相，四司命，五司中，六司禄，是为文昌宫，则天神也。《化书》在周为张仲，在汉为张良，迨宋、元，延初封辅元开化文昌司禄帝君，则人鬼也。由后之说，未免近佛氏轮回之诞。由前之说，则在天垂象，岂非聪明正直之神，为士子所宜尸而祝之者哉！侯之改祀，是大有造于浏民也。而愚民莫知侯意，则倡讹言以沮之曰："是不利于科名。"迨揭晓，刘子运际举于乡。侯大悦，谓足破愚民之惑矣。已受代去，讹言复炽，阴计灰之复然。士人陶宜元、邱民洽、陈钥白之当事曰："赵侯议善。"乃定。

今介休鲁侯莅兹土之明年壬子，邑人士请祠而阁之，去故土三尺，臬始树，捷音至，举二人，且魁一经。民乃大悦，知侯之去妖妄而崇秩祀，果大有造于吾浏也。癸丑，阁成，宰牲而落之。鲁侯属文于邵，用纪诸石，曰："愿有述，俾浏人无忘赵君之德，且致予慕。"邵惟赵侯，知山川之性情并鬼神之情状者也。鲁侯慕赵侯而竟其绩，则亦赵侯之所许也。故推本而记之。

重修二贤祠忠义孝弟祠节孝祠碑记训导　范孟珙

国家忠孝、节义之祠，所以奖励人伦，维千古纲常名教于不坠。而贤哲笃生，有能以世道自任，功德及民者，圣朝亦特隆祀典，俎豆于其所生、所官之地，以崇德而报功。盖"黍稷非馨，明德惟馨"，其典固甚重也。

浏邑故有龟山杨公、欧阳文公祠，又立忠义孝弟祠、节孝祠，俱分建西斋学舍之前。历年久远，栋宇颓坏，门墙倒塌，每春、秋承祭，遇雨倾注，拜奠无地，殆非所以妥神灵、光祀典也。余莅任之初，集邑中绅士谋更新之，诸绅士咸踊跃从事，慷慨捐金，议定规模，卜日营建。昔分为两楹者，今合为一楹。前头门，次二门，后三祠，两贤位中，忠孝、节义左右分布，制度精整，坚致巩固，翼翼严严，焕然维新焉。於虖！入是祠者，扶翼世教、维植纲常之心有油然而生者矣。

人受天地之中以生，各具血气心知之性，即宜具经纶事业、纪纲伦物之能。然每间世而一遇，或合邑不数人。盖两间精英，纯固之气，钟之自天，励之自人，人与天合而后勋业著焉，文章显焉，忠节彰焉，故不数数觏也。二公挺生宋、元之间，昌明圣学，黼黻皇猷，为理学宗，为名臣最，至今数百年，犹食俎豆馨香之报于勿替，盖明德之昭垂远矣。乃至同为人臣、人子、人妇，而秉天地之正气，死忠、死孝、死节，发于天之不容已，动于心之不自知，即极流离困顿、茹荼饮苦之时，百变而不摇其操，卒之名垂竹帛，徽流彤管，有以动九重之知，享崇褒之祭，与大圣大贤并垂不朽。呜呼！此固天理之所以常存，人心所以不死也。而谓三祠重修，其可缓乎！

余景仰二贤之风，企慕忠孝节义之行，且喜祠之告竣，而诸义士之踊跃慷慨，相与以有成也，于是乎书。

楚文塔记袁名曜　宁乡

塔制起于西域，而盛于唐，自韦肇题名慈恩寺中，后遂以为科第故事。而阴阳五行家又谓其高耸秀拔，如文笔状，置之得地，可以助形胜，培文风。

浏邑，文薮也。嘉庆癸酉，邑之王源瞻与其犹子确庵用堪舆家言，于邑治西南隅建塔七级，高十余寻。费缗万贯，皆出自源瞻及确庵，而鸠工庀材，则确庵独力。工将蒇，问名于余，余既额之曰“楚文”。阅二年，始晤确庵，询悉地势，犹未遑记其事也。丁丑春，过浏，登蕉溪岭，望大围山脉循大溪北以逆势结聚邑城，溪南诸山横锁于西南河滨，踞巅造塔，有回澜障川之势，乃追述昔年命名之意而补记之。

或曰："楚固离明地，浏为南楚，界吴首，邑夙为文薮，以是锡之嘉名，为地灵人杰庆。"是固然也，而意不止此。且夫浏之为文薮也旧矣。自宋以后，贤达蔚生，史册彪炳，爵禄烜赫不足道，其道德经济、学问著述裒然称首者，断断推欧阳原功一人。原功早游营道，亲炙宋世诸遗老，而私淑濂溪，故所造淹博邃远。又得志于元代盛时，以润色鸿业，传诸无极，封号曰"楚"，没谥为"文"。天下后世且推为濂溪以后一人，固吾楚人文之杰出，不仅为浏邑光。今以其封与谥名塔，以志勿谖。虽异地过此，犹将翘首而景仰焉。而况山川犹是，城郭犹是，其钓游故里，代产誉髦，抚风流遗韵，有不顾名而勃然兴起者乎！然则其兴起也，当奈何？曰：高以托其体也，厚以植其基也，层累以进而夐然上达也，若是塔焉已矣。此则区区之意，愿为浏之士及凡为吾楚之士所共为黾勉而鼓舞焉者也，遂书以质诸建是塔者。

考棚记知县　谢希闵

余莅浏六载，邑治前有奎星阁旧基，葺成之，复创文塔于坤、巽二方，冀以培文教也。而考棚之建未遑，每岁、科两试，诸童携几席就试于官舍，两廊未足容，散坐地厂，值酷暑严寒，日炙风号，盖心念者久之。谋诸邑绅，则云："十余年前曾公购地宅，有基而未举。今愿输公银若干，以为建置。"于是鸠工庀材，栋宇屹立，窗棂玲珑，东西列号坐，横以木几，鳞鳞然相次而不紊，外则缭以周垣，高不可逾。计日而考棚成，余乃进邑人子弟而谓之曰：

凡事之有基勿坏，而乐相与有成也，类如是矣。人之生也，有父兄师友之教以植其基，党塾专其职业，诗书泽其性情。及其成也，德行道艺，发为文章，播诸事业，粹然不失于正。我国家右文崇学，雅化作人，遍烝寰宇。士之以考为进取者，即古乡举里选之意。由县而府而院，试于乡，试于礼部，则县试其始基也。操觚者毋诡邪以趋时，基之以正理；毋浮薄以悦俗，基之以实学；毋艰深，毋雷同，基之以和平惇大。镕经铸史之章，后此发名乘时，应圣天子临轩制策，润色鸿猷，诚孰有大于此乎！则浏之幸也，亦余之望也夫！

南台书院碑记知县　谢希闵

考浏邑旧志，义学旧址在学宫右侧，康熙三十一年，前令蒋公擢建置。乾隆十年，顾公维钫改名近圣书院。二十三年，张公宏燧迁建南台岭，更名清浏书院。四十年，署篆别驾王公用锷因地即名为南台书院。时则辟馆以处缝掖，计亩以生金粟，皆前贤经始之功，邑诸君子众擎之力也。余来宰斯邑，遴邑绅黎君志生、周君国光、陈君远稽董其事。嘉庆十九年，除中宫轩廓之地，治宲桷，承榱楹，垩饰而髹缋之，敬立至圣先师神位，旁列四配，穆穆雍雍，以时肃将释奠之礼。又重修读书斋舍，窗棂几榻具备，列屋而居，无虞黝暗。二十二年，购潘姓屋宇山场，为曾家坊耕者栖止。二十三年，因杉山段田庄编茅为屋。遇水坍圮，购杨姓瓦屋山场，仍令耕者庐其居以为卫。斯三役也，总费钱五百九十缗有奇，皆黎君辈递嬗持筹，权子母而贮赢余，故得应予之诿诿而屡省乃成也。

浏属长沙分野，于山见天马之雄，于水见淮川之清且秀。隶其土者，英敏敦笃，无裂检窳行之习。邑书院为始基，地将鳣衔耶？谓蚁术也。匪直博门，开槐市之名矣。近奉上谕，准侍御奏，饬各省学政讲明《朱子全书》，以端士习。诸生际明备之世，诚能审所用力，崇经术而发之为文，无肤浮，明理义而施之于事，无诡异，克慎厥初，毋隳乃力，将见胪说经之鼎，行且拔连茹之茅矣。余何敢言造士，而砥砺磨砻，有司之责，以地为肄习重，即于人以奋勉蕲也。因援笔记之，锲诸石。

体仁会记陶浔霍　县人

体仁会者，邑之四郊护荒坟、禁铲挖、培坏冢、藏露骨、寒食挂扫、中元赈济之会也。嘉庆戊午，吴君震纲等六人募诸城厢，而会始。越丙寅，诸绅士为之增募，邑侯怀公锡之嘉名，置产立碑，而会成。或以记属予曰："斯会也，奔走者六人，而非贤士大夫之力，不及此，盍书之以劝后？"予曰："以贤士大夫劝，盍即以六人者劝乎？六人者，胸无诗书，家无担石，以织、以髹、以缝、以卜、以锻、以佣而营其生者也。其始之为此也，何所仿而何所藉乎？纸钱麦饭之乞，箕帚耰锄之借，富者助财，贫者效力，曾无有疑忌者焉。积十年而募者无倦容，与者无吝色，遂乃信其乡先生，遂乃信其邑大夫，而事垂不朽。夫一念之恻怛，无所仿而合乎人心之同，何况于既有章程之后！一心之诚信，无所藉而自得人力之助，何况于既有田产之遗！织者、髹者、缝者、卜者、锻者、佣者且裕为之，何况于贤士大夫！然则何人不可为善，何善不可竟成？独体仁会也欤哉！"

达浒市社仓碑记代彭定鳌作　陶浔霍

达浒市有三、四、五都社仓一区，额谷外，苦无羡余，积为社长之累者数十年矣。予初闻而疑之曰："异哉！天下有行朱子之良法而反为人累者哉？其非仓之累长，抑或长之职有未尽耳。"无何，而家兄某任其事，予时从而勷役焉。细询旧人，乃知向之甘受其累者，非不欲尽厥职而少为变通也。顾一疑于更张之难，二疑于募化之难，三疑于分任之难，积此三疑，是以宁率旧章而不敢少加于前人之制，宁费己财而不敢借助于同社之力，相沿相袭，隐忍赔垫于三年之内，而幸其息肩，此遗累之局所以久不可变也。

予闻而怃然曰："天下事岂独一社仓哉？凡为教为养，一切良法美意，未有积久而弊不生者。苟无治人治法相与维辅于不衰，一不振而法丛脞矣，再不振而法耗蠹矣。师儒之视学宫为逆旅，守令之视州县为传舍，其中非无俯仰太息之人，而终不能不以有所疑异而掣肘。盖继起任事之难往往如此，而从前社长之焦心劳思、罢力费财于此者，其情亦大可谅矣。然而，窃以为职有未尽者，何也？则以能去今日之累，正以全昔人之美，原不嫌于更张也。时当重熙累洽之久，地为仁渐义摩之深，则募化较昔人当更易也。人之好善，谁不如我？将伯一呼，倡予和汝，又何忧于分任之无人？特无有尝试为之者耳。"予遂不揣力微，于乾隆甲寅之春，邀集同志，分簿募捐。其时三都好义之士，幸有同心，果数月而千金集，置庄田，新廒舍，酌经营，定章程，数十年为累之仓，一旦转而为乐利。

同人曰："信哉！天下未有行朱子之良法而反为人累者。然非某人之力，不及此。请泐石以纪之。"予曰："否否。兹役也，倡焉而人无异议，此前人立法之善也；输焉而人无吝容，此社姓好义之善也；任焉而人无推诿，此同人共济之善也。予何力之有焉？顾其事亦有不可不记者。夫前人行朱子之良法，尚不能保其不遗后日之累，吾侪今日虽以踵前人之法而除其累，亦特能尽一时社长之职耳。即又安知数十年后人异世殊，此事终不丛脞耗蠹而遗后人之累乎哉？安知后日之任斯役者，不视社长为逆旅传舍乎哉？然则，治人治法因时而维辅于不衰，其所望于后之君子正无尽，又安得无一言以志之？是则区区载笔之心也夫。"

重建南台书院碑记杨枝华

国家文教覃敷，书院之建遍天下矣。其最著者，则有长沙之岳麓。浏隶长沙郡，俗敦古处，代有伟人，距岳麓一百五十里，近接道南之脉，兴贤育才，不较易乎？爰考《县志》，自文靖书院以来，基址不一。前侯蒋公擢建义学于二贤祠旁，聘邑拔贡生胡公其汉为馆师。二十年，及门彭世正等倡义置膏火田数十亩，亦盛举也。厥后，顾公维钫重修之，颜曰“近圣书院”，今为儒学之西斋者是。乾隆二十一年丙子岁，张公宏燧迁捕厅，遗南台岭隙地一所，改建于兹，颜曰“清浏书院”。

岁己未，别驾王公用锷摄邑篆，诣书院，见规制狭隘，且就倾圮，慨然振兴，首倡捐廉百金，发邑绅捐册，有能多捐者，给额嘉奖，又择殷实老成十三人董其事。时众心乐输，不数月间，缴捐银四千九百两有奇，鸠工庀材，诹吉兴工。其门闬宏敞，其墙垣广固，其中为讲堂，为逊志堂，为奎星楼，其后为文昌阁，其旁为东西房屋，星罗棋布，井井可观。仿岳麓以地命名之义，额曰“南台书院”。计捐田二百三十亩，以为肄业于斯者膏火之资。将见人文蔚起，南台之盛与岳麓争辉矣。是为记。

道吾山神龙记知县　方为霖

自浏阳北门出，行十余里至山麓，蚁旋而上，怪石林立，松风泠然。又十里，平衍中开，俯视四围，七十一峰环作莲花状者，道吾山也。山中建寺，前后殿皆供佛。由后轩旁通小园，园中有池，清泉一泓，岁无盈涸，水藻鲜碧。有物焉，长三四寸许，鳞甲隐见，蜿蜒于其中者，皆龙也。地旧名老龙潭，瀑布飞溅，经四十四曲，所溉诸田，虽值亢旱，而田无所害，此即龙之所以为神也。

予以嘉庆己卯权兹邑，入境问疾苦，父老已为予言神龙之灵。会仲夏雨泽愆期，予遥致祷而获应。及今年庚辰，以春雨多甚，入夏炎蒸殊厉，弥月不雨，设坛致斋而弗应，民咸以为忧。乃徇众请，以六月九日迎龙临坛，虔诚祈祀。将夕而大雨滂沱，明日乃止。百姓欢腾，三农舞蹈。洵哉！龙之为灵昭昭也。既送龙还池，蠲吉鸠工，围以石栏，更葺池旁旧庙祀龙者。工既毕，伐石纪其事，用告后之君子，知龙利被浏人也如此。仰维国家报功之义，俯察闾阎望泽之殷，浏人食德饮和，无所终极，则神龙长享馨香而不替也固宜。

周节愍公祠碑记知县　赵瑜

曩居里，闻蒙化周节愍公祠甚著。及试令来长沙，复拜所谓二忠祠于濯锦坊西。二忠者，即节愍与先公死难之司李蔡忠烈也。粗得公殉国本末，始知战没于浏之官渡口，欲求当日郭公金台所为公传，不可得，激昂悼叹，想见其为人。然公既死于浏，其遗风余烈，或未之泯，当于浏之人独详。去年夏，来宰兹邑，私窃幸之，亟访公事迹，皆愕眙不知所对，邑乘又阙焉未载。公之死，至今才百八十年耳，遂令遗迹湮没，无片席血食地，岂忠节义烈，固人所不乐道？抑亦兴起之无具耶？

瑜忝守土责，惕然滋惧，不敢以此或后。邑人士闻之，佥感跃襄事。适移建杨龟山先生祠，即以其址为公祠请。瑜允之，牒告大府，捐俸钱以为之倡。于是鸠庀工材，筑之琢之，髹之垩之，为门为堂，为庭为廊，钟鼓有序，芹藻有位，粲然秩然，靡不具备，肖公遗像居之。事既蒇，乃撮公事略刻诸石，俾后之人有考焉。

谨按：公讳二南，字汝为，一字石拙，吾滇之蒙化人也。崇祯末，以选贡为长沙通判，尽职业，寻摄攸事。张献忠陷长沙，惠、吉、桂三王皆走，公还，恢复疆土，抚集流亡，仁惠大著。乙酉，擢守岳，士民乞留，改守长沙。当是时，愍帝已殉社稷，流寇南窜，湖南、北烽火被原野，鄂、岳相继陷，长沙独当其冲。督师何公腾蛟与公及三四旧吏，日婴城固守。其年五月二十七日，李自成余党焚劫浏阳，公督黄朝宣、王俊才二营兵来御，激励将士，大有斩获。六月八日，贼突犯官渡河口，与战，败之，公亦被创。有贼将李活虎者，以公屡胜，兵寡且疲，引悍卒潜渡下流，绕阵后击公，二将溃走，公独裹创血战，为流矢所中，死于阵。参谋军事吴愉被执，不屈死。贼遂陷浏阳，盖六月十有一日也。事闻，赠公太仆寺卿。国朝乾隆四十年，谥节愍。

於虖！公以身捍贼，冲冒锋镝，愤激而死，浏邑陷，长沙亦渐不可支，其有功于斯郡甚大，而于浏之民为尤厚也。夫可毋死而死，畏死而卒至于死，皆不足以言勇。惟其始以无畏死之心，而持其克敌致果之志，然后以一死为足重。观公之奋身敌忾，卓卓如此，斯其风节，固可以愧当世而励后世，宜其俎豆尸祝，千秋弗替。乃至不能举其姓字，几漠然与冷烟荒草共此消灭，而况以死勤事于兹土，弗克与滇、湘并隆其祀，将何以妥公之灵，而为顽懦廉立之一助欤？瑜既喜邑之士克勇于义，以共成厥役，而益叹公之风节，实足以兴起百世之人心于无穷也。爰备记之。

重游九溪龙洞记宋远醇　县人

予乙未岁随叔父慈溪公暨黄冕亭先生、明轩、春帆两兄同游九溪龙洞，厥后偶过其地，每流连不忍去。今岁壬戌，星沙王君仲仙馆予家塾，凉秋九月，晴日天高，星槎十六弟为重九登山之约，乃与王君仲仙、黄君石圃、刘子云飞兄弟、星槎及予共六人，命奚僮携酒，重游其地。

是日也，跻巉岩，缘绝壁，擘新栗，噏香泉，斗拇飞觞，披襟歌啸，予六人乐甚。第予与星槎曾经历览，其他皆始来游者，见洞石天作地生，千态万状，不可绘画，仲仙则欲详为之记，以志斯洞，且俾斯游之不虚也。由是循洞之左，得小洞焉，窈而深，秉烛以入。洞之右有曲径焉，险而滑，夹道崭然，皆吾前此未到者。其小洞星槎尚知，曲径则山僧所导，星槎亦不知也。予因求昔年击石响崖之地，邈不可得。询之僧，云："山巅有孔，掷以石，圆转跳跃，然后有声。"即欲抠衣登览，僧辞以日暮酒酣，径险道狭，乃指示洞之上有若楼者、有若堂者、有若房者，必需梯蹑以上，订于明年九月再游。

呜呼！兹洞也，予来数矣，而挹取不穷如此，又何论乎王屋、太行洞天福地之胜哉！抑予窃有思焉。夫士人学道，鞭心策力，竟日穷年，用期跻古人堂奥，次第得之，以尽其量，凡金匮石室之藏，罔不遍观尽识。使略观大意，即艮其趾，是如行百里者半九十，又乌能驰骋仁义之途，翱翔诗书之府，以驯至于贤关圣域耶？予年逾四十，虽壮心未已，而修名不立，学殖就荒。回忆始游时迄今几三十年矣，慈溪公久没，冕亭先生诸人皆不复与，惟石圃为冕亭先生从孙，把酒临风，惓念畴昔，依依若昨日事。忆少陵"明年此会"之句，又不禁感慨系之矣。

老女桥碑记刘名锋　县人

同里甘姓，望族也，世居小江甘家湾。有老女桥焉，明甘氏女名金贞，以父母无子，矢志不字，纺绩奉养，葬亲后以供养余资而建之者也。桥砖镌"正德十五年，甘氏金贞立"。女年八十余卒，葬桥左。

嘉庆丙子，锋与修邑乘，因将金姑事及桥与墓备纪之。道光初，桥水圮，甘族拾桥砖置墓侧，有窃其砖者，辄心动，还之。十九年，甘生崇勋以复修事蒇，属锋为之记，且云："历今三百余年，一旦病涉，欲重建，适祖姑夫刘公蓉屏宰奉新，崇勋客其署，语余曰：'曾梦老妪，自称金姑，谓桥宜复修，向我谆谆，醒寤弗忘。今以银二十两付子，且募足之。'崇勋归，商之族祖志湘、族叔孔炤、孔晟等，募各房及族媛，共获钱二百余缗，鸠工兴事，以石易砖。今桥已讫功，乞先生记之，以垂不朽。"

锋窃惟古忠臣孝子、义夫烈妇，其立心行事，初非有所为而为之也。即如金姑，激于父母之无养，自伤茕独，誓死不嫁，终其身生养死葬，毫无欠缺，使父母无子如有子，且胜于有子，彼其心安知有他计哉？知有父母而已。真其利断金，恒其德贞，不愧命名之意也。一点精诚血性，数百年来宛然如生，后之人经其墓，过其桥，访其事迹，当为皇然兴，蹶然起，咨嗟欷歔，感动奋发，而不自知，其有功于人心风俗，岂浅鲜哉！抑锋尤喜甘族之女媛有同心也，一女倡修，众女乐捐，顿使前人遗迹，不沉沦于蔓草荒烟。金姑贞心亮节，固与天地无终极，合族之女之表扬盛德，亦复人世所希有。宜乎自金姑后，甘族德义节孝，相望不绝也。《易·文言》曰："贞固足以干事。"其金姑之谓乎！《诗》曰："民之秉彝，好是懿德。"其甘族众女之谓乎！

重修学宫记知县　赵光裕

道光壬寅岁，光裕再摄浏篆，时文庙伤于蚁，且倾颓，已议重修矣。适绅邱穀士之稑偕同事来谒，具道日者言庙位乾亥方，凹风射入殿内，故迁建不久，而朽坏若此；欲改大成殿，迁故崇圣祠地，而择庙左广爽隙地建祠。光裕周详审顾，卒然其论。客有持阴阳之说进者曰："浏自学宫迁建后，二十年间，科名日盛，更张位置，殆不可也。"又有谓："五王素安地，孔子虽圣，不得以子孙居之。"光裕答曰："是固然。然使无乾亥凹风，则殿不蚁啮，可无庸迁矣。又使无庙左隙地以祀五王，亦不敢迁。且均之吉地，何不可迁之有？若谓孔子居五王位为不宜，则未免执世俗之见而过拘也。"客默默而退。穀士遂与众绅兴工役，制甚宏敞，计庙中长四十六丈，广十丈，视旧加隆焉。其右乾亥凹风处，起奎文阁以御之，下设杨龟山、欧阳圭斋二贤祠。其左为崇圣祠及学署。庙成，光裕适有郴州之役，穀士专札绘图，请记其事，且云："向持说不一者，今且息矣。"光裕既喜造修之壮丽坚实，并嘉邑人士之卒无参差也，为记以归之。

是举也，前令沈公心甫创之，光裕幸与议之，司其事而劳最多者，縠士也。例得备书，以告来者。

拟印心石屋记朱文炑　县人

宫保陶公少时读书之室，前临资水，水之湄有石莹然方正，浮出水面，往往风水相遭，沦涟回薄，挺然而卓立。公睹之，有契于心，因以"印心"名焉，而又揭以颜其室曰"印心石屋"。既遭逢神圣，节制两江之六年，剔弊兴利，政通人和，乃请假南旋展墓，并以是乞宸翰焉。天子予厥请，且命归而摹书于岩。一时恩荣，冠极千古矣。公归，道经长沙，因属炑记之。炑不敢以不文辞，因为之记曰：

呜呼！是石之呈奇于水湄也，盖天置之以启公为学为治之大者也。公之以是石名其室也，盖善承天意而以自成其为学为治之大者也。窃尝论之，人得天地之气，以有是形，即得天地之理，以有是性。是性也者，固具于吾心之中，而即人之所以为学为治之大原也。顾性之为体至圜，而其为用则实至方。一理浑然，大小各具，不得不谓之至圜矣。至其为仁、为礼、为义、为智，则实皆厘然秩然，各有攸当。盖其条理不可或乱，准则不可或淆，自有毫厘丝忽之不可以少为假借者，如此又安得不谓之至方乎？惟方故圜，惟方之至，故圜之至，是则性之所以为本体者然也。是故君子由是性而行，凡夫伦常纲纪之重，出处语默之详，手足耳目之用，往来酬酢之繁，莫不各有一至方者存。虽其间不无或刚或柔、或屈或伸之异，致用明用晦、用经用权之各殊，有极人之所见，以为变化莫测，不拘一迹者，而自君子之一心出之，则固未尝不隐隐然自循其至方者以为之应，初非少可以私意而为之加损焉者也。及其出而为治，则凡致君泽民之大，临政处事之宜，礼乐兵农之经，刑名钱谷之实，又莫不各有一至方者，以寓于至纷至赜之中。虽其间亦有或损或益、或操或纵及夫从宜从俗、因时因势不同之极致，而要其实，则固皆隐隐然自循其至方者以与之虚心而委蛇，又非少可以私意而为之上下焉者也。能方如此，故凡出之身以加乎人者，莫不有以见为均齐者焉，莫不有以见为平正者焉。是以君子无言则已，言则满天下而无口过也；无行则已，行则满天下而无怨恶也；无施则已，施则推之南海、北海、东海、西海而皆准也。凡若此者，皆本乎吾性之至方者，而特因是心以出之，固无人而不有，亦无人而不然者矣。然吾以观今之君子，窃不能无异焉。彼舍方以务圆者无论矣，间有以方自励者，其于一切大端，亦若以方为务，而至于利害所攸关，私情所不便，则往往任意屈伸，随情高下，一若天下事初无本然之定则，而可以移易，于学于政，莫不皆然。吾尝切究其所以，大抵皆以私意为主，而初不睹乎是性之本体，于是任心而不任理，亦无怪其不方矣。不方如是，而欲求施之己以加乎人者皆得其均齐平正焉？呜呼！其又可幸也欤？然则，欲吾所施之悉得其均齐平正，莫如亟返吾心之至方。欲亟返吾心之至方，又莫如亟识吾性之本体。虽然，是岂一朝一夕之故也哉？

今观公自少时，即尝以是自励，而又假于石以自印其心，盖至于今尚复惓惓于是而不少释焉。则知公之所以致力于此者深矣，则知公之有得于是性之本体而以行乎是心之至方者切矣。然则，凡所为行之己以加乎人者，岂复有不均不齐、不平不正之事哉？则信乎公真可谓善承天意，而克以自成其为学为治之大者。不然，公之政绩震耀一时，当世仰之，莫不以为有大臣之风，是岂果无其本而然欤？彼世之仅以其才致羡于公者，果为知公也欤？昔者，孔子自述其学曰：“从心所欲不逾矩。”《大学·传》言“治”曰：“是以君子有絜矩之道。”明乎二者之义，则知公今日所以自印其心者，盖真有得于圣贤言学言治之心印。炑不敏，窃敢用是以为记，而乐以告于斯世云。

序

国朝

重建南台书院序知县　王用锷

讲学旧称岳麓，岂山川之美、风月之富云尔哉？盖有由也。岳麓之为山，几千百年矣。当南宋时，朱子与南轩张公先后帅潭州，宾从门人，皆极一时之秀，晦明风雨，过从嬉游，一觞一咏之间，莫非所以阐性命天人之旨、修齐诚正之微。后人因之，故岳麓书院为南省最。浏，古潭州属，县南有天马山，亦不知几千百年矣。有元欧阳圭斋先生挺生斯邑，道德文章，卓然名世，曾读书山下，游其地者，往往感慨而兴起。南台岭实与相望焉，故南台书院为浏阳最。余公暇闲步，见书院斋舍讲堂渐就颓圮，集都人士而谋新之。不数月，反宇峨峨，层檐翼翼，缺者补，浥者新，庖湢斋厨，俱完而固，是固可以粗塞有司之责，而为士子藏修之所矣。

抑余更有说焉。自秦汉以来，圣道湮塞，宋祖受命，五星聚奎，濂洛关闽诸儒出，而孔孟之道灿然复明，厥功伟矣。朱子尝谓永康事功、江西顿悟，必辟二者，然后可入道，又独称长沙士子夙知向学。意者衡岳之高，洞庭之深，地气固效灵欤？抑父兄之教，师友之化，渐渍而然欤？县至长沙百里而遥，道德文章如欧阳公者，代有其人，多士弦诵其中，仰乡先生之流风，争自树立，岂仅取青紫、登科第，为亲戚交游光宠已乎？安见今日之南台，不能及昔日之岳麓也？余一官蓬转，昔自衡来，今又辰往，回忆鹗亭、鸿阁，如在目前，故乐纪兹事之成，与诸生共勉之也。

说

国朝

新建永安市名说知县　王珽

浏西北七十里有潦浒市，为入郡要道，人烟颇繁，实邑之巨镇也。粤稽其名，《县志》未详所自，口音则与“老虎”无异，岂厥初偶因彼著称，而后人借同音之字饰观耶？夫虎雄长百兽，号曰山君，本宜深岩邃谷，以处以游，讵可令其入市横行，扰我郊堡，震慑我人民？习俗相沿历久，而名未易，岂偶未之思欤？抑苛政未除，而邑之父老子弟藉是以寄其不平之微意也？昔宋均务德化，虎皆渡江。兹遇郡宪王公奉旨丈田，襜帷按浏，首于此市驻宿，一丝不扰，鸡犬皆恬。在良懦之氓，既已蹈德咏仁；彼哮猛之类，敢不望风辟易？余藉此良会，拟改嘉名，俯仰思维，莫若“永安”二字之为善。盖欲其去眈眈逐逐，俾居民长享宁谧之福，且以志郡宪清惠之德也。故特表而出之。

跋

元

跋先冀公《沁园春》词欧阳玄　县人

玄子来前，还忆汝，今朝初度时。是吾家几世，书香阀阅，我翁畴昔，心地坦夷。宅相伊何，泛红老子，汝母慈仁喜有儿。如今恨，倚门人去，和胆为谁？　　丈夫七十何为？算三十功名已是迟。要经天纬地，拓开实用。嘲风弄月，省可虚词。我亦平生，卮言徒费，犹酌檐花向九疑。团栾好，待老吾泉石，留汝钟彝。

大德丁未，玄贱生之日，先公祝之［以］①《沁园春》词②，玄受而藏之。第年少家贫，性亦疏散，房中惟有一败箧，以绳约之。箧中无所有，又以纸外护之甚严，暇日时复展玩。明年戊申，不幸先公弃捐，自是见辄呜咽，殆不忍观。

皇庆壬子，玄免先公丧又二年矣，先公在时所定谢氏，岁久不克成婚，继妣长沙郡君谋为玄毕婚姻，而玄方游湘中。继妣老妮启玄箧，取故衣浣濯补纫，以俟新婚。老妮目不知书，箧中文字亦为所持去，此词亦在焉。玄归而求之，竟失其所，遍索十数日无得，深自刻责，以为不能宝藏先人之训，遂为此生抱恨之大端。每至劬劳之日，则泣而识之，如是二十五年。屡尝吁之先公，冀阴相之，庶几复见此词，以无负付嘱之意。

延祐乙卯以来，玄侥幸科第，历官中外。至元元年乙亥，叨恩翰林直学士、国子祭酒，先公赠翰林直学士、亚中大夫、轻车都尉，追封渤海郡侯。寻蒙奎章近臣奏请，有旨申敕词臣制碑以赐。玄感激之余，付书还家，嘱舍弟信翁先白于祢。告祭之日，诸昆弟子侄咸集中堂，侄进老遽前曰："昨日偶治故书，得先祖手泽一纸，蟫食殆半，乃寿八翁《沁园春》也。"兄弟相视大惊，曰："此汝叔平时遍求而不得者，汝何得此？"众取视之，果然，即付书报玄京师。二年丙子

① 据《欧阳玄全集·圭斋文集》卷十四《沁园春跋》（欧阳玄撰，汤锐校点整理：《欧阳玄全集》，四川大学出版社2010年版，第399—401页）补。

② "词"，《欧阳玄全集》无。

夏，谒告南归立碑，甫抵舍，侄即以词见遗。玄奉词涕泣，如隋珠、和璧，去而复还。自计生平可喜之事，未有过此。呜呼异哉！

词所谓“宅相伊何，泛红老子”者，谓外大父临贺府判理斋李公也；“倚门人去，和胆为谁”者，是岁免先夫人丧也；“嘲风弄月，省可虚词”者，玄少作颇患多，故先公以实学勖之也；“犹酌檐花向九疑”者，先公分教春陵，时将之官也。虽然，玄之至喜者，以此词之失而骤得，则先公若有阴相之也，他日或可逭伯鲁授简之责也。其至惧者，则以先公期待之意如彼，而玄之疏文谫学所成就若此，其何以逭伯符不克负荷之讥乎？装潢[①]既完，踪迹所至，必携以自随。

三年丁丑，以侍讲学士召入京。戊寅春，以二品恩例申请，夏五月，进赠中奉大夫、湖广等处行中书省参知政事、护军，追封冀郡公，先妣追封冀郡夫人。六月甲申，祭礼毕，因出此卷，再写善本，并致所感云。

男玄泣血书于贤良坊寓舍。

祭文

国朝

祭杨孝子文知县　韩爆

年月日，浏阳县知县韩某谨备祭仪，上礼服于麻衣之神，而告之曰：

某闻孝为百行之原，礼为万世之则。故人子之孝无穷，而先王之

---

① “装潢”，《欧阳玄全集》作“装褫”。

礼有制，虽古圣人不敢过也，不敢不及也。某承乏浏阳，三载于兹。每至七月十二日，百姓皆衣麻衣，骇而询之，曰："神之故。"某私心窃喜，百姓知有孝子，则教化易兴。惜所以敬孝子者，适足累孝子，以非礼也。按礼，亲丧期年，谓之小祥，则具练服；两年谓之大祥，则具禫服；禫服三月而除，其有不除者，为未葬也，葬则除之。虽周公、孔子复起，不易矣。是以古之君子，父没而不能读父之书，手泽存也；母没而桮棬不能饮，口泽存也。见父之所嗜而不忍食，闻母之所畏而泣，此皆昊天罔极之思，终身无斁。而从未有终其身服麻衣者，以有礼也。况神之既没，距数百年而犹服此，非礼甚矣。神必明礼，则必以数百年之麻衣为非礼，特不能自言其意，竟无有体神意而代言之者。百姓习矣不察，年复一年，以至今日，则非孝子之过，而敬孝子者过也，故曰累孝子也。

或曰："孝子以麻衣没，即当永以麻衣祀之，易之不敬。"某曰："不然。敬孝子者，敬其德，非敬其形。汉董黯，孝子也；曹娥，孝女也。黯杀人以报母仇，娥没江水寻父尸而死，历朝旌表禋祀最盛，敬之者如以形而已矣，岂可像其挟利刃以杀人，负尸而浮江水乎？则知以衣奉神非敬，以礼奉神为敬也。且百姓群然披麻、执引以迎神于道，则尤某所不解也。礼，五服之外，吊丧会葬，则白衣冠。孝子之亲丧与孝子之丧远矣，孝子之亲与孝子葬既久矣，今迎神所以敬神，而披麻衣、执麻引导神之舆，无异发人之柩。睹斯景也，神必骇然。且披麻、执引者，岂无父母在堂者乎？君子亲在，不衣纯素，胡为乎衰绖以临之？《诗》云：'孝子不匮，永锡尔类。'谅神锡类之意，恻然不安。"

某将晓百姓以先王之礼，而为孝子明其以礼自守之意，且代言其骇然、恻然，以释百姓之惑。自今以往，常服事之，安车迎之，有不遵，必治以法。兹先为神易服，并易其称曰"孝子之神"，易其额曰

"孝子之庙"。

呜呼！孝子足以风世，虽有奉天子命毁淫祠者，不得执麻衣非礼之说以议之矣。惟神鉴之。

牒文

国朝

牒城隍驱虎文知县　蒋擢

天之率育斯民也，明则有吏以治之，凡谋其生而善其俗，当无所弗至。有作奸慝以害民者，吏必纠以刑而置之法。不然，则吏失其职矣。幽则有神以司之，凡时雨旸而运气化，当亦无所弗至。有肆猛毒以残民者，神必殛其魄而示之罚。不然，则神尸厥位矣。今浏邑之虎大肆猖獗，本县遍牒各都之神，而搏噬如故，里民纷纷来诉者，其势孔亟矣。岂神未之闻耶？抑呼之而不应耶？

《礼》谓："能御大灾则祀之，能捍大患则祀之。"从来弭灾救患，惟神是恃。以无辜之妇子，供异类之饕餮，大灾大患，孰有逾于此者？胡以诸神竟置之不问也？且猛虎窃伏于山谷林薮，弱肉而强食，固其性然也。若使奋其爪牙，恣其攫食，而冥冥之中，竟无潜驱而阴制之者，则斯民之无噍类，不至于今日矣。然则，神之力固足以制其死命，而吁之若不闻，呼之而不应，何耶？是非虎之敢于肆其害，毋亦神有以纵之也？夫纵奸慝以害民，则吏失其职，上官得而纠之矣。纵猛兽以噬人，则神尸其位，城隍尊神有统理之责，独不得而饬之欤？某于本月朔日斋戒沐浴，谨以刚鬣柔毛、香楮清醑之仪虔祷于尊神之前。惟神显厥威灵，将噬人之虎褫其魄，或饬各土所司阴行殄灭，俾大害早除，民生罔罹其毒。知尊神轸恤民瘼，必不至膜视斯言也。

引

国朝

募修古观音阁小引史大成　宁波

吴楚之交，有岭曰渠城界，东为袁州之萍乡，西为长沙之浏阳。岭不甚峻，但东西必行五六里，始见庐舍人烟。其道曲而隘，芦苇丛生，高于人可数尺，风生叶动，如有异物出而扑人，实豺虎藏伏之区也。余车马仆从经此，尚有戒心，则孤旅可知矣。

岭之巅有小庵，住一僧、一老道。余喜庵可以少憩，而责僧不能薙去芦苇。僧曰："此非吾两人手足所能办也。顾数椽恰受两人，止可烹茶以济过客已耳。"及余视其故址，荒地颇多，旧观音阁也。遂思复其栋宇以招僧，而多其人力以除道，因作小引，告四方之好义者。

修芦前山路小引陶浔霍　县人

戊午之秋，七月既望，二客过予，以芦前路募修序为属。予正襟询之曰："厥路为何?"客曰："自吾乡宝盖寺而北，山益峭，水益驶，有路之沿石确附、长坂蜿蜒、逼窄而入者，曰芦前。其高者出青天，临绝壑而不敢瞬，其下者入黄壤，仰悬崖而不能扳也。如是者，凡二十里而遥。盖蚕丛、鱼凫之所不能辟，而天梯、石栈不足方其险者也。"

予曰："嘻！如客言，特豺狼虎豕之径，山鬼木客之居，即有过客，亦猎禽采药、负薪曳杖者流，其事闲，其情逸，朝出暮入，习而安焉，子何所用其修为？"客曰："不然。是虽山径，实平浏二邑、东北二乡之捷径也。以其捷也，故两邑之民、贩夫贩妇、劳苦旅人，常络绎焉。蹂躏多则崎岖益甚，崎岖甚则修益无人。富商大贾既不由斯，而高人贤士之辙迹更无从及。惟此触风雨、冒寒暑、饥渴顿踣之人，履险蹈危于其间，谁能寸草片石之铲除哉？不特此也。地险人穷，而天又重为之困。一岁之中，惟冬气收藏，道路可辨。若夫春夏之交，草木蒙翳，加以重雾弥月，咫尺常不能辨物。当此之时，肩负重任，足难正履，以是而坠崖齑粉者，岁恒有之。盖争锥刀之末，捐躯命之重，在小民原不自惜。而至于狐狸蝇蚋之是饱，招魂收骨之无方，虽曰天实为之，抑亦地险境窄之故。仁人君子，所当闻而恻然者也。"

予闻而喟然曰："嗟乎！安得其地常为冬日之开朗乎？"客曰："子甚毋言冬日也。盖平地则阴阳和而寒暑适，重崖之巅夏雾既多者，冬雪又十倍焉。往往村原微霰，芦前之路已闻有雪中坠殒者，积雪坚冰，虽孝子悌弟不能觅其所。己酉之冬，盖至十余人焉。使其道略平，何至于此？"

予闻而又喟然曰："嗟乎！安得其道尽由众山之麓乎？"客曰："吁！子更毋言山麓也。山聚之地，其麓皆合而成峡，其径常在水中，雨沛则四山倾泻，顷刻化为瞿塘、滟滪，虽峻足不能出，有灭顶于洪波焉已耳。使其道略修而高，又何至于此？"

予闻而蹙然曰："修之奈何？"客曰："令其地得甃为石，诚善矣。然山水窃发，泥去而石随之，不易为也。今但谋每岁一修，薙草平石，宽之补之。其有暴涨坍塌之虞，则又随时治之，期得行人稳步而已。第创始继修，当筹久远，必得百数十金醵会生息乃善。子幸一言，以为善士长者劝。”

予闻而拊髀曰：“善。虽然，予无用更为言也。人之乐善，谁不如我？即以客言述之，想善士长者，未有不闻而欣然者。”于是乎书。

铭

元

元敕赐翰林直学士亚中大夫轻车都尉追封渤海郡侯欧阳公神道碑铭 张起岩　济南

惟欧阳氏，庐陵别族。有家浏阳，同出安福。文忠相（承）[宋][1]，魁然大儒。防里清门，世德不孤。操义风烈，坚持允蹈。服膺克绳，义方之教。三代之英，士生其时。世其道德，以恬以熙。至行应古，乡邦攸重。士子景从，如鸟归凤。卫道育才，再世一心。播耰百年，有获斯今。纶章载颁，秩登侯伯。霈恩所（生）[覃]，于渥其泽。大君赐命，词臣敬承。撰（名）[铭]发潜，匹休庐陵。宜昭幽显，帝仁若天。垂世无垠，可千万年。

敬心斋铭欧阳玄　县人

人之有学，治心为先。心得其理，乃圣乃贤。圣贤之为，其要曰敬。清明在躬，斋庄中正。敬不于貌，敬于其心。思而俨若，上帝汝临。无贰无虞，惟精惟一。饬我天君，守而弗失。学之终始，惟敬靡

① 据张起岩《欧阳龙生神道碑铭》（欧阳玄撰，汤锐校点整理：《欧阳玄全集》附录一，四川大学出版社2010年版，第796页）改。下同。

他。身之主宰，非心而何？克敬在心，亦敬亦圣。聪明惟尧，温恭者舜。汤曰日跻，姬文缉熙。孔严三畏，颜谨四非。孟子养身，尤善养气。彼何人哉！希之则是。勖尔敬心，心以铭镌。为此铭者，太史氏玄。

友吾铭欧阳玄

吾仁吾以，友我是须。辅虽资友，取友在吾。人肯友吾，视吾可否。善不吾若，友吾何取？尊者友卑，贵不吾见。乃忘势分，乃友贫贱。贱者友贵，所贵吾立。傲固不可，佞岂可习？有人于此，如泽相丽。吾友友吾，交尽友谊。曾子之学，省先吾身。吾友为谁？必颜其人。惟颜与曾，尚友千载。读诗读书，吾志吾在。

明

升冲观铭并序① （王献芝）[陈文]②

升冲观，在湖广浏阳县之［东］③ 孙隐山下，不知创于何时，或

---

① 嘉靖《浏阳县志》（明嘉靖四十一年刻本）卷下《附录·艺文》题作《升冲观记》。

② 据嘉靖《浏阳县志》改。下同。按：嘉靖《浏阳县志》署“天顺辛巳大学士庐陵陈文撰”。天顺辛巳即天顺五年（1461）。据本文所述，喻道纯“正统丙辰，来游于京师……升冲观实道纯发身之地，相违二十有五年于兹……市材鸠工而重修之”。正统丙辰即明英宗正统元年（1436），下距天顺五年正好二十五年。陈文（1405—1468），字安简，庐陵人。正统元年进士及第，天顺七年二月进礼部右侍郎兼学士，入内阁。后加太子少保，兼文渊阁大学士。《明史》卷一六八有传。因此知其系年、籍贯、署名皆无误，“大学士”乃嘉靖修志时称其最高职衔。王献芝，南直隶歙县人，嘉靖十一年（1532）进士。本卷收有其嘉靖十三年甲午（1534）为同年进士、浏阳知县苏志皋所撰《飞鹮亭记》。喻道纯修升冲观七十余年之后，王才中进士，不可能为其撰文。故知本文作者是陈文。

③ 据嘉靖《浏阳县志》补。下同。

传唐孙[1]思邈真人隐处于此［修炼］。观[2]以“昇冲”名者，其徒学孙之道，即其地而屋之，以其（师）［当时］昇仙而神之也。观宇倾坏，久无住持。[3] 今[4]国朝道会王震经始修葺之，为祠其间，而观之名以著。

宣德庚戌，邑人喻道纯弃俗学道于观。后七年，正统丙辰，来游于[5]京师，礼今悟玄养素凝神冲默阐微振法通妙邵真人为师。邵之道，即孙之道也。道纯受其传，而能心领神会，得其要旨。邵因荐为玄议，累升至右正一，住持洪恩临际宫。每月朔、望，一命行祭礼于宫神，其恩荣之厚，莫能逾也。升冲观实道纯发身之地，相违二十有五年于兹，适新之以宠其旧规者，未尝一日不在念也。于是罄其累年所节缩衣食之物，付诸道会彭思伟、住持刘允福[6]等，市材鸠工而重修之。其正殿三间，廊庑、斋堂、［寝室］，与夫道会之司、庖湢之所，莫不以次完美，乃告成焉。

道纯曰：“吾所以修之者，非徒以[7]是振吾宗师之传而已，良由阴阳之和，风雨之时，万物之阜，四民之各安其职业，而吾徒得以行其所传之道者，皆上之赐也。宜岁时朝暮鸣钟，［合其众］焚香，诵经正殿，祝圣寿永膺天命，以康天下而（宰）［宁］百神之福[8]也。不可以无碑记示悠久。”诣予请焉。

---

① “或传”，嘉靖《浏阳县志》作“相传“。“孙”，嘉靖《浏阳县志》无。

② “观”，嘉靖《浏阳县志》作“而观宇”。

③ “观宇倾坏，久无住持”，嘉靖《浏阳县志》作“其观岁久倾坏，无住持者”。

④ “今”，嘉靖《浏阳县志》无此字，空一格。

⑤ “于”，嘉靖《浏阳县志》无此字，空一格。

⑥ “刘允福”，嘉靖《浏阳县志》作“刘永清”。

⑦ “以”，嘉靖《浏阳县志》作“用”。

⑧ “之”上原衍一“上”字，据嘉靖《浏阳县志》删。“福”，嘉靖《浏阳县志》作“贶”。

考[①]孙隐山在升冲观之后，其岭有飞昇坛，坛旁有洗药泉，派出老树穴中，四时不竭，前有洗药桥，信乎[②]神仙灵境。去南岳衡山不甚相远。昔韩文公言南方之山，巍然高而大者以百数，独衡为宗，而清淑之气，蜿蜒扶舆，磅礴而郁积，金、水、土之所生，神气之所感，必有魁奇之士[③]生其间。由此观之，则孙隐山当在百数之内，[而又山取近于衡]，是宜昔有思邈之宗，而道纯得以承之于今。此升冲观所由［以］重修也。用纪[④]其事而铭之。铭曰：

巍巍名山，钟灵储精。迩于南岳，灵人（独）［笃］生。其生伊何？演有道术。克神其逝，乃有其迹。乃创其观，揭名“昇冲”。用昭灵异，特立厥宗。轮奂随心，峨峨紫府。不勒丰碑，何以千古[⑤]？勒之碑之，曰惟喻师。市工输材，括囊罄资。既完既美，功归道始[⑥]。不曰先[⑦]宗，曰奉天子。天子万年，四方宁谧。惟元[⑧]惟一，同乎无极。

---

① 嘉靖《浏阳县志》“考”下多“诸邵”二字。

② 嘉靖《浏阳县志》“乎”下多一“其”字。

③ “士”，嘉靖《浏阳县志》作“民”。按韩愈《送廖道士序》云：“意必有魁奇忠信材德之民生其间。”

④ “纪”，嘉靖《浏阳县志》作“记”。

⑤ “轮奂随心，峨峨紫府。不勒丰碑，何以千古”，嘉靖《浏阳县志》作“势概远迩，轮奂随心。未许勒碑，聿新而侈”。

⑥ “道始”，嘉靖《浏阳县志》作“一揆”。

⑦ “先”，嘉靖《浏阳县志》作“元”。

⑧ “元”，嘉靖《浏阳县志》作“静”。

卷二十三　艺文三

诗

四言

国朝

悯浏民六章知县　韩爆

瞻彼山隈，聿生禾谷。维彼涧流，可灌可澳。东家之子，仓箱亦盈。西家之子，有秋徒祝。

茂草茸茸，绿竹猗猗。岂不遐思？鸟兽以肥。肥仅鸟兽，云胡不饥？

有鸟于飞，言哺其子。有鸟反哺，千里如咫。人为物灵，何不如彼？非不如彼，忧思靡已。

田园茂茂，云胡不耔？庐舍堂堂，云胡不居？悠悠之子，言念言思。岂不言思，言思何为？

春日其华，秋日其皎。寒暑易迁，逋积时悄。晨复及晨，日深月绕。上思怀葛，中心渺渺。

吁嗟我民，望泽孔深。如忧夏旱，如祷甘霖。嗟兹甘霖，不早自春。往则已矣，日冀纶音。

听泉石并序　李益　县人

金山寺后有巨石，在止水中。读书余暇，箕坐其上，泉声潺然，意甚适也。因锡之名，而系以诗。

莫坚匪石，莫洁匪泉。我来兹山，杖履翛然。石骨嶙嶙，泉声涓涓。抗怀彭泽，可以酣眠。洗耳维洁，砺齿维坚。饮泉拜石，结区中缘。

五言古

宋

县斋书事寄张世贤时张令湘乡县令　杨时

朝衙群吏集，戢戢同队鱼。莫衙群吏散，翩翩若惊凫。归来坐虚室，开编对璠玙。启户阒无人，清风入吾庐。持杯邀明月，大嚼时与俱。蹁跹步松阴，对影聊相娱。嗟乎[①]懒惰久，阔略与世疏。故人隔清湘，怀抱何由舒？为问曾山叟[②]，此意今何如。

送彦集之官浏阳朱子　婺源

急景雕暮节，高风振空林。病夫掩关卧，长谣拥孤衾。闻君千里行，四牡方骎骎。重此别离感，青天欲愁阴。君行岂不劳？民瘼亦已

① “乎”，杨时《龟山集》（清文渊阁《四库全书》本）卷三八作“予”。

② “曾山叟”，《龟山集》作“鲁山翁”。按：“鲁山”当为张世贤字号或籍贯。此处当以《龟山集》为是。

深。催科处处急，椎凿年年侵。君行宽彼氓，足以慰我心。荐书会满箧，社酒还同斟。所念家同产，与君如瑟琴。兹焉不并驾，宰木寒萧椮。尚喜吾诸甥，男恭女知钦。明朝复相忆，怅望楚山岑。

寻石霜寺吴诚上人释觉范

我寻流水行，忽入霜华谷。山阴见幽人，自带湖山绿。语温如春风，韵秀自拔俗。暗惊枯木堂，栖此一枝玉。遥知夜窗深，雪响乱修竹。宝书掩残缸，佳眠正清熟。逸思在西兴，清梦不容逐。觉来念行处，小诗欲收录。诗成写乌丝，银钩夺人目。棐几着牙签，兴来还自读。

明

蕉溪岭知县　钱一溥

上岭如上天，下岭如下井。往者长吁叹，来者发深省。名利等浮云，身心可安静。纷纷车马客，莫怨蕉溪岭。

国朝

咏怀五十韵知县　侯朴

十年才一命，探竹得浏阳。衡岳峰尖紫，洞庭水气黄。戊申二月吉，下马理残疆。芜畴与破屋，满目皆凄凉。欷歔问父老，呜咽泪千行。愁苦三百载，根本伤堕粮。地瘠而赋重，冤气吹三湘。清初除荒赋，稍得出沸汤。未几报开垦，残黎复罹殃。加之西山役，繁重不可当。夫草数千万，长驱解荆襄。卖牛卖儿女，赔绝赔逃荒。无计能生活，移徙走他邦。所以五十都，都都鲜全庄。于中逃最多，东乡与坊厢。伶俜几孑遗，鹄面而羸尪。我闻父老语，泪下沾衣裳。愿言勤抚字，拯救此一方。无那军需急，檄下严如霜。三月开征比，催科昼夜忙。烧烛耐叠鼓，颖秃而舌僵。旧逋几盈万，新赋挂弹章。尝闻堂下哭，非死即逃亡。那得丝与谷，剜医眼前疮。恻隐生平性，安忍施桁杨？更苦南漕米，储收久无仓。起运艰飞挽，改折鲜橐装。俯仰筹长策，咄咄自彷徨。日如芒刺背，忧国心欲狂。岂无小儿女？久不到身旁。岂无古图史？尘土裹缥缃。岂无亲与友？短刺修未遑。病躯昏妄集，涔涔入膏肓。几欲自引决，而为父老伤。教子登通籍，岂期累穷乡？深感周中丞，单骑临荒冈。频问民疾苦，泪堕而心怆。绘图清浏困，飞疏达未央。大部循旧牍，议复引先皇。减粮与蠲逋，恩诏下凤凰。益感中丞德，谁不涕甘棠？好事今已矣，苍生觖所望。官苦何日歇，民命何日康？我愿拂衣去，披诚叩阊阖。泣陈浏积苦，或可动君王。不则骑箕尾，埋骨山根旁。化作黄金窟，为民供输将。花种河阳县，琴响宓子堂。古人何蕴藉，我遇独不臧。停毫击短剑，搔首问苍苍。

续春陵行知县　周鸿韬

《春陵行》者，元次山哀民困而作也。贼退，复有《示官吏》一章，其意亦相表里。故其照耀于三唐诸名篇中，而垂为不朽者，亦以君国子民之心为不可泯灭耳。余来令清浏，其世变民疲，殊无差等，乃作《续春陵行》一篇，非云窃比古人，实愧远逊乎古人也。爰泐于左，以志意云。

熊湘固荒僻，习俗半淳漓。赤子胡弄兵，驭之失其宜。但闻峻刑法，不见惜困疲。据铤而走险，诛击复何辞？烽燧绕山陬，旌旄卷水湄。潭深惊蛟蜃，穴古窜狐狸。愚民非羽翮，安能脱其罹？幸遇大中丞，腹心向人推。息戈布恺泽，解甲竞来归。未云登衽席，亦既出阽危。绸缪咏之子，采葍免仳离。胡为天降厉，岁时复荐饥。草根不饱腹，形体苦尫羸。神枯受祲疫，僵仆不移时。白骨填门满，何人敛其尸？见之摧肺肝，中夜为吁嚱。绘图而献上，状惨反生疑。飞符下如雨，军储催不迟。督吏事敲扑，呼役任鞭笞。刳髓聊供赋，鬻卖无从支。王章岂不懔？民命亦堪悲。在昔元次山，刺史道州时。时逢丧乱后，民生无活期。《舂陵》志困苦，《官吏》作诫诗。诗成悉感悟，民悦吏亦怡。清浏与舂陵，遘难差等夷。恤我非次山，赋成莫解颐。

宿蕉溪岭知县　赵嘉程

载驰赴浏邑，冒雨至蕉溪。计程三十里，泥深失径蹊。仆夫既云瘁，我亦觅所栖。入彼旧行馆，重寻前日题。高岭遮去路，曲磴间东西。往回数经过，此日胡我稽？天时与人事，夕昕难以齐。人生在所遇，世掌谁攀跻？咫尺问行路，将焉如取携。

谢纯斋大令馈米吴翌凤　长洲

陶公践南亩，旧谷犹能储。胡然叩门去，解道饥来驱。贱子事笔耕，经训为菑畬。淮南米价贵，珠粒无或殊。起视瓶罍耻，徒作庚癸呼。谁为子桑扈，裹饭临蓬枢。顾蒙贤侯义，担负劳四夫。春声应邻机，炊烟起中厨。负暄南荣下，一饱意已娱。颓檐下鸟雀，亦复啄其余。从此颜平原，无事乞米书。古人一饭恩，中感久不渝。矧兹联翩惠，衔戢当何如！

纯斋大令需次北上，作四百字送之吴翌凤

风高古树喧，日落暮山紫。故人别我行，一去四千里。贱子客兹邑，虚怀访畸士。跅弛意弗尚，骩骳心窃鄙。磊落多豪英，要非夙所儗。乃于地主中，邂逅得吾子。汪洋千顷波，挠之无泥滓。不嫌时过君，小坐每移晷。侈谈穷龠缘，尚论到经史。有时还赋诗，阄韵斗清绮。不尔兀相对，静默亦可喜。我既赏子真，子亦不我疸。悠悠六星

霜，忽忽一弹指。子实经纬才，鸾凤栖棘枳。服官三十年，清白慎自矢。强项事上官，不肯顺风旨。终得读书力，立身有根柢。两度莅淮川，下车靖奸宄。地偏俗尚囿，民悍狱讼累。告诫极丁宁，剖决析条理。只期反淳庞，岂必事鞭棰？彼氓实蚩蚩，被泽不知美。事后乃见思，悢悢意无已。廉吏不可为，要非今日始。嗟彼夸毗流，脂韦不自耻。君独守耿介，流俗弃如屣。侪辈或开府，子犹百僚底。今复需次行，征车结方轨。凉秋九月杪，送者倾城市。仰视浮云徂，据鞍一拊髀。自觉筋力衰，冉冉行老矣。家近尺五天，敝庐可徙倚。虽无田与园，有书复有子。抱膝日长吟，此乐讵有比？何必溷人群，致诮车生耳。子如领我言，揽衣矍然起。携手上河梁，一尊饯清酏。羲和无停轮，天涯几知己？申章叙离情，泪下不可止。春潮一尺添，为我寄双鲤。

夜集兜率寺禅房，听施霁峰弹琴吴翌凤

弦月隐墙角，微辉照禅房。夜凉钟梵寂，隔户闻清香。山人抱琴来，一曲谐宫商。忽为《水仙操》，流水声汤汤。听者情为怡，我亦久旁皇。老僧独无言，跏趺坐绳床。

夏日闲步，入问津庵小憩吴翌凤

微风吹林气，凉意已在裾。偶然寻步屧，于焉叩精庐。距城不数武，已觉喧寂殊。门前面疏圃，旁舍罗高榆。禅堂阒无人，佛香满空虚。纡徐晚风善，恬淡心神舒。偶境岂非适？盈怀反无余。奚烦黄面老，高坐谈真如。

过蕉溪岭吴定遴　县人

峨峨蕉溪岭，连云数十里。古木撑天空，怪石掀地起。飞泉喷幽

涧，争喧乱人耳。不知古谁功，绝似五丁士。将此巘崄巅，凿作交衢比。嵯峨控行辀，朝昏人如蚁。我行迈经过，一步前一止。策马踏云根，整冠抱霞绮。登峰憩古亭，目眩心摇只。尝闻泰山高，寻丈不可纪。登临小中区，视此犹孙子。今兹胡惴惴，宁非丈夫耻？年来筋力颓，心为巉岩葸。行行同伴人，顾我笑不语。时有放歌行，翻觉掉臂喜。陟顶健如猱，穿石疾如驶。岂复怵危峰？直轻如周砥。怅然忆乡井，坦夷随杖履。险途何足惊？所惊在吾齿。

忆赵明府纯斋先生。汉军举人，官浏阳七载，有惠政，以事去任，贫不能行。后改福建清流令，未赴，卒。感而赋此瞿家鏊　县人

青松春岑寂，朔风夏飕飕。本性不可移，一官终白头。严肃饬恺悌，心春貌常秋。官阶黄杨厄，吏议文网周。仕途塞荆棘，宦迹仍清流。惜昔话离别，剪烛春窗幽。一语挂心窾，作官非身谋。廉吏诚可为，吾其愧楚优。

出自北城郭王泽澧　县人

出自北城郭，青山夹衢路。亦不见青山，累累尽丘墓。黄土封坟新，宿草罥坟故。新故何必论，千古并长暮。人生血肉躯，谅难金石固。况复寒暑侵，嗜欲又驰骛。劳攘曷及已，溘若花间露。胡不叩穷泉，大梦何时寤？瑕丘笑已迂，牛山哭尤误。独羡冥觉人，纷然竞来去。

湘中吟并序。十首录二　寻乐　县人

予读《长庆集》，既作《葬地篇》补之。暇日，于目击敝俗之余，不能无言，因漫成十章，曰《湘中吟》，意仿白傅《秦中吟》也。仆山泽之臞，唧唧璅语，仰希前哲，殊愧詅痴。

宴客

行苇敬耇老，伐木求友生。嘉肴与旨酒，燕乐本人情。时俗尚奢靡，专务乡里荣。既非乡饮礼，亦非月旦评。车马填门巷，几席塞檐楹。看花坐私室，呼卢到深更。衔杯吐不止，盘榼仍充盈。亦有高堂老，不闻时割烹。亦有期功亲，槁饿啜藜羹。贤哉汉茅容，不为客杀牲。

庸医

治病如治国，必知害所由。阴阳虚实间，寻源乃及流。村中少年辈，见苦不知愁。涉猎古方书，漫以药石投。不悟勿药喜，辄夸因我瘳。居之既不疑，杀人胜戈矛。伤心罹病者，喘息一线留。容尔尝试方，深我膏肓仇。不见九折臂，已幸三倍收。岂无他生计？此食不可谋。躁进误国者，与尔同此忧。

节愍祠落成恭纪李春煇　县人

阐幽无昌黎，许远徒后死。晦翁不南来，谁修民彦祀？茫茫今古间，湮没几人矣。周公丁明季，忠义夙所矢。赞治来长沙，攸水兼摄理。见《蔡道宪传》。时事值艰屯，公独善张弛。疮痍劳抚字，恩意孚远迩。频擢岳州守，扳辕不得徙。乃以新秩留，抗志希前轨。一死何堂堂，城南蔡司李。回头留一笑，地下待知己。浏江檄羽飞，狼烟惊四起。公闻眦怒裂，挥鞭竟前指。亲提铁骑来，夜驰三百里。渡河急杀贼，贼败纷如蚁。背水三战捷，血气腥壁垒。军悬寡且疲，贼计矜谲诡。常山首尾合，万难孤力抵。忠魂逐滇云，大星落楚水。董狐高其节，传疑载青史。《通鉴辑览》载：贼入湘阴，公往侦，死之。国朝励孤忠，册谥恩光被。如何一瓣香，遗我都人士。卓哉赵贤侯，下车深仰止。凭吊乡先生，敬岂为桑梓？崇祠丹其楹，分俸镂其簋。纪事泐以石，招魂荐以芷。英风来木末，一带暮山紫。

七言古

宋

题浏阳[①]柳仲明致政云居山书院 杨万里　吉水

云居山高三万尺，下插浏江上撞日。柳下和风百世师，有孙避地来筑室。奕叶隐居三百年，栽桃种杏今满川。当家相传一破砚，此外文字九千卷。旄头毕方书散亡，惟[②]仲明父再耿光。木叶衣裳野蕨肠，牙签玉轴还堆床。更于山下起高阁，竹户松窗照林壑[③]。阁上诸郎夜诵声，太乙[④]真人降云鹤。向来有子中文科，泮宫弹琴咏《菁莪》。子世南，为荆（湖）［南］[⑤] 教授。柳氏门闾人刮目，仲明依旧一渔蓑。

明

辛酉仲秋祀易别驾[⑥] 训导　马岳

山亦摧，川亦竭，惟公忠节名垂久不磨灭。曾为掾吏气豪雄，挂帻县门去何烈！时有张昌为厉阶，寻见王敦偏[⑦]猖獗。首倡义兵值睽

① 杨万里《诚斋集》（《四部丛刊》景宋写本）卷三十“浏阳”后有一“县”字。

② “惟”，《诚斋集》作“维”。

③ “林壑”，《诚斋集》作“林岳”。

④ “太乙”，《诚斋集》作“太一”。

⑤ 据《诚斋集》改。按：宋荆湖北路有荆南府（江陵府），见《宋史》卷八八《地理四》，无荆湖府。宋代府、县学教官称教授，府学二人，县学一人。故知此处“荆湖”乃“荆南”之误。

⑥ 嘉靖《浏阳县志》（明嘉靖四十一年刻本）卷下《附录·艺文》题作《辛酉仲秋祀易别驾诞日短长吟》。

⑦ “偏”，嘉靖《浏阳县志》作“煽”。

孤，力屈城陷将何如。骂[1]声不受贼奴辱，一死何惜捐[2]其躯。公[3]既陨身酬西晋，妻亦能作忠[4]臣妇。巨湖山下水西流，风激长鲸似号怒。夕晖旷野哀[5]猿吟，西风高柳寒[6]蝉鸣。丹衷炯炯凌白日，虹光直上干苍冥。易忠愍侯诚磊落，生平慷慨重然诺。宜阳别驾锡褒[7]封，居民祠宇还新作。御灾捍患为乡人，血食蒸尝宜永[8]若。我来瞻拜诞生辰，赋得哀衷记高阁。

望夫山知县　苏志皋

望夫山，望夫山，山上望夫夫不还。暮云深护山前竹，竹密云深碍遥目。县去玉门西更西，关月夜逐塞[9]云低。夫枕金戈罢酣战，梦中或忆如花面。妾愿夫心铁石坚，北平冒顿西于阗。高堂有母能相爱，祇[10]今妾在如夫在。望夫望夫夫不知，夫知妾意轻别离。[11]

国朝

哀浏民知县　周鸿韬

鸺鹠夜啸欃枪殊，王师大猎张严诛。封豨雄狐肆掷跳，触网雉兔群空殂。磔脑屠肠恣快适，伏尸十万无贤愚。腥风吹雨百草死，髑髅是处撑荒渠。刳胎破卵及萌觳，惨惨恻恻无生机。常时空想繁华簇，

① “骂”，嘉靖《浏阳县志》作“詈”。
② “捐”，嘉靖《浏阳县志》作“乎”。
③ “公”，嘉靖《浏阳县志》作“汝”。
④ 嘉靖《浏阳县志》“忠”上多一“汝”。
⑤ “哀”，嘉靖《浏阳县志》作“玄”。
⑥ “寒”，嘉靖《浏阳县志》作“残”。
⑦ “褒”，嘉靖《浏阳县志》作“明”。
⑧ “宜永”，嘉靖《浏阳县志》作“永宜”。
⑨ “塞”，嘉靖《浏阳县志》（明嘉靖四十一年刻本）卷下《附录·艺文》作“胡”。
⑩ “祇”，嘉靖《浏阳县志》作“但”。
⑪ 嘉靖《浏阳县志》于诗末注云：“出郡志。”

飞甍大栋连云屋。百里湘流绕户明，菱歌渔唱声相续。谁识兵戈动地来，千乘万骑搜深谷。玉粒黄云散不收，可怜一炬成焦秃。惆怅惟余灵麓峰，秋来未改当时绿。红粉飘如委砌花，罗敷今属使君家。鸳鸯夜帐人如月，杜宇荒村泪似麻。合境谁为今越国，赐药虚传古押衙。昨日县官亲入境，里老一人来问讯。怪说长吏来何迟，吁嗟浏民真不幸。家园破败骨肉分，一门数口多杀尽。屋内惟余两岁儿，呱呱声泣难为听。其母远在官军中，值有人回曾寄信。“我今虽存何足云，饥寒困苦兼百病。隔河群盗正纵横，早晚生死应难定。”我闻此语痛彻心，泣下沾襟自不禁。赤子何缘遭杀掳，先机坐昧难重论。前日营中宣敕命，我皇万里自圣神。御史之诏不待矫，监门有图宁足陈？官军闻取潭南路，衡湘一定百粤宁。升平会须有时日，努力归休莫嗟泣。

上三千山邑东界，近江右。知县　赵嘉程

三千山望山无边，三千山上云拥肩。三千世界曷可尽？此山何以称其全？今来直上山之巅，相看朝日挂山前。泠泠御风失暑气，苍苍拂树生晴烟。俯视万壑森可畏，仰观尺五堪扪天。举头云表一环顾，但觉天地堆几筵。弹丸已划吴楚界，凭空不见星斗悬。手挥六合发长啸，自是登峰无上仙。

龙子行赵嘉程

道吾之山有龙神，当年显化为老人。自唐洎今千余载，传闻或恐失其真。我来浏邑岁五易，访求其事不惮频。故老所见词或异，拟向龙潭一问津。时方乙巳夏六月，郡县不雨田生尘。我浏郊圻连密迩，亦既请祷不逡巡。孰知灵爽果不辍，纷纷感应酬斯民。东西南朔俱被泽，伫看收获盈仓囷。我因征异至道吾，崎岖峻坂凌晨趋。登高已踞万峰顶，上有平地开膏腴。神龙之居不可测，龙池一水如仰盂。清澄

凛冽沁心目，忽见龙子知有殊。崭然头角欲飞动，分明鳞爪施形躯。虽然未挟风雷势，的是苍生霖雨徒。向日所闻诚鄙塞，我今灼见非模糊。携取两头供几案，可使闻见无拘迂。信知天地有真灵，吾山灵迹宁不经？但能常此庇浏邑，其功直可垂青冥。吁嗟乎！知尔固非池中物，慎勿为叶公之好徒龙形。

半亩天所植花卉多四时不凋之品，坐对青葱，欣为长句赵嘉程

物之生也不择地，物之荣也各以时。万物自生还自息，偶因荟萃成其奇。半亩之天何所有，地不盈丈将奚期？主人无好亦无营，时或兀坐观于斯。积之已久忽生趣，天为布置博其施。盈盈花木各有节，秋冬春夏无枯枝。四季有香并有色，风霜雪雨情不移。主人爱此坚忍性，朝夕相对心怡怡。不必名园广夏开绿野，只于半亩能蕃滋。物将无负半亩天，我亦舍此其谁宜？

寿刘春圃明府陈士雅　长沙

儒者读书好尚气，哆口坐谈今古事。一入名场多委蛇，负却霖雨苍生志。刘侯泰岱之人豪，荡胸云海秋天高。佩来长剑渡江水，清莹不假鹛鹈膏。我游京华公出宰，归看政成恰三载。野氓曾不到官衙，但听人歌德寿恺。盘根错节随所任，双枫浦上又携琴。踏花迎公来何暮，拥舆留公思何深！公曰是皆我赤子，立马踟蹰搔首吟。此邦名贤旧怀保，春光犹绿鹗亭草。蒙山风雨龟山连，凤鸾飞下德音好。白头父老安平畴，青衿子弟发嘉藻。皋比虚拥未逾时，诸生祝嘏裁新诗。时公六秩。余亦不能妄谀者，阳鳝吸饵公嗤之。父母茀禄自常语，独喜开怀无愧辞。度索桃，玉井藕，安得从公并寿斯人于不朽？后来多士谁俊髦，还丹问有同心否？

石鞠歌石在东乡永和市　吴翌凤　长洲

群山东来熊虎蹲，危滩激石雷霆奔。赤岩秃岫少高木，是谁插此千花繁？满布巨厓足，宛宛成花村朝暾。倒景入波底，空明荡漾疑若手可扪。得非鲛人织？不尔便是蜀锦包玙璠。葳蕤开遍秋不落，风来仿佛闻温馨。天工运巧斫山骨，物理那得穷其源？昨朝寓斋作重九，霜花未放园中藩。有客款门至，割示一片孤云根。玲珑细瓣类刻画，敲铿固蒂含胚浑。传观不得足，清泉挹注颇黎盆。治蔷朵朵俨欲活，纷披五色犹逐波涛掀我闻。罗含、陶潜足迹不到此，何人对尔倾芳尊？贞香孤寂众所弃，衮衮流俗何堪论？徒然事铲凿，取玩穷厓垠。石虽不言我则闵，不凋霜露凋鲸髡。狂生发奇想，急欲排天阍。愿天移置南阳甘谷水，坐使百龄上寿盈乾坤。

南台书院古槐歌吴翌凤

吾闻李唐省中槐号声音木，南台之槐征瑞或其族。繁枝屈曲龙爪拏，孤根臃肿蹲狮伏。韵传天籁谐宫商，阴覆广庭散炎燠。秋高八月凉雨飞，满地黄花飘馥郁。若教清吹比华省，应有郎官秉钧轴。何人憩荫坐匡床，欲遣南柯梦新续。我来讲舍七阅岁，坐爱纷披罩檐绿。昨成《寓斋柏树》篇，今为此槐歌一曲。人言此槐盖有神，拱手翘瞻那敢触？里翁示疾里姥愁，道士陈词奏丝竹。豚蹄斗酒谢神来，或者真为神所福。只怜托根不得地，斜倚墙阴伤局促。问年既久苔斑斑，裂尽苍皮洞其腹。月明夜尽风飒然，飞出一双白蝙蝠。

寓斋柏树歌吴翌凤

游人登山望我室，鬖髿柏树森森出。先生息足昼掩关，举头见柏不见山。此柏不知何岁植，长梢拂云根入地。天风东来飘翠缨，须臾卷出秋涛声。凉宇澄澄月初吐，壁上龙蛇影可数。赤龙当空暑若焚，广庭叆叇铺寒云。亭亭一柱卓然起，绝俗离群俨端士。寻常乌鹊不敢栖，高处或有鸾凰飞。吟余无事日摩抚，短鬣修髯为余舞。便当呼此为“柏仙”，伴余小住三千年。

纪浏阳李义士廷埙**烈行诗**孙琪　华容

浏阳原上狼烟绿，逢逢鼙鼓振林谷。里中士女纷恐惶，挈家夜行当昼伏。贼人夏国心忍残，拔剑杀人如斩木。暴骸相藉血流腥，黄日阴岩鬼夜哭。客走儒生悲风尘，恨不元凶尽殄戮。数奇乃为贼所劫，解缚授以参谋职。头颅可断身不降，厉声大骂群怒触。毛发上竖眼迸裂，青锋出手交霜镞。浩浩氛土委冠裳，炎炎妖烽竟焚玉。平江小吏感奇节，为报上官得褒录。精英常存天地间，上为日星下岳渎。睢阳城上乌夜啼，凝碧池头管弦促。古来忠烈皆不死，史青人远继芳躅。皇帝嘉庆之元年，九重恩宠下南陆。我亦拜手泉下人，此日春深草华蓐。白杨风高墓门寒，灵旗缥缈阵云簇。

天崖雨外楼醉歌孙琪

天无波兮星汉浮，倚穹旻兮心悠悠。眇群峭兮若聚米，振予衣兮空翠流。尻为车兮气为马，朝天崖兮暮沧洲。蓬莱烂兮树五色，流清阙兮元鹤啾。安期啜以紫霞液，王乔期之昆仑丘。行归来兮琼华楼，春芳菲兮清如秋。主人饮客中山醉，引首一吸千百瓯。余醉歌兮歌激楚，云惊雨簇风飕飕。

石鞠歌石在永和市　孙琪

何年女娲补天石，秦皇驱之截江横。大者为岩小者礅，鞭阴为雨鞭阳晴。寒雨拥江石欲立，石罅水怒声铿锵。何年太华巨灵斧，劈石为花皆日精。天风吹落银花团，鲛宫闪灼云母屏。冰穹亦有惜芳意，神力保护花光荧。我欲采花花满掬，山中招手陶渊明。与君拍浮不辞醉，渑淮倒泻琼华觥。

横江清水何漴漴，水源疑与天潢通。天孙遗此支机石，随波流下天岩东。白石磷磷亘江底，砰訇石上咽流水。水落累累如贯珠，以物搏之石跃起。磨砻石复铿有声，千朵治蘠花蕊生。奇离杂遝各五色，斑斓射眼光晶莹。文条理质亦绿缛，披纷隐与浪花簇。江风袅袅江月华，如有暗芬袭纨服。与君把酒坐花坞，穆穆金波澄玉宇。仰天搔首发啸歌，石应言兮花解舞。

康熙丙辰，县诸生李公廷埙殉夏贼之乱，祀忠义。嘉庆元年，荫其后恩骑尉。恭纪长句欧阳大中　县人

丈夫慷慨尚气节，忠义侃侃谈清平。仓卒遇变竟无措，委蛇求济全其生。李公少年列黉序，三尺佩剑秋水横。康熙丙辰夏贼扰，翳空白日飞妖氛。鼙鼓冬冬势压境，天讨未临畴敢婴？请缨意气薄霄汉，儒生直欲屠长鲸。上顾高堂有白发，孑身护走平江滨。夜行昼伏足且茧，长途欻忽横刀兵。挺身独出喻大义，矫翮肯为鹰犬驯？授以参谋益奋怒，噀血骂贼三军惊。睢阳齿缺颜舌断，正气勃勃瞋双睛。苍黄落日天地黑，阴风惨烈号鬼神。将军为洒英雄泪，上章天子重褒旌。古翰斑驳照青史，灵祠懔栗生寒云。今皇御极霈闿泽，嘉与海内无遗珉。陇西千载耀前烈，赏延弈祀绵簪缨。直令义士长不死，恩流淮水深复深。圣朝雨露无枯槁，墓门松柏回春荣。

宿白面石护国祠在大围山　罗本昭　县人

首禅巀嶭雄一方，势接衡岳凌湖湘。地僻山深游者少，偶然着屐秋天凉。此山有石著灵异，曾闻殄寇全桑邦。今年祷雨雨即降，乃知祠祀非荒唐。迂道寻祠日欲暝，缘径松竹生苍苍。巨石荦确不知数，

一石中峙如侯王。远山仪卫列千叠，近山辅弼环两旁。入祠揖神心志肃，气象雄伟超八荒。此石倘矗名都会，车马冠盖纷相望。只今何人日攀陟？牧童樵竖山村氓。坐令草莽侵行路，神祠湫隘灯无光。山川灵淑久黯昧，为之太息心茫茫。我闻嵩岳泄精秘，古之胜地多贤良。赫濯如此山亦少，岂不钟毓人非常？人杰地灵两不朽，一任万古嗟沧桑。持以问石石不答，东山月上倾壶觞。

前明礼部尚书胡公牙笏歌瞿家鏊　县人

顷有友邀游蒋山，避雨入人家，叩其家世，乃前明胡尚书后裔也。公讳应台，南京礼部尚书，迁北京刑部尚书。因索其所藏先人手泽，出牙笏相示，真古物也。爰集同人，歌以志之。

司空宝剑钱王枕，千载摩挲胜宫锦。朱芾鱼袋搢垂绅，先辈典型尤懔懔。胡公立朝神、熹间，国维解纽时事艰。耄主淫荒少淫戏，锄除善类崇权奸。龙衮莫补天衣裂，鳌极难支地轴安。纵然有书思对命，咄哉遭际如公难！惟公性不縻好爵，富贵黏身能摆却。忤珰削籍去国悲，养疴解组归田乐。挂颊贪看山色晴，流矢忽射虞渊落。渭北铜人辞汉月，江东石马卧秋风，一代功名考令终。惜公豹皮雉羽手泽尽湮没，惟有象笏留遗踪。君不见，优孟陈言负薪郎，儿童耕稼魏公庄。裴相台荒石霜冷，几人留得遗笏堂？

节愍祠落成恭纪[1]瞿家鏊

烽火被郊天昏黑，义士裹创鼓不绝。周节愍，蔡忠烈，[2] 肝胆如

---

① 《沅湘耆旧集》卷一四〇题作《谒周节愍祠》，题下小注："自注：公讳二南，崇祯时殉节浏之官渡。邑有祠。省垣有蔡周二忠祠。"（邓显鹤编纂，欧阳楠点校，《湖湘文库》本，岳麓书社2007年版，第5册，第393页）

② "周节愍，蔡忠烈"，《沅湘耆旧集》作"周节愍与蔡忠烈"。

剑心如铁。贼不杀公，公能[1]杀贼。惜哉后死未得歼贼徒，画碧留青同报国。九州鼎沸异传闻，叨沐[2]天朝两字恩。浏水照公心，滇水招公魂。男儿得死所，含笑逢江门。土花空碧苌弘血，杯酒莫[3]酹要离坟，百八十年太平春。明府来何暮，邑人幸有因，[4] 葺公祠庙妥公神。君不见，桐乡里，百年遗爱竟如子[5]，况是我公英魂毅魄之所履。风雨疑闻唤渡河，呜咽长流官渡水。[6]

谒周节愍公祠释乾修　县人

天不祚明末运否，妖星横汉贼锋起。张贼蚕食陷长沙，三藩鼠窜江门死。新迁太守我周公，疆土恢复流亡喜。为念江门肝胆交，誓将忠义一终始。醴陵坡上泣孤臣，后之死者畴能尔？崇祯乙酉秋七月，闯贼焚劫入浏水。烽火烟逼天为昏，鼙鼓声轰山欲徙。我公闻变亲帅师，马首东飞官渡里。亚夫将军天上来，一战贼兵溃如蚁。活虎潜匿渡上流，奸谋云谲兼波诡。首尾受敌已难支，况复裹创中流矢。中流矢，公死矣，捐躯抗节酬知己。何公请赠太仆卿，配享江门成两美。国朝定鼎恤遗忠，谥公节愍光青史。底事百有八十年，独我浏人缺禋祀。浏旧无节愍祠。道光六年，知县赵瑜始建祠祀之。古滇万里赵贤侯，一琴一鹤来守是。退食怀古阐幽光，更详里居敬桑梓。特捐清俸建丛祠，招公魂兮安公止。我来凭吊钦英风，愿采菖蒲陈簠簋。方今夷寇虔刘我浙之边陲，公发曾否一西指？

---

① “能”，《沅湘耆旧集》无。

② “叨沐”，《沅湘耆旧集》作“博得”。

③ “莫”，《沅湘耆旧集》作“谁”。

④ “百八十年太平春。明府来何暮，邑人幸有因”，《沅湘耆旧集》无。

⑤ “竟如子”，《沅湘耆旧集》作“如人子”。

⑥ 《沅湘耆旧集》此处小注云：“自注：公尽节东乡官渡。”

大水行寻乐　县人

岁维旃蒙孟秋月，大雨盆注东南发。须臾如涌海门潮，江树半矮禾稻汩。猪羊荡作天吴舞，鹅鸭散乱凫鹥没。（居民）［民居］[①] 漂泊卷奔流，健男登山女上楼。几榻箱椟横桥过，薪挂木末如帘钩。水势渐杀雨既息，室中卧得鱼一尺。双屐循行田野间，谷粒泥泞交狼籍。山溪窄隘水最猛，田地多半无阡陌。薯蓣巴菇纷摧披，不独平地成泽国。往年救旱愁无禾，今年无禾伤更多。秋甲子雨验农哦，讵料滂沛乖天和。村人坐叹忧无那，正睹有年忽如此，一篑功亏将奈何！君不见，禾头生耳嗟滂沱，秋雨之图重摩挲。《画跋》："嘉祐二年仲秋苦雨，圣念忧勤。滨州守臣李慎徽为《秋雨图》以进，上语近臣曰：'此禾头生耳矣。'"乌乎！安能独坐不废我啸歌！

游洞阳山九溪洞丘壑　县人

绕缭洞天危峰脚，洞天混沌何年凿？啧啧相传洞穴龙，有龙则灵此其确。万窍森列状难摹，如棱岖路防足错。我来欲探颔下珠，石不开言水流壑。彳亍沿流空复空，别开生面耸楼阁。壁青云气嘘朦胧，穴透重岩光闪烁。不辞陡峭直攀跻，同人齐口呼"莫莫"。神龙留此疑传疑，奇观何必一眼索？潺湲忽惊碎玉声，飞泉倒泻如珠跃。争称巧制夺铜壶，漏滴千秋旱不涸。渡水齐来古寺门，僧房雅肖鸠巢鹊。无云花雨撒悬崖，不风石燕时飞掠。短揖惊歇咿唔声，冬烘先生此振铎。乍逢本是萍水踪，箕踞不嫌礼数略。粉壁姓字留题谁？紫藓青苔几年剥？医龙人去龙亦飞，千载石台呼炼药。石乳溜结心肺悬，双管齐下有经络。兴来昂首忽狂呼，贯耳一声颓山岳。大块假我以文章，把酒浇诗化糟粕。诗胆俄然起槎枒，酒肠突兀生芒角。漫凭酒气喷长

---

① 据寻乐《咏花山人性影》（清刻本）卷下改。

虹，临流盥漱卧磅礴。摩挲仙岭一袖探，奔放词源江河落。生花妙管走游龙，波涛万顷云漠漠。金陵破壁已腾霄，南阳高卧谁惊觉？笑我河鲤登龙门，鳞甲欲生风雨作。

秋登炼药台唐瑞　县人

偶玩流泉洁，因登炼药台。白云散尽余衰草，炼药神仙安在哉？天地生人天地老，不如饮酒且归来。

游永州澹山岩胡光北　县人

泉陵自古多奇石，陡峭玲珑夺精魄。蛟螭奋爪浴湘波，牛马蜷蹄俯潇碧。象形状物出异怪，拔地参天泄气脉。包含富有惟澹岩，能令群山尽辟易。故人溯胜招观游，二十五里风乘秋。崇冈杂树远照目，苍白一片连云浮。荒亭叶落山径僻，野寺烟疏江景收。迎来老僧颇解意，指点岩扉窥清幽。中宏下夷极虚静，圆峤、方壶在尘境。半壁高撑半露天，翕辟机缄发深省。鬼斧劖刓一穹窿，盎覆篷遮云汉中。千人万人任列坐，如此石室当崆峒。轨物有无鸿钧濩，天然不凿灵踪具。观音结趺令人亲，雷公倒挂令人怖。石田定床无殊形，药炉丹灶蒸余馨。最宜欲憩已横几，犹未惊寒先竖屏。溜乳如珠光欲滴，溅霏如雪清的皪。千年乔木不可攀，老干孤撑倚绝壁。色色形形陈大观，昼晴秋老周盘桓。正怀辉透良宵月，暗里风香何处兰？地逼严滩奔活活，篙声击石势如夺。洞里游人惊喧豗，俨坐艅艎上回澴。灵境幽踪迥绝尘，传闻亦有避秦人。仙源终古不扃闭，应笑武陵空问津。我欲立茅就斯地，朝夕歌吟寄神志。君但能来携酒、鱼，磨岩镂句泻幽思。莫教涪翁专风流，健笔题诗岩石头。吾生顷息惬山意，千古遇合神情悠。人间波靡昧持守，解傍文章重元、柳。嗜奇深惜独偏置，晦迹长叹成孤负。深固不迁造化钟，隐遁无闷安敦久。那容世上水石癖，公器辄援为己有。於戏山性澹与俱，名循厥实安可诬？当年欣与漫郎遇，定创奇字朋三吾。抑或冒昧逢子厚，循吏更张辱以愚。含真蕴秀充扶舆，因人转移胡为乎？

哀流民黄济川　县人

商羊舞对荆门烟，黑螟连蜷遮湖天。雨暴且淫山涨发，荆襄弥淼浸无边。就中监利尤凄苦，蔬粒绝种没园田。草根木皮不得食，株守坐看沟壑填。思丐余生鸟兽散，纷纷南渡累万千。残皿破衫收败篚，长途男妇共担肩。扶老携幼旦昏走，脚跟流血复谁怜？望门哀吁舌几敝，所得莫疗饥肠煎。夜来寄宿檐宇下，冷风吹骨不成眠。兼之秋冬多雨雪，鹑衣龟手相攀牵。少憩腹枵旋促起，妇泣儿啼蹩躠前。疠气又乘羸弱入，时复染疫递相传。途次死亡叠相告，几人棺槥得周全？瘗之荒郊殊草草，终恐暴露饱乌鸢。来吾浏者踵相接，各境敛钱计人捐。少以十计多以百，务令彼此两无偏。我所见者亦有几，憔悴万状心惨然。鸟饥犹拨以筐食，蚁溺尚援以竹编。何况斯人本同类，触目忍不拯颠连？无如区区意徒切，救荒无权施无钱！黾勉从公力已竭，未惬所愿心悁悁。惟对流民默相祷，自今以始屡丰年。

大水行己巳作　训导　龚琴

淮川之水窄且疾，淮川居民多土室。我来三度逢狂澜，欲障中流手无力。前年五月雨连旬，惊心恐是天瓢倾。河鲤突从泮沼出，井蛙翻向灶突鸣。平明一望炊烟熄，才倒西墙又东壁。闻道山中水更奇，直从屋后过屋脊。几家茅屋推为田，几处良田化作石。父老奔忙泣且号，纵复有种播无益。去年雨涨四月中，妖虬夜半掀长风。偏灾独当白沙市，全家一泻如飞蓬，葬身鱼腹犹懵懵。今年今月如前日，淫雨朝朝复夕夕。老夫独抱杞人忧，无石可补天五色。须臾浊浪排空来，门窗几榻如船堆。救得江心几儿女，又报尸横曲水限。可怜节烈谁家妇，救者欲前转摇首。此身甘与曹娥俱，此臂何堪污人手？一死争教众口喧，又闻前路失孤村。江边有树撑残骨，屋上行舟续断魂。嗟嗟此邦何太苦，年复年来惨予睹。睹兹沉痛迫中肠，欲向天门击天鼓。天阊高高不可即，但见群仙空蹈舞。小臣昧死顿首言，天心仁爱胡为然。绿章飞入通明殿，不闻丹诏来传宣，濡毫为纪《大水篇》。

和李云帆一鉴亭原韵周轼　县人

一鉴亭，清且幽，别开生面楼东楼。登临一览小众壑，欲上青天时回头。俯瞰方塘水清浅，云影霞光同沉浮。手把芙蓉照大澈，临流一醉轻公侯。孤山处士羞膏粱，自言闲中日月长。嗟彼奔流去不返，玉龙出峡飞腾忙。帘前匹练白如雪，槛外落花流水香。吴山楚水恣游乐，清风一榻梦羲皇。

五言律

唐

双枫浦杜甫　襄阳

辍棹青枫浦，双枫旧已摧。自惊衰谢力，不道栋梁材。浪足浮纱帽，皮须截锦苔。江边地有主，暂借上天回。

洞阳山[1]刘长卿　河间

旧日仙成处，荒林客到稀。白云将犬[2]去，芳草任人归。空谷无行径，深山少落晖。桃源几家住，谁为款[3]荆扉？

明

宿潦浒市[4]徐爌　太仓

我来停节处，潦浒正秋分。山色翠中静，水声碧外闻。寒砧敲[5]夜月，村幌醉江云。不解儿童戏，依依竹马群。

道吾山知县　萧敷

道吾高不极，雄镇古潭州。绝顶终朝到，群峰一望收。寺残谁失火？僧老自悲秋。未尽登临兴，重来此地游。

送周藩宪幹致仕归浏曾棨　永丰

尊酒都门外，秋风雁影稀。家乡诸事好，宦海几人归？井洗神仙药，荷裁处士衣。愧予犹系恋，未得返柴扉。

过道吾山，见衡阳守孔君削发为僧，作务甚勤，诗以别之周损　麻城

行遍伤心路，优昙一遇花。报恩诚草率，媚佛亦波査。古月凉随客，残山翠到家。临歧犹吊屈，相对哭长沙。损，崇祯间副榜，官饶州司李，

---

① 刘长卿《刘随州集·外集》（《四部丛刊》景明正德本）题作《同山阳（浮丘旧隐处）》。

② “犬”，《刘随州集·外集》作“大”。

③ “款”，《刘随州集·外集》作“扫”。

④ 嘉靖《浏阳县志》（明嘉靖四十一年刻本）卷下《附录·艺文》题作《潦浒公馆》。

⑤ “寒砧敲”，嘉靖《浏阳县志》作“藁砧邀”。

后剃发为僧。

国朝

浏阳道上史大成　宁波

一山吴楚隔，百里树云连。绕径通阴谷，穿林出野田。秋深村酒熟，露重晓花鲜。为问仳离者，惊魂定几年？

九日寓浏阳作史大成

鸟雀欢晴晓，峰峦出远空。他乡含露菊，九日冷江枫。客思浮云外，人情浊酒中。南窗堪静坐，翘首望飞鸿。

自浏阳过万载史大成

清露三日晓，微雨万山东。涧断危桥度，风回细径通。仆夫移木末，烟火出云中。行路难何有？归思逐雁鸿。

登西湖山即巨湖山。　史锡节

览胜西湖寺，行行过小溪。高盘千嶂合，俯瞩万山低。路转松阴静，烟霏竹径迷。盘桓心有得，吟咏洗尘泥。

谒易别驾祠周臣　县人

挂帻投京洛，挥戈起永阳。勤王心独壮，骂贼齿何刚！血化千年碧，名留万古香。至今瞻庙貌，精爽曜虹光。

游涌翠寺知县　王斑

寻山来古寺，纵览越丹梯。一径千松绕，孤亭万竹围。溪光当槛澈，钟响隔林微。独有青莲涌，衔花雀自飞。

衡岳望日亭周忠信　县人

高踞祝融顶，远窥旸谷渊。一轮金柱涌，万里火珠悬。夸父空扶杖，秦皇漫着鞭。何期临绝巘，云海荡胸前。

题半亩天知县　赵嘉程

吾心非无事，日且就安闲。携得一身累，居来半亩天。于人岂不屑，在己有所全。富贵求可得，请先为执鞭。

游道吾山赵嘉程

闻道吾山胜，寻幽一揽奇。境随九坂折，势压万山卑。灵迹昭龙洞，禅关证虎池。寺外有虎跑泉。凭高为四望，岳麓暮云垂。

连年客中度岁。壬寅除夕，在浏署，家太夫人燕乐于内，同人畅叙于外，官邸不易得之境也。守岁之余，喜而赋此赵嘉程

一叶开蓂荚，明晨凤历新。饮酣柏子酒，踏遍竹枝春。往岁频为客，今宵较可人。拨炉寒欲尽，颂就献慈亲。

自县发轫行五十里，忽阻北风，宿洞阳市赵嘉程

隆冬迈行役，微雨间山烟。忽觉寒风动，飘从北陆旋。飞声如疾羽，拂面似奔泉。暂此栖迟意，应知亦有天。

和吴枚庵山长《九日同集半亩天》韵赵嘉程

木叶萧萧下，山城水带村。客皆非故土，会可拟西园。点染黄花节，倾翻绿蚁尊。清谈成雅集，觞政亦堪论。

道吾山瀑布吴翌凤　长洲

谁掣匡庐瀑，移来挂此山。高飞翠微上，散在乱松间。天霁烟长湿，苔侵石作斑。老僧不爱听，乞食暝方还。

重阳日，纯斋大令招同诸子集半亩天，即事有作，兼呈东川　吴翌凤

昔年作重九，落叶江南村。白发又今日，黄花非故园。江湖饶胜引，潦倒负芳尊。茂宰能延客，新诗对榻论。

客似公荣饮，天容我辈狂。悬河谈口决，岸帻放歌长。李峤真才子，吴生敢擅场？相携成一笑，解发濯沧浪。

过磊石桥宿欧阳惺轩庄叠韵二首　孙琪　华容

磊石桥边过，天寒花气清。乱云当路卧，微雨逐人行。绿柳村山色，黄茅屋水声。停车经坐久，搔首发吟情。

结屋崇山下，开窗流水清。竹禽依座语，松鼠下阶行。卷幔惊花影，挑琴带雨声。相知在歧路，鸡黍见高情。

江村暮归孙琪

薄暮平原冷，春风送我还。断桥通小市，古道入苍烟。一水流村外，双枫落马前。浏阳山下望，绿树远连天。

宿陶春田馆孙琪

野市平桥外，清浏暮霭中。天岩飞夜雨，石鼓响春风。柳色凝袍绿，花光入座红。谁知栖隐者，挥剑成双龙。

龙王岭喻廷中　县人

山名心醉久，今日始探奇。目极天低处，风清木落时。孤村难唤

酒，古壁偶留诗。足底烟云起，甘霖及早施。

云鹤山居秋兴欧阳大中　县人

宅小依林麓，松高覆客楼。午晴方见日，九月不知秋。云影窗间堕，溪声枕上流。柴门清昼掩，一鸟听啾啁。

赠襄阳总镇彭松斋归田王光辅　长沙

竞唱襄阳乐，公归待若何。斯文羊太傅，名士窦连波。铁骑营中肃，铜鞮汉上歌。太平无一事，只合老渔蓑。

节愍祠落成恭纪储恩溥　宜兴

筮仕逢多难，艰虞历半生。孤城悲落日，擐甲策疲兵。戎马三湘警，幺麿一邑争。草荒官渡冷，鼓角咽残声。

飒爽英灵在，心犹昔日丹。崇祠陈俎豆，父老拜衣冠。残照淮川冷，秋风故垒寒。徘徊两楹下，松柏郁丸丸。

挽彭松斋总戎二首　瞿家鏊　县人

要害襄阳镇，威名自古闻。轻裘羊叔子，武库杜将军。泪堕残碑口，兵精《左氏》文。至今耆旧在，离恨满江渍。

定远生还日，廉颇老病年。公忧戎伏莽，时教匪未平。帝曰汝归田。报国心仍壮，抽身节亦全。应留名不朽，浏水岘山巅。

登磊石山龙王庙严翼　县人

闲游探胜迹，祈雨旧坛场。风扫云根乱，泉流石髓香。巉岩疑虎踞，古洞怪龙藏。凭吊钟灵地，春来草自芳。

登飞鸿阁黎定弼　县人

终古此高阁，登临足远望。云山百里近，烟火一城凉。鸿雁亦已到，挥弦人渺茫。倚阑时极目，一笑暮天苍。

过洞庭黎定弼

平湖八百里，何处系兰桡？白浪自空阔，青天时动摇。乾坤杯酒泛，身世一萍飘。若更乘风去，神仙或可招。

宿道吾山，月下窥龙井罗士龙　县人

道吾清旷夜，不寝喜游仙。选胜推灵湫，探幽仗老禅。高林收紫雾，白月透寒泉。对此真空境，吾将傲洞天。

读书金山寺李益　县人

山静何人到？心空妙谛生。帘前香自篆，涧外水能鸣。泼墨亲风雅，争春任燕莺。昼长忘坐久，冉冉看云行。

李烈士寻乐　县人

县诸生李廷埙，康熙丙辰避寇平江，为逆贼所执。逼授行军参赞，不从。拘其父母妻女胁之，埙绐贼匆羁亲乃降，贼许之。自度父母已安，因叹曰："生不得作忠臣，死当不失为义士。"乃大叱，谓："书生纵不能为朝廷杀贼，岂反为贼用耶？"骂不绝口，遂遇害。

忠孝千秋事，人禽一息争。由来殉义者，不枉读书名。奋舌伸孤愤，捐躯恋所生。即今瞻石柱，浩气想峥嵘。

昭忠祠拜从兄四表寻乐

不择长安吏，微臣励匪躬。服官何论小？循分即为忠。三载军防苦，千秋庙食同。无为忝簪绂，须念国恩隆。

蕉溪道中唐瑞　县人

峰合气萧森，孤云一片阴。乱泉鸣涧远，寒鸟入林深。野火从人烧，村醪聊自斟。梅花何处发？香满薜萝襟。

大溪夜泊有怀石渚宋远醇　县人

停舟斜照里，隔岸寺钟敲。冷蟀鸣苔砌，流萤聚柳梢。惊波鱼食钓，趁月鸟归巢。独傍牙樯立，游歌想故交。

冬日登道吾山黎斎崖　县人

晨起登高远，遥山见几重。人居红日上，犬吠白云中。坐石扫松子，临流啸晚风。山上有瀑布泉。上方禅诵罢，清磬出遥空。

过道吾山黄济川　县人

绝顶开仙境，探幽意若何。径悬危石引，天豁密篁过。髻老峰凝雪，绡垂瀑挂萝。神湫龙喷沫，旱岁作霖多。

读《纯斋集》书后邱之芬　县人

自返京华棹，思君老楚民。官声三代续，宰橐廿年贫。傲骨非谐俗，精心可问神。春陵遗咏在，一读一沾巾。

读书龙虎庵贺寿嵩　县人

初地传孙隐，犹留炼药台。真人杳然去，龙虎不重来。草色侵书幌，泉声咽石苔。剩怜丹九转，无法换凡胎。

五言排律

国朝

半亩天题句知县　赵嘉程

爱此幽栖好，当阶绿树鲜。池光动窗翠，花气扑苔钱。时有一帘月，常开半亩天。小山排古趣，细草漾清涟。架插珠玑字，身居书画船。忙中题墨误，静里世情捐。求友来歌鸟，遣心对篆烟。学思君子道，坐拟老僧禅。亦或劳杯酌，还宜问简篇。自兹永晨夕，无日不周旋。

七言律

宋

寄长沙簿孙昭远时以不催积欠被劾　县令　杨时

阳城衰晚拙催科，阖寝空惭罪亦多。祭灶请怜[1]君自适，载醪祛惑我谁过？猗猗庭有兰堪佩，寂寂门无雀可罗。归去好寻溪上侣，为投缨绂换鱼[2]蓑。

---

① “怜”，《龟山集》（清文渊阁《四库全书》本）卷四一作“邻”。
② “鱼”，《龟山集》作“渔”。

憩霜华山寺[①]刘锜　顺德军人

（净）［尽］[②] 扫妖氛六合清，匣中宝剑血犹[③]腥。夜观星象[④]鬼神泣，昼会风云龙虎惊。重整山河归大宋，两扶社稷定东京[⑤]。山[⑥]僧不识英雄汉，只管叨叨[⑦]问姓名。

元

大围山欧阳玄　县人

大围山高高几许，绝顶嵯峨戴林坞。石隙[⑧]花开自夏春，地垆僧拥无寒暑。清流白鹇涤毛距，绿树黄熊引筋膂。山腰日午婴儿啼，知有雷公出行雨。

道吾山欧阳玄

道吾山头有龙卧，叠嶂重冈深紫逻。灵湫瀑布千丈长，古寺神杉十围大。崇祠坎坎风雨来，樵径丁丁鸿雁过。郡人夜望北斗魁，下有突兀青莲座。

---

① 嘉靖《湖广图经志书》卷十五《长沙府·长沙府诗类·浏阳县·宋》收录此诗（薛刚纂修，吴廷举续修，《日本藏中国罕见地方志丛刊》，书目文献出版社 1991 年版，下册，第 1335 页），题作《石霜寺》。嘉靖《浏阳县志》（明嘉靖四十一年刻本）卷下《附录·艺文》题作《霜华山》。

② 据嘉靖《湖广图经志书》、嘉靖《浏阳县志》改。

③ “犹”，嘉靖《湖广图经志书》作“尤”。

④ “星象”，嘉靖《湖广图经志书》作“星斗”。

⑤ “社稷定东京”，嘉靖《湖广图经志书》作“圣主复南京”，嘉靖《浏阳县志》作“社稷复南京”。

⑥ “山”，嘉靖《湖广图经志书》作“小”。

⑦ “叨叨”，嘉靖《湖广图经志书》作“滔滔”。

⑧ “隙”，《欧阳玄全集·圭斋文集》卷四（欧阳玄撰，汤锐校点整理：《欧阳玄全集》，四川大学出版社 2010 年版，第 75 页）、嘉靖《浏阳县志》（明嘉靖四十一年刻本）卷下《附录·艺文》作“间”。

隐相台[①]欧阳玄

旧是东南裴相台，缘溪一径绕[②]苍苔。此日城闉（人少）［少人］[③] 到，当时公府弃官来。禅床象笏留花雨，书沼蛙声噤鞠灰。泉石至今有神气[④]，山（林）［灵］应解识三台。

浏江欧阳玄

浏江江水色幽幽，两岸青山云木稠。一自桑钦载源委，曾留孙盛作《春秋》。猿岫风来起波浪，龙湫月出见汀洲。下流两度翠华过，光气至今浮斗牛。

过洞庭欧阳玄

白沙隐隐见金鳌，殿阁凭虚结构牢。天水浑融浮太极，神人幽显隔秋毫。龙堂深闷灵栖冷，象纬低垂客枕高。欲作庙堂迎送曲，杜红蘅碧尽《离骚》。

娲皇抟土掷虚空，屹立君山面势雄。一画牺图天地骨，九江鲸观鬼神功。裙[⑤]飘帝子苍茫外，乐奏钧天澒洞中。颇憾[⑥]当年邹鲁客，观澜未致[⑦]楚诸熊。

---

① 《欧阳玄全集·圭斋文集》卷二（欧阳玄撰，汤锐校点整理：《欧阳玄全集》，四川大学出版社2010年版，第17页）题作《相台》。

② “绕”，《欧阳玄全集》、嘉靖《浏阳县志》（明嘉靖四十一年刻本）卷下《附录·艺文》作“踏”。

③ 据《欧阳玄全集》、嘉靖《浏阳县志》改。下同。按：“少人”与下句“弃官”相对。

④ “神气”，《欧阳玄全集》作“贵炁”。嘉靖《浏阳县志》此句漫漶不清。

⑤ “裙”，《欧阳玄全集·圭斋文集》卷二（欧阳玄撰，汤锐校点整理：《欧阳玄全集》，四川大学出版社2010年版，第24页）作“裾”。

⑥ “憾”，《欧阳玄全集》作“恨”。

⑦ “致”，《欧阳玄全集》作“到”。

登岳阳楼[1]欧阳玄

江出夷陵西复西，东陵城上倚天梯。月生巫峡寻常见，雪压君山一字低。岩客朗吟归鹤远，巴童清梦晓猿啼。如何伟绝东南观，不遣谪仙苏二题？

明

[浏阳八景诗][夏瑄][2]

中洲风月

屹立江心势欲浮，凉飙蟾魄共清幽。萧骚响度蘼芜晚，皎洁光寒[3]杜若秋。两岸箭（威）[风][4] 从北至，一滩银浪向西流。洲边知有鲸鳌未[5]？乘兴朝[6]来把钓钩。

---

① 嘉靖《湖广图经志书》卷七《岳州府・诗类・本府・元》收录此诗（薛刚纂修，吴廷举续修，《日本藏中国罕见地方志丛刊》，书目文献出版社 1991 年版，上册，第 725 页），题作《洞庭湖》。

② 底本原无此总题，且在《中洲风月》题下署“失名”。嘉靖《湖广图经志书》卷十五《长沙府・长沙府诗类・浏阳县・本朝》收录此诗第一、二、三、四、五、七首（薛刚纂修，吴廷举续修，《日本藏中国罕见地方志丛刊》，书目文献出版社 1991 年版，下册，第 1337 页），总题作《浏阳六景》，署名“夏瑄”。同卷收有夏瑄《道吾山》诗，名下小注：“湘阴人，尚宝寺卿。”嘉靖《浏阳县志》卷下《名胜志・清浏八景》依次对八景作简要介绍，各景皆录“无名氏诗”，与此八首诗同，并注云“出《郡志》”。按：夏瑄（1418—1481），字蕴辉，明湘阴人。夏原吉子，以父荫为尚宝司丞。终南京太常寺少卿。（详见李东阳《怀麓堂集》卷四三《明故中顺大夫南京太常寺少卿掌尚宝司事夏公行状》，清文渊阁《四库全书》本）据此可知，此诗第六、八首应该也是夏瑄所作，只是嘉靖《湖广图经志书》未录而已。嘉靖《浏阳县志》编纂在嘉靖《湖广图经志书》之后四十余年（一在嘉靖元年，一在嘉靖四十三年），盖当时已佚作者之名。今增总题《浏阳八景诗》，并补作者名。

③ “寒”，嘉靖《浏阳县志》作“涵”。嘉靖《湖广图经志书》漫漶，亦似为“涵”。

④ 据嘉靖《湖广图经志书》改。

⑤ “知”“未”，嘉靖《湖广图经志书》、嘉靖《浏阳县志》作“曾”“不”。

⑥ “朝”，嘉靖《浏阳县志》作“期”。

巨湖[1]烟雨

危巅高峙隔龙津，斜锁岚[2]光昼亦昏。凝翠湿飞千万缕，酿寒轻洒两三番。崖前隐约高低树，竹外溟蒙远近村。欲倩王维挥彩笔，画图描出半[3]吟轩。

相台[4]春色

调元人去旧游空，惟有阳和竞化工。轻蔟暖烟芳草绿，乱飘残雨落花红。近依[5]栏槛丹青里，远指[6]湖山锦绣中。偏惹竹林诗酒客，年年来此咏东风。

吾山雪霁

画屏千仞接楼[7]空，六出谁将罨[8]碧峰？林谷气严藏虎豹，石潭寒重锁[9]蛟龙。日华深[10]处青先露，云影临时翠[11]尚封。几度凭栏闲纵目，错教人讶玉芙蓉。

药桥泉石

羽客凌霄岁月多[12]，尚遗仙迹锁烟萝。溪流细泛桃花去[13]，地骨

---

① “巨湖”，嘉靖《湖广图经志书》、嘉靖《浏阳县志》作“大湖”。

② “岚”，嘉靖《湖广图经志书》作“风”。

③ “半”，嘉靖《浏阳县志》作“伴”。

④ “相台”，嘉靖《湖广图经志书》作“湘台”。

⑤ “近依”，嘉靖《湖广图经志书》、嘉靖《浏阳县志》作“妖娇”。

⑥ “远指”，嘉靖《湖广图经志书》、嘉靖《浏阳县志》作“艳冶”。

⑦ “楼”，嘉靖《湖广图经志书》作“瑶”。

⑧ “罨”，嘉靖《湖广图经志书》、嘉靖《浏阳县志》作“染”。

⑨ “锁”，嘉靖《湖广图经志书》、嘉靖《浏阳县志》作“困”。

⑩ “深”，嘉靖《湖广图经志书》作“映”。

⑪ “翠”，嘉靖《湖广图经志书》、嘉靖《浏阳县志》作“鬟”。

⑫ “多”，嘉靖《湖广图经志书》、嘉靖《浏阳县志》作“赊”。

⑬ “溪”，嘉靖《湖广图经志书》作“轻”；嘉靖《浏阳县志》漫漶，似作“慢”。“去”，嘉靖《湖广图经志书》、嘉靖《浏阳县志》作“细”。

轻穿薜荔过[①]。洗药已无前日穴，炼丹空有昔时窝。何时拉得奚囊侣，来涤尘襟细琢磨。

枫浦渔樵

南下清浏第一湾，短篷蓑笠有人闲。荡[②]开萍叶垂纶去，拾得荆[③]薪弄笛还。帆影近依[④]红蓼外，斧声遥在[⑤]白云间。优游[⑥]自得营生计，浮利浮名总不关。

鹦亭芳草

水流花谢露飘零[⑦]，玩物亭荒[⑧]草自青。翠雨晚凉侵坏砌，[⑨] 绿云春暖荫闲庭。铜驼已没当年迹，石马偏留此日形。[⑩] 万古程门人去远，有谁游乐更传[⑪]经？

鸿阁斜阳

龟山遗像系人思，[⑫] 高阁凌秋夕照迟[⑬]。山藻影摇[⑭]金错落，帘

---

① “过”，嘉靖《湖广图经志书》、嘉靖《浏阳县志》作“多”。

② “荡”，嘉靖《浏阳县志》作“钓”。

③ “荆”，嘉靖《浏阳县志》作“条”。

④ “帆影近依”，嘉靖《浏阳县志》作“舟楫不离”。

⑤ “斧声遥在”，嘉靖《浏阳县志》作“斧斤常在”。

⑥ “游”，嘉靖《浏阳县志》作“悠”。

⑦ “露飘零”，嘉靖《湖广图经志书》作“景彫零”，嘉靖《浏阳县志》作“景凋零”。

⑧ “荒”，嘉靖《湖广图经志书》作“芳”。

⑨ “翠雨晚凉侵坏砌”，嘉靖《湖广图经志书》作“翠羽晓凉侵败牖”，嘉靖《浏阳县志》作“翠雨晚凉浸败牖”。

⑩ “石马偏留此日形”，嘉靖《湖广图经志书》、嘉靖《浏阳县志》作“翁仲偏埋昔日形”。

⑪ “传”，嘉靖《湖广图经志书》作“行”。

⑫ “龟山遗像系人思”，嘉靖《浏阳县志》作“一区遗像万民思”。

⑬ “夕照迟”，嘉靖《浏阳县志》作“映夕晖”。

⑭ “摇”，嘉靖《浏阳县志》作“横”。

栊[1]光绚锦离披。余辉尚想瞻星[2]日，残霭应非立雪时。对景有怀魂欲断，忍磨苔藓认丰碑？

升冲观时祷雨观中[3]　郑序

孙隐兹山已有年，至今台观尚依然。云间不见烧丹灶，桥下犹流洗药泉。造谒为民祈雨泽，徘徊寓目爱山川。穹碑备载飞升事，胜迹由来岂浪传？

兜率寺[4]郑序

儒墨由来道不同，偶停骖从谒禅宫。菩提一点归[5]心上，兜率诸天在眼中。宝篆香飘烟缕碧，银缸花灿[6]蕊珠红。衣冠作礼金仙罢，聊述新诗[7]答远公。

送周藩宪斡致仕归浏熊彦初　临桂

松菊犹存径未荒，一船图史富行装。楼台无地容疏放，草木知名

---

① “栊”，嘉靖《浏阳县志》作“笼”。

② “瞻星”，嘉靖《浏阳县志》作“催租”。

③ 嘉靖《湖广图经志书》卷十五《长沙府·长沙府诗类·浏阳县·本朝》收录此诗（薛刚纂修，吴廷举续修，《日本藏中国罕见地方志丛刊》，书目文献出版社 1991 年版，下册，第 1336 页），题作《升冲观祈雨》。嘉靖《浏阳县志》（明嘉靖四十一年刻本）卷下《附录·艺文》题作《升冲观（时祈雨）》，署名“参议郑序”。

④ 嘉靖《湖广图经志书》卷十五《长沙府·长沙府诗类·浏阳县·本朝》收录郑序《兜率寺》一首（薛刚纂修，吴廷举续修，《日本藏中国罕见地方志丛刊》，书目文献出版社 1991 年版，下册，第 1336 页），与此诗全异，附录于此：“兜率蘩林古寺门，虽当阛阓远尘喧。钵衣传续淄流盛，金碧辉煌佛像尊。名胜似邻天竺界，经游如入雨花源。高僧爱客欣相讶，瀹茗焚香说偈言。”

⑤ “点”“归”，嘉靖《浏阳县志》（明嘉靖四十一年刻本）卷下《附录·艺文》作“念”“存”。

⑥ “灿”，嘉靖《浏阳县志》作“烬”。

⑦ “诗”，嘉靖《浏阳县志》作“唫”。

倍感伤。议著治河元克什，集留从谏宋欧阳。功成宦遂归田赋，只恨关山道路长。

宿蕉溪岭[1]知县　蒋识

山馆呼灯坐五更，宦情乡思苦相萦。闾阎独抱斯民怨，田野谁堪[2]此日征？时事几番惊岁晚，天心一画见阳生。涓埃未报君恩[3]重，愿效呼嵩祝圣明。

临省[4]旱灾宿枫浆馆蒋识

一封谁奏九重来，满眼流亡甚可哀。户口[5]尚怜悬版籍，门庭空自锁莓苔。孤洲日午犹烟雾，千亩风寒尽草莱。为报黄堂贤太守，好将民瘼达巡台。

春日游兜率寺知县　路云衢

寻幽乐静游春寺，曲径疏云掩绿苔。依槛野花迎客笑，隔江渔唱逐风来。迢遥故国心千里，潦倒僧家酒数杯。兴尽辞云复归去，依然尘迹满东阶。

夏日避暑兜率寺路云衢

避暑云林斜日晖，禅窗寂寂燕飞飞。江风吹榻客频至，山月上楼

---

① “岭”，嘉靖《浏阳县志》（明嘉靖四十一年刻本）卷下《附录·艺文》作“铺”。

② “堪”，嘉靖《浏阳县志》作“宽”。

③ “恩”，嘉靖《浏阳县志》作“亲”。

④ “临省”，嘉靖《浏阳县志》（明嘉靖四十一年刻本）卷下《附录·艺文》作“踏”。

⑤ “户口”，嘉靖《浏阳县志》作“人户”。

人未归。慷慨[1]百年心紫阙，艰危万里忆丹扉。清浏绿野惭无惠，贝叶昙花空自辉。

浏阳县斋[2]除夕知县　郑汝清

山城萧馆今何夕，岁晏曾经五度春。此日椒盘非旧俗，中宵灯火未归人。喜瞻北阙红云合，遥祝南山白发新。四十年前尘底事，愿将忠孝答芳辰。

献岁屠苏酒漫斟，庄生今有越人[3]吟。他方节物怜衰鬓，故国年华[4]寄远心。豺虎中原机未息，疮痍赤县泪方深。五年薄劣真何补？惭愧甘棠[5]满地阴。

蕉溪岭[6]王伟

万峰环绕叠周城，[7] 绝顶中间一径行。片片白云迎马足，离离黄叶助诗情。江南五岭当为最，海（内）［上］[8] 三山让汝清[9]。两手托天惟咫尺，似闻仙乐耳边鸣。

---

① “慷慨”，嘉靖《浏阳县志》（明嘉靖四十一年刻本）卷下《附录·艺文》作“慨慷”。

② “浏阳县斋”，嘉靖《浏阳县志》（明嘉靖四十一年刻本）卷下《附录·艺文》无。

③ “人”，嘉靖《浏阳县志》作“乡”。

④ “年华”，嘉靖《浏阳县志》作“松岑”。

⑤ “甘棠”，嘉靖《浏阳县志》作“棠林”。

⑥ 嘉靖《湖广图经志书》卷十五《长沙府·长沙府诗类·浏阳县·本朝》（薛刚纂修，吴廷举续修，《日本藏中国罕见地方志丛刊》，书目文献出版社 1991 年版，下册，第 1335 页）题作《过焦溪岭》，署名下注：“攸县人，侍郎”。嘉靖《浏阳县志》（明嘉靖四十一年刻本）卷下《附录·艺文》署名“侍郎王伟”。

⑦ “峰”，嘉靖《湖广图经志书》、嘉靖《浏阳县志》作“山”。“周”，嘉靖《湖广图经志书》作“围”。

⑧ 据嘉靖《湖广图经志书》改。

⑨ “清”，嘉靖《浏阳县志》作“青”。

道吾山夏瑄

肩舆远上招提境，山岭巍峨势接天。百折羊肠萦石磴，双（飞）[分][1] 燕尾（注）[界] 溪泉。松风入户香回篆，花雨满阶僧定禅。景好浑忘登陟倦，竹床蒲椅更谈玄。

张明府醇令浏阳，大有年，赋此赠之[2] 刘恺

平秩西成屡见丰，贤侯治化有神功。能将寸地常虚白，迭见千仓尽腐红。篱犬饱眠桑影月，涂歌轻送稻香风。若教天下皆龚鲁，应使升平处处同。

重九过蕉溪岭县丞 张天赋

山路层峦地欲浮，凉天高旷[3]碧悠悠。四山红叶飞残霭，三径黄花送晚秋。[4] 山岭已通冠盖路，雁鸿还为稻粱谋。往来莫道无拘束，公论儿童似石头。

国朝

莲花峰史大成 宁波

崒嵂吾山几十盘，莲花峰入碧云端。九天阊阖回头近，三楚河山指掌看。溪傍老崖红叶下，钟鸣古寺翠微寒。灵湫清浅神龙蛰，顷刻

---

① 据嘉靖《湖广图经志书》卷十五《长沙府·长沙府诗类·浏阳县·本朝》（薛刚纂修，吴廷举续修，《日本藏中国罕见地方志丛刊》，书目文献出版社 1991 年版，下册，第 1335 页）改。下同。按：此句形容两道溪泉分流，犹如燕尾双分。

② 嘉靖《浏阳县志》（明嘉靖四十一年刻本）卷下《附录·艺文》题作《丰稔》，署曰“御史刘恺为知县张淳作”。

③ “旷”，嘉靖《浏阳县志》（明嘉靖四十一年刻本）卷下《附录·艺文》作“广”。

④ “四山红叶飞残霭，三径黄花送晚秋”，嘉靖《浏阳县志》作“万年淑气回寒谷，满眼黄花送晚秋”。

烟云雨不难。

度蕉溪岭徐恒月

万树松涛万壑风，篮舆款款蹑巃嵸。高盘鸟雀云霄上，曲破榛芜磴道中。指向虚无星可摘，身凌缥缈座能通。山泉一掬清如许，明月流辉泻碧空。

过仙台岭徐恒月

半岭岧峣隔雁群，笋舆西下对斜曛。一方风物碑阴记，两地山川树杪分。少女丹砂传洞壑，使君讴祝载耕耘。凭高不尽登临意，木落千峰起暮云。

洞阳山怀古王瑄　长兴

悟得黄粱梦后身，洞天深处此栖真。山中岁月临棋静，物外烟霞炼药新。白鹤曾闻巢碧树，丹炉不见护青筠。牧童指点南山麓，流水桃花别有春。

寄怀伯兄康伯之浏阳学博舒峻极　广济

迢递苍头返故园，为言山郭类孤村。地缘兵火耕耘废，邑有流亡赋税烦。断树鸦啼偏白昼，隔城虎啸未黄昏。幽栖雅称摊书乐，风雨何须早闭门？

临江摧树青枫浦，杜老回思借泛槎。莲叶舟维经雾雨，锦苔诗就恨风沙。渔翁网罟全乌鬼，浣女钗鬟半野花。闻道至今犹市井，往来人望酒帘斜。

城中近看道吾山，前代高僧此掩关。笠戴莲华都有意，手操木简岂云顽？袈裟影忆苍松里，绀殿钟沉落照间。佛氏奇踪花竹外，端应访古石霜还。

梓潼卑隘一祠居，鸟雀天寒集石渠。在市奚童还种菜，临溪每食反无鱼。休嫌禄薄难酬客，却羡官闲好著书。函丈有孙能问业，何殊修竹旧吾庐？

甘泉井王璿

辘轳不见井栏空，石甃玲珑一线通。司马几曾消渴病，汉王昨许出深宫。瓷瓶注碧杨枝在，玉屑调羹仙掌同。莫谓无才堪作赋，濡毫闲啸四林风。

登道吾山和史太史原韵王相

晓入吾山翠色盘，秋光遥映五云端。足登空谷传清响，身住层峦任远看。鸟道千寻环寺古，龙泉百曲绕松寒。从游旷览三湘胜，此地风云会不难。

读书岳麓院中[1]刘大抚　县人

高山流水发清音[2]，好傍南窗拂素琴。[3] 壁嶂开时清昼永，图书拥处白云深。[4] 下帷遮莫窥三策，走笔犹惭赋上林。抱膝空斋何所有？松风[5]谡谡伴豪吟。

---

① 《沅湘耆旧集》卷六五题下注云："自注：时忝主讲。"（邓显鹤编纂，欧阳楠点校，《湖湘文库》本，岳麓书社 2007 年版，第 3 册，第 432 页）

② "发清音"，《沅湘耆旧集》作"足幽音"。

③ "好傍南窗拂素琴"，《沅湘耆旧集》作"日傍南窗调素琴"。

④ 此联《沅湘耆旧集》作"啼鸟一声清昼永，古松六代白云深"。

⑤ "松风"，《沅湘耆旧集》作"凉飙"。

题道吾寺县丞　徐旭旦

天半芙蓉霭未浓，山明晓日照孤筇。入云路转花千树，踏石峰回岫几重。古殿风声随碧涧，广庭雨气结青松。漫来坐对诸天静，杳杳空堂五夜钟。

石霜寺徐旭旦

春深玉殿紫苔封，簇绕屏山翠几重。鸟识磬声仍下食，云移潭影恰闻钟。龙华地变黄金界，鹫岭南归白社宗。我爱远公栖遁好，再来挥尘抚长松。

仲夏喜雨知县　王钦命

万顷横飞绮陌烟，欣逢灵澍造丰年。鸣蜩声里禾抽穗，洗药桥头水护田。好是神庥酬圣主，敢云吏治格苍天？沾濡顿洽群黎望，愿续苏亭志喜篇。

留别浏阳士民知县　赵嘉程

惭愧十年政未成，只今欲去亦多情。昔时父老半存旧，廿载官称尚许清。先后令浏二十年。我自无能劳素食，人将何补负虚名。唯留一语谆言别，义利微分讼狱平。

遣兴寄纯斋大令吴翌凤　长洲

一片闲云懒不收，三年羁客此淹留。诗情枫浦余流水，游兴吾山入县楼。书册堆床人寂寂，槐花落地雨飕飕。相逢闾里都称说，官长贤明岁有秋。

磊石桥欧阳氏山庄吴翌凤

长空旅雁飒惊秋，踪迹依然逐浪鸥。步屧不辞村路远，过桥却喜野烟收。山光水色围三面，竹雨松风拥一楼。即此清幽良已足，移家何必是沧洲。

浏阳城楼晚眺吴翌凤

一带苍山映碧流，波光帆影共悠悠。城头月上还吹角，水面风来始见秋。西蜀健儿犹转战，时教匪未靖。中原名士几登楼。淮川日夜滔滔去，不与劳人寄暮愁。

过蕉溪岭孙琪　华容

策蹇蕉溪岭上过，苍松怪石绿阴多。雨催消息传鸠妇，花长精神待酒魔。满眼云山皆变态，放怀天地发高歌。达人肯向尊前死？淹忽残春奈老何。

憩石霜寺遗笏堂裴正时

遗笏当年意若何，相公远胜黑衣多。君王不惜名山赐，太子还随卓锡过。解带可能参四大，拈花应许证三摩。荒林指点夫人墓，相国郑夫人葬山后。一带秋烟冷薜萝。

九日同王仲仙孝廉游木平寺邱民寿　县人

迢迢古寺白云中，滑磴危桥一径通。几处村庄停过客，谁家山犬吠寒空。酒逢佳节酣无量，花为高人放不穷。归路莫嫌风瑟瑟，萧然侧帽似仙翁。

九日寓浏阳署时刘筠亭宰是邑　冷纮玉　山左

芙蓉江上又秋风，节物催人处处同。枫叶霜寒渔浦外，菊花香冷雁声中。三秋归兴输陶令，十载重阳类放翁。幸有故人相慰藉，频倾浊酒话穷通。

留别浏阳诸生教谕　黄显伟

吁嗟迟暮异当年，五载清浏契宿缘。离绪乍牵香草外，别情多寄驿梅边。荒闲课业胡公席，荏苒流光郑子毡。翘首蓝山桑梓近，优游林下乐归田。

秋云惨淡楚江东，几载知交臭味同。祖饯情余黄菊雨，征途梦绕碧梧风。解人颐颔推匡鼎，老我须眉愧马融。去后诸君应念旧，遥从天半看飞鸿。

九日登天崖山罗成邑　县人

老年不减登临癖，直到天崖最上头。三径黄花留晚节，四山红树忆前游。微飙澹入葛巾爽，细雨凉生蓬鬓秋。醉罢茱萸赋《归去》，飞鸦点点夕阳楼。

潭州晚眺陶浔霍　县人

日落长沙水北流，岳云终古荫潭州。数声渔唱凌波起，万井人烟拥郭浮。空翠远迷江树隐，落霞飞送酒杯收。苍茫独放斜阳眼，长笛何人正倚楼。

再寓彬雅山读书欧阳大中　县人

山水缘深得再来，小轩又是傍松开。窗临南浦杨花入，帘卷东风燕子回。书带草生新绿缛，金波月上旧徘徊。孤檠碧案摊书坐，一样鸡声午夜催。

赠彭松斋总戎致仕归里惠龄

矍铄精神态自然，襄阳坐镇靖风烟。山公载酒停车处，羊傅轻裘缓带年。久历边疆身益壮，老谙方略胆弥坚。五溪余孽经销甲，端好归来赋乐全。

待棹沧浪水一篙，诏仍驻阃扼江涛。君恩稠叠难言报，臣力经营敢惮劳？自昔翠翎尊珥饰，即今白发励戎韬。为公感激书长句，泚笔临风首重搔。

王奉曾

从来叔子镇襄阳，见说仁威已十霜。谷伯城中开细柳，岘山头上试穿杨。太平无事将军老，稚子能文家学长。赠我挥毫比屈铁，珠玑珍重挂高堂。

忆昨温纶下九天，许教释甲乐林泉。伏波待整临江辔，少伯犹迟泛月船。进退从容儒者度，须眉皓白地行仙。我方未了尘缨事，为赋骊歌意怅然。

登大围山张帜　县人

千里山河一望收，最高巅上正三秋。山根东走盘吴尾，水势西流灌楚头。斑豹昼同顽石卧，苍鹰晴共淡云浮。南衡七二峰峦外，别样岧峣足胜游。

登道吾山周倬　县人

晓入晴岚路未分，泠泠钟磬隔林闻。龙归古洞千山雨，人卧空山一榻云。异草灵苗交晚翠，野兰芳芷杂秋芬。何时得似山中鹤，脱却鸡群友鹿群。

节愍祠落成恭纪胡世勋　会稽

剩水残山走白囊，孤臣无力射天狼。血流怒卷湘涛碧，革裹魂归洱海苍。匝地妖氛摧大树，崇祠遗老憩甘棠。日斜官渡英风在，展谒蘋蘩荐沚香。

节愍祠落成恭纪杨安澜　县人

楚天杀气指欃枪，为守残疆夜请兵。猿鹤一军同浩劫，貔貅多士溃前征。矢穷苦握空弮战，栋折难凭只手撑。呜咽当年官渡水，至今犹作怒涛声。

拚将躯命答君恩，册谥还从圣代尊。后死定无惭许远，先生端可配江门。几从读史悲臣节，何处排云叫帝阍？百八十年新庙貌，好搴兰芷吊忠魂。

偕友游后岩寺袁恢隆

偶同高士叩柴扉，满径苍苔入翠微。半抹夕阳沉鸟背，四围山色上人衣。寒生绝涧泉声续，秋老平林木叶稀。几杵疏钟摇不定，晚风携得白云归。

南台书院感怀[①]瞿家鏊　县人

去岁篮舆辞郡郭，前年菊部醉京华。至今邸馆儿初度，且喜慈亲客近家。古树日高鸦噪急，暮天风劲雁行斜。校书窗下双眸炯，晴影才无落叶遮。时目疾初瘳。

---

① 《沅湘耆旧集》卷一四〇题作《半学斋初度感怀》（邓显鹤编纂，欧阳楠点校，《湖湘文库》本，岳麓书社2007年版，第5册，第400页）。

去果来因日渐移，搅人头白是游思。科名拾鹿梦中梦，仕宦亡羊歧路歧。老大无成嗟马齿，闲愁难理胜蚕丝。寤生不醒人间事，早定初生堕地时。闻贱子初梦生也。

挽赵兰坡明府瞿家鏊

顺风船送影依依，几日离情去住非。春梦正佳鸡唤促，壮怀无那鹏惊飞。八旬母倚门闾望，五尺孤扶旅榇归。地北天南云漠漠，百年心事两相违。

关心重赋绝交游，况复棠阴风雨愁。廉吏似君应不愧，好官如客竟难留。岂无舆诵称侨母，空有衣冠愧楚优。百岁桐乡祠庙在，可怜华屋一山丘。

登天马山谒昭烈庙汤绶之　县人

蜀国年年杜宇愁，蛟龙无复雨云留。神祠自枕荒洲晚，帝业全销落日秋。大势共争炎汉鼎，遗谋还付武乡侯。祗今伏腊村翁走，草服黄冠拜冕旒。

中洲风月罗士龙　县人

清浏郭外沙渚幽，烟景夜来争十洲。我欲临风弄铁笛，谁从醉月擎金瓯？环江菰浦白泛雪，两岸瓦屋凉于秋。休怪沧浪老渔父，掀篷笑傲忘沉浮。

九日重登道吾山，寄寺僧了凡欧阳德序　县人

好风吹上碧峰头，桐帽棕鞋满目秋。万里晴光和地拓，四围山色逼天浮。林峦静阅人千辈，魄礌难消酒半瓯。一度登临一回梦，卅年身世泛波鸥。

莫讶狂生老更狂，肯教佳节负重阳？眼前萸菊寻诗境，身外功名选佛场。双屐云闲花欲妒，万家秋好月难凉。青精饭客归来晚，醉写吟笺证法王。

过蕉溪岭登最上庵欧阳德正　县人

幽篁深处喜谈元，特叩禅扉蹑岭巅。一水清悬岩径侧，万山绿绕寺门前。老僧奉茗初知姓，古刹藏松不计年。拟伴香龛修白社，班鸠声急路绵绵。

游道吾山欧阳德正

十盘鸟道绕层霄，桐帽棕鞋过石桥。云海荡胸穷楚塞，禅关题额认唐朝。霜�作夔山魈避，瀑布烹茶块垒浇。夜定经坛犹补课，木鱼敲罢碧天寥。

偶假名山一夕眠，文光高射斗牛边。红灯围席三更雨，白社题诗九月天。佛似有情成眷属，人能久住即神仙。老僧自说宵寒甚，笑取袈裟付客穿。

过卢洞岭谭继雍　县人

崎岖山路迥迢迢，极目层峦逼九霄。云脚生时晴亦雨，峰头转处近还遥。草铺石磴人行缓，风度烟林鸟韵娇。呼吸恍疑通帝座，诗情到此更清超。

登炼药台怀古唐瑞　县人

炼药台空仙已去，台空仙去我还来。涧边幽草年年绿，枝上名花岁岁开。不老金丹何处觅？难留青鬓莫相催。乾坤日月双丸转，感慨登临酒数杯。

游魁山潭寺李文耀　县人

丹枣花开四月天，两三人泛木兰船。澄潭波影摇残照，古寺钟声送晚烟。胜地自成香世界，前身浑是谪神仙。居闲来此参禅悦，一洗尘心二十年。

九日偕约吾弟游前岩寺黎端甫　县人

黄叶飘摇落帽风，岩云深处寺门通。山中游侣偕同叔，物外高僧谒远公三藐上人。岂为纫裳搴露鞠，翻因簪鬓感秋蓬。陶然亭上巾瓶会，亭在都门黑云厂，春秋宴会多在此。回首京尘隔软红。

约游道吾山不果，寄题五十六字训导　龚琴

忆昔鸿踪此度关，濡毫曾纪道吾山。一碑合有云争护，万佛难教石点顽。井底虬龙应唤起，穴中雏凤待飞还。年来屡负登临兴，为寄新诗缥缈间。

七言排律

国朝

楚江怀古寻乐　县人

山光澹沲连衡岳，秋色清华罨楚江。鄂渚雁过声一一，橘洲帆落影双双。湘累昔已成长恨，词客今犹说此邦。风雅渊源综正变，怀襄时事竞庬庬。蛾眉谣诼工何益？兰茝芬芳信不降。问向青天无半语，歌翻白雪入新腔。烟波灏灏人宜酒，芦苇萧萧雪满艭。彼美静思增百感，夜分孤月照蓬窗。

五言绝

国朝

别罗九溪口占孙琪　华容

携手长桥外，离歌绿树阴。清浏千尺水，不及别愁深。

鸿阁斜阳杨安澜　县人

薄领余闲日，瑶琴手自挥。高楼残照里，目送断鸿飞。

枫浦渔樵杨安澜

山蔼水云中，如入维摩画。枫叶下寒空，静听渔樵话。

金山寺即景李益　县人

雅爱金山寺，幽居绝往来。忽惊春意满，倚槛看花开。

石霜寺虎跑泉何名润　县人

风雨一夜至，空山闻虎声。虎去不复返，泉流千载清。

七言绝

宋

归鸿阁县令　杨时

帘卷晴空独倚栏，冥鸿点点有无间。秋风注目无人会，时与白云相对闲。

飞鹦亭杨时

芙蓉凋尽蕙兰芳，杖履翛然一曼[①]郎。凫鹤短长宁复问，但知鹏鷃两相忘。

相公台杨时

柔条疏蔓绿交加，烟锁云涵去路赊。绣紱貂缨无处问，空余鸡犬两三家。

寄题浏阳李氏遗经阁朱子　婺源

老翁无物与孙儿，楼上牙签满架垂。更得南湖亲嘱付，归来端的有余师。自注：南湖，张敬夫书院。

读书不见行间墨[②]，始识当年教外心。个是眼前真宝藏[③]，不须夸[④]羡满籯金。

元

天历庚午会试，院中马伯庸尚书、杨廷镇司业及玄皆乙卯榜进士，偶成绝句纪其事。出院明日，有敕督修《经世大典》，又成小诗寄诸弟欧阳玄　县人

省垣东畔至公堂，十五年前战艺场。饱食大官无补报，两科来此

---

① “曼”，杨时《龟山集》（清文渊阁《四库全书》本）卷四二《浏阳五咏》之三作“漫”。

② “墨”，嘉靖《湖广图经志书》卷十五《长沙府·长沙府诗类·浏阳县·宋·李氏遗经阁》（薛刚纂修，吴廷举续修，《日本藏中国罕见地方志丛刊》，书目文献出版社 1991 年版，下册，第 1335 页）作“字”。

③ “眼前真宝藏”，嘉靖《湖广图经志书》作“依家真藏宝”，朱熹《晦庵集》（《四部丛刊》景明嘉靖本）卷四作“依家真宝藏”。

④ “夸”，嘉靖《湖广图经志书》《晦庵集》作“犹”。

校文章。

御史承差锁院门，侍臣传诏出天阍。试官被命联镳至，同榜三人出谢恩。

圣主宫中游幸疏，日临秘阁玩芸储。昨朝兰省才开试，清晓玉音催著书。

别驾祠前雪水浑，弟兄沙上举离樽。三年不洗来时褐，要看淋漓别酒痕。

香山山头新月弯，一似家里看西山。去家五十度弦望，圆璧何时照我还？

仁庙初科射策郎，如今班白玷朝行。东风昨夜闻归雁，梦绕江南烟水长。

蕉溪泉[①]欧阳玄

指点山河气暗通，[②] 灵源倒泻去[③]无穷。出山便有朝宗意，从此还归大海中。

明

姚公观知县　苏志皋

薜萝深处接烟霞，曾是赤城道士家。自跨白鹤归去后，年年碧桃

---

① 嘉靖《湖广图经志书》卷十五《长沙府·长沙府诗类·浏阳县·宋》（薛刚纂修，吴廷举续修，《日本藏中国罕见地方志丛刊》，书目文献出版社1991年版，下册，第1335页）题作《焦溪泉》。

② 此句《欧阳玄全集·圭斋文集补编》卷二（欧阳玄撰，汤锐校点整理：《欧阳玄全集》，四川大学出版社2010年版，第467页）、嘉靖《湖广图经志书》、嘉靖《浏阳县志》（明嘉靖四十一年刻本）卷下《附录·艺文》作“观此山河泽气通”。

③ “灵源倒泻去”，嘉靖《湖广图经志书》作“源源滴滴运”，《欧阳玄全集》、嘉靖《浏阳县志》作“源源滴滴浑”。

春放花。

国朝

访枫浦山家知县　王珽

清泉煮蕨爱山家，夜饮西窗皓月斜。涧底白云留不住，半随红雨落天涯。

康滩早发张真　秀水

枕上惊闻浪拍舟，起看舟已放安流。此来不必悲行役，要借东风解客愁。

初秋南台院斋闲坐吴翌凤　长洲

春庚秋蟀换年华，室有图书便是家。满地黄云闲不扫，桐花落尽又槐花。

包孝肃祠孔克学

庙古山深昼掩门，龙图遗像俨如存。平生关节无纤芥，不在祈求酹酒尊。

游九溪洞瞿家鏊　县人

壁立悬崖径可通，小溪穿过最高峰。只今洞口云归处，尚说当年有蛰龙。

山交水互是穷途，绝径天开地一隅。试向清泉问流水，可能还似在山无？

两岸中分绝顶头，南村水过北村流。飞来落叶枫林晚，一半斜阳一半秋。

红叶人家落照西，边山傍水不成蹊。闲行镇日无人识，一路泉声出九溪。

登祖师岩张帜　县人

翠迷岭半疑无路，红起云端认有枫。行到庵前人不见，山风送到一声钟。

题迎佛寺古钟罗士龙　县人

钟传炎宋千年物，响搁阴房几度尘。安得知音频拂拭，一鸣清晓定惊人。

竹枝词寻乐　县人

跃马双江口上过，平原一带入深阿。粤姬土著颜如赭，绩出麻丝细似罗。

五日为期万货堆，中秋普迹竞喧豗。卖牛对马兼孤注，赚得空囊赶会来。

恰恰山禽两三声，青枫浦里棹歌清。渔樵胜境淮川酒，绿树阴阴辍棹倾。

丘壑县人

一家一个沤麻池，沤得黄麻白似丝。郎自打麻侬自绩，大家辛苦作家私。

买得江边一叶舟，送郎西下状元洲。妾心摇落双枫浦，樟树潭前水碧流。

舟次泰髦港李文耀　县人

空潭一碧水云隈，宿雨初收晓雾开。十二年前曾小住，青山无恙故人来。

双枫浦周倬　县人

秋深荒浦落征鸿，犹见盈盈一水通。不是诗人经宿地，更谁来问旧双枫？

飞鸿阁周倬

天津桥上闻鹃日，莽莽山城夕照微。只有幽怀谁寄得，凭阑目送断鸿飞。

吾山雪霁罗源潜　县人

吾山玉屑合奇观，胜地高天一色看。最妙日华来照澈，莲花峰在水晶盘。

词

国朝

惜春容·巨湖山偶憩县丞　徐旭旦

万顷澄波耸寒碧，雨过柳阴翠欲滴。湖光潋滟野鸥闲，来往渔舟三两只。　　瓷杯满酌倾玉液，梦到华胥月华白。醒来瀹茗更清凉，诗成自觉天地窄。

渔家傲·题枫浦渔者徐旭旦

烟水揉蓝千顷绿，丹枫翠竹敲寒玉。一叶扁舟如结屋。无大欲，槎头网得心俱足。　　对岸葡萄香瓮熟，大家痛饮无拘束。醉向月轮歌一曲。身不辱，只愁惊起蛟龙宿。

潇湘夜雨·浏阳喜雪徐旭旦

水墨江天，琼瑶世界，大围峰失菁葱。清浏浪碧，楚树尽玲珑。试看矶边独钓，披蓑笠、有个渔翁。凭高望，万山玉粒，不见一枝红。　　去年，当此日，梁园作赋，愧无偏工。况弟兄酬唱，剪烛初溶。还有《阳春》一曲，争传遍、玉殿璇宫。而今是，潇湘积雪，身在画图中。

高阳台·隐相台看月［徐旭旦］①

象笏空存，霜华再见，湖山我又重来。明月今宵，多情飞上层台。碧云万里无些翳，把乱峰、青送衙斋。看千家，积水空明，人在蓬莱。　　登高共客徘徊，爱竹阴树色，影落莓苔。荇藻交横，鱼龙奋甲毰毸。水晶宫殿三更后，问当时、逸兴同催。笑尘寰，谁是闲人？且醉金罍。

浪淘沙《戊寅志》云："案：此词八首，内《大湖烟雨》《相台春色》《药桥泉石》《鹦亭芳草》四首，《府志》借刻王全璧名字，句小异。今照周《纪游草》编载。"**·中洲风月**周忠信　县人

空阔拥江流，雅似瀛洲。清风明月此长留。佳景和人三个共，目荡神游。　　北岸晚烟浮，南浦云收。沙明水碧接天悠。良夜有怀何计遣？酌酒相酬。

---

① 底本原无署名。徐旭旦《世经堂词钞》（清康熙刻本）卷五收有此词，故知其亦为徐旭旦所作。

大湖烟雨巨湖，一名大湖　周忠信

烟雨暗层峦，西望漫漫。村墟城阁雾中看。气涌湖心肤寸引，酿就轻寒。　　几缕向空翻，数点飘残。潇湘彭蠡合奇观。疑是南宫传笔意，水墨溪山。

相台春色周忠信

烟树霭朦胧，缀绿飞红。真儒元老旧游踪。弃笏投簪从此遁，千古高风。　　一片晓云封，人去台空。莺花三月艳芳丛。载酒徜徉闲拾翠，逸兴偏浓。

吾山雪霁周忠信

一夜朔风高，六出花飘。吾山万叠砌琼瑶。石径莲峰无觅处，白缀林梢。　　五老倚寒霄，皓首相招。水帘千尺卷冰绡。谩道峨眉多胜概，此亦堪描。

药桥泉石周忠信

涧曲水云连，仿佛桃源。杏林橘井迹犹传。洗濯临流香泽泛，龙虎堪痊。　　羽化已千年，销尽炉烟。丹台何处问神仙？惟有溪桥泉石在，灵气悠然。

枫浦渔樵周忠信

村路隔江城，沙草寒汀。石桥烟冷两枫青。临水登山堪托业，宠辱无惊。　　钓艇手支撑，樵斧腰横。垂纶伐木和歌声。千古兴亡成轶事，尽付闲评。

鹨亭芳草周忠信

立雪几何时？枳棘权栖。空亭犹记鹨孤飞。三径春残花老去，芳草萋萋。　　冷署发华滋，嫩绿参差。东风吹影上帘帷。惆怅王孙今不见，零落香泥。

鸿阁斜阳周忠信

高阁对琴堂，淡抹烟光。年来风物换沧桑。翘首飞鸿何处落？一片斜阳。　　遗像绘图装，千载传芳。程门人去景苍凉。遥见暮云笼碧树，犹忆甘棠。

三犯渡江云·浏阳舟中吴翌凤　长洲

山云晴乍敛，东风晚起，春溜滑于油。倦篙争石隙，屈曲回峦，危翠压孤舟。旅怀谁省，滩响急、飞尽眠鸥。两三家、欹斜茅屋，寥落水云洲。　　悠悠。远天如梦，津鼓频催，早黄昏时候。最愁人、斜阳满目，野鸟钩辀。故园又过莺花节，想吟月、萧照如秋。天影阔，归鸿自度南楼。

浪淘沙吴翌凤

杨柳小湾头，风细波柔。银河潋滟月如钩。记得鸾笙吹一曲，柳外层楼。　　又是可怜秋，云影都收。白蘋香里舣兰舟。只恨清溪三尺水，不向东流。

台城路吴翌凤

霁痕绿遍池塘草，香泥尽抽纤笋。水槛春温，冰弦调滑，弹出思归新引。清明期近。看挑菜湔裙，何心闲趁？老矣樊川，乱红莫更点吟鬓！　　吟怀底事尚切？有泉石吾山，莫负游兴。童子携壶，名僧扶杖，屐齿不妨徐进。东风又紧。甚吹月都昏，更添重晕。漫检春衫，明朝晴未稳。

虞美人·丁巳春尽吴翌凤

前年黄鹤楼边路，香絮飞无数。去年无赖又长沙，争似辞巢燕子啄残花。　　今年落拓清浏道，鬓发垂垂老。送春三度立斜阳，依旧绿波芳草是佗乡。

卷二十四　杂志

左氏传经者也，或先经以起义，或后经以终事，或依经以辨理，即与经无涉，而见闻所及，亦广记而备言之。史之与经，体有间矣。《浏志》正目所编，事迹略备，至于语类《诺皋》，事同“夏五”，搜遗补轶，概汇是篇，资考订，广异闻也。《迁史》传留侯，征画师之笔；《范史》纪马后，载飞虫之梦。礼失求野，意在斯乎！

浏阳有负山。《九域志》。○旧志。

浏阳有因水。《文献通考》。○旧志。

湖行二千五百余里，北有浏阳水西流入湘，谓之浏口。《明史》。○旧志。

永兴镇在潭州浏阳县。《九域志》。○旧志。

九溪洞在县北七十里，上合下开，路通往来，有九水绕流其间。《方舆纪要》。

县东古风岩，一洞深数十里，中有楼阁钟磬，皆石，人迹罕至。明万历中，知县万建元游而乐之，塑像洞中，署联曰：“人皆认己成私，贪、嗔、痴牵缠爱欲，问阎罗是可逃地狱否？我只随流平进，清、慎、勤了当公案，叩如来肯许作佛事么？”旧志。

县西凤形山木平寺侧有石，曰盐醋井，高、广数尺，上二洼，相传出盐、醋，寺僧尝取给，后欲多取，凿之，遂不复出。旧志。

《岳麓碑阴》载浏阳令缺姓名、主簿张缺名，赞曰：“华宗旧德，利器良工。缺二字播政，震雷和风。缺四字，雉缺二字空。有典有则，惟始惟终。”见李邕《岳麓寺碑阴》第二截后半十九行。○旧志。

乾隆中，有人于土中掘得旧铜印一方，背有“大德”年号，其文系蒙古书。或以印本质予外舅钱少詹，少詹译其文曰：“浏阳州蒙古教授印。”后以印本贻予。印方八寸八分，作三行，前二行皆三字，后行二字。考元时浏阳州属潭州路，旧为县，元贞元年升为中州。元制，路、府皆设儒学教授一员，学正、学录各一员，蒙古教授一员；诸州上、中州设教授一员，下州设学正一员。史不言诸州有蒙古教授，据此印，则知中州亦设蒙古教授矣，可以补史志所未详。《古泉山馆古官印录》。○旧志。

前志以桑钦《水经》有刘阳，疑汉时已有浏阳，置县不自吴始。然《水经》一书，若济水之寿张、临济，菏水之湖陆，汾水之永安，皆成帝以后更名。杜佑尝力辨之，以其书为诡诞。王应麟复举武侯垒，欧阳玄复举永安宫，并证其非汉人作。玄又言：“其书言北县名多曹氏置，南县名多孙氏置。”《水经》盖久不足据矣。

南宋末，义师起湘州，刺史杨公则率师赴夏口西朝议，行州事者南阳刘坦谓：“湘境人情，易扰难信。必欲镇静一州，军民足食，无逾老臣。”乃除长沙太守，行湘州事，资粮用给。时东昏遣刘希祖破西台所选太守于平都，移檄湘部，始兴内史王僧粲应之，自号平西将军、湘州刺史。自是湘部蜂起，惟临湘、湘阴、浏阳、罗四县犹全。州人咸欲泛舟逃，坦聚船焚之，遣将尹法略拒僧粲，相持累月。公则还州，群贼始散。节《楚宝》。

赵汝谠，嘉定元年进士，提点江西刑狱，寻徙湖南。既至，表直臣龚夬墓。浏阳有豪民罗氏夺民田，汝谠惩以法。《宋史》本传。

浏至今差无逋赋。前志称宋、元赋四万，亦得其平。然当南宋时，东南半壁，军饷浩繁，额外之诛求，谅不能无，是以赋虽平而逋不免。卒至崖山荡覆，不能中兴，则有司剥削元气之罪也。考朱子领潭州日，其《约束榜》有曰："湘潭、衡山、湘乡、浏阳、攸县五县拖欠绍熙四年秋税，遂将钱差官下县受纳。近缘天时亢旱，祈祷未应，恐人户艰于送纳，已自七月初五牒[①]所委官回州取禀，候小熟日，却去开场受纳去讫。窃虑乡民未能遍知，仍前追扰，合行晓谕。（令）[今][②] 印小榜下县乡村晓谕人户，各宜安心车水，灌溉田亩，准备合纳税钱。候得雨（小）［水］熟日，依旧差官到彼开场，即行送纳。各令知委。"抚字心劳，催科政拙，凡百有位，尚念之哉！

宋时通判州事赵民彦、孟彦卿殉难于浏，祀典未肃。朱子正之，其《约束榜》曰："伏睹绍熙五年七月七日赦书内一项：五岳四渎、名山大川、历代帝王、忠臣烈士，载于祀典者，委所在长吏精洁致祭，近祠[③]庙处并禁樵采。如祠庙损坏，令本州支系省钱修葺之[④]。谨案《晋书》，南中郎将、湘州刺史、谯国司马王讳丞，当王敦作乱之际，兴兵倡义，为国讨贼，功虽不就，志节可嘉。今数百年来[⑤]，未有庙貌。又案《长沙图志》，故通判州军事、赠直龙图阁孟公讳彦卿，通判州事、赠直龙图阁赵公讳民彦，将官、赠武节大夫刘公讳玠，兵官、赠右监门卫将军赵公讳（津）［聿］之[⑥]，皆以绍熙初年，金人[⑦]侵犯，或提兵出战，或率众守城，殉国捐躯，忠节显著。本州

---

① "牒"，朱熹《晦庵集》（《四部丛刊》景明嘉靖本）卷一百《约束榜》作"帖"。

② 据《晦庵集》改。下同。

③ "祠"，朱熹《晦庵集》（《四部丛刊》景明嘉靖本）卷一百《约束榜》作"祀"。

④ "之"，《晦庵集》无。

⑤ "来"，《晦庵集》无。

⑥ 据《宋史》卷四五二《赵聿之传》（欧阳玄等撰：《宋史》〔简体字本〕，中华书局2000年版，第10329页）改。《晦庵集》同误。又，"讳彦卿""讳民彦""讳玠""讳聿之"，《晦庵集》皆作小注。

⑦ "人"，《晦庵集》作"虏"。

从来只（有）［于］[1] 南岳行宫设位祭享，祠像不立，无以慰答忠魂，表劝节义。今准前项敕书，合于城隍庙别置一堂，塑像奉安，永远崇奉。其谯王长史虞（理）［悝］[2]，司马虞望，参军韩阶，主簿周崎、邓骞，并是［当时］[3] 协谋起义之人，亦合各[4]行塑像，配神从食。牒州委官讨论，计度塑造。”其汲汲于此者，亦非俗吏之所知也。

明初汤荧作《儒学记》有云：“先是，王公伯昭爰始爰谋，功专草创。刘公伯奇继之，为治日浅。而吾史公克承厥勋，不以为艰。州判陈均佑、吏目王大章寅谋赞功，遹底成绩。”考浏阳元为中州，明洪武元年史希贤来知州事，二年改为县，赵贯来。史在浏仅一年，兵燹之余，即急学校，史固贤矣。《记》称王公、刘公为治日浅，自是元时知州，其州判陈均佑、吏目王大章旧为元官不可知，要是明未改县时官。四人者，后先经营学校，亦皆浏不可没者。

南台书院旧为义学。康熙时，知县蒋擢用银十八两，购胡叔瑾田七十余亩给膏火。县拔贡生胡其汉，叔瑾子也，为义学师二十年。雍正初，以齿迈辞讲席。门人彭世正等议曰：“学田虽蒋令所置，而叔瑾受价颇廉，且随田之山，胡氏先垄所在，不可不为远虑。”乃公购田如干亩，充义学费，原田及山归其汉，以守封树。亦可见士夫好义，克敦古处云。旧志。

县丞徐旭旦《劝孝歌》：“世有不孝子，浮生空碌碌。不识养育恩，何殊生枯骨？百骸未成人，十月居母腹。渴饮母之血，饥食母之肉。儿身将欲生，母身如杀戮。父为母酸心，母对父啼哭。唯恐生产时，身为鬼魅属。一旦见儿生，母身喜再续。自是慈母心，日夜勤抚

① 据《晦庵集》改。

② 据《晋书》卷八九《虞悝传》（房玄龄等撰：《晋书》〔简体字本〕，中华书局2000年版，第1545页）改。《晦庵集》同误。

③ 据《晦庵集》补。

④ “合各”，《晦庵集》作“各合”。

鞠。母卧湿箪席，儿眠干裀褥。儿眠正安稳，母不敢伸缩。全身在臭秽，不暇思沐浴。乳哺经三年，汗血计几斛。匍匐渐能行，坑阱畏颠覆。辛苦千万般，儿至十五六。性气渐刚强，行止难拘束。朋友外追陪，酒色恣所欲。日暮不归家，倚门至昏旭。儿行十里程，母心千里逐。一旦得好妻，鱼水极和睦。父母面如土，妻子颜如玉。母若责一言，嗔怒睁双目。妻纵骂百声，陪笑不为辱。母披旧裙衫，妻着新罗縠。不避人憎嫌，不畏人羞忸。父母或鳏寡，长夜守孤独。健则与一饭，病则与一粥。襦裤常单寒，衾枕不温燠。弃置在空房，犹如客寄宿。将为泉下鬼，命若风中烛。怏怏至无常，孤坟殡山谷。灵魂赴幽壤，一任舟藏壑。三年服满除，兄弟分财谷。不念二亲恩，惟言我之福。嗟哉若此辈，不异禽与畜。慈乌尚反哺，羔羊犹跪足。劝尔为人子，经书常诵读。王祥卧寒冰，孟宗泣枯竹。伯俞常泣杖，丁兰曾刻木。如何今世人，不效古风俗。为尔作长歌，分明与世告。勿以不孝口，枉食人间谷。勿以不孝身，枉着人间服。天地虽广大，弗容忤逆族。蚤蚤悔前非，莫待天诛戮。”　《戒溺女歌》：“虎狼性至恶，犹不食儿子。人为万物灵，奈何不如彼？生男与生女，同出汝毛里。生男乃收养，生女顾不举。我闻溺女时，其苦状难比。胞血尚淋漓，有口不能语。咿嘤水盆中，良久乃得死。吁嗟父母心，残忍一至此。我因劝我民，无轻杀其女。荆钗与裙布，未必能贫汝。婚嫁称家资，男女两得所。天地好生心，汝民当领取。”旧志。

知县王钦命《新任条约》曰：“一、士习之宜端也。学校为朝廷培养人材之地，多士岂容跃冶？况新例，生、监恃符健讼，把持衙门，重则黜革治罪，轻则以劣行咨部。至抗粮包揽，详革究治，本年钱粮三限不完，即许传集教官，当堂扑责。国宪煌煌，鼎铛有耳。浏邑人文渊薮，礼乐名区，本县能不折节下贤？或亲谒见于黉宫，或领珠巩于艺苑，缁衣式好，分固应也。凡吾诸生，皆宜自爱，早输正供，慎勿健讼。即有切己之事，亦必赴学登号，令抱告代投，无得公堂之上，屈膝相见，殊伤大体。倘有单寒之士，实能闭户读书，自当刮目相待，以鼓上进。其未进诸童，苦志芸窗，定行多方培植。总之，本县为多士劝学，必先为多士励品，无非爱惜斯文，以仰副天子崇儒重道、各宪作养人材至意尔。多士勉旃！　一、民风之宜厚也。浏邑界居江楚要冲，驯者固多，黠者亦复不少。本县职司民牧，惟以化导为先。访得楚南几种恶习，深可痛恨。夫妇为人伦之始，媒妁传言，六礼成婚，此一定之理也。乃或孩提口许，遽称百载童婚，或因家贫难度，辄将生妻嫁卖，或召夫养夫，居然夫随妻嫁，寡廉鲜耻，莫此为甚。及至事后，遂以光棍活拆，富割贫枕告矣。祖宗坟墓，自有定所，四时祭扫，孝子之常。乃因山上有无主树木，附近地邻互相垂涎，遂将一陌纸钱烧化，便尔认作祖山，彼此争斗，控为富豪毁墓、势恶掘棺矣。至于命盗事件，尤多虚诬。争田赎地，负债欠租，自应同中见人等情求理论，乃有明知自己不是，故意放泼，或扬言服毒，或假意投缳，本欲借此挟制，甚多弄假成真。穿窬小贼、鼠窃偷儿挖孔入室，失去物件，理应据实开报，以凭勒限踩缉，追赃究拟，乃竟空粘失单，每致盗获赃虚。总之，架瞒天之说，无非欲耸官长之听闻。殊不知婚姻自凭媒妁、年庚；坟茔须勘墓碑、棺椁；自尽人命，不准抵偿；虚报失赃，有干三尺。嗣后如有此等刁词，定行痛究，以儆颓风。　一、邪教之宜严也。邪说诬民，左道乱正，其害非轻，不可不为查拿。凡有假降邪神、书符咒水、扶鸾祷圣，妄称弥勒佛、白莲社、白云岩、清茶教等类，种种邪术，烧香集众，或以获福愚人，或以符水惑世，殊不知神佛无私，岂因一炷香、一对烛即尔佑乎？至于符水之说，尤不足凭。从来邪不胜正，朝廷立法，原以惩奸除暴，邪术安能避国法？此不过外来游棍，藉此煽惑人心，无知愚民误入迷途，受其笼络，遂至身家齑粉。独不思迎神赛会，尚有明禁，左道惑众，尤干严例，煌煌功令，何苦以身试法？本县不时查访，嗣后务须洗肠涤虑，革面洗心。士要穷经考道，奋志芸窗；农则耕田凿井，三时不失。工循操作之常，勿淫巧荡心；商习经营之旧，无逸游成性。凡我食毛践土，各安出作入息之恒；既处尧天舜日之下，当为安分守己之民。一罹法网，三尺具在，邻佑保甲，一并重处，亟宜猛省。　一、钱粮宜急公也。身既临民，备悉催科之苦；上既学古，应知惟正之供。即耕作村农，经商曲艺，皆当依限完纳，使目不见胥役，身不履公庭，岂不甚善！谚有云：'若要宽，先上官。'非虚语也。至若包揽一节，新例尤严，凡贡、监、生员包揽催收，入己拖欠者，不论分数，俱行黜革，发黑龙江当差；至八十两者，以枉法赃例拟绞；其里户听人揽纳者，照不应重律杖八十，乃追包揽之数入官。嗣后，尔士民务须自封投柜，上紧输将，不得包揽拖欠，致干严例。

一、讼师之宜惩也。民间好讼，不惟有妨生业，有破身家，抑且下结人怨，上干天怒，酿成灾沴，理势必然，非虚语也。浏邑山陬僻壤，性多刁顽，更有一等不法之徒，游手好闲，武断乡曲，略识之无，便为讼棍，专以教唆为活计，刀笔作生涯，乡党偶有微嫌，无不扛帮。或有愚民堕其术中，轻则废时失业，甚则荡产倾家。及至察访审诘之后，罪坐本告，唆讼者每多漏网，以致狡狯伎俩，肆行无忌。本县业经申饬，并曾责惩代书，见在仍行廉访，一有确实，定即密拿详究。嗣后如有告不以实者，除本人按律坐诬外，定拘讼师究处，庶几雀角不闻，熙皞成风矣。　一、赌博之宜严也。民力几何，岂可以有限之银钱，供无益之浪费？本县于莅任时，遍谕各乡，四路巡查，谅尔民亦共睹而共闻。况新例，凡民间有犯赌博，枷号两个月，责四十板，其开场及存留赌博者杖一百、徒三年。若设计诱人入局，将自己银钱放头、抽头取利者，俱杖一百、流三千里。造卖纸牌、骰子，为首之人发边卫永远充军，为从之人杖一百、流三千里，其贩卖为首者杖一百、流三千里，为从者杖一百、徒三年。如此森严，何苦甘蹈而不知避！兹恐奉行日久，渐次遗忘，故尔特为录示。凡吾士民，咸宜父诫其子，兄诫其弟，勿因一时之嬉戏，遂为莫大之祸患也。慎之！　一、打降之宜惩也。身体发肤，受之父母，全而生之，必全而归之，何苦以一朝之忿，致伤父母之遗体乎？乃楚中恶习，往往一言不合，一事不公，辄肆拳殴，偶然失手，遂成人命。枉死者之父母妻子，自然哀号百出，即生者之父母妻子，目击其受囹圄之苦，三尺之惨，受尽桁杨，终归偿抵，其痛楚更不知何如矣。一念及此，自然事事可以容忍。即或殴不致死，律载，凡因斗互相殴伤者，各验其伤之轻重定罪，后下手者减二等。原以斗殴一节，彼此均非善类，故各重其罪也。本县下车之初，亦曾悬牌严禁，谅尔民亦知畏惧。嗣后如有不遵示约，互相凶殴，控告到县，定照前谕先行重责，然后根究起衅情由，按律处治，以儆强梁。　一、保甲之宜行也。为政者在安良，安良莫先弭盗。近奉上谕，严行保甲，十户立一牌头，十牌立一甲长，十甲立一保正，每家悬挂门牌，开列男女名口、生业，每晚牌头照牌挨户查点。如十家之中，有人出外佣工、贸易、探亲等类，本人即向牌头说明，因何事往何处去，何日回来，届期不爽，牌头细问根由。十家之中，倘有外来亲友到家，亦即向牌头说明，某人系某项亲友，住在某处，因何事而来，何日即去，届期不去，牌头亦照前跟询。其中倘有形迹可疑、语言舛错，牌头即协同保甲盘诘，果有情弊，立即赴县禀报，以凭传讯。再若此村居民迁至彼处，原住处所牌头、甲长、保正赴县呈报，本县某人于某月某日迁至某处去讫，其新迁处所牌头、保甲亦赴县呈明，某月某日有某村某人迁至某甲内住居。本人将旧门牌缴销，另领新门牌，以凭查点。保甲烟户存房册内，亦即查照开除、新增，不得少有舛错。牌头仍督率居民，轮流守更，彻夜巡查，以防奸宄。如此，地方宁谧，盗贼不兴。倘有不为查点，以致滋事者，定将本保甲按律治罪。”旧志。

知县刘尔芋《训民十条》：　“一、孝父母。养儿待老，积谷防饥。父母之于子，自孩提乳哺以至成人，费尽心血，受尽劬劳，指望老来倚靠。那知儿子长大，便忘了父母恩勤，或桀骜不逊，动与父母违忤，或游惰自甘，以致父母冻馁，否则营情于妻子，役志于交游，热闹场中，逐臭附膻，不但与老人疼痒不关，甚且以为赘疣。此等人，天地如何容得？尔民须知那孝顺父母的人，是世上第一等好人，就是田舍布衣，也比人贵重；那不孝顺父母的人，是世上第一等罪人，就是读书成名，荣华富贵，也与禽兽一般，断断不要学他。各人父母，各人孝顺，每着一衣，便思父母身上的衣是否适体；每吃一饭，便思父母口中的饭是否适口；每做一事，便思如何方免父母忧虑，如何不贻父母羞辱，时刻留心，终身如一。在富贵之家，父母固乐其颐养；即贫贱之家，甘旨不能有余，父母也自欢喜。常言道：‘养子方知父母恩。’只把今日待儿女的心肠，想念父母昔日劬劳，便不至忤逆了。　一、务本业。大凡成家立业的人，得力只是一个‘勤’字；破家荡产的人，吃亏总在一个‘懒’字。盖天地生人，既予以耳目手足，便叫你动作有为，自食其力。若一味游手好闲，岂不是世间废物？况乃祖乃父不知费了多少辛勤，才得些子产业，你小心保守，还恐怕生齿繁衍，分析零落，若贪玩好逸，怎免得困苦饥寒？迨无恒产，必无恒心，匪类歹人，皆因懒惰生出。尔民务要各安生理，服田力穑，膏腴之地，粳稻菽麦既当及时播种；其山场瘠土，竹木、桑麻、菜蔬随地树艺，皆有自然之利。即素无产业者，或居积贸易，或负贩他乡，甚或男妇绩纴、匠作、佣工，皆可以衣食自给。倘不知务此，世间那有见成衣食送到你身上来？常言道：‘坐食山空。’就是富厚之家，尚且偷懒不得，况尔等穷民乎！　一、尚俭约。民间一粥，半丝半缕，由来都不容易。省吃俭用，便常有吃的，常有用的。若不知爱惜，任意浪费，无论穷约之家，难免冻饿，就是富厚之家，也不过三五年，便归乌有。试看那先富后贫的人，那一个不从骄奢淫佚过来？尔民当知物力维艰，量入为出，布衣粗食，自奉不要大过，比间族党，非时不宜宴会，以及婚嫁丧祭，一切礼文俱要简朴，不要贪图体面。今人开口便说'不好看'，这三字吃亏不小。独不想眼前事事打点好看，到得家财费尽，衣不着体，饭不着口，亲戚朋友都不往来，甚或摇尾乞怜，求人帮助，那时岂不更不好看么？　一、莫争闲气。'酒色财气'四字，惟'气'字人尤易犯，或因口角触忤，或因戏谑起衅，或薄物细故，为争一口气，便誓不相让。当其发作时，糊涂人执缪到底，明白人亦复不免，乖张人肆意妄为，正经人亦复不免，以致家庭之间，骨肉参商，交游之际，亲友疏绝。其或官司口角、斗殴强抢、服毒坐拚，推原根由，皆因此一字破解不开，酿成事端。尔民当知忍人让人，俱是自家讨便宜，凡事心平气和，不要任性。人来犯我，安知非我之不是，须自责自反；即实有不顺情理的人，当时让他一步，忍耐一时也，便涣然冰释，省得多少烦恼，免得多少事故。常言道：'好胜者必遇其敌。'彼不能忍耐的人，到得吃亏时，便后悔无及了。　一、禁赌博。凡人做犯法的事，都为有利于己，故不惜以身试法，独有赌钱的人，既耗费了家财，又受官法；凡人以银钱与人，都为可以交结好人，故不惜挥金如土，独有赌钱的人，拿着银钱送人，受者并不承情，反谓可以愚弄，故赌钱一事，最是下流，最是糊涂。更有一种败类，专事赌荡，迷而不反，到得下场头，非典妻鬻子，即鼠窃狗偷，既玷辱家门，又扰害里党，甚至招引匪类，纠集恶少，统凶肆抢，挖矿淘金，翩翩公子，变为穷凶极恶之徒。累累罪囚，尽是喝六呼幺之辈，见之惨目，闻之寒心，坏俗坏人，莫此为甚。尔民各宜儆惕，父兄约束子弟，乡闾劝戒亲邻，爱惜身家，无蹈法网。　一、莫酗酒。酒为狂药，实能乱性，多贪几杯，明白的人忽尔糊涂，和平的人忽尔乖张，谨厚的人忽尔放荡，素日说不出的话都会说出，素日丢过手的事都会发作，使气放性，无所不至，或遇人欺凌，或肆口詈骂，到私下则结怨召尤，到官前又挨打受气，甚或倒入醉乡，罔恤身命，一言不合，便磨拳擦掌，不是打死了人，便是被人打死。每阅邸报，各省咨题命案内，酒后逞凶，身罹极刑者，比别样更多。是酒之为害，实实不小。尔民宜猛省，各自爱惜，家常日用，乐事尽多，毋耽曲蘖，惹祸生灾。有不遵者，定绳以法。　一、戒淫恶。淫为万恶首，其中伤天害理，有多少事故、多少利害，切不可犯。乃浮薄少年，蚩蚩罔觉，见色起意，百计图奸，损自身之阴德，败他人的门风。天道好还，既免不得后来的报应，事犯到官，披枷戴锁，许多风流罪过，又免不了眼前的折磨。更多情密事泄，遂伏杀机，或奸杀本夫，身罹极刑，或本夫杀奸，死于非命，又或妒奸相杀，或拒奸相杀，或杀人灭口，怨毒相构，祸至常惨，言之寒心，宜知儆戒。至花街柳巷，虽非良家子女可比，然宿妓窝娼，倾囊破产，终是破家子弟。甚至毒疮恶疾，延及闺门，亲戚弃绝，乡党不齿，何以为人？尔民宜各顾廉耻，各惜身命，无贪虚娱而取实祸。懔之！　一、莫轻生。人生最重的是性命，任他甚么难过的事，留得身子在，都好缓缓打算；任他甚么难忍的气，留得身子在，都好慢慢理论。乃乡党无知，计不及此，或因负债难偿，或因鸡犬构衅，或因酒醉凶狂，语言忿激，或因家庭妇女，口角微嫌，一时短见，不是投河自缢，便是服毒自戕。更有一种糊涂算计，拚自己的身命，意图报复嫌怨，诈人钱财。殊不知短见轻生，与人无尤，即具报到官，亦止令本家自行掩埋，其被告之人初无罪名可拟，平白送了性命，又出不了自己的气，又破不得旁人的家，岂非至痴极愚么？尔民务宜痛惩恶习，无轻躯命。至楚地多产黄藤，流毒尤甚，其附近产藤地方，务将此等毒草芟除净尽，绝其本根。倘嗣后仍有服此毙命者，即将该地保并究不贷。　一、国课早完。圣王行井田之政，定什一之制，维时百姓都欢天喜地，输将恐后，道他取民有制。今我国家体国经野，薄赋轻徭，不但较之历代有减无增，即比上古什一之法，亦减去过半。试以浏阳一邑计之，每亩止征正饷四分五厘五毫七丝、南折驴脚九厘二毫七丝、漕米一升七合六勺二抄，此外火工、解费亦为数无几。而民间一亩之田，每岁收谷三四石不等，即谷价平减之时，亦可易钱两三千不等。是维正之供，其取于民者，尚不及二十分之一，民间宜何如欢欣鼓舞也！乃无知之徒，犹复任为拖延，不早完纳，更有一种莠民煽惑乡愚，抗粮闹仓，挟官告吏，一经捕治，辄兴大狱，卒之所告十审九虚，自罹重典。尔民生太平之世，沐休养之恩，凡遇父母之急，皆宜效子来之诚，况漕粮正赋攸关，尤宜踊跃输纳，以实天庾。那世间的穷民，并不是完粮运漕便穷了；那世间的富户，并不是抗粮抗漕便富了。急早猛省，无劳催科。　一、莫构讼。古人云：'居家戒争讼，讼则终凶。'这打官司是民间第一件不好的事，无论输赢，都没便宜。兼以楚省风气，一切词讼，专以拖累为主，告官准理之后，原告要审，被告偏任为拖搁，被告要审，原告又百计耽匿，住城守候，旷日持久。或时值春耕，人家栽插，自己的田地一任荒芜；或时值秋收，人家收获，自己的田禾一任抛散。父母妻儿在家悬望，好友良朋在外挂心，己身在城縻系，经承原差恣意需索，歇家饭店重利盘算。上堂听审，一句说错，不是掌嘴，便是杖臀。又荒工夫，又赔银钱，又受刑法，那一般是便宜？甚至案悬不结，频年拖累，倾资破产，上不能守祖宗的家业，下又结子孙的仇嫌，这样下场头，岂不可惜！然尔等乡民，未必个个好讼，都只为受了讼师的愚，不顾自己吃亏。怎知衙门书役、城中歇保与那不自爱的生监，他门都是靠着衙门吃穿，惟愿人家有事，对东家便说帮你告害西家，对西家又说帮你告害东家，正是撺住虾蟆跳枯井，到得撺掇上路，你便要歇手，也由不得你，或藉名打点，或包揽上控，诸色使费，任他铺排。一经官府审断，曲直判然，赔钱受气，戴锁披枷，都是你自己去受，他只要诓骗银钱到手，便不管你死活了。此等人在官固要访拿究办，尔民也要知深恶痛绝，户婚田土、口角细故，尽可私下调处，毋听坏话，莫入公门，男耕妇织，乐业安居，便是盛世良民了。”旧志。

知县赵嘉程《训民七条》：“父母兄弟，天显之亲。骨肉亲戚，伦内之人。勿以财物，坏了本心。争夺控诉，徒伤自身。　邻里乡党，和好为先。缓急相济，呼应相连。勿因小忿，冷灶生烟。一朝有事，谁肯哀怜？　田土有分，婚姻有缘。强占他人，过莫大焉。各自谨守，安分靠天。万一越分，法不能全。　窝赌窝贼，岂能成家？官府访缉，地境报查。一朝犯事，严刑被枷。回头自想，后悔无涯。　士当保身，民当力农。工贾技艺，各就汝工。法宜远避，业可兴隆。稍稍生事，无不终凶。　你不让人，人谁让你？你若害人，人皆害你。猛然自思，何益于己？不如改过，循些天理。　凡我士民，须敬听之。巽与之言，细思为美。改过迁善，天心所喜。父母斯民，如斯而已。”旧志。

知县赵嘉程以六月某日值六十初度，凡有馈遗，均却之。县人刘我苹呈一联云：“面到六旬犹是铁，日逢三伏宛如冬。”嘉程大赏，延饮尽欢。廉其贫，赠以金，不受。

县人李藩，以乡贡起家，出为县令。其《莅任告城隍文》辞气懔然，非可伪为也。《文》曰：“维邑宰官，称民父母。通四乡之休戚，系一邑之安危。膺斯任者，必留心民瘼，曲体舆情；宽不纵弛，严无峻刻。务使雨旸寒燠，不失其时；疾苦啼号，咸知所告。释颠危而登乐利，挽浇悍以返淳良。克殚乃心，斯称厥职。藩楚南下士，韦布经生。历授徒者三十年，困公车者十一载。既滥叨民社之寄，敢暂忘利济之心？识虽短浅而多迂，心实诚求而无倦。念昔当寒素，曾布丹衷。清夜焚香，神既昭格于诸生之日；单车莅任，心尤懔惕于服任之时。霞峤风清，扪寸心而自矢；浦南月皎，披积愫以长明。倘以案牍纷投，不思曲直立剖，或受苞苴而宽奸宄，或循情面而枉善良，有负初心，愿甘神谴。至若暧昧有难明之迹，知识有未周之时，仰祈神佑，默启予聪。期于斯民而无负也，端于吾神有厚赖焉。"旧志。

前志：县人李撰，宋时令上高，有《劝农诗》云："园林二月春才半，朝日曈昽天气暖。东风放尽柳梢青，已有黄鹂娇睍睆。波翻嫩麦绿连坡，露入夭桃红满眼。笋舆乘兴入招提，苾刍留我炊香飰。山泉煮茗更味长，又得禅林半朝款。兀突丰碑三百年，古人事迹今苔藓。临风抖擞簿书尘，倚杖须臾归已晚。耕夫夹道问长官，百钱赠汝聊旌劝。从容从骑无疾驱，要数山前苍翠点。"令与民亲，斯风土易谙，教化易入。撰诗如此，其无䌷被放衙之陋习乎！又《元夕值雨诗》云："山县逢元夕，东风雨溅灯。渔篝临远浦，鬼火附寒藤。酒市可罗雀，官寮当曲肱。狂歌吾老矣，犹忆旧时能。"亦见政简刑清之意。

宋《中兴馆阁书目》："慎到，浏阳人。"《文献通考》："陈氏曰：'《慎子》一卷，赵人慎到撰。《汉志》四十二篇，先于申、韩，称之。《唐志》十卷，滕辅注。今麻沙刻本才五篇，固非全书也。按：庄周、荀卿皆称田骈、慎到，到，赵人，骈，齐人，见于《史记》列传。今《馆阁书目》乃曰"浏阳人"。浏在今潭州，考三国吴时始置，浏阳与赵南北分区，又了不相涉。《书目》殆据书坊所称，不知何谓。'"旧志。

宋时杨万里，江西吉水人，所著《诗集》有《题浏阳柳仲明云居山书院长歌》，已入《艺文》。称仲明致政，其子世南中文科，官荆（湖）［南］[①] 教授，诗中倾倒甚至。万里非妄谀人者，惜致政官阶、教授科目皆不可考。

周镗登第之岁，楚国公欧阳玄方为国子监祭酒，作《纪事诗并序》云："泰定丁卯（八）［三］月[②]十二日，崇天门传胪赐进士，右榜第一人阿察赤，左榜第一人李黼，皆肄业国学日新斋，余西厅授业生也。是日，京尹备鼓乐、旗帜、麾盖甚都，导二状元入学谢师，拜余明伦堂。榜眼刘思诚、探花郎徐容尝因同年黄晋卿、彭幼元从予游，亦拜其侧。其余进士以门生礼来拜谢，杂遝不计姓名。圜桥门而观者万计，都（门）［人］以为斯文盛事，昔未有也。同寅举酒相属，偶成绝句，以纪其事。禁院层层桃李开，天街绣毂转晴雷。银袍飞盖人争看，两两龙头入学来。淡墨题名（二十）［十二］年[③]，一官独自拥寒毡。居然国子先生馆，三五魁躔拜座前。"旧志。

元制，艺文监，文宗天历二年置，顺帝至元六年改为崇文监，令翰林国史院领之。时以欧阳玄为少监。《续文献通考》。○旧志。

元时，翰林院以金兀术第为之，欧阳楚公诗"翰林老屋势深雄，犹是金家兀术宫"是也。《瀛洲道古录》。○旧志。

欧阳圭斋论风雅取名最有理，前辈说《诗》者之所不及也。其言曰："风即'风以动之'之风，雅即'雅乌'之雅，以其声能动物也。"又曰："风雅惟其声，不必惟其辞，故有声而无辞者有之，无声而有辞者无有也。"圭斋《南词》中有"龙袖娇民"之语，想是元时

---

① 据杨万里《诚斋集》（《四部丛刊》景宋写本）卷三十改。参本书卷二三杨万里《题浏阳柳仲明致政云居山书院》诗校记。

② 据《欧阳玄全集·圭斋文集》卷三《喜门生中状元》（欧阳玄撰，汤锐校点整理：《欧阳玄全集》，四川大学出版社 2010 年版，第 32—33 页）改。下同。按：元代科举殿试在三月举行。

③ 按：欧阳玄延祐元年（1315）登第，下距泰定丁卯（泰定四年，1327）十二年。

方言，不知是何等也。《玉堂漫笔》。○旧志。

古大手笔，聿称燕、许。圭斋视草，允堪鼎峙。片言之出，奉如至宝。实以敷华，文为载道。《元史续弘简录·册语》。○旧志。

侍从台谏，必取其文章华国，直节鸣朝，方与斯目。然既列其人，必详其事，如欧阳玄之《治河记》，皆炳炳烺烺，可传可诵，并加详列，用成巨观。《元史续弘简录·凡例》。○旧志。

顺帝至元初，平章彻里帖木儿议罢科举，许有壬力争之，云："科举如欧阳玄之文章，亦岂易及?"《元史·许有壬传》。○旧志。

《进宋史表》乃欧阳玄所为，最警策者是"声容盛而武备衰，论建多而成效少"。他如"齐亡而访王蠋，乃存秉节之臣；楚灭而谕鲁公，堪矜守礼之国"，温厚典雅之旨，尤为蔼然。《蜀郡杂抄》。○旧志。

长沙有朝士某还乡，意气满盈，宾至则鼓吹喧闹。里中有执友来谒，朝士云："翁素好诵诗，近日诵得何诗?"执友曰："近日诵得孙凤洲《赠欧阳圭斋诗》，甚有味。"乃朗诵之，曰："圭斋还是旧圭斋，不带些儿官样来。若使他人居二品，门前箫鼓闹如雷。"[①] 朝士闻诗默然。《府志》。○旧志。

明洪武元年，寨长黄宁率众归徐达。《嘉靖志》载："明初《志》云：或曰：宁保境来附忠乎？曰：天造草昧，群雄窃据，依凭城社，以盗名字，不可胜数，百世而下，未谅其心也。故未入《忠烈传》。"明初《志》今可考者，仅此数语。旧志。

县人吴永和《课儿诗》云："南亭伤老大，呼儿夜读书。扑儿儿

---

① 按："孙凤洲"，当作"孙春洲"。孙春洲此诗最先见于正德《袁州府志》卷九《遗事》："元至正壬午，圭斋以翰林承旨自浏阳归分宜省墓，屏谢导吹，车徒稀寂。其乡人孙春洲先生，有名士也，有诗曰：'圭斋只是一圭斋，不带些儿官样回。若使他人官二品，门前车马闹如雷。'"（欧阳玄撰，汤锐校点整理：《欧阳玄全集》附录二，四川大学出版社2010年版，第833页）此后，孙春洲其名及此诗字句，在各书转载的过程中产生了讹误。

转拙，老妻旁劝予：‘儿愚君莫恨，君书复何如？煮字不疗饥，可笑生涯蹙。’默默更无言，挑灯儿再读。”家庭情事，宛然在目。旧志。

县南彭之年镇襄阳，同乡斸宏图客幕中，有诗名。达官某以画索题，宏图书云：“一上一上又一上。”之年失色。又书云：“飞流直下三千丈。桃花流水竹林边，我去化龙君作浪。”达官大喜，曰：“君才自可化龙，仆力焉能作浪？”前志载宏图《咏昭君村诗》云：“大造何曾忌物华？红颜直遣走天涯。为纾国难生存汉，不作胡人死忆家。孤冢有灵憎白草，芳魂无郙委黄沙。当年毓秀村犹在，万壑争流石径斜。”昭君村距襄阳不远，或亦幕游时稿也。

前志载：“僧庆诸栖真石霜寺，寺前故塑伽蓝像。一夕，鼠窃佛灯油，僧语责伽蓝。翼日，鼠毙佛殿前。僧谓伽蓝犯佛戒，叱远寺十里，其像顿圮。有知府某经浏，梦神告云云。某因往寺，力饮僧酒，意在释伽蓝。僧勿饮，令举空杯相酢。僧吟曰：‘老僧若把空杯举，伽蓝依旧镇山门。’某乃以情请，僧允五里。今距寺五里有伽蓝庙云。”按：事有无不可知。但唐武德初改隋郡为州，太守为刺史，天宝元年复隋旧郡，称太守，至德二年复改州，称刺史，州分上、中、下，无以府称者。今云“知府某”，或亦附会之讹欤？

僧齐己，潭州人，与贯休并有声，同师浏阳石霜。二僧［诗］①，唐之尤晚者。己诗如：“夜过（新）［秋］② 竹寺，醉打老僧门。”最佳。旧志。

道吾和尚《一钵歌》：“无可离，无可着，何处更求无病药？药是病，病是药，到头两字须拈却。一无药，一无病，正是真如灵觉性。”

---

① 据方回《瀛奎律髓》（清文渊阁《四库全书》本）卷十二齐己《新秋雨后》诗后评语补。

② 据《瀛奎律髓》、齐己《白莲集》（《四部丛刊》景明钞本）卷三《过陈陶处士旧居》改。

《楚风补》。○旧志。

元僧旧衣黑衣，文宗宠爱僧欣笑隐，赐以黄衣，其徒后皆衣黄。欧阳玄《咏墨菊诗》曰："苾刍元是黑衣郎，当代深仁始赐黄。今日黄花翻泼墨，本来面目见馨香。"《山堂肆考》。○《志余备考》。

浏阳有彭和尚，能为偈颂劝人，常念佛。遇夜，然大炬名香，念偈拜礼，愚民信之，其徒遂众。徐本，湖南人，姿状庞厚，无他长，平时以贩布为业，往来蕲、黄间。时遇彭众欲为乱，思得其主。一日，徐于盐塘水浴，众见其身上毫光灿起，皆惊异之，遂拥僭帝号，以蕲春反，天下响应，东南遂大乱，湖广、江西、浙江三省城池多陷没，开莲台省于蕲春。本性宽，纵权在党与，后其麾下陈友谅率兵攻台，谋夺伪号，遂死采石。《府志》、旧志。○《明史·陈友谅传》："徐寿辉，罗田人，又名真一，业贩布。元末盗起，袁州僧彭莹玉以妖术聚众为乱，用红巾为号，奇寿辉状貌，遂推为主。至正十一年，陷蕲水及黄州路，遂即蕲水为都，称皇帝，国号天完，建元治平。明年，分兵连陷湖广、江西诸郡县。明年，迁都汉阳。后陈友谅破龙兴，寿辉欲都之，友谅不可。未几，遽发汉阳，次江州。江州，友谅治所也，伏兵迎寿辉入，闭城，杀其所部。奉寿辉以居，自称汉王。遂挟寿辉攻太平，克之。进驻采石矶，遣部将白事寿辉前，戒壮士挟铁挝击，碎其首。友谅遂即皇帝位，国号汉，改元大义。"按：《志》所载与此事类，疑即寿辉事，并录备考。

欧阳玄《睽车志》[1]："刘元方尝宿湖岸驿中，夜闻歌声，朝阅楹间有题云：'爷娘送我青枫根，不记青枫几回落。当时手刺衣上花，今日为灰不堪着。'""王绍夜读书，忽窗外有言借笔者，绍与之。于窗上题一诗曰：'何人窗下读书声，南斗阑干北斗横。千里思家归不

---

① 按：《睽车志》为伪书，非欧阳玄所作。李剑国《唐五代志怪传奇叙录》辨证甚详："《睽车志》，载《合刻三志》志鬼类、重编《说郛》卷一一八、《五朝小说·宋人百家小说》偏录家、《古今说部丛书》六集。《合刻三志》共一百三十五条，题唐欧阳炯纂，明何璧校补；其余各本多七条（百四十二条），题宋欧阳玄。按此书乃杂取诸书言鬼者而成（多又转抄自《御览》《广记》），窃南宋郭彖书名而托之古人。"参见欧阳玄撰，汤锐校点整理：《欧阳玄全集·前言》，四川大学出版社2010年版，第31页。

得，春风肠断石头城。'" "郑郊过一冢上，因驻马吟曰：'冢上两竿竹，风吹常袅袅。'久不能续，闻冢中言曰：'何不言"下有百年人，长眠不知晓"？'郊惊问之，不复言矣。"按：《睽车志》，志鬼书也。今《圭斋集》无存，故录《说郛》所载数则，以识其概。旧志。

县东李枝茁能诗，年四十而死。一日，其兄枝蕤晨哭其墓，见碑露淋漓，有若指画者，验之则绝句也，曰："鸡鸣白月皎于霜，犬吠绿萝暗似漆。独来独往悄无人，泪珠时向秋风滴。"

县西江家渡有铁包公，云明时自湘潭魋子岭飞来狮形山，傅君茂构庵覆之。旧志。

升冲观有铜祖师，俗传其神，耳聋求签者，必先摩足趾乃验。至今其迹光莹异常。旧志。

县治东有药王祠，即升冲观，素著灵异。县尉王祯案：《职官志》无祯，仅典史有王珍云。婿孙某病久，梦羽衣人自言城东孙姓有疗疾药，诘旦遍访土人，俱云城东无孙姓者。耆民周彦文曰："此必药王也。"遂偕至升冲观，见神座下有王瓜，遽取食之，归而疾愈。旧志。

明末黎某家有神女降，初仅闻声，后辄见形，杂坐人丛，略无避忌。黎恶其妖，延朱法师作符治之。朱云："今夕吾当作法于升冲观，女必昏仆，汝等须斫以利刃。"抵暮，女方与众围炉坐，忽仆地，众持斧击之，倏不见。翼日复来，厉声骂曰："我非有害于人者，何故令道士咒我？我必降祸汝家。"黎益恐，乃召集僧、道，作七昼夜功德以谢之。醮完之夕，见女腾身于三丈幡竿上表，揭取令旗，诣前致谢曰："吾孝女也，请命上帝，周游人间，遍访父母，暂羁于此。蒙君荐度，吾当从此逝矣。"言讫飞去。旧志。

大围山白面石，高十七丈。土人祠祀之，曰护国将军。传前代曾显异灭寇，颇不经，然旱祷辄应。石下有泉清冽，好事者名以神水，取疗病，亦多效。同治六年，县东张某坠马服药，其弟方患指疡，备砒霜、黄藤为汤，未熟，其妻误以进，既腹痛且绝矣。家故虔祀，石壁有筒藏水，某瞠目视壁，家人亟取一勺与饮，暴下而苏。其弟觅汤，惊问嫂，始悟其误。某卒无恙。

袁州仰山有二王神祠，其灵甚著，士大夫往来者多祈梦于祠下。淳熙十一年，长沙府汤璹经过，亦将乞灵，始至，宿于山下。是夜梦一贵人姓萧者，召与之谈，贵人自叹年老，若羡璹者，璹曰："璹贱不足道，公由布衣而位至此，尚不满耶?"贵人俯首曰："否。"少焉，有徒御拥璹登车曰："召公赴宴。"至则客主凡六人。明日，（复）[伏][①] 谒祠庭，见庑间有碑记，读之，始知王萧姓也。璹遂再祷，乃梦被旨使高丽，璹挟矢负弩，跃马而行，方十余步，忽闻后有叹声，回顾视之，见二士，一王氏，一欧阳氏。璹复前行，道险，偶一矢坠地，亟下取之，矢已随流水过前矣。须臾，见故仰山寺主僧本然，揖璹少憩。僧拥炉而坐，傍一侍者欲撞钟而复止，璹问："何为而不声钟?"答曰："未遇顺风，击之声只闻一方；待遇顺风，声可闻四方。"璹因谓僧曰："是钟未用耶?"僧曰："炉亦未用。"璹曰："洪钟之用，在足下尔。"僧笑而止。翼日，且复得梦，读省闱前列文卷，殊莫晓其意。淳熙十三年，璹预荐，名在第三，其上则王与欧阳也。次年试礼部，知贡举乃洪迈景卢，璹遂为首选。《云谷杂记》。〇旧志。

元延祐元年，诏设科取士，典试官梦神马见于云霄，书欧阳玄名大旗上，玄果以《天马赋》中第一。县固有天马山，后人以为赋山也，伪撰结语云："顾兹山之负此胜兮，吾将驭而莫之骀也。猿啼引其骏足兮，直将饮咸池而辔扶桑也。"与上文不属，今删正。旧志。

县东大围山中相传有神马，形体异常，红光闪烁，出则食禾数亩，隐见不常。昔人拾得其尾，约长七尺余。旧志。

---

① 据张淏《云谷杂记》（清文渊阁《四库全书》本）卷三改。

旧传唐文宗疾大渐，榜召医，有白衣老人应召入，疗疾痊，乃奏言：“臣潭州道吾山裟伽龙也。”因敕封白衣裟伽老龙王，立祠老龙潭侧，并敕赐寺额。山内冷泉井有龙子，状类蜥蜴。知县祷雨，每诣井求取，养以净器，置祷雨坛，辄应。往往入夜潜逸，莫觅所踪。旧志。

潭州道吾山有湫，毒龙所蛰，堕叶触波，必雷雨连日，过者不敢喘。慈明与泉大道同游，泉牵其衣曰：“可同浴。”慈明掣肘径去，泉解衣跃入，霹雳随至，腥风吹雨，林木掀播。慈明蹲草中，大惊，意泉死矣。须臾晴霁，忽引颈出波间，笑呼曰：“囦。”或问：“正风雷震荡时，泉大道躲在何处?”曰：“躲在龙鼻孔里。”《郁冈斋笔麈》。○旧志。

县北沙石街市有古城隍庙，无人居。一日，钟急鸣，市人趋往，则猴释槌而前，钟侧卧一人，僵矣。检敝箧戏具，知为弄猴乞者。猴拊尸而拜，众人哀之，买棺殓尸。猴跃入，众出之，复入者三，众悯其诚，听其殉而并葬之。嘉庆季年事也。

咸丰三年，邑有虎患。县东有业屦者，母方炊，乍有声如坠，趋视，则虎自屋脊入，啣其母越墙出，去数十武矣。泣而奔且号，曳其母，负之归。虎却视，顷之，舐地上血，吼而去，母卒无恙。又县东李照莲《虎记》云：“甲寅秋，虎乱小溪，民三人为队，逐虎于龙坡之峡。矢发，虎应弦而跃，爪及持叉人之衽。刺之，避，掷之，复避。王启修以大枪揕虎口，贯喉洞腹，余虎散于军山。军山右麓下三湾，童子牧焉。虎猝至，童惊仆地，二牛以角当虎，屹然斗抵岩石上，竟毙虎。张才者，健儿也，樵于昙山，经虎穴，觇三虎子方睡，缚之。二虎猝至，攫张。张叱咤，格雄虎堕悬岩下，不得上，与雌虎斗，虎走，遂归。吴之商月夜独行，闻琴声清冷，在疏林间，窃听之。前途有二篝火，小而明，商呼使俟己。比近，驰绝巘去，疾如电，至巅吼焉，岩壑皆震。于是浏患虎，无夜行者。张才既堕虎，自负其勇，与王启修矢愿逐虎。月余，闻梓人某竖木为厂，虎排户入，衔一人去，众呼跃，夺一臂还。一日，张约启修往驱虎，启修适母病，辞，遂独往。须臾，虎群至，张奔里许，忽一虎断张去路，夹攻之，张竟餍虎口。张才死，虎益炰烋，环县山二十里，每阴霾昼晦，则虎气袭人，毛发俱立。或云：‘明年春，乡人遍祷众山，于层峦峻处，见虎化为巨人乘云去。’”

县东黎某家有犬，固獒也。某以钱三缗强市之去，仍日返其家。某祝曰：“若已易主，毋再来，来则逐汝。”犬遂不至。久之，黎某病，甚或戏之曰：“某病矣，盍往视之?”犬果至某寝，拽之出则噬人。某没，伴其棺。既葬，绕墓而号。饲之食，不食，数日死。

道光十二年，大军之征赵金泷也，大吏檄浏当出三百人辇负辎重，官悬榜召之，凡两旬莫应。大吏怒，择代者至，则令保正各募三人，拘而载以舟，行者、送者哭声震江干。有一人应募而逃，其父老矣，方缝于家，役拥而去其须以代。舟行半日，竟有畏而自沉者。时承平久，民不忧衣食，以浏距江华未千里，畀以资，仅令供运夫，且不欲。咸丰以来，民乃或背家从军，偏裨一纸，召募数日，且千夫可致矣。

咸丰六年，贼猝至北乡，被虏者众。有牧童年十三，见贼至，弃牛奔，一贼穷追。遇水，童故善泅，跃入，浮水上行。贼谬谓水浅，从而下，童曳其足，溺毙之。

里谚： 一滴露水一茎草，为人只怕不学好。 在生不敬爷娘，死后空做道场。 买田脱佃，买牛脱桊。 完了粮，盖了墙，门前狗嗥也不妨。

农家谚： 立春下雨到清明。 最喜立春晴一日，农夫耕田不用力。 未到惊蛰鸣雷，四十九天阴雨。 惊蛰不动虫，寒到五月中。 春社无雨莫耕田，秋社无雨莫种园。 先分后社，谷米长价。先社后分，谷米价轻。 二月清明迟下种，三月清明早种秧。 春无三日晴，夏无三日雨。　四月八，冻杀鸭。　小满不满，芒种不管。　五月壬子破，大水穿山过。　五月十三雨一朝，晒得南山竹叶焦。　夏至伴端阳，家家饥断肠。　热在三伏，冷在三九。　六月发北风，冻杀没毛虫。　荒不荒，七月十五看月光。言是夜月入日即出，主明年青黄接；月入日始出，主青黄不接；入久日乃出，且大荒也。　九月重阳，移火进房。　立冬无雨一冬晴。　小雪大雪，煮饭不歇。　禾怕午时风，人怕老来穷。　朝霞雨涟涟，晚霞火烧天。　日晕长江水，月晕草头枯。言日晕则雨，月晕则风也。　月光生毛，大水推壕。　朝看东南，暮看西北。言有黑云则雨也。　黑猪生过河，半夜雨滂沱。言黑云也。

胥役谚：　票上一点朱，那管是尚书！　票上一点墨，民间千点血。　剿贼不剿窝，越剿贼越多。　饿死莫作贼，气死莫告状。　县里有青天，赢了官事输了钱。

续修《浏阳县志》捐资姓氏

缘首刘西园布理问衔　缘首宋德昭布理问职、加二级，授奉直大夫

缘首黎定连监生，议叙九品顶带　缘首高兼善五品衔州同、加一级

宋鲲盐提举衔，授奉直大夫

宋德昭

宋德溶同知衔　共捐钱二百千文

宋德孚州同职、加二级，授奉直大夫

宋德恒布经历职、加二级，授奉直大夫

黎志生州同职，以孙宗宪布经历职、加二级貤封奉直大夫后裔　捐钱八十千文

黎华翥任两淮草堰场盐课大使　捐钱四十千文

黎锦彪州同职，以子运梅理问衔、加二级封奉直大夫

黎锦銮附贡生，以侄运梅理问衔、加二级貤封奉直大夫　共捐钱一百千文

黎锦骧江苏补用知县，保加盐运同衔

王光杓运同衔　捐钱四十千文

彭炳章州同职、加二级，授奉直大夫　捐钱二十千文

刘光照例贡生，以孙宗理州同职貤封儒林郎后裔　捐钱十二千文

刘宗之以孙向锬布经历职貤赠儒林郎后裔　捐钱十二千文

刘大吕候选巡检，以子宗宜同知衔、加一级赠朝议大夫后裔　捐钱十二千文

邱锡源布理问衔，祖其润、父应台俱赠儒林郎，祖母张、母刘俱赠安人　捐钱十二千文

贺宏勋江西万安县知县　捐钱十千文

高国彩封职后裔　捐钱十千文

彭会光江西玉山县巡检　捐钱六千文

罗性恬布理问衔，授儒林郎　捐钱六千文

罗桂森盐提举衔，候选训导　捐钱五千文

黎定磐从九职　捐钱五千文

熊孔怀监生后裔　捐钱五千文

邱庆斯议叙八品，以孙行勉理问衔、加二级封奉直大夫，妻陶封宜人　捐钱五千文

黄运光邑庠生　捐钱五千文

龚正浦、醇均从九职后裔　捐钱十千文

徐会廷监生　捐钱五千文

谢功肃从九职　捐钱五千文

刘焕奎六品衔，广东候补县丞　捐钱五千文

刘贤友五品衔，广东候补千总　捐钱五千文

黎维后裔　捐钱五千文

黎宗信监生　捐钱五千文

刘宗震从九职　捐钱五千文

刘武穆公祠　捐钱五千文

黄瑞麟监生　捐钱五千文

陶承道从九职　捐钱五千文

刘宗洛卫千总衔　捐钱五千文

缘首贝世谟州同职

贝云昭监生　捐钱三十千文

贝楚和监生　捐钱十二千文

贝荣榜监生，以孙耀瑜州同职赠儒林郎，妻周赠安人　捐钱三十千文

贝华景监生，以孙世谟州同职、加二级贻赠奉直大夫，妻罗封宜人　捐钱三十千文

贝华垣监生，以孙礼贤州同职、加二级赠奉直大夫，妻李赠宜人，江封宜人　捐钱三十串

贝耀采监生，以子世谟州同职、加二级封奉直大夫，妻张赠宜人，熊封宜人　捐钱三十串

贝耀鹏五品衔布经历职，以子世冕同知衔封奉政大夫，妻江封宜人　捐钱三十千文

贝耀科守御所千总衔，以子寿祺运同职封朝议大夫，妻马封恭人　捐钱三十千文

贝耀禄监生，以孙德宣光禄寺署正、加二级赠奉直大夫，妻罗、周赠宜人　捐钱二十串文

贝耀韶监生，以子礼贤州同职、加二级封奉直大夫，妻汤封宜人　捐钱二十千文

左万瑜监生，封奉政大夫　捐钱二十千文

贝耀先监生　捐钱十二千文

贝耀名以子世臧光禄寺署正、加二级封奉直大夫，妻钟、周赠宜人，江封宜人　捐钱十二串

贝世敦守备衔，以侄书麟光禄寺署正衔、加二级封奉直大夫，妻王封宜人　捐钱十二串

贝耀宸　捐钱十二千文

贝耀庚监生，以孙德铨理同职、加二级贻赠奉直大夫，妻王封宜人　捐钱十二千文

贝世龄州同职，以弟世冕同知衔贻封奉政大夫，妻宋贻封宜人　捐钱十二千文

汤英梅　捐钱十二千文

黎曜三　捐钱十二千文

贝耀尚修职郎　捐钱五千文

贝华楫监生　捐钱十二千文

贝耀馨修职郎　捐钱五千文

贝耀瑜州同职衔　捐钱五千文

贝耀寿以孙德甫千总赠武德骑尉，以孙德恭同知衔赠奉政大夫，妻朱封宜人　捐钱五串

贝厚培堂路费　捐钱五千文

缘首毛鸿仪候选巡检

毛体忠五品顶戴，监生，以子鸿仪候选巡检封登仕佐郎，妻黎封孺人　捐钱二十千文

毛体正例贡生　捐钱二十千文

毛文祠东乡石湾　捐钱十千文

毛辉公祠东乡涧山　捐钱十千文

康宁渡东乡三尺涧　捐钱五千文

毛瑞祥监生　捐钱五千文

毛鸿熙监生　捐钱五千文

龙王祀东乡龙王排　捐钱五千文

毛明公祠东乡石湾　捐钱五千文

缘首李华秾郡庠生

缘首李辉谟翰林院待诏衔

李正常　捐钱十二千文

李翠广　捐钱十二千文

陈福兴监生　捐钱十二千文

李若菁　捐钱十二千文

李有然监生　捐钱六千文
陈光颖监生　捐钱六千文
李维绍　捐钱六千文
永兴渡东乡涂家滩　捐钱六千文
吴华彬监生　捐钱六千文
郑相高监生　捐钱十二千文
缘首李临候选训导
富溪李祠　捐钱十二千文
李仕衡监生　捐钱十二千文
李隆波封文林郎　捐钱十二千文
李文洛监生，封奉政大夫　捐钱十二千文
李隆炳监生　捐钱五千文
李文珠　捐钱五千文
缘首陈化濠州同封职　自捐钱五千文
陈祀先祠七溪　捐钱二十千文
万寿宫陈家坊　捐钱五千文
缘首张震英蓝翎州同，加五品衔
张球泰　捐钱十四千文
张氏家塾　捐钱十二千文
张启华郡庠生，赠文林郎　捐钱十二千文
陈懋善　捐钱二十千文
陈方中监生　捐钱二十千文
王来聘监生　捐钱二十千文
张汉礼　捐钱十五千文
李春初盐知事职　捐钱十四千文
张光南监生，貤封五品　捐钱十四千文

张大荣　捐钱十四千文
罗正亮监生　捐钱十二千文
蔡尊三　捐钱十二千文
东丰桥　捐钱十二千文
张荣祖祠　捐钱五千文
陈能学　捐钱五千文
陈能兴　捐钱六千文
陈能振议叙　捐钱六千文
陈能行监生　捐钱五千文
张任联　捐钱五千文
林仰柏议叙　捐钱五千文
张振声监生　捐钱五千文
张先得监生　捐钱五千文
张才敦　捐钱五千文
陈明吉　捐钱五千文
谢荣槐从九职　捐钱五千文
郭朝用从九职　捐钱五千文
罗名裕　捐钱五千文
陈亮清　捐钱五千文
林昌翊　捐钱五千文
李又光　捐钱五千文
李发英　捐钱十二千文
李景儒　捐钱五千文
钟振遗　捐钱五千文
丹桂薗　捐钱五千文
周急费　捐钱五千文

罗联凤　捐钱五千文
廖序柳　捐钱五千文
张廷琏庠生　捐钱五千文
五显庙　捐钱五千文
九老桥　捐钱五千文
张超宗　捐钱五千文
缘首周玉行六品封职　自捐钱五千文
周郁文堂青浒　捐钱五千文
周年龙祠上坪　捐钱五千文
周维屏祠上坪　捐钱五千文
周进贤理问衔　捐钱五千文
风神庙山坪　捐钱五千文
周暹监生　捐钱五千文
盘涧桥梅田　捐钱五千文
周大兴祠　捐钱五千文
周大臻祠　捐钱五千文
周宗福祠　捐钱五千文
周国宽职员　捐钱五千文
周左川　捐钱五千文
缘首罗隆宾州同职
三星硚东乡白驹　捐钱十千文
仁寿硚东乡锁匙湾　捐钱十千文
罗大农祠　捐钱十千文
罗伯琼祠　捐钱十千文
缘首谢文华庠生，五品衔
谢列宗观音堂谢祖祠　捐钱十二千文

罗调元州同衔　捐钱十二千文
谢辉云从九　捐钱六千文
谢成理监生　捐钱五千文
谢献允监生　捐钱五千文
李梦扬监生　捐钱五千文
观音寺东乡金鸡山　捐钱五千文
谢仙娘祀东乡双鹅寺　捐钱五千文
李京鳌监生　捐钱五千文
缘首涂馥崡州同职
涂振宗祠东门市　捐钱二十千文
陈沧兴以子家驹布理问衔赠（孺）［儒］林郎，妻朱赠安人　捐钱十二千文
刘仕选　捐钱十二千文
刘巨泉　捐钱十二千文
涂先程州同职，以孙开运同知衔封奉政大夫，妻周赠宜人　捐钱十二千文
涂文藻例贡生，以子开运同知衔封奉政大夫，妻张封宜人　捐钱十二千文
涂聪祀　捐钱十千文
涂清华从九职　捐钱五千文
陈允圃监生　捐钱五千文
吴朝汉　捐钱五千文
刘进中监生　捐钱五千文
李扬珍　捐钱五千文
涂日登从九职　捐钱五千文
王兴贞监生　捐钱五千文
涂明祀　捐钱五千文
吴达义祀东乡夏造冲　捐钱五千文
李魁明祀浆坑　捐钱五千文

陈其仕祀东乡上三田　捐钱五千文

陈达楚东乡下三田　捐钱五千文

上东总局　捐钱五千文

上东育婴局　捐钱五千文

九邻缘东门市　捐钱五千文

东乐善东门市　捐钱五千文

文华祀　捐钱五千文

文昌祀东乡上四都　捐钱五千文

袁耀台祀东门市　捐钱五千文

陈敦睦祠东乡鳌江　捐钱五千文

曾德章东乡长田　捐钱五千文

涂鸣岐从九职，以孙儒瑜州同衔封儒林郎，妻郑赠安人，林五代同堂，封安人　捐钱五串

涂清文　捐钱五千文

长龄祀东门市　捐钱五千文

袁景奇祠东门市　捐钱五千文

东市渡东门市　捐钱五千文

集贤桥东乡长鳌江　捐钱五千文

涂桂湘　捐钱五千文

伍朝松监生　捐钱五千文

吴文侯以子宏猷州同衔、加二级赠奉直大夫，妻涂封宜人　捐钱五千文

涂先钫监生，以子儒濂州同衔、加二级封奉直大夫，妻罗封宜人　捐钱五千文

涂馥悬以子先钸从九职貤封登仕佐郎，妻叶封孺人　捐钱五千文

缘首姜绍銮从九职　自捐钱五千文

姜茂盛祠　捐钱十二千文

姜绍珪　捐钱五千文

姜本远　捐钱五千文
缘首熊承年监生
唐大兴公费　捐钱八千文
熊国安　捐钱八千文
周兴保　捐钱八千文
永南渡　捐钱五千文
长兴渡　捐钱六千文
同福桥　捐钱五千文
缘首鲁秉彝监生
鲁代英九品顶戴，五代同堂　捐钱十二千文
鲁春旋　捐钱十千文
鲁兴芬例授儒林郎，晋授奉政大夫　捐钱十二千文
鲁永国监生，六品衔　捐钱十二千文
鲁代鹏从九职　捐钱五千文
缘首刘正业监生，保加州同衔
刘发志公祠县东白沙市　捐钱十二千文
刘缙俊监生，以子佐镇州同衔赠儒林郎，妻李封安人　捐钱十二千文
廖诚宇　捐钱十二千文
廖宣庭　捐钱十二千文
冯厚载　捐钱十二千文
傅让谦　捐钱十二千文
刘佐信从九职　捐钱十千文
孙大兴　捐钱十千文
李大贞监生　捐钱十千文
刘衍魁公祠县东白沙市　捐钱五千文
瞿五一监生　捐钱五千文

李贵斌祠　捐钱十六千文
李大猷　捐钱十二千文
李光商从九职　捐钱十二千文
缘首李兴镜候选训导
李祚承赠奉政大夫　捐钱十二千文
李政仁赠奉直大夫　捐钱十二千文
李春煇赠奉政大夫　捐钱十二千文
李宏开赠朝议大夫　捐钱十二千文
钟近义九品议叙　捐钱十二千文
夏文玉九品封职　捐钱十千文
钟尧典监生　捐钱八千文
魏大桢监生　捐钱七千文
杨崇睦州同衔　捐钱五千文
冯部衡监生　捐钱五千文
钟永久监生　捐钱五千文
李昌和监生　捐钱五千文
钟葵臣　捐钱五千文
缘首王可观
千秋桥田心东坑口　捐钱八千文
郭恒修九品职　捐钱六千文
王光北例贡生　捐钱六千文
王英粲监生　捐钱五千文
王瑛布理问衔，候选从九　捐钱五千文
王大名封职　捐钱五千文
谭文泮　捐钱五千文
周望南　捐钱五千文

周详训　捐钱五千文
李云仕　捐钱五千文
王傈廷　捐钱五千文
厉微芳　捐钱五千文
文武庙上洪　捐钱五千文
诸神会祀上洪　捐钱五千文
缘首刘运椝监生，以子孝理州同职封儒林郎
刘益祠金刚头　捐钱二十千文
刘明德以子运际石门县训导貤赠修职郎　捐钱二十千文
刘简临千总职，以侄孝韶选用都司、加四级貤封武显将军，以子纯选用道、加三级封通奉大夫。祖桂林，父家训，俱赠通奉大夫　捐钱三十千文
刘运沅游击衔，以侄孝韶选用都司、加四级貤封武显将军　捐钱二十五千文
刘运灵以子孝韶选用都司、加四级赠武显将军　捐钱二十五千文
刘孝言都司职　捐钱二十千文
刘程氏以孙孝韶选用都司、加四级封夫人　捐钱二十千文
刘萧氏以子孝养赠安人，晋赠淑人　捐钱二十千文
刘邱氏以子绪光禄寺署正衔、加二级封太宜人，旌表节孝　捐钱十六千文
刘友直副贡生，永州府新田县训导，奏保六品衔并戴蓝翎　捐钱十五千文
刘家涟按察司知事　捐钱十二千文
刘运祥监生，以子孝誉千总职封武略骑尉　捐钱十二千文
刘际昌恩贡生，即用训导，加六品衔　捐钱十千文
刘宣德中书科中书职，加六品衔　捐钱八千文
刘孝乎从九职　捐钱八千文
刘天益邑庠生　捐钱五千文
刘运秩州同职、加二级，授奉直大夫　捐钱五千文
刘亨衢廪贡生，即用训导　捐钱五千文

刘运教监生　捐钱五千文
刘辉阁附贡生　捐钱五千文
刘孝寿州同职　捐钱十千文
刘孝恒布政司理问衔　捐钱十二千文
刘澍霖增贡生　捐钱五千文
刘岳霖附贡生，加同知衔　捐钱五千文
刘陶氏以子孝恭貤封孺人，旌表节孝　捐钱十二千文
刘汤氏儒士刘孝鼒之妻，旌表节孝　捐钱六千文
金刚头义渡　捐钱六千文
缘首刘澍分发广东盐运司运同、加四级，授通奉大夫　自捐钱二十千文
刘黄氏通奉大夫刘运庄之妻，封恭人，晋封夫人　捐钱十千文
刘杨氏通奉大夫刘运庄之副室，封夫人　捐钱十千文
刘孝箴同知衔、加一级，授朝议大夫　捐钱二十千文
刘孝则　捐钱二十千文
刘友鑫布政司经历职　捐钱二十千文
刘友训以子光藜貤封登仕佐郎，妻林貤封九品孺人　捐钱五千文
缘首李盛晖州同职，加二级
李寿荣举人，奏保即选知县，加一级　捐钱二十千文
李习训监生，以子盛晖封奉直大夫，妻欧阳封宜人　捐钱二十千文
李习谟、诰俱监生　共捐钱十千文
李文集　捐钱十千文
詹思庭詹家湾祠费　捐钱十五千文
詹柳建詹家湾祠费　捐钱五千文
何圭玉挂榜山祠费　捐钱十千文
宋上珍易马祠费　捐钱五千文
古荣照监生　捐钱六千文

缘首黄兴庭九品职
黄经南乔夏里　捐钱二十千文
黄德昭　捐钱十千文
黄世法　捐钱八千文
黄双樟硚　捐钱八千文
黄玉山例赠文林郎　捐钱六千文
黄五典例赠文林郎　捐钱六千文
黄承恩　捐钱六千文
黄玺　捐钱六千文
黄楚三监生　捐钱六千文
黄来仪　捐钱六千文
黄裳邑庠生　捐钱六千文
黄道镜　捐钱六千文
黄砥中　捐钱六千文
黄传润　捐钱六千文
黄楚才　捐钱六千文
黄世扬　捐钱六千文
黄载光监生　捐钱六千文
黄葆生堂　捐钱五千文
黄家春监生　捐钱五千文
黄虚受　捐钱五千文
何元斗　捐钱五千文
金树山　捐钱五千文
张墨庄　捐钱五千文
王兆元　捐钱五千文
缘首谭贵球议叙八品，以子寿龄训导加光禄寺署正衔例封儒林郎　自捐钱十

千文

谭富礼以孙文炯武举、授塘务府貤封武德骑尉　捐钱十二千文

谭光栋州同衔、加二级。父文波赠奉直大夫，母晏、继母周俱赠宜人　捐钱二十千文

谭贵瑶蓝翎道衔、加三级，授通奉大夫　捐钱十二千文

谭显敷理问衔、加二级。父光绶赠奉直大夫，母宋封宜人　捐钱十千文

谭光台州同职，以子显谐同知衔、加三级赠中议大夫，妻宋封淑人　捐钱十二千文

谭光杞布经历职，以子晰亭州同衔、加二级封奉直大夫，妻邱封宜人　捐钱六千文

谭光楚监生，以子瑞亭理问衔、加二级封奉直大夫，妻黎封宜人　捐钱六千文

谭贵嘉郡庠生　捐钱五千文

谭文炽庠生，授武略骑尉　捐钱五千文

谭益能州同职，以子文溦理问衔赠儒林郎，妻刘封安人　捐钱五千文

谭文燧从九　捐钱五千文

谭树仪分发江西试用典史　捐钱五千文

谭纯道江西长宁县新坪司巡检　捐钱五千文

谭光松监生　捐钱五千文

周德授以子茂台九品职封登仕郎，妻李封孺人　捐钱五千文

张和则从九　捐钱五千文

张和玉以弟和喜布理问衔貤封儒林郎，妻李封安人　捐钱五千文

林丰轩监生，以子康寿州同职封儒林郎，妻周封安人　捐钱五千文

缘首刘翔云中书职，授征仕郎，加同知衔

刘荣琛从九职　捐钱二十千文

刘士儒　捐钱五千文

刘尊六　捐钱五千文

刘廷章　捐钱八千文
刘光冰邑庠生　捐钱五千文
刘宗令　捐钱五千文
刘祖禔监生　捐钱五千文
萧服周　捐钱五千文
萧东山义学　捐钱五千文
唐养轩　捐钱六千文
唐宏道　捐钱七千文
彭文猷　捐钱五千文
彭玉公　捐钱五千文
陈尚斌　捐钱五千文
黄国梧　捐钱五千文
一姑路　捐钱七千文
八仙硚　捐钱八千文
文奎硚　捐钱五千文
普渡硚　捐钱五千文
石霜寺　捐钱六千文
九、兴龙山　共捐钱六千五百文
缘首张子桢廪生
张久裕祠山斗里　捐钱十二千文
张五源祀　捐钱五千文
张拔群　捐钱五千文
张孟德监生　捐钱五千文
张智勇　捐钱五千文
张国典　捐钱十二千文
张官图　捐钱五千文

张尧化　捐钱五千文

张以臣　捐钱五千文

张湛深　捐钱五千文

张三瑞　捐钱五千文

黎昌贻　捐钱五千文

黎中让从九职　捐钱五千文

黎璜福　捐钱十二千文

施恩文　捐钱五千文

施季友从九职　捐钱五千文

姚廷辉　捐钱五千文

杨清万　捐钱五千文

人盛硚　捐钱五千文

缘首彭荣森州同衔

彭应龙监生　捐钱二十千文

彭开勋监生　捐钱十六千文

彭昌耀监生　捐钱十二千文

彭昌炳监生　捐钱十二千文

彭昌蕃六品职　捐钱十千文

彭昌万监生　捐钱十千文

彭观林从九职　捐钱八千文

王光溢从九职　捐钱五千文

张玉鸣邑庠生　捐钱二十千文

籲天成　捐钱五千文

刘运松　捐钱五千文

汤之相　捐钱五千文

杨高怀监生　捐钱十千文

杨熊氏已故儒士杨贤珍之妻，现在青年守节　捐钱十二千文
杨彭氏已故儒士杨贤达之妻，现在青年守节　捐钱十二千文
缘首邱其义五品衔，监生
邱名时从九职　捐钱十五千文
邱庆燐　捐钱五千文
邱金泮监生　捐钱五千文
邱其煦监生　捐钱五千文
钟远伟　捐钱五千文
钟文炳　捐钱五千文
易乔年监生　捐钱五千文
福德硚石子潭　捐钱五千文
缘首张声达　邓永芳
张宗巧监生　捐钱十二千文
邓三益州同衔　捐钱十千文
缘首熊兆崙卫千总职　自捐钱三十千文
熊文达赠儒林郎　捐钱二十千文
缘首黄文璧候选县丞
黄公六　捐钱三十千文
王禄才　捐钱五千文
缘首刘大礼监生　甘崇勋议叙九品
文华书院　捐钱二十千文
刘轶千监生　捐钱十二千文
刘维舟貤封儒林郎　捐钱十二千文
刘启承祠　捐钱十二千文
刘益南貤封文林郎　捐钱八千文
刘冠英貤封儒林郎　捐钱八千文

刘维城监生　捐钱五千文
甘四及监生　捐钱十二千文
甘俭职员　捐钱十二千文
甘崇祁监生　捐钱五千文
余文汉监生　捐钱十二千文
余开科　捐钱六千文
杨有富　捐钱五千文
孙如昌　捐钱十二千文
王宏宇监生　捐钱五千文
吴绍智　捐钱五千文
李盛墀监生　捐钱五千文
缘首宋世骐盐提举衔，候选主簿
娄云庆署古北口提督，直隶正定镇总兵，著勇巴图鲁　捐钱一百二十串
娄良琼从九职　捐钱二十千文
李开茂从九，以侄世依同知、加一级貤封朝议大夫　捐钱二十千文
宋承彬监生，以子世骥州同衔封儒林郎，妻黎赠安人　捐钱十五千文
邹锦澍奉直大夫　捐钱十五千文
熊允霖监生　捐钱十二千文
张国贤监生，以子益谦衡山县教谕封修职郎　捐钱十二千文
罗远光以子载福州同职封儒林郎，妻张封安人　捐钱十二千文
郑日桂　捐钱十二千文
贺祥麟举人，云南云龙州知州　捐钱十千文
熊琛民从九职　捐钱八千文
黎人表　捐钱八千文
永松公祀陶泗王爷庙，在西乡何家湾　捐钱八千文
宋士璟监生，以孙远渚守御所千总职貤封武德佐骑尉，妻彭封宜人　捐钱六

千文

皮礼齐　捐钱六千文

宋世安按照磨职　捐钱六千文

宋世官监生　捐钱六千文

宋世家议叙九品，以子德宣九品职貤封登仕郎　捐钱六千文

宋慎夫从九职　捐钱六千文

邹文凤　捐钱六千文

罗湘若奉直大夫　捐钱六千文

彭萃林从九职　捐钱六千文

黎启郊　捐钱六千文

宋承棠从九，以子鹏翥沅陵县教谕封修职郎，妻黎赠八品孺人　捐钱五千文

宋承栻从九品　捐钱五千文

宋承杏监生　捐钱五千文

罗光烈监生　捐钱五千文

彭昌载登仕郎　捐钱五千文

黄文新从九品　捐钱五千文

黄先福从九品　捐钱五千文

王光照从九品　捐钱五千文

陈华照　捐钱五千文

宋世宸从九　捐钱五千文

黎怀山生员　捐钱五千文

陈华林监生　捐钱五千文

邓辉康从九　捐钱五千文

潘永祀西乡龙潭洲，祀白沙神　捐钱五千文

缘首邱庆嵘武翼都尉　自捐钱五千文

邱之宠监生　捐钱五千文

邱庆清理问职　捐钱五千文
邱庆汾从九职　捐钱五千文
邱庆钟　捐钱五千文
邱景曜岁贡生　捐钱五千文
邱之宗州同职　捐钱五千文
黎守乾监生　捐钱十二千文
张永震奉直大夫　捐钱十二千文
张永谅从九职　捐钱五千文
李培五监生　捐钱五千文
王世相监生　捐钱十二千文
易必抡庠生　捐钱五千文
缘首刘炽监生
周倬前任四川石砫厅直隶同知　捐钱十四千文
刘铿监生，以孙士楷州同职貤赠儒林郎，妻李貤赠安人　捐钱五十千文
刘后谦以子允升布理问职封儒林郎，妻李封安人　捐钱十二千文
胡平康监生　捐钱十二千文
罗远湘七品衔　捐钱六千文
王代焘武信郎　捐钱二十千文
王寿益光禄寺署正衔　捐钱十二千文
刘德谦盐运使衔四川候补道　捐钱八十千文
饶豫泰布经历职　捐钱五千文
彭常熙州同职，封儒林郎，妻周赠安人　捐钱五十千文
彭常五邑庠生　捐钱十二千文
邓长青监生　捐钱二十千文
喻盛范封登仕郎　捐钱十二千文
易三兴监生　捐钱五千文

胡九芳监生　捐钱五千文
彭大崇从九职　捐钱五千文
喻万春从九职　捐钱五千文
刘光裕祠县东城内　捐钱五千文
李伴圣修职郎　捐钱三十千文
李占五州同、加二级，封奉直大夫　捐钱十二千文
陶树果监生　捐钱十千文
陶浔霂祠　捐钱十千文
李加晃以子日新职赠奉直大夫，妻陈封太宜人　捐钱十二千文
鹿苑寺东乡芷坪　捐钱十二千文
熊四共　捐钱五千文
刘达孝祀北乡晏家滩　捐钱五千文
潘太保庙　捐钱五千文
刘文治监生　捐钱五千文
李加晶以嗣子日炜职赠奉政大夫　捐钱八千文
缘首宋世仁从九职
宋承懋都司职，储封文林郎　捐钱十二千文
宋承徐理问职，以子世畅同知衔赠奉政大夫，妻刘封太宜人　捐钱十二千文
宋承豫千总职，储赠儒林郎　捐钱十二千文
宋远崇以子承谦九品职貤赠登仕郎　捐钱十六千文
宋远超监生，以孙职貤赠武略骑尉　捐钱十五千文
唐九韶监生　捐钱五千文
邹厚礼　捐钱五千文
宋远渚以孙世绥通判衔、加三级貤封朝议大夫，妻刘封恭人　捐钱八千文
宋承标以子世绥通判衔、加三级封朝议大夫，妻刘、欧俱封恭人　捐钱六千文
宋承柏布经历职　捐钱八千文

宋承梧守御所千总职　捐钱九千文

宋承楫州同职、加二级，授奉直大夫　捐钱十五千文

陈长雅　捐钱五千文

谭光昕从九职　捐钱五千文

彭耀良从九职　捐钱六千文

宋承树监生，赠儒林郎　捐钱十千文

李开科以子世依同知、加一级赠朝议大夫　捐钱十千文

天山寺僧广缘地名油蔴田　捐钱五千文

紫荆庵僧振伦　捐钱五千文

缘首张兆封例贡生

张荣南　捐钱十二千文

熊伯修例封文林郎　捐钱十千文

熊纯道监生，例封儒林郎　捐钱十千文

熊荡莽邑庠生，例封儒林郎　捐钱十千文

熊彬郁例授儒林郎　捐钱十二千文

熊范堂邑增生　捐钱五千文

熊五和　捐钱五千文

熊东丞监生，以子仲儒例赠文林郎，晋赠奉政大夫　捐钱五千文

唐用和　捐钱十二千文

卢公祀官塘　捐钱十二千文

万永兴　捐钱五千文

张上品　捐钱十二千文

全福团　捐钱五千文

义山会　捐钱二十千文

缘首邹运栟州同职

邹运麒从九职　捐钱十二千文

唐兴宾从九职，以子扬镳同知衔赠奉政大夫　捐钱二十千文

唐扬休从九职　捐钱六千文

唐兴旺从九职　捐钱五千文

唐兴学从九职　捐钱五千文

张忠佳监生　捐钱五千文

张忠瑾从九职　捐钱五千文

傅方筠监生　捐钱五千文

谢祖兴　捐钱五千文

杨德新监生　捐钱五千文

谭光弼从九职　捐钱五千文

陈泽林　捐钱五千文

刘祖竪　捐钱五千文

邱录位从九职　捐钱五千文

邹锦焯　捐钱五千文

杨道南　捐钱五千文

缘首谭文葆理问衔江西候补府经历

唐凤停监生　捐钱二十千文

谭文献从九职　捐钱十五千文

胡永贵后裔　捐钱十六千文

卢永龄　捐钱十八千文

谭名奎试用训导，光禄寺署正衔、加二级。父德勋赠奉直大夫，母唐封宜人　捐钱三十串

谭世际州同职，封奉直大夫　捐钱十六千文

谭名澍从九职　捐钱五千文

谭宗绪　捐钱六千文

谭友松从九职　捐钱五千文

卢贵习　捐钱十千文
卢贵为　捐钱五千文
邹运暹　捐钱五千文
唐济川邑庠生　捐钱十千文
唐朝泗　捐钱五千文
杜五远　捐钱五千文
刘大化从九职　捐钱八千文
刘开祥后裔　捐钱五千文
蒋佐贞监生　捐钱五千文
余发端从九职　捐钱二十千文
唐运韶从九职　捐钱五千文
李璜秀耆职　捐钱五千文
余万达后裔　捐钱六千文
谭名登邑增生　捐钱五千文
梁三合　捐钱五千文
胡永辉貤封登仕郎　捐钱十二千文
缘首饶崇忠翰林院待诏衔　自捐钱十千文
饶四穆公祠南城　捐钱六千文
李子玉公祠新溪段　捐钱六千文
李国长　捐钱五千文
蓝美豫堂　捐钱五千文
王尊荣从九职　捐钱八千文
袁西华　捐钱五千文
袁敦睦监生　捐钱五千文
袁长可　捐钱五千文
路公会西乡十九都　捐钱五千文

西竺庵西乡十九都　捐钱六千文
杨柳泉公祠西乡板桥村　捐钱五千文
胡儒生公祠白沙段　捐钱五千文
缘首刘后坊从九职
潘成锦旌表五代　捐钱三十千文
杨英辅从九职。父维熠貤赠登仕佐郎，母彭封孺人，旌表节孝　捐钱六千文
文公祀系青草市社仓　捐钱五千文
胡季十五公祠北城胡家巷　捐钱五千文
徐祖溢　捐钱十二千文
王德乾九品职　捐钱十二千文
刘昌宝　捐钱七千文
余茂承　捐钱五千文
刘郭公祠北城外　捐钱五千文
连士江　捐钱五千文
袁奠邦　捐钱五千文
王文宗　捐钱五千文
高纪谦　捐钱五千文
黄氏宗祠神岭　捐钱五千文
黎景绿　捐钱五千文
邓世怀　捐钱五千文
叶逢宣　捐钱五千文
邱穆公从祥祠北城外　捐钱十二千文
邱明星　捐钱六千文
李安发　捐钱五千文
缘首邱庆甄监生，以子景锋同知衔、加一级封朝议大夫，妻王封恭人
邱寿朋　捐钱五十千文

邱德音　捐钱五千文

邱友林　捐钱五千文

邱子镜州同职。祖屏翰、父绥万赠儒林郎，祖母欧、刘赠安人，母欧阳封安人　捐钱五千文

易宗赤州同职。祖晋章、父代传封儒林郎，祖母曹、张赠安人，母黄封安人　捐钱五千文

邱应文州同职　捐钱五千文

缘首邹明伦附贡生

刘宗纲赠奉政大夫　捐钱二十千文

邹聪音监生　捐钱十二千文

邓兴晖武略骑尉　捐钱十二千文

潘自智以子汝进从九职赠登仕佐郎，妻卿贻赠九品孺人　捐钱十二千文

程为权监生　捐钱十二千文

李长荣职员　捐钱十二千文

张心洛监生　捐钱五千文

王观亭职员　捐钱五千文

邹明森监生　捐钱五千文

喻万禧监生　捐钱五千文

刘复初监生　捐钱五千文

文传习职员　捐钱五千文

缘首李逢源邑庠生

黄盛千中议大夫　捐钱一百千文

唐永钦监生，以孙扬镳同知衔貤赠奉政大夫　捐钱二十千文

刘仁和监生　捐钱十二千文

卜庭詹宏家坳卜支祠　捐钱十二千文

李抡英监生　捐钱十千文

李近仁封职　捐钱六千文
邓正照赠武德骑尉　捐钱五千文
李楙英封职　捐钱五千文
李鸣国职员　捐钱五千文
李安尊职员　捐钱五千文
黎定骧同知衔　捐钱五千文
王大生监生　捐钱五千文
王永盛　捐钱五千文
罗纯文从九职　捐钱五千文
梁三盛　捐钱五千文
杨承运从九职　捐钱五千文
刘明德监生　捐钱五千文
卜培五监生　捐钱五千文
彭声律从九职　捐钱五千文
胡启雯监生　捐钱五千文
胡宏祖监生　捐钱五千文
李顺国　捐钱五千文
天后宫福建祀费　捐钱五千文
缘首陈汝藩庠生
李桂林　捐钱十五千文
陈华坤祠　捐钱十二千文
黎贻縠　捐钱十千文
黄锦柱堂　捐钱五千文
周荫棠庠生　捐钱五千文
陈大楑监生　捐钱五千文
谢功丰监生，以子光照州同职、加二级封奉直大夫，妻陈封宜人　捐钱十二

千文

缘首蓝国华庠生

蓝永祀　捐钱二十千文

陶应昇封文林郎　捐钱五十千文

陈永隆　捐钱四十千文

彭宗禄　捐钱十二千文

彭涣萃　捐钱五千文

欧阳复兴　捐钱五千文

缘首陶典章监生

陶仕英　捐钱十六千文

陶柏俦　捐钱十五千文

陶五常　捐钱十五千文

陶侣龙　捐钱十千文

九真寺　捐钱十二千文

黎先崙监生　捐钱六千文

李氏宗祠三星坪　捐钱五千文

缘首刘福林监生

刘德清祀　捐钱二十千文

刘东美　捐钱二十千文

刘雅灿祀　捐钱二十千文

刘长庆祀　捐钱二十千文

何世华记名提督，署贵州安义镇总兵　捐钱二十千文

傅正相监生　捐钱十五千文

达庄桥　捐钱十五千文

傅小泉祀　捐钱十二千文

刘同芳监生　捐钱十二千文

黄金殿监生　捐钱十千文加钱贰串
彭德昌监生　捐钱六千文
刘洪瑞贡生　捐钱五千文
刘尚锭　捐钱五千文
刘瑾连祀　捐钱五千文
刘朝樑祀　捐钱五千文
刘镜辉祀　捐钱五千文
傅东兴祀　捐钱五千文
傅慎五祀　捐钱五千文
施惠元从九　捐钱五千文
施文光　捐钱五千文
施关祀　捐钱五千文
唐珌瑀祀　捐钱五千文
沈三宗祀　捐钱五千文
沈寅阶优生　捐钱五千文
田永远　捐钱五千文
张祖节　捐钱五千文
周光兴　捐钱五千文
缘首杨学南五品衔，江西万安县武索司巡检，捐升知县，在任候选
杨源亨公关山祠　捐钱二十千文
杨代武以来孙崇康追捐都司衔　捐钱五千文
杨永彩以玄孙崇康追捐都司衔　捐钱五千文
杨世祀以曾孙崇康追捐都司衔　捐钱五千文

杨崇康道衔、加一级，授中议大夫。祖万佩、父千榜俱赠中议大夫，祖母王、母吴俱赠淑人，妻毛封淑人　捐钱四十千文

杨先甲同知衔、加一级，授朝议大夫，妻喻封恭人　捐钱十千文

杨钟泰游击衔　捐钱十千文
杨首登都司职　捐钱十千文
杨少波　捐钱五千文
杨氏祠晓铿　捐钱十千文
杨学裕　捐钱五千文
李凭祝　捐钱二十千文
蔡发葵州同职、加二级　捐钱二十千文
陈正兴以子宗慈贻封登仕郎　捐钱二十千文
徐昌和　捐钱十五千文
孔毓珀以子传惠贻赠登仕郎　捐钱十五千文
徐万全　捐钱十五千文
徐以瑯赠儒林郎　捐钱十二千文
周光泰封奉直大夫　捐钱十二千文
戴敬先监生　捐钱十千文
张瑞生从九职　捐钱十千文
王懋和从九职　捐钱十千文
暨儒扬赠奉直大夫　捐钱十千文
徐昌海赠儒林郎　捐钱十千文
徐礼材州同职　捐钱十千文
周琬琳　捐钱十千文
暨怀恕封奉直大夫　捐钱八千文
戴玙复九品职　捐钱七千文
戴益光监生　捐钱七千文
张名实监生　捐钱六千文
暨俊翔州同职　捐钱六千文
徐礼楚九品职　捐钱五千文

徐礼松　捐钱五千文
王猷艺从九封职　捐钱五千文
徐明烟监生　捐钱五千文
徐明煬　捐钱五千文
徐用宾九品职　捐钱五千文
万通徐氏祠　捐钱五千文
钟先泮监生　捐钱五千文
徐永宁奉直大夫　捐钱五千文
孔礼葵　捐钱五千文
缘首周干臣州同衔、加二级　自捐钱十千文
周明淑监生　周如心　捐钱十五千文
黄永贵从九衔，授登仕佐郎　捐钱十千文
黄衣裘监生　捐钱十千文
汪石泉祀　捐钱十千文
张超廷五代同堂　捐钱五千文
高鼎生　捐钱五千文
彭仕扬　捐钱五千文
易桂香　捐钱六千文
易绍坤监生　捐钱五千文
易书钟监生　捐钱五千文
聂日昇　捐钱五千文
僧醒悟北乡香积寺　捐钱五千文
僧如意北乡龙王庙　捐钱五千文
缘首周祥增生　曹盛鼎庠生
周平情后裔　捐钱二十三千文
曹茂林　捐钱五千文

周宾鳌　捐钱五千文
周祥出后裔　捐钱五千文
周三元后裔　捐钱五千文
缘首伍鼎廪生
伍世昌监生　捐钱十五千文
伍宗恩后裔　捐钱十二千文
伍志能后裔　捐钱五千文
伍溢文　捐钱七千文
伍氏祠北乡三十八都　捐钱十二千文
伍宗浩后裔　捐钱六千文
邵氏祠北乡三十七都　捐钱十千文
邵定亨　捐钱六千文
缘首朱桂秋提督衔记名总兵　自捐钱八千文
朱祠义　捐钱五十千文
朱和隆祠　捐钱二十五千文
朱合祀祠　捐钱五千文
王朝复儒林郎　捐钱五千文
王朝泰议叙九品，加六品衔　捐钱五千文
王朝履议叙九品，加六品衔　捐钱五千文
王朝恒议叙九品，加六品衔　捐钱五千文
王朝鼎议叙九品，加六品衔　捐钱五千文
易祖陞以子功盛貤封登仕郎　捐钱十五千文
赖建堂监生　捐钱五千文
赖金堂监生　捐钱五千文
郑玉昆　捐钱六千文
朱景阶监生　捐钱五千文

凤凰山古庙南铿里　捐钱六千文
缘首寻一飞庠生，加守备衔　自捐钱五千文
缘首寻道曜同知衔、加二级
寻逢源以子道曜封中宪大夫，妻徐封恭人　捐钱三十千文
林长峰理问衔　捐钱二十四千文
廖祖兴以子乐璧赠奉政大夫　捐钱二十四千文
寻先海千总衔　捐钱十二千文
寻翔仞五品封职　捐钱十二千文
林商山　捐钱十千文
寻秘书监生　捐钱八千文
寻祥甫祠　捐钱五千文
寻俊德　捐钱五千文
邓遐龄监生　捐钱五千文
林向荣从九职　捐钱五千文
普济寺即登龙山　捐钱五千文
永兴寺　捐钱五千文
缘首罗有章贡生　何同章庠生
何学古从九职　捐钱十五千文
陈朝浚贡生　捐钱十二千文
罗辛三方平祠　捐钱八千文
周先绪　捐钱八千文
屈楚燔以孙汉源理问衔、加二级貤封奉直大夫，妻徐封宜人　捐钱十二千文
屈开镃以子汉源理问衔、加二级封奉直大夫，妻黄封宜人　捐钱八千文
李沙洲　捐钱五千文
赤马祠　捐钱十二千文
陈云衢从九职　捐钱五千文

戴庚南　捐钱五千文
陆浦清　捐钱十二千文
李恩昭　捐钱五千文
刘连山州同衔　捐钱八千文
刘旭洪　捐钱五千文
罗林呈　捐钱五千文
戴福闰　捐钱七千文
李佳章从九职　捐钱八千文
邓坦村裔　捐钱八千文
鸣浒寺北乡仙鹤峰　捐钱五千文
石灰尖　捐钱五千文
喻振儒祠芭蕉　捐钱八千文
何安荣祠大山　捐钱五千文
缘首张拱辰从九职
张添福　捐钱五十千文
缘首王陞选布政司经历衔　自捐钱二十千文
欧阳道晋监生　捐钱十二千文
王云房　捐钱五千文
王朝恒　捐钱五千文
易六合　捐钱五千文
缘首罗良发监生
罗维岱从九职。父国富貤赠登仕佐郎，母厉赠孺人　捐钱十二千文
戴福甲从九职。父应珍貤赠登仕佐郎，母罗赠孺人　捐钱三十二千文
罗务伸从九职　捐钱五千文
罗二春　捐钱五千文
戴福就监生　捐钱六千文

戴名题监生　捐钱五千文

彭万仁裔　捐钱十二千文

彭华教从九职。父荣渭貤赠登仕佐郎，母汤赠孺人　捐钱五千文

彭维吾从九职。父华瑞貤赠登仕佐郎，母周封孺人　捐钱五千文

彭于一邑庠生　捐钱五千文

萧步云　捐钱二十千文

萧玩占　捐钱十五千文

萧秋芳按察司知事衔。父廷绣貤赠修职郎，母梁赠八品孺人　捐钱十二千文

萧华成　捐钱五千文

朱彩国花翎、副将衔尽先补用参将　捐钱五千文

朱理章监生　捐钱五千文

李子化从九职。父鼎灿貤赠登仕佐郎，母许封孺人，旌表节孝　捐钱六千文

云中李祠　捐钱五千文

任大吉邑庠生　捐钱五千文

郭名溢从九职。父宗盛貤封登仕佐郎，母王封孺人　捐钱五千文

黎定昭邑廪生　捐钱五千文

厉寿元　捐钱五千文

陈志宝裔　捐钱五千文

喻百喜　捐钱五千文

孔传秉　捐钱五千文

赵远达　捐钱五千文

胡正盛记名总兵，衡州协镇　捐钱十二千文

徐彬璘裔　捐钱十二千文

缘首王宏棠州同、加二级，授奉直大夫，妻徐封宜人。祖祖铭，监生，赠武德骑尉，祖母寻封宜人。父光济，布经历职，赠奉直大夫，母沈赠宜人，继母寻封宜人　自捐钱十二千文

王康山监生，赠武德骑尉　捐钱五千文

王若芳裔　捐钱五千文

徐先辉监生　捐钱五千文

芦仙寺　捐钱五千文

华严寺　捐钱五千文

缘首周朝路授儒林郎，妻王封安人。祖名权封登仕郎，祖母熊赠孺人。父望卓封儒林郎，母蒋封安人　自捐钱五千文

周朝藩州同职。祖名善、父望七俱赠儒林郎，祖母唐、母高、谢、生母傅俱赠安人　捐钱十二串

周上孚监生　捐钱十二千文

周望道监生　捐钱十二千文

周望冬以子朝响从九职封登仕郎，朝行州同职赠儒林郎，妻张晋赠安人　捐钱十五串

周朝耀州同职。祖名材、父望春俱赠儒林郎，祖母吴、母张、继母吴俱赠安人　捐钱十五串

周望澜监生　捐钱五千文

周定员邑增生　捐钱五千文

周望陞　捐钱五千文

周廷步从九职。父朝学贻赠登仕佐郎，母杨封孺人　捐钱五千文

柳豪士　捐钱十五千文

柳万纬　捐钱十千文

柳翰先之妻周氏　捐钱五千文

柳鼎新之母　捐钱五千文

吴永辉州同职　捐钱五千文

吴显清从九职　捐钱五千文

吴陞斗监生　捐钱五千文

吴万翱例贡生　捐钱五千文
祝子添祠　捐钱十二千文
祝千秋监生　捐钱五千文
祝一乐从九职　捐钱五千文
福寿硚北乡山田　捐钱二十千文
四十二都　捐钱二十千文
缘首唐班馥监生　自捐钱十千文
唐盛宗裔　捐钱十二千文
唐鉴辉裔　捐钱六千文
大江傅公祠　捐钱十二千文
缘首刘铨邑增生
刘清亮记名提督，署浙江衢州镇总兵　捐钱五十千文
刘清望总兵衔花翎副将　捐钱十千文
刘光瑞岁贡生，以子震布经历职、加级封奉直大夫　捐钱十二千文
刘光健从九职，以子定嘉布理问衔、加级封奉直大夫　捐钱十二千文
刘启锡翰林院待诏衔　捐钱五千文
缘首张名钰理问衔、加二级。父登巍，州同职，封奉直大夫，母罗封宜人　自捐钱十千文
吉立本公祠　捐钱十二千文
张以馨监生，封儒林郎，晋赠奉直大夫，妻吉赠安人，晋赠宜人　捐钱十千文
张同庆祀　捐钱十千文
罗汉寺　捐钱八千文
丹霞寺　捐钱八千文
利济公所龙骨市　捐钱六千文
张滔一万石祠　捐钱六千文
张滔一璧玉祠　捐钱六千文

张滔一万能祠　捐钱五千文
张滔二祠　捐钱五千文
张滔三祠　捐钱五千文
张盛三　捐钱五千文
张文胜后裔　捐钱五千文
张建楚议叙八品职　捐钱五千文
张南春福主祠　捐钱五千文
张光裕以子登阀从九职赠登仕佐郎，妻罗赠孺人　捐钱五千文
张偁伯后裔　捐钱五千文
张绍典　捐钱五千文
张名镜监生，以子峻音五品衔封奉政大夫　捐钱五千文
缘首焦润松增生
袁九册　捐钱十二千文
沈袁宗　捐钱十二千文
黄以功　捐钱十二千文
李宏映修职郎　捐钱十二千文
袁红门学堂　捐钱十二千文
瞿崇本公祠　捐钱十二千文
沈韫玉赠奉直大夫　捐钱十二千文
全福团　捐钱十二千文
李保山　捐钱十千文
沈公祀　捐钱十千文
焦贤佐貤赠登仕郎　捐钱六千文
贺书奇登仕郎　捐钱六千文
焦扬名邑庠生　捐钱六千文
袁同泰　捐钱五千文

陈益新儒林郎　捐钱五千文
李既齐　捐钱五千文
焦新远后裔　捐钱五千文
张益善　捐钱五千文
焦声名监生　捐钱五千文
沈文秀　捐钱五千文
沈立望登仕郎　捐钱五千文
南普寺　捐钱五千文
缘首蒋昇瀛廪生
珠山蒋祠　捐钱二十千文
郭敦伦堂　捐钱十二千文
蒋家骐　捐钱十千文
孝仙祠　捐钱十二千文
缘首鲁泮藻同知衔，授奉政大夫　赵鲤登监生
鲁金铭封奉政大夫　捐钱二十千文
任贤书从九封职　捐钱二十千文
泉水庙赵祠　捐钱二十千文
赵宏成　捐钱二十千文
彭敬宗堂泸渚　捐钱二十千文
鲁蒙山祀　捐钱十千文
任显峰　捐钱十千文
罗定佑从九封职　捐钱十千文
铜坑桥　捐钱五千文
赵文治监生　捐钱五千文
田儒怀监生　捐钱五千文
赵美章监生　捐钱五千文

鲁发源祠　捐钱五千文

鲁显道　捐钱五千文

罗四共河东　捐钱五千文

缘首李德辉从九职，加六品衔，以子济美同知衔封奉政大夫，妻苏赠宜人　自捐钱廿串

文昌阁永安市　捐钱二十千文

于笃本堂　捐钱二十千文

欧阳道恒附贡，加理问衔，以孙宏冕州同、加级封奉直大夫，妻罗、贺赠宜人　捐钱二十串

李公贵后裔　捐钱十二千文

李廷先后裔　捐钱十二千文

李德耀监生　捐钱五千文

雷四支　捐钱五千文

启蒙家塾李家巷　捐钱五千文

缘首喻文鹄同知衔

喻万高监生　捐钱十二千文

江弦喻祠　捐钱十二千文

王祖琛监生　捐钱五千文

喻彤云　捐钱五千文

普庆祀石柱峰　捐钱五千文

潘祀典　捐钱五千文

缘首陈松泉监生　陈德益从九　陈紫仙庠生

陈敦睦祠河夹坪　捐钱二十千文

陈辅仁登仕郎　捐钱二十千文

张泗甲祠莲塘　捐钱十五千文

陈仕周　捐钱十千文

龙朝海　捐钱十五千文

陈显权登仕郎　捐钱五千文

陈国政监生　捐钱五千文

李盛兴　捐钱五千文

缘首苏心源从九职

僧向道　捐钱三十千文

邓中孚　捐钱十二千文

苏挹芳从九职　捐钱十千文

汤敦本堂　捐钱八千文

苏三甲仙羽祠　捐钱五千文

缘首欧阳植学中书封职，优廪生

周培荣监生　捐钱二十千文

欧阳熙堂中书封职，监生　捐钱十四千文

张永兴　捐钱六千文

罗遂良从九职　捐钱五千文

陈发兴　捐钱五千文

周朴祠　捐钱五千文

罗领庵　捐钱五千文

缘首周国仕从九职

刘广传祠东城内亲睦堂　捐钱十二千文

刘淑愈公祠县东老鸦段　捐钱十二千文

刘邦孚州同、加二级。祖开虞、父树基赠奉直大夫，祖母谢、母谢封宜人　捐钱十二千文

周世佐以子瑞昌未入流貤赠登仕佐郎，妻谢封孺人　捐钱五千文

潘昌德同知衔，父汝勋、胞兄昌后俱赠奉政大夫，母黄、嫂饶俱封宜人　捐钱五千文

刘琼辉以子光昭从九职贻封登仕佐郎，妻邱赠孺人，曾封孺人　捐钱五千文

刘开治理问衔。祖镜才、父清兰赠儒林郎，祖母谢、母钟、钟赠安人　捐钱五千文

刘定献监生，以子有勋理问衔赠儒林郎，妻廖封安人　捐钱五千文

周鸿翼四川补用县丞，加五级。祖镇乂、父怾拔赠奉直大夫，祖母刘、母钟封宜人　捐钱五串

刘念祖州同衔。父大定赠儒林郎，母何赠安人。胞兄述祖封儒林郎，嫂朱封安人　捐钱六串

刘本性布经历衔。祖献廷、父周道俱封儒林郎，祖母罗、陈、母杨俱封安人　捐钱五千文

刘正承州同衔，授儒林郎。父佐静赠儒林郎，母何、妻陈俱封安人　捐钱十二千文

陈圭章以子进修理问衔赠儒林郎，妻刘封安人　捐钱十二千文

何兰兴以子秉常从九衔贻封登仕佐郎，妻谢封孺人　捐钱五千文

吴永兴祠南城周家巷东边城墙内　捐钱十二千文

缘首黎愈候选同知，授奉政大夫

黎献花翎、布政［使］衔记名按察使，任甘肃平庆泾道　捐钱一百千文

落霞寺　捐钱四十千文

黎义田祠贻赠通奉大夫黎文望立　捐钱三十千文

黎光谦布理问衔　捐钱二十千文

彭昭禄封登仕郎，五代同堂　捐钱二十千文

黎光渠监生，封奉政大夫　捐钱三十二千文

后岩寺　捐钱十二千文

连岩山　捐钱八千文

黎希文蓝翎候选按察司经历　捐钱六千文

黄元吉监生　捐钱六千文

黎华植从九职　捐钱五千文
李宗楘州同职　捐钱十二千文
李枝蔚监生　捐钱十二千文
李枝蕤监生　捐钱十二千文
李世缙县丞职　捐钱五千文
缘首王显舒候选县丞
鲁隆佐布理问职　捐钱四十千文
王良弼翰林院检讨　捐钱二十四千文
王才本六品封职　捐钱二十千文
王才榜州同职　捐钱二十千文
王才桢五品封职　捐钱二十千文
江文济庠生　捐钱二十千文
江立贤祠甘冲垅　捐钱二十千文
欧章源监生　捐钱十千文
义济渡　捐钱十千文
江家卫监生　捐钱八千文
永新硚　捐钱八千文
王良翼　捐钱五千文
王才楷六品封职　捐钱五千文
欧林伯　捐钱五千文
欧荆竹　捐钱五千文
缘首王应纶议叙九品
王良泮州同衔、加二级　捐钱二十千文
八仙桥东乡马家洲　捐钱八千文
卢祥麟　捐钱五千文
沈云从从九　捐钱五千文

龙湾硚东乡龙头湾　捐钱五千文
乐善硚东乡六碓　捐钱五千文
缘首孔传雅候选训导
周章纯　捐钱十二千文
孔毓芳监生　捐钱八千五百文
何兰馨职员　捐钱八千文
孔宗圣　捐钱八千文
孔缉熙　捐钱六千文
孔传湄　捐钱五千文
周泰玲　捐钱五千文
孔怀德职员　捐钱五千文
缘首李世侗监生
李石芗后裔　捐钱五十千文
缘首汤绍纯五品衔州同职
沿溪桥　捐钱五十千文
汤垂万　捐钱四十千文
左先棋封奉直大夫　捐钱四十千文
李乾仕监生　捐钱三十千文
遵义桥　捐钱二十千文
福庆祀　捐钱二十千文
萧翱翔　捐钱二十千文
左隆万监生　捐钱十二千文
唐钦杰祠　捐钱十二千文
李朝钦祠东乡澄潭　捐钱十二千文
戴三祥从九职　捐钱十二千文
官殿桥　捐钱十二千文

汤用道　捐钱十千文
汤用希　捐钱十千文
汤秋祭　捐钱十千文
谭伟元邑庠生　捐钱十千文
张良杰　捐钱十千文
萧作雨　捐钱十千文
杨章公祀　捐钱十千文
刘祥忠监生　捐钱八千文
永福桥　捐钱八千文
南岳、百川寺　共捐钱八千文
巫山和　捐钱六千文
朱耀宗　捐钱六千文
冯大本　捐钱五千文
冯耀喜　捐钱五千文
张世忠　捐钱五千文
张奉先　捐钱五千文
缘首曾鸣冈蓝翎、五品衔即选知县
江济芳赠奉直大夫　捐钱二十千文
曾兴纮例贡生　捐钱十二千文
卜相位　捐钱十二千文
刘镜才貤赠儒林郎　捐钱十二千文
刘拔招　捐钱十二千文
宋日萱　捐钱十二千文
邱正朝赠奉政大夫　捐钱十二千文
曾毓遇貤赠奉政大夫　捐钱十二千文
刘清兰赠儒林郎　捐钱五千文

刘清葵卫千总衔　捐钱五千文
曾传占　捐钱五千文
曾毓翔监生　捐钱五千文
缘首蔺臣楼从九职　蔺臣璇监生
蔺氏宗祠泉江　捐钱三十千文
刘洪俊一品封典　捐钱十四千文
黄永兴祠井前　捐钱十二千文
陈耆英庠生　捐钱八千文
余凤监生　捐钱八千文
蔺陵公祠泉江　捐钱五千文
李氏宗祠岩前　捐钱五千文
左永兴　捐钱五千文
蔺廷翰后裔　捐钱五千文
蔺可观祀　捐钱五千文
缘首刘大兆例贡生　曾蕃芳
刘如华祠清江　捐钱二十四千文
刘添申支祠清江、文市　捐钱十二千文
刘名栉监生　捐钱十二千文
曾维奇　捐钱十二千文
缘首杨贤佐监生　自捐钱五千文
僧恒真绿萝寺、竹颖寺　捐钱二十千文
杨尚士监生　捐钱十五千文
杨志伊　捐钱十二千文
杨运南六品封职　捐钱十千文
杨君锡　捐钱五千文
杨廷弼邑庠生　捐钱五千文

杨崇礼　捐钱五千文

杨崇星　捐钱五千文

杨尚德邑庠生　捐钱五千文

杨尚荣监生　捐钱五千文

杨尚谋监生　捐钱五千文

杨尚谦监生　捐钱五千文

张士宏　捐钱五千文

缘首张松龄封奉直大夫　张立条监生

张中厚千总职，赠奉直大夫　捐钱四十千文

张为台监生　捐钱二十千文

张中溥监生，封儒林郎　捐钱二十千文

张楚书监生，赠文林郎　捐钱十二千文

张子钦监生　捐钱六千文

张仁山例贡生　捐钱六千文

张仪廷千总职　捐钱六千文

缘首胡成敕监生

叶培英　捐钱十二千文

胡名钟监生　捐钱十二千文

刘珍茂　捐钱十二千文

胡名镜从九职　捐钱五千文

胡生澄　捐钱五千文

胡五常　捐钱五千文

吴刚庠生　捐钱六千文

缘首晏国才布经历职，以子温封奉政大夫　自捐钱四十千文

缘首徐光国附生

晏谭氏封太恭人　捐钱四十千文

晏健庵封昭武都尉　捐钱四十千文

龙隐寺白云山　捐钱二十千文

晏杨氏旌表节孝，貤封太安人　捐钱十千文

晏章崙从九职　捐钱五千文

晏祠文星台　捐钱五千文

晏姓家塾　捐钱五千文

刘以忠　捐钱五千文

徐锦城监生　捐钱五千文

徐基培　捐钱五千文

徐登瀛同知衔江西补用知县　捐钱五千文

王德周祠鸦塘　捐钱五千文

缘首彭万诜监生　自捐钱十二千文

缘首彭邦杰四品封典，州同衔

彭万从游击衔，授武翼都尉　捐钱二十二千文

彭万川守御所千总衔、加一级，授武德骑尉　捐钱二十千文

彭万钊布理问衔，授儒林郎　捐钱二十千文

何贤耀　捐钱二十千文

彭文琮卫千总衔，授武略骑尉　捐钱十二千文

黄学远　捐钱十千文

彭振岐监生，封武略骑尉　捐钱八千文

彭人树邑庠生，封儒林郎，晋武翼都尉　捐钱八千文

彭人英　捐钱五千文

彭声亮监生，貤赠武略骑尉　捐钱五千文

胡朝明　捐钱五千文

易公恒　捐钱五千文

南永兴　捐钱五千文

彭万成监生，封儒林郎，晋奉直大夫　捐钱六千文
缘首杜立勋庠生
张友斗飨堂学简冲　捐钱十二千文
杜宗祠白溪　捐钱六千文
杜金声监生　捐钱五千文
杜光选　捐钱五千文
李荣万飨堂白溪　捐钱五千文
刘必贵　捐钱五千文
赖廷瓒　捐钱五千文
杨尚生　捐钱五千文
练红光飨堂龙陂　捐钱五千文
梁永辉　捐钱五千文
刘廷彩　捐钱五千文
李宗祠半溪　捐钱五千文
缘首汤兴梅监生　罗楠华监生
文公济达浒市　捐钱三十千文
袁德朝祠金坑　捐钱二十千文
汤仁可祠孚田、梅湾　捐钱十二千文
汤仁达祠金坑　捐钱十二千文
罗魁达祠版贝　捐钱十二千文
魏定邦　捐钱十五千文
罗承文监生　捐钱十二千文
沈逢亮　捐钱十二千文
钟廷榜监生　捐钱十二千文
蔡明珠监生　捐钱十二千文
永远桥金坑　捐钱十二千文

复兴桥长益段泥湾　捐钱十二千文
朝阳桥朝阳庵举趾坝下　捐钱十二千文
永丰桥达市中洲　捐钱十千文
曾秉南监生　捐钱八千文
魏豪顺监生　捐钱八千文
徐锦兴从九职　捐钱六千文
罗章佳监生　捐钱五千文
李庆楚守御所千总　捐钱五千文
李华楚监生　捐钱五千文
彭绪庆监生　捐钱五千文
县东路费由羊子埠中段至真君殿、达浒市止　捐钱八千文
缘首罗佐清蓝翎、同知衔即选知县
陈来宣从九　捐钱十二千文
江永泰　捐钱十六千文
鸡首渡　捐钱十六千文
潆波渡　捐钱十二千文
僧修学邑西云溪寺春秋阁　捐钱六十千文
陈昌远　捐钱六千文
浏西渡　捐钱六千文
彭有信　捐钱六千文
李含辉　捐钱五千文
缘首罗芳兰例贡生
熊高望记名提督，劲勇巴图鲁　捐钱二十千文
李甫崇　捐钱十二千文
罗宗祠跃龙　捐钱十二千文
罗佐周监生　捐钱十二千文

罗景元从九　捐钱十二千文
彭云端　捐钱五千文
彭得中　捐钱五千文
罗文萼从九　捐钱五千文
熊泰　捐钱五千文
熊泰盛　捐钱五千文
熊藻臣武庠　捐钱五千文
施少卿从九　捐钱五千文
缘首周大章监生　捐钱五千文
周永祀祠普迹渡　捐钱十二千文
张国鳌监生，以子永山州同职封儒林郎　捐钱十二千文
宋支祠探骊湖　捐钱十千文
龚房祠探骊湖　捐钱十千文
冯宗祠冯家段　捐钱八千文
武庙荣庆堂普迹　捐钱五千文
铁树宫普迹市、渡头市　捐钱五千文
水府庙普迹　捐钱五千文
黄龙宫普迹　捐钱五千文
李宏祠普迹　捐钱五千文
周拱三祀　捐钱五千文
周之牧监生　捐钱五千文
周大鹤监生　捐钱五千文
吴心友　捐钱五千文
邹士桃从九　捐钱五千文
黄永焕　捐钱五千文
张建兴祀　捐钱五千文

吴盛周　捐钱五千文
郑垂远修职郎　捐钱五千文
熊猷民　捐钱五千文
韩寿龄九品封典　捐钱五千文
郑昌怀　捐钱五千文
张润庵监生　捐钱五千文
缘首欧阳德馥监生
欧阳德彝职员　捐钱二十千文加钱肆串
欧阳六一祠方台后裔　捐钱十二千文
欧阳裕后祀磊石桥六三堂　捐钱十二千文
欧阳德馥、曜监生　捐钱十二千文
欧阳光裕祀磊石桥　捐钱五千文
古德高耆职　捐钱五千文
彭家翥议叙八品　捐钱五千文
王祖祥从九职　捐钱五千文
刘泰瑜监生　捐钱五千文
邓望桢武庠生　捐钱五千文
何祖桃以子先宗从九职赠登仕佐郎，妻陈封九品孺人　捐钱五千文
王运贤监生　捐钱五千文
缘首欧阳一镇监生　自捐钱十千文
欧阳胜谦邑庠生后裔　捐钱二十千文
石围袁祀兴祠　捐钱十二千文
陈必祀　捐钱十二千文
袁试万裔　捐钱五千文
袁嘉乐裔　捐钱五千文
娄六成堂　捐钱五千文

袁名振裔　捐钱五千文
万闻生裔　捐钱五千文
陈信芳进士　捐钱五千文
欧阳棣华堂　捐钱五千文
欧阳向椿　捐钱五千文
蔡永祀　捐钱五千文
欧阳阿刘　捐钱五千文
欧阳成庆祀　捐钱五千文
缘首沈学茂州同职
长春桥费　捐钱二十千文
沈子珊监生　捐钱二十千文
杨辅臣　捐钱五千文
缘首杨熙龄监生
李永光　捐钱十二千文
傅春元　捐钱十二千文
陈树德祠　捐钱五千文
杨泽善　捐钱五千文
公济渡杨家滩　捐钱五千文
缘首孙发骏
于高胜花翎、提督衔记名总兵　捐钱五十千文
孙世昌　捐钱二十千文
彭祀先祠　捐钱十二千文
文氏宗祠车田　捐钱十二千文
文贤谟县丞衔　捐钱十二千文
李永兴祠膏田　捐钱十二千文
梁少佳　捐钱十二千文

梁雨乔　捐钱十二千文

胡均彰祠朱陵塘　捐钱二十千文

彭南轩监生　捐钱十千文

孙祯礼裔　捐钱十千文

刘万世公祠霭桥　捐钱十千文

彭炳焕监生　捐钱八千文

柳和裔　捐钱十二千文

文昆富从九职　捐钱六千文

李秾华花翎、知府衔贵州候补直隶州知州　捐钱十五千文

缘首于清勦邑庠生　周振藻廪生

吴公绪　捐钱二十千文

邓莲英堂　捐钱十千文

邓同心堂　捐钱五千文

周子铭邑庠生　捐钱五千文

于显华九品封职　捐钱五千文

于勦藩　捐钱五千文

缘首罗芳槐监生

邓必锦从九职　捐钱二十千文

罗泽洲从九职　捐钱六千文

彭竹林　捐钱五千文

欧阳东林堂　捐钱五千文加钱柒串

缘首罗崇佑六品衔，监生　许秬香庠生

罗百八祀　捐钱十二千文

罗继规监生，以子埙篪州同职封儒林郎。父泽贤，庠生，貤封儒林郎，母李、邱、妻吴氏俱封安人　捐钱十二千文

颜东耀监生　捐钱十二千文

罗厚庵例贡生　捐钱十二千文
许旭衡裔　捐钱十二千文
许和伯裔　捐钱五千文
许旭章裔　捐钱五千文
汪莘野祠　捐钱五千文
万善渡　捐钱五千文
邓和铃祠　捐钱五千文
邓雍公裔　捐钱五千文
邓祥兴从九职　捐钱五千文
邓家桥、渡　捐钱五千文
李成龙祠　捐钱五千文
喻姓大共　捐钱五千文
龙潭渡　捐钱五千文
仁寿山　捐钱五千文
乐善桥　捐钱五千文
罗元成　捐钱五千文
朱达裔　捐钱五千文
朱艮、定祀　捐钱五千文
罗锦龙祀　捐钱五千文
罗魁珂裔　捐钱五千文
罗绍南裔　捐钱五千文
罗以敬裔　捐钱五千文
罗六顺　捐钱五千文
罗金凤殿　捐钱五千文
罗文律　捐钱五千文
罗沛园　捐钱五千文

汪天溥训导裔　捐钱五千文

苗田永济桥、渡　捐钱五千文

谒仙桥、渡　捐钱五千文

罗汉滩元善渡、永义桥　捐钱十千文

缘首马长龄州同衔　马焕奎州同衔

马文青监生　捐钱十二千文

马景融支祠三口毛家湾　捐钱十二千文

狮山书院　捐钱二十千文

马姓宗祠河东　捐钱五千文

马世绩支祠汪家冲　捐钱五千文

高陞桥三口段第二坝　捐钱五千文

马允遴府经历衔，以孙振云光禄寺署正、加二级貤封奉直大夫，妻黎封宜人　捐钱五串

马允遇府知事衔，以子焕奎州同衔封儒林郎，妻江封安人　捐钱五千文

马晋陞州同衔　捐钱五千文

缘首陈致祥邑庠生

陈听彝支祠　捐钱十五千文

涧口陈祠　捐钱十二千文

陈心愉监生　捐钱十二千文

缘首刘启蓝监生

刘自牧监生　捐钱二十千文

何墨庄　捐钱十五千文

张为宝监生，以孙立之布经历职赠儒林郎，妻刘封安人　捐钱十二千文

张中亨监生，以子立之布经历职赠儒林郎，妻汤封安人　捐钱十二千文

张立之布经历衔　捐钱十六千文

陈浒潭　捐钱八千文

陈奠邦　捐钱八千文

李俊秀　捐钱十二千文

黄徽亭从九职　捐钱六千文

胡元著　捐钱六千文

刘世贵堂中洲族祠　捐钱六千文

黄仁锦　捐钱五千文

李东山　捐钱五千文

胡人兴　捐钱五千文

李金山寺　捐钱五千文

刘世渠以孙曙东州同衔貤封儒林郎　捐钱五千文

刘朝名以孙廷钺即用知县例封儒林郎　捐钱五千文

缘首李乐润监生　自捐钱十二千文

李神保监生　捐钱六十千文

屈林三堂　捐钱二十千文

李庠三监生　捐钱十六千文

陈焕新堂　捐钱六千文

吉武华　捐钱五千文

缘首罗明山州同衔

双缘渡夥厂　捐钱十五千文

吴仲翔　捐钱十五千文

张宣舒州同衔　捐钱十二千文

胡子亮　捐钱十二千文

万朝聪六品封职　捐钱十二千文

黄国桢监生　捐钱十二千文

卜宗政修职郎　捐钱十二千文

罗铢亭监生，加守备衔　捐钱十二千文

陈楚贵六品封职　捐钱十五千文
张翰誉　捐钱六千文
张元朗飨堂　捐钱六千文
谢尚佑　捐钱六千文
僧法南香水寺　捐钱五千文
高膺先登仕郎　捐钱五千文
李隆涛监生　捐钱五千文
李文泗监生，贻赠修职郎　捐钱五千文
罗南桢监生　捐钱五千文
刘忠坤　捐钱五千文
陈光朝飨堂　捐钱五千文
周启汪貤封登仕郎　捐钱五千文
曾盛祖修职郎　捐钱五千文
罗大纬六品封职　捐钱五千文
黄宗秀　捐钱五千文
陈兴梧监生　捐钱五千文
周宇相职员　捐钱五千文
罗子让祠　捐钱五千文
罗钧重监生　捐钱五千文
包庙永庆祀　捐钱五千文
包庙乐庆祀　捐钱五千文
陈贵玑监生　捐钱五千文
蓝先荣　捐钱五千文
清溪渡夥长　捐钱五千文
周胜公祠夥长　捐钱五千文
缘首冷祖绶五品衔即选州判，随带加一级。祖启华、父超元封奉政大夫，祖母张、

母姜封宜人　自捐钱十四千文

孙文辉　捐钱十二千文

唐典庠生　捐钱十二千文

江德义以子中进州同衔、加二级赠奉直大夫　捐钱十二千文

何存良　捐钱五千文

何存元　捐钱五千文

缘首邱行偲蓝翎、同知衔

唐三元堂　捐钱十六千文

曾传莱监生　捐钱十二千文

胡相珍堂　捐钱十千文

邓松柏　捐钱十千文

张信蔚从九职　捐钱八千文

张信华从九职　捐钱八千文

赖先照　捐钱六千文

袁长蚪　捐钱六千文

陈有凤　捐钱六千文

刘盛权　捐钱七千文

胡名谷从九职　捐钱五千文

李仁定　捐钱五千文

李先进　捐钱五千文

李云焕　捐钱五千文

曾永常　捐钱五千文

僧玉光　捐钱五千文

萧永秀　捐钱五千文

余经台　捐钱五千文

黄陞扬　捐钱五千文

余昭意　捐钱五千文
蒋泰恒　捐钱五千文
周德常　捐钱八千文
缘首罗宗治州同衔　自捐钱五千文
缘首罗性浓同知衔、加一级，授朝议大夫
镇南桥官渡　捐钱十二千文
罗赋對授奉直大夫，封朝议大夫　捐钱十二千文
罗赋岑五品衔　捐钱五千文
长寿桥象嘴坑口　捐钱五千文
缘首陈蕃治从九职　自捐钱五千文
陈永履从九职　捐钱二十千文
陈年临　捐钱十二千文
杨光大州同职，授儒林郎　捐钱十二千文
彭人林以孙邦瑞守御所千总贻封武德骑尉，加捐都司，晋昭武都尉　捐钱十千文
陈永炽监生　捐钱八千文
包公祠六龙山　捐钱十千文
云岩寺六龙山　捐钱六千文
陈永图从九职　捐钱五千文
陈永炢　捐钱五千文
陈远节　捐钱五千文
祥云庵涧溪冲　捐钱五千文
缘首潘兆纶庠生
会同潘祠　捐钱十三千文
黄国栋监生　捐钱十千文加钱贰串
彭运照监生　捐钱五千文

尹伯清　捐钱五千文

洪德仁、崇　捐钱五千文

古济渡　捐钱五千文

张长寿庵　捐钱五千文

局捐

王应文州同衔，以孙扬镇道衔、加一级封中议大夫　捐钱一百五十串

王汉冲议叙光禄寺署正　捐钱一百五十串

王显彝候选员外郎　捐钱一百五十串

王锡彤同知衔，授奉政大夫　捐钱一百五十串

彭怀坤　捐钱三十千文

普迹汤支祠　捐钱十二千文

陈宣诏　捐钱十二千文

乐善堂西乡十九都　捐钱十二千文

杨怀澄六品封职　捐钱十二千文

黎宗炽同知衔　捐钱十二千文

杨晓楼九品职　捐钱十二千文

邹荣膺　捐钱十二千文

戴五福祀白沙老屋场　捐钱十二千文

周光华六品封职　捐钱十二千文

鲁隆鹤监生　捐钱十二千文

谭光鲁以子燠堃蓝翎、六品衔监生赠儒林郎，妻罗封太安人　捐钱五千文

高正发从九职　捐钱五千文

鲁礼初知府衔、加四级，分发贵州知州。貤赠曾祖祖泗，封祖德馨、父泮林，俱通奉大夫。貤赠曾祖母黎氏、吴氏，封祖母黎氏、母王氏，俱夫人　捐钱三十千文

李赓英貤赠儒林郎　捐钱二十千文

镇南桥南边施家冲口　捐钱五千文

施有恒议叙九品衔，封奉直大夫　捐钱五千文

吴振南以孙禧章州同衔、加二级貤赠奉直大夫，妻张封宜人　捐钱五千文

吴楚筠以子禧章州同衔、加二级赠奉直大夫，妻张封宜人　捐钱五千文

戴大年祠白沙市老岸　捐钱五千文

刘维章监生，以孙家益州同衔貤封儒林郎，妻张封安人　捐钱五千文

朱时学　捐钱五千文

曾能让　捐钱五千文

缘首周光沅庠生

周惠厚貤封登仕郎，晋封武略骑尉　捐钱三十千文

周万辉　捐钱十二千文

周仲昂　捐钱五千文

周朝善监生　捐钱五千文

周高焌监生　捐钱五千文

周鼎乾州同、加二级，授奉直大夫。父孟书赠奉直大夫，母柳赠宜人，妻张封宜人　捐钱五串

周铨优裔　捐钱五千文

缘首胡九绥邑庠生

贝华模貤赠武略骑尉　捐钱十二千文

胡东元武略骑尉　捐钱十二千文

胡德润祠沿甸　捐钱十千文

胡晓初州同衔　捐钱八千文

胡亲睦祠高坪　捐钱五千文

胡氏家塾高坪　捐钱五千文

胡敦笃祠高坪　捐钱五千文

胡敦成祠三口　捐钱五千文

胡斗枋监生　捐钱五千文

图书在版编目(CIP)数据

(同治)浏阳县志/(清)王汝惺等修;(清)邹焌杰等纂;汤锐点校.
—长沙:岳麓书社,2018.11

ISBN 978-7-5538-0745-4

Ⅰ.①同... Ⅱ.①王...②邹...③汤... Ⅲ.①浏阳—地方志
—清代 Ⅳ.①K296.44

中国版本图书馆 CIP 数据核字(2017)第 320269 号

TONGZHI LIUYANG XIANZHI

同治 浏阳县志

修　　纂:[清]王汝惺　等修　[清]邹焌杰　等纂

点　　校:汤　锐

责任编辑:刘　文

特邀编辑:夏剑钦

责任校对:舒　舍

封面设计:风格八号

岳麓书社出版发行

地址:湖南省长沙市爱民路 47 号

直销电话:0731-88804152　0731-88885616

邮编:410006

岳麓书社网址:www.yueluhistory.com

2018 年 11 月第 1 版第 1 次印刷

开本:640mm×960mm　1/16

印张:55

字数:700 千字

ISBN 978-7-5538-0745-4

定价:198.00 元

承印:长沙鸿发印务实业有限公司

如有印装质量问题,请与本社印务部联系

电话:0731-88884129